粤港澳敌后抗战回忆录

上册

广州市东江纵队研究会◎编著

SPM 南方传媒 | 广东人民出版社
·广州·

图书在版编目（CIP）数据

粤港澳敌后抗战回忆录 / 广州市东江纵队研究会编著. -- 广州：广东人民出版社，2025. 7. -- ISBN 978-7-218-16992-7

Ⅰ. K265.06

中国国家版本馆 CIP 数据核字第 2025WW1994 号

YUE-GANG-AO DIHOU KANGZHAN HUIYILU

粤港澳敌后抗战回忆录

广州市东江纵队研究会　编著

出 版 人：肖风华

题　　签：李　韧
责任编辑：黎　捷　梁　晖
装帧设计：李桢涛
责任技编：吴彦斌

出版发行：广东人民出版社
地　　址：广州市越秀区大沙头四马路 10 号（邮政编码：510199）
电　　话：（020）85716809（总编室）
传　　真：（020）83289585
网　　址：https://www.gdpph.com
印　　刷：广州市豪威彩色印务有限公司
开　　本：787mm×1092mm　1/16
印　　张：44.5　　字　　数：775 千
版　　次：2025 年 7 月第 1 版
印　　次：2025 年 7 月第 1 次印刷
定　　价：120.00 元（上下册）

主　　编：黄彦辉

编　　辑：黄彦辉　王凯波　张任明　李　韧
史长缨　饶潮声　虞耀华　李爱平

书名题字：李　韧

封面作图：邓广庆

作　　赋：冯志文

本书由广州地区东江纵队老战士联谊会赞助出版。

本书全部编务、题字、作图、作赋均为东江纵队后代义务奉献，特此鸣谢。

编者的话

党中央号召我们学习党史，从历史中汲取继续前进的智慧和力量。抗日战争史是我们中华民族近代史中一个重要阶段。日本侵华战争是近代以来我中华民族遭受外来列强侵略和凌辱，害及人数最多、殃及范围最广、灾难最深重的一场战争。为什么一个小国胆敢侵犯一个大国？为什么日本能够侵占我国大部分重要领土？为什么日军能够给中国造成三千多万军民的伤亡，而日军的伤亡不足我们的百分之二？它带给我们沉重的思考。怎样才能防止这类悲剧重演？怎样才能强大起来？这一系列的问题拷问着中华民族。读史使人明智，抗战史也是中华民族伟大复兴的必修教材。

抗日战争中，我党团结一切可以团结的力量，结成抗日民族统一战线，带领中国人民进行了英勇的抗日斗争。东江纵队是华南抗战的一支劲旅。它孤悬敌后，远离八路军、新四军主力，与日、伪、顽、匪进行了艰苦卓绝的顽强战斗，发动群众，开辟了华南敌后战场。抗战期间，东江纵队主力部队发展到 1.1 万人，地方武装部队 1.2 万人，抗日根据地 6 万余平方里，对敌大小战斗 1400 多次，牵制日军 7 万多兵力。东江纵队出色地完成了党中央交给的抢救在港文化人的任务；积极开展大城市以及海上游击战；还支援了太平洋反法西斯战争，阻断广九铁路，在香港进行了全时全域的抗战，遏制香港在日本太平洋战争的支点作用。东江纵队还与盟军进行情报合作，有效打击日军，在抗日战争中起到了不可替代的作用，获得反法西斯阵营美、英同盟国的赞赏。周恩来在给东江纵队的电文中称“你们是中外共知的中共游击队”，是“华南抗战的一面旗帜”。朱德总司令在党的七大报告中将其与八路军、新四军并称为中国抗战的“中流砥柱”。广州市东江纵队研究会在建党百年之际，编辑出版这本《粤港澳敌后抗战回忆录》，献给全国读者，希望借此介绍粤港澳大湾区的抗战历史。

2018年国庆节，我们去探望前东江纵队前进报社社长杨奇老人。已经96岁高龄的他，将刚搁笔的《前进报简史》手稿交给了我。全稿六千多字，记录了抗日战争期间，东江纵队前进报社印发一百多期报纸的艰辛历程。由于工作的原因，我陆续收到不少回忆抗战的文稿。我党在大城市领导武装抗战的典型事例就是港九大队在香港进行的抗战。鲁风同志是港九大队第二任大队长，其子将鲁风生前写的三篇回忆手稿交给了我，其中一篇记叙了开辟香港武装抗日局面的初始过程。刘培是创建东江纵队护航大队、开辟海上游击区的主要领导者，他与南海舰队政治部的老战友李宇光一道，写成一篇记录海上武装斗争的史料文章，全文四万七千多字。文章还没正式出版，两位老人就相继去世了，刘培的后人将他父亲生前写下的这篇回忆文章交给了我。还有广东老党员饶卫华在苏联参加党的六大后，回到延安，后被委派为中央巡视员，赴东北寻找因沦陷失联的满洲区党委，传达党中央发动群众组织敌后武装抗战的指示，并将赵尚志调入东北区党军委，我们通过其子找到了1964年党史部门对饶卫华访谈的文字稿。我们还收集到郑戈、黄顺平等十几位抗战老战士写的回忆录。这些回忆录未来得及正式出版，他们就辞世了。这让我们有一种使命感，出版一本老游击战士回忆录，借此配合学习党史活动，向党的百年诞辰献礼。

2019年我们研究会在东纵后代中发起征文，请他们寻找父母写下的回忆文章，又征集到陈文慧、李植光、冼麟、陈华、袁靖、黄稻、卢锋、刘清等几十位老战士写的回忆文章。征集活动还得到了深圳市东纵边纵研究会以及珠江纵队后代的积极响应。

这本书面向全国读者，要有故事性，也要注重史学价值，为研究粤港澳敌后抗战历史提供佐证。我们经过反复遴选，最终选出93篇文章。为了让读者系统地了解粤港澳抗战，我们以时间为轴线，将文章有机地组织起来，设立了十个章节，每个章节表述一个主题。我们还采撷了东江纵队领导人曾生、林平、王作尧、杨康华等同志的回忆文章，以求全面深入地表述好相应主题。

由于这些故事都发生在东江流域，恰好就是现在的粤港澳大湾区，这也是东江纵队主要的战斗区域，故定书名《粤港澳敌后抗战回忆录》。

这本回忆录以第一人称的视角，讲述亲身经历的故事，讲述留在他们记忆中那些刻骨铭心的人和事。这一个个具体生动的故事，人们可以感受到敌后抗战的种种艰辛，看到我们民族英勇抗敌的脊梁，体会到他们不屈不挠的革命精神。书中没有虚构的人物，也没有加工润色，只是把 70 多年前那些人和事未经修饰地搬到今天。这些回忆文章朴实自然地捧出那段经历，还带着泥土的气息，裹着战争的硝烟，或许这种艺术的真实感更能获得读者的理解和共鸣。

对文中个别不切之处，我们通过各种途径查证，多次仔细核对历史资料，做了注释。

本书适合全国各类人群阅读，尤其是广大党员，解放军指战员，广大青少年，党史、军史工作者。亦适合港澳学生以及民众阅读。

粤港澳抗战文化是大湾区红色文化的一部分，是大湾区宝贵的精神遗产和财富。我们希望香港青年通过这本书了解当年日寇侵占香港时，中国共产党没有忘记香港同胞，没有放弃香港这块祖国的土地。共产党领导的东江纵队挺进香港，与香港人民一道奋起反抗侵略，他们不惜流血牺牲，一直战斗到日本投降。我们企盼香港青少年通过学习香港真实的历史，进一步增进对党和国家的感情。

这本回忆录讲述的故事，是作者自己亲历的历史事实，是抗战时代的一个个缩影，所以它具有一定的史料价值，为后人研究历史和著述提供了参考。

广州市东江纵队研究会会长 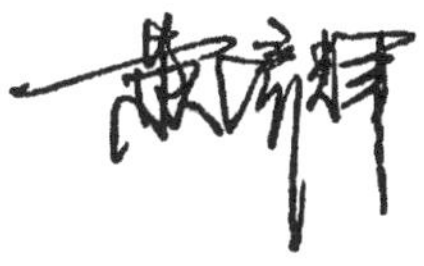

2021 年 5 月 13 日

目录

粤港澳敌后抗战回忆录

上册

第一章　创建敌后抗日武装

第二章　华南作战　牵制日军

第三章　海上游击战

第四章　大城市游击战

下　册

第五章　省港秘密大营救

第六章　无形的战场

第七章　创建抗日根据地

第八章　抗战雄杰

第一章

创建敌后抗日武装

“多事之秋”

杨康华

撤出广州

1938 年 10 月 12 日，日本侵略军在惠阳大亚湾登陆，直逼广州。广州告急。

在此之前，张文彬赴延安参加六届六中全会，省委书记工作由李大林代理。

在日军进逼广州的情况下，李大林和长江局巡视员黄文杰于 10 月 18 日主持召开省委紧急会议。会议决定：省委机关迁至粤北韶关；成立中共西南特委（后改为粤中特委）、东江特委和东南特委，省委常委奔赴各地分片领导工作。

广州沦陷前夕，《救亡日报》发表当天社论，夏衍只写了几句，写到“火已烧到睫眉上了……”，就写不下去了。这时省市委都忙得很，省委着人拿来要我续写，我就写了这篇千把字的社论，号召各界群众保卫广东、广州，坚持抗战到底。

省委会议后，梁广急匆匆赶到我家传达省委紧急会议精神，并通知我和徐静如，立即随他撤退到香港，参加东南特委工作。随他一起撤退的还有他的夫人徐华淑以及省委组织部干事温焯华。我们一行五人，于 21 日凌晨赶到码头乘搭开往中山的轮船。这时，日军的枪炮声已在广州北郊响起，市里一片混乱，人们四处奔跑逃命。挤上轮船的人太多，以至我们无法靠近上船的舷梯。梁广不愧为见过世面的革命者，他处乱不惊，急中生智，钻进人群中，很利索地爬上船头，找了一条绳索扔下来给我们，让我们沿着绳索往上爬。这样我们 4 人逐个爬上了轮船。上船不久，船就启航了。

我们五人回头看着将沦陷的广州，心中有说不出的悲愤和沉痛。国民党余汉谋十多万守军未对进逼广州的日军进行认真的抵抗即狼狈弃守，这真是令人痛心疾首的事情！事后群众都讥讽这些无能的人物，说余汉（无）谋，吴铁（失）城，曾养（无）甫（谱）。

就这样我们到了中山，第二天到澳门。

后来，我从《新华日报》中看到一则消息，日军进逼广州时，陈济棠派出看护训练班第一中队（包括广州湾华侨救护队）共80多人，于10月19日到达增城前线抢救伤员。20日上午，日军炮火轰击县城，国民党守军不战而撤，护干班人员失去军队掩护，仓促与扑来的敌军搏斗，牺牲50多人。可见战斗之惨烈！国民党守军撤退之仓促！

在东南特委

广州于1938年10月21日沦陷。此前，香港已有了中共地下组织，并建立了中共香港市委，吴有恒任书记，周伯明任组织部部长，吕良（黄宇）任职工部部长，杜埃任宣传部部长。全港党员共670人左右。他们领导群众建立抗日团体，开展宣传义卖、募捐等活动，为支援抗战作出了很大的成绩。

我和梁广、徐华淑、徐静如、温焯华一行五人经澳门到达香港后，10月24日成立中共广东省东南特委，梁广任书记，吴有恒任组织部部长，我任宣传部部长，钟明任青年部部长，委员还有曾生、孙康。东南特委领导香港、澳门、惠阳、东莞、中山、南海、顺德及广州近郊等地的中共组织，以及中共香港海员工作委员会。我分管香港区委、中山县委、南（海）顺（德）县工委及澳门的党组织。为便于开展工作，我隐姓埋名，取名杨康华，这个姓名一直沿用至今。我的爱人徐静如这时也改名为张逸，以后一直就用这个名字。

东南特委成立后，设立香港、九龙两个区委，分别由吕良、曾珍负责。原中共香港市委撤销，市委宣传部的人员及属下的文化直属支部转归东南特委直接管辖，原中共香港市委组织部部长周伯明，以及中共香港海员工作委员会书记曾生领导的一批相当重要的干部，也转归东南特委领导。东南特委的内部交通是徐华淑，梁广通过她联系吴有恒和我，她也是梁广与廖承志、刘少文、潘汉年等人的政治交通。

广州失守前，香港市委领导下的党员是省委辖下各地方组织中人数最多的。因此，广州与省内各县市相继沦陷后，省委给东南特委的两大中心任务是：一，动员大批干部、党员及群众积极分子到惠阳、东莞、宝安、南海、顺德等地，开展抗日游击战争；二，输送干部党员到其他地方开展党的组织工作。

东南特委坚决执行这一任务，将回内地工作作为香港的每一个党员应有的责任，在各党支部中开展讨论和动员，并通知党员准备随时回内地去。在党领导下的各群众团体中，东南特委提出了“动员群众，回内地参战”的口号，在群众中进行动员和讨论。宣传动员工作的方式，一是经过党内鼓动后直接介绍党员、群众到党所领导的抗日武装中去；二是动员党员参加各种回乡服务团、工作团到内地工作，这是主要的方式；三是经过党组织决定，派党员干部到各地做党的组织工作。从1938年11月至1939年7月共9个月的时间内，东南特委共动员党员、群众650多人（其中党员约250人）回内地参加抗战，其中曾生、周伯明等市委一级的领导干部5人，区委一级的8人，支部书记约三四十人。这批党员、群众中，到东江惠阳曾生游击队、东莞王作尧游击队、博罗陈文博游击队的共300人以上；到东江华侨回乡服务团、歌剧团、工作团等共约120人；到琼崖回乡服务团的共约40人；到西江、中区等地的共约40人；到南路参加张炎的学生军约100人；到南路服务团约30人；省内其他地方也有个别人前往。

动员工作还包括财力物力方面。所有回内地的工作团都由香港经常供给活动经费与生活费。东江惠阳曾生部队的经济来源有三分之一是靠香港方面的党员组织发动募捐得来的。

由于大批的党员、干部回内地参加抗战，香港的党组织出现了干部缺乏、党员人数锐减、组织制度不健全、党的群众工作开展不力等严重的情况。吴有恒有一次在会议中写了一首打油诗："宣传组织分不开，鼻涕屎尿一齐来。若然这样搞下去，不到三年就垮台。"

1939年七八月间，东南特委召开会议，总结了前一段香港党组织动员大批党员、干部、群众返回内地支援和参加抗战的成绩，也指出了当前香港党组织存在的问题，提出了加紧教育工作、整理组织、逐步恢复香港党组织基础的决定。确定了党在现时的中心任务是：（一）使衰弱了的党组织健强起来；（二）吸收在群众团体中积极工作的起作用的分子入党；（三）举办训练班，训练新提拔起来的支部书记。

我们东南特委的几个同志数月来全力以赴，常常超负荷工作，特别是负责组织工作的吴有恒，经常拂晓就起来，一直干到深夜12点以后。经过大家的努力，我们既完成了省委交给的支援内地抗战的任务，又使香港各基层党的组织恢复和稳定下来。到1939年11月，全香港党员人数共631人，支部一级以上的干部八九十人，群众工作也重新开始活跃起来，恢复了日常的活动。

东南特委成立初期还进行了一项重要的工作，这就是向所辖各级党组织传达中共中央六届六中全会和省委会议的精神。1938年底，张文彬去延安参加六届六中全会后回到广东，即在省委传达六中全会精神，随后于1939年3月到香港召开东南特委扩大会议。参加这次会议的有八路军驻香港办事处主任廖承志和工作人员连贯，东南特委梁广、吴有恒、杨康华等三名常委，还有工、青、妇委，香港海委的负责同志，以及东江特委书记尹林平等。会上，张文彬传达了六中全会精神，并提出了省委决定的当前党的四大任务：（一）广泛发展敌后游击战争，配合正规军打击敌人；（二）扩大动员组织群众；（三）建立统一战线精神团结的范例；（四）建立强大的党组织基地。

会后，由南顺工委常委、宣传部部长、统战部部长黄云耀带路，我和温焯华一起经澳门到中山参加县委扩大会议，澳门工委书记林枫以及黄云耀也列席参加。我代表东南特委传达了六中全会精神和张文彬、廖承志反复强调的关于搞好武装工作的指示。我说："张文彬和廖承志在东南特委扩大会议上多次强调，在敌后前线必须发展独立自主的武装斗争。我们组织的方法，无论采取哪种形式出现，是否能取得国民党队伍的番号，都必须保持我党政治上、组织上、军事上的独立自主。一个中队总得有一定数量（20%左右）的党员在内，这样，部队才能生存与发展，敌顽拉不走，打不垮，拖不散。"会议还根据中山县上层人士不同的政治倾向，提出了团结张惠长，争取或中立国民党挺进第三纵队司令袁带和中山守备队副司令康楠，孤立打击县党部书记长林卓夫的统一战线工作方针。我之所以把开展独立自主的抗日武装斗争工作摆到很重要的位置上，并不是因为对这一问题有特别深刻的认识或经验，主要是我们到香港后，无论是惠、东、宝、南、顺，还是海南岛有人来港请示汇报工作，廖承志都叫我们参加，每次他都十分强调组织武装，这样，我们经廖承志耳提面命，便耳熟能详，慢慢地熟悉了组织武装的重要意义和基本原理。温焯华在会上讲的警句非常好，他说："如果不重视武装斗争，将来就一定要接受血的教训！"

中山县委扩大会议结束后，温焯华返香港，我由黄云耀带路经过小榄，然后步行到顺德的白藤江尾。这里住着黄云耀的一个族叔，他在当地有一些鱼塘，还有几亩耕地，黄云耀利用他家作为交通站，我们路经此地便在这里食宿。一路上，黄云耀再三交代我装扮成哑巴，因为我不会讲顺德话，一开口马上就会引起别人的注意。第二天，黄云耀带着我经马宁到龙眼找到了在顺德地方武装搞政治工作的何干成，然后，我们三人经黄莲划小艇过三洪奇去北滘。当小艇从三洪奇江面转入北滘的小河涌时，前面不到 100 米远的地方停着一艘日军铁拖（铁制机动拖船），船上插着一面日本旗，一群日本兵正在吃晚饭。这时我们身上没有武器，又不能掉转船头往回跑，情况十分危险。大家保持镇定，慢慢地继续向前划着小船。幸而黄云耀对地形、水路很熟悉，当小船离铁拖只有十几米时，他驾小船突然向左拐进一条小涌，避过日军铁拖，然后拼命向前划，直到北滘槎涌上岸，步行到独洲“三三农场”。这个农场是黄云耀从中山大学毕业后回乡办起来的。他在中大读农科，办农场的目的一是为搞农业实验，更重要的是便于接触农民群众，作为开展革命工作的一个据点。在那里，我们召开了南顺工委扩大会议，到会的有南顺工委书记范毅，管武装工作的邓桂林、黄云耀、何干成和农民老党员梁棉等。林锵云因去中区还没回来，所以没有参加这次会议。这次会议着重解决广州沦陷后，南（海）、顺（德）地区如何加强党的建设，坚持和开展武装斗争等重大问题，是一次十分重要的会议。会议先是传达了中共中央六届六中全会的精神和张文彬、廖承志在东南特委扩大会议上的讲话，然后结合南顺的情况，着重研究如何开展武装斗争。大家展开了热烈的讨论，普遍认为队伍的给养很成问题。当时，党在这里组织了一支游击队，给养主要靠黄云耀的同学姚泽礼接济。姚的父亲是姚石川堂（今广州北京路青年文化宫附近）的老板，是做药材生意的。黄云耀开的钟表店就在其对面，两家人又是世交，彼此关系很好。因广州被日本飞机轰炸，姚老板感到在广州生意难做，不得不转到澳门去做生意。出于对日本侵略者的仇恨，也出于一种爱国心，经黄云耀的动员，姚老板捐了些钱给游击队。但他所捐毕竟有限，部队的给养和装备越来越困难，队员暂时疏散回乡者颇多。因为这种情况，个别同志在会上提出了一些错误的观点：（一）认为敌强我弱，各方面条件又十分困难，不能继续搞武装斗争，应把武装藏起来，人员全部分散隐蔽，待日后形势发展再说；（二）在这样困难的条件下搞武装，可采用土匪的一些做法去弄钱来维持部队；（三）既然我们条件这样困难，不如把部队归拼到国民党团队或当地有势力的游击队中去。对这些错误观点，大家根据中央和省委提出的工作方针、任务和精神，联系南海、顺德的情况展开讨论和批评。最后，大家统一了认识，一致认为一定要坚持独立自主的原则搞武装建设，坚持开展游击战争，打击敌人，保卫人民，才能取得人民的拥护，逐步解决部队的给养。为解决目前的困难，可在港澳搞募捐活动。会议经过大家反复讨论研究后作出决定：在适当的时机，经过周密的布置，可以先在大良等城镇采取有效军事行动，打击敌伪，扩大政治影响。因此，才有了后来三次打大良的行动。

在廖承志领导下工作

对于组织抗日武装斗争这一重大问题，廖承志与张文彬等中共广东省委领导人的认识是一致的，也是他关心和指导东南特委最多的一项工作。1938 年 4

月中共广东省委成立之时，省委就对开展武装斗争的问题进行了讨论，并要求各地党组织努力建立群众武装自卫团体，号召党员积极参加群众武装工作。8月，李大林和尹林平在广州召开东莞、增城、南海、顺德、从化、花县、三水等广州外围几个县委的人民武装工作会议，研究如何建立和掌握人民武装的问题。会议决定：各地党组织要千方百计地利用各种合法形式组织人民抗日武装，积极推动国民党当局举办自卫队的军事训练班；党组织要派党员积极参加军事工作，学习军事，争取掌握群众抗日武装。根据省委的指示，经当地党组织的努力，东江、珠江一带的武装斗争逐渐开展起来，如东莞方面王作尧等人领导下的常备壮丁队和模范壮丁队；宝安方面刘向东、王启光、黄木芬等人领导下的民众抗日自卫队；增城方面阮海天、杨步尧等领导下的广东民众自卫团增城县第三区常备队；惠阳方面严尚民、叶锋等以香港惠阳青年回乡救亡工作团的名义，发动和组织乡村群众建立的抗日自卫武装。10月中旬，日军在大亚湾登陆后，廖承志根据党中央的指示和省委的决定，在香港召集海委书记曾生和香港市委书记吴有恒开会，研究开展东江敌后游击战争问题。会上，曾生自告奋勇回惠阳发动群众，组织抗日武装。会议考虑到周伯明曾参加过东北军，又到过延安学习，有一定的军事常识，最后决定：由曾生、周伯明、谢鹤筹带领一批党员和积极分子到惠阳坪山，建立中共惠（阳）宝（安）工作委员会，组织人民抗日武装。正是这些我党领导下的抗日武装队伍，在敌人进逼广州，国民党守军闻风而逃的情况下，不畏牺牲，英勇战斗，给横冲直撞、不可一世的日本侵略者以多次的打击，鼓舞了广东人民抗战到底的斗志。10月17日，阮海天率增城县第三区常备队在仙村圩的竹园涌附近，伏击行驶于东江河上的日军船只，击沉敌橡皮艇一艘，击毙日军十多人，缴获敌木船一艘和军用物资一批。19日，王作尧等率东莞常备壮丁队和模范壮丁队一部，扼守东江河畔榴花塔一带高地，阻击日寇，坚守阵地一星期之久。这是中共东南特委成立前东江人民在广东党组织领导下开展抗日武装斗争的基本情况。中共广东省委成立后仅半年的时间即在东南沿海的几个重要县、镇都初步建立起抗日武装，可见省委是重视武装斗争的。其总的方向是正确的，所取得的成绩也是不容抹杀的。

（节选自《杨康华回忆录》，广东人民出版社2001年版）

作者简介：杨康华（1915—1991），原名虞焕章，祖籍浙江省会稽（今绍兴），1915年1月出生于广州市一个知识分子家庭。1935年就读于中山大学法学院时，积极参加抗日救亡运动，与进步同学组织秘密左翼团体“马列主义行动团”，成为广州地区“一二·九”运动的积极发起者和策划者之一。1936 年 3 月加入中国共产党，同年毕业于中山大学。1938 年任中共广州市委宣传部部长，广州沦陷后在香港任中共广东东南特委宣传部部长、香港市委书记。1942 年 1 月到东江游击区，同年 2 月任东江军政委员会委员、广东人民抗日游击总队副政委兼政治部主任，1943 年 12 月任东江纵队政治部主任。1946 年夏北撤山东，历任华东军政大学第五大队政委并兼该校党务委员会委员、中共中央城市工作部第二室主任、两广纵队政治部主任。中华人民共和国成立后，曾任珠江军分区副政委、中共珠江地委副书记兼组织部部长、广东省教育厅副厅长、中共华南分局宣传部副部长、省委文教部部长、省委宣传部副部长、省委统战部部长，省委委员、广东省副省长、省第二届政协第一副主席，暨南大学校长、校党委第一书记，中共广东省顾委副主任。是第三届全国人大代表。1991 年 10 月 31 日在广州逝世。

满怀壮志赴国难

——香港和华侨爱国青年参加新编大队的概况

郑　戈

新编大队是东江纵队的前身之一，其编成经过及活动简述如下。

1938 年 10 月 12 日，侵华日军在大亚湾惠阳县澳头登陆，发动侵略华南地区的战争。第二天，八路军驻香港办事处负责人廖承志，根据党中央“要在东江敌占区后方开拓游击区”的指示，决定派当时任中共香港海员工委书记的曾生、中共香港市委组织部部长周伯明、中共香港区委书记谢鹤筹，带领中共“余闲乐社”支部书记兼社长周石永等香港党员和爱国青年 60 多人，于 10 月 24 日到达坪山。后来香港市委再次动员党员和爱国青年 68 人，由党员刘宣带领到坪山。以这 100 余名从香港回来的党员和爱国青年为基础，在坪山地方党和广大群众，以及由香港回到惠阳地区发动组织群众的“惠青”工作团的大力支持下，叶维儒献出全新 7 支短枪，坪山党组织送来 8 支步枪，国民党温淑海部借给 10 支步枪，罗坤部借给 5 支步枪。这样，一支有 30 多支枪的抗日武装队伍在坪山建立起来，由周伯明带领进行训练。

根据中共广东省委的指示，由于初建时部队力量薄弱，不宜过早暴露党领导的真面目，所以在 1939 年 2 月，以群众自发的抗日武装，争取国民党军队的番号，以利于广泛发动和组织群众，建立党领导的人民抗日武装。经过努力做好统战工作，部队取得当时龙岗国民党驻军一五一师温淑海旅长给予的“惠宝人民抗日游击队总队”的番号，并委任曾生为总队长。于 1938 年 12 月 2 日“惠宝人民抗日游击总队”在淡水周田村叶挺将军家乡宣布成立，曾生任总队长，周伯明任政治委员，郑晋（郑天宝）任副总队长兼参谋长。总队有 80 多人，重机枪 1 挺，轻机枪 1 挺，长短枪 70 余支，下属彭沃任队长的特务队。在此之前，日军再次进犯坪山，国民党军温淑海部溃退到沙头角撤过香港时，在沙头角丢弃重机枪、轻机枪、步枪等许多武器，为我队捡获。当时部队的经费全靠华侨和香港同胞捐助，国民党只是给了一个空头的番号，既不发粮饷，也不发枪支，活动地区只限在坪山。又于 1939 年 5 月，经过统战工作，争取到国民党惠州第四战区司令部将“惠宝人民抗日游击总队”正式改编为“第四战区第三游击纵队新编大队”（简称新编大队）。新编大队惯称“曾生部队”，王作尧领导的第二大队惯称“王作尧部队”。

在改编为新编大队时，全大队已有 200 余人，大部分是香港和南洋[①]回来的党员和爱国青年，另有叶挺警卫营的部分人员 70 余人。大队下属第一、第二中队和特务队，曾生任大队长，周伯明任政训员（后卢伟良），周伯明、郑晋（郑天宝）任副大队长。

当时新编大队活动的地区，以坪山圩为中心，东起大鹏半岛，西至沙头角、莲塘及深圳附近约 60 公里，南起沙鱼涌、盐田，北至淡水附近、龙岗、布吉约 30 公里，整个面积约 200 平方公里（现均属深圳市）。深圳、沙头角、横岗等地常驻日军，新编大队处于抗日前线的沿海区域，与香港“新界”隔海相望。新编大队在此地区内，高举抗日旗帜，积极出击日军和广泛发动群众，1939 年 9 月 12 日曾收复被日军再次占领的葵涌、沙鱼涌；3 天后又在马峦头阻击日军，打退敌人进犯；接着夜袭沙头角附近日军据点，毙伤日军 30 余人，毙战马 3 匹。从 1939 年夏秋开始，新编大队积极开展抗日游击战争，与日军作战 30 余次，揭开了惠宝边抗日游击战争新的一页，给香港同胞和南洋侨胞极大的鼓舞，

① 南洋指东南亚一带。

许多青年纷纷回来参军抗日。我和叶识照、许洛拉、顾仕根就是这时候经香港回到东江参加新编大队的。

从1939年5月至1940年3月，南洋华侨先后驾车参加新编大队的有：马来亚的吉隆坡队、文森队、两才队、加影队、星柔队、双义月队等和安南、暹罗等地的爱国青年约200人。[①] 此时，是新编大队大发展的鼎盛时期。全大队战斗队伍达400余人，加上大队部、政工队（由安南队组成）、医院、被服厂、修械所共600人左右，其中包括由香港和南洋到坪山直接参加新编大队的男女爱国青年约500人（到“东团”者未计）。

这些香港和南洋来的爱国青年，年龄都在15岁至18岁左右，绝大多数家庭贫苦，其本人又是小学生、半工读生、学徒、店员、报童等，少数是家庭较富有的中学生。他们在进步老师、同学和家庭的教育下，都有一颗热爱祖国的赤子报国之心和不愿当亡国奴的志气。当祖国危险的时候，离别父母兄妹，远涉重洋，勇赴国难，投奔中国共产党领导的新编大队，拿起刀枪抗日救国。其中有些同志，在参军前就已是当地共产党员、共青团员和当地共产党领导的革命团体的成员，这些同志后来大多成为东江纵队各个时期的军政骨干力量。

这些爱国青年，参军后经受了锻炼，克服了许多困难。他们首先遇到的最大困难，是不习惯部队紧张的军事生活。由一个散漫的老百姓，过渡成为有纪律性的军人，是每个新战士都必须首先经受的考验。他们经受军事操练，行军、跋山涉水，集体吃饭、睡觉、学习、娱乐等。经过3个月的军事生活锻炼和政治思想教育，绝大多数同志逐渐习惯紧张的军事生活，初步形成遵守纪律、服从命令的革命军人作风。当然，也有个别人受不了紧张的军事生活和铁的纪律约束而离开了部队，成为抗日大浪潮中淘去的沙粒。从泰国回来的潮汕籍同志，还要学会广州话、客家话，比其他同志多了个语言关。

他们遇到的另一个困难是缺乏战斗经验和做群众工作的经验，他们既没有打过枪，更没有打过仗，又不会发动组织群众。当时大队的领导采取将他们分散到各个战斗中队去参加实践锻炼，以及集中一部分同志（女同志为主）分散到各地区去做民运工作的方法，使这些同志在实际工作中得到锻炼，逐渐学到一些打仗和做群众工作的经验。当时，打过仗的有老红军郑晋（郑天宝）、彭沃、翟信、陈石甫，以及周伯明等同志，后由上级派来曾是红军指挥员的梁鸿

---

① 这里的“马来亚”“安南”“暹罗”均为旧称，分别对应现今的马来西亚、越南、泰国。

钧、卢伟良、邬强、李松等老同志。由这些老同志带领这些海外赤子在训练班里和实战中学打仗，学做群众工作，从而提高他们的思想工作能力和对敌作战的军事技术、战术，增强他们胜利的信心。

1940年3月，国民党顽固派掀起第一次反共高潮。驻惠州的国民党顽固派集中3000兵力围攻组建不久仅有500余人的新编大队还有王作尧部队。由于对当时政治形势估计的错误，部队向海陆丰方向转移（史称“东移”），而不是向东宝敌后挺进。政治上的错误导致军事上的被动挨打，在惠东的斧头山战斗、高潭水口战斗、海丰公明圩附近的九龙坳战斗，都遭到国民党顽军的袭击围攻。新编大队受到很大损失，由坪山出发时下属3个中队、1个干部队、政工队的500余人，经过3次较大的战斗后，战斗减员（包括死伤、被俘、失踪等）和非战斗减员的数量很大，只剩100余人的队伍（包括王作尧部的第二大队人员）。此时的新编大队和第二大队处境非常艰难险恶，稍有不慎就会被敌人全部消灭。部队被迫频繁地夜行军转移，露宿山头，日晒雨淋，受尽饥饿和疾病的折磨。很难想象在此情况下部队能有多少战斗力。以我本人的经历为例：在高潭水口战斗后，因脚伤与20多位伤病员隐蔽在某高山洞穴里。由于顽军在山下重重围困封锁，我们这20多位伤病员整整挨饿4天4夜，粒米未进。开始第一二天还能出洞找些树叶树皮充饥，第三天连起身出洞的力气也没有了。到第四天只能躺着口吐白沫，呼吸急促，奄奄一息了。我心想：“莫非在此为国捐躯！”好在命不该绝，第五天的上午，地方党派人将番薯浸在一担尿里，装作给山田送肥，避过顽军耳目，挑上山来救了我们20多人。此后不久，我又因患恶性疟疾，每天都发病，时而寒冷不堪，时而又高烧难忍。数天之内，将我这个才15岁正在长身体的小青年，折磨得骨瘦如柴，连坐起身的力气也没有。部队只得将我孤身一人，托付给当地一位红军烈属老阿妈照顾。她将我隐蔽在阁楼上的打稻大桶里躲着，每天给我送些开水和米汤，并且巧妙应付避过两次顽军的搜查。没有任何药物治疗，全靠自身抵抗力战胜疾病。一周后，我病体稍好，我将身上仅存的国币一元五角钱，全部送给老阿妈作为我的伙食费，依依不舍地告别救命恩人老阿妈回到部队继续战斗。

这些艰险经历，我终生难忘。我总算是个幸存者，而有不少同志在战斗中英勇牺牲了。被俘的何与成、卢仲夫、李燮邦等6位领导同志，坚贞不屈，在惠州监狱中壮烈牺牲。被俘的60多位同志在惠州监狱中被活活饿死病死，其中许多是从南洋和香港回来参军的志士。

在“东移”海陆丰行动中，从南洋和香港回来参军的绝大多数爱国青年，以高度的爱国主义精神，经受最为严峻的锻炼和考验，逐渐提高政治思想觉悟，奠定了终身为革命事业奋斗到底的思想基础。此后，新编大队培养出泰国归侨林文虎烈士那样英勇杀敌的全国海军战斗英雄。还有香港回来的当年已 45 岁的革命模范母亲李淑桓（郭太）烈士，她除了动员许多香港爱国男女青年回来参军外，还带领全家 7 个子女，除长子去延安外，其他 6 个子女连同她自己一起参加新编大队。后来她在东莞做民运工作中被捕，坚贞不屈，英勇就义。她的事迹一直在东江纵队中传颂。

1940 年 8 月，按照党中央“五·八”指示，剩下的 100 余人队伍，从海丰重返惠东宝敌后，广泛发动组织群众，积极开展独立自主的抗日游击战争，建立东莞大岭山、宝安阳台山、惠阳梧桐山等抗日根据地。

1941 年 12 月日军侵占香港后，大批香港男女爱国青年（约五六百人）回来参加部队，又掀起第二次香港爱国青年回来参军的高潮。

1943 年 12 月 2 日正式宣告中共领导的东江纵队成立，直到日本投降前夕，东江纵队从无到有，从小到大，从弱到强，发展成为 11000 余人的队伍，成为华南抗日的一面光辉旗帜。先后共有 1500 余名华侨和香港爱国青年回来参军抗日救国，他们的功绩永载史册。

作者补记：

1994 年 12 月 25 日在广州举行纪念新编大队 55 周年集会时，能联系到的当年新编大队老战友 65 名，能出席聚会者 36 名，最大年龄 85 岁，最小 69 岁。

2000 年 5 月 25 日在广州举行纪念新编大队 61 周年集会时，相隔 6 年，曾生夫妇、周伯明、黄业、李家富、李兆华等 11 名病逝。除住国外、外省外地 14 位未通知外，广州地区（包括佛山、东莞）除卧病、年老行动不便者，到会 26 名，最大年龄 90 岁，最小 75 岁。

作者注：原载《东莞党史》1996 年 1 月，编入《勇赴国难》时作了补充。

[原载《勇赴国难——郑戈（郑伟灵）回忆录》，中共广州市荔湾区委老干部局印制]

作者简介：郑戈（1924—2007），曾用名郑伟灵、郑克先。原籍广东潮阳，生于泰国曼谷。1936 年参加革命，1939 年春回国参加东江纵队，曾任中队长、大队长、两广纵队及三野 10 兵团 31 军团参谋长。先后在 31 军、10 兵团作战部门、南京军区军训部门任职。负伤6次，为二等甲级伤残军人。1954年毕业于南京军事学院第一期本科基本系。获三级独立自由勋章和三级解放勋章。转业后到江苏省地质局任职。2007年于广州病逝。

武装起来　抗击日寇

王作尧

武装起来

一

“当当……当当……”除夕夜，大钟楼的钟声刚刚敲响九下，我乘搭的一艘“花尾渡”（花尾渡，又称拖渡，一种用小火轮拖航的客船，因船尾漆着红绿花纹而得名。——原注）便拉响了汽笛，在浓雾中缓缓地离开了广州长堤码头。

这是一九三八年一月三十日。我因为在学生抗日救亡运动中暴露了共产党员身份，被国民党特务尾追查捕，党组织指示我结束在广州的工作，参加东莞党组织的工作，准备开展抗日游击战争。

“花尾渡”在黑夜中破浪前进，哗哗的流水声中，我又想起了几天前与广州市委外县工作委员会领导同志丘萃藻见面的情景。

“作尧同志，”一天傍晚，丘萃藻来到永汉路我居住的一间小阁楼中通知我说，“你在青年会中讲了两次有关游击战的课，国民党特务已经密切注意你，你不能再在广州待下去了。”

几年来，因为宣传抗日的缘故，我曾经被国民党通缉，不得不东躲西藏。七七事变以后，统一战线形成了，没想到在全国抗日高潮之中，我还得离开这里如火如荼的斗争生活。“抗日有罪，真是岂有此理!”我愤愤不平地说：“我们八路军、新四军挺进华北、华中敌后，到处打击敌人，国民党消极抗日，造成广大国土的丧失和百万大军的大溃退。眼看着日军不断深入，到处杀人放火，大好河山惨遭践踏，华南也将成为前线了……”

“作尧同志，”丘萃藻笑着打断我的话，“别担心，工委正要让你到抗战第一线去。”

“抗战第一线？”“是的。”丘萃藻点点头，严肃地说：“两广事变后，蒋介石中央势力侵入广东，但广东的实际统治者仍然是余汉谋。他在全国抗战高潮的推动下，曾经表现了一定程度的抗日积极性，但是，他仍然坚持片面抗战的方针，把希望寄托在日、英的矛盾上，错误地认为日军不敢南侵。在这种情况下，建立我们党领导的武装，是刻不容缓的。目前，党正在积极开展这方面的工作。东莞很快就要成立中心县委，现在已经掌握了一些武装，他们要求我们派个军事干部去加强领导。你是军校毕业生，加上又是东莞人，因此我们工委决定派你回去，在中心县委担任武装部长，争取尽快地发展东莞的抗日武装，迎接华南抗战的到来。东莞是广东的门户，作尧同志，这个任务你一定乐意承担吧！”

面临新的任务，我的闷气顿时烟消云散了。当时，我正负责组织一个前线工作队，准备到宝安去。接到新任务后，我便利用春节前的几天时间，抓紧时间把剩下的工作做完，将组织名单交给接我工作的前线工作队队长王启光同志。大年三十的晚上，我匆匆地赶上了往东莞的客船。

凉风像一把梳子细细地篦着我的思绪，此时此地，我开始慢慢地冷静下来了。考虑得更多的是今后的工作，怎样发展党领导下的武装？怎样才能把乡村用于械斗的武器掌握在我们党的手上？东莞的地形适合于游击战争吗？说实在的，我心中没有底。重担在肩，怎样才能不辜负党的期望，圆满地完成任务？我想得很多很多……

“共产党员及其领导的民众和武装力量，应该最积极地站在斗争的最前线，应该使自己成为全国抗战的核心，应该用极大力量发展抗日的群众运动。不放松一刻工夫、一个机会去宣传群众、组织群众、武装群众。只要真能组织千百万群众进入民族统一战线，抗日战争的胜利是无疑的。”洛川会议（洛川会议：一九三七年八月二十二日至二十五日，中国共产党在陕北洛川召开的政治局扩大会议。——原注）向全党发出的战斗号召就像是黑夜中的启明星一样，给我指明了方向，使我增添了智慧与力量。

江上的寒夜被抛在前进中的客船后面，短暂的航程迎来了黎明，农历新年到了。

清晨，客船在东莞县城——莞城码头靠岸。

东莞县位于广东省中南部，东江下游，珠江三角洲的东北角。它东南与惠阳、宝安交界；东北接壤博罗；北与增城相邻；西北与广州、番禺、顺德隔江相望；西面的珠江口是祖国南方各地与香港、澳门以及太平洋沿岸国家往来必经之地，也是我国国防的前哨基地。

东莞县一部分处在珠江三角洲中，土地肥沃，气候温和，到处都是稻海麻田、蕉林蔗地，是一个美丽富饶的鱼米之乡。

东莞是我的故乡，我的家就在离莞城不远的厚街。对于东莞，我是有着深厚的感情的。我特别喜欢东莞人民那种热情、爽朗的性格和勇敢、勤劳的优秀品质。东莞人民是英雄的人民，有着勇于抵抗外来侵略的光荣传统。南宋末年，当元兵南侵之时，有熊飞将军“军门一呼天地动，义士响应多如麻”的壮烈斗争场面；明末清初，东莞各乡纷纷组织起来抵抗清兵，水乡道滘一役，“血染春江半江水，士兵同时俱战亡”，歼灭清兵二千多人。他们气冲牛斗的英雄气概，直接激励了在鸦片战争和太平天国运动中的东莞人民。沿海的虎门，是鸦片战争的战场，销毁鸦片的大池、炮台上的巨炮，都记载下东莞人民可歌可泣的战斗事迹。东莞人民用不屈的意志和满腔热血，在中国近代史上写下光辉的一页。

一九二四年十二月，中国共产党东莞地方组织成立了。从此，工农群众便以主力军的姿态，出现在反帝反封建的行列之中。

如今，在抗日战争中，我加入这一英雄人民的战斗行列，心里感到十分激动。

上了码头，我按照指定的接头地点，穿过西城门，往力行小学去找姚永光同志。

暗号对上了，姚永光同志连忙把我领进了宿舍。一进屋，他就兴奋地握着我的手，忙不迭地问寒问暖，他说早就知道我这几天要来的了。从他那里，我感到了一股洋溢的热情。

老姚同志是外县工委委员，被派到东莞负责这一带几个县的党的工作。很快，我就从他口中了解到东莞党组织的情况。

我们党在东莞的工作基础是较好的。大革命失败后，东莞的党组织遭到了严重的破坏。九一八事变以后，随着全国人民风起云涌的抗日怒潮，东莞的抗日救亡运动很快就开展起来。莞中张广业、陈昶、王士钊等进步同学通过《农村战线》小册子的散发，认识了在广州工作的共产党员陈健同志，从而取得了与党的联系。不久，在“中国青年抗日大同盟”广东的负责人王均予同志领导下，于一九三五年八月成立了“中青东莞分盟”，一部分盟员加入了中国共产党。于是，在一九三六年十月，中共东莞特别支部正式成立，领导同志为王启光、王士钊、张联等。还有张广业、王河、王鲁明、谢阳光、赵学等一批老党员积极开展工作。一九三七年九月，上级党委派姚永光到东莞，于同年十月成立了中心支部，姚永光任书记，健全了党的组织，加强了党的领导。

这时全县的党员有三十多个，其中有一半在农村，一半在县城。

我来到东莞加入中心支部，老姚很高兴。我们分析了当前情况，都认为：要发展东莞地区的革命武装，必须首先尽快地发展、壮大党组织，将自卫团等武装掌握在我们手中，并且成立由党领导的武装小组。于是老姚和我便作出了分工，他留在县城，我先到农村联系。

工作即将开始了。我想，春节前后城乡流动的人多，便于活动，决定不放过这个好机会，立即往农村去。

二

乡村有个习惯，旧历年的头两三天，不出门远行。厚街有个支部，要去联系，老姚认为我还是先去厚街为好。一方面免得引起别人怀疑，说我回到家乡也不在家里过年；另一方面，回家看看母亲也是应该的。

年初二清早，我便告辞了老姚，步行二十多里，回到了厚街。我已经有两年没有回家了。

我家是个封建大家庭，祖父是清朝的武举人，在乡村中横行霸道，算是个“大人物”，乡中总是由他“坐局”（坐局：掌握政权之意。——原注）。在我八岁的那年他就死了，家道立即衰落下来。不久，家产就只剩下一座大屋和四五亩田地。

在这样一个封建没落的大家庭中，起了巨大的分化。我和琪妹以及堂兄启光为了求学，先后离开了家庭。后来，随着“一二·九”学生运动的高涨，一九三五年，我们都在广州参加了革命工作，到一九三六年都先后加入了党。参加革命以后，我和政治上反动的父亲分道扬镳。对于这个封建没落的家庭，没有什么感情，但我常常想念我的母亲和几个弟妹。

母亲原是贫苦人家之女，自幼丧父。我外婆纺麻度日，无法养活她，就把她卖给一个小地主当养女，长大后嫁给我父亲。生了第六个孩子以后，父亲就抛弃了她，跑到外头寻欢作乐去了。她孤零零地带着两个小儿子，纺线维持生活。她日夜操劳，还是欠了满身债。几年前，我在国民党军队中当副排长的时候，经常给她寄些钱。脱离军队后，就再也没有钱寄回家了，可想而知，母亲的日子是多么艰辛。

母亲的头发已经开始发白了，额头又添上了几条长长的皱纹。她微笑着看着我，除了高兴以外，没有别的表示。长年的屈辱、孤独的生活使她变成了一个善于掩饰痛苦的人，虽然在她的心灵深处埋藏着多少辛酸的泪。

母亲从不问我们在外头干什么，更不知道我们参加了革命，但从她的表情看得出，她对儿子的正派是深信不疑的。

“怎么，大冷天还穿着单衣裤?”母亲看到我穿得少，就翻箱倒箧地给我找衣服，找了半天也找不到一件可以保暖的。这时候，伯母在对屋看见了，就把堂兄启光在日本留学时穿的一件呢大衣拿过来给我，红着眼圈说：“拿去穿吧，阿光是不要的了。”

我知道启光哥留学回来后，因为反对父母逼他盲婚，离家出走，临走前留下一张纸条说这辈子再也不回来。看到启光哥这件衣服，我不知说什么好，只好默默地接了过来。

我在家里住了两天，除了接收厚街党支部的组织关系外，也抽出一些时间帮母亲干些活，还给她讲了一些城里的事情。

要走了，我不得不告诉母亲，今后我在莞城教书，钱很少，只能养活自己，还望她多多原谅，以后有空我一定常回来看她。

说实在的，随着抗日战争的发展，以后我看她的机会更少了，也正如我跟她说的，不可能给她寄钱了。一路上，我边走边想，什么时候，抗日战争胜利了，母亲知道我是共产党员，是为一切受苦受难的劳动人民而奔忙的，到那时，她就会真正地理解我了。

“抗战刚刚开始，工作还多着呢。”远处，莞城黄旗山的轮廓已隐约可见，我想起了自己肩负的使命，不禁加快步伐，向前走去。

旧历年初四，我回到莞城。年初五清晨，便开始了接收各地党支部和组织武装小组的工作，前往高埗、东坑、大朗、清溪、平湖、山厦等乡村。

高埗在莞城的西北面，是我们在水乡较大的据点。

东莞的水乡占了全县面积的三分之一左右，河网纵横，是“出门见鱼虾”的富饶之地。但是，对我们开展游击战争，它并不是理想的地方。一方面由于土匪恶霸多如牛毛，把水乡分割成一块块的“独立王国”；另一方面，由于交通不便，难以迅速转移。高埗之所以能成为我们的据点，主要是这里群众基础好。一九三六年张广业、陈前、卢克华同志在高埗小学当教员，积极宣传群众、组织群众，在群众中有较高的威信。他们发展了好几个农民党员，并且用各种名义购买了十几条枪，秘密地组成了武装小组。

我到高埗接收了组织关系，见到了武装小组的陈前同志。

陈前长着黄黄的头发、高高的鼻子，有一双活泼的蓝眼睛，活像个洋人，因此他有一个绰号叫“番鬼陈”。他原来是新会一间师范学校的学生，一九三四年师范学校组织学生到东莞来实习，实习过后，他就留在东坑小学，后来张广业把他介绍到高埗小学。陈前热情、能干，他在一九三七年加入了中国共产党以后，处处表现出积极向上的精神和过人的才能。在抗日救亡运动中，他出墙报，演街头剧，深入到农民家中做宣传工作；他利用自卫团的名义参加训练，练就了一手好枪法，是我们党搞武装斗争的好同志。但是，据说他曾经崇拜过无政府主义。我想，革命的武装，必须有铁的纪律，因此，在到高埗的第二天晚上，我便有意识地和陈前单独倾谈。

在熠熠的煤油灯下，陈前显得很兴奋，特意到学校旁的一间小店买来一瓶五加皮酒、一纸包花生，说：“我们躲在乡村什么也不知道，你刚从广州来，今晚就多谈些大城市的救亡运动，好让我见识见识。”我把广州的抗日救亡运动情况向陈前介绍了一番，然后把话题转了过来，向他问道：“陈前同志，听说你曾经崇拜过无政府主义。”陈前一怔，但随即诚实地说：“是的，我崇拜过，那是在找到我们党之前。”我进一步问：“无政府主义对抗日如何看的呢？”“无政府嘛，信仰也是无政府的，随便！抗日嘛，要抗，因为日本是有政府的，是法西斯政府。国民党吗？他们有个‘国民政府’，也要反对。至于共产党，因为暂时还没有政府，所以暂时不反对。”陈前笑着说。“如果共产党以后有政府，也反对吗？”“那——”“唉——”陈前拿起酒碗，呷了一口，长叹一声说，“正是呢，这个无政府主义真弄得人头昏脑涨。在中国，他们不顾人民疾苦，不管国家危亡，只图绝对自由的痛快，一边要反对日本侵略，一边又反对抗日的力量，真是发疯了。老王，别再提这个无政府主义，我恨透它了。”“光恨不行呀，”我回答说，“要认识它对革命工作的危害性，更要在工作中处处严格要求自己……”“老王，我明白了。”陈前激动地说：“我一定注意，今后你多帮助我吧。”“人家说你很爱玩，好喝酒，有时候还跟一些学生跑到村中的庙里拔神像的胡须，剥菩萨的衣服，是吗？”我笑笑说。陈前搔搔脑壳，不好意思地笑了。谈话一直持续到深夜。从这个时候起，陈前同志成为我生死与共的战友。这次谈话有点戏剧色彩，几十年以后，这次夜谈的情景仍牢牢地保留在我的记忆当中。

第二天，我离开了高埗，转到东莞的山区。

东莞的山区是连绵起伏的丘陵地区，山不高，大多是一些平缓的小山。在靠东江河边一带的小山岗，经过千百年的开发耕耘，几乎都给削平了，只留下一些较坚硬的石头山，像大馒头似的孤零零地立在沿江的稻田中。称得起山的是大岭山为中心的铁路以西的山脉，这条山脉从北向南逶迤曲折，其中屹立着几个较大的山峰：水帘山、马山、莲花山、马鞍山、宝山、大坪嶂山。这几个四百到六百多米高的大山，形成一条弧形的山脉，在这条山脉的南面是宝安县的阳台山、鸡公头山和梧桐山，东面是惠阳县的白云嶂、银瓶嘴和飞鹅岭。广东北部的五岭，是东莞这条山脉的来源。在这些大山的四周，则是像章鱼触须一样的小山包形成的山梁。山梁与山梁之间往往形成一些狭长的山谷。所以，东莞的山区，虽然不是深山峻岭，但地形复杂，有利于小部队回旋，是我们发展游击战争的理想地区。

我到的第一个点是在莞樟公路东面的丘陵地区东坑。

汽车往南开，在寮步下车后，往东走几里路便到达了。

在东坑和贵小学，我与当小学教员的卢仲夫同志接上头。当时，知识分子是开展农村工作的桥梁，东莞党组织的发展，往往开头就是由几个知识分子党员到农村去教书，接近农民，引导农民，然后发展其中的先进分子成为党员。东坑一带党组织的发展与卢仲夫的努力是分不开的。卢仲夫原不是东坑人，他出身贫苦，小时候被卖到东坑给人做儿子。屈辱的生活，使他自小勤奋好学，立志四方。他先后在东莞望角、黄家山等地教书。九一八事变之后，他投笔从戎，在江西寻邬（今寻乌县）国民党军队中当过文书。后来，在共产党的影响教育下，他提高了觉悟，毅然脱离了国民党军队，回到家乡积极从事抗日救亡运动。他起先参加了“东莞中青分盟”，一九三六年加入了中国共产党。他沉默寡言，深谋远虑，与热情奔放的陈前刚好是鲜明的对比。有他在东坑负责，我们是完全放心的。因此，我与卢仲夫接头后，强调了组织武装的重要性，便离开东坑往大朗。

大朗支部的负责人是叶镜源同志。叶镜源同志对武装工作比较重视，附近乡村用来搞宗族械斗的一些枪支都掌握在他们手上，他们的工作开展得比较好。我帮他们成立了武装小组后，便又赶往清溪。

从大朗往东南走，绕过东莞南部的交通中枢樟木头不远，就是清溪。

清溪乡南接宝安，东南靠惠阳，有几个山坳是三个县的交通要道。它的北面是樟木头到惠州的公路，西面是广（广州）九（九龙）铁路的两个大站：樟木头和塘头厦。东北、东南有数十里连绵不断的山峦，是个理想的游击区。

清溪有三个党员：张里夫、黄万顺和林锦华。张里夫在塘沥当小学校长，黄万顺在磨泥圩当教员，林锦华在清溪当小书店的老板。

我在林锦华的小书店中听了他们的工作汇报，他们说，这一带是客家人和本地人杂居的地方，由于语言、生活习惯、风俗的差异，存在着不少的隔阂，较难在农民中发展党员。

我向他们谈了当前的形势，要求他们无论如何，都要想办法迅速行动起来，完成三件重要的工作：一是抓紧时机，迅速发展党员；二是积极掌握武装，准备在本地区开展游击战；三是趁东莞军阀张我东正在清溪一带组织自卫团，派党员打进去，争取把自卫团掌握在我们手上。

任务比其他地区都重要，张里夫几位同志表示，一定想法克服困难，完成上级交给的任务。他们力量比较薄弱，而任务却又多又重。我在清溪待了好几天，作了一些具体的布置，才到平湖去。

平湖只有一个党员，叫刘曼之，工作很难开展，于是我和他一道走到三里外的山厦村。

山厦是一个很穷的小村，在第一次国内革命战争时期成立过农会，群众基础较好，村里的农民叶丽钧就是当年平湖农会会员。山厦村没有地主，村中有四条自卫枪都掌握在我党准备发展入党的青年农民手中。山厦的党员邬振样同志带我与进步青年谈了话。我在山厦住了三天，吸收了六个青年入党，并由他们组成了山厦的武装小组。

至此，我用了一个多月的时间，在农村中跑了一圈，跟分散在各乡的党员全部接上了头，并组织了几个武装小组。完成了这些工作，我怀着兴奋的心情折回莞城。

接着，我又到虎门去，与简易师范的党支部接上关系。

途经大岭山的时候，下起了毛毛小雨，广东的梅雨天到了。在雾雨中往山上望去，只见云烟缭绕，群峰环立，地势险要。村边上，齐刷刷的甘蔗林、婆娑的荔枝树，与满山的苍松接成了密不透风的丛林。山坑里小块小块的稻田，人们开始犁田了。村舍隐没在万绿丛中。多美好的山区啊！我不禁发出内心的赞叹。

大岭山不愧是东莞山区的中心，它虽然没有水乡那么富裕，人口也没有那么稠密，但它三里五里一个村庄，十里八里一个圩镇，村村相望，鸡犬相闻。在山脚下、村庄前，到处都种有浓密的簕竹林和高大的风水树，不走到跟前，是很难看到村庄房屋的。有些村庄甚至是依山傍塘，两侧设有碉楼，对于我们开展游击战，确是一个天然的好阵地。只可惜这一带还没有建立党的组织，不能马上开展工作。

走上一个小山坡，我又远远看到了与大岭山衣袂相连的水帘山。眼前的大山，使我憧憬着未来的岁月，仿佛自己已经置身于大岭山的环抱之中：在清澈的溪涧旁宿营；在密密的丛林间行军；在岩石旁，伸出一支支乌黑的枪口，警惕地对准了山下的敌人……

啊！大岭山，你将是我们的革命根据地！

三

在这段时期，我们党在莞城的工作也取得了不少成绩。这是许多同志共同努力的结果，他们对东莞武装的建立，起了重要的作用。后来这些同志大部分都在斗争中牺牲了。我永远怀念他们。

东莞城的力行小学，是何与成同志办的，他自己担任校长，目的是为了掩护党的领导机关。当时我和姚永光都住在力行小学，挂名是教员，其实我们都没时间上课。何与成因此得找一些政治可靠的人给我们代课，许多时候还得亲自代课。他呕心沥血，到处张罗，把能拿到的钱都拿来支撑这所学校。

为了广泛和深入地动员群众起来抗日，我们必须掌握舆论工具。当时，东莞有两家报馆，一家是国民党县党部办的《民国日报》，是极端反动的。虽然那时已经是国共合作团结抗日，可是它的社论一直都是在骂“异党”，极力宣传“一个主义、一个政党、一个领袖”。另一家是《东莞新闻》，由何鼎华和他的同学黎协万主办，逢星期三、六出版。何鼎华是何与成的哥哥。在我们党的影响下，通过同志们和何与成的努力，《东莞新闻》很快就成为进步的报纸，登载本地区的抗日救亡运动消息。每周的社论都是县中心支部根据抗战形势和任务撰写的。这样一来，《东莞新闻》销路大增，超过了《民国日报》四五倍，成为我们党的有力的舆论工具。我们农村的党支部也可以通过《东莞新闻》的社论了解上级的意图。《东莞新闻》后来还办了一个叫《老百姓》的通俗小报，以小学程度的农民为对象，使宣传工作更深入农村。

何与成还通过他的社会关系积极开展统战工作。他与东莞县社训总队的副队长颜奇有些交情，便努力争取颜奇，这对我们建立武装工作很有作用。颜奇是国民党庐山训练团的毕业生，军衔是少校，他掌握的社训总队是全县性的地方武装，每个区有一个常备中队，乡有一个常备小队，总队部直接掌握一个常备大队。颜奇对何与成很信任，推荐他担任了社训总队的政训员。在何与成的建议下，颜奇接受了我们一些党员同志到社训总队受训。于是，在社训总队中的两个壮丁常备中队里，班长以上的干部都换上我们的同志。

不久，我们分别吸收了何鼎华、何与成等同志加入了中国共产党。

四

东莞在一九三八年初只有三十多个党员，一个中心支部，至四月间党员增加了一倍，并成立了中心县委，兼管宝安、增城两县的建党工作。省委肯定了我们的工作成绩，表扬了我们的武装准备工作。

省委的表扬给我们增添了信心和力量。为了赶上组织发展的要求，我们中心县工委决定举办一个干部训练班。

二月，袁鉴文同志从陕北回来，四月担任东莞中心县委组织部长。他在抗大学习过，马列主义水平较高，训练班里有关政治方面的课程就由他负责。我担任的课程是游击战术，用的是刘伯承同志在江西“红大”的讲义。

不久，省委成立后又派来了黄高阳、祁瑞和、王夫三位同志。这时正值第二期训练班开始，干部训练工作的领导加强了。

干部训练班办了两期，我们的工作骨干经过学习，普遍提高了政治觉悟，获得了军事知识。

那时，国民党驻军153师和“东增宝抗日自卫团统率委员会”也有军事训练班，是轮训各乡村的农民的。这对我们是一个极好的机会，我们便通过一些关系，派了几个党员打进里面去工作。这些同志工作得很出色，“自卫团”中的两个政工队队长职务，都让他们“揽”了过来。陈修业同志担任“自卫团”训练班政治教官，实际上掌握了这个训练班。在训练班里成立了共产党的支部。鲁风、赵笃生、叶刚明等同志，就在这里入了党。于是，我们的农村党员就可以轮流到那里学点军事常识了。更重要的是，我们利用其中一个政工队，派人进入大岭山地区，开辟了山区工作。

颜奇管的社训总队下属的壮丁常备队，已逐渐由我们党所掌握，共产党员陈昶被派去当了中队长。到了日军入侵华南的时候，县委又派了莞城工人支部的书记黄士佳带领一些党员参加进去，在这个中队里建立了党组织。

正当我们有条不紊地建立武装的时候，国内形势发生了急剧的变化：由于蒋介石假抗日真反共，日军得以长驱直下，直逼武汉，广州危急。

省委指示我们：要紧紧地掌握武装，在日军登陆时把武装队伍集中起来开到河源县的桂山。省委准备以罗浮山和桂山为中心，领导广东东部的抗日力量展开游击战。

四月，根据省委的指示，正式成立了中心县委。姚永光任书记，袁鉴文和我是常委。派出委员张广业同志到宝安去筹备宝安县工委，委员卢仲夫、王鲁明、张里夫分别兼任三个区的区委书记。另外，抽调罗尧担任与省委直接联系的交通员。正在这时候，传来了清溪张里夫同志被敌机炸死的消息。失去了一位好同志，我们都十分痛心。清溪是我们准备开展游击战争的重要地区，我们只好把武装部的黄高阳同志派到那里去。

十月初，局势极度紧张。敌机开始轰炸东、宝、惠三个县的公路交叉点和较大的市镇。十月五日，日本军舰炮击虎门。敌人的炮弹虽然未落到莞城，但空气中仿佛已弥漫着炮火的硝烟。国民党县政府慌乱不堪，党政官员纷纷收拾细软准备逃跑。商店关门，集市空虚。每天，西城门口都聚集了不少探听战事的人们，稍有风吹草动，一传十、十传百，刹那间便传遍整个莞城。于是，人心惶惶，鸡犬不宁。西门口的“献金台”前，几天前热火朝天，现在突然变得冷冷清清。

这时，姚永光从广州参加省委扩大会议回来，召开中心县委会议，传达说：华南战事迫在眉睫，各地必须立即准备开展武装斗争。中心县委日夜开会，熬得大家的眼睛都布满了红丝。经过反复讨论，大家一致认为，除了在各区尽快地武装起群众，并派党员充实“壮常队”之外，由我们直接掌握一支武装队伍是目前的关键。在当前不可能公开亮出党的旗帜的情况下，我们必须成立一支完全由党领导的队伍，由党员和进步群众组成，利用国民党的番号，取得公开合法的名义，掩护县委独立领导游击战争。当时，祁锋同志是莞城学生支部书记、县青年救国会负责人，何佳同志负责妇女支部的工作，也是县妇女救国会的负责人。他们反映：莞城青年、妇女迫切要求武装起来抗日，要求县政府发枪。县委决定，立即成立“东莞抗日模范壮丁队”，由我担任队长，袁鉴文同志任指导员。

十月十日，空气更加紧张了。我和何与成匆匆找到颜奇，决定明天就宣布队伍成立，并且找县长要枪去！“明天——，明天就是投入武装斗争的关键时刻了。”我忽然想起了十个月前刚刚踏进东莞的情景，心情十分激动。远处，虎门方向传来了一阵阵沉闷的炮响，就像是战鼓之声在频频催征。

抗日枪声

一

十月十二日拂晓，我刚入睡，忽然，“轰”的一声巨响，把我从睡梦中惊醒。还没等我弄清楚是怎么回事，又传来了飞机俯冲的尖锐啸声和哒哒哒的机枪扫射声，一阵阵呛人的硝烟从窗外直扑进来。炸弹就落在我住地的附近，我本能地意识到——战争来到了。

我一骨碌从床上跳下来，首先想到的是枪。此时此刻，枪比什么都重要。昨晚，我不是约定颜奇今早向县长要枪吗？颜奇说，县政府仓库里有几十条旧枪。旧枪也好，有枪，能武装抗日啊。想着，我撒腿便去找颜奇。

路上，因为敌机的突然轰炸出现了一片慌乱，人们到处乱跑乱喊。

这情景，倒使我冷静过来。我意识到，目前最重要的还是人，没有人，怎么跟县长要枪？要了也是白费力气。于是，我掉转头，奔往力行小学去找姚永光和袁鉴文。

老姚和老袁正在力行小学焦急地等着我。我们赶紧商议，决定采取几项紧急的措施：一是按照预定的联系办法，马上通知所有在县城的党员和进步群众到新生小学（编者按：有说是立达小学）集合；二是立即派罗尧同志到广州找省委，请求指示；三是找颜奇到县政府要枪去，然后请他到新生小学，立即宣布成立“抗日模范壮丁队”。

老姚和老袁马上组织人员去了。我找到颜奇，跟他一起带着刚刚集中起来的几十人去找县长要枪。

平日戒备森严的县政府，如今衙门洞开，县长的家属早已搬到香港避难了。

在县长住宅里，连那个留下来的县长、他的一个师爷（师爷：帮助县长出主意、摇笔杆的职员。——原注）和几个马弁也都无踪无影。空荡荡的衙门内，凌乱不堪，桌歪椅倒，满地尽是破纸残灰。

在衙门侧面的仓库附近，我们好不容易才找到县长的师爷，他伏在一个土堆旁，正恨没有地洞可钻。

“县长哪去啦？”颜奇高声向师爷吼道。师爷爬起来，看到颜奇盛怒的样子，慌忙说：“刚才飞、飞机轰炸时，县长跳、跳起来就跑，衣服也来不及穿，带着几个马弁，从后门跑出去了，恐怕是跑到东门躲飞机去了。”“还回不回来？”“回来的，回来的，县长的东西都在，也没叫我们搬，大概飞机轰炸过后就会回来的。”

听到县长逃得不远，我们才舒了一口气。这时，敌机的轰隆声渐渐地在远处消失了。待师爷喘过气来，颜奇又向他问道：“有什么消息吗？”“哎，颜总，您还不知道吗？”师爷为了遮掩刚才惊惶失措的狼狈相，装出镇定的神态，张开鹅公喉，演讲似的说道：“刚才自卫团来电话说，日本人在澳头登陆了，我还未来得及问清详细情况，电话就中断了。现在，飞机已经向增城、博罗的方向飞去，看来，日军正在向北推进……”“虎门那边怎样？”我打断了师爷的话，迫不及待地问道。虎门是珠江的要塞，要是虎门失守，珠江口就掌握在敌人手里了。“啊，虎门吗？你听，那边不是没有炮声了吗？自卫团说，虎门要塞司令部和守备团，昨晚天一黑就开始撤退，已经退出来啦。”

我和颜奇气得说不出话来。我只觉得心里头一阵阵地绞痛，血往头上涌。我心里直骂那班军阀官僚，什么“焦土抗战”，完全是骗人的鬼话。一万多正规军镇守的虎门第一线，不击自溃。平日高喊着不怕流血牺牲，誓与国土共存亡，可炮声一响就吓得鸡飞狗走。他们有什么脸见东莞几十万人民！他们哪有一点儿中国人的骨气！

颜奇的脸色一阵红一阵白，他破口骂道：“丢那妈，尽是些软骨头，他们不敢打，我们敢打！师爷——”他用手指着仓库：“你去把仓库打开，把枪支弹药统统拿出来，我们敢打！我们去打！”

不知是颜奇的声音太大，还是他话中的分量吓倒了师爷，师爷变得口吃起来：“你、你敢打吗？人家数以万计的正规军，加、加上这么多自卫团，都不、不敢打。你有几、几多人？几条枪？连、连条轻机都有……再、再说，县长又不在，我……”

我想，师爷的确是不敢作主的，现在时间紧迫，许多事情还要办，无谓在这节骨眼上与他白白消耗时间。于是，我对颜奇说：“走吧，过一会我们再回来吧，模范队还得请你宣布成立呢。再说，全盘工作我们也要布置布置。”

“好吧，”颜奇盯着师爷说，“我们过一会再来，县长回来时你告诉他在这里等我，至紧至紧。传错了话，找你算账！”说着，我们便抽转身，带着同来的几十个人，一齐奔回新生小学。

十四日中午，学校里面的小操场上，早已挤满了前来集合的人们，他们正在那里三三两两地议论着当前的政局。看见我们来了，大家停止了谈话，“哗”的一声给我们让出一条通道。

台阶上，放着几把椅子，正坐着老姚和老袁，他们在这里等候许久了。

我走上台阶，把院子里的人集合排成方队，就说：“刚才得到消息，敌人已经在澳头登陆了，就是说我们的家乡面临着沦陷的危险了！我们——不愿当亡国奴的人们，只有拿起枪来，和敌人战斗！我们要组织起来，成立一支抗日武装队伍，暂时叫做‘抗日模范壮丁队’。我们正在争取县政府发枪。同志们，愿意参加的举手！”

我的话音刚落，“唰”的一下子，所有的人都举起了手。那样果敢，那样刚劲，就像是一把把刚出鞘的钢刀，真是众志成城！

颜奇看到这场面，显然也很激动，他向大家高声地说：“朋友们，同学们，从你们身上，我看到了中国人抗日的真诚愿望，看到了我们中华民族勇于反抗侵略的不屈性格。我们决不当亡国奴，要誓死保卫祖国！我们的抗日模范壮丁队，要成为全东莞人民的抗日模范。目前，我们的条件还很差，我们原是属县政府管的，县政府可怜得很，仓库里头只有几十条旧步枪，连一条轻机也没有。但我们是正义之师，只要团结一致，鼓足勇气，还是能跟敌人拼个你死我活的！”

在群众的一片欢呼声中，老姚和老袁要我宣布注意事项。我首先反复强调了部队纪律的重要性，然后要求队员们赶快回家，收拾毛毯、床单、衣服等物，每人做一条米袋，有武器、现款和金器的都带上。要求东莞中学的学生回校打开童子军军训室，带上担架、药箱、指北针、水壶等物，十五日晚饭后在莞城东南角的中山公园集合，再宣布行动方案。

我和颜奇顾不上吃饭，又带着几十人到县政府要枪。县长已经回来了，刚刚换过衣服，穿得格外的齐整，大概是为了掩饰刚才逃跑的狼狈相吧。我们到来，显然使他局促不安。在我这样一个第一次来访的年轻人面前，他摆出一副一县之长的尊严架势，板着脸，眉毛向上翘，乜斜着眼睛“审视”着我，但我分明从他脸上看出了余悸未消的神色。

“这是我们说要成立的抗日模范壮丁队的队长王作尧。”颜奇见县长紧盯着我，赶紧介绍说。“喔、喔，听说过，听说过。”县长稍稍放松了绷紧的脸，紧接着说道：“不过现在敌人已经登陆，县政府已无收入，无法发饷了。”他怕的是我们向他要钱。

颜奇把我们的来意说出来以后，县长才放下心来，但他仍然推托着说：“喔、喔，枪是要发的，不过，队伍刚刚成立，未经训练，能够打仗吗？再说，我们还得商量一下，如今兵荒马乱，县政府不宜设在城里，我们准备搬到水乡，那里四面环水，敌人不易进犯。你们模范队既是属于社训总队，目前还是帮县政府搬家为是。”

县长的一席话，借着模范队的公开身份是守卫县府的，以退为进，倒打一耙，把我们领枪的路堵死了。性子急的颜奇气得涨红了脸，一时搭不上话来；我也急了，赶忙插话说：“县政府搬到水乡去，是准备长期抗战吧？但是县城尚未沦陷，我们怎能将它轻易地拱手送给敌人呢？当前，全城人民斗志正盛，纷纷自动组织起来要求抗战。如果只是在口头上支持他们抗日，却不发给枪支，恐怕有负众望，冷了众人之心。”

这时候，颜奇也接上我的话说：“县长，他们都是城里的教师、学生，大敌当前，毫不畏惧，一马当先，要求上前线抗敌。尽力支持他们，是我们的职责啊！”

我俩的话说得县长语塞了，但他还是不肯让步。双方处在紧张的僵持之中。

忽然，外面一阵喧闹声打破了厅内沉闷的气氛。一个沙哑的鹅公喉说道：“小不忍则乱大谋，蒋委员长领导抗战，自有大计，我们下面乱打乱抗，搅乱了全盘计划，那怎么了得。”我听得出，说话的是早上见过的那个师爷。

“好一个全盘计划！”在厅外等着的队员们大声嘲笑着说：“这个计划是一盘散沙，叫做‘不击自溃，乱作一团’。”“敌机声一响，就各跑各路，管他妈的是香港还是臭港，是城门底还是屎槽底，乱钻一气！”“哈哈……哈哈……”几十人的笑声把屋瓦都震动了。

声音传进来，触动了县长今早逃难的难堪之情。他脸上一红，赶忙找下楼的台阶，转移了话题说：“县政府想先移往篁村，与自卫团张我东一起，但是防军（防军：指153师，师部驻厚街。——原注）要自卫团移守东江河畔石龙峡口到茶山一带。我们无兵无将，与张我东团长联合，也无力分担防守任务，恐怕……”

县长这次倒是说出了实话，他自己手下无兵，只有一个半中队的壮丁常备队和几十个县警，平时舍不得拿钱出来扩充武装，现在要与张我东一起，实质上是寄居张我东篱下，而张我东又是受防军控制的，相形之下，县长的地位更是不值一提。县长有这难言之隐，借刚才的话跟我们说，其实是指望我们能单独包下石龙峡口到茶山一带的守卫任务。假如我们真能打上几枪，在他县长脸上也算有光了，日后对防军和自卫团也就有了讨价还价的本钱。此时，他们的明争暗斗，狗咬狗骨，倒是有利于我们争取枪支。于是，我凑近颜奇，低声向他说：“颜副总队长，我们是否可以把峡口方面的防务接受下来呢？”

颜奇明白了我的意思，眼睛霍地一亮，就对县长说道：“县长，这事你就不必担心啦。只要发了枪，我们常备队和模范队担承把守峡口的任务。”

县长这回倒是爽快多了。连忙叫师爷打开仓库，给我们发了四十支枪，每支枪配了十五发子弹。这些枪虽然残旧，生满了锈，回去用油擦擦还是可以用的。大家十分高兴，背起枪，兴冲冲地回到了新生小学。

队员们分得枪支弹药，个个兴高采烈，马上擦枪的擦枪，练刺杀的练刺杀，一片热火朝天。抗日救亡歌声此起彼伏，震撼着每一个战士的心。

二

十四日晚饭前，我们中心县委抓紧时间研究了当前的工作，决定：县委秘密地址暂设在模范队队部，另外以模范队队部的名义在莞城东莞新闻社设立一个“模范队莞城留守处”，由公开身份是东莞新闻社社长的何鼎华同志出面，实际工作由祁锋和卢克敏两同志负责。老姚利用这个机构暂留县城领导工作。派何与成同志专门做颜奇的工作，与“壮常队”陈昶等开赴峡口。我和老袁则带领模范队开进大岭山区，进出莞太线间，设法争取虎门方面的国民党正规部队和我们一道打击敌人。我们派出一部分党员到各乡村通知各个支部，除个别同志坚持在原地工作外，其余有枪的带齐枪支，一律到连平、大沙集中。又通知黄高阳同志带领清溪区的武装人员到铁路西百花洞，与党派到宝安工作的张广业同志联系，以便同宝安县的抗日力量会合，准备在东宝相连的一带地区开展游击战。

十五日晚，按照中心县委的布置，参加抗日模范壮丁队的一百多名共产党员和进步青年在县城的中山公园集合，举行抗日模范壮丁队成立大会。由我担任队长，袁鉴文担任指导员。我们对模范队进行编组：除派出的人外，还有一百二三十人，编成三个小队。第一、第二小队各配二十支步枪，第三小队没发枪，主要是做群众工作。队部配一个特务长（即事务长），由何佳担任；另外还有几个交通员和几个女炊事员。有些同志从家里带来几支短枪，我们编了一个短枪组，担任队部的警卫。

吃过晚饭，何与成带领常备队第一中队连夜出发到峡口去了。

颜奇准备待天亮再领些枪，然后率领常备队第二中队和模范队第一小队去增援峡口。我和老袁带领的队伍也准备天亮才动身。因此，我们决定连夜把刚组织起来的模范队训练一下。

天黑以后，队员们都到齐了。我们把模范队的队员全部集合，不分男女混合编队，十二个人编一个班，以稍懂军事常识的队员为班长。训练科目则从立正、稍息、解散、集合、行进、跪下卧倒、操枪、射击一直到散开前进、攻击、冲锋、利用地形地物等。我真恨不得一个晚上就把我们的队员训练成熟练军事技术、勇敢善战的战士。

这一夜，莞城街上出奇地静寂，只有从城外东北方向偶尔传来一两声低沉的炮声。但是，钵盂山上下，又是一番不同的天地：在下弦月幽暗的夜色中，公园的草坪上、树荫下、城墙边，到处是我们模范壮丁队战士矫健的身影。扣枪机声、口令声、“杀！杀!”的刺杀声响成一片，真是群情振奋，斗志昂扬，从天黑后一直练到天亮前。这是我们模范队的第一次战斗训练。我们用自己的实际行动，向全东莞的人民宣誓：我们决心为民族的自由独立而战斗到底!

三

十月十六日黎明，训练了一夜的队员刚刚坐下来歇息。突然，东北角天空上火光冲天，紧接着一阵“轰隆”的爆炸声掀动大地，震耳欲聋。“石龙桥炸掉了!”队员们根据爆炸方向推测出来。想不到国民党的陆军不发一枪，它的工兵倒还能起一点儿这样的作用。

炸桥后，天很快就亮了，石龙方向仍不断传来机枪声、炮声。何与成从峡口那边派人来报告说，敌人已经占领了石龙镇。现在的枪炮声是从石龙北面的石滩方向发出的。颜奇到县府又领到一些枪，按计划增援峡口去了。

我回到新生小学和老姚、老袁等开了县委紧急会议，一致认为，如果颜奇、何与成在峡口与敌人发生了战斗，我们就要在虎门战线尽一切努力，打响抗日的枪声。如果能这样，我们两支部队就能互相配合，互相依靠，更好地抗击敌人，把人民抗日的情绪大大地提高起来，把国民党的张皇失措的失败情绪压下去。同时，我们模范队的声誉才能建立，党在东莞人民群众中的威信才能迅速提高。

虎门的消息不通，敌人是否已经登陆？153 师、自卫团及虎门守备团的动态怎样？我们还弄不清楚。形势不容我们再等待了。会议结束后，我立即回公园集合队伍，开进大岭山地区，以便开展对虎门前线的工作。

战斗的决心驱散了战士们一夜练兵的疲劳，队伍很快就拉出了莞城，经犬眠岭向大岭山区前进。

我们没有地图，就靠蔡焯这个参加过一九二七年农民暴动的老同志当向导。

他比较熟悉这一带的山路，和我一起走在前头。

队伍在弯曲的小道上行进。走着走着，突然后面“砰”的一声枪响，把大家都惊动了。我停下来大声问：“是谁打枪？”有个同志脸红红地赶忙说：“是我，我的枪走火了。”原来有的同志过度紧张，以为此去就会与敌遭遇，早早就把子弹上膛了。我告诉他们这一路上不会碰到敌人，让大家检查武器，枪里面的子弹都要退出来，没有命令不准装子弹。

队伍继续前进，刚过了山门村，忽然后面离我不远的地方又“砰”的一声枪响。我恼火了，如果这样下去，未开始战斗就得有伤员。我大喝一声：“谁？怎么又走火？”原来短枪组一个同志，手里拿着一支左轮枪，走着走着打瞌睡，踢在一块石头上，手指往上一扣，就走火了。面对着这支缺乏军事常识的年轻队伍，就像对着一群孩子，我想：带这个队伍真难！但是，我又想到同志们都是带着抗战的满腔热情走到一块来的，这种精神难能可贵啊！我又详细地向他们解说了一番，要他们把短枪的子弹都退了。

一个问题刚解决，新的问题又出现了。出发不到一个钟头，人们愈走愈疲劳，队伍愈拖愈长，一百二三十人的队伍，拖到三四华里长。这也难怪，这个队伍的成员，各行各业的都有，特别是平日缺乏锻炼的青年学生，背着沉重的大包袱，开始走得很有劲，边走边唱歌、说笑，但是走起山路来，不出十来里，脚就起了泡，一拐一拐的，累得满头大汗。还有几个四五十岁的女同志，几个十三四岁的小孩，在我们部队出发前，吵着闹着，硬要跟我们一块儿去抗日。他们没有经验，什么东西都想带备，包起一个大背包，又没走过这么长的山路，爬山越岭，加上昨晚通宵达旦地训练，现在怎么能走得快呢？时间不容我们拖延了。我把体弱队员的行李作了适当的调整，由几个身体健壮的同志分担。就这样，互相帮助，互相鼓励，艰苦行军四个多小时，才来到了大雁塘村。

大雁塘村处在水帘山北坡，向西南翻过一个山坳就是横岗，从横岗再往西走是莞太路边上的河田。莞太路沿线这一带驻扎着不少国民党的军队，厚街驻有一个师部和一个团，虎门守备团、虎门要塞司令部驻在怀德，而自卫团的司令部则设在石马村。

队伍疲乏了，我和老袁商量后，决定在大雁塘村休息一个晚上，明天再由老袁带队伍转移到东北角的飞鹅岭下的飞鹅村。同时，派人通知寮步、东坑、大朗、山厦几个支部的党员及武装小组也到飞鹅集中，我们准备在飞鹅一带开展群众工作，为今后与敌人长期斗争打好基础。为了尽快开展对太平镇和虎门要塞一带的工作，决定由我带领二十多人，去发动莞太沿线各方面的力量共同抗日。

这时，县委委员王鲁明从省委的干训班学习回来，率领了一个十多人的工作队到虎门守备团做工作，我在横岗遇到了王鲁明。

鲁明同志向我们介绍了情况：十月五日，敌人从舰上炮轰虎门时，虎门要塞司令部及守备团惊慌失措，以为敌人登陆了，要塞里的炮没打过一发，弹药原封不动地摆着就逃跑了。日本海军陆战队约一个营，到了十一日下午才在虎门登陆。

驻在莞太线的国民党正规军153师，不让虎门要塞的人退向莞太线，因此，虎门守军只好暂退到虎门东北面十多公里的怀德去，准备再退。另外，153师原有一个团驻在溪头至白沙一带，说是准备增援虎门守军的，他们一见守军跑了，急忙拔脚往后收缩，团部缩到厚街，师部更缩到篁村了。于是，虎门周围这一带纵横三几十里，敌人还未登陆，就成了“真空”地带！土匪乘机而起，大肆抢劫、奸淫，当地人民纷纷向大岭山、莲花山一带奔逃。逃不动的穷人，只有拖儿带女，露宿郊野，真是惨不忍睹！

鲁明又说，他们工作了一个星期，当官的不让他们接触士兵，只让他们去找老百姓筹粮。很显然，这样的军队毫无抗日的诚意。国民党军队闻风即逃的不抵抗行为，激起了我们满腔怒火。

我们让鲁明回飞鹅向县委汇报，由黎协万同志留在怀德继续做虎门守备团的工作；我和李达夫带一部分人，在这横岗客家洞一带开展群众工作，作为支援前线的据点。另外，争取张我东的工作，也由我负责，我准备亲自去会见他。

正当我把工作安排就绪，准备去会见张我东的时候，老袁派人来报告说，情况有了新的变化，通知我返回飞鹅村去。

回到飞鹅，老袁所说的情况变化是这样的：日军以很快的速度向北推进。从增城来的消息说，日军已占领了增城县城。由于飞机轰炸、扫射，水陆交通都已断绝，交通员罗尧无法找到省委。

老姚也派人来说，敌人已经占领了石龙，石龙与石碣之间经常可以看到日本骑兵往来，而峡口颜奇和何与成那里却毫无消息。难道峡口这个要地已经失守？难道敌人已经抄到我们背后？联系中断，情况不明，实在令人焦急万分！在这样不利的情况下，我们是否按原计划向虎门方向推进？我感到肩上担子确有千斤重。党把几百个同志交给我们。他们相信党，相信我们，把他们的生命和希望都寄托在我们的指挥上。如果我们的工作稍有偏差，就会造成同志们流血牺牲，造成革命事业损失。怎么办呢？我和老袁苦苦思索着。我们多么希望听到省委的指示，多么渴望峡口方向传来我们队伍的抗日枪声！

四

早晨，薄雾迷蒙，远处传来了阵阵低沉的迫击炮声，把我从沉思中惊醒。迫击炮声？东北角？我耳测了炮声的方位，猛地醒悟过来，这正是我们壮丁常备队把守的峡口方向。敌人没遇到抵抗是不会放迫击炮的。这么说，是我们的“壮常队”跟敌人干起来啦！我抑制不住心头的喜悦，霍地站起来，奔出祠堂，往东北角上张望。

正在这时，从田野里“飒、飒”地迎面走来了一支二三十人的队伍，有男有女，还有几个十多岁的小鬼，他们背着枪，扎着裤脚，显得格外的利索。走在前头的是卢仲夫，跟在后面的是张新、黄达民、叶镜源、张惠文、陈怡等。他们的出现使我喜出望外，我赶紧迎上前，紧握着卢仲夫的手问道：“老卢，怎么有这么多人呀？”

卢仲夫抹了一把汗，说：“接到集结命令后，我回到东坑，叶镜源的武装小组正好在那里，三个支部两个武装小组合起来，一共二十八人，十二支枪。”

这时候，同志们闻声都跑出来了。老朋友们见面，紧紧地握着手，互问情况。新同志见面，也是一见如故，三五成群地聚在一起，议论起当前的战局。

卢仲夫把我拉到树荫底下，问道：“我们从东坑出发，就听到了枪声，沉寂一会儿后，又听到了炮声，日本机枪声，夹杂着步枪排头火（排头火：即齐放。——原注）声。看方向，是在石龙附近，不知是什么部队跟敌人干起来了！”“是我们部队！”我高声回答。许多战士都静下来，关心地听着。“从方向和炮声的距离来判断，正是在石碣峡口方向，在那里只有颜奇和何与成带领的常备队，看来是他们在那里堵上敌人了！”“那太好了！”卢仲夫激动地说，“我们赶上去吗？”“仗是一定要打的，但在哪里打还要看情况才能决定。”我回答说：“现在我们在这里的任务是马上进行整编，挑选战斗力强的组成一支战斗队，其余的同志编成民运分队，马上投入战斗准备！”接着，我和老袁简单交换了意见，又说：“老卢，战斗队的小队长就由你担任。”同志们听说要挑选人编成战斗队，个个都把腰板挺直，抬起头，目光炯炯，精神奕奕。卢仲夫同志真够眼力，挑选出来的都是精明壮健的男同志，女同志当中他只挑了三个。

未被挑选的同志，特别是女同志，显然都不高兴了。一个叫小林的女同志，唰地站起来，脸涨得通红，说："报告队长，我抗议，为什么不把女同志编到战斗队去，这是轻视女同志！""我也抗议！""我同意小林的意见！"许多女同志接二连三地呼应起来，把我和老袁、卢仲夫包围住了。多好的同志呀！我心里又欢喜又为难。为了战斗的需要，我和老袁不得不费尽唇舌，说服她们留在民运分队，编成宣传小组，分头到各村去宣传、演剧。

时近中午，往峡口探听消息的交通员罗尧回来了。他身背大刀，刀把上的红绸带在他身后飘动着，显得异常耀眼。他边跑边气喘吁吁地喊："打响了，打响了，'壮常队'打响了！"

果真是我们的队伍跟日本侵略军干起来了。队员们一听到这个令人兴奋的消息，纷纷把罗尧围起来，争先恐后地探问战斗的经过。罗尧绘声绘色地讲了首战峡口的情况，大家都听得入了迷。

……

原来，当日军占领了石龙，就派出一支搜索部队渡东江河，何与成和颜奇带着"壮常队"第一、第二中队与模范队第一小队飞速赶到峡口一带。而敌军选择的渡口正是江面较窄的石碣过峡口一段。

峡口是距莞城十四里的一群小山岗，由龙、虎、兔、狮、龟五个小山组成。靠江的龙山高二十丈，周围三里，俯瞰着沿江一带的冲积小平原。这龙山，是宋朝末年抗元英雄熊飞将军"慷慨义旗夜半起"兴兵勤王之地，在这里曾经大败元兵。山顶上有一座榴花塔，山脚下有一间熊飞庙，据说是明朝时东莞人民为纪念熊飞所建。榴花塔高高地屹立，就像古代英雄把宝剑插在东江河畔，那剑柄高高地竖立在龙山之上。

如今，我们革命的队伍在东江河畔榴花塔下，打响了抗日的枪声。

十月下旬的一个清晨，薄雾刚散，颜奇站在江边一个小山坡上，用望远镜一望，只见对岸停泊着几条空木船，河岸上朦朦胧胧地挤着一堆穿黄衣服的士兵，敌人开始行动了。颜奇想，队员们从未打过仗，如果战斗开始后，各打各的，火力分散，就抵挡不住敌人的进攻。于是，他命令全体战士各就各位，听命令后齐放排头火。

队员们听说战斗要开始了，忘记了一夜露宿山头的疲劳，个个精神奕奕，哗啦哗啦地装上子弹，伏在阵地上紧盯着江面。

江面上，五六十个敌人分乘着几条船，叽里呱啦地吆喝着，大摇大摆地划过来了。这时候，何与成在棱线（沿着山顶最高的线。——原注）后面的队伍之间奔走，压低嗓门喊道："同志们要沉住气，手指别放在扳机上，一定要听口令才射击。注意，一定要听口令！”

敌人划到江心，距河岸只有一百米左右。第三小队的位置在前面河堤阵地，距离敌人最近，其中有个队员眼看敌人逐渐逼近，心一慌，“砰”的一声，子弹便脱膛而出了。中队长陈昶恼火地喊：“嘿！怎么搞的！”颜奇随机应变，赶紧下达了射击命令：“瞄准——放！”“瞄准——放！”一连打出了几次“排头火”。在我们当时没有机枪的情况下，一百几十支枪一齐射击，威力的确不亚于几挺机枪。打出五六次排头火后，只见敌船上的敌人像狗吃屎似的扑在船旁，有的扑通扑通地滚进江中。

我们的同志都是第一次上阵，有的还是第一次打枪，但是大家都满心高兴，也不去想怕还是不怕。特别是模范队的王雅宜等女战士，觉得卧着打枪不方便，索性坐在棱线后面，肘弯支在膝盖上，瞄得准准的才扣扳机。

敌人遭此一击，似乎不甘失败，在机枪的掩护下，呱呱叫着继续往前冲来。这时候，有的队员也着慌了，顾不得听口令就“砰砰嘭嘭”地乱放枪。

“投弹！”何与成冲上前沿阵地，奋力投出了第一颗手榴弹。

“轰”的一声，手榴弹在敌船旁爆炸了，冲起一股水柱，敌船像喝醉了酒似的摇摇晃晃。

前沿阵地的战士镇定下来，跟着投出了一阵手榴弹，侵略者的污血流进了滔滔的东江之中。

敌人吃够了苦头，只得退回对岸，用猛烈的炮火向我们轰击。一时烈焰腾空，飞沙走石。颜奇命令全体队员退到山背，只留下两个队员监视敌人的行动。在敌人的炮火声中，何与成指挥队员们高唱起抗日救亡歌曲，气得敌人有气无处泄，炮打得更密了。但是，炮火越密，我们的歌声越嘹亮。

敌军气炸了，又发起了第二次强行渡江，但刚过江心，我们的排头火和手榴弹又发挥作用，敌船始终不能靠岸。太阳偏西了，日本兵在河对岸眼睁睁地瞪着屹立在霞光中的榴花塔，像一群受伤的野兽一样嗷嗷乱叫。

……

“王队长，”罗尧同志向大家汇报了峡口战斗的经过后，对我说：“榴花塔战斗把敌人打退了，我们只伤了两个队员。战斗胜利后，附近乡村的老百姓高兴地说，模范队果然名不虚传。你猜他们叫我们什么？叫‘老模’！”

打响了！我听完罗尧的一番描述，心里十分激动。我们这支年轻的抗战队伍，在武器简陋、战斗经验不足的情况下，凭着一股大无畏的勇气，终于将凶焰正炽的敌人击退了。这是我们党领导下的东江人民抗日的枪声！我深信，这枪声必将很快就响彻整个东莞。

（本文摘自王作尧革命回忆录《东纵一叶》，广东人民出版社 1983 年版）
（校对依据《东纵一叶》，广东人民出版社 2009 年版）

作者简介：王作尧（1913—1990），出生于广东省东莞县厚街镇。1934 年毕业于广州燕塘军校（后称黄埔军校第 11 期）。1935 年参加共产党外围革命组织中国青年同盟。1936 年加入共产党。1938 年任中共东莞中心县委宣传部部长兼武装部长，10 月任东莞县抗日模范壮丁队队长。1939 年元旦任东宝惠边人民抗日游击大队大队长。1940 年 9 月任广东人民抗日游击队第五大队大队长。1942 年 2 月任广东人民抗日游击总队副总队长兼参谋长。1943 年任东江纵队副司令员兼参谋长、中共广东区党委委员。1946 年北撤后，任华东野战军第十纵队副参谋长、两广纵队副司令员。新中国成立后任广东军区江防司令部副司令员、广东军区副参谋长、中南军区防空军第一副司令员、沈阳军区空军副司令员、武汉军区空军副司令员等职。1979 年当选广东省人大常委会副主任。1961 年授予少将军衔。先后授予一级独立自由勋章、一级解放勋章、一级红星功勋荣誉章。1990 年于广州病逝。

背景导读：为了开辟华南敌后战场，党中央先后从延安、江西等地调入林平、梁鸿钧、卢伟良、李振亚、谢立全等一批红军干部到东江地区，加强党对抗日武装队伍的领导，充实军事干部，积极开展武装斗争。谢立全是美国记者斯诺写的《西行漫记》一书封面照片上那个当年的红军小号手。

到珠江敌后去

谢立全

少奇同志的嘱咐

1939 年冬，漫天大雪纷飞，延安在白皑皑的群山怀抱里，蜿蜒曲折的延河披上银色的外衣，清凉山上的宝塔屹立在凛冽的风雪中，显得格外雄壮。

那时，我在“抗大”三分校二大队工作。一天上午，我正在会议室里听取各中队干部汇报，李秘书推门进来报告：“刚才校政治部电话通知，请政委和谢斌大队长到中央组织部去。”

“好，我马上去!”我爽快地应了一句。

这个突如其来的通知，霎时使我的心情又紧张又喜悦。我预料将会有一个新的，也许是更艰巨的任务在等待着我们。于是我们迎着风，踏着雪，径直往中央组织部而去。尽管天气很寒冷，心里却是热乎乎的。

任务很快就明确了，中央组织部决定派我们到广东敌后去。接受任务后，我们便结束了原来的工作，准备行装出发。

登程前的一个晴朗的下午，少奇同志在百忙中抽出时间召见了我们。我们怀着无限虔敬的心情走进他居住的窑洞。窑洞不很宽敞，但却十分整洁，里面的布置简朴而条理井然，壁间有一个书橱，窗前安放着一张书桌和几张木凳子。

少奇同志看见我们来了，慈祥地微笑着，放下手里的毛笔，走过来亲热地迎接我们，招呼我们坐下。他关切地问起我们近来的工作和生活情况之后，便给我们精辟地分析了当前的形势。他严肃而又恳切地说：“全民抗战已经进入战略相持阶段，游击战争逐步上升到主要地位上来了。中央已确定了‘巩固华北、发展华中、开展华南敌后游击战争’的方针。……去年10月，广州沦陷之后，党先后派遣了大批干部深入到广东敌后，那些同志已经做了不少工作；东江、海南岛等地都已建立了人民抗日武装，打了不少胜仗，有了很大发展。目前广东省委迫切需要干部，因此中央决定派你们到广东去。你们到广东后，要好好向那里的同志学习，要服从地方党的领导，深入了解和分析当时当地的情况，善于掌握事物发展规律，抓住矛盾，利用矛盾，灵活地运用党的政策，积极发动群众，组织武装打击敌人，建立抗日根据地……”

然后，少奇同志又向我们指出敌后斗争环境是极端复杂的。他移动了一下身躯，用信任的眼光注视着我们，好像看穿了我们内心的激动。稍停之后，他又微笑着问我们：“有困难吗?”

我们同声回答：“没有困难。”

“面对新的工作是不免会碰到困难的。但是，我们共产党人从来就不害怕困难，要敢于同困难作斗争，把困难转化为顺利!”

少奇同志的指示，每一字每一句都深深地铭记在我们心上，成为我们日后在敌后活动和斗争的指针。

这是一次使我久久难忘的会见。当我怀着一颗亮堂堂的心，踏着那片在斜阳中闪着耀眼银光的雪地归去时，觉得天地好像变得更加开阔明朗，脚步也好像格外轻快了。

三天后，我和庄田、谢斌、林李明等同志便告别了革命圣地延安，踏上到敌后去的征途。尽管新的任务使我们感到十分欢欣鼓舞，可是眼看就要离开我们敬爱的领袖毛主席，离开这哺育我们成长的延安了，大家都依依不舍。当车子把我们载出城门，我们大家都不时回过头来，用眷恋的目光凝望那壮丽的古城。车子远远而去，古城的轮廓已经隐约不辨，清凉山上的宝塔在我们的视线中也逐渐隐没了。我们向塔影投过深情的最后一瞥之后，庄田同志便领头和大家齐声唱了起来“……啊，延安，你这庄严雄伟的古城！热血在你胸中奔腾……”

起初是轻轻哼着，后来是纵声齐唱。我们唱过一遍又一遍，车子在雄浑的歌声中飞驰前进。

重走长征路

穿过国民党反动派包围着我们的深沟高垒，穿过那重重叠叠的封锁线，我们好不容易才到达了八路军驻重庆办事处。那时候，重庆是国民党反动派的“陪都”。这个为长江和嘉陵江合抱的山城，正被浓重的阴霾毒雾笼罩着，成了国民党反动派反共反人民的司令台。反动派在这里挂起“抗战”招牌，暗地里却同日寇做着卑鄙龌龊的政治买卖；口口声声“精诚团结”，干的却是反共反人民的血腥勾当。在这复杂而险恶的政治环境中，我党却每时每刻都在这里庄严地坚持抗战，反对投降；坚持团结，反对分裂；坚持进步，反对倒退；坚定与鼓舞着千百万人民抗战到底、争取最后胜利的信心。周恩来副主席、叶剑英参谋长等首长亲自在这里领导着抗日救亡工作。

我们在重庆住了一段时间之后，便乘车向桂林进发。第二天，车子先后经过娄山关和遵义。巍峨的娄山关和群山环抱的遵义，是我们在长征时战斗过的地方。隔别多年，重来旧地，心情十分激动。经过娄山关的时候，我们禁不住要求司机停下车来，让我们好好回忆一下当年激烈的战斗场景。我们下了车，登上一块高地。我默默地凝视着自己曾经转战过的一个个山头，当年在娄山关上与敌人浴血搏斗的壮烈情景，一幕又一幕地展现在眼前。我回忆起许许多多在这里牺牲了的亲密战友，想起他们在战斗中勇往直前、奋不顾身的英雄气概和那永难忘怀的音容笑貌，心里又激动，又沉重。过了娄山关，便到达具有巨大历史意义的名城遵义。1935 年 1 月，我党中央曾在这里举行划时代的遵义会议，确立了以毛泽东同志为首的正确领导，纠正了“左”倾机会主义的错误路线，使中国革命从失败走向胜利。遥望那粉白的遵义会议大楼，恍如看到了革命道路上的一座巨大的里程碑，感到无限兴奋。重游娄山关和遵义，回顾了战斗的历程，瞻望着胜利的前进道路，使我满怀信心和勇气，加倍地策勉着自己必须认真遵循党的方针政策，踏着先烈的血迹奋勇前进，以更大的决心和毅力去完成党所交付的任务。

离开遵义，又经过贵阳、独山、柳州，不久就到了八路军驻桂林办事处。

到达桂林后，我们便分别打点自己的行装。为了要到敌后去，我不得不把我的党证和那个伴随我多年的十年革命纪念章留在这儿。当我把党证从衣服的夹缝中抽出来的时候，激动的心情久久不能平静。——在那猛烈的革命风暴和艰难的战斗岁月里，这党证曾经给我以多少鼓舞和力量啊！我脱下那套洗得淡白了的旧军服，换上一身湘绸大褂，戴上“博士”草帽，架上墨晶眼镜，化装成一个地道的商人。当我照了照镜子，禁不住笑了起来。这身打扮同我们革命军人的本色太不相称啦！但是，过了一会，我的心情就被即将面临的敌后斗争的场景所吸引了。

在桂林，我们老在盼望着出发的日期。桂林的山水尽管多么奇拔挺秀，我们也无心欣赏。在一个风和日丽的早晨，出发的时刻终于盼到了。离开桂林的时候，我紧紧地握着庄田和林李明同志的手，依依话别。“敌后见，一路平安！”我们互相握别后，便分头向敌后进发。

我和谢斌同志乘火车到了衡阳，转车南下，第二天清晨便到了粤北的韶关。

当时，韶关是国民党第七战区司令长官司令部和国民党广东省政府所在地。这是一个乌烟瘴气、畸形发展的城市。刚下火车，许许多多离奇怪诞的现象就陆续出现在我们眼前。我们看见一串一串用绳子捆绑着的“猪仔兵”被押送到“前线”去。那些“猪仔兵”个个面容憔悴，形销骨立，他们连起码的行动自由也被剥夺了。

谢斌同志轻轻碰了碰我的手肘，幽默地向我耳语道：“你瞧，那像俘虏还是像‘国军’呢！”

我用苦笑代替了回答。我们走出车站，又发现车站的转角处，有一群刚从“前线”溃退下来的“国军”，他们有的躺在地上呼呼入睡，有的倚在墙角呆若木鸡，有的在痛苦呻吟，也有的在掷骰子、赌纸牌，围在一起喧闹、争吵、斗殴……

我们走进市区，看到的又是另一番景象。在断垣残壁的旁边，茶楼酒馆无不生意兴隆；那些高官大贾、公子哥儿和太太小姐，在那里花天酒地，不时传出嘈嘈吵吵的喧哗声，听来十分刺耳。在街上溜达着形骸放荡的红男绿女和国民党的中下级军官，到处都可以碰上难民、乞丐、散兵游勇和漂泊无依的流浪儿。

我和谢斌同志分别在两家旅店住下了。傍晚，我到市区周围走了一圈。走到昨天被鬼子飞机轰炸过的西河坝，看到无数被炸死的老百姓的尸体，横七竖八，惨不忍睹，还没有人来殓埋。老百姓在流血、挨苦、受难，在死亡线上呻吟挣扎，而富贵人家却在荒淫无耻地寻欢作乐。这情景，使我觉得比针扎还要难受。然而，在这个畸形的城市中所看到的一切也激励着我，使我觉得自己肩上的担子更加沉重了。

为干部训练班讲话

第二天早晨，我会同谢斌同志，穿过市中心区烦嚣的十字路口，拐过一道墙角，找到了与地下党联系的地点——一间茶楼。

我们在靠墙的一边找着了座位，坐了一会，伙计便泡来了茶。我们才头一次领略到广东的茶楼风味，茶楼里热腾腾、闹哄哄的，我们虽然很不习惯，但却装作很安详的样子，边喝茶边翻阅报纸。时间一分一秒地溜过去，眼看快10点钟了，约定接头的时间已到，可是接头的人还没有来，叫我们暗暗着急。

当我正在纳闷地看着手表时，一位年约十八九岁、穿了一身蓝布旗袍、头发剪得短短，十足像个学生模样的姑娘，从我们侧面的一个座位站起来，慢条斯理地走到我跟前。

“嗳，先生，你的表几点啦?”她很有礼貌地问道。

我伸手看看表，边拧紧手表的发条边回答：“我的表10点正。”

“噢，我的表慢了，”她说，“还差5分钟才10点呢!”

我接着说：“你的表可能有毛病吧?”

她眉毛一扬，打量了我们一下，随即微笑着应道：“我的表已经修过三次了，可是又走慢啦!”她说过后，便回到原来的座位。

我和谢斌同志暗暗高兴，因为这些暗语说明我们已跟地下党接上头了。

我们稍坐了片刻，便尾随着那姑娘离开了茶楼，由她带路，乘长途汽车直奔广东省委所在地——南雄。

到达南雄的第三天，省委张书记来看我们，要我们暂时留在南雄，给省委举办的干部训练班讲授“军队中的政治工作”和“游击战术”这两门课程。当时我们手头上一点参考材料都没有，接受这项临时任务后，我和谢斌同志便尽可能回忆过去的斗争实践和在延安时的学习心得，共同备课。经过 10 天的努力，总算草成了讲稿。

不久，我俩都搬到了训练班，和学员们共同生活。这里有 40 多名男女学员，都是各地党组织秘密输送来的党员干部。整个训练班洋溢着青春活力，学员们朝气勃勃，革命热情很高涨，在学习上和生活上十分刻苦。课余时，我和谢斌同志常和学员们围坐在附近的一株龙眼树下漫谈。学员们很爱提出各种各样的问题，要我们解答；有时又要我们讲一两段革命斗争故事。我和谢斌同志也常爱利用这样的机会，向他们了解广东的风俗人情，有时还学几句方言。每当漫谈起来，场面就活跃极了，大家有说有笑的，常常谈到深夜才罢休。

一个月的课程转眼间就结束了。训练班的学员们由组织分派到各地去，作为敌后武装斗争的骨干。

训练班结束后，省委决定派我们到珠江三角洲地区工作。刚在训练班结业的卫国尧同志成为我们沿途的向导兼翻译，他带着我和谢斌同志，乘船沿北江南下。卫国尧同志原籍广州附近的沥滘镇，他曾留学日本东京帝国大学，抗战爆发后归国，曾在国民党举办的庐山训练团受训，任过中校队长，后来被分配到当时的国民党军事委员会总政治部第三厅工作。在我党的影响下，他政治觉悟提高了，毅然投身革命行列，参加了中国共产党。以后，被派回广东工作。他是训练班里很活跃的一个学员。

静静的北江清澈明净，在粤北的丘陵和峡谷间蜿蜒流去。我们乘坐的小船穿过两岸苍郁茂密的灌木丛和竹林，沿着曲折的水道前进。一路上，卫国尧同志应付沿途遇见的魑魅魍魉很有办法。我们从韶关出发时，他买了一筐子芋头，当初我们都摸不透他买这东西有什么用。只见他挖空了几个芋头，把我们的钱和手表塞进去，再把芋头接合起来，放回筐子里。当我们到达清远附近时，遇到国民党的别动队登船大肆搜查，翻箱倒柜，连我们身上的几个零用钱都搜去了，但那一筐子芋头却原封不动地保存下来。要不是卫国尧同志预先有此一着，我们的路费势必被搜刮精光，要到达目的地就有困难了。

船抵清远，我们便改由陆路前往西江的重镇——肇庆，再由肇庆徒步前往中共广东中区特委所在地的开平三埠。

中区特委书记罗范群同志在三埠热情地接待了我们，仔细询问了我们沿途经历的情况，又介绍了在珠江三角洲敌后负责武装斗争工作的林锵云同志和我们认识。

林锵云同志年过40，精神健旺，在他那黑里透红的脸上，有几条细细的皱纹，那是艰苦的战斗生活给他留下的痕迹。他个子不高，但显得很结实，看来浑身蕴藏着无限精力，好像什么困难都折服不了他似的。通过罗范群同志的介绍，我们知道林锵云同志是工人出身，参加过省港大罢工和广州起义，在革命的风暴中经历过许多斗争锻炼，曾经被捕，落在敌人的监狱里，经受过6年多监狱生活的摧残和考验，在监狱里备受折磨的时候，他表现出工人阶级的崇高气节，一点也没有放松和敌人作斗争。抗战初期，党援救他出狱，派他到珠江三角洲开展工作。两年来，他日夜奔忙，废寝忘食，在南海和顺德等地区恢复和发展了党的组织，并且发动了群众，组织了武装，在对敌斗争中摸索到不少武装斗争经验。他有乐观、开朗的性格和平易近人、深入群众的作风，认识他的群众都很乐意和他接近，亲切地称他为“林叔”。

这时坐在我旁边的林锵云同志，听了这些介绍，满脸绯红，谦逊地说：“哪里，哪里的话！”他向我们投过来亲切的目光，对我们说：“你们两位过去一直在党中央和毛主席的直接领导下工作，又有丰富的战斗经验。你们来到这里，正是党中央和毛主席对华南敌后斗争的重视和关怀。让我们共同努力，把珠江三角洲的游击战争打开一个新的局面吧！”

我说：“敌后斗争对我们俩来说，还是新鲜事儿，既缺少工作经验，又缺乏独立工作能力。今后我们还要在特委和林锵云同志领导下开展工作，希望不断地多给我们指示和批评。”

最后，罗范群同志恳切地说：“敌后的情况请林锵云同志以后再向你们作详细介绍。过些时候我也要到敌后去，今后我们再互相研究，互相帮助。你们一路上也够累了，好好休息休息吧！”

翌日，林锵云同志就带着我和谢斌同志离开三埠。经过两天路程，越过新会县，到了鹤山县的沙坪镇。这里已接近沦陷区的边缘，国民党的所谓第七战区抗日游击队第三挺进纵队（简称“挺三”）就驻在这里。我们在沙坪遇见了李进阶同志，他是我们党派进“挺三”和国民党顺德县党部负责统战工作的地下党员。

我们四人在一起谈这谈那，畅谈了整整一个晚上。我和谢斌同志从中了解到不少有关珠江三角洲的情况，使我们日后的工作得到不少方便。

到达珠江三角洲后

在沙坪过了一夜，第二天早晨，林锵云同志便带着我和谢斌同志离开沙坪，继续前进。

我们来到江边，到了敌人的封锁线。江边靠着一只渡船，在江岸的大树下，坐着10多个老百姓，他们正等待着渡江。林锵云同志叫我们先坐下来休息，他自己便走过去高声问船家：“兄弟，船怎么还不开呀!”

船家答道：“早哩，还要等等看有没有鬼子巡江。”

“这两天发生了什么事情没有呀?”

“哪里会没有事情！前天‘萝卜头’（日军便帽的帽顶窄小，戴起来像个摘了叶的萝卜。‘萝卜头’是广东人民对日军的蔑称）在对岸又打死了两个人。昨天傍晚，那边有人渡江，才到江心，‘萝卜头’的汽艇来了，硬向渡船撞去，一撞就把渡船撞翻了，汽船上的‘萝卜头’还哈哈大笑，向掉到水里的人开枪，不知打死了多少人……”船家带着愤恨的神情诉说了敌人的暴行。

我们在江边足足等了一个多钟头，船家才招呼大家上船。

过渡的旅客们纷纷上了船，谁都不吭声，焦急地盼望着早点通过这条危险的封锁线。虽然江面并不宽，可是大家总觉得船走得太慢了。

船离对岸只有一百多米远了，大家才喘过一口气。眼看快通过危险的封锁线了，突然，从下游方向传来了汽船的马达声，转瞬便看见一艘鬼子的汽船向我们的渡船冲过来。汽船上的鬼子一看见我们的渡船，不分青红皂白，便向我们开枪扫射，子弹尖啸着从我们身旁飞过，旅客们立即纷纷跳进水里，拼命往岸边泅去。我看见林锵云同志却非常沉着，还在从容地脱下他那双破旧的凉鞋。当鬼子汽船靠近我们时，我们的船已划到岸边，林锵云、谢斌同志和我同时跳上岸。我们上了岸，翻过堤围，一口气就跑了几百米，这时江边还不断传来枪声。

我们脱了险，就坐在围堰上休息。举目远眺，珠江三角洲展露在我们眼前，稻田、桑基、蔗林，好比是一片绿色的海洋；左一条右一条数不清的河涌，在阳光的照耀下，像一条条闪光的飘带；大大小小的鱼塘，星罗棋布般嵌在原野上，犹如一块块被切成几何图形的玻璃。

多么富饶美丽的地方啊！我生长在穷乡僻壤，一向在山沟里钻来钻去，从来没有见过这样的景色。这块美丽的绿洲，一下子就把我吸引住了。

我环顾近处的村庄，看见碉堡林立，那些在珠江三角洲被称为“炮楼”的碉堡，简直同蒋介石“围剿”江西苏区时所筑的碉堡群一般多。为什么要筑起这许多杀气腾腾的碉堡呢？我暗暗诧异起来。

林锵云同志好像察觉了我的心思，向我和谢斌同志说，珠江三角洲的地主恶霸在农村中为了长期霸占掠夺来的肥美土地，镇压农民的反抗，实行封建割据，为所欲为，便收买了大批枪支，筑起炮楼来保护自己的地盘；加上过去这一带氏族之间，往往由于统治者挑拨起来的传统仇隙，发生大规模的械斗，世代相传，互相敌视残杀，因此枪多、炮楼多、土匪多，形成了珠江三角洲的特色。这些林立的炮楼，正是这种历史环境中的产物。

我们边走边谈，走不多远，看见前面桥头大榕树下，站着两三个穿便衣背枪的人，臂上挂着“挺三”符号，路旁铺着一幅包袱布般大小的白布，白布上零散地放着一些铜板和钞票。一个穿着黑胶绸衫裤的家伙，露出腰间的驳壳枪，恶狠狠地瞪着我们。林锵云同志抢前两步，信手从口袋里掏出两张钞票，往白布上一扔，连瞧也不多瞧一眼，便继续前行，我们一言不发地跟着他走了过去。

走了300多米远，林锵云同志才回头告诉我们，这就叫做收“保护费”。我又好气又好笑地说：“这些家伙把山大王‘留下买路钱’那一套也搬到这里来了。”

谢斌同志气愤地说：“恐怕收‘保护费’的是他们，拦路抢劫的也是他们吧！”

林锵云同志笑道：“那还用说！做神是他们，做鬼也是他们……”

走了一段路，前面横着一条宽阔的大江，大大小小的船只穿梭般来来去去，船上都插上各式各样奇形怪状的旗子，有红的，有黄的，有绿的，也有白的；还有方形的、三角形的以及镶着犬齿边的。旗上都分别标上一个大方块字，如“廖”“何”“周”“马”等，活像戏台上跑龙套的幡帜。林锵云同志告诉我们，这里每一面旗子都代表着一个有势力的“大天二”。“大天二”是东江一带对欺霸一方的恶霸的称谓，源于天九牌里的第二大的牌子。

中午时分，我们走到龙眼村。一进村，满目是断壁颓垣，粪溺遍地。住在低矮而阴暗的房子里的村民，个个面黄肌瘦，衣不蔽体。有几个躺在路边的乞丐，全身浮肿，奄奄一息，身上叮满了苍蝇……

可是当我们走进街心，却又是另一番景象。这里烟馆、赌馆、妓院一家接着一家，家家粉饰一新，生意兴隆；茶楼、酒馆也是人头涌涌，十分热闹，真是一个村庄、两个世界。

林锵云同志把我们带到一家茶楼门前，可使我们吃了一惊，茶楼门口竟然戒备森严，摆着两挺机枪，旁边站着20多个身穿便衣的大汉，个个袒胸露臂，嘴里叼着香烟，七嘴八舌地不知在议论着什么。难道发生了什么大不了的事情？我正觉得有点奇怪，林锵云同志却若无其事地把我们引进茶楼门口，举步登楼，我们只得跟着他一同上去，只见茶楼上摆开20来张八仙桌，已经将近坐满了人。全楼烟雾弥漫，茶客们哗哗啦啦的谈话声和伙计的叫卖声、报数声、吆喝声，夹杂着妖里妖气的女招待跟茶客们的打情骂俏声，把满座茶楼闹得乱哄哄，使人头晕目眩。我们在楼角的一张空桌旁坐下来，林锵云同志便向伙计要来了三盅龙井茶，又吩咐伙计炒几样小菜。

我们一边喝茶，一边打量着周围的茶客。这里有穿黄衣的伪军，有挂着“挺三”符号的打手，也有各路“大天二”。这些家伙聚在一起，吃喝玩乐，尔虞我诈，真是一丘之貉。他们身上都带着枪，还有带了机枪和步枪来的。有的一只脚跷到椅子上；有的双脚蹲着，敞开胸，露出插在腰间的各式短枪；有的还干脆把手枪搁在桌上。我们邻座的一个茶客，正谈笑间，突然嚓地掏出一支崭新的左轮枪，像耍玩具似的“劈劈卜卜”卸下子弹，交给同桌的几个茶客玩赏。

“噢呵！‘白金钱’牌子的呗！好枪！”

“起码有九成新。”

“好货色！值多少？”

枪主把手枪拿回自己手里，重又把子弹塞回去，边把玩着，边将手枪上的轮子旋得团团转，邪笑着说：

“哼，值多少？把你的四奶拿来换，我也不干哩！”

接着是众人的一阵哄笑。

这里的情景，实在教我看不下去了。坐在我对面的谢斌同志也感到怪不舒服。我们胡乱吃了一顿饭，便匆匆下楼，总觉得愈快离开这鬼地方愈好。

鬼子的暴行、林立的炮楼、收“保护费”的卡口、船上奇形怪状的旗号、市集里牛鬼蛇神的荒唐生活，以及在死亡线上挣扎的人民群众……构成了一幅光怪陆离的图景，萦回在我的脑际。我好像不断听到敌人的狞笑，也听到被侮辱被蹂躏的珠江三角洲人民痛苦的呻吟，感到说不出的愤怒与难过。我想，我们今后在党的领导下，必须消灭那些吃人的侵略者和吸血的民族败类，一定要把这罪恶的世界打翻过来！一定要解放水深火热中的人民，使他们成为珠江三角洲的主人！

黄昏时分，我们乘着小艇，渡过大江，沿着弯曲的河汊到达顺德县西海乡的涌口，来到地下党员陈九同志的家。

陈九同志在大革命时期参加过农会和赤卫军，1939 年，他被吸收为共产党员。他一家七八口人，租耕 3 亩土地和 1 口鱼塘过活。他的儿子陈胜和女儿陈坤都参加了部队。他虽然已有 40 多岁了，但是体魄还很精壮。几年来他一直在西海团结群众，坚持斗争，在群众中有一定威信。我们到来的时候，受到他亲切的接待。

至此，我们就在陈九同志的家里安顿下来，结束了从延安到广东敌后的半年多的旅程，开始了新的敌后斗争生活。

（本文选自谢立全革命回忆录《珠江怒潮》，广东人民出版社 1961 年版）

作者简介：谢立全（1917—1973），原名立传。江西省兴国县人。1929 年参加中国工农红军。1930 年参加中国共产主义青年团。1931 年加入中国共产党。历任红军连指导员、师政治部青年科科长。参加江西根据地第一至第五次反“围剿”作战。1934 年 10 月，参加长征。在延安时，先后任抗日军政大学学员大队政治指导员、政治委员、训练部政治教育主任。1939 年奉命赴广东珠江三角洲地区组织抗日武装。1945 年任广东人民抗日解放军副司令员兼参谋长、代司令员。1946 年 6 月，北撤山东，任华东野战军第六纵队第十六师政委、第三十军政委。率部参加孟良崮、豫东、淮海等战役。中华人民共和国成立后，先后任华东军区海军第五舰队司令员兼政委，中国人民解放军南京军事学院海军系主任，海军军事学院副院长、院长。1955 年被授予少将军衔。荣获二级八一勋章、一级独立自由勋章、一级解放勋章。1973 年 10 月在北京逝世。

从延安到广东

李觉民

一九三八年，我在延安抗大第一大队三中队学习。是年十一月间，中共广东省委书记张文彬同志到延安参加六届六中全会后回广东之前，要求中央派干部到广东，以加强抗日武装斗争的领导。党中央根据广东当时的斗争形势和省委的请求，从抗大抽调了四十多人（大部分是陕北公学和中共中央党校学员），派往广东，我就是这一次被派回广东的。在这一批派往广东的干部中，有饶卫华、方皋、王匡、田蔚、梁鸿钧（长征干部）、邓桂林（广西独山人，红军长征时是中央警卫连班长）、陈春林、陈岩（学生）、李镇静、谢阳光、赵学、李觉（我当时真实用名）等同志。负责带队的是饶卫华、方皋和梁鸿钧。

党中央对派往广东的第一批抗日干部十分关心，中央领导同志专门接见谈话，对广东地区的抗日斗争方针作了重要指示。我们离开延安时，正值抗大第四期结业，还有一些学员被派往其他地区。刘少奇同志到学校接见了我们，对到各地如何开展工作问题作了指示。他说："你们要注意党的方针、政策，现阶段的政治路线是坚持抗战、反对投降，坚持团结、反对分裂，坚持统一战线，坚持持久战。到沦陷区或白区工作，思想上准备艰苦奋斗，一切服从党的领导。各地情况复杂，工作办法也要从当地实际情况出发。总之，做实际事，处处从革命利益和群众利益出发。"刘少奇同志在谈话中特别提醒我们到广东工作的同志，他对我们说："广东的情况比较复杂，尤其是广州周围的情况比其他地方更加复杂。到那里的任务不是要搞大规模的战斗，而是要到沦陷区拖住敌人。你们要注意搞好统一战线工作，注意斗争艺术，不要为眼前一点利益而因小失大。"

我们一行从延安出发，经过两个月的艰途辗转，到达了湖南长沙。八路军参谋长叶剑英同志刚好从武汉到长沙，在长沙市的一间大祠堂里接见了我们全体同志。他问了我们在路上情况和每个同志身体情况后，就我们到广东后怎样开展敌后抗日武装斗争问题作了重要指示。他说，回广东工作，主要扩大发展党的影响，发展武装斗争，建立革命根据地。广东地区情况复杂，邻近海外。要有清醒的头脑。海南岛已有武装革命根据地，但还要发展。在南方现阶段主要是发展珠江两岸游击战争及根据地，其中有利因素很多，在沦陷区及半沦陷区，敌伪及国民党力量比较薄弱。我们有广大人民支持，有广大地区可以回旋。但不利的因素也存在，如地方环境复杂，顽固分子、地主封建武装各地都有存在。所以工作上要认真，尤其是统一战线要搞好。发展武装方向主要是“下水”（沦陷区），次要是“上山”（国统区）。珠江三角洲河汊多，要研究发展河汊游击战争，讲究战略策略。

除了刘少奇、叶剑英同志对我们这批干部谈了关于当时广东发展抗日武装斗争的工作方针问题外，在延安和西安，我们还分别受到陈云、徐特立两同志的接见。陈云同志当时是中央组织部部长，他找我们集体谈话，提出了五条要求：（一）要服从党的领导，革命立场要坚定，对党的政治路线、方针、政策要坚决执行。（二）要尊重地方党的领导，团结一切力量，一切工作都是为着革命和人民利益出发。（三）要坚定抗战必胜的信念，从革命中、战斗中学习，多做实际事，少说漂亮话。（四）革命工作是艰苦的，思想上要有所准备。（五）各地情况不同，应研究各地区实际情况，注意各地风俗习惯。这次谈话，除了派往广东的干部外，还有派往别的地区的二十多名干部，共有六十多人。我们从延安出发途经西安时，徐特立同志在八路军驻西安办事处接见我们的代表时，也讲了到地方工作后要好好学习的问题。

一九三九年初，我们到达广东后，广东党组织就分配我们到各地去开展武装斗争了。梁鸿钧、赵学、谢阳光到东江（东宝大队），陈岩、邓桂林到粤中，李镇静和我到西江，饶卫华、方皋、王匡等同志留省工作，其他同志分别到粤北、粤西、海南等地区工作。我们到各地后，认真贯彻执行刘少奇、叶剑英等同志的指示，发展党的组织，发动群众，组织武装，建立统一战线，进行敌后抗日游击战争，发展了广东的抗日形势。

（佛山军分区党史办供稿）

（原载于《广东党史资料　第四辑》，中共广东省委党史资料征集委员会、中共广东省委党史研究委员会办公室编，广东人民出版社 1985 年版）

（编者注：引用时对原标题做了调整）

回忆东江特委成立前后

饶卫华

1938 年，我在延安陕北公学担任秘书长，后来参加中共中央组织部举办的高干训练班，聆听中央组织部部长陈云、副部长李富春等首长的讲课。9 月 29 日至 11 月 6 日，党中央召开了六届六中全会，我也参加了旁听。会议批准了以毛泽东同志为首的党中央的政治路线，为实现党对抗日战争新阶段的领导，进行了全面的战略规划。

会议结束后，广东省委书记张文彬要求中央调领导干部协助工作，中央就批准我和延安警备区参谋长梁鸿钧回广东工作。日军在惠阳大亚湾登陆后不久，广州沦陷，省委机关迁往粤北，决定成立东南、西南、粤中和东江特委。我到河源，在蒲特（饶彰风）胞弟饶高认开办的东江书店，找到了林平和蒲特，随即搭起了东江特委的架子。当时国民党极力宣扬“一个主义，一个政党，一个领袖”，东江特委在未恢复党组织的河源是不安全的。东江书店目标大，日本飞机也来轰炸，就于 1939 年春节前搬到紫金古竹。古竹是大革命时期的根据地，群众基础好，地处惠（阳）、紫（金）、河（源）、博（罗）四县边陲，是四不管的地方，适合地下党开展革命活动。

我刚到古竹，就与古竹人民抗日自卫大队队长黎伯枢接头，暂住陈家祠。不久，黎孟持受曾生派遣从惠阳坪山回来。林平和蒲特住在江利祥旅店，并在该店接头会面。林平嘱孟持做好建立紫金县工委工作和找一个能容纳二三十人开会的安全地方。1939 年 1 月，孟持与黎伯枢、李恒若等商量，召开全县党组织负责人会议，建立了县工委，孟持任书记。并由孟持出面找到黎两安书房仔作开会地址（两安是原县农会委员黎仲明的书斋），他带我们 3 人察看后，决定借用黎两安书斋作为开会场地。我在陈家祠过春节，还在那里办了结婚手续。我的爱人叫何淑英，她是“东团”（全称“东江华侨回乡服务团”）的干部。这是我人生难忘的日子。

1939 年春节后，大概是元宵节，乘群众舞龙舞凤赏花灯闹元宵之机，我们在古竹黎两安书房仔召开了东江党代会。参加会议的有海陆丰的郑重，五华的钟靖寰、张直心，紫金的黎孟持、潘祖岳，龙川的李健行、黄慈宽，和平的罗响，博罗的刘庸，增城的郭大同等十多人。会议开了四天，选出林平为书记，蒲特任宣传部部长，我任组织部部长。我们三人为常委。委员有张直心、郑重，候补委员李健行。妇委书记陈婉聪，青委副书记张持平。会后，饶璜湘调来特委工作，负责青委书记。会议期间，“抗先”（全称“广东青年抗日先锋队”）、“东团”组织了舞狮子，演街头剧，搞得十分热闹，一方面宣传抗日，另一方面转移国民党视听，开展抗日宣传和统一战线等工作。

东江特委在古竹，紫金县委也在古竹。因此，紫金县委除了领导全县人民开展抗日救亡外，还要协助东江特委做好通讯联络、后勤供给、保护领导安全等重要工作。孟持同志是1925年入党的老党员，原是古竹区农会执委。其父亲黎雨楼是古竹地区威信很高的乡绅，在我党的影响下支持抗日，积极掩护同志并在经济上支持东江特委工作。

为了特委领导的安全，有利于开展工作，在孟持同志的大力支持下，我以“东团”督导员的公开身份，住在古竹望牛岗江利祥家（孟持同庚叔），离“东团”“抗先”驻地陈家祠较近，以便联系。蒲特以《救亡日报》记者的公开身份，主持特委工作，住在新围桔园孟持同志家，离古竹圩大约二三里路，周围有党组织。新智小学是安排“抗先”“东团”骨干的好地方。蒲特妻张桂芳，又名叫张明，认黎雨楼伯为干爸，拜孟持母赖平安为契妈（义母），蒲特与孟持兄弟相称。孟持以“东团”团长身份出入陈家祠，将地下党组织的情报及时报告蒲特。林平夫妇没有公开身份，安排在较偏僻的双坑村叶炳弟叶发（党员）家住。叶炳是老农会长，在双坑有一定的威信。各县来联系的同志，一般情况下是先到陈家祠找“东团”的通讯员简家祥，然后转给孟持，再由孟持带到新围桔园见蒲特。

东江特委没有公开的办公室，起草文件、上下联系、开会研究问题，多数在蒲特住地进行。蒲特经常留家处理日常工作，其他领导经常到各县指导工作，办训练班、授课等。特委在古竹期间得到孟持家人的大力支持，上下级的来往、常委开会等经费都由雨楼伯支持，食宿接待由孟持母亲赖平安、妻许恩媚等负责，投递情报由孟持大姐黎彩英（吃斋的尼姑）借进香诵经之机，将情报藏在香篮里投递出去。蒲特将收听到新华社广播的抗日消息，告诉雨楼伯，通过雨楼伯到古竹圩公开向群众宣传，进行游说。通过雨楼伯动员了大乡绅赖朗文、乡长黎慕堂、自卫队长黎春浓等国民党上层人士支持革命，结成广泛的抗日民族统一战线，保护了特委领导，使当时的新围桔园成了东江特委的办公地方。

东江特委在古竹时期，主要做了几件工作：

一是抓建党，发展各县党组织。大革命失败后，东江各县党组织都停止了活动。那时，特委在双坑举办了党员干部训练班，我任班主任，主要训练各县的县委书记和新党员。后来，以“抗先”“东团”的名义，在博罗黄麻陂举办了第二期东江中级干部训练班，由潘祖岳任班主任。东江特委前后在古竹举办的两期训练班，办班地点、联络通讯、后勤供给都是孟持负责的。黄麻陂举办的训练班主要依靠地下党员李致春担任黄麻陂乡乡长之机，又有麦刚夫妇在那里小学教书，“抗先”队长谭家驹在二区当区长。1939 年 7 月间，利用学校放暑假之时，东江特委在那里举办训练班。经过办班等活动与宣传，各县党组织不断扩大，古竹地区的党组织更加发展壮大了。

二是抓了“抗先”和“东团”的工作，开展抗日宣传活动。“抗先”比较早进入古竹，“东团”是后来成立的。东江特委成立后，我与黎孟持到香港向廖承志汇报了“东团”事宜。不久，“东团”总团在惠阳建立，各县建立分团。紫金为第四分团，孟持任团长。“抗先”与“东团”两个组织都是得到了国民党承认的公开组织。东江特委以这两个组织建立的大众剧社开展抗日宣传，发动群众。“东团”还将南洋华侨寄回来的药物带到乡村为群众治病，发动群众修桥铺路，取得群众信赖。特别是海陆丰国民党县党部起初反对我们服务团，由于我们做了许多好事，得到群众拥护，他们后来也说我们服务团好。

“抗先”主要工作是以演戏、出墙报、开演讲会等形式宣传抗日，河源就做得很好。妇女工作主要由陈婉聪、余慧同志负责，还有何励（又名何丽琴）、杨文、杨绮等。她们在古竹新围举办了妇女干部学习班，发动妇女参加夜校学习，宣传、灌输革命思想，将积极分子吸收入党。

三是通过宣传，开展支前活动。紫金、龙川、连平、和平等地通过纪念黄花岗烈士，掀起了黄花节献金活动，召开献金会，设立献金箱，将群众捐献的钱、物送到八路军驻广州办事处。

四是组织抗日武装。各县都建立了抗日民众武装，开展抗日锄奸活动。

1940 年，东江特委在古竹新智小学召开扩大会议，增选了李健行、黄宇为委员。新智小学就在离孟持家不远的黎道英公祠，是我党进行地下活动的基地，教师全是地下党员。在那里召开特委扩大会议，是很安全的。

1940 年 8 月，前东特委成立，林平同志任前委书记，我调粤北省委工作。东江特委工作主要由蒲特负责。他住在孟持家，直至 1941 年春，后调粤北省委工作。后东特委由梁威林负责。1942 年 5 月粤北省委遭到破坏后，梁威林到古竹水东隐蔽，继续开展党的地下活动。

（本文由饶潮声供稿并校对）

作者简介：饶卫华（1906—1996），广东大埔人。1924 年在中山大学参加革命，曾任党支部书记。参加省港罢工，任邓中夏秘书、广东区委秘书、汕头特委组织部部长。派往苏联学习期间，任苏联东方大学党支部书记，出席了中共六大和共青团五大。后任香港区委书记、广东省委秘书长、南方局秘书长、中央华南交通总站站长。1931 年在上海中央交通局任站长。作为中央巡视员先后巡视福建和东北。1937 年任延安陕北公学秘书长。列席六届六中全会。后任东江特委组织部部长、粤北省委组织部部长、东江纵队军政干校秘书长。北撤山东后任鲁南行署处长。1947 年在西柏坡中央工委集中，任石家庄总工会部长、秘书长。1949 年在北京参加开国大典。新中国成立后任广州市工会筹委会常委、市建材局局长。1955 年任广州市政协副主席。

背景导读：尹林平同志是党中央派往东江地区加强敌后抗日武装斗争的红军干部，是东江纵队的主要领导人。他见证了东江纵队自初创到解放广东，从未脱离过党的领导。1945 年 2 月 12 日毛主席在关于广东问题的电报批示中指出：林平“此人似很有办法”。这篇回忆文章梳理了党在东江地区领导武装斗争的组织脉络。

立足南粤

——抗战后广东党组织活动概况

尹林平

1936 年，我在福建工作时，与中共中央南方工作委员会（简称南委，书记薛尚实）有联系。抗日战争爆发前，我在福建漳州、厦门做党的秘密工作。

1937 年 7 月全面抗战爆发后，16 日闽南红三团何鸣部队被缴械事件发生的当天，我根据闽粤边特委指示，到香港向南委汇报红三团被缴械事件，要求中央出面交涉，挽救这支人民武装力量。此后我就留在南委工作。当时香港已有八路军办事处了。同年冬，根据上级指示撤销南委后，成立中共广东省委，书记张文彬、组织部长薛尚实、宣传部长饶彰风、军委书记林平（即尹林平）、职工部长梁广、妇女部长张越霞（博古的爱人）、青年部长麦蒲费，省委常委有张文彬、薛尚实、梁广、张越霞、林平五人。广东省委属长江局领导。长江局书记起初是王明，王明犯右倾机会主义错误被撤职后，这个地区党组织由周恩来同志负责领导。

1937 年成立琼崖特委（书记冯白驹），1938 年初成立广州市委（书记罗范群），同年冬撤销广州市委。广州失守前，又成立东南特委，以梁广为书记，吴有恒为组织部长，杨康华为宣传部长。

1938 年春节（1 月底），广东省委从香港迁回广州。同年五六月间，张文彬曾到长江局开会，回来后传达了有关抗日战争的形势和任务等问题。同年九十月间，张文彬到延安开会，听说这次会议批判了王明的右倾机会主义路线。从 1937 年至 1938 年，曾听张文彬说过，周恩来同志在长江局工作期间，曾同王明的右倾机会主义路线进行了激烈的斗争。

武汉失守前，长江局的干部和工作人员从武汉撤至长沙，遇到国民党采取所谓“焦土”政策，火烧长沙，后转到重庆，成立中共中央南方局，以周恩来同志为书记。参加南方局领导的有叶剑英同志，以后又增加了董必武同志。当时，八路军、新四军及其活动地区属中央领导，国民党统治区和江南部分游击区属南方局领导。在抗日战争时期以及解放战争初期，广东党组织属南方局领导。

1938 年 10 月 22 日广州沦陷，广东省委迁至韶关。同年冬，召开省委会议。长江局组织部长兼秘书长黄文杰到韶关，向省委传达了党中央的指示精神，指出：日本帝国主义正在扩大侵华战争，要打通粤汉铁路，占领长江中下游流域，因此，粤汉铁路以东和长江中下游地区都属敌后。我党在这些地区放手发动群众，开展敌后抗日游击战争，摧毁敌伪政权，建立人民政权，工作大有可为。指出要独立自主地领导武装斗争，不要被国民党捆绑手脚。要批判王明“一切经过统一战线，一切服从统一战线”的右倾机会主义路线。对国民党要坚持又团结又斗争，以斗争求团结的方针。开会前，我曾写信给长江局，要求回部队工作，因为我到广东之前是军队干部。黄文杰对我说，不要回部队了，要我到东江地区去开展抗日游击战争。

这次省委会议决定成立东江特委：书记林平、组织部部长饶卫华、宣传部部长饶彰风、青年组长饶璜湘、妇女组长余慧。

省委会议结束后，我到东江地区，组织游击队开展抗日斗争。抗日战争前，广东原有两支武装队伍：一支是由冯白驹同志领导的，是大革命失败后10年内战时期，坚持在海南岛进行斗争的武装队伍，在最艰苦的年代仅余下数十人；另一支是由古大存同志率领的，活跃在大埔县一带的武装队伍，最后仅留下10余人。我还听说，抗战前陈毅同志在南雄县活动期间，也有一支武装队伍，但是后来由谁领导，有多少人，都不清楚，也没有联系上。

1939年六七月间，根据上级指示，省委改组，书记张文彬、组织部长李大林、宣传部长涂振农、统战部长古大存、妇女部长张越霞、秘书长王均予（解放后曾任中国科学院中南分院副院长）。

1939年又决定成立以下特委。西江特委：负责人冯燊。粤中特委：负责人罗范群。粤北特委：负责人黄松坚。江西赣南特委：负责人杨尚奎。这个时期，中央决定：也归广东省委领导。

原闽粤赣边委负责人是张鼎丞、谭震林、邓子恢。1937年底、1938年初，组织新四军北上后，中央决定成立闽粤赣特委（省级机构，直属中央领导），负责人方方。

1940年1月，李大林到惠阳，向我们传达党中央、南方局的指示，指出国民党已掀起反共高潮。说国民党的反共三步骤是：第一是“容共”，国共合作；第二是“溶共”，让我们的一些干部当官，溶化我们；现在是第三步“熔共”，就是要消灭我们的革命力量。我们要放手发动群众，扩大武装力量，做好统一战线工作，坚持抗战。如果国民党进犯我们，我们就坚持反击。要发展抗日力量，要做好舆论工作，争取社会同情，坚持又斗争又团结的方针。要把蒋管区已暴露身份的工作人员撤退出来，转到游击区工作。

1940年下半年，中共南方工作委员会成立，书记方方、副书记兼组织部长张文彬、宣传部长涂振农、秘书长郭潜（即郭铁梅，后叛变）、副秘书长姚铎、妇女部长苏惠。南方工委机关设在梅县，领导广东、广西、江西、福建等地区。南委归南方局领导。这时，广东设立粤北省委，书记李大林、组织部长饶卫华、宣传部长黄康、统战部长饶彰风、青年部长陈能兴、秘书长严重（陈志华）。粤北省委领导国民党统治区。另设粤南省委，负责领导香港、珠江、南路、粤中的沦陷区。粤南省委书记梁广、组织部长王均予、宣传部长石辟澜。粤南省委1941年底撤销。

1941年12月，日寇南侵。太平洋战争爆发以后，中央来电给八路军驻香港办事处主任、中共广东省委委员廖承志同志，指示：国民党反动派掀起反共高潮以后，许多文化人和民主人士因在国民党统治区站不住脚，撤退到香港；现在，香港已沦陷，要想方设法挽救这批文化人和民主人士。廖承志同志把中央来电口头告诉了我。他还对我说，胡公（指周恩来同志）也有电报来，说许多民主人士被困在香港，这批民主人士当中有的是我国文化的精华，要用一切办法把他们转移到国民党统治区的安全地带。广东党组织坚决执行中央和南方局的指示，大力从各方面开展组织营救工作。结果，邹韬奋、沈雁冰、沙千里、沈志远、千家驹、张友渔、胡绳、廖沫沙、张铁生等800多人，从香港安全地转到内地；同时，还有英、印、美、荷、比等十几个国家的百余名外国人，也在我们帮助下撤出香港，转移到叫做“大后方”的国民党统治区。关于这件事，《华商报》在1946年二三月间曾登载过。

这批民主人士路过游击区，张文彬同志同他们曾举行座谈会，研究同国民党当局谈判，并报告南方局请示谈判问题。1942年三四月间，张文彬同志在宝安县东江总队队部，说周恩来同志有电报指示，据确凿消息，国民党反动派要消灭我部，势在必行，要我们不要幻想与他们谈判，要高度警惕，要坚持依靠群众，进行坚决斗争，才有出路。这是我们建立电台后，第一次直接收到南方局的重要指示；在此以前的中央指示，都是通过八路军驻香港办事处转来的。

约在1942年春、夏间，郭潜被捕叛变，江西省委首先被国民党反动派破坏，跟着，粤北省委于1942年5月遭国民党反动派破坏，广西工委也被破坏。南方工作委员会也在同年五六月间遭到破坏。这一年，江西省委的谢育才被捕，南委除方方同志安全转移外，涂振农被捕后叛变。张文彬同志被捕后，在狱中受摧残病故。廖承志同志也在广东乐昌被捕。同年8月，南方局发电报给我们（当时我担任东江特委书记、东江敌后前线特委书记、惠东宝抗日游击总队政治委员），指示说：“据确实消息，南方诸省，广东、广西、江西省委以及南委，都遭到国民党反动派破坏。为避免事件的继续扩大，中央决定：除敌占区、游击区党组织照常活动外，国民党统治区党组织一律暂行停止活动；已暴露身份的干部，一律转移到游击区工作；其余干部应谋找职业（如教书、做工、做小生意等社会职业）作掩护，多交朋友，约定暗号，定期联系，等待时机，以恢复工作。”并要我们设法把这个指示转告同我们有联系的组织。我们接到南方局这个指示后，立即把它传达给下属各级党组织转告全体党员。当时，我们电台与延安党中央有联系，一般报告由延安转发南方局。

广东党组织虽然暂时停止活动了，但是，在过去几年中，省委还是做了不少工作的。当时派出不少同志到各地联络，争取了许多同志来部队工作，同时还与各地组织加强联系。同中央密切联系，使许多革命工作还能正常开展。然而，也存在一些问题，主要是：原则性不强，如郭铁梅原是公开了的干部，却调南委搞秘密工作；警惕性不高，如江西省委已破坏，南委同省委几个月没有联系，还派谢育才去当省委书记，谢一接头就被捕了。

抗日战争发生后，在武装问题上，当时省委一些同志也是不够明确的。在广州沦陷前后，省委在开会时曾争论过。我提出要搞武装，搞敌后游击战争，八路军、新四军驻广州办事处主任云广英同意了，我们两人联名写了关于开展广东游击战争的意见报告给中央军委，叶剑英同志批复同意我们的意见，但省委一些领导同志不够重视，他们主张多交朋友，强调要坚持与国民党团结抗日。结果，1938 年 10 月，日军侵入广东，国民党部队溃不成军，而我们的武装工作又衔接不上来。当时我们在农村也做了一些工作，组织了壮丁义勇队，如东莞县壮丁模范队就发挥了很好的作用。廖承志同志要曾生、周伯明、谢鹤筹等同志在东江组织了一支部队。我们帮助吴勤，也组织了一支部队，并派了一些人进去。从当时的情况看，我们是有了一些武装的，但省委对这些武装队伍只派了不足 30 名干部，而且也没有注意放手发展革命武装组织。所以，我们掌握的武装的力量还很小。后来，广州沦陷了，省委迁到韶关，省委一些同志强调搞统战，说帮助国民党，联合抗日，搞什么“统一战线模范省”，送了 800 多名党员和进步青年到国民党军队中工作，没有把主要力量放在农村发动群众，把工农武装起来。假如我们当时独立自主地搞武装，情况就大不相同了。

1942 年九十月间，南方局直接给我们发来指示，指出：日本帝国主义为了支持已发动的太平洋战争，要打通南北交通线，国民党军不堪一击，我们不要把抗日希望寄托于国民党身上。我党要依靠群众，积极领导广大人民开展抗日游击战争，并指示成立广东军政委员会主持工作，以林平为军政委员会主任，委员有连贯、梁广、曾生、王作尧、林锵云、罗范群、梁鸿钧、杨康华。

12 月，南方局又来电说，由于革命形势发展的需要，决定成立广东省临时工作委员会（简称临时省委），以林平为书记，连贯、梁广为委员。并规定林平抓全面工作，主要是抓军事工作；梁广抓城市工作，主要是抓广州、香港、澳门等城市的工作；连贯抓蒋管区党组织联络工作和对华侨统战工作。嗣后，临时省委在南方局直接领导下，开展全省城乡抗日斗争以及各项工作。这个时期，广东的东江、海南岛、珠江、韩江、南路、粤中、北江等各个地区的抗日斗争蓬勃发展。

1943 年上半年，日本帝国主义扩大太平洋战争，在广东敌占区拼命抢粮食。这一年广东发生大旱灾，出现大饥荒，饿死很多人。我们把这个情况报告党中央、南方局。中央、南方局在这期间，曾三四次通过电台指示我们，在灾荒期间，要关心群众、关心战士，要我们想方设法领导广大群众渡过灾荒。我们看到这些指示，深受感动，坚决贯彻执行中央和南方局的指示，积极带领群众抗灾渡荒。在部队提倡节约渡荒，规定机关干部每天食 6 两米（每天两餐稀粥），战士每天食 8 两米，挤出粮食，救济老百姓。经过一段时期的抗灾斗争，这一年的晚稻，有了较好收成，整个形势有了好转。

同年秋，南方局来电，指示我们把部队番号改为广东人民抗日游击队东江纵队，以适应革命形势发展的需要，并指示我们发表《东江纵队成立宣言》《省委告广东人民书》。我们起草了宣言和告广东人民书，用电报发至党中央、南方局，南方局把《宣言》和《告百粤人民书》修改后转发回来。经过修改后的《宣言》和《告百粤人民书》旗帜鲜明地揭发了蒋介石积极反共、消极抗日的政策①，指出了中国人民只有在中国共产党领导下，才能打败日本帝国主义，收复失地，建设新中国。重申了中国共产党坚决团结一切可以团结的力量，坚持抗战，反对投降；坚持团结，反对分裂；坚持进步，反对倒退。建立三三制民主政权的主张，决心打到鸭绿江边，把日本帝国主义彻底赶出中国。与此同时，我们还把东江纵队的人选名单报送党中央、南方局。1943 年 12 月 2 日，经党中央批准，东江纵队正式成立，司令员曾生、政委林平、副司令员王作尧、参谋长梁鸿钧、政治部主任杨康华。1944 年夏（5 月间），中央批准珠江纵队成立，以林锵云为司令员，罗范群为政委（后改为梁嘉），副司令员谢斌。同年 11 月，粤中游击队公开宣布成立广东人民抗日解放军，以梁鸿钧（后牺牲）为司令员，罗范群为政委，谢立全为副司令员，刘田夫为副政委兼政治部主任。以后，我们共有电台六七部，同党中央、南方局、新华社的联系进一步加强了。

1944 年 8 月间，广东各地党组织恢复建立。前东特委：书记是黄宇，委员有谢鹤筹、张持平、黄庄平、陈铭炎、郑重、余慧。后东特委：梁威林、饶璜湘。粤北特委：黄松坚、邓楚白。粤中特委：罗范群、刘田夫。西江特委：冯燊、梁嘉。南路特委：周楠、温焯华。

---

① 上报稿《省委告广东人民书》经南方局修改后为《告百粤人民书》，最终以《广东人民抗日游击队东江纵队司令部布告》（纵字第一号）正式发布。

1944 年 8 月，临时省委与东江纵队领导人开联席会议，会后写了一个报告给中央和南方局。报告分析了当时形势，认为国民党已完全放弃抗日，只是一心反共反人民，依靠国民党反攻，打倒日本帝国主义是不可能的。只有在中国共产党领导下，武装全中国人民，才能打败日本帝国主义。为此，决定在全省范围内开展人民武装斗争，凡是共产党员都要参加到以武装斗争为中心的革命斗争中来；要从现有的几支抗日武装，扩展到全省的人民抗日武装斗争，要恢复党的组织活动。中央和南方局很快复电给我们，说临时省委、东江纵队领导人联席会议的报告，中央完全同意；指出报告所提出的工作方针和任务是符合中央最近指示精神的。指示要积极恢复党组织的活动，推动全省人民抗日武装斗争的开展。同时，还指示我们协助开展广西方面的工作，要动员全省党员为实现省委的八月决议而努力工作。我们收到中央和南方局的指示后，立即组织北上粤北、小北江和东征队——向粤东挺进；西征队——向西进军，直至南路，到达广西边境；南征队——到达两阳（阳江、阳春）。这时，潮梅、东江、北江、西江、粤中、南路等地的党组织，均积极开展了活动。广东临时省委加强了对各地党组织的领导。

1945 年三四月间，中央通过南方局指示我们，由于革命形势发展的需要，要把临时省委改组为广东区党委，委员人数比过去适当增加，但因战争环境不宜过多，委员名单由我们提出后上报中央。我们报了区党委委员名单 15 人，后中央说委员人数多了一些，要我们研究酌减后再报。我们当时曾研究决定区党委委员为 9 人或 11 人。中央还指示我们，把领导机构从宝安转移到东江北岸罗浮山。

1945 年 7 月 1 日，为庆祝党的生日，广东区党委原拟在博罗县的罗浮山冲虚观开会，由于人员未到齐，延至 7 月 6 日才开，至 21 日结束。会上正式宣布成立广东区党委（人员已按中央指示减少，但未报），书记林平，委员有连贯、梁广、曾生、罗范群、林锵云、王作尧、梁鸿钧、杨康华、冯燊、黄松坚等。会议期间，中央以及南方局均发来指示，指出，由于整个革命形势已起了大变化，要使抗日武装斗争全面平衡发展，中央决定派几支部队南下，并告诉已由王震、王首道两同志率领的一支部队将到粤、湘、赣边区的五岭，广东应派出游击队到粤北与王震、王首道两同志的部队会合，以五岭为根据地，发展人民武装，坚持抗日斗争，最后打败日本帝国主义。我们遵照中央的指示，派部队到粤北的南雄、始兴附近一带。后来，由于抗日战争胜利，中央通知王震、王首道北回，因此会师未成。

8 月，延安电台转来中央的指示：日本帝国主义已投降，抗日战争即将全面胜利。各级党组织要迅速做好动员工作和组织工作，扩大武装人员，解放中小城镇，建立革命政权，接受日军投降。

日本宣布无条件投降后，我们即开始接收日伪军的武器，由曾生同志负责这项工作。由于我们事先进逼各敌据点，对敌军开展了宣传攻势，许多敌伪按指定地点投降，交出武器（就在这时，蒋介石下令日伪军就地驻防，维持治安，没有他的命令，不准交出一枪一弹给共军）。与此同时，我们及时把收缴的武器用来扩大部队和武装人民群众。同年9月，南方局转告广东党组织：毛主席已去重庆谈判，通知各级党组织不要担心，要不断揭露国民党反动派假和谈、真内战的阴谋。后又转告，为了粉碎蒋假和谈、真内战的阴谋，我们决定从8个解放区撤出，以便适当地集中我们的力量。并告知今后斗争方针，要广东党组织团结广大干部、群众，坚决执行中央决定，坚决自卫，反击内战。

1946年2月间，南方局来电，命林平秘密乘飞机到重庆，准备参加谈判，并命林平在去重庆之前，想尽一切办法，迫使国民党承认华南有我党领导的抗日游击队。当时，国民党妄图取消我们，死不承认广东有抗日游击队。南方局指示我们，要依靠群众、干部，团结一致，坚决反击国民党军的进攻，并要我们在报纸上揭穿国民党反动派不承认华南有共产党领导的抗日游击队的反动阴谋。我们即在香港《华商报》等8份报刊上，登载了广东各地抗日游击队在抗战期间抗击了多少敌人，收缴了日军多少武器，建立了游击根据地、人民政权，表明了中国共产党领导下的华南抗日部队的战绩，并报导了我华南抗日部队曾营救了一批民主人士、文化界人士、外国侨民，从香港安全转移到内地，以及美军设在东纵的联络组等闻名中外的大事件。3月9日，我按通知到达重庆，住在曾家岩。南方局开了盛大的欢迎会，欢迎叶挺、廖承志、林平等同志到达重庆。会后，周恩来同志指示我，在重庆举行中外记者招待会。我发表了广东抗日游击队8年抗日斗争的经过和战绩，指出有人妄图否认和取消华南有中国共产党领导的抗日部队存在的阴谋。翌日，重庆《新华日报》即以广东抗日游击队东江纵队政委林平抵渝的标题予以报导，并报导了我在记者招待会上发表的谈话和华南抗日游击队抗战战绩。

当时，国民党矢口否认华南有我党领导的抗日游击队。国民党的谈判代表张发奎拍桌狂吠，胡说什么广东没有中国共产党领导的抗日游击队，只有土匪。对此，周恩来同志予以严词驳斥。经过多次斗争，国民党最后被迫承认事实。

当时，广东游击队牵制了国民党6个军。国民党希望将我广东游击队撤走，以便他们部署内战。国共重庆谈判，最后签订了停战协定。为了集中兵力，我方从 8 个解放区撤出部队，转移到华北其他解放区。按照协议，广东游击队要北撤。为此，中央决定八路军派滕代远同志、新四军派郑绍文同志、华南抗日游击队由林平同志为代表，同国民党地方军政当局具体谈判解决部队撤出的有关问题。周恩来同志给我的指示中，谈了两个问题：在北撤中，要防止敌人的袭击；广东游击队北撤到达的地点，应在陇海路以北。后来确定，我军到山东烟台登陆，撤退人数为 2400 名，由美国军舰负责运送。不北撤的战士复员，发复员证及复员费，教育他们回到本地，继续团结群众，参加生产，并随时准备响应号召，重新归队闹革命。

重庆谈判期间，周恩来同志白天同国民党谈判作斗争，晚上回来，又向我们讲谈判斗争情况。他常常工作至凌晨三四时，有时一边开会，一边批阅文件。

1946 年 3 月，周恩来同志回延安。我在他离开重庆的第二天，也到延安。周恩来同志带我去见了毛主席、刘少奇同志。毛主席同我谈了一个多小时，先问我是哪里人，什么时候参加革命，然后谈了有关工作问题。我向刘少奇同志作了广东革命工作的简略汇报。我在延安住了 3 天，即回重庆，过几天，就同廖承志同志回广州。

我回广州后，负责处理东江纵队北撤的问题。撤退时，全省各地均留下了一批力量，以保卫群众利益，进行合法斗争。并且，省委为指导各区工作，在各地设立特派员。前东特派员：蓝造、祁锋。后东特派员：梁威林、严尚民。粤北特派员：黄松坚。赣南特派员（兼管粤北地区）：刘建华、魏金水、刘建勋。南路特派员：周楠、温焯华。西江特派员：梁嘉。珠江特派员：曾谷、谭桂明、欧初。潮汕特派员：林美南。

东江纵队北撤时，原计划我也是随军一起走的，由梁广负责广东工作，所以对一些人的安排和决定，我没有参加研究。后来，中央又决定要我留下。东江纵队北撤人员在 1946 年 6 月底集中在宝安县大鹏湾上船，6 月 30 日启航北撤，7 月 5 日至山东烟台。

1947 年 5 月 6 日，根据中共中央指示，撤销中共广东区党委，成立中共中央香港分局，由刘长胜、方方和林平等同志负责。香港分局归上海局（书记刘晓）领导。后来，刘长胜由于工作需要离开香港，中央通知，方方为香港分局书记，林平为副书记，章汉夫、连贯、许涤新、潘汉年、夏衍、刘宁一、梁广等为委员。分局下面设有：城市工委，梁广；侨务小组，连贯；统战小组，林平、连贯；文化小组，章汉夫；财经小组，许涤新；青妇小组，苏惠、余慧、黄焕秋。此外，林平还管农村武装工作，苏惠还兼管组织工作。

香港分局辖许多区，各区负责人如下：闽粤赣边区党委，魏金水、刘永生。粤赣湘边区党委，林平、黄松坚、严尚民、梁威林、左洪涛、黄文俞。粤桂南边区党委，梁广、杨应彬。粤中区党委，冯燊、吴有恒。海南区党委，冯白驹。粤桂边委，梁嘉。湘南特委，唐麟。赣南特委，刘建华。桂滇黔边区党委，周楠，后来林李明、庄田。

1948 年春，香港分局在港召开高干会议，方方作《刘邓大军渡黄河后的形势和我们的任务》报告，提出进一步开展武装斗争，迎接南下大军。5 月 8 日，林平、梁广、冯燊、吴有恒等分赴各地，领导武装斗争。同年下半年，中央指示：香港分局改为中共中央华南分局，委员照旧不变。1949 年八九月间，中央指示，华南分局改组，以叶剑英同志为第一书记，张云逸同志为第二书记，方方同志为第三书记。

以上是广东党组织机构在抗日、解放战争时期的简略变迁情况及其开展斗争概况。有些情况可能记忆不周不确，仅供参考，并望尚在的有关同志予以补正。

（本文原发表于全国政协文史资料研究委员会编《革命史资料》1982 年第 6 期）

作者简介：尹林平（1908—1984），江西兴国人，曾用名尹利东、林平。1927 年在家乡参加农民协会和赤卫队，1930 年参加工农红军，1931 年加入中国共产党。1933 年至 1937 年上半年在福建工作，任红军红三团团长、厦门临时工委书记。1937 年 7 月调来广东工作。曾任广东省委军委书记、东江特委书记、广东区党委书记、东江纵队政委。东纵北撤后，奉命留在华南坚持武装斗争。曾任中共华南分局副书记、粤赣湘边纵队司令员兼政委。新中国成立后，曾任广东军区副政委、华南军区干部部部长、中南公安军第二政委。1956 年转业到地方，曾任广东省委常委、书记处书记，广东省政协主席兼党组书记。尹林平同志是中共八大、十二大代表、第一届和第五届全国人大代表、第五届全国政协常委、中央顾问委员会委员。1984 年 9 月病逝于北京。

背景导读：抗战历时 14 年，在抗战初期，广东党员饶卫华作为中央巡视员赴东北，寻找因沦陷失联的满洲区党委，传达党中央发动群众组织武装斗争抗击日本帝国主义的指示。此前中央多次派人联系未果。他化名姚仲云，在哈尔滨找到了满洲党委。根据《中国共产党黑龙江省组织史资料》记载：“1932 年 5 月，中央派巡视员姚××到东北巡视，姚××到哈尔滨后调整加强满洲省委领导力量，增补中央派来的聂树先（尚越）和新出狱的赵尚志 2 人为省委常委，增补由苏联回来的孙广英（丘士克）为省委委员。满洲省委迁哈后，将‘发动游击战争，领导反日的民族战争，开辟满洲新的游击区域与苏维埃区域’作为省委‘最中心、最迫切、最实际’的战斗任务。”杨林 1932 年 7 月调往中央苏区后，赵尚志接任满洲军委书记。

抗战纪事

饶卫华

1964 年 1—4 月间，中共广东省委党史研究委员会的同志们来访。我当时就所知的，按来访同志所提的问题顺序作了回忆。下面是当年的谈话记录稿的整理。只供参考的记录稿，文章未免不够系统。有些事件的时间和谈及的人名，只靠记忆，可能有错误或不准确的地方。希望读者发现后，加以指正。

一 参加六大

1. 参加党的六大的情况

出席六大的广东代表团是各省代表团中最大的一个代表团，共有 20 多位代表，团长是李立三同志，成员有邓中夏、阮啸仙、杨殷、苏兆征、甘作棠、江惠芳、李成、何务光、曹俊兴、邝碧青、周秀珠、蔡畅、李富春等同志。

李立三同志原不是广东选派的代表。到了莫斯科时，他才参加广东代表团，并担任团长。他是大会最活跃的代表之一。六大由瞿秋白同志作中央工作报告。当时共产国际派主席布哈林来给大会做长篇报告。他的报告肯定广州起义是对的，认为这是“革命高潮退兵的一战”。他认为中国革命任务没有完成，现在是两个革命高潮之间，党要积蓄力量，促进新的革命高潮早日到来。因此“退兵”一战不是意味着退却了，停下来了。

六大闭幕，接着是开共青团的全国代表大会，我应邀出席参加。以后大会安排我帮助阮啸仙同志整理仁化县农民起义的资料。仁化是北江最早发展农民运动的一个县，阮啸仙同志曾直接领导当地的农会组织，朱德同志在南昌起义失败后曾领导起义的部队退到粤北，在该县作短期休整，以后才到井冈山与毛泽东同志会师。1927 年六七月间仁化曾建立了苏维埃政府。但由于未有执行正确的土地政策，没做好发动群众、培养骨干等工作，很快就失败了。此外，我还帮助整理海陆丰农民运动的资料，作为六大会议资料存入档案。

2. 中共旅莫支部的情况

中国共产党正式成立前，便有同志如张太雷等到莫斯科学习。以后被派去的党员，最初都进莫斯科东方大学。后来又有不少同志从西欧的法国、德国和美国转到莫斯科学习。1927 年“7·15”① 武汉大屠杀时，有数艘苏联船只停泊在武汉。当时许多同志为避开国民党反动派的屠杀，党组织就把他们撤退到苏联船上避难。后来这些船便运载了这些同志和一批上海的同志开到了海参崴，然后乘火车到莫斯科。这些同志被编入东方大学的特别班短期学习，共有 3000 多人；加上“孙大”② 的学生，1928 年在莫斯科的中国学生就达五六千人。这些中国学生成分比较复杂。莫斯科的“孙大”，1926 年曾在广州、广西等地公开招生。凡想到苏联学习的人，都可以报名，参加考试，录取以后前往。所以除了各省党组织选送的党员外，还有不少是国民党党员。其中不少是国民党高级官员的儿女（如蒋介石儿子蒋经国和冯玉祥等的子女也在内）。东方大学的学生，则全部是中共党员或共青团员，是经过各地党组织选送的。

---

① “‘7·15’武汉大屠杀”指汪精卫 7 月 15 日在武汉公开宣布“分共”“清党”，对共产党员和革命群众进行大逮捕、大屠杀事件。

② “孙大”即“中国劳动者孙逸仙大学”，也惯称“莫斯科中山大学”。不同文献对莫斯科东方大学和莫斯科中山大学全称记载有差异。1925 年底在苏联成立的中山大学，《中国革命史手册》第 43—44 页记为“莫斯科中国中山劳动大学”，1929 年改称“中国劳动者共产主义大学”，1930 年秋停办。《20 世纪 20—30 年代中国革命者在俄罗斯》第 68 页记述“1925 年孙逸仙中国劳动者大学……开始工作”，1928 年更名为“中国劳动者共产主义大学”。而 1921 年成立的东方大学，在《中国革命史手册》第 17 页记为“莫斯科东方劳动者共产主义大学”。

在共产国际的领导下，按党章规定，中国共产党党员到了苏联，本来就可以参加苏共的组织，与苏共党员一同过党的组织生活。但苏共未执行这条规定，不给中国同志参加苏共党的支部过组织生活。理由是什么？学校党委没给我们说明。因此这些在苏联学习的中共党员在 1922 年或 1923 年后便成立了中共的旅莫支部。这个旅莫支部受中国共产党中央驻共产国际的代表团和苏共党共同领导。旅莫支部的主要骨干，有些是以前从旅法支部转到苏联来的同志。我到莫斯科时，记得最初的旅莫支部书记是王仁达同志，以后王调到共产国际东方部工作，便由武胡景接替。支部委员还有其他由中国去的工人同志。中国共青团也有团的旅莫支部。当时团支部负责人为刘琨（赵毅敏）同志，支委有罗世文、曾涌泉等同志。党的旅莫支部的领导对培养中国共产党的干部起过很重要作用。支部负责人多是 1923 年至 1924 年去莫斯科的。但后来支部被少数有宗派思想的人所把持。谁继续留在莫斯科，谁应该回国，都是由他们的喜爱来决定。武胡景任旅莫支部书记时，成为小宗派活动的头子。在 1927 年的一年，支部闹得很不团结，学校的领导和苏联党支部的领导亦弄得没办法处理，最后把武胡景撤换了。

“二十八个半布尔什维克”，是“孙大”的托洛茨基派讥讽王明等人而叫出来的。当时托派很会挖苦人。其实当时在莫斯科的中国布尔什维克，还有很多。他们拥护斯大林为首的苏共党中央，拥护共产国际的领导，反对托洛茨基的反党行为。“孙大”的校长最初是拉狄克。他原是德国党的中央委员，留在共产国际工作的，后来成为托洛茨基派主要骨干分子之一，在“孙大”学生中散播托洛茨基的思想、主张，起了很大的破坏作用。因此托洛茨基派在“孙大”占了优势，影响很大。1927 年 11 月 7 日，莫斯科举行十月革命十周年纪念大会时，“孙大”的学生列队到红场参加庆祝大会。托派分子便预先带了反对共产国际的大标语横额旗帜。当他们游行经过红场，在各国大使等外宾的观礼台前时突然举起托洛茨基的画像和反对共产国际、反对斯大林的标语旗帜，高喊“打倒斯大林”的口号（其中就有广东梅县籍的梁干乔。此人原是黄埔军校学生，在广州考进“孙大”的。他在学校成为托洛茨基的信徒，反对苏共中央斯大林的领导。1928 年他被派回国时，还保留党籍。回到香港时，广东省委仍派他到潮梅特委分配工作。但他却在潮梅发展托派组织。以后他离开潮汕逃跑到陕西，公开投到蒋鼎文部下，被任为政治部主任，成为军统特务）。当时斯大林等在主席台上，被弄得狼狈不堪。不久，苏共党中央撤了拉狄克的“孙大”校长职务（以后在反布哈林时，拉狄克被处决），改派共产国际东方部部长米夫兼任“孙大”校长，在“孙大”进行一次大规模的“清党”。对中国籍的党、团员和国民党党员一个个进行审查，审查得很严。据说起初只有二十八个党员和一个共青团员拥护斯大林和米夫。因此托派就讥讽说：“孙大”只有二十八个半布尔什维克。我当时是在东方大学，没有参加“孙大”这次清党运动。只听“孙大”同志谈起这些情况。他们说，那“半个”，是指一位共青团员。是否这意思？我也不清楚。这“二十八个”当中，我记得的有：陈绍禹（王明）、秦邦宪（博古）、张闻天（洛甫）、王稼祥、何子述、沈泽民、王丽（女）、张铁铮、陈昌浩、张琴秋（女，陈昌浩的爱人）、李竹生（曾做过中央组织局局长）等。米夫上了台，中共第六次代表大会闭幕后，所谓“二十八个半”中共党员，先后送回中国。后来王明在六届四中全会上利用反立三路线，以后又借口反对瞿秋白同志的调和路线，就被提为党中央委员和中央政治局委员，成为中共的领导人。王明路线是极“左”路线，在党内搞宗派活动，对不赞同他们的同志，进行残酷斗争、无情打击。他的极“左”路线，使党遭受严重的损失和破坏。

王明回中国后，在反立三路线期间，在上海英租界内曾被捕，坐了几天牢。当时本来是党中央设法营救他出来的；反立三路线时，他却污蔑立三同志，污蔑原来的中央领导同志，打击立三同志。王明在莫斯科时，曾看过共产国际东方部长米夫对中国问题的报告文件。他回国后，曾向我们作过一个叫做《为中国党的更加布尔什维克化而奋斗》的报告，内容实际是背诵米夫的这一报告，但他当作是他自己的意见，完全没有提及东方部的指示。后来同志们才发现他是抄米夫的报告内容而写成的。

3. 关于在党的六大组织委员会的具体工作

周恩来6月30日作组织问题报告前，大会将广州暴动委员会安排在政治委员会内。①要求广东代表全体参加。苏兆征担任召集人。6月27日讨论政治报告时，周恩来到会并发言。就大家对广州暴动是否正确的争论，周恩来指出，

---

① 此语出处可参见《中共党史资料》第三辑第88—113页“中共六大大事日志”的记载。大会按主题和议程安排，编制成立了政治委员会等10个议事机构。广州暴动委员会是在会议进行中新提出来的，由大会决定“在政治委员会之下组织设置广州暴动委员会……。周恩来、瞿秋白、邓中夏等与全体广东代表参加。由苏兆征召集。”饶卫华在中共六大除参加了大会秘书处机要工作外，还参加了大会的组织委员会、青年委员会、农民土地问题委员会和政治委员会的广州暴动委员会。

不能把暴动起义失败简单归责于知识分子领导人个人。大会讨论的目的，是为了使同志们回去不再发生错误和误解，在工作上得到很好的效果。不要重在个人的对与不对，不以个人错误或误会为批评的重心，而是要使问题得到明白的解答，使大家了解正确的路线。将反对机会主义变成反对知识分子，是党在组织上的错误倾向之一。周恩来全面分析了广州起义的得失，对起义做了正确评估，估量了起义的历史意义，肯定了起义领导人的革命精神，以理服人平息了争论，恢复了党的团结。对毛泽东、朱德在湘赣边领导的武装斗争打击反动派，给予高度称赞。指出中国革命已转入武装斗争阶段，要建立工农民主政权，建立革命根据地，才能打倒反动统治，挽救中国革命。周恩来的意见很多内容写进了大会决议。

4. 关于在党的六大农民土地问题委员会的具体工作

（饶卫华 1983 年 3 月 16 日在《阮啸仙在党的“六大”介绍仁化县农民运动斗争情况》一文记述：）

阮啸仙发言：“对 1927 年和 1928 年春，仁化县农民武装起义斗争，所作的详细正确分析和结论，不但得到大会的重视，而且引起了前来参加大会的苏联同志的关注。因此，他们要求阮啸仙在大会闭幕后，抽出一段时间，把仁化农民武装斗争的前后经过，写成一个专题报告，作为大会材料，存入苏共的档案馆保存，以供研究使用。”“阮啸仙在大会闭幕后，即利用回国前的时间，找我做他的助手，帮助他记录整理和抄缮工作。当时我是广东党派送到莫斯科东方大学学习的学生。‘六大’开幕前夕，党中央指定把我从学校抽调出来，到大会秘书处工作，并列席参加大会。对阮啸仙的要求，我取得大会秘书处的同意后，便全力帮助他完成这一工作。首先由他拟好提纲，然后详细讲述，我则专心为他记录整理，随后，又由他自己修改补充，译成俄文。先交给参加大会的苏联同志（东方大学教授、共产国际东方部的干部）库之错夫，请他提了意见，再作修改补充，最后才完成这一工作，将文稿交给大会秘书处转送苏联有关同志。”“现在，这件事已过去将近 60 年了，我回想起来，只记忆到这份报告的大体内容，如当年仁化党的县委领导，党员人数公布，以及县委以下党支部的组织情况。全县农民协会会员人数，各区分布情况。农民自卫军武装情况，领导人的姓名，以及工会、妇女会、青年团等组织。各区乡先后的斗争具体行动，提出的斗争口号。仁化县有名的地主豪绅姓名，地主武装同国民党的县政府的武装组织，军警武装力量分布。各阶层群众的政治态度等，都作了调查分析。斗争经过时间、地点以及胜利和失败的经过及其原因，失败后受到的残杀、牺牲等都有详细的叙述。”阮啸仙第一次把仁化暴动通过中共六大，继而传递到共产国际舞台。

“阮啸仙在中共第六次代表大会上发言说，仁化暴动是‘四一二’反革命政变后，少见的农民武装起义，它是全国各地农民武装夺取政权，实行土地革命的先导之一，也是广大农民团结起来的伟大斗争序幕……”当时中共广东省委评价仁化暴动，称其为“农民暴动中最伟大的战斗”。

5. **会场外的故事**

（编者注：此节讲述周恩来赴会遇险的故事，邓颖超就此写过专文发表，故略去。）

二、巡视东北

1. **中共广东省党史委 1964 年 1—4 月间《访问饶卫华同志记录（稿）》巡视东北节段：**1932 年 4 月，我任中央巡视员去东北巡视党的工作。九一八事变后东北党组织（当时叫满洲省委）与中央失了联系。东北沦陷后，党中央决定在东北组织武装队伍打击日本帝国主义。我这次去的任务，是恢复与东北党组织的联系，传达党中央发动武装斗争抗击日本帝国主义的指示。

当时大连对上海船的旅客检查很严，因此我决定先到青岛，混在煤炭工人中坐船到大连。船刚靠岸，一群汉奸即上船叫全船的人排队检查。他们逐个盘问，问到我时听我讲的口音不是北方人的，便要我伸出手来检查。见我手上没有硬块，一下子就认出我不是工人而审问我。我临时编造说自己是福建人，是到“新京”（长春）找郑孝胥“宰相”寻职业的。郑孝胥当时做伪满洲国溥仪的“宰相”，我知道他是福建人。这些日本狗腿子听我这样回答，就说是自己人，可以到“新京”去，便将我放了！避过了一场灾祸。

我到了哈尔滨，找到了满洲省委，见到书记罗登贤同志和省委宣传部部长何成湘，秘书长李抱一同志，团的省委书记何成德（何成湘的弟弟）、军委书记杨林（朝鲜人，黄埔军校毕业，曾到苏联和我同在东方大学学习）和冯仲云、杨一辰同志等。他们都出席省委的扩大会，我传达了中央的指示，省委作出了派干部去组织抗日武装的决定。决定派去的干部中有杨靖宇（马尚德）、赵尚志等人。杨靖宇是河南人，学生出身，我见他时他刚出狱。他被捕前，是搞学生工作的。赵尚志当年还很年轻。

我与罗登贤、何成湘（何解放后任中央民族事务委员会主任）等省委同志交换意见后，便决定沿中东路到延边地区的海龙县、磐石县一带巡视，实地了解组织武装情况。当时东满一带党组织较好，群众已自发开展反日武装斗争。

这时候的东北，国民党军队被打垮了，溃散而成为散兵游勇。满地是土匪，当地人称为"胡子"。"胡子"多是破产农民。我和交通员考虑到乘火车被日本宪兵检查留难，便不坐火车，靠两条腿走路，又可以了解东北敌后农村群众情况。从哈尔滨到吉林，我俩走了一个星期，沿途被"胡子""逮捕"了20多次。因为带我的交通员是东北人，会讲几句"胡子"话（土匪的行话），所以没有被杀。"胡子"扣留了我俩后，在他们行进中，迫着我俩在前面走，他们持枪在后面监视并指挥我们走路。他们过河不脱鞋子，要我俩跳到水里，让他们踩在我们肩上过河，或背他们过河。但"胡子"们还有抗日情绪，我们向他们宣传，争取他们打日本。旅途中我全身衣服给"胡子"换了好几次了，身上被搜得一分钱也没有。幸亏当地群众很好，我们每到一个村子，群众都给我们饭吃，天晚了就留我们住宿。东北农村的老百姓，对待关里来的同胞，据说都很好，很热情接待，见你有困难，就招待你食、宿。这是我一生难忘的一次艰苦冒险的旅行。为了完成党交给我的任务，排除万难，坚持下去。

我到了东北最老的根据地磐石县的桦树沟，县委设在这里。这一带居民，几乎全是朝鲜来的"移民"。这里是长白山下，土地很肥沃。日本帝国主义者把朝鲜人赶来这里垦荒耕种，称为"移民"。那时当地中国人不了解朝鲜人受压迫的真相，说朝鲜人做日本人的走狗，是来欺压"大清国人"（当地人自称是"大清国人"，而不称自己是中国人。他们不知有"中华民国"，更不知道当时的工农苏维埃政府）。其实，受压迫的朝鲜农民思想很进步，他们深受日寇压迫，很容易发动起来。当时这里的县委领导人和党、团员，全是朝鲜人。金日成同志也在这里，当时他是共产主义青年团的团员。他在十三四岁就从朝鲜逃来东北。当我去到桦树沟时，同志们知道我是上级党委派来的，都非常激动，热烈欢迎我们。晚上我住在村子里，群众自动秘密为我放哨保卫，还送米、送菜招待我们。当地朝鲜群众都种水稻，因土地肥沃，不用翻地，把谷种撒到水田里直播，不用插秧就等收成。他们不种高粱玉米，每天吃辣椒大蒜做菜，生活很简单。

当我来到桦树沟时，这里县委已有七八支步枪，这就是后来东北抗日联军最初时期的武装。领导人是李红光同志。九一八事变后，当地的地主富农都逃到城里去了。群众正缺粮，生活很困难，我们便领导农民到地主家去打开粮仓借粮。群众初时有顾虑，不敢参加，但借了一次，没有遇到困难，就不害怕了。

第二次借粮时，人更多了，我们还把地主的大猪宰给大家吃。记得那天全村找不到一点盐，只好吃淡猪肉，大伙还是吃得津津有味。

当时我们在东北提出的口号是：中国人不打中国人！人民武装起来、保卫家乡、保卫生产！群众赞成和拥护这些口号。各村地主家都有枪，我们便发动群众向地主家借枪，保卫家乡。借枪我们都郑重地发还收据。因此，武装就发展很快，一个个屯子串联开来，到 8 月底我离开磐石时，已发展成为有千多人参加的部队了。附近的国民党部队、“胡子”队伍都派人来联系。我们决定分别团结他们，订了联合作战协定，共同对付日寇。后来大家便推选杨靖宇同志为队长，那时杨改姓张，大家叫他“张大个子”。他按照中央指示，依靠各县党组织，放手发动群众，用借粮度荒、武装保卫家乡等方式扩大武装斗争。

9 月间我又从吉林步行到沈阳，找到沈阳市委。当时与我接头的是一位在中学做教师的马致千同志（马是云南人，时任中共奉天市委秘书长，于 1938 年改调到北京，解放后任北京大学副校长），给我买了衣服改了装（离开抗日游击区穿的一身被沿途“胡子”拦劫，换给我的是烂衣服和一双烂鞋，近视眼镜也被抢了），便回上海。由大连出来未遇到日本狗腿子的检查。

2.《**中国共产党在东北地区革命活动回忆录**》**中，收录了中共吉林省地方党史资料研究室 1964 年 9 月访问饶卫华的资料，与这段经历相关记录如下：**“1932 年我在中央组织部工作。这时满洲省委与中央很长时间断绝了联系。中央决定派我到满洲找党的组织恢复联系。4 月间我从青岛上船，在大连下船。到了哈尔滨满洲省委所在地，找到了满洲省委罗登贤、何成湘、冯仲云、杨林等同志。在哈尔滨开会传达中央指示。当时中央要求反投降，要组建党独立领导的武装力量——红军，把苏区的一套搬到东北。这时党在城市的力量很小，主要搞学生运动，把在校学生输送到抗日队伍里。我提出城市工作应当配合农村工作等意见。后与时任满洲省委军委书记杨林谈了两次，他比较详细地介绍了南满和东满党的武装斗争情况。会后亲自去看一看。“五一”节后出发，由哈尔滨经过那城、一面坡、烟筒山、和龙，以中共满洲省委巡视员身份到了磐石等抗日根据地。又去视察了横道河子老营盘和桦甸海石镇的游击队。我是广东人，长得很像朝鲜人，这些地区好多人把我当成朝鲜人，故未引起注意。9 月初从大连回上海，给中央报告了东北斗争情况和存在问题。当时感到我们力量不足，提出有必要联合其他反日部队抗日的问题。”

（本文由饶潮声供稿并校对）

第二章

华南作战　牵制日军

榴花塔战斗亲历记

陈文慧

日寇南侵起祸殃，“老模”抗敌勇非常。捐躯誓雪欺凌耻，千载榴花伴国殇。

日寇南侵　模范队建立

1938年下半年，日寇铁蹄已经侵犯到华南。10月11日，炮轰虎门，用飞机轰炸惠州、淡水、石龙、东莞等地；10月12日凌晨，日寇在大亚湾登陆，主力军直侵广州。石龙沦陷，莞城危在旦夕，形势十分紧迫！商店关门，学校停课，有的人拖儿带女走难，人心惶惶。日本鬼子来了，怎么办？摆在东莞人民面前的有三条路：一是不抵抗，当亡国奴；二是逃难；三是拿起武器，抵抗敌人，把侵略者赶出去。东莞人民素有反侵略的光荣传统。当时，有许多热血青年游行请愿，要求政府组织大家起来抗日救国。这时中共东莞中心县委按省委指示，作了武装抗日的准备，要建立一支由我党直接领导的抗日武装队伍，迎击敌人，保卫家乡。就在当时紧急关头，东莞中心县委开会决定建立“东莞抗日模范壮丁队”。10月15日，东莞抗日模范壮丁队正式成立（简称“模范队”），派县委武装部部长王作尧任队长，组织部部长袁鉴文任政治指导员。当晚，东莞抗日模范壮丁队的队员到中山公园集中编队，进行了简单的军事训练，直到翌晨。当日全队120多人便随队长、指导员踏上抗日游击战争的征途，向大岭山进发。这120多人中，有四五个女战士，我是其中一员。很快，各乡支部接到县委通知，也带着武装力量来到大岭山集结。模范队已壮大到200多人，一支由我党直接掌握和领导的人民抗日武装队伍便建立起来了。

挥戈上阵　扼守峡口

我在大岭山飞鹅岭和其他战友一样，参加军训，站岗放哨，做群众工作。当时我们的物质条件很差，吃的是“沙谷米”，睡的是禾秆地铺，蚊子特别多，咬得睡不着。许多同志生病了，主要是疟疾。加上缺医少药，很多同志在困难的情况下，捐出自己带来的现金。有些女同志捐出首饰，甚至有人把结婚纪念的金戒指也捐出来。大家一致认为，日寇入侵，山河破碎，家破人亡，还有什么个人的东西？游击队就是我们的家。同志们互相关心，互相帮助，团结一致。物质生活虽然困难，但精神上是很愉快的。同时我们有一个共同的伟大的理想：我们是在共产党直接领导下的人民抗日队伍、正义之师，依靠广大人民群众，一定能打败日本侵略者，取得抗战的彻底胜利。所以艰苦的生活不怕，凶狠的敌人也不怕。

日寇占领石龙后，时刻想进犯东莞县城。因石龙铁路大桥已经炸断，进犯莞城一定要横渡宽阔的东江河。为了保卫莞城，抗击侵略者，国民党社训总队副队长颜奇和何与成带领由我党掌握和领导的东莞壮丁常备队第一中队和第二中队以及模范队第一小队奔赴峡口，在东江河岸的西湖、京山、茶山、鳌峙塘布防，队部设在茶山，密切监视敌人。峡口是离东莞10里路的一群小山岗，由龙、虎、狮、龟几个小山组成，向有龙、虎、狮、龟守峡口的说法，地势险要。龙山是宋代末年，抗元英雄熊飞将军兴兵勤王的地方，在这里把侵犯的元兵杀得片甲不留。山顶上有座榴花塔，山脚下有间熊飞庙为明朝东莞人民所建。榴花塔高高屹立，好似召唤后人要发扬熊飞将军的爱国精神，勇敢地抗击入侵的敌人！

10月下旬的一天清晨，中队长陈昶在江边一个小山岗用望远镜看见河对岸停着几条空木船，又朦胧看见一队穿黄衣服的士兵在走动，知道敌人要过河了。但又想到我们的同志未打过仗，有的还未开过枪，如果分散力量各打各的，敌人过河时就不能阻挡他们了。于是，他命令全体战士，各就各位，听到开枪的命令，就一齐放排头火，不要分散力量。队员们知道要立即阻击过河的日本鬼子，个个精神奕奕，装好子弹，伏在阵地上，紧紧盯着江面。一会儿，只见敌人分乘几只木船大摇大摆地划过来。陈昶叫大家沉着气，一定要听命令才一齐射击。等敌人过了江中心，距离我们阵地约100米左右，队长一声令下：“瞄准，放！”“瞄准，放！”一连打出几次排头火。当时我们没有机枪，但百几十支枪一齐射击，威力也是很猛的，好似机枪那样，打得敌人晕头转向，有的受伤趴在船边，有的跌落河。第一轮我们把敌人打退了。敌人没料到会遇到如此猛烈的打击，不甘失败，用机枪掩护，继续冲过来要过河。同志们发火了，低声说：“可恨的日本鬼子，你们真该死！”大家望着队长，要求快下命令。队长一边下令投弹，一边自己奋力投出第一颗手榴弹，在敌船边，冲起一股水柱。敌船摇摇晃晃，像喝醉那样。前沿阵地的队员们一齐投弹，轰声震天，炸得敌人死的死，伤的伤，河水也被敌血染红了。我们胜利了，但是敌人还是不甘失败，又用小钢炮掩护渡河，又被英勇的战士们打退了。从早到晚，反复几次渡河都被我们打退，只得退回岸上用小钢炮轰我们。一时烈焰腾空，飞沙走石。队长叫大家撤回山后驻地，只留两三个人监视敌人。敌人几日几夜的炮轰，枪弹有时打到鳌峙塘山后的禾田，把泥土和未收割的稻谷炸得满天飞。农民辛辛苦苦种的稻谷被烧掉了，田里留下一个个深深的弹坑。

英勇杀敌　保家卫国

我和一部分模范队员驻在鳌峙塘，得到京山、茶山方面御敌胜利的消息，全线士气旺盛。我们得知河对岸石碣那边常有日本鬼子活动，奸淫掳掠，无恶不作。我们的同志个个摩拳擦掌，要求去打日本鬼子。经颜奇和何与成领导研究后，同意过河出击，并挑选50个左右健壮的队员参加战斗。那天吃晚饭时，樊炳坤悄悄对我们女同志说："我们明天过河打鬼子，胜利回来，你们准备拿什么东西慰问我们？"我问："真的过河？"他说："谁骗你！"我们几个女同志嚷着要去，樊说："你们不能去，上头不让女同志去。"我心里很不舒服，饭后立刻去找颜奇和何与成，刚好见他们在一起研究什么问题。我一见他们就说："两位首长，我来请缨杀敌，也要过河杀鬼子。"他们看看我，然后说："这次是过河，你们女同志不要去了，要杀敌，以后机会多呢！"我力争说出可以过河的理由：我受过军训，学过救护，没有病，身体好。因为我曾在颜奇领导的军训班里受训结业，他表扬过我夜行军演习表现好；何与成是我在莞中读书时帮助我思想进步，指导我参加革命的导师，平时我叫他做何先生的，因此他们都了解我。我还说了一大堆可以过河打鬼子的理由，他们不吭声，互相望了望。后来颜奇对何与成说："你的意见如何？"何与成考虑了一下，对我说："这次过河杀敌，是初次实战，可能会遇到许多料想不到的问题，你怕不怕？你再考虑考虑。"我看有希望了，立刻说："不怕！什么也不怕。"他不作声，看看颜奇的反应，颜奇说："让她去吧！"又对我说："那你就明早五时前集合，吃过早饭一齐出发！"我获准参战杀敌，心情非常激动，心里想：古时花木兰替父从军，征战12年，战胜侵略者，保卫了国家；近代革命女烈士秋瑾，为挽救垂危的中华民族，冲破重重阻力，投身革命，为国牺牲。还有许许多多革命女志士，为求国家民族的解放，不惜牺牲个人的一切，甚至生命，她们的爱国精神多么伟大！今天国难当头，我作为一个女青年，更加要向她们学习，要为保家卫国而英勇杀敌！

翌晨吃过早饭，参加过河战斗的约 50 人，分三个班乘两条船渡江。开船后，大家心情很紧张，没有人说话，不久，到了石碣刘屋村上岸。何与成带一班人入村向群众宣传，并与刘屋的抗日自卫队联系。我和另外两个班，跟颜奇到村外观察地形、布防。何与成安排我跟随颜奇，保持与他的联系。当时预计敌人从村前的堤坝来，我们面对堤坝布阵。刚布置好阵地，突然前哨王班长跑来向颜奇报告，发现一队敌骑向我方窜来。颜奇立刻命令各班各就各位，依托土堆、竹林、田埂阻击敌人。刹那间，敌骑逼近，约二三十人。班长喊一声："打！"队伍排头火射向敌人。敌人突然受到袭击，队伍慌乱，随即用冲锋枪向我方阵地扫射。同志们奋勇射击。敌骑冲向我侧后方，又受到另外一班战友密集火力的阻击。一个鬼子从马背上倒下来，几个鬼子把他抬上马，扶着跑回去了。其余的不明我方情况，不敢前进，被我们打得转来转去。枪声刚起时，我的确有些害怕，但一见敌人来了，国家仇、民族恨，化成怒火涌上心头，一下子，什么也不怕了，依托着竹林，和几个战友一齐开枪打鬼子。敌人用冲锋枪扫射竹林，子弹打得竹林沙沙响，竹枝被打断，竹叶纷纷落下，子弹啪的一声落在身边。有竹枝挡住，子弹也减少许多射伤力，我们一点也不怕。忽然看见王班长倒下，只听见他艰难地喊："开火，挡住敌人……"我心里一急，也顾不得弹雨纷飞，冲出竹林跑到王班长身边，一手把他的枪挂在肩上，然后使劲把他背起来，一口气跑了百多米路，一直背到河边，送到停在河边的船上。王班长的鲜血不断流出。我替他包扎时，发现几处受伤，肠子都流出来了。他捂住肚皮说："别管我，快去救护别的同志！"我心里非常难过，眼泪汪汪地叫他别说话，别动。

我再上岸时，敌人已驮着伤员逃跑了。时已下午，刘屋自卫队与刘屋的群众，协助我们打扫战场。我队有 11 位同志光荣牺牲，刘屋自卫队也光荣牺牲 11 人。他们用鲜血和生命保卫了家乡，赶走了敌人！

模范队 11 位烈士的遗体送回莞城，在中山公园召开追悼大会，有几千群众参加，由何与成主持。讲台两边挂着一副挽联，写着"老模初战东江畔，榴花塔下显忠魂"。何与成致悼词，悲壮激昂，痛数日寇的凶残，高度赞扬烈士们英勇杀敌、保卫家乡的献身精神。烈士英名永垂不朽！最后，号召我们东莞人民团结一致，继承烈士遗志，武装起来，打败日本侵略者！会后，许多热血青年纷纷报名参加抗日模范壮丁队，走上抗日救国的道路。这就是东莞历史上有名的“榴花塔战斗”。

（原载于《东莞党史》1998 年第 2 期）

作者简介：陈文慧（1917—2021），女，广东省东莞县人。1935 年加入共青团。1936 年加入中国共产党。1938 年参加东莞抗日模范壮丁队军事训练班。1942 年与王永祥结婚。历任中共大岭山区委委员兼妇女部部长，路西新四区联乡办事处指导员等职。解放战争时期，受命组建粤中纵队开平三埠交通站和香港联络处，负责与当时在香港的中共华南分局联络。中华人民共和国成立后，任江门市人民银行行长、中山市人民银行行长、中国建设银行广东省湛江中心支行行长。曾在广东省教育厅任职。2021 年 12 月 31 日于广州逝世。

冼沙村之战

李植光

回到乡下后，老廖（指廖安同志。廖安同志是 1936 年入党的老党员，1937 年来我们村发展党组织，以东圃小学教师身份做掩护。——作者原注）和我商量，决定第一步先将原自卫团的积极分子秘密地组织起来，成立一个游击小组（约七八个人），准备在莞城沦陷以后继续坚持斗争。第二步，积极动员没有家庭拖累的进步青年参加部队。同时，分工办事稳重的小学教师黄坤元同志负责做好村中上层人物的统战工作。

水乡的初冬，金黄色的稻浪一望无际，但人们的心情却亦喜亦忧。喜的是丰收在望，忧的是鬼子来了，收回来的稻子会给鬼子和汉奸、土匪抢去。因此，自卫团的团员晚上都集中睡觉，轮班放哨。

10 月下旬一天早晨，老乡们还未下地割禾，放哨的同志跑来东圃小学报告：“正北方向听到激烈的枪声！”我和老廖随即跑到村头外边摸情况。只听见枪声越来越紧密。从方向判断，是冼沙村发生了敌情。但到底是土匪扒围抢劫，还是鬼子来了？一时难以断定。过了约20分钟，凌屋村的小队长陈槐派人来报告：从冼沙逃出来的人说，鬼子已进冼沙三坊，村民携老带幼，有的牵着牛，有的挑着担，有的背着包袱，纷纷逃出村庄，并请示廖安怎么办。

老廖征求我的意见。当时，我已是怒火填胸，热血沸腾，毫不犹豫地说："打！"老廖也表示同意："好！"于是吩咐来人即回凌屋村转告陈槐同志：队伍集合好带到"维新洲寮"等候我们，并监视冼沙方向的鬼子。同时派李咸良跑步到下江城赵屋，通知中队长赵进（外号"棺材进"），将队伍集中带到上江城小学门前。另外，吩咐李国鸣锣报警。交代完毕，老廖和我便急步回学校，全副武装等候队伍前来。那时，村中的男女老少也沸腾起来了。我和老廖吸取上次失败的教训，首先对村党支部和游击小组的全体同志做好思想动员，全部参加战斗，不管家里如何拉后腿，也不能后退。同时，由李南、黄坤元等同志组织从东莞城里逃难来的几个女青年，去做好乡亲们的思想工作。事情预想不到那么顺利！经过个把小时，上下江城的武装队伍都集中到小学门前。我向中队长赵进报告说："队伍集合好了，请下命令！"赵进坦率地回答我说："植光，我们都是一个村的，你还不知道我是个老粗吗？一没带过兵打过仗，二是大字不识一个，你叫我讲什么呢？还是请廖先生指挥，请廖先生讲讲！"在此情况下，我和李志明都不约而同地对老廖说："趁热打铁，不要冷场，你就讲讲吧！"老廖的讲话是很有鼓动力的，把大家的战斗热情都鼓动起来了。接着，中队长亲自扛着"江鹤乡抗日自卫团独立中队"的大旗，下令向冼沙村挺进。

乡亲们站在道旁，有的鼓掌欢送，有的祝愿我们旗开得胜。年老的妇女则偷偷地跑回家里，烧香拜佛，祝愿我们平安归来。

队伍前进到"水鬼牙门"，与凌屋村陈槐小队会合一起。那时，我们从由冼沙逃出来的老乡那里了解到，敌寇已进入了冼村四坊、五坊，到处捉猪抓鸡，奸淫抢掠。群众事前毫无准备，大都逃出村外去了。

冼沙村位于龙潢公路以南约两公里的地方。全村呈一字形，分为五个坊，村后荔枝林较多，易于隐蔽。为了保证首战必胜，严惩敌寇，老廖和赵进就地开了个小队长会议。我和李志明也参加了。大家根据初步了解的敌情和冼村的地形，作出了如下部署：凌屋村陈槐小队（约30人）从右侧插到四坊，相机和敌人进行村落战，李志明协助陈槐指挥；我带上江城小队三个分队（约30人）从左侧绕到敌人后面，阻击可能会从龙潢公路来的后续部队；老廖和赵进率领赵屋小队和上江城一个分队居中由三坊进入搜索前进，并负责联系和支援左右两侧的两个分队，防止敌人分割包围我们。

上午10时许，几个小队同时进入了战斗位置。我随上江城小队前进至距公路约100米的地方，利用一片荔枝林做掩蔽，严密监视着公路上的敌人。

我们离公路隔着两条小河沟。当时，我想，再过一条小河沟，以离敌人更近些，但年岁大一些的乡亲李华富、李芳告诫我说："植光，你这个学堂仔没经过大阵仗，我们还打过几次小仗，经验比你多些。如果过了那边河沟，只能靠稻禾做掩护，且撤退转移困难，等于背水作战，一旦暴露，是会吃大亏的。这里有荔枝林作掩护，前面有两条河沟，鬼子不敢往这边前进。"我觉得他们说得很有道理，就按他们的意见去布置战斗队形。我在壮模队生活半个多月，学到一些军事知识，此时就应用了起来。我建议三个小队按前三角展开。这时，老廖他们开火了，有一队敌人就向这边冲过来。我们这些民兵，没经过什么训练，射击技术很差，组织纪律也差。一进入阵地，见到敌人的步兵，便胡乱放枪。敌人的后续部队在公路上分三路分队行进，虽然队形密集，但由于我们没有组织地射击，杀伤不了敌人，所以鬼子还是满不在乎地前进。李芳建议说："这样开枪不行，要集中打排头火！"我说："对！"于是大家听我口令："预备，放！"果然，这排头火对敌人的威胁大得多了。一个排头火打过去，便立即干倒了几个。鬼子指挥官看见不对头，也立即命令他的部队卧倒，用火力猛烈回击。霎时，把一片荔枝林打得沙沙作响，落叶纷飞。有一个小分队鬼子想过河来进攻，小河沟的水很浅，但淤泥很深，鬼子都穿着笨重的皮鞋，一下河两脚就很难拔出来。我们继续用排头火射击，把两个带头下河的鬼子撂倒了，敌人再也不敢越河进攻了。敌寇恼羞成怒，用机枪、步枪、小钢炮（其实是掷弹筒）一起向我们打来，企图把我们的火力压下去。这样对射持续了约半个小时，鬼子留下一个小分队作掩护，大部队便拉开距离疾步撤走了。

战斗暂时停下来，廖安派李咸良来联系。问我们这边的情况，我说："打得很痛快，至少干掉他十多个，我方没有伤亡！"我又问廖安、陈槐那边的情况。李咸良告诉我，陈槐小队打得很勇猛，和敌人展开了村落战。当小队冲进村里时，敌人还在抓鸡捉猪。有的抓到鸡后，用刺刀切掉鸡头，用湿泥裹着用火烤。正在狼吞虎咽，想不到我们会给他们一个突然袭击。鬼子慌了，无组织地还击，边打边退，并放火烧村。陈槐小队英勇追击。我们追到五坊，队员凌茂右臂挂花了。小队长要他下火线，他坚决不下去，说还要缴一两条"三八大盖"。李咸良刚说完，鬼子一队骑兵来了，我对咸良说："你立即回去，告诉老廖和陈槐，发现敌人骑兵，要注意！"这时，各分队不等口令，就自觉向敌人打排头火。敌骑兵突然遭此一击，摸不着头脑，就快马加鞭逃窜去了。

战斗到中午，突然从东南方向（石龙附近）传来了震耳的枪炮声，当时，我判断可能是“壮常队”渡河打击敌人了。我便高声说：“乡亲们，你们听听，东南方向枪声激烈，是我们老模从榴花渡河打鬼子来了！”大家既高兴又担心。因为老模如果真的从榴花渡河，在石碣一带遇上鬼子，就要背水一战，会有危险。

正议论间，公路上又出现了一队日军炮兵，炮是由骡马牵引的，中间还夹杂着步兵。我们有几个队员，一看到鬼子的大炮，不等命令就开枪了。由于距离较近，又在行进中，所以鬼子不好开枪，只以小股步兵进行掩护，炮队则快马加鞭继续奔驰疾走。互相对射一段时间后，鬼子的步兵看到炮队走远了，于是也交替地撤走了。

下午 3 时许，冼沙和公路上已无敌人的踪迹。我们自动跑到冼沙四坊、五坊，将敌人烧毁的房屋的火焰扑灭了。这时，冼沙的老乡也陆续回到村里，老廖便抓住这个机会，用事实揭露鬼子的残暴，并用这次战斗的生动事例教育群众。大家认识到：只要我们万众一心，勇敢地拿起武器和敌人战斗，是可以把敌人赶跑并取得胜利的。冼沙的老乡都感激地说：“今天如果江鹤乡抗日自卫团不来抗击鬼子，整个冼村就会给敌人烧毁，东西会给敌人抢光，还不知要有多少妇女给敌人淫辱。”他们对自卫团英勇战斗的精神十分敬佩，纷纷围拢过来，和我们握手，再三表示感谢，并含着眼泪依依不舍地送别我们。

在归途中，我们才想到一天没有吃饭，感到饿得难受。在涉水过河时，不管水干不干净，大家都狠狠喝了一肚子水。一上岸就浑身冒虚汗，全身没力气，两条腿的确迈不动了，便干脆躺倒休息一会儿。我对老廖说：“你们先走吧！”华富走到我跟前，和我逗趣说：“学堂仔，我看你的筋骨还嫩些，还能参加老模打鬼子？要不要我们背你回去？”这几句话触到我的痛处。的确，如这点疲劳不能忍受，以后怎么动员人家参加革命队伍？我二话没说，马上站起来，顽强地跟上了队伍。

上了东江大堤不久，我突然遇到壮常队员赵亦臣同志。原来他在石碣刘屋战斗中被打散了，找不到部队。想不到在此遇见他。这时，李志明也走过来亲热地拉着他的手，坐在堤旁，听他讲述石碣战斗的情况。他那个分队在和敌人进行激烈战斗时，遇上敌人的骑兵冲来。大家准备投弹，保险盖打开了，还来不及拉线投掷，敌骑兵已冲到跟前。一轮密集的火力猛然扫来，绝大部分同志都牺牲了，只剩下他一个人冲了出来。当他念到牺牲的同志的姓名时，由于大都是东莞中学的同学，所以我都认识。听后，我忍不住悲痛而流泪。三人沉默一会儿，以示悼念牺牲的战友。我强忍悲痛，对他们说："不要难过，我们一定要为战友报仇！"（冼沙村战斗发生在1938年11月13日。当天东莞抗日模范壮丁队和常备队在榴花塔一线与日军作战，渡江追击敌人时有22位战士英勇牺牲，其中有好几位是东莞中学的学生。——作者原注）

黄昏，我和老赵、李志明一起回到了上江城。老赵在我家吃了晚饭，便一同前往小学。安排好岗哨后，由于大家很疲劳，所以一躺下就睡熟了。第二天一早，老赵要回去找部队，我则集合好各村的代表，拿着慰劳品往普济医院慰问冼沙战斗的伤员。很巧，在医院碰到了祁烽。他也领着慰劳队来慰问在榴花塔战斗负伤的同志。下午，我跟随祁烽到中山公园参加了榴花塔战斗烈士的追悼会。

作者简介：李植光（1921—2002），东莞高埗镇人。1938年10月参加东莞抗日模范壮丁队，1939年1月入党。抗战期间曾任东莞县委手枪队指导员、大岭山区委书记、东江纵队二支队东莞大队政委。中华人民共和国成立后曾任南京军区工程兵直属工区副政委、小兴安岭特委副书记、华南工学院副院长。

中山横门抗击日军战斗简述

吴子仁

横门岛位于珠江口西南，是中山港的交通咽喉，中山市张家边区东南的天然屏障。该岛的西南为横门口和横门水道。横门岛、横门口、横门水道一带统称为横门。

1938年3月，日本侵略军派遣海、陆、空三军侵占中山七区三灶岛并在那里修筑飞机场之后，又于1939年7月下旬，突袭中山四区的横门口，企图登陆进犯石岐。当时，中山正处在抗日救亡群众运动高潮中。在抗日民族统一战线的旗帜下，以国共两党合作为基础，全县军民同仇敌忾，一致对外，抵抗日本侵略者。日军进犯横门时，国民党县长张惠长、第四区区长沈毓兰、警察署署长孙海筹（兼国民党区党部书记长）属下守备队等武装部队和我党县委书记孙康及我党领导的广东青年抗日先锋队中山县队、妇女协会等立即合作，共同抗击敌人。日军进犯横门开始于7月24日上午，敌先占领横门岛的七坎，并以飞机大炮掩护占领马鞍山、矮山，敌另一部分向横门口登陆。驻守第一线的中山县守备队，奋勇抗击来犯之敌，战斗至下午2时，敌被击退。接着，日军由7月25日至31日，又连续发动向猪乸嘴、芙蓉山、玻璃围、仰天螺、穗生围、珊洲、藜村、小引等横门沿海一带骚扰、抢粮及掠夺财物。中共四区区委及时派出欧晴宇、杨木、缪宇天、谭光耀、麦平仁带领集结队奔赴前线，同驻守在横门第一线的东利、珊洲的国民党守备队官兵，并肩作战。

在横门抗战中，以共产党员为骨干的集结队和“抗先队”，虽然初次上战场，但个个英勇奋战，坚守阵地，毫不畏缩。担负送弹药、救护、慰劳等任务的抗先队员，在战斗打响时，有的去阵地背后，担负起警戒和后勤任务；有的紧跟在战士后面，战士受伤一个，他们就救护一个，替补一个，真是前仆后继。就这样连续战斗到第七天，日军的进攻始终被阻于横门口沿岸一带。战斗坚持到31日下午4时，日军突然出动大批飞机，向我第二防线的二洲、大王头山、小引、大环等地疯狂轰炸。我方坚持战斗，结果，日军仓惶退回海上战舰去。是役日军伤亡达百人，敌军运输舰1艘在仓惶逃遁中在玻璃围附近被我方水雷击沉，伤亡逾30人。

日军在进攻遭到挫败后，贼心不死，乃于1939年9月7日，在横门海面部署浅水舰5艘、汽艇30余只、飞机2架，以10倍于我的兵力，再次向横门口的芙蓉山、玻璃围、白米山、大尖峰、东利涌、灰炉涌、珊洲等地发起猖狂的进攻。我驻防前线的抗日军民与日军展开了多次的激烈战斗，给来犯之敌以较大的杀伤后，先后撤出藜村、大王头、小引等据点，退守张家边、西桠一带。当时正是夏收刚结束，日军铁蹄所至，杀人放火，奸淫掳掠，农民割回来的粮食，不是被抢光，就是被烧光。日军的罪行激起群众莫大的愤慨，纷纷主动要求参战。不久，日军逼近张家边，声称要进攻石岐。我党领导的抗战军民的抗日热忱和英勇行动，鼓舞了国民党守备队的官兵，他们亦奋力守土抗战，决心不再后退一步，誓死保卫家乡。由于军民团结一致，连续打退了日军多次的进攻。9月20日那天，日军出动1500多人，进犯小引、张家边乡，连续发炮400余发作掩护，出动飞机10架来助战。当时守卫在张家边三仙娘山、星君庙山、小引一带的我党领导的守备队第九中队（巢添林中队，政治指导员孙康兼）英勇反击，从上午10时半战至下午5时半，连续击退日军4次冲锋。守备队小队长徐德标英勇冲杀，在星君庙山阵亡。经过几天的激烈战斗，我抗战军民先后夺回大环、小引、藜村、二洲等据点。9 月 20 日，日军除派一小股兵力在张家边乡大王头山碉楼设防固守外，其余尽退回舰上。日军占领大王头山后，害怕我军民夜袭，在山上四周构筑工事，山的四周竖立木栅和铁丝网，并在网上系了铁罐。张家边乡“抗先队”和服务队曾配合守备队多次夜袭和骚扰山上日军，弄得日军寝食不安。每当入夜，日军总以机枪向四周田野频频扫射和照射探照灯，防我夜袭。在横门抗日战斗期间，中共中山县委以“抗先队”名义，以县、区两级党组织的领导成员为骨干，组建了横门前线指挥部。指挥部主任孙康，组织部部长叶向荣，宣传部部长阮洪川，总务部部长欧初。指挥部设在四区西桠乡县立第七小学校内（孙康兼任该校校长）。当时除以指挥部名义紧急动员全县“抗先”队员和“妇协”会员积极参加支前工作外，县委还指示四区，抽调党员为骨干组成武装集结队，和来自全县各区的千多名男女“抗先”队员和“妇协”会员，分别组成宣传队、救护队、担架队、慰劳队、运输队等奔赴前线展开紧张的支前工作。前方将士英勇作战，后方有力支援，真正做到前方要人有人、要物有物，彼此紧密配合，共同作战。横门一带村庄，实行坚壁清野，村中除老弱外，全部撤离转移到五桂山和外乡去，乡中治安和支前工作，全由留守的“抗先队”、服务队负责。“抗先队”与群众配合，及时破坏了岐关东路，莆引、岐环公路，以防日军进犯。

中共中山县委还派出在西桠乡七小学校内参加新党员训练班的全体学员，由曾谷、陈特两同志率领前往横门前线慰问抗战将士。国民党县长张惠长与“抗先队”领导同志阮洪川等曾一起多次乘搭单车到藜村、张家边前线视察和慰问将士。军民斗志昂扬，情绪高涨，充分体现出国共两党联合抗战，军民紧密配合，保家卫国的精神，胜利地阻击了日军的疯狂进攻，粉碎了日军企图从横门进犯中山的可耻阴谋。

日军企图在中山四区横门登陆进而占领石岐的阴谋受挫后，转而向二区金钟、叠石进犯。1939 年 10 月 5 日石岐不幸被占领，这就是中山第一次沦陷。日军占领石岐仅 3 天就撤退了。根据当时中山县委的分析，日军进犯中山的阴谋诡计除刺探军情、抢掠粮食物资外，主要是配合向国民党顽固派进行诱降，实现其“灭共”的目的。果然，横门抗日战斗刚刚胜利不久，国民党顽固派便掀起抗日战争时期的第一次反共高潮。国民党中山县党部书记长林卓夫、副司令吴康楠等顽固派大造反共舆论，搜查中山县立第七小学，通缉孙康，下令解散我党领导的“抗先队”和“妇协”，并勒令他们向国民党政府“登记自新”，以此来破坏团结抗日，瓦解群众的抗战斗志。1940 年 3 月上旬，日军再次进犯中山，除在四区崖口乡被我地下党员谭福鑫、萧志刚同志领导的乡警队迎击外，各路日军长驱直入。3 月 5 日中山第二次沦陷，人民惨遭日军铁蹄蹂躏！

（此文系吴子仁同志根据当年参加战斗的老同志提供的历史资料结合个人回忆执笔整理。原载《珠江滚滚》，广州地区老游击战士联谊会珠江纵队分会编印）

作者简介：吴子仁，曾用名吴杰仁、阮敏求，男，广东中山人，1918 年出生。1938 年 8 月加入中国共产党。1941 年安排到广游二支队，1945 年 12 月任东江纵队江北指挥部解放大队政委。1946 年北撤前派到香港做华侨工作，办《中山华侨月刊》。1947 年参加中共华南分局学习班后返粤，参加解放战争。1948 年 12 月任广东人民解放军广阳支队第六团政委。1949 年 10 月任阳春县军事管制委员会主任。曾任阳春县县委书记、县长，江门市市长，佛山地委财务部副部长，佛山地委办公室副主任。

回忆黄潭战斗

鲁　风

广东的初秋，天高气爽，万里晴空，景色宜人。1940 年 10 月初的凌晨，广东人民抗日游击队，在大队长曾生、副大队长邬强、政训员卢伟良的率领下，从东莞县山区客家洞的大环村，踏着崎岖而湿滑的鹅卵石路，在荆棘丛生的羊肠小道上，向西开去。将临拂晓时到达了宿营地——黄潭村。

黄潭村在莞太线东侧，东北至莞城、西南去太平镇的距离均为 30 华里左右。该村三面由水濂山、大岭山山麓环抱，正西有一片长千余米，宽 400 余米的稻田开阔地。正西稍偏南六七百米是大迳村，一条小山溪沿着大迳村蜿蜒西流。大迳村后为 138 高地，古村位于 138 高地西南山脚，距大迳村约 500 米。

天蒙蒙亮时，部队正在吃早饭，忽然从大迳村奔跑过来两位年轻农民，上气不接下气地告诉我们：有 10 多个日本鬼子，正在大迳村抢东西，请你们快派人去把他们收拾掉吧！大队首长便迅即下令：翟信手枪队、陈其禄中队，正面进攻；彭沃中队占领黄潭村高地，以火力掩护翟信、陈春禄中队向鬼子进攻！听到了这个命令，大家便立即丢下饭碗，按照大队长的部署迅速出发。当时我是陈其禄中队的政指兼副中队长。陈其禄同志令我带领陈定安小队两个班，跑步通过开阔地段，直向大迳村冲去；他则带领黄毓光小队两个班随后跟进。

陈定安原籍福建厦门，在香港大同公司罐头厂做工。自从日寇在大亚湾登陆后，他便响应香港党组织的号召，参加了东江抗日游击队。这是一个具有强烈的民族意识和纯朴勇敢的战士。这时他一马当先，似离弦之箭，向大迳村的敌人猛扑过去。在跃进至大迳村约 200 米时，二班轻机枪射手何光同志不幸头部中弹牺牲了，副射手立即接过轻机枪，向左侧小高地的敌人猛烈射击，掩护分队前进。陈定安跑在最前头，他高喊着："同志们！为民族为人民、为牺牲的同志报仇的时机到了，冲啊！"他一面射击，一面快速向敌人接近。跃进到离村庄约数十米的小溪边时，左侧的敌人射来一阵密集的子弹，陈定安胸部中弹当场阵亡。我和三个战士也同时受伤。我的左脚被子弹贯穿，脚筋断折，站不起来。于是我当即叫通讯员罗仔传令一班长李南带领十余人，跃过小溪，继续向村里冲去。这时，翟信手枪队已经冲进村里，与敌人进行激烈的巷战。过了一会儿，只见两个队员扶着手肘被打断，仍然流着鲜血的翟信，退到了小溪边。他们告诉我：情况搞错了，鬼子不是十几个，光进村的就有四五十人，在村后高地还有日寇和汪伪军近百人，并配有轻重机枪和六零炮，现在应迅速撤出战斗。

一班长李南从村里撤回小山溪边后，对我说：在巷战中二班长潘敬波也牺牲了。进村的鬼子越来越多，手枪队已全部撤出，现在村里已没有我们的队伍了。我即对他说："你们沿着小山溪，互相掩护，交替撤至黄潭村右侧山头待命。"

通讯员罗仔弯着腰背着我，沿着小山溪，利用死角后退了三四百米，再要通过暴露在敌人火力下百余米的开阔地时，我见到陈其禄中队长，正在包扎受伤的大腿。他说："敌人的后续部队，从古村直接占领了 138 高地东侧的 142 高地，企图从右侧包围黄潭村，切断我进攻大迳村部队的归路。彭沃中队已与敌人接上了火，正在抢占正东的山猪彭 288 高地。黄毓光同志已牺牲，还有几位同志受伤。我还可以慢慢地移动，你快走吧！""罗仔，你想方设法，一定要把副中队长转移到安全地点！"陈其禄以严肃而又带有命令的口气说。

我忍受着疼痛，在罗仔的帮助下，利用番薯垅和田基，一垅一垅，连滚带爬，终于通过了暴露在敌人火力下的开阔地。

金色的太阳已升得老高，斜挂在天的东南方，蔚蓝的天空，不时有几丝的白云掠过。三三两两、三五成群的人们，有徒手，有扛着步枪的，在两侧和后面山峦起伏的棱线或斜坡上走动。哒、哒、哒，扑哧、扑哧，轰轰、轰的枪炮声，仍然在山间响着，打破山野田间的静寂。四五个讲客家话的群众，其中有两个带着七九步枪，他们要我躺上临时用竹杠做成的担架。我指着山头的人群问："那三三两两、一群一群的是什么人？"一个背步枪的群众，有些抱怨而又自豪地说："日寇占领东莞整整两年，蹂躏地方，屠杀人民，强奸抢劫；驻在大公岭的呵呵鸡（'呵呵鸡'是当地人们对国民党顽固派的蔑称）何柏林和日寇汪伪一个模样，只知抽捐勒税，欺压百姓，闻见日本鬼子来啦，就跑甩（掉）裤子。今天你们领头打日本鬼子，大家都十分高兴，自动拿起枪来共同参战。这是本分的事。"

一个没有带枪的群众接着说："没有枪的也到战场助助威，做些力所能及的事，如抬担架等。"他又用手指着那边山头上的人群说："他们都是来自大雁塘、大环、梅林附近一带的农民。"

"真正的中国人都不愿当亡国奴，只有汉奸特务、民族败类，以及挂羊头卖狗肉的张我东、翟荣基之流才认日本仔当爸爸的。"（张我东，1938 年 11 月东莞沦陷后任国民政府东莞战地县长、第四战区第四游击纵队副司令；翟荣基曾任国民政府广州警备司令）"你们是不是老模？你们是真正的抗日队伍，是好样的。你们不要再走了，留在这里，设法把客家洞各村组织联防，维持治安，共同抗日。"（"老模"是东莞百姓对东莞抗日模范壮丁队的爱称）他们你一言我一语，对着我说。我被人民群众的抗日热情深深感动了，几乎流下了热泪。

"喂！太阳升得那么高了，时间不早啦！""嗯，有快十点钟了吧？"两个带枪的群众在自言自语互相发问，然后回过头对我说："请快上担架，把你抬回大环村，我们还要再赶回来，打到够瘾。"

"以后一起打鬼子的机会多着哩！"我边说，他们同时将我扶上担架。他们抬起担架，沿着昨晚走过来的那条小路再走回去。我躺在担架上，以帽子遮住阳光，闭着眼睛，忍受着伤口的剧烈疼痛，想打个瞌睡，可是却思绪万千，怎么也静不下来：半年前，国民党四战区东江游击指挥所主任香翰屏绞尽脑汁，图谋消灭曾生、王作尧两个大队。部队被迫于 1940 年 3 月 9 日东移海陆丰，与国民党军 187 师之凌团、罗坤保安团，持战半年，部队损失十之七八。据说党中央周恩来、廖承志等同志对东移海陆丰行动曾给予批评："这次行动是错误的，你们是抗日游击队，不到沦陷区去打日本，而到国民党统治区，师出无名，名不正，言不顺。”广东省南委接受指示，迅速着令曾、王部队向东莞、宝安敌占区挺进。

曾生这支部队不足百人，于1940年9月返回东莞客家洞连平乡一带。在地方党的配合下，经过一个来月活动，部队扩大了数十人，提高了人民的抗日信心……

抬担架的老乡打断了我的沉思，对我说：“大环到了。”大环分上下两村，均有四五十户人家，全是讲客家话的。翟信、陈其禄和我几个伤员，都临时集中在小祠堂。翟信手肘动脉断折，仍流血不止，继续抢救。我的伤口也火辣辣地跳痛，体温有些升高。卫生员叶萍、梁帼莲忙得不可开交。晌午，西南方向，仍时有稀疏的枪炮声。

战斗至下午，敌人经高排仔、北栅从原路线缩回太平镇。我们部队返回大环。

部队刚到东莞，没有巩固的后方，也没有建立医院，伤号只好被分散安置。翟信伤重，通过地方组织关系，化装成因宗族械斗而受伤的农民，送到县城德国人办的教会医院。陈其禄安排到水乡望牛墩他的家里。我被安排在梅林一个姓邝的青年家里，公开的关系是他的弟弟。他母亲和妻子认真护理和照顾我的生活。他常到田野捕蛇和捉青蛙，为我改善生活。卫生员每隔两三天来给换一次药。那时药品奇缺，连碘酒都没有，卫生员护理医学常识又差，每次换药，仅是几个棉球、两条纱布、一碗盐开水。换药时把盐水从贯穿的窟窿灌进去，然后用棉球洗擦，痛得十分难受。更折磨人的是白天，把我锁在一间堆满稻草又黑又脏的小屋里，连吃午饭，大小便也在里面。天黑后才能出来。他们说，这里与何柏林的驻地——大公岭相距两华里，不这样，安全没有保证。

晚间，村中群众特别是年轻人，喜欢聚集在我睡觉的小屋子里闲谈。从闲谈中我了解到梅林、大环没有地主，富裕中农亦寥寥无几，绝大多数是贫下中农。连平乡地处边远，日本人、汪伪、土匪、何柏林、国民党东莞县政府，巧立名目，苛捐杂税甚多，人民负担大大加重，生活日趋困苦。人们对他们非常仇恨，经常自发地起来反抗。提起黄潭战斗，他们却一致认为打得好，给老百姓撑了腰，解了恨。有了安全感，生活有保证，民族有前途，对共产党寄以强烈的期望。

在养伤期间，我认真琢磨了黄潭战斗的经验教训，觉得这次战斗，部队斗志旺盛，勇猛果敢，缺点是急于求战，轻敌冒失。

主要收获，一是歼敌数十，打击了日伪气焰，动摇了部分敌伪人员。日寇自 1938 年 10 月侵占东莞，整整两年为所欲为，从未受到打击。这次战斗，给其迎头痛击。敌人遭受重创，不敢恋战，天还未黑就乖乖地收兵回营了。战后敌人十分紧张，还专门召开汪伪政权联防会议，研究对策，并增设汉奸特务，四处打听和搜集情报，不再敢轻易外出，抢掠骚扰。莞太公路线伪政权人员动摇不安。有的把家庭安置在城镇，有的放风声：中国人谁不爱祖国，目前这样做是出于无奈，今后老模有用得着时，可以商量。

二是扩大部队的政治影响，提高了人民群众坚持抗战的信心。全县人民莫不欢欣鼓舞，争相传颂，说真正抗日、为人民谋福利的共产党、老模回来了。部队派出的民运工作人员，受到各村热情欢迎。没有派驻民运人员的村庄，纷纷与部队联系，要求派人去组织联防自卫。这次战斗是把火种，将点燃东宝军民的烽烟。

主要缺点是伤亡过大，缴获不多。陈其禄中队下属 2 个小队 4 个班约 40 人参战，伤亡 10 余人。4 个干部参战 2 死 2 伤——小队长陈定安、黄毓光牺牲，中队长陈其禄、副中队长鲁风受伤。全大队伤亡可能近 30 人，约占参战人数四分之一。

1979 年 4 月中旬，我由东莞县革委会罗庆同志陪同，到达 39 年前我战斗负伤而后从未回去过的地方——黄潭。黄潭村的干部热情洋溢，带我到村边，观看农村的新貌。指着一条可通汽车的公路和村里新盖的一片红砖房子说："这都是解放后新建起来的。我们村里的房屋抗日战争时期被日本人烧过，解放战争时期被国民党军队烧过。敌人烧，我们盖，我们就不怕，坚决拼到底，现在不是越盖越好吗？还有些社员，在备料正准备盖新房哩。"

他们指着对面的村庄说："那就是大迳、石马，40 年前你们冲进去和日本人肉搏过的地方。"

我颇有感触地问："当年牺牲的同志们，埋葬在什么地方？"

"就在这山边。共有 6 位同志，碑上记得有他们的姓，但不知道名字。走，去看看吧！"村干说。我随他们沿着田坐（坐 táng，广东沿海地区对用以围垦田地、基围、鱼塘所形成的小路称作坐），走到小山的斜坡。他们站在烈士墓地前告诉我，这就是当年牺牲的 6 位烈士。我对着整整齐齐、四周附近的杂草铲得光光，并按本地风俗压有纸钱的烈士墓地，行了鞠躬礼。肃立良久，走前数步，看到从左至右碑上铭刻烈士黄同志之墓、烈士陈同志之墓、烈士潘同志之墓、烈士何同志之墓……共 6 位烈士。我正想启口讲清楚烈士的名字，可是蓦然心潮汹涌，热泪盈眶，舌结声颤，说不下去。我立即取出手帕，擦抹眼睛，然后，慢慢地说："姓黄的烈士名毓光，广东惠阳坑梓人，牺牲时不足 20 周岁。姓陈的烈士名字是定安，福建厦门人，香港大同罐头厂工人，牺牲时 20 岁左右。潘敬波烈士，香港洋务工人，原籍广东，牺牲时二十三四岁。何光同志，华侨工人，原籍广东东莞，牺牲时二十五六岁……"我以最大的抑制力也控制不住内心的伤感流露。烈士们的模样儿，一个一个在我的脑际显现。他们纯朴、真挚、活泼，忠于祖国，忠于人民，为共产主义而奋斗终身的美德，令我永不能忘。

黄潭战斗的火种，点燃了东宝军民的抗日烽火。你们的鲜血，浇灌着东宝大地的抗日鲜花。祖国的抗日鲜花，经无数先烈的鲜血浇灌，已结出硕果——日本帝国主义被赶出中国，国民党的统治被彻底推翻，中华人民共和国诞生。而今全国人民在共产党的领导下，正掀起建设社会主义的热潮，向建设社会主义四化新长征迈进。

安息吧！

（源自鲁风同志手稿，由鲁慧提供并校对）

作者简介：鲁风（1922—1984），原名刘侠尧、刘理培，广东东莞塘厦镇人。1938 年 10 月入党并参加东莞抗日模范壮丁队。曾任东江纵队港九大队大队长。解放后任高雷军分区参谋长、中南防空军高炮司令员、广州军区空军高炮 109 师师长、广州军区空军高炮指挥部副司令员、空军第七军副军长。

注：鲁风在东江纵队使用鲁锋这个名字。北撤后，于华东军政大学毕业，分配到华野司令部工作。去华野前，张云逸要求他改名，鲁锋同志改名为鲁风，鲁代表山东，风表示还在战斗环境中。自那时起直到去世，其档案记载、记功奖励、晋升授衔均使用鲁风一名。

石龙队的几个战斗

——缅怀阮海天同志

陈志贤　邝爱莲

1940年秋，我们部队从海陆丰回到宝安后，主力到了东莞大岭山区，编为广东人民抗日游击队第三大队。留下30多人在宝安阳台山区，编为第五大队，大队长王作尧同志，大队副周伯明同志，政训员蔡国梁同志。起初只有一个中队——“特务队”，阮海天同志为中队长，沈鸿光同志为中队副，卢克敏同志为指导员，只有几十人。经上下坪战斗打日本鬼子、青溪苦草洞袭击顽军武器仓库的胜利，部队发展了。1941年4月初，大队部决定，将“特务队”发展为“石龙队”，以后又分出一个“铁路队”。石龙队中队长阮海天，指导员先是卢克敏，后是黎崇勋。属下2个小队、6个班，共有65人的队伍。第一小队队长陈飞龙，一班班长戴良、二班班长李南（后来李仲）、三班班长黄林，第二小队队长陈志贤（从县工委调回），四班班长陈家田，五班班长黄介（机枪班），六班班长郑树坡。

当时石龙队驻在龙华弓村整训，阮中队长召开班以上干部会议，布置练兵的计划和拟定作息时间表，研究小队长轮值星和班长轮值日负责制，内外勤务的任务职责。散会后都按照训练计划进行，早晚出操，上军事课和政治课都列队和点名报人数。一般除公差、病假外，列队报名50余人。在操场上，阮中队长喊着响亮的口令，并常常亲自作示范，让各班学习。他在操场上发现陈飞龙和陈家田的动作准确和操作熟练，就让他俩作示范，开展兵教官、官教兵活动。

阮中队长上军事课时也讲政治，深入浅出地讲授，很受同志们欢迎。他讲课的特点，善于启发诱导，以问答方式启发。他问：“日本鬼子杀了许多中国善良的人，烧了我们的房屋，难道我们不能杀他们?”答：“这要看情况而定。战场上是互相厮杀，可杀。但对放下武器的敌人，就要讲优待俘虏政策，缴枪不杀，才能瓦解敌军。”他的讲述很生动活泼，使指战员们提高觉悟，懂得打游击的一些基本知识。

石龙队完成两周训练计划后，转移到赤岭头村。阮中队长召开班务会议，他说，除照原定训练计划练兵外，还要进一步提高指战员体质。为此，每天早操从赤岭头村至龙华圩跑一圈，约 50 分钟，晚上进行紧急集合和夜行军的锻炼。

5 月初，石龙队转移到光头仔、雪竹径一带活动，配合民运队。民兵指挥部动员民众和民兵进行破路活动。我队担任警戒、掩护。群众和民兵一夜之间破坏了布吉至李朗的铁路，破坏了布吉至龙华的公路。

1941 年 5 月 26 日，石龙队和铁路队（中队长沈鸿光、指导员黎崇勋）在乌石岩集结，奉命开赴东莞大岭山地区，支援第三大队反击敌伪顽进攻的战斗。时间紧迫，刻不容缓。大队部派老交通员谢愚照当向导，黄昏时出发。阮中队长令一班班长戴良负责搜索班，紧跟向导走在前头，整夜行军。沿途一片平原。在朦胧的月光下，可望见公明圩一带。途中只休息两次。拂晓前我们赶到了杨屋村。早餐后，开到大王岭休息。阮中队长立即到第三大队部向邬强同志（三大队副大队长）报到，并领受战斗任务。

阮海天同志

阮中队长回来和卢指导员召开了干部会，传达了第三大队副大队长邬强同志的意见：去冬黄潭之战，意义很大，影响很广。自我队东移后，没有别的部队打过日军，国民党顽军不敢碰日军。黄潭战斗一打，打得那么激烈，打死不少鬼子。东莞老百姓都说："一定是老模回来了。"迅速扩大了我队的政治影响，振奋了东莞敌后人民的抗日斗争精神，迅速组织起来，积极支援我队，青年踊跃参军，部队扩大，初步打开了大岭山区局面。当前的斗争形势是：杨西乡的反动地主刘德和、张玉衡勾结水乡汉奸恶霸刘发如部伪军几百人，妄图进攻我区，把我队赶出大岭山地区。为了粉碎国民党反共顽固派、反动地主同水乡恶霸、汉奸、伪军的进攻阴谋，中共东江特委书记兼两个大队（即第三、第五大队）的政委林平同志决定第五大队的主力石龙队和铁路队与第三大队共同作战。我们集中兵力，准备给敌人狠狠打击。

我们听阮中队长传达的战斗形势和部署，非常高兴。我们感到部队统一指挥，兄弟部队并肩作战，加上大岭山区群众和民兵的支持，一定能取得胜利。

1941 年 5 月 28 日上午，刘发如部伪军几百人，从道滘出发越过莞太线向杨西开来了。林平和邬强同志指挥我队主力，在杨西几个山上，摆开了阵势。接战后，我队猛烈反击。刘发如伪军遭到我军三面夹击，狼狈溃逃。阮中队长率领我们石龙队配合兄弟部队猛打猛追，一直追击到东莞城下，打死打伤伪军数十人，俘虏伪军数十人，缴获步枪 30 多支和一批弹药，截回被抢掠的耕牛 50 余头。请农民群众认领回自己的耕牛，群众非常高兴。

我队击败刘发如伪军进攻后，速回大王岭村集结待命。

杨西战后，第三大队部接到情报：国民党顽军为配合刘发如伪军准备进攻我区。上级领导连夜部署战斗，令我队转移到大王岭山北坡丛林隐蔽，待机击敌。部署民兵在顽军的来路袭扰。6 月 1 日上午，国民党顽军两路进攻：一路从大朗金桔岭出动，遭到我第三大队的部队阻击；另一路国民党黄文光大队百余人从犀牛陂进至大塘。但两路顽军配合不好，黄文光队不敢闯大王岭，转向牛牯岭，向其主力靠拢。

这时，林平同志在大王岭山头指挥所立即命令：“敌人动摇了，不要给他们跑掉！快追截！”邬强同志命石龙队从水浸朗插出大塘，反击黄文光大队。该队向矮岭坳退却。石龙队跟踪至矮岭坳的松树山。铁路队担任掩护，用马克沁重机枪火力追击顽军。此时，顽军受到四面八方的枪击，处处挨打，非常恐慌。黄文光队拼命地与石龙队争夺矮岭坳松树山。我队郑树坡班长率领全班冲到半山腰时，顽军 30 多人拖 3 挺机枪爬到松树山，向我郑树坡班扫射。郑树坡利用松树头作掩护和依托反击。我机枪班长黄介同志端起轻机枪猛扫松树山的顽军，使郑班脱出险境，转到有利地势阻击顽军。这时，黄介又面临险境，阮中队长令黄介转移阵地，但黄介听不见阮中队长的喊声（枪声盖住了）。在敌强我弱的弹雨下，阮中队长不顾个人安危，迅速跑到黄介身旁，令他转移阵地，使我队避免重大伤亡。对此，我们全连指战员对阮海天同志都有好评，认为他是勇敢、果断和机敏的指挥员，又是非常爱护部下的中队长。

这场反击战打到下午，把国民党顽军打退了，顽军败逃回金桔岭、大朗。我们打死打伤顽军二十几人，俘虏顽军十余人。我队略有伤亡。

在矮岭坳松树山与顽军争夺战中，我政治战士曾志强头部中弹，不幸牺牲。我们把他的遗体抬回牛牯岭村边，由阮海天同志主持开了追悼会。他率领着全队指战员列队，向曾志强同志默哀和三鞠躬，向烈士遗体告别，掩埋安葬。指导员卢克敏同志讲了话。曾志强的形象深深地铭刻在我的心中，永远难以忘怀！他的牺牲，使我潸然泪下。

战后，石龙队驻扎在牛牯岭村休息，接着又奉上级命令同兄弟部队开到百花洞、水濂山等山地活动。

6月7日下午，石龙队从牛牯岭村出发，在途中遇见第三大队彭沃中队。我们石龙队同彭沃中队爬到水濂山半山水濂庙观察地形，然后下山在某村驻扎。

伪军、顽军向我们进攻连遭失败后，敌酋决定“皇军”出马奔袭我大岭山中心区。6月10日，莞城、太平和桥头日军纠集400多人，分两路向我中心区奔袭。一路主力由莞城、上下山门到髻岭，另一路由桥头、横岗、绒旗墩、伯公坳至半山。两路日军于11日拂晓进抵百花洞附近。我警戒部队发现后，立即开枪抗击。第三大队虎门队（第一中队）即从大公岭向百花洞东侧包围截击，第五大队铁路队以重机枪掩护虎门队冲击百花洞高地的日军，痛挫日军。

我石龙队在瓮窑村，接到大队部邬强同志的命令。阮中队长按命令率领全连赶到大环，占领了大环至百花洞侧后的山地，同时，大队部从大王岭前出到大环，大华队控制妈山高地，并前出到大环东面的山地，从西面完成了对敌军的包围。连平、大沙、大王岭、大公岭等各乡村的自卫队（民兵）听到枪声纷纷赶来，占领了百花洞周围的山头，把日军紧紧包围住了。上午八九点钟，战斗进入高潮。日本鬼子企图利用武器的优势，疯狂地以密集的队形向百花洞前山头冲锋，机枪、小钢炮猛烈开火。我们打退了日军第一次攻势。快中午了，日本鬼子发起第二次攻势，各个阵地都一齐行动，向百花洞集中开火，以猛烈的机枪、小钢炮、步枪向我各阵地轰击。我石龙队和铁路队配合第三大队的部队给敌军猛烈还击。敌军无法冲破我抗日军民的铜墙铁壁！击退鬼子攻势后，战场平静下来。下午，日本鬼子感到情况不妙，大队长长濑急令通讯兵放出鸽讯，向石龙日军求援。但刚飞出不远，就被我民兵捉住。指挥所观察到敌军动摇，立即下令：“不要给鬼子跑掉！坚决歼灭敌人！”不久敌人向连平方向突围，连放两次烟幕弹掩护撤退。我们部队和民兵集中火力一齐向烟幕处射击，从四面八方打得鬼子人仰马翻。长濑大队长骑在马上被我队击中，从马上掉下来当即毙命。鬼子冲不出去，只好龟缩在百花洞东侧的丘陵和连平圩大公岭新围、上高田、大石板、髻岭山一带小高地困守待援。翌日，敌派飞机空投粮食，有的落在我队阵地上。直到广州、石龙日军步骑大队援军赶来，才把长濑大队的残兵败卒接应出去。这一仗给日军沉重的打击，打死打伤日军五六十人，毙大队长1人，缴获长短枪10余支，毙马数匹。日军哀叹：“这是进军华南以来最丢脸的一仗。”这一仗大灭日本“皇军”的威风，大长我们抗日军民坚持抗战必胜的战斗意志。

在百花洞战后，石龙队到连平圩参加军民祝捷大会。部队列队进场。阮中队长率领部队走在前头，陈飞龙同志领着高呼口号：“军民团结起来，打倒日本帝国主义！”“坚决消灭汉奸、卖国贼！”“打倒汉奸刘发如！”……民兵接着一队一队进会场。当地群众兴高采烈地担着猪和三鸟、粽子等慰劳品，摆在会场侧边。祝捷大会开始后，领导人讲话，各村群众代表讲话。这是万众欢腾庆祝百花洞战斗胜利的大会。

6月16日，石龙队、铁路队奉命回阳台山区抗日根据地。我们部队沿着西路平原夜行军，胜利归来。群众围着我们问长问短，热烈欢迎。

石龙队回到阳台山区后，又遇到接连不断的敌情，战斗频繁。6月19日有敌情，此时石龙队驻在光头仔村，获悉情报：下水径日军数十人出扰坂田，抢掠财物。阮中队长同意陈志贤带陈家田班出击坂田日军。这次出击采取麻雀战，袭击日军登山之军事哨，毙伤日军各1名，赶走了这股日军，减少了群众损失。

7月7日前，接到第五大队大队部的情报，驻宝深线日军将向我阳台山地区发动“清乡扫荡”。阮中队长和指导员立即研究后，把石龙队拉到赤岭头村附近驻防，动员民兵配合，待机打击来犯日军。7月7日晨，日军400余人分两路进攻我阳台山根据地，一路从梅林坳进犯白石龙、望天湖；另一路从乌石壁进攻龙华，这路敌军遭到兄弟部队和民兵阻击，战斗一天，敌不支逃回南头。入侵望天湖之敌，遭到我石龙队和民兵抗击。我们迟了一步，日寇一闯进白石龙和望天湖就放火烧民房。我队赶到阻击，日军逃回深圳。战后我队配合民运工作人员，进行了善后救济事宜。

8月15日至18日，南头、深圳、布吉等地日军，先后纠集上千人，采取分进合击战术，向我阳台山区大“扫荡”。15日，300余日军进攻乌石岩，为兄弟部队抗击，打死打伤敌指挥官以下20余人。另一路兄弟部队在龙华狮头岭与日军激战。龙华乡长卓凤康和周吉率弓村民兵参战。我石龙队原驻光头仔，早上在分水坳与布吉出动之日军激战。敌退后，阮中队长听见龙华方向激战的枪声，即带石龙队出青湖赶到弓村参战。激战到中午，石龙队侧击日军。机枪班发挥了威力，黄介班长端起机枪扫射，打死打伤日军10余人。日军遭我两队夹击，退守牛地埔后山。我石龙队和兄弟部队同龙华民兵，紧缩包围圈。日军守着几个山头，我队也占高山，中间与敌隔着一个崩岗，在太阳暴晒下与敌战斗至黄昏。我们这路部队打死打伤日军30余人。这夜日军龟缩在牛地埔山上和窑下、早禾坑，不断放信号弹壮胆。夜间铁路队和龙华民兵轮番袭击日军，搞得日军惶惶不安，连夜在窑下烧尸，收骨灰，于下半夜爬阳台山，从鸡板坡向乌石岩狼狈逃回南头。

我石龙队黄昏转移回光头仔村，几个战士因有夜盲症，阮中队长帮助战士背行李、扛枪，扶着郑树坡班长夜行军。

8 月 17 日，深圳、布吉、横岗日军又纠集四五百人，携钢炮数门，向抗日根据地“扫荡”，烧了坂田许多民房，又炮轰望天湖，来回分进合击。我队民兵在周围山头打分散麻雀战，又打死打伤敌 20 余人。18 日敌退回老巢。前后战斗 4 天，我队共毙伤敌 70 多名。战后，龙华等地群众发动劳军，在牛地埔开了军民祝捷大会，庆祝反“扫荡”胜利。

日军退去，顽军又来。8 月下旬龟缩在观澜的杂牌顽军黄文光大队派一个加强连，经青湖出扰龙华。当日下午，我石龙队同这股顽军在龙胜塘（龙华圩东南侧）村遭遇，激战一个多钟头，将顽军击退，顽军连夜缩回观澜。

将近一年来，石龙队战斗频繁，并在战火中得到锻炼、壮大，发展到 3 个小队 80 余人。取得了对日、伪、顽作战的不少经验，大大提高了战斗力。这些战绩，同大队部和中队部的领导，特别是同阮海天同志的领导，言传身教，带兵、练兵和指挥作战分不开的。石龙队在阮中队长和卢指导员、黎指导员领导下，从上到下相处得非常和睦、融洽，在革命熔炉里凝成了战斗友谊，实现了官兵一致、军政一致和军民一致，模范执行“三大纪律，八项注意”，秋毫无犯，深得群众拥护，战斗力日益提高。1942 年二三月间，宝安大队成立时，阮中队长和黎指导员奉命率石龙队到“宝大”，成为“宝大”主力中队，黎任中队长，阮调任副大队长。

附记：

本文蒙原石龙队老战友黎崇勋、黄介、黄林、严瑞仁、邱伯寿，铁路队傅志刚，第三大队虎门队郑戈、大华队陈一民等同志提供了有关事实材料，也蒙周吉和李征等同志提供了有关材料，谨致谢意。

（原载《深圳党史资料通讯》总第 18 期，1986 年 5 月）

作者简介：陈志贤，男，1910 年 12 月出生，福建人。1938 年 10 月加入中国共产党，同年 11 月加入广东惠东宝人民抗日游击大队（东江纵队前身），1942 年 12 月任港九大队海上中队中队长，1945 年 2 月任东江纵队护航大队大队长，1949 年任省军事接管委员会海军处副处长，1950 年任珠江专署海岛管理局局长，1960 年后在广东省农科院工作。

作者简介：邝爱莲，女，1921 年出生，广州市从化区太平镇人。1938 年 6 月在香港织造厂加入中国共产党，1938 年 10 月随回乡救亡团参加东江纵队，曾任卫生员、两广纵队司令部医院副院长，新中国成立后曾任粤中地委组织部组织科副科长，1961 年任东山区儿童医院院长。

我在西海亲历的几次抗击日军的战斗

霍　文

1940 年 10 月间，我从广游二支队李少松中队调回西海路尾围，接到命令后带领机枪班弹药兵邓生等人及一挺新轻机枪到桔围陈九家。第二天下午 4 时由林锵云、谢立全、谢斌带着独立第一中队几十人装备两挺崭新的机枪和长短枪几十支，分乘八九只小艇进入西海，在文武庙坼头上岸。西海群众、乡绅、自卫队长梁敬等都站在坼头上迎接。独立第一中队队部驻在霍宜民书房、厅等处。我带的机枪班驻在梁敬家二楼。

在蔗地里抗击日军

我们部队进驻西海不久，1940 年 11 月的一天上午 8 时左右，日军 100 多人在西海涌口登陆，开枪、开炮轰击南炮楼，向西海大举进攻。独立第一中队中队长林锵云和谢立全同志即分头动员、抗击敌人、保卫西海。独立第一中队和西海自卫队分三路抗击日军的进攻。一路从西海涌边沿蔗地到南炮楼、糖厂一线；一路从中队部后边蔗地向涌口前进；一路从文武庙过河绕路尾围到西海涌口。这三路兵力把日军包围在西海涌口蔗地里，使敌人水陆脱节不能前进。激战至下午 4 时许，迫使日军最后遗下死尸 10 多具及子弹、弹夹等物品狼狈游过河，在西海涌口和隆围那边上船走了。这一战斗毙日军 20 多人。这次独立第一中队进驻西海抗击日军的进攻取得了胜利，大大鼓舞了西海群众和部队的士气。

蔗地麻雀战

1941年农历九月初三，日军几路进攻西海，一路从涌口攻西海炮楼，一路从西沙角攻路尾围炮楼后，又向我石尾岗进攻。梁国僚小队与日军展开激烈的战斗，那时谢立全到我阵地交代任务刚走。梁国僚等负伤，机枪手伟德、文贤、陈江牺牲了。日军捡起我失去的粤造机枪，向吴声涛、梁国僚等追击，我守横岸岗的同志立即用轻机枪向日军扫射，压制了敌火力，掩护梁国僚、吴声涛等撤退。日军在飞机配合下攻下石尾岗后，集中火力转向我横岸岗阵地。我和弹药兵黄洪用石头垒起的机枪阵地，顶住了敌人的进攻。日军又转向南炮楼、文武庙方向进攻，那时邓生在文武庙用机枪猛烈地向日军射击，文武庙与横岸两挺机枪组成交叉火网，打得日军龟缩在蔗地里。日军又顺着河东转向夹攻南炮楼，并攻下西海村口，烧了许多房屋。我守横岸岗完成阻击任务后撤回西海，在北炮楼附近蔗地与日军相遇。一个日军突然用一把指挥刀卡在黄海的颈上，黄海用驳壳枪对准日军连发数枪，这个日军倒下了，黄海同志安全转入蔗地，这时已是下午3时多。日军在麻雀战打击下，不敢恋战，只好拖着死尸撤走了。这天日军死伤不少，我们也牺牲了好几位同志，其中有杨森、政训员马启贤同志。

粉碎敌人三路围攻西海

1941年12月28日晚部队出击围涌，打了一个胜仗，全歼伪军三十师的一个连100多人，缴获长短枪100多支，弹药和物品一批。这次胜利震撼了日伪军，敌人要来一次报复性的“扫荡”。1942年农历正月初一早晨，日军200多人分三路进攻西海，一路用电船在西海涌口登陆南炮楼进攻糖厂，从南炮楼入西海。另一路从都宁岗炮击西海北炮楼，从北面攻入西海。另一路经碧江、桃村到横岸，企图三面夹攻，妄图消灭我西海抗日部队。当时我小队驻在西海郭家祠，正与群众一起欢欢喜喜庆贺春节。忽然南炮楼发出枪声，北边也响起了枪声，敌人南北夹攻，形势紧张，我们立即动员群众疏散。由于南炮楼是要地，只有陆妹、陆多等4个队员把守，我即派班长周文、曹能增援南炮楼。我对大家讲敌人进攻形势紧急，不吃饭了，叫炊事员把饭菜放在禾草堆里，打完仗回来再吃。我把队伍带到司令部，那时在糖厂、南炮楼的队员与敌人展开了激战。

都宁岗的日军炮轰北炮楼，群众纷纷向西面的蔗地疏散。司令部命令我带小队到林头河的堤基伏击包围我之敌人，牵制从糖厂堤基进入西海的日军。后来南炮楼被轰了几个大洞，守卫炮楼的战士退到地下工事，顽强地抗击敌人，使敌人不能过南炮楼。后来周文、曹能都牺牲了，南炮楼阵地失守了，我用机枪扫射日军，掩护卢德耀、谭光耀两同志退回来。日军避开我机枪火力攻入西海，烧杀、抢掠、强奸妇女。由于我们不断打击日军，日军只好退到西海糖厂，乘电船撤走。我们小队返回西海。

这天战斗从早到晚，一天都没有吃过东西，虽身在蔗地，但我们的战士严守三大纪律八项注意，没有一个战士动群众一根甘蔗。我们回到郭家祠，才从禾草堆里把早上煮的番薯饭和群众慰问的鱼肉拿出来吃。我们小队经过一天战斗，牺牲了6个同志，其中有班长周文、林冲和曹能，还有一个是参加韦涌解放的新战士。

（原载《珠江滚滚》，广州地区老游击战士联谊会珠江纵队分会编印）

作者简介：霍文（1915—1996），广东南海县南庄人。1939年参加抗日游击队，同年4月加入中国共产党。先后在广游二支队和珠江纵队任战士、班长、小队长、队长、作战科长。1945年在新兴蕉山战斗中身负重伤，左手被打断。1946年6月随东纵北撤山东，在两广纵队任军官团参谋、三团二营营长、华野军校教员、研究班副主任等职。1948年参加济南战役，右眼负伤致残。1949年参加广东战役。中华人民共和国成立后任佛山市委委员、中山市公安局局长、华南干校总务处主任、省文化干校副书记。后调肇庆行署民政处工作。

虎门队的战斗历程

郑 戈

虎门队，是东江纵队的前身——广东人民抗日游击队第三大队第一中队的代号。1940年10月组建于东莞大岭山大公岭村。

在创建东莞大岭山敌后抗日根据地的斗争中，虎门队作出了重要的贡献。尔后，1941 年底，日军进攻香港时，虎门队活动于惠阳县梧桐山、田头山地区（现属深圳市龙岗区）。积极打击和牵制进攻香港的日军部队；参加营救受困香港文化人的壮举；支援组成港九独立大队。在建立惠阳抗日根据地的初期，进行英勇的战斗。最后，扩张为惠阳大队，并抽调部分队伍组成总队的主力大队——珠江队。

29 个人组成虎门队

1940 年 10 月，挺进东莞的广东人民抗日游击队第三大队，在大岭山下的大公岭村，以 29 个人组成第三大队的主力部队——第一中队，代号为虎门队。当时虎门队的组成情况如下：

彭沃任中队长，韩藻光（后陈胜）任政治指导员，欧连任特务长（事务长）。下属 1 个机枪班，2 个步枪班。每班 7—8 名战士。1 个小鬼班，年龄都在 18 岁以下，郑伟灵任班长，陈廷禹任副班长，王士光、郭际先后任政治战士。

武器装备：机枪班配广东造七九式轻机枪 1 挺，子弹约 200 发。这挺机枪年老质差，有些破烂，但它却是虎门队唯一的自动武器。射手吕苏爱枪如命，经常擦拭保养，平时不准别人触动，以保障战斗时能打连发。此外，两个步枪班共配备七九步枪（大多是广东造）10 余支，每支步枪只有子弹 20 余发。短枪只有彭沃中队长使用的 1 支驳壳枪，政治指导员韩藻光也使用步枪。另外，还有几颗手榴弹。这就是当时虎门队组成时的全部武器装备。

人员组成情况：29 个人中，大多数经历过东移海陆丰的艰险战斗锻炼，革命意志坚定，不怕苦、不怕死，具有一定的实战经验。全队党员约占三分之一。

全队华侨和香港回来参军的爱国青年占大部分。华侨青年共 10 名。其中泰国华侨 7 名：杨仰仁、陈廷禹、张光、林文虎、吴提祥、陈加犹、郑伟灵；马来亚华侨 3 名：颜金榜、韩藻光、周祖明；香港青年七八名，有欧连、邝忠全、郭际和女同志叶萍、招励真、周昆、李玉珍和易焕兰。其他人员就是东莞地方党调来部队的：陈相持、吕苏、王喜、祁和。以及虎门队成立之后，东莞等地来参军的爱国青年：王月仙（女）、王士光、何国良、王锦、祁兴、陈满、林耀、赖铭、林旺、王学衔、王刚强（王炼）、王林、王日全、陈均池、陈茂业、陈衍堂、陈仕根、刘林、刘景生、刘茂、赵匡、卢进喜、黄生、邱球等。

当时（1940 年 10 月）全队年龄最大的是易焕兰（28 岁），最小的是赖铭（14 岁）。全队平均年龄大约 19 岁。

虎门队成立时虽然人少武器差，但其成员大部分是经过东移战斗锻炼，具有一定战斗力的骨干，肩负着建立东莞抗日根据地的重大任务。

为建立大岭山抗日根据地英勇奋战

大岭山区位于东莞县城西南二十余公里，东面是广九铁路，西面是莞（城）太（平）公路，背面是莞樟（木头）公路，南面与阳台山毗邻。我军活动地区面积约 130 平方公里，有大岭山、莲花山、水濂山、红山等山岭，8 个乡，人口约 10 万。这个地区具有革命传统，抗战爆发后，当地群众在地方党领导下进行抗日斗争，许多青年参加党领导的东莞抗日模范壮丁队。当部队进到大岭山区时，东莞地方党即发动群众支援部队。

当时，第三大队下属 2 个中队 1 个短枪队，但实际人数只有 70 余人，2 挺轻机枪，50 余支长短枪和少量弹药。面对的强大敌人有：日军长濑大队和伪军共 3000 余人，分驻在莞太公路沿线；水乡地区还有刘发如、李潮两股伪军 2000 余人。此外，国民党保安第八团驻樟木头、塘厦、平湖等地，控制着广九铁路中段，并深入路西和金桔岭、观澜等地设立据点。

针对敌强我弱的形势，第三大队遵照党中央指示和上下坪会议确定的方针，广泛深入发动组织群众，实行人民战争。在作战上采取机动灵活战术，打小仗、打巧仗，打伏击战、袭击战，消灭敌人有生力量，不打硬仗，保存和发展我军力量，在战斗中建立大岭山区抗日根据地。

依照以上方针，从 1940 年 10 月至 1941 年 11 月的一年中，虎门队为建立东莞大岭山抗日根据地，与日、伪、顽军进行了大小战斗约 20 次，毙伤敌人 100 余人，俘敌 80 余人，缴长短枪近 100 支。虎门队牺牲小队长杨仰仁、政治服务员颜金榜、班长张兴、战士王喜等约 10 名。政治指导员韩藻光、副中队长祁和、班长郑伟灵、政治战士郭际等 10 余名负伤。

在这一年中，虎门队扩大了四倍，由原来的 29 人，发展到 130 余人，下属 3 个小队。武器装备也大有改善，计有轻机枪 3 挺、步枪 100 余支，每支步枪有子弹四五十发。

虎门队这一年中，在东莞大岭山等地参加较大的战斗有：

黄潭战斗　部队到达东莞大岭山不久的 1940 年 11 月初，日军 200 余人配备炮兵分队进犯黄潭村对面的小迳村。一日拂晓，日军先头部队 10 余人，进入小迳抢掠。当时，驻黄潭的第三大队命令虎门队从小迳右侧占领村后山头侧击敌人，掩护大队短枪队向小迳敌人冲锋。虎门队即派出机枪班，冒着日军密集火力，跑步冲上小迳村后山头，占领制高点，以机枪火力向敌人射击，掩护短枪队冲锋。虎门队 2 个步枪班，在小迳村右侧的小溪边展开，以火力向敌人射击。经过 4 小时激战，给予敌人杀伤后，部队控制黄潭村后高山，并掩护群众安全撤出。日军进入黄潭村，遭到我部队阻击后撤退。

这次战斗，是我军重返东莞敌后的第一仗。我军以劣势装备和兵力，毙伤日军几十人，打击了日军的嚣张气焰，迅速扩大了我军的政治影响，使广大群众进一步认识到，只有中国共产党领导的人民武装才是真正的抗日军队，增强了群众抗战胜利的信心。此后，广大群众抗日情绪高涨，为部队送情报、救伤员、当向导，组织起抗日自卫队，青壮年纷纷参军。

黄潭战斗，吹响了开展东莞敌后抗日游击战的号角，为建立大岭山抗日根据地创造了有利的条件。虎门队在黄潭战斗中，初显英勇顽强的战斗作风。机枪班战士王喜在抢占小迳村后独立树制高点的战斗中英勇牺牲。他是虎门队组建后的第一位牺牲的烈士。

黄潭战斗之后，虎门队奉命连续作战，出击莞太路沿线日伪据点。夜袭桥头大汉奸联防队长陈泰住的炮楼；袭击霄边伪乡公所，俘伪联防队长以下 20 余人和物资一批；伏击赤岭公路上日军巡逻分队，毙伤日军 10 余人。虎门队在战斗中锻炼成长。

三打伪军刘发如　1941 年 5 月 24 日，东莞水乡伪军刘发如部 200 余人第一次进犯大岭山区，在杨西乡杀害我民运队员。虎门队奉命赶到飞鹅岭附近山头开展火力攻击，敌人不支，向莞城方向逃窜。虎门队发扬猛追猛打的作风，一直追到莞城下才收兵回防。这次战斗毙伤敌 20 余人，缴枪 10 余支，弹药物资一批。取得初战伪军的胜利。

5 月 28 日，刘发如不甘失败，纠集 200 余人再次进犯大岭山区。虎门队在兄弟中队和自卫队配合下，在连平圩一带三面夹击敌人，将刘发如部打得七零八落，溃不成军，狼狈逃窜。此次毙伤敌人 40 余人，俘敌 10 余人。

6 月 6 日，刘发如向大岭山区杨西乡发动第三次进犯，遭到虎门队和兄弟中队有准备的反击。刘发如部不敢恋战，随即狼狈撤逃。

三次打败伪军刘发如对大岭山区的进犯，保护了群众生命财产，提高了部队的政治威信，增强了部队战斗能力。从此，刘发如再也不敢到大岭山区来了。

痛击顽军黄文光　正当我军第二次打败伪军刘发如的进犯时，6 月 1 日国民党顽军黄文光大队200余人，携八九挺机枪，乘机配合伪军刘发如部进犯，猛扑大塘村一带，妄图袭击大王岭村我大队部领导机关。虎门队奉命在牛牯岭一带展开，占领有利地形。黄文光企图配合刘发如夹击大王岭村，当遭到虎门队杀伤之后，才知道自己陷于孤军深入的境地。于是不敢久战，迅速逃窜。这次虎门队毙伤顽敌20余人，打退了顽军进犯。

第三大队在积极打击日伪军和顽军以及地方反动势力的同时，还大力开展大岭山根据地的建设。广泛深入发动群众，武装群众，建立了500余人的自卫队；开展抗日统战工作；进一步发展地方党组织；在连平、大沙等8个乡，成立抗日民主政权，后又成立连平联乡办事处；实行减租减息，改善群众生活。

虎门队除担任作战任务之外，每到一村，都派出人员，配合民运工作人员，进行宣传组织群众工作。农忙时全队出去帮助群众插秧和割稻、修理房屋等。全队严守群众纪律，保护群众利益。虎门队与大岭山乡村群众建立了良好的军民关系。由于虎门队群众纪律严明，不拿群众一针一线，不摘群众一粒荔枝，深得群众的爱戴。大岭山脚的大环村李容娣阿婆（黄东海老伯家），积极支援部队作战，送茶水送饭。对帮她家做家务和农活的小鬼班更是爱护。李婆定要我与其大儿子结拜为兄弟。从此，我在大环村有了一位结拜兄弟的亲戚。李婆对我亲如己出，关怀爱护备至，使我终生难忘。至今数十年，李婆夫妇和其大儿子黄庆如虽已去世多年，但我与黄庆如儿子黄德荣仍保持来往。当年军民鱼水之情，数十年来长续永存。

百花洞战斗　（编者注：此处略去，可详见下一篇文章“纪念百花洞战斗胜利45周年”）

虎门队在百花洞战斗中，始终担任第一梯队的战斗任务。在战斗中主动出击，猛冲猛打，白刃搏杀，积极袭扰，顽强阻击。显示了人民军队不畏强敌、敢打敢拼的英姿和机动灵活的作战指挥能力。

反击顽军的进犯　1941年国内外形势发生很大变化。6月德国法西斯进攻苏联，日军积极准备发动太平洋战争。在国内，国民党制造皖南事变，在全国各地掀起第二次反共高潮。

8月中旬，国民党徐东来支队刘光大队300余人进攻大岭山根据地。顽军由金桔岭据点出动，进犯大岭山腹地大公岭、百花洞、大横等村庄。虎门队在兄弟中队和各乡抗日自卫队配合下，在茶油、大横一带山地展开阻击敌人。激战一天，将进犯的顽军击退。

8月底，为配合宝安第五大队反击顽军进犯，虎门队奉命袭击宝安县公明圩顽军据点，毙伤敌10余人，俘敌20余人，缴长短枪10余支。

9月初，虎门队与兄弟中队在地方自卫队配合下，奉命出击大朗。消灭了顽军陈禄大队大部。缴重机枪1挺，步枪10支。接着，虎门队奉命经长山口出击塘厦、林村，消灭顽军一部。

10月4日，顽军徐东来支队1500余人，分两路进犯大岭山根据地，一路直逼大王岭村第三大队所在地；一路进犯大沙、连平。第三大队领导派出小分队和地方自卫队配合，在各地阻击敌人，打了3昼夜，阻滞了敌人进攻速度。

当顽军在猛烈炮火掩护下进攻大王岭村时，虎门队奉命在大王岭阻击敌人，掩护大队部撤上大岭山。虎门队派出第一小队在大王岭村前小河堤上，阻击敌人通过村前开阔地进攻大王岭村。战斗从清早打到中午，敌人未能通过。在大队部全部撤出村上到大岭山后，第一小队奉命转移到村后更鼓山继续阻击敌人。敌以迫击炮、重机枪密集火力向我射击，掩护其先头部队通过村前开阔地占领大王岭村。此时，已到下午时刻，在村后更鼓山头继续阻击敌人的第一小队奉命向大岭山上撤退。小队长杨仰仁带领小鬼班，掩护其他两个班先撤退。当时小队政治服务员颜金榜不幸中弹负重伤，小队长杨仰仁上前扶救颜金榜时，又被敌人击中胸部，倒地英勇牺牲。小鬼班当即抬走颜金榜，后来颜金榜因伤过重在医院光荣牺牲。将近黄昏，小鬼班班长郑伟灵、副班长陈廷禹带着战士刘林和刘景生，将小队长杨仰仁的遗体掩埋在大王岭村后更鼓山上。大家向烈士默哀致敬，各举右手宣誓一定要为杨仰仁报仇，英勇杀敌。泰国爱国华侨、曼谷的雄鹰，经过东移艰苦斗争考验的中共优秀党员杨仰仁同志，将鲜血洒在东莞大岭山上，为祖国、为人民的解放事业，献出了宝贵的生命。当时，我们面对杨仰仁烈士的遗体，泪流满腮，紧握拳头，咬紧牙根，誓向敌人讨还血债，这股烈火在每个人的胸中猛烈燃烧。解放后，大岭山镇政府将杨仰仁等200余位烈士遗骨移葬大岭山烈士陵园，立碑纪念，供后人瞻仰。此事已过50多年了，我也曾多次前往大岭山烈士陵园祭奠英灵。杨仰仁烈士艰苦奋斗、作战勇敢、待人亲切、诲人不倦、以身作则的风范，至今仍经常出现在我的脑海中，英雄的壮举永远激励着我上进。战后，虎门队全体指战员在“安眠吧！勇士！”的哀乐声中召开追悼会。会后，我升任小队长，接过杨仰仁的指挥棒，继续为祖国的独立奋战。

大王岭反顽战斗，是虎门队在东莞大岭山地区打的最后一仗。战后，虎门队奉命转移到宝安，配合第五大队进行外线出击，打击顽军后方。

10月中旬，虎门队配合第五大队，袭击广九铁路石鼓车站顽军张林大队，歼敌一个中队，缴轻机枪 2 挺、步枪 30 余支。

11 月初，虎门队奉命挺进惠阳县地区活动，牵制进攻香港的日军行动。

在惠阳地区的战斗

1941 年 11 月，日军在港九外围的惠东宝地区集结了 3 万多兵力，准备进攻香港。

虎门队 11 月初奉命挺进到梧桐山东侧的碧岭、山子下、油田、西坑一带，以及坪山、坑梓、田心等地区，组织群众，武装群众，牵制日军进攻香港的行动，恢复以坪山为中心的抗日根据地。

进到惠阳地区的虎门队共约 180 人，下属 3 个小队。每个小队 4—5 个班，成为能独立行动的队伍。各小队都有独立伙食单位，设事务长、炊事班和卫生员。每小队配备轻机枪 1 挺。部队在东莞经过一年的战斗锻炼，战斗力有很大提高，成为东莞地区主力部队。各级指挥员的作战指挥，和对部队的管理教育能力也有很大的提高。

虎门队到惠阳地区时干部配备情况是：彭沃任中队长，祁和任副中队长，陈胜任指导员。第一小队队长吕苏，服务员王士光；第二小队队长郑伟灵，服务员陈铭辉；第三小队队长李惠钦，服务员吴提祥。

到达惠阳地区后，虎门队驻在碧岭学校，派郑伟灵带领第二小队到梧桐山东侧横岗日军据点附近的山子下、油田、西坑一带活动，相机袭击日伪军，开展该地区的工作。并向盐田、九径口、沙头角以及梧桐山西侧莲塘地区发展。第一、第三小队则在坪山、碧岭、葵涌、上下洞，以及坑梓田心的田头山石桥坑地区活动。

第二小队在横岗至油田公路上，伏击从横岗出来抢掠的日伪军分队，俘伪军 8 名，缴步枪 8 支，毙伤敌数人。接着在西坑村后桔子园山上，阻击日军百余人的报复性“扫荡”，毙伤日伪军 10 余人，保护了西坑群众财产不受损失。第二小队在梧桐山打击日伪军初战告捷，并逼走了当时占领该地区的国民党土匪莫炯炎百余人的队伍。随后，在横岗通盐田公路的大小山坳上设立税站，保护过往商旅的安全。并向庵上、盐田、九径口一带扩大活动地区。组织夜袭九径口和沙头角日军据点，毙伤日军 10 余人，缴获一批物资。日军 200 余人由沙头角出动“扫荡”盐田地区，遭到第二小队的阻击，毙伤敌 20 余人。此仗，还逼走在盐田地区活动的土匪吴斌部近百人的队伍。第二小队还配合地方民运队开展山子下、油田、西坑、盐田、庵土一带发动群众的工作。后又在盐田和九径口附近、大小梅沙设立税站。为了积极打击牵制进攻香港的日军，第二小队还进到梧桐山东侧半山腰的横排岭村和公路旁的莲塘村一带活动，袭扰日军巡逻队伍。

第一、第三小队在坪山、龙岗、葵涌、上下洞一带活动，不断袭击日军。后到坑梓田心村后面的田头山石桥坑古庙，搭草屋作为队部所在地，设置较为稳定的队部领导指挥机构。

1941 年 12 月上旬，虎门队还配合宝安第五大队主力，进攻占据葵涌附近一股 300 余人的土匪梁永年部。毙伤该匪部数 10 人，俘 20 余人，缴枪 30 余支，将该股土匪逐出葵涌地区，扩大了我军在惠阳的活动范围。12 月下旬，虎门队还袭扰南澳日军据点，毙日军 10 余人，并向大鹏半岛扩大活动地区。

1941 年 12 月 25 日，日军占领香港、九龙等地。为了支援组建港九部队，抽调卢进喜、王锦两个班共 20 余人，配备轻机枪 1 挺，步枪 20 余支到港九部队。活动在梧桐山、沙头角一带的第二小队，有一段时期配属港九大队指挥，在沙头角一带配合行动。

日军占据香港之后，港九部队收集英军丢弃的许多武器弹药，虎门队也装备了一些英式转盘轻重机枪、红毛十步枪、掷弹筒、枪榴弹等武器，同时补充几十名由香港回来参军的爱国青年。此时的虎门队增至 200 余人，仍下属 3 个小队。但每个小队却是中队编制的兵力和装备，执行着中队独立活动的任务。每个小队 5—6 个班，人数达六七十人。每个小队配备机枪 2 挺，部分英式红毛十步枪，枪榴弹 2 至 3 支。

参加营救护送文化人士的壮举

日军侵占香港后，何香凝、柳亚子、邹韬奋、茅盾等大批文化界人士和爱国民主人士被困在香港。这批文化界人士和爱国民主人士，不少是中华民族文化界的精英。日军占领港九之后，立即分区分段挨户搜捕他们。此时，他们的处境万分危急。

中共中央南方局周恩来致电八路军驻香港办事处的廖承志，指示要想尽一切办法把他们营救出来，转移到后方安全地区。

廖承志、张文彬接到指示后，当即在香港、宝安、惠阳先后召集广东人民抗日游击队领导干部开会，传达指示，布置营救工作。

从 1942 年 1 月 5 日晚开始到 1 月下旬，一批批的文化界人士和爱国民主人士，在香港地下党和港九地区武工队、交通员，活动在惠阳、宝安地区的部队，以及各地的地方党周密布置和护送下，撤出香港、九龙，到达宝安、惠阳地区，再经惠州到韶关等地，转到大后方。

在广大群众出钱出力的大力支持下，经过前后 3 个多月的紧张活动，克服重重困难，广东党组织和广东人民抗日游击队胜利地从港九地区营救了重要的文化人和爱国民主人士 300 余名，及其他人士共 800 余名脱险，并安全护送他们到大后方。其中包括何香凝、柳亚子、邹韬奋、胡绳、夏衍、戈宝权、张友渔、胡风、萨空了、廖沫沙、金仲华、蔡楚生、叶浅予、金山、胡蝶等。被我军营救脱险的，还有国民党官员陈汝棠和国民党第七战区司令余汉谋的夫人上官德贤等 10 余人。

此外，从 1942 年 2 月至 10 月，据不完全统计，我军先后从香港的日军集中营中营救脱险、安全转移到我国大后方的英国人、印度人、丹麦人、俄国人、菲律宾人等近 100 名，其中有驻香港英军战地医院院长赖特上校。

广东党组织和广东人民抗日游击队营救香港文化界人士和爱国民主人士脱险，以及营救香港英军和外国人士的伟大壮举，得到党中央来电表扬，并且极大地提高了东江纵队在国内、国际上的政治声誉。茅盾认为我党组织这次营救工作，是“抗战以来（简直可以说是有史以来）最伟大的抢救工作”。这次营救工作的胜利，是东江纵队历史上辉煌的篇章，是东江纵队对世界反法西斯战争的重要贡献。

虎门队在整个营救工作过程中，主要担任护送工作。从 1942 年 1 月初，就派出郑伟灵带领第二小队，配属港九部队，在梧桐山地区的九径口，盐田和新界的沙头角、莲麻坑和沙湾、雪竹、白石龙一带，将港九部队从沙头角地区运来的武器弹药，分别护送到宝安白石龙领导机关和惠阳田心队部，再由第一或第二小队护送物资到淡水茶园，转送到惠州城。当时护送的物资有棉纱、煤油、布匹、药材、胶鞋、高级化妆品等。这些物资有的是地下党经营的货物，有的是商人的，有的是国民党官员做的生意。

再就是港九部队收集英军遗弃的武器弹药，由第二小队从沙头角附近运过来，再经布吉、沙湾送到宝安白石龙领导机关。这些武器一部分装备了虎门队。

此外，虎门队还护送过我党领导人和多批著名文化界人士、爱国民主人士以及国民党官员。当时，由宝安白石龙、雪竹径经惠阳碧岭、坪山、田心到淡水茶园的文化界人士，都是由虎门队负责护送的。1942 年 1 月 4 日，廖承志、连贯、乔冠华等3位党的领导人，由香港到达惠阳田心石桥坑。接着，广东党组织的负责人张文彬也从香港回到田心石桥坑。他们在石桥坑与曾生等同志研究布置营救和沿途接待文化界人士等工作。数天后，虎门队派郑伟灵带领第二小队和短枪队，负责护送廖承志、连贯、乔冠华到淡水茶园交通站，由站长叶汉生等护送到惠州。

从1月初开始，虎门队派出第二小队分期分批从宝安白石龙、雪竹径等地护送文化界著名人士茅盾夫妇、戈宝权、胡风夫妇、廖沫沙、张友渔夫妇、胡绳等，通过日军封锁的广九铁路，经碧岭，过坪山，到达田心。再由第一或第三小队护送到淡水茶园交通站转送惠州。由于日军1月中旬再度占领惠州、博罗一带，茅盾夫妇和胡绳等在田心和部队里停留一段时间。至今我们还清楚地记得胡绳在上下洞村天主教堂里，给虎门队的干部上课讲大众哲学的情景。

虎门队还分批护送由香港出来的青年学生七八百人，经过我们游击区转到大后方韶关、桂林、重庆等地求学和工作。

1月下旬，短枪队丘荫棠等在小梅沙，接待从香港营救出来的国民党第七战区司令余汉谋的夫人上官德贤，并护送她们到田心学校。上官德贤不愿在田心停留，虎门队即派郑伟灵带领第二小队和短枪队，当晚护送她们离开田心去淡水茶园。途经黄泥岭时，击退企图拦路抢劫的小股土匪，将上官德贤等安全送到茶园叶汉生交通站。

成立惠阳大队

1942年2月，省委张文彬和部队领导人，在宝安白石龙召开会议，决定成立广东人民抗日游击总队。部队进行整编，除原来的第三、第五大队外，另再成立1个主力大队（珠江队）和4个地方大队（东莞大队、宝安大队、惠阳大队、港九大队）。

4月上旬，以虎门队为基础编成的惠阳大队宣布成立。彭沃任大队长，高健任副大队长，叶锋任政治处主任。至此，虎门队这个代号撤销，编成惠阳大队主力部队。实际部队兵力还是原来虎门队3个小队为基础。3个小队都是中队编制的人数和装备。每个小队六七十人，编成5—6个班，轻机枪3挺，有单独的伙食单位和卫生人员。但未将小队名称改为中队。

惠阳大队主力部队编成后，积极向日伪军出击。1942年4月19日，在沙鱼涌击退了乘船登陆抢掠的日军。5月上旬，袭击沙头角日军哨所及营房。次日，在九径口，阻击企图报复“扫荡”的日军，毙伤日军十余人。

铜锣径伏击日军 5月14日上午，驻横岗日军骑兵部队，出动近百人马，经铜锣径（离横岗5公里的峡谷地带）到碧岭抢粮食和稻草。惠阳大队主力部队在彭沃、高健指挥下，利用铜锣径峡谷的有利地形，隐蔽兵力设伏。下午3时左右，日军由碧岭返回横岗，途经铜锣径，进入我预设伏击圈，遭到我军密集火力和掷弹筒、手榴弹的突然攻击。敌人猝不及防，顿时被打得人仰马翻，乱作一团。驮马甩掉抢来的粮草，在峡谷中狂奔。敌人进退不得，凭借峡谷中小溪边堤拼命顽抗。我冲锋的突击队，受峡谷中小溪地形阻隔，只得与敌人隔溪对峙。伏击战进行近1个小时，使日军人马遭到重大伤亡后，我军撤出战斗。刚撤出阵地，横岗日军增援部队到达，向我军阵地疯狂开炮，以图报复。我军已撤离阵地，日军报复行动未能得逞。我因病在碧岭治疗，战斗发起后，我奉谭天度政委命令带领短枪队由碧岭出发，沿伯公坳向铜锣径出击，打敌后尾部队。击毙敌战马多匹，缴获战马3匹。战后横岗群众报告，日军将被击毙的15具尸体拖回横岗火化时，还被我军击伤30余人。我惠阳大队主力部队黄明、张达生、林平3位同志在战斗中英勇牺牲。

铜锣径伏击战是我部队战史上敢于与优势之敌作战的著名战例。战后我惠阳大队政治影响扩大，威信提高。广大群众称赞我军的英勇作战精神。缴获的3匹战马，连同印好给国民党余汉谋的信，交国民党乡长送到淡水，转到惠阳国民党指挥部。惠阳大队谭天度政委，还叫人在马背上写上“曾生游击队缴获日军的战马”几个字。游击区和国民党统治区的群众争先观看，拍手叫好。

参加东莞打击杨参化顽军 6月下旬，由彭沃大队长率领惠阳大队主力3个小队，奉命到东莞大岭山，参加打击顽军杨参化部。26日战斗发起之后，惠阳大队主力，从百花洞开始追击逃窜到金桔岭的顽军，一直追到金桔岭村附近，毙伤敌中队长以下50余人。20日又在红山与顽军进犯部队激战一天。战后，惠阳大队返回惠阳梧桐山地区。

阻击顽军187师进犯 7月，惠阳大队主力部队，在梧桐山东侧地区的山子下、油田、西坑、大小凹一带，阻击顽军187师张光琼部千余人的两次进犯。后又由九径口渡海过九龙新界鹿颈。次晚，又由新界乘船回到上下洞，打击顽军后方。在坪山、碧岭、上下洞、盐田、庵土及梧桐山以东地区与顽军周旋到月底，顽军一无所获，撤回淡水、惠州。

支援组建总队主力大队珠江队

1942 年 8 月，广东人民抗日游击部队组建的主力大队珠江队成立。彭沃奉命调往珠江队任大队长，卢伟良任政训员。并按总队决定抽调惠阳大队第三小队，由李惠钦小队长、吴提祥服务员带领编到珠江队第二小队（珠江队下属 3 个小队，未设中队）。

彭沃大队长于 8 月中旬，带领李惠钦 60 余人，由惠阳到达白石龙总队部。8 月 24 日会同其他 2 个小队组成总队主力大队珠江队。

珠江队组建之后，与进犯宝安的顽军进行多次激烈的战斗。小队长李惠钦在战斗中英勇牺牲。部队在战斗中也有些伤亡。10 月底，总队部又在惠阳大队调郑伟灵小队长、服务员陈铭辉带领该小队 3 个班 40 余名战士（另 2 个班编到王慕、戴鼎新成立的小队），到珠江队第二小队。

至此，原由东莞到惠阳的虎门队部队，编成惠阳大队主力后，为了支援组建总队主力大队珠江队，先后调出 2 个小队编入珠江队。原来虎门队的干部和部队，从此分散到惠、东、增、博等地区，为扩大部队力量，扩大游击区和根据地，进行更艰苦、更英勇的战斗。

结束语

在党和第三大队的领导下，在中队长彭沃、政指韩藻光、陈胜的具体管理教育指挥下，虎门队在抗日战争中最艰苦的年代锻炼成长。在东江纵队创业过程的艰苦斗争中，作出了重要的贡献。

虎门队的全体指战员，是忠于党、忠于祖国、忠于人民的英勇战士。政治指导员陈胜（1943 年在三洲田战斗中牺牲）、小队长杨仰仁、服务员颜金榜、小队长李惠钦、服务员陈相持、班长张兴、战士王喜和后来担任中队长的陈廷禹、林耀、纵队作战科长祁和、副团长林文虎以及其他诸烈士，在战斗中光荣牺牲，人民永远怀念他们的丰功伟绩。还有政治指导员韩藻光、郑伟灵、郭际等几十位勇士，在战斗中因伤致残。尽管在残酷艰苦的战争环境中，有少数同志因伤病疏散离队回家乡，个别同志因伤重被捕，但至今尚未发现有叛变投敌者。

虎门队在长期艰苦的战斗中，培养成一支具有服从命令、遵守纪律、团结友爱、艰苦奋斗、不屈不挠、不畏强敌、勇敢作战等优良作风的队伍。

虎门队当年的班级干部，经过长期的锻炼，到1944年成长为东江纵队军事干部中的部分骨干力量。他们在东纵的一些支队中，负责担当一面、独立活动的中队长、大队长等重要职务。

虎门队还培养了全国著名的海军战斗英雄林文虎、飒爽英姿的女连长李玉珍和模范医务人员易焕兰。部分同志后来成为军、师、厅、局、处级的负责干部。

当年虎门队的中队长彭沃同志，因患胃癌医治无效，于1992年9月3日在广州市逝世，终年77岁。彭沃同志为人民的解放事业，鞠躬尽瘁。

至1992年，能联系到的原虎门队老战士还有19名，全都已离休。当年最年轻的赖铭已66岁，当年最大年龄的易焕兰大姐已80岁。余者大多已年过古稀。他们仍然满腔热情地关怀祖国社会主义建设事业，教育子孙后代继承光辉的革命优良传统，为建设社会主义祖国而努力奋斗。

虎门队英勇牺牲的烈士们永垂不朽！

1992年11月写于广州

（原载《勇赴国难——郑戈（郑伟灵）回忆录》，中共广州市荔湾区委老干部局印制）

纪念百花洞战斗胜利45周年

郑　戈

1986年6月12日，是东莞百花洞战斗胜利45周年。百花洞战斗完全是一次不预期的由被动转为主动的反“扫荡”战斗。在当年参战的广东人民抗日游击队第三大队和第五大队，以及东莞大岭山地区各村抗日民兵自卫队英勇作战，在广大群众大力支援下取得较大的胜利。这是众擎之功。我作为虎门队参加的一员，当年密集的枪炮声、勇猛冲锋的脚步声犹回荡在耳边。当时激战的情景，至今犹历历在目。

阻敌

1941 年 5 月下旬，东莞第三大队的虎门队、大华队，和由宝安到东莞配合作战的第五大队铁路队、石龙队，在大岭山区民兵自卫队配合作战和群众的支援下，多次打败进犯大岭山区的伪军刘发如部，接着，击退顽军黄文光大队的进犯，保护了群众利益，提高了部队的政治威信，打开了东莞地区抗日游击战争的新局面。

6 月上旬，部队集中在大王岭、大公岭、大环一带休整。三大队虎门队和五大队铁路队驻在大公岭村附近。11 日拂晓，天蒙蒙亮，就听到百花洞村方向响起一阵枪声。虎门队中队长彭沃、指导员韩藻光，将部队紧急集合起来后，彭中队长向大家简要讲明大公岭村对面的百花洞方向发现敌情，听枪声判断是日军前来进犯。他鼓励大家奋勇作战，打退日军的进犯。接着，命令杨仰仁（泰国归侨）小队长、颜金榜（马来亚归侨）服务员率领第一小队，向百花洞村搜索前进；彭中队长率领韩捷、陈相持第二小队跟进。我这个小鬼班班长和陈廷禹（泰国归侨）副班长带领小鬼班为中队先头分队，随后是张兴（泰国归侨）班长、吴提祥（泰国归侨）班长带领的队伍，组成纵队向百花洞村前进。当我们进到百花洞村后侧荔枝园，天已大亮，发现百花洞村东北侧小高地已被日军占领，百花洞村自卫队在村侧与日军相互火力射击。杨仰仁小队长指挥全小队散开在村侧荔枝园边，并立即用轻机枪向日军占领的小高地射击。此时，见到连平圩西侧山头，布满日军大队兵力。我又见到荔枝园东侧高地，五大队铁路队展开占领有利地形，铁路队重机枪也向百花洞东北侧小高地日军射击。左前方远处的百花洞至大环山头三大队大华队，也展开占领有利地形。从我们散开占领的荔枝园，到日军占领的小高地，需通过一段近百米的丘陵开阔地。日军占领的小高地，距日军在连平西侧山头的大部队（约三四百人），约有三四百米，隔着一大片稻田开阔地。显然，占领百花洞东北侧小高地的日军是先头小分队，其后续大部队还未及通过稻田开阔地，而在连平西侧山头展开，以火力支援占领小高地的先头小分队。日军利用夜晚，由莞城出发，经上下山门、飞鹅岭、连平西侧，于拂晓突袭百花洞，进犯大岭山根据地的企图，已经完全暴露。未发现有伪军参战。

日军此次进犯的路线和战法，与 5 月下旬水乡伪军刘发如 2 次进犯大岭山的行动基本相同。所不同的是这次日军采取拂晓突袭战术，伪军刘发如则采取日间大摇大摆进犯的行动。日军拂晓突袭的企图，由于其先头分队在进入百花洞村之前，就遭到我军民的阻击，日军大部队不得不就地展开与我军进行战斗。占领百花洞东北侧小高地的日军先头分队，更是进退不得。百花洞村附近，敌我双方展开激战。占领连平西侧山头的日军大部队，又遭到飞鹅岭、连平圩、大公岭一带村庄自卫队的火力袭击。自卫队大多站在山头上，边打边喊冲杀，个个意气风发，情绪高昂。此时，村村鸣锣，喊声震天。许多群众上山观战，呐喊助威。自卫队和群众的高昂战斗情绪，大大鼓舞了部队坚决歼敌的决心，同时也迷惑了日军，使敌人误认为四周山头有利地形均被我军占领，陷于我军包围之中。于是，敌人忙向四周山头盲目射击。中午，虎门队在铁路队重机枪掩护下，全中队已展开在百花洞村侧荔枝园一带。彭沃中队长下决心歼灭占领百花洞东北侧小高地的日军先头分队，随即命令杨仰仁小队长率领第一小队，展开成散兵队形，在机枪火力掩护下，向小高地日军先头分队发起冲锋。杨仰仁立即指挥吴提祥机枪班在左，郑伟灵小鬼班居中，张兴班在右，全小队展开成一线散兵队形，向小高地发起冲锋。杨小队长振臂高呼："铁路队重机枪掩护我们，大家向前冲呀！"一声令下，全小队勇猛跃起，端枪冲锋前进。杨仰仁不停地吹着冲锋的急促哨音，以代替冲锋号声（因当时还没有军号）。位于虎门队右侧小高坡右侧的铁路队重机枪密集地射击，掩护虎门队向小高地冲锋。铁路队这挺鸭仔式重机枪，打起来声音如闷雷，似狮吼，十分威猛，大家听了，精神振奋，疾步向前冲。小高地上日军负隅抵抗，妄图以密集火力阻我冲锋，并向天空发射两发信号弹，请求其炮兵火力支援。顿时，占领连平西侧山头的敌炮兵向我们冲锋队形射击，炮弹落在我们冲锋队形的前后，掀起满天烟尘。我们立即卧倒，利用地形掩蔽，避免伤亡。此时，我们距离敌人仅几十米，已经清楚地看到占领小高地的日军有 30 余名。敌人的呼喊呵斥声已能听到。正当我们冲锋被敌炮火所阻之时，敌 10 余名日军由一名手持指挥刀的军官带领，向我们进行反冲锋。吴提祥班长一枪就将挥舞军刀嚎叫着的敌军官击毙，敌人队形顿时混乱。平时讲话有点口吃的小鬼班陈廷禹副班长，此时却流利地喊了一声："打死日本仔！"接着一枪打倒 1 个慌张的敌人。小鬼班战士刘林（大岭山参军的农民）用客家话大声骂道："丢那妈！打死这班日本契弟仔！"一枪又打倒 1 个敌人。我也乘机撂倒 1 个敌人。吕苏的机枪一阵扫射，又打倒二三个敌人。敌人只得卧倒停止反冲锋。敌人的炮弹还不停地落在我们周围，敌机枪火力也猛烈向我们射击。

我们冲锋暂时受阻于小高地前丘陵开阔地，地形对我们不利，杨小队长当机立断，命令大家各个跃进，通过丘陵开阔地，抢占小高地边有利地形。我们乘反冲锋之敌卧倒混乱的机会，迅速勇猛地各个跃进，占领了小高地边有利地形。张兴班长当跃进到小高地边，正要卧倒时不幸中弹，壮烈牺牲。机枪班在跃进中，有 2 名战士负伤。我们全小队跃进占领了小高地边有利地形后，与敌人形成对峙态势。不久，连平西侧山头上空升起 3 颗信号弹。接着，在我们冲锋部队周围和百花洞村侧荔枝园周围，遭到敌人炮弹猛烈轰击。和我们对峙的敌人开始后撤。杨仰仁小队长立即命令大家向小高地发起冲锋。当我们冲上小高地时，又遭到敌人再次反冲锋。我们立即卧倒占领有利地形反击。我们以机枪和排枪的密集火力反击敌人，将反冲锋的敌人压住。此时，小高地北侧敌人施放烟幕，与我们对峙的反冲锋敌人也放起烟幕，整个小高地北侧被一片烟幕笼罩着，敌人企图在烟幕掩护下撤出小高地。杨仰仁命令大家继续冲锋前进。他急速地吹起冲锋哨音，我们又跃起冲锋前进，向慌乱后撤的敌人猛烈射击。在冲锋前进中，吴提祥缴获被他击毙的日军官指挥刀，立即挥舞着指挥刀冲锋。我也缴到被我击毙的敌人 1 支三八式步枪和刺刀。这是我第一次亲手缴获日军枪支，情绪非常激动，立即上起刺刀，端着三八式步枪冲锋。敌人虽然施放烟幕，但却无法完全掩盖其行动。我们冲到距敌四五十米时，敌人又再次向我们反扑过来。我们立即以排枪火力反击敌人，并不停步地继续向敌人冲过去。陈廷禹、林文虎、刘景生、赖铭冲在最前头，冲杀声惊天动地，敌人慌乱溃退。我们紧逼不舍步步追击敌人，与敌人展开白刃战斗。敌人在烟幕掩护下，拖着死尸拼命撤出小高地。当敌人通过稻田开阔地时，遭到铁路队重机枪密集火力射击。敌人在稻田中丢下死尸，狼狈不堪地向连平西侧山头撤退。我们占领了小高地。敌人被压缩在连平西侧山头上。接着，虎门队和铁路队迅速接近到连平西侧附近山头。大华队前进到大环旧围村后山头，敌人被压缩到水濂山半山腰。连平、飞鹅岭、大公岭一带村庄自卫队二三百人，占领连平圩北侧山头；大环、百花洞、大王岭自卫队二三百人占领大环至百花洞一带山头，形成对敌人包围的态势。

围敌

战斗到下午，敌人又组织兵力，在密集炮火掩护下，向虎门队和铁路队占领的山头冲击，企图突围。遭到我们猛烈火力的反击，尤其是铁路队重机枪的密集火力，予敌重大杀伤。敌人冲锋分队被我们火力所阻，只得向我们密集打炮。我们阵地周围，尘土飞扬，硝烟弥漫。陈廷禹气呼呼结结巴巴地说："日本仔就是会放炮，我们有炮就好了，也打死个契弟。"过了好大一阵子，敌人又向虎门队、铁路队阵地进行密集炮火轰炸，再次组织突围。杨仰仁命令大家打排枪，以排枪密集火力压住突围的敌人。"丢那妈！日本仔又放烟幕弹啦！"不知是谁用客家话高声骂了一句，瞬间，我们阵地前的山头，敌人占领的山头，被浓浓的白色烟雾笼罩着。"注意！大家注意观察监视，不要让敌人利用烟幕冲过来。"小队长杨仰仁向大家下达加强监视敌人行动的命令。敌人再次施放烟幕，企图利用烟幕突围。一阵风吹过来，将我们山头的烟幕和敌人山头的烟幕，吹上水濂山顶去。真是天不助敌。烟幕被风吹散，敌人冲锋分队完全暴露在我们火力之下，无法继续前进。敌人再次企图突围未成。

暮色浸润蓝色的天空，与敌人激战终日，傍晚来临了。事务长欧连和炊事员李玉珍带领大公岭村的几位群众，担着饭菜和茶水到阵地上来。此时，大家才觉得整天未吃喝已经饿了。欧连和李玉珍动作迅速地将大家递过去的口盅装满饭菜，水壶灌满水，分别送给大家充饥。由于天热喉干，大家顾不得吃饭而先饮水，然后大口地吞咽饭菜。因过于饥饿大口吞咽，也不知道吃的是什么菜，只扒了五六下，就将整口盅饭吃净。待到吃第二盅饭时，才稍为吃得慢些。打仗时全神贯注与敌人拼命，却毫无饥饿感觉，枪声停下来，夜幕降临时，才觉得饥饿疲乏。这顿阵地晚饭吃得很香很饱，给大家增添了气力和精神。大家吃饭后还各装满一盅饭菜，用手巾包扎好，水壶灌满水，以备明日食用。

夜里，我们都露宿在山头阵地上，派出监视哨，大家抱着枪轮流休息。深夜，发现敌占山头上有几堆火光，随风飘过来一股烧焦的臭味，这是敌人在焚烧死尸。接着，在我们阵地左侧响起激烈的枪声，这是虎门队第二小队奉命夜扰被围之敌。右侧山头铁路队夜扰敌人的枪声也打响了。连平圩西北侧山头也响起自卫队夜扰敌人的枪声。敌人盲目地向四周密集射击。如此断断续续地打到天蒙蒙亮，被围之敌彻夜应战，疲惫不堪，它完全处于"四面楚歌"之中。

12日天刚亮，一小股敌人在密集火力掩护下，向我们阵地山头冲过来。被我们机枪和排枪的密集火力压住，无法前进。这小股敌人有20余名，距离我们山头只有近百米，敌人呼喊的声音清晰可闻。此时，中队指导员韩藻光带领大家用刚学会的一句日语"缴枪不杀！"向敌人展开政治攻势。吴提祥喊声最响。因为大家只学会这么一句日语，也只得反复喊这句话。敌人在对面山头，叽里咕噜不知喊些什么，我们一句也听不懂。但是过了不久，敌人却停止射击，也停止冲锋，和我们正面对峙着。

上午，太阳已好高了，天气酷热，突然天空中出现2架双翼螺旋桨的日军飞机，在水濂山上空盘旋，一会高一会低，好似在寻找什么目标。接着，敌人山头燃起一堆火烟，这是敌人给敌机指示目标位置。当敌机掠过我们山头时，陈廷禹气愤地举枪向敌机射击，可惜步枪打飞机是难于命中的。敌机盘旋了几圈后，天空中就出现许多小降落伞，吊着一包包东西缓缓降落。大家一时搞不清敌机丢下些什么东西，个个翘首仰望，总希望能落到我们山头上来。遗憾得很，大多数降落伞却落到连平圩、大公岭一带去了，少数落在敌人山头上。后来才听说是敌机给被围困的敌人，投下饼干、罐头等食物和弹药，可是大多数落在我军地区。2架敌机丢下东西之后，不敢久留，即刻离去。整个上午，敌我双方各据山头对峙，敌人突围不出去，我军亦未能歼敌。从飞鹅岭、连平西侧、百花洞，到大环一带山头，都站满了各村自卫队和观战助威的群众，敌人处于广大群众包围的汪洋大海之中。

下午，飞鹅岭方向枪炮声密集。接着，被围困的敌人再次向我们虎门队和铁路队山头集中火力射击，并冲击我们山头，敌我双方激战甚烈。经过约半小时的激战，被围的敌人突破连平西侧自卫队山头，向飞鹅岭方向来增援的日军骑兵、步兵约千人部队靠拢。由于日军增援部队的接应，被围日军从水濂山半山腰，依仗其居高临下的有利地形，突出包围圈，向飞鹅岭方向撤退。日军长濑大队长在突围时被我军击毙。敌人突围时队形混乱，遭到我们虎门队和自卫队密集火力的重大杀伤。

追敌

自广州、石龙、莞城等地来增援的日军，展开在飞鹅岭至连平西北侧一带山头。这一带没有我军的主力部队，只有这一带村庄的自卫队散布在各山头。日军以骑兵作先导，在炮火掩护下，冲过自卫队扼守的地方，接近到连平西侧山头，接应被围的日军突围后，不敢恋战，随即向上下山门方向撤退。虎门队和铁路队奉命追击敌人。虎门队在铁路队重机枪火力掩护下，向飞鹅岭方向追击。大公岭、连平、飞鹅岭、百花洞、大王岭、大环等村自卫队，也向突围敌人发起追击。增援之敌在飞鹅岭一带山头，以密集炮火阻止我军追击，掩护突围日军撤退。由于受增援之敌密集火力所阻，我们在飞鹅岭一带山头，与增援之敌展开火力战。大家集中火力射击敌骑兵部队，击毙击伤敌战马10余匹，阻止敌骑兵部队的冲击。当敌被围部队突围后，敌增援部队也逐步向上下山门撤退。我们跟踪追击到上下山门附近山头，奉命停止追击，黄昏前撤回连平。百花洞战斗胜利结束。

祝捷

13日上午，经打扫战场，发现敌人死伤马匹和遗尸10余具，枪支10余支，弹药和辎重一批。此战毙伤敌五六十名，击毙敌长濑大队长。百花洞战斗，是我军继打败伪军刘发如3次进犯及顽军黄文光进犯之后，部队和大岭山地区群众，正处于斗争昂扬的情况下，再接再厉地打败日军进犯，并将日军400余人围困在水濂山半腰达两日之久。日军出动飞机给被围部队空投食品、弹药，最后出动千余步骑兵增援，才将被围之敌接应突围撤退。这是我军进入大岭山地区半年多来，在广大自卫队和群众的大力支援配合下取得的打败日军的一次大胜仗，是东纵抗日战争中的重要战例，大大地鼓舞部队和群众的抗日情绪。这一仗，给日军以沉重的打击。事后日军哀鸣："这是进军华南以来最丢脸的一仗。"

下午，在连平圩召开数千人的军民祝捷大会。曾生、邬强等大队领导同志和民运工作队吴更同志在大会上讲话，号召全体军民团结一致，再接再厉，争取更大胜利。会上，还展出缴获的战利品。会后，大岭山地区群众杀猪慰劳部队，军民共庆胜利。

此后，部队在总结这次战斗时，认为当时我们如能对被围的日军采取"围师必阙"网开一面，集中力量歼灭敌人一部的打法，将会取得歼敌有生力量的更大战果。同时，也体会到加强地方抗日自卫队的统一组织指挥，更好地发挥自卫队配合部队作战的重要性。

值此纪念百花洞战斗胜利45周年之际，向东莞大岭山区广大群众致敬！

［原载《勇赴国难——郑戈（郑伟灵）回忆录》，中共广州市荔湾区委老干部局印制］

东江飞鹰

冼　麟

1943年下半年，反法西斯战争形势发展迅速。苏联红军向德国希特勒反攻，美国在南太平洋战争也开始反攻。日军为支援太平洋战争，在海上运输遭到美空军封锁，急于打通中国大陆交通线，打通平汉路、粤汉路、湘桂路、广九铁路，以巩固广州、香港这两个中转站。

日军打通广九铁路分两个阶段：打通广九铁路，占领各个据点；“扫荡”我们的抗日根据地。

1943年11月11日，日军第二十三军104师团向广九铁路沿线发动进攻。国民党独九旅徐东来支队原先在东江打内战，打我们的抗日根据地相当积极，日军一来就全跑了。日军104师团一个联队、伪军三十师九千多人就向我东莞大岭山抗日根据地扑来，我游击队主力跳出了包围圈。敌人在东莞的“扫荡”失败后，随即转向宝安羊台山的抗日根据地。军情紧急。12月初，宝安大队领导为打败日军的“扫荡”，派何通代号“华山队”的独立小队和我带领的手枪班共四十多人，配两挺轻机枪组成了“飞鹰中队”。飞鹰队立即挺进广九铁路以东，在塘沥、官井头一带活动，积极打击牵制日军，配合路西的反“扫荡”。

当时，在广九铁路的平湖站驻有日军的藤本大队500多人，樟木头有日军山夏大队500多人，还有伪军、伪警1000多人。路东靠近虎门一带还有几千人的国民党顽军。飞鹰队却主动钻进了这个四面受敌的险境之中。

由于何通同志坚决执行党的路线，放手发动群众抗日，不畏强敌，发扬勇敢战斗，与日军打（拼）智慧，抓住敌人的弱点，发挥自己的长处，打巧仗，打完就走。一年来把日军打得提心吊胆，狼狈不堪。共作战20多次，毙伤日军60多人，俘获伪军、伪警200多人，缴获日军轻机枪2挺，长短枪200多支。而我们的部队不断发展壮大，从40人发展到150多人，民兵好几百人。飞鹰队在这一带打出了军威。

一、奇袭虾公潭

1944 年春节，中国人按自己的传统习俗，大人小孩一年来不管怎样困难，都要穿上一件新衣服，备些年货准备过春节。驻平湖的日军藤本大队的一个中队，于一月二十四日突然闯到了凤岗虾公潭村，进村就到处抓妇女，抢东西，并把村里的青年集中关在一间房间里熏毒气。有个青年拼命跑了出来，跑到官井头村找游击队，要求我们去解救他们的乡亲。

何通和张军当即做出决定，不考虑日军有多少，是否敌众我寡，即刻出击，并迅速部署战斗。罗润深带了两个班从官井头村外面沿河边的竹林掩蔽接近虾公潭村，我带手枪队和黄友小鬼班沿一条经油柑埔村的水沟接近虾公潭村，何通亲率机枪班登上油甘埔后面的小山坡掩护我们接敌。

我与黄友沿水沟进入油甘埔，黄友向我报告，村子右边发现日军。我潜进观察，看到有十几个日军围坐在一起，旁边有一挺轻机枪。我叫黄友班从村左边接敌，我从右边接敌，并向何通报告作战意图。何通登上油甘埔后面的小山坡时，被虾公潭村的日军发现并向何通他们开枪，何通立即还击，已接近虾公潭的罗润深也马上开火。油甘埔的日军闻声立即提枪冲向虾公潭，我在此时吹响了冲锋哨音，黄友班边开枪边扑向日军。日军吓得向右边躲闪，正碰上我带领的手枪队，我举起驳壳枪就是一轮快掣（注：意即将驳壳枪拨到快速连发的档位），当场打倒几个，全班的手枪也响起。日军夺路向虾公潭村方向跑，边跑边还击。跑出村子后，在冬天高低不平的稻田里跌跌爬爬，跌倒后打两枪，爬起来再跑。原先在攻击虾公潭村内敌人的罗润深，见到身后从油甘埔冲出来的日本仔，立即调转枪口向鬼子打去，我们在敌人后面大声喊“冲啊”。这伙日军拼命冲过石桥进了虾公潭村，这时，在虾公潭村的部分日军已经撤出村子，并占领了一个山头向我们射击，以掩护日军撤退。我们冲进虾公潭村后，何通打旗号，又吹哨命令我们不要去追。我们将关在屋子里的村民解救出来。老百姓向我们控诉了日军的罪行，说要不是游击队救他们，他们实死硬了。（作者对本书编辑李韧补充说：“这场战斗毙伤鬼子十几个，其中有军官。事后，老百姓说：抬走 18 个鬼子，其中有军官，领章是金边的，还有狼狗跟着的。”）

二、平湖凤凰山伏击

日军在虾公潭村被我们打击后，知道游击队到了塘沥、官井头一带，十分害怕。晚上天没黑就派出巡逻兵戒严。并在平湖凤凰山顶做了工事，派出一个班的日军监视塘沥、官井头一带。何通找到我，对我说："日军在虾公潭被我们打疼了，日军的大队长藤本派了一个班在凤凰山顶做工事来监视我们。你去侦察日军在山顶的情况，想法打掉他，把藤本的眼睛挖掉。"我就到平湖找到地下党的刘曼枝同志，他告诉我，听说日军是每天白天上凤凰山修工事，晚上返回平湖。我决定去侦察一下。那是春季，老百姓每天都会在凤凰山脚下的地里锄甘蔗头。他第二天早上叫老百姓带我到凤凰山公路边的地里锄蔗头，我一边做工，一边看平湖方向。一会有一班日军托一挺机枪、七支步枪，九个人沿公路向凤凰山走去。我看下表，是早上七点。我在那里做工，直到日军从山顶往下来，我看表是五点整。我连观察了三天，时间不变。其中有一天，日军带条狼狗上山，其他都是一样。我回部队向何通报告，何通决定打他们。

1944 年 2 月 15 日，凌晨四时，何通带四十多人爬上凤凰山顶，把手枪班、黄友小鬼班隐蔽在日军上山路的山背侧边，何通带机枪班、步枪班隐蔽在日军挖的交通工事里。早上七时，九个日军按时从平湖出来，沿公路大摇大摆地向凤凰山走来。我带的手枪班和黄友的小鬼班伏在山背，日军上山走路的皮鞋声咔咔地响，我用手示意大家趴在地上不要动。日军的脚步声越来越近。何通带领的机枪班、步枪班突然开火了，有的日军被当即打死，有的趴在地上还击。何通吹响了冲锋哨，我们这边的手榴弹一齐向日军投去，炸得日军晕头转向。我大叫"冲!"，就带领手枪班和黄友班冲进敌群。当时我见敌人都趴在那里，哪个被打死，哪个没有死也不知道。有个日军突然托起机枪对着我，我一轮快掣（连发）打过去，日军倒下，黄友上来一把夺过机枪就向上冲，不料被趴在地上的日军打了一枪，他跌坐在地上，我对那个日军连打几枪，把他打死了。一个日军爬起来往山下跑，黄友大声叫"冼麟，日本仔!"我转过身开了两枪，没打着，子弹打光了。这个日军往山下死跑，我装上子弹追到山脚，何通吹哨叫我回来，我停步对着日军一轮快掣打过去，就见日军跌低，跟着爬起来又跑。后来，听当时在山脚地里做工的老百姓讲，这个日军一身都是血，见老百姓举手跪地求饶，老百姓见他手里有枪，不敢动他，被他走掉了。

罗润深背着黄友下山，我带手枪班跑到山顶，看见山下的日军骑兵已经从平湖公路跑来。我叫手枪班人员快把缴到的枪背上，我们下山。还没下到山脚，日军已经上到山顶。何通派人命我们快撤，说敌人已经从公路迂回过来了。我们撤到官井头时，日军已到油甘埔了，警戒的部队也已经与敌人打起来了。我们在官井头整理部队，清点战利品，缴获日军轻机枪一挺、步枪六支、望远镜一只、夜光表一个、子弹数百发。我们的黄友班长负伤。

三、夜袭元屋围伪区政府

平湖伪区政府驻在平湖的元屋围。伪区长谢瑞华原是国民党军统特务，副区长刘仲是国民党情报员。他们凭借日军的势力，在平湖一带勒索群众，无恶不作。他们毫无中国人的气味，充当日本人的帮凶，鱼肉群众，帮日本人抢夺中国人的物资。捉年轻人强行给日军做苦工，规定每个村每天都要派民工去帮日军砍树，修铁路。还要派人每天去伪区政府打扫卫生、送水等。见到有人迟到、休息，就用他们的手杖打人，在日军面前骂中国人是生成牛马相，不打不动。当地群众对这帮卖国贼恨之入骨。他们自以为在日军的驻地，有日军的保护，没有人敢打他们。

何通根据群众的反映和要求决定惩办他们，除掉这批民族败类，这也是砍去日军藤本大队长的手臂。

何通找我："冼麟，平湖伪区政府的谢瑞华这批民族败类无恶不作，群众恨之入骨。你到平湖找地方党刘曼枝、刘荣华研究下，想法打他。"我当天夜里就找到刘曼枝，第二天见到刘荣华。他们听说要打伪区府，高兴极了。刘曼枝笑着说"这批家伙早就应消灭了"。由刘荣华安排我装扮成民工，设法混进伪区府。有一天，我和民工们在伪区府门前听谢瑞华训话，日军站在侧边。谢瑞华用他的手杖指住群众猛骂，什么难听的话都有。当时我很（恼）火，但为了侦察，我忍下不出声。我想，看你能嚣张几天！我被派去上山抬木头，借机看清了伪区府周围的地形。晚上，回到刘荣华家住。我与刘荣华商量："你想个办法把我弄到伪区府里面去看下。"他说"这太危险"，我说"不怕"。刘荣华说："我去找挑水佬商量，他每天要挑水进到伪区府，看他的意见，我再答复你。"第二天上午，挑水佬到刘荣华家，对我说："老刘说你想入区政府，可以。你明天跟我挑水入屋时，不要出声，跟住我。如他们问你，就说你是我的小孩。"第三天，我吃完早餐，刘荣华为我找来两只木桶、一条扁担。挑水佬来后，我跟他去挑水。我挑水进伪区府大门时，伪警哨兵望下我也没问什么，我挑着水直入伪区府里面。这是一个祠堂，伪警住地下，有部分住在二楼。谢瑞华和他老婆住入门右边一间房，他刚好从房间走出来上二楼，与我打个照面。刘仲在入门左边办公。我已经查清了伪区府里面的地形，就准备回部队了。刘荣华说："你明天还要再去挑水，不要引起他们的怀疑。"于是，我又再次挑水进了伪区府。这次看到谢瑞华的老婆跟他大吵大闹，谢瑞华拿枪要打他老婆，副区长刘仲和很多伪职员去劝阻。我借机在伪区府周围走了一圈，把周围地形看好了。我还发现二楼的伪警全是用手枪的。我回部队向何通汇报，何通决定打他们，并做了兵力部署：冼麟的手枪队和黄友小鬼班从正门突入，其他班跟进。冼麟带手枪队打谢瑞华，黄友班负责解决二楼的伪警，地下的伪警由罗润深解决。黄一彪带一个班警戒平湖的日军，如果正门受阻，负责在伪区府的后墙爆破突入。

1944 年 2 月 29 日午夜时分，飞鹰队夜袭元屋围伪区府。我带领突击队从小巷接近伪区府的大门。快到大门时，伪警发觉了，喊了一声，向我突击队开枪。我举枪一轮快掣打过去，伪警的哨兵即刻跑入伪区府把大门关闭。我即叫爆破员冲过去将炸药包放在大门旁，拉动导火索。一声巨响，大门飞了起来，把伪警哨兵炸晕了。我大喝一声"冲"，率先进了伪区府。这时大门又掉了下来，后面的突击队进攻受阻。有个伪警在向大门射击，我一枪就把他打倒了。跟着一脚踹开伪区长谢瑞华的房门，见谢瑞华在床上光着身子，正要拿枪抵抗。我冲上前用手枪抵住他的脑袋，大吼一声，缴枪不杀。谢瑞华吓得浑身发抖。我夺过谢瑞华的手枪，逼他叫其他伪警放下武器，不然就枪毙了他。我把谢瑞华拖出房门，他对正在向大门开枪的伪警大叫："不要打了，不要打了。人家已经进来了，不要打。"枪声停下，突击队把掉下来的大门推开，冲入区府院内，黄友带队冲上二楼。到处一片"缴枪不杀"的喊声，所有的伪警都放下了武器。手枪队员将谢瑞华绑起来。刘仲是当地人，那天不在伪区府里住而漏网了。这场战斗打了十多分钟就结束了。日军虽然离得很近，但不敢出来救援。我军俘获伪区长谢瑞华以下 23 人，缴获长短枪 33 支、弹药一批。我们打下伪区府，让老百姓很高兴。后来，一些在敌伪那边的伪职员再也不敢嚣张了，个个提心吊胆。最明显是有一个伪乡长，自己取名叫刘一成，意思是说自己帮日本人办事只是一成，为中国人是九成，我们不要骂他做汉奸了。

四、清溪钳口赉茶亭战斗

1944年2月27日，日军从樟木头派出川口中队一百多人占领了清溪。日军此举的目的是砍伐银瓶嘴山上的松树做枕木，意图尽快修通广九铁路。而原先驻扎在这里的国民党军队闻风而逃。为粉碎日军的砍树修路计划，东江纵队司令部命令飞鹰队开赴新战场，在这里与日军展开砍树与反砍树的斗争。

1944年3月底，飞鹰队从塘沥开赴三峰、青塘一线。有一天，何通要我带上手枪队的四个队员江荣、黄基、罗瑞、张容喜随他到清溪通往银瓶嘴公路附近的风吹莲村了解日军的砍树情况。村里有个村民见到我们，便主动上前反映情况。他告诉我们，离清溪不远的钳口赉茶亭，日军有三台车停在公路边，逼着老百姓给他们往车上装木头，有十几个鬼子在茶亭饮茶。那天正好是清溪圩日，有很多人经过茶亭会在那里乘凉饮茶休息。何通当机立断对我说："冼麟，打他！"我们六人藏好短枪，混在趁圩的老百姓人群中沿公路向茶亭走去。将到茶亭，我发现离茶亭有二百公尺处有一台车，两个日军在那里修车，茶亭边的公路上停了三台车，几个日军在茶亭里乘凉。何通向我使个眼色，我就叫黄基、罗瑞去打远处的那台车的日军，等给他们打响了，我们再打茶亭里的日军。何通、我、江荣和张荣贵四人慢慢走进茶亭，装作茶客分散坐在日军近旁，日军没有发觉我们。那个卖茶佬认识我，知道我的身份，当我叫他拿茶过来时，他吓得脸色发白手发抖。我给他使眼色，让他别怕，又叫他拿花生来，这卖茶佬手抖得更厉害了。他的举动被翻译官发现了，说了几句日语，一个佩军刀的日军军官站了起来，向两边的山望去，口里喊着"开路，开路"（走，走），其余的日军站起来就要走。这时，何通给我们一个眼色，我和手枪队员们一齐拔出手枪指着日军。何通用日语喊着："达子布，一大大西柯罗斯那（缴枪不杀）！"在茶亭里的老百姓见状，起身就往外跑。日军也吓坏了，有的日军举起了手。佩军刀的日军拔出军刀，大喝"八格牙路"，就想用军刀劈何通。何通和我立即开枪，把这个日军打倒了。我们四个接着开火，又打倒了几个日军。几个没打到的日军与老百姓走到一起，我们怕误伤老百姓，不好开枪。有个日军跑到前面一辆车上，打开车门钻进去，我提枪追上去，就听见汽车咔哒咔哒地响，日军在发动汽车想逃跑。我冲上车打开车门，用手按住日军的头，用日语喊话："达子布，一大大西柯罗斯那（缴枪不杀）！"日军拼命挣扎，并一只手抓住我，另一只手去拿枪。我便对着日军连打几枪，夺过他的枪就跳下车。这日军没死，还死死抓住我的衣服，跟着我跌下车来，我对着他的头又给了一枪。另有两个日军沿公路向清溪跑，我就对他们大喊："阿明（不要跑），达子布，一大大西柯罗斯那（缴枪不杀）!"有个日军转头看下我，还是跑，我就在后面对这两个日军开枪。打了一枪，第二枪不响了，原来是枪里没子弹了。我一边换弹夹，一边行到汽车左边，想利用车做依托开枪。谁知一个日军从后面蹿上来拦腰抱住我，我立即背过手对住日军的腰肋连开几枪，日军松手跌在地上。我接着对前面逃跑的两个日军每人给他几枪，日军当时就倒地了，但一个日军又爬起来，一身血还是跑，我就又给了他两枪。看他倒地后，我就回头向茶亭与何通汇合。在公路边，我看到在茶亭旁的水稻田里，江荣与一个日军抱成一团，在泥水里翻来滚去。我上前想帮江荣，但公路边的一条水沟我跳不过去。这时，日军翻过身来将江荣压住，并伸手拔出刺刀要刺江荣，我立即打了日军三枪，把他打死了。茶亭里的日军也被何通他们消灭了。这次战斗打死日军 8 人，打伤 2 人，破坏敌汽车三台，缴获三八枪一支。我们手枪队队员罗瑞在与日军搏斗中英勇牺牲。

五、再打平湖圩

清溪解放后，飞鹰队立即挥戈南下，再与驻平湖的日军藤本大队较量。伪区长谢瑞华经我们的教育有所觉悟，反省他的曲线救国是受国民党蒋介石的欺骗，认识到他帮日本人做事的罪行。他就写信让他的老婆去做伪警中队长蒙德普的工作，动员蒙德普起义，又叫日军的翻译官林伍宁向游击队提供情报。

何通让我拿上谢瑞华的信去找林翻译，我就与刘曼枝、刘荣华商量怎样去见林翻译。他们说，林翻译住的地方离日军很近，天一黑日军就派出巡逻队戒严，进不去。白天进去又很危险。而且，林翻译的家里经常有伪警进出，日本人也去找他，不好接近。我就问刘荣华，去找林翻译的都是什么时间去找的?刘荣华说，自从你们打了凤凰山后，日军很害怕，每天天没黑就派巡逻队戒严了。伪区府最近来了几个家伙，也不知是干什么的。你不要出去，等我去观察清楚了告诉你。我就说，那这样的话我就先回山夏村叶丽钧家（地下党交通站）等你的消息吧。三天后，刘荣华来了，说他观察了两天，到下午五点以后就没有人找林翻译了。我当晚就住到刘荣华家。我对刘荣华说，明天下午四点半以后你带我去林翻译家，你走前边，戴顶草帽，路过他家门口就用手指一下。如果他家有两个人以上，你把你头上的草帽拿下来向前走，我就不进去。如果只有林翻译一个人，你就戴着草帽往前走，在前边站住监视日军，我入屋找林翻译。你如果发现有日军来找林翻译，就把草帽扔进屋，你走开。我们商量好了，第二天下午，刘荣华还布置了另一个人去看林翻译的屋里有没有日军。三点左右，那个老百姓来报告说林翻译一个人在屋里写东西。我们就按照商量好的往林翻译家走去。我拿了把雨伞，把手枪藏在伞里，把衣服敞开大摇大摆地走进林翻译的屋里。林翻译正低头在写东西，我叫了声“林翻译”，他抬头望下我。我不等他说话，就接着说“谢瑞华有信给你”。他接过信，我就转身放下雨伞，乘机将手枪藏在身上。开始时，他见我一个人，又没有带枪，他不怕。我对他说：“林翻译，谢瑞华叫你去劝蒙德普弃暗投明，起义，不要给日本人卖命，不要做民族的罪人。”林翻译说：“我可以把信转交给蒙德普，他会不会起义，我没把握。”我还要他为我们提供情报，做一个爱国青年。我与林翻译谈话到天黑，我要林翻译送我出去。林翻译说：“我不能送你，你自己走吧。”我说天黑了日军出来巡逻，我不会说日语，碰上日军不好办。他说你进来都没事，还怕出去吗？他执意不肯送我出去，态度还很凶。我掏出手枪警告他：“你不要借日本人的势力来压中国人，你今天是不送也要送。”他说，你来见我带枪干什么？我说我不带枪你就不老实。你敢跟我们作对，我随时可以惩办你。我进伪区府好随便的。前两天，谢瑞华跟他老婆吵架，是你上前劝阻并把他拉走的，对不对？当时我就在场。他马上态度就变了，说：“好，好，我送你。”我们走到野外，我让他回去。林翻译说：“我说你自己走没危险吧，你又不信。你以后来找我不要带枪，日军如果问起你我才好办。”我说：“日军发现我，就是我死了，也要他先死，不会连累你的。你提供我们情报，我们会保护你的。日军灭亡的日子不会久的，你考虑清楚。”

我回到部队见到何通，将情况向他汇报了。自此，林翻译在平湖老实多了，不敢做坏事了，还经常向我们提供情报。但蒙德普不起义，还加强了工事。何通就叫我把信直接送到蒙德普的手上。何通亲自给他写信，讲明我们的政策，欢迎他加入抗日的行列，为人民立功。并指出，日军失败的日子不会久了，中国人一定会打败日本帝国主义的。要他认清形势，不要再为日军卖命，残害中国人民，不要做民族的罪人。同时告诫他，如果执迷不悟，我们绝不容忍，一定会严惩汉奸的。何通的信用布包好，里面还有一些传单，包了一大卷。

我到平湖找到刘曼枝商量如何将信交给蒙德普。刘说，明天是圩日，会有伪警到圩上来买东西，可以让他们将信带给蒙德普。刘曼枝还让地下党的刘坚来配合我完成任务。刘坚也是我的老战友了。见到刘坚，他告诉我，伪警上街买东西一般不带枪，有时伪警官员会带手枪。我们两个商量好，下午就扮成赶圩的老百姓，他撑一把伞走在前面，见到一两个没带枪的伪警就把伞收起往前走，有枪的就不收伞。我们走到平湖圩上，正好见到两个伪警买好了东西出了圩市往回走。我上前就问蒙德普在不在中队部，伪警望着我有点警惕。我说，我是蒙德普的老同学，他托我从深圳买的东西，你代我交给他。我把那卷东西交给那个伪警，他想拆开，我忙说，你不能动蒙德普的东西。我要先去圩上买点东西，等阵买好后我去找他。两个伪警看住我慢慢走向圩市才往回走。过了两天，我们看蒙德普非但没有起义的迹象，反而把他驻地周围的甘蔗全砍光了，并加强了工事，又拉铁丝网又架鹿砦。何通见状就说，看来要蒙德普起义是不可能了，他那样顽固，我们就打掉他。

何通派我带上黄友、罗立深去伪警驻地谭屋围侦察地形。我们用望远镜观察，伪警的驻地后面有个小山坡，这是日军驻地，周围围有铁丝网。与日军的碉堡只隔了一块田，约有四十几公尺。有条交通沟通向这里，不远处日军在平湖高楼顶上架有重机枪，有一个鬼子在楼顶放哨，这栋楼的墙上写有四个大字“益民公司”。伪警驻地的围墙周围的甘蔗已经砍光，后边有一堆新土，新土上盖有一块大铁皮。晚上，我们三人找到刘曼枝，请他设法进入到伪警驻地大院里面，摸清蒙德普住在哪间房。我看围墙边的那堆新土和蒙上的铁皮，怀疑有地洞，要他设法搞清楚。我们不便久留，让刘曼枝搞清情况后到山夏村交通站找我们。

隔了四天，刘曼枝来了，还带来一个谭屋围村的人，他叫谭仔。谭仔告诉我们：这批家伙坏死了，占据了我们家的房子，要把我全家都赶出来。我母亲不肯走，他们就把我们全家都赶到我母亲的房间里。到了晚上就不准我们出入。他们原先有三个排，有一个排在新围仔被你们消灭了，现在还有两个排。大院左边一间屋是我们家住，其他的都是住的伪警。入门右边第三间是蒙德普住的。楼下的伪警都是新枪。中队部一部分人住在二楼，其中有个女的也住在二楼，全是用手枪的。伪警对我们看得很紧，院子里凡是伪警住的地方就不准我们靠近。他们在我屋后边天天在做工事，挖战壕，围铁丝网，还砍了很多树拦住。门楼有地堡、围墙边有哨兵。我屋周围的甘蔗全被他们砍掉了，我们辛苦一年种的东西全没有了。夜里见有人行走，他们即开枪。有次一只母猪走水（跑出来），被他们开枪打死了。刘曼枝根据谭仔说的把地堡，蒙德普的住处和伪警的分布等全在图上标好。刘曼枝嘱咐谭仔对任何人甚至家里人都不要说此事。谭仔说，我不敢讲的，如果被伪警知道了，我们全家都会没命的。我就说，谭仔你放心，我们会保护你们家里人的。谭仔和刘曼枝走后，我们三个决定夜里到谭屋围就近侦察伪警驻地后面的工事。半夜后，我们潜到铁丝网边卧在地上，连蚊虫咬都不敢拍打，直到快天亮了才离开，没有发现什么新情况。回到山夏村后，我总觉得有点不放心，于是决定到晚上再去看看。这次早点去，并事先做了分工，黄友负责监视围墙北边，罗立深监视南边，我盯住那堆新土堆。那天晚上下了点小雨，我们早早就趴在铁丝网边紧密监视着伪警的驻地。直到从大院里走出来三个人，一个向南走，两个向北走。这两个边说话边走，走到新土堆的后面钻进去了，一会又有一个伪警从土堆后面走出来。这下我们弄清楚了，新土堆就是一个地洞口。我们回到部队，向何通中队长汇报了侦察的情况，并把刘曼枝画的图交给他。何通看完图后，召开排以上干部会议布置攻打蒙德普的战术。我们让地方的同志帮着准备三块长木板，用于翻越铁丝网。准备几床棉被备用。爆破组做好了攻坚炸药，准备把围墙炸开冲进去打“巷战”。又组织了民兵，准备了土炮打“益民公司”高楼上的炮楼，轰击藤本的驻地和马棚。一切战斗准备就绪。

1944 年 7 月 21 日夜里，150 多人的飞鹰队和民兵 50 多人，从黄洞向平湖进发。走到中途下起了大雨，雷电交加，天黑路滑，走到凌晨四点多才到达平湖谭屋围村后边的小山坡的大树下，这是预定的进攻出发地。这时发现原准备用来轰击“益民公司”的土炮被淋湿了无法打响，大部民兵没有到齐，还有一个排没有赶到。这时天快亮了，何通、黄克和张军在研究究竟打不打。我说，人不到齐也打，我们的行动暴露了，这次不打就失去机会了。何通说：“按原作战计划不变，打！”他命令：“爆破班在平湖日军来的方向安装地雷并带一个班警戒日军。邬振群小队从大门佯攻，冼麟带手枪队和黄友小鬼班组成突击队沿后山甘蔗地向大院地洞突入。突入后，负责攻打伪警中队部。”布置完毕，各组分头行动。我带领突击队刚接近铁丝网，就被敌哨兵发现并开枪射击。我立即组织火力还击，叫木板组上来把大木板架在铁丝网上。我带领突击队跳上铁丝网，往下跳，哎呀，有猪笼铁丝网缠住脚了，我大叫快去拿棉被过来。我把棉被盖住猪笼网踩过去，又跳过鹿砦和外壕直扑地洞口。一名在地洞口的哨兵被我一枪打死。突击队扑到地洞口，一群伪警从地洞冲出来并猛烈开枪，小鬼班副班长李查理不幸中弹牺牲，我们的进攻受阻。我举枪一轮快掣打过去，突击队员也用火力压制，伪警们被打死了几个，纷纷缩回大院，并不停向地洞口开枪封锁住了入口。危急时刻，黄友冲上前，先是两颗手榴弹，借着烟雾扔进去一个小炸药包，顿时把敌人打退了。突击队随即就冲进了大院，我带着突击队一边大喊“缴枪不杀”，一边冲上二楼。一帮伪警被吓傻了，被下了枪举手投降。我们都没见过蒙德普，我灵机一动，对着这帮伪警大叫一声：“蒙德普!”一个家伙转头望我，我上前一把抓住他，他果然是蒙德普。我押住他下楼，他浑身发抖，我叫他命令其他伪警放下武器。他就大声喊叫“吴排长、张排长不要开枪，不要打了，不要打了”。慢慢枪声停了下来。小鬼班冲到大门，上去缴了伪警们的枪。邬振群的小队进了大院，把蒙德普绑了起来，战斗结束。这场战斗打了二十多分钟，俘虏伪警中队长以下四十多人，缴获长短枪七十多支。我们牺牲一人，五人负伤。奇怪的是，旁边的日军据点没有来增援，也没有动静。我们迅速撤离。

六、老虎山下鏖战激，小英雄为民献身

飞鹰队打完谭屋围的伪警撤退时，碰上了台风暴雨。我们押着俘虏，抬着伤员，队伍到达雁田小学停了下来，进行短暂的休整和包扎伤员。休整后，由黄添小队长带一排为前锋继续前进。走到老虎山下时，他为贪走近路，没有走预定的老虎山东面的行军路线，而走了西边的路，并且也没有派出探前的搜索兵。当大部队跟着走到老虎山西边时，与日军藤本大队的四百多个鬼子遭遇了。由于台风暴雨，我们的警戒部队也没有发现敌人。走在大部队前面的黄友小鬼班将到沙岭，就发觉日军已经抢先占领了沙岭高处的有利地形，而飞鹰队的行军队伍正进入一大片开阔的稻田。日军率先开火，一时间轻重机枪、小炮猛烈地扫向我飞鹰队。黄友大喊“全班跟我来”，带领小鬼班不退反进，冲到距沙岭很近的一条宽不到一米、高约五十公分的田基旁。田基周边是水稻田，田里都是泥浆水，不好行走，这条田基成了敌人要快速前进的唯一通道。黄友他们就利用田基做掩护，用火力封住了日军的进攻方向。日军只要从沙岭冲下来，他们就开枪把日军打回去。飞鹰队迅速回撤，退出了这片危险的开阔地。沙岭的日军用掷弹筒、重机枪、轻机枪猛打黄友班据守的阵地，黄友班的小鬼机警地躲避炮火，日军一旦冲锋，他们就坚决地把它打回去。黄友不断高喊：“同志们，考验我们的时候到了，与鬼子血战到底!”就这样来回拼搏了一个多小时，小鬼班的子弹快打完了。日军冲了上来，黄友班的战士们就扔手榴弹，炸死了一批日军，没死的退回沙岭去了。跟着日军又组织冲锋，黄友他们把没有子弹的枪拆卸开来，分散埋进淤泥里。在敌人的枪炮声中，小鬼班的傅天聪、尹林、赖志强、李明相继壮烈殉国，黄友此时也是身上多处负伤，鲜血染红了全身。

他把驳壳枪埋入田基的泥缝里，把挂包里的文件撕碎压进稻田的泥水里。握紧了最后一颗手榴弹，静等着日军靠近，准备与敌人同归于尽。日军看黄友班没有了动静，就大着胆子围了上来。黄友看日军靠近了，奋力把手榴弹扔了出去。吓得鬼子死跑回沙岭，被炸伤的鬼子连滚带爬地爬回沙岭了。沙岭上的日军就用炮、机枪对着黄友猛打。黄友在这一轮的炮火中英勇牺牲，为国捐躯。

后来，听林翻译说，飞鹰队先是恶虎掏心，在日军的眼皮子底下端掉了蒙德普的伪警中队，又在老虎山，以五名战士于非常不利的地形下阻击了近百倍之多的日军并毙伤四十多人，使日军的伏击飞鹰队的阴谋破产。这让日军极为震惊和恐惧。藤本大队长把小鬼班副班长李查理的尸体挖出来，架在一个在平湖镇里搭建的大棚里，让守铁路的日军军官来观看，并研究如何来对付游击队。

黄友班的五位英雄，在危急时刻挺身而出，面对百倍于己凶狠的日军毫无惧色，在让日军付出了死伤四十多人的代价后壮烈牺牲，为大部队的安全转移赢得了宝贵的时机。黄友小鬼班的英雄事迹，受到了东江纵队司令部、政治部的通令嘉奖，授予黄友、傅天聪、赖志强、尹林、李明、李查理等烈士抗日英雄称号。命名黄友的小鬼班为“黄友班”。黄友班的英勇事迹传到延安，毛主席亲自批阅，中共中央军委追认黄友为抗日游击队战斗英雄、中共模范党员。

七、自制定时炸弹，歼日寇血祭英灵

黄友等英雄的牺牲，让飞鹰队全体将士非常悲痛。在追悼黄友等烈士的大会上，飞鹰队全体同志挥泪宣誓，一定要为牺牲的战友报仇。

1944 年 9 月，日军和伪军大部队加紧了修铁路和对我路西抗日根据地的疯狂“扫荡”。东纵司令部命令我飞鹰队在路东积极寻找战机，狠狠敲打一下日军，配合路西的反“扫荡”斗争。接受任务后，何通命我尽快摸清日军修铁路的情况，找机会给日军一个打击，也是为黄友报仇。我就把手枪队交给黄一彪服务员掌管，嘱咐他将队伍留在塘沥、官井头一带活动。这里距离天堂围、平湖的日军驻地很近，要防止敌人偷袭。部队晚上进村，天亮前上山隐蔽。要经常更换驻地，每个驻地不能逗留超过三天。我来到山夏村找到叶丽钧、刘曼枝等地下党的同志，向他们了解情况。刘曼枝透露，在平湖去深圳的中间地段新围仔有座铁桥，有一班日本兵看守，检查来往人员。老百姓要从那里过桥，日军检查时发现有好吃好用的就会扣留一些才放行。老百姓很憎这些日本兵。这些日军是监督修建石围塘至石鼓这段铁路的。我又找到石围塘的谢亮志了解详情，谢亮志告诉我，这段时间日军就在石马桥铺枕木，每天要抓很多民工去抬枕木。我让他安排我扮成民工混进铁桥去侦察，他就安排了一个可靠的人与我搭档抬枕木。我上桥后，把枕木放在桥边就偷偷地四处望。只见铁桥旁就是日军的碉堡，碉堡是钢筋水泥筑的，三面环水，碉堡周围围有铁丝网。守桥的日军大约有十来个人，同时又监管民工修路。日军架着机枪监视着民工，见到有民工休息就大声呵斥，不让人休息。我抬着枕木往碉堡靠近。我走得很慢，想看清里面的情况，守卫的日军不让我靠近。到中午休息时，我就坐在碉堡边上的枕木堆上吃鸡蛋，有一个日军走过来向我要鸡蛋，我还剩三个，就全给了他。看我这么爽快，这个日军进到碉堡里，出来时拿了一小瓶药丸给我，也不知是做什么用的，我收下了。第二天，我就专门带了十几个鸡蛋去上工。走到碉堡前，看到昨天向我要鸡蛋的日军正走进碉堡，我就跟了进去。日军转头看见我，就赶我走。我忙掏出鸡蛋，并打手势向他讨要药丸。这日军就去拿药丸，我乘机走进日军睡觉的房间，看见日军睡的是大通铺，有小腿那么高，床上是铺的木板。日军把药丸塞给我就赶我出去。晚上，我回到部队，把侦察到的情报向何通中队长做了汇报。铁桥往天堂围方向不远是石马岭，山上有日军的哨位，火力可以覆盖铁桥。我发现守桥的日军还有狼狗，夜里也很难接近铁桥的。如果要打这股敌人，我建议我们装扮成民工，两人一组对付一个鬼子，用手榴弹、炸药对付碉堡里的日军。在下午四点半以后打，打完后就向西撤，这时天也快黑了，西边有甘蔗地可以掩护。就打日军个意想不到。何通说，要再研究一下。隔了几天，何通叫我去他那里。见面后，他给了我一份报纸，指着一篇希特勒被计时炸弹炸伤的新闻报道给我看。我马上明白了，但我说，我学过做炸弹，不过没做过计时炸弹啊。何通说，动下脑，别人能做，我们也能做。做计时炸弹一定要有钟表，我们好好想想。于是，何通中队长就开始苦想怎么制作计时炸弹。那时，天气很热，在农村蚊叮虫咬，何通把自己关在房间里埋头研究，不让人打扰他。肚子饿了，就叫通讯员煲点地瓜糖水充饥，有时连肚子饿了都忘记了。我看他热得满头大汗，就常用葵扇给他扇风。搞了半个多月，终于搞成了。他先用自己的手表做试验，弄坏了又去搜罗手表接着干。最后，他把分针和秒针都拆了，只保留时针。在一边表把（即安装表带的轴）上连接电线，另一边的表把用绝缘“纸”包起来（绝缘“纸”其实是用单车轮胎的内胎，把内胎磨成纸一样薄），在绝缘纸上固定一个触点。当手表的时针转动碰到触点，电路就接通了。何通先用灯泡代替电雷管试验，电路一接通，灯泡就亮了。他再用电雷管和装上炸药试验，到设定的时间，炸弹都准时起爆了。东江纵队第一颗定时炸弹在何通手里诞生了。何通要我们严格保密，不要告诉任何人。何通要我找来一个扁形的饼干罐，里面装满炸药。我们决定第二天就对石马岭铁桥的日军实施袭击。

1944 年 9 月 20 日下午，何通派我带上黄基小队长、爆破班黎振辉班长装扮成民工前往安放炸弹。我们上到铁桥，发现碉堡里没人，原来鬼子为赶进度全都在外面监督民工修路铺枕木。我留黄基在外放哨，我和黎振辉快速闪进碉堡。我把日军睡觉的床板揭开，黎振辉把定时炸弹放在床下，将爆破时间定在夜里十一点半。我把床板重新铺好，耳朵贴近床板，确定听不见计时器走动的声音了，再次检查床板是否按原样铺好后才离开。我们在外边装着抬枕木，渐渐走远，乘日军不注意就溜走了。我叫黎振辉和黄基立即回部队，约定晚上在两渡河小学的路边汇合，我则留下继续监视日军的动静。傍晚，民工收工，日军也全回到碉堡里了。鬼子没有什么异动，想来他们是没有发现炸弹。直到天黑完全看不到铁桥了，我才到小学去等何通来。到约定时间，我就看到我手枪队队员黄冠洪出现了。安排好警戒，何通上来，他问：“冼麟，怎么样?”我答：“日军没有发现我们安放的炸弹。”何通随即与飞鹰中队政委黄克召集了各小队干部布置任务。命令邬振祥小队长带领机枪班警戒天堂围方向的日军，冼麟的手枪队在前，黄基带一个排在后掩护冼麟攻打石马桥碉堡。我把手枪队分成三个突击组，等炸弹一响，黄冠洪的一组率先冲过铁路扑向碉堡，第二组的郑龙从南面过铁路包抄接近碉堡，我带罗立深组跟进。我们沿着铁路路基下悄悄摸到了碉堡附近，大家凝神静气趴在草丛里，蚊虫很多，我们也只有任它叮咬而不敢乱动。我时不时瞄一眼何通刚给我的夜光表，快到时间了，我就做手势让全体随时准备出击。这时，桥上有一阵火光射来，接着“轰隆”一声巨响，定时炸弹准时爆炸了。一阵碎石落到水田和河里，噼里啪啦地响。我叫道“冲”，我们这一组冲到了碉堡旁，就听见碉堡里的日军在里面乱喊。在碉堡外面的日军连向我开了三枪，我抬起驳壳枪对准日军就是一轮快掣，打死一个，打伤一个。受伤的日军撒腿就往天堂围方向跑，从我们趴在地上警戒天堂围日军的同志身上踩过逃跑了。这时我发现我们其余两个突击组没有上来，原来是被铁丝网拦住了。黄基叫他们排的战士向桥上射击，掩护突击队冲锋，我大声叫“黄基，不要打了，快拿钢钎、铁锤过来”。碉堡的铁门很牢，砸不开，我就叫他们上到碉堡顶，把两条钢钎插进碉堡盖的缝里，“一，二，三”一起用力把碉堡盖撬开了，碉堡盖弹起飞到了水田里。黄冠洪用手电一照，看见有轻机枪一挺、步枪五支、电话机一部及一些其他物资，没有被炸死的日军在大声呼叫。我满头汗，用左手向头上擦汗，发现血水顺着鼻子流下来，原来是左手小指被打碎了，这才觉到痛。黄冠洪帮我包扎好伤口。我叫他们先把机枪、步枪拿走，叫黄冠洪把负伤的日军抬出来带走，他说："费事。又没有担架，怎么抬？"于是就把这些日军打死了。

石马铁桥的战斗，歼灭日军九人，缴获轻机枪一挺、步枪七支、电话机一部。我们受伤一人。飞鹰队受到了东江纵队司令部通令嘉奖。在飞鹰队凯旋祝捷大会上，用缴获的歪把子机枪对天鸣射，告慰黄友等烈士。我们实现了为他们报仇的愿望。

作者简介：冼麟（1924—2018），广东深圳龙岗区人。1938 年 7 月参加广东东莞县抗日模范壮丁队。1941 年 7 月加入中国共产党。在东江纵队历任战士、班长、手枪队长、中队长等职。1946 年随东江纵队北撤山东。历任华东军政大学东江纵队教导团六连连长，华野两广纵队连长、副营长、代营长。中华人民共和国成立后，历任华南军区独立十六团一营营长、独立十四团副参谋长、林业工程师五团副参谋长、海军航空兵一师一团副参谋长、四团副团长兼参谋长、海军东海航空兵训练大队大队长、海军南海航空兵陵水场站副站长、南海航空兵司令部管理处处长。1955 年授少校军衔。获三级独立自由勋章、三级解放勋章。1983 年离休。

痛击大汉奸陈璧君

郑　戈

陈璧君是大汉奸汪精卫的老婆，1943 年 10 月 19 日，她行踪诡秘地窜到东莞县太平"视察"，同行的有伪广东绥靖公署少将参谋长黄克明等。为保护她的安全，当时伪三十师参谋长从太平亲到厚街伪八十九团，向该团副团长白其良耳提面命，说陈璧君到达太平后，将经厚街到莞城，次日返回广州，要该团沿途加强警戒，严防"老模"（指东江纵队）袭击。当时与我军有联系的该团第一营营长梁德明（后率部起义参加东纵），在场获得这个重要情报后，立即通知我军派驻厚街的敌工干部黄琴。当晚，黄琴派情报交通员王全偷越封锁线，将情报速送到河田情报站。此时陈璧君一行已到达东莞县城。

10月20日凌晨3时，我东纵第三大队短枪队队长叶凤生奉大队长邬强之命，将情报带到莞樟线寮步圩附近的上屯村，交给大队政委卢伟如。当时我任中队长，驻在上屯村。卢政委立即派我中队并配大队叶凤生短枪队，到莞龙公路选择有利地形，准备伏击陈璧君这个大汉奸。

时间紧迫，路途较远，我中队又从未到过莞龙公路这一带活动，道路地形都不熟悉。但是听说是去打大汉奸陈璧君，个个斗志昂扬，决心为国除害。部队轻装上阵，由袁康带路，在黑夜里急速行进。由于路途不熟悉，走了些弯路，到达莞龙公路之间的余屋附近的龙岭、沙岭、亚婆妈坑预伏地点时，天已大亮。

部队原计划在公路上埋地雷炸毁陈逆的汽车，但时间仓促，已来不及埋地雷。只得临时改变打法，在公路旁茂密的甘蔗林隐伏突击队，再以机枪火力队占领公路旁的山头制高点，待陈逆汽车进入伏击圈后，以密集火力杀伤和突击队冲击歼敌。大队短枪队和张锦标小鬼班组成突击队主力，叶凤生任突击队长，我和指导员李忠带领机枪火力队。部队按照部署分别占领阵地，严阵以待。

10月20日上午10时左右，远处传来汽车声，陈璧君的车队来了。2辆装满伪军的大卡车，首先驶进伏击圈内停车。七八十个伪军立即下车散开，向公路两侧山头搜索。4个伪军神情紧张地端着枪向我火力队山头爬上来，这个山头地势险要，能以火力控制公路。伪军步步迫近制高点，50米、40米、30米……同志们屏着气，只待陈逆汽车到达时才开火。我那时真是心急如焚，要是被伪军发觉就会打了起来，陈逆乘坐的汽车就会转头溜掉。好在全队同志对突然遭遇这一意外情况，都能沉着应付，一心等待陈逆的汽车到来。正焦急中，忽见1辆黑色轿车驶进伏击圈。就在这关键时刻，火力队埋伏在山腰上的警戒哨陈丁麟，已被接近到眼前数米地方的伪军发觉，迫不得已向伪军开枪。与此同时，我们的机枪、步枪也以密集的火力向陈璧君乘坐的轿车射出仇恨的子弹。搜索开路的伪军匆忙混乱开枪还击，陈璧君、黄克明乘坐的黑色轿车连中数弹，汽车横停在公路旁。此时，紧跟陈逆保驾的2辆日军大卡车，架在车头上面的数挺机枪，同时向我们猛烈射击。八九十个日军嗷嗷叫着急跳下车散开，一部分占领公路旁田埂，以火力阻止我突击队冲过开阔地上公路；一部分会同伪军团团围住陈逆轿车，拼死保驾。“轰！轰！……”敌人掷弹筒射出的小炮弹，连续在我们火力队和突击队阵地上爆炸。我们的各种火器向敌人急速密集射击，二十几个日伪军被打倒，敌我双方展开激烈战斗……由于陈逆轿车已被我们打中，突击队要通过大片开阔地才能冲上公路，不利于作战，于是我及时下达命令，撤出战斗。

后来，我们才知道大汉奸陈璧君、黄克明在近200名日伪军掩护下，蜷伏在车座下，只受了点轻伤，险些丧命，被我们打死的是她的司机。这一仗影响很大，使南京、广州日军和汉奸头目们大为震惊，闻之丧魂落魄，广大群众则拍手称快。1个月后，日寇为打通广九铁路，对我东莞大岭山根据地进行“万人扫荡”。

［原载《勇赴国难——郑戈（郑伟灵）回忆录》，中共广州市荔湾区委老干部局印制］

东江抗日游击队在1943年的战斗历程

曾　生

1942年以顽军大规模进攻的失败而结束①，1943年以我军积极主动反击日伪顽军而开始。我们熬过了艰苦的1942年，迎来了胜利的1943年。

但说艰苦困难，1943年比1942年有过之而无不及。这一年，天大旱，日军加紧封锁和掠夺，敌占区饿殍遍地，我部队每人每天只有3两米，同志们还主动节约出来救济灾民。这一年，我军仍在日伪顽军的夹击下奋战，战斗更加频繁。到年底，我们粉碎了日伪顽军的进攻，包括粉碎了日军上万人的包围“扫荡”。根据地得到了恢复和发展，部队发展到3000多人，打开了东江抗日游击战争的新局面。我们之所以能够克服巨大的困难，获得胜利和发展，首先是执行党中央重要指示，解放了思想的结果。

一、乌蛟腾会议

1942年冬，正当大岭山、阳台山根据地军民进行艰苦激烈的反顽斗争的时

① “顽军”指国民党顽固反共的军队，也称为“国民党顽军”。

候，我们通过电台向党中央作了汇报。中共中央南方局、周恩来同志向中共南委、广东人民抗日游击总队发来了电报，指出国民党顽固派对我们是“势在必打，志在消灭”，不能对顽固派存有任何幻想，要依靠群众和干部的团结，采取积极行动，针锋相对地展开斗争。电报还指出，全国处在困难之中，日伪顽军互相勾结，对我们实行军事“围剿”、政治破坏和经济封锁，我们要艰苦奋斗，克服困难，粉碎敌人的进攻，争取胜利。

接到这个重要指示时，我们立即向干部作了传达，对部队进行了教育。1943 年 1 月底，广东军政委员会决定召开会议，进一步学习和贯彻党中央的这个重要指示。这次会议在香港九龙半岛沙头角区乌蛟腾村举行，通称“乌蛟腾会议”。林平从九龙派交通员到惠阳三洲田通知我。随后，梁鸿钧、王作尧、杨康华从宝安、东莞，罗范群则从中山到我这里来。我们一起下山乘船渡过大鹏湾，到九龙西贡，同林平会合后，转到乌蛟腾。出席这次会议的有林平、连贯、梁广、梁鸿钧、曾生、王作尧、罗范群、杨康华、李东明等。林平同志主持会议。

会议一致认为，党中央的这个指示又一次给广东党和部队指明了斗争的方向。会议认真检查总结了东江、珠江对敌斗争，特别是反顽斗争的经验教训。大家认为，在东江部队东移受挫以后，党中央在“五·八”指示中就明确告诉我们，部队重返东、宝、惠敌后地区之后，应“大胆坚持抗日与不怕打摩擦仗”，提高了我们对反顽斗争的认识。但是，对于国民党在广东的实力派代表人物余汉谋，我们的认识还不够清楚，若明若暗。余汉谋和蒋介石有矛盾，但广东是他长期控制的地盘，我们在这里生存和发展他怎么能容许？党中央指出的“势在必打，志在消灭”，不但是指国民党中央的顽固派，也是指余汉谋这些人而言的。“志在消灭”是他们对我们的基本方针。回顾去年 5 月，我们按照张文彬同志的指示，上书余汉谋，提出制止内战一致抗日，要求发给番号饷械，划定防区。当时，虽然说是斗争的策略，但是，正当我们搞签名“上书”的时候，国民党广东当局则在全力以赴破坏我们南方工委和粤北省委，而且顽军已经向我阳台山根据地疯狂进犯了。在此顽军疯狂进攻要坚决消灭我们的时候“上书”，即使不是希冀“与虎谋皮”，也是不合时宜的。这说明我们对余汉谋要坚决消灭我们的居心还认识不透，从而对顽军发动如此大规模、如此长时间的进攻也就估计不足，以致陷于被动，消极防御，遭受损失。经过学习讨论，我深深感到中央指示的正确，感到党中央对我们部队的关怀。

经过讨论，会议一致确定，应该以“积极主动反击日伪顽军”为我们部队行动的方针，以迅速改变被动局面，争取局势好转。为此，作出了几项决定：

第一，在全军加强政治思想教育，特别是加强阶级教育。干部进行整风学习，进一步认清国民党反共反人民的本质，清除对国民党地方实力派的幻想，鼓舞斗志，增强团结，广泛开展统一战线，团结各阶层抗日力量。

第二，进一步深入敌后，发展新区，扩大我军回旋地带，积极寻找日伪弱点，歼灭敌人，积小胜为大胜，加强瓦解日伪工作，作长期的布置。

第三，对顽军的进攻坚持针锋相对的斗争。确实做到：人不犯我，我不犯人，人若犯我，我必犯人；有理、有利、有节的原则。

第四，精兵简政。精简上层机关，充实下层，加强战斗连队。

第五，战斗队以精干小分队为战斗单位，加强主力部队建设，提高部队素质和战斗力，机动灵活地打小仗，掌握时机，适当集结力量，乘敌之隙给以歼灭性打击。

第六，加强外围武装建设。组织游击小组，建立和发展人民抗日自卫队，派出干部加强领导。

第七，干部进行整风学习，提高阶级觉悟，端正思想作风，提高工作质量和领导水平，加强党的领导作用。

第八，财政经济工作长期打算，自力更生，开源节流，尽可能进行生产事业。

第九，建立和加强保卫组织，粉碎日伪顽军的破坏阴谋，正确执行锄奸政策。

第十，总队领导干部仍分散到各地区，加强领导。

会议还传达了中共中央南方局的重要决定：为了适应广东抗日战争形势发展的需要，决定成立中共广东省临时工作委员会（简称临委），林平任书记，连贯、梁广任委员。临委在南方局直接领导下，进一步加速开展全省抗日战争和各项工作。

乌蛟腾会议，是东江抗日游击战争的历史进程中克服困难，准备大发展的重要会议。它使我们的干部在思想上消除了对国民党顽固派尚残存的幻想，确立了主动积极地进行打击日伪军和反击顽军的方针，为打开东江敌后游击战争的新局面奠定了坚实的思想基础，为尔后的大发展准备了条件。

我回到惠宝边，向全体干部传达了乌蛟腾会议的精神。同志们也和我一样，精神振奋，信心倍增。

党中央的指示以及我们一年多反顽斗争的体会，使我们对国民党中央和地方实力派的阶级本质有了进一步认识，思想上得了解放。我们的精神面貌和斗争方式也有了改变，主动积极、朝气蓬勃地开创新局面。

二、路东部队的胜利发展

胜利反击顽军的战斗 顽军第187师，对我东江各根据地进行了一年多的内战，以失败而告终。余汉谋换兵易将，把第187师调回后方，把独立第九旅调来（原来已来部分兵力）；以叶敏予代替张光琼为“惠淡守备区”指挥官，并调来徐东来支队，以及王竹青大队、李乃铭大队、陆如钧大队、莫炯炎大队、吴斌大队等杂牌部队。我惠宝边军民，要面对占绝对优势的顽军作战，因而1943年的反顽斗争是非常艰巨的。

新年伊始，元月2日独立中队在反顽斗争中就首战告捷，在坝岗坳消灭了顽军陆如钧大队的一个中队。去年顽军的进攻屡遭失败后，又派出陆如钧大队等杂牌部队屯兵大鹏城、王母圩等地进行所谓“驻剿”，以切断我进入大鹏半岛的陆上通道。我和独立中队的同志商量，下决心拔掉这个“钉子”。独立中队在侦察到驻大鹏城顽军经常派出一个中队，到坝岗、小桂一带搜索、抢掠的情况后，决定吃掉这股顽军，选定在坝岗坳进行伏击。

坝岗坳是大鹏城到坝岗、小桂等地必经之路，地形险要，是打伏击的理想地方。2日拂晓，独立中队在刘培、叶基率领下，按预定的作战计划进入阵地隐蔽。顽军果然出动，过坝岗坳后向坝岗、小桂方向开进。在顽军返回时，看到这些害人成性的家伙扛着、背着抢来的东西，队伍稀拉，毫无戒备，独立中队立即抓住这有利的时机发起了攻击。在机步枪火力突然猛烈的射击下，顽军乱作一团。副中队长叶基率领突击队一个冲锋，仅10多分钟即结束战斗。俘虏30多人，毙伤20多人，缴轻机枪2挺、长短枪50多支。这是独立中队成立后打的第一个歼灭战，它开创我军以一个中队歼灭顽军一个中队的战例。我接到他们的战报后，十分高兴，立即写信表扬他们打得好，希望他们再接再厉多打这样的歼灭战。

坝岗坳歼灭战的胜利，对顽军震动很大。第二天，驻大鹏城、王母圩、澳头等地的顽军慌忙撤回淡水。顽军的“驻剿”被粉碎了，“钉子”拔掉了，大鹏半岛又牢牢地控制在我们的手中。（此战又称为坝光坳歼灭战，应为对地名的不同叫法——编者注）

顽军不甘心在坝岗坳的失败，一心企图报复。1月下旬接连两次进攻我位于梧桐山的惠阳大队。第一次，顽军以两个营的兵力，经由西坑分两路向盐田我军进攻。一路经小坳，一路经大坳。经小坳的一路，遭到我们的一个小队阻击，不敢前进。顽军遂将大坳的一路集中到小坳，进攻这个小队。当时我和惠阳大队大队部，就在距离小坳约两公里的南山村。战斗从早上 5 时，持续到下午 6 时，顽军始终不能越雷池一步，最后抬着 10 多具死尸和伤员狼狈败退，而我惠阳大队的主力还没有出动。

1 月 30 日，顽军又向梧桐山我惠阳大队进攻。这次是采取拂晓前偷袭的手段，避开我哨兵，冲到我驻地数十米才开始火力射击。我们的指战员在被动的情况下奋起抗击，随着掷出一轮手榴弹之后与顽军展开了肉搏战，将其击溃。顽军再次组织冲锋，又被我击溃。这时，日军也出动配合，企图夹击我军。我们担任掩护任务的一个小队，巧妙地撤出了战斗，使日军和顽军对打起来。这次战斗，顽军一个连长被击毙，全连伤亡惨重而致溃散。我缴获轻机 1 挺、步枪 2 支，但也牺牲了两个同志。

顽军在连遭失败后，有半年多时间未敢踏入我根据地。坪山、龙岗、横岗地区已为我所控制，惠宝边抗日根据地不但全部恢复，而且扩大了。惠阳大队和独立中队还经常深入到淡水周围活动。2 月间，独立中队袭击了淡水镇以北约 3 公里顽军设在洋塘的粮库，为部分群众基本解决了粮荒。惠阳大队先后 4 次出击淡水镇顽军据点，给顽军造成很大威胁。我们抓紧这段时间，巩固根据地，开始建立基层民主政权，抓紧时间扩大部队。惠阳大队采取军事压力和政治争取相结合的办法，将活动在沙湾、横岗一带的肖德青大队（自发组织的一支部队，他们不当汉奸，不以我为敌），改编为惠阳大队的一个中队（80 多人，重机枪 1 挺，长短枪数十支）。

从 9 月开始，顽军又发动了对我惠宝边地区的进攻。他们派王竹青一个中队驻澳头镇。我们先礼而后兵，派人去做王竹青的工作，希望他和我们共同抗日，或在顽军进攻时给我们通报，保持中立。但王竹青这时已死心塌地地跟国民党顽固派走，拒绝了我们的要求。于是我们决定消灭他。我把这个任务交给护航大队（由独立中队扩编而成），并从惠阳大队调一个小队来加强，由新上任的惠阳大队政治委员李东明担任前线指挥。作战方案确定后，部队在 9 月上旬的一个晚上，在坝岗集结。我到了那里，作了动员，号召指战员一鼓作气把王竹青消灭。然后部队开到盐田海滩，我送指战员们登上海上队的武装船。

这是我们游击队进行的一次小小规模的登陆作战。我们游击队的“海军舰队”搭载着“陆军部队”，胜利地在澳头以东的海滩登陆。白天隐蔽在离澳头约5公里的岩前村，封锁消息，进行战斗准备。晚上11时，火力队占领了制高点，以火力控制敌人的营房，护航大队第二中队中队长赖祥率领突击队迂回接敌。被敌人发现后，突击队即分为两个组冲向敌营房。敌人企图顽抗，但在我突击队勇猛冲击和火力的猛烈射击下，死的死，伤的伤，剩下的举手投降。从战斗发起到结束，不到30分钟，全歼除王竹青之外的整个中队，俘敌40多人，毙伤敌20多人，缴获轻机枪3挺、长短枪30多支。惠阳大队调来参战的那个小队的小队长李柯平同志在战斗中牺牲。这次战斗，粉碎了顽军的内战计划，进一步巩固了大鹏半岛根据地，为下一步向东、向大亚湾扩展创造了条件。

8月1日，顽军独立第九旅以一个营的兵力，向我盐田地区进攻。我惠阳大队以一个班的兵力，在梧桐山脚德光一带山地展开了麻雀战。经过3个多小时的战斗，顽军不敢前进，只好收兵回巢。

10月17日，顽军独立第九旅一个营和杂牌部队李乃铭大队、九龙大队各一个中队，向驻盐田的惠阳大队主力进攻。顽军的主力由龙岗、横岗而来，另一路独立第九旅的一个连和李乃铭大队的一个中队，由坪山、三洲田向盐田迂回，采取钳形攻势。大队长高健率领一个独立小队和一个短枪队，预先埋伏在三洲田附近的险要隘路，伏击迂回的顽军。他们放过了杂牌部队李乃铭的一个中队，采取“砍头、截尾、破肚”的战术手段，分割顽军正规连队的行军队形，分段歼灭。战斗历时20分钟结束，毙伤敌人七八名，俘虏了几十人，缴获轻机枪2挺、步枪数10支。政治服务员王定在战斗中牺牲。

这次战斗本来是一次出色的伏击战，是反顽斗争以来首创全歼顽军一个正规连的战例。但是，战斗结束后，部队没有迅速远离战场，而是停留在三洲田休息，做饭吃。4时左右，龙岗那一路顽军，由盐田迂回到三洲田，而我又疏于警戒，遭到袭击，展开激战，结果我们牺牲了特派员陈培（《曾生回忆录》中写作“大队参谋陈胜”）等5个同志。陈培是1939年从马来亚回国参加抗战的同志。

这是一次惨痛的教训，总队部通报全军吸取这个教训。教育我们的干部要认识到，游击战是在敌强我弱的条件下进行的，无论进行伏击战或袭击战，都必须突然地打击敌人，迅速地解决战斗。战斗结束后，必须迅速脱离战场，正确地选择转移路线，转移到安全的地区，绝不能麻痹轻敌让敌人抓住。这样，我们才能始终处于主动地位。游击队所以利用夜暗秘密而频繁地转移驻地，声东击西，迷惑敌人，都是为了避免被敌人抓住而陷入被动地位。因此，“走”是游击队避免被动或脱离被动恢复主动的主要方法。

挺进稔平半岛。稔平半岛在惠阳县的东南部，西濒大亚湾，与西边的大鹏半岛遥遥相对，东濒红海湾，隔海为海丰县的汕尾镇。半岛面积 400 多平方公里，人口约 9 万，物产丰富，盛产鱼、盐。稔平半岛地理位置十分重要，是我们向东发展的重要基地。在我们控制了大鹏半岛之后，我就考虑到我们下一步的扩展目标应该是稔平半岛。1943 年春夏之间，我就派了练铁、蔡端、曾城等同志到稔平半岛秘密开展工作，建立地下党组织，发展抗日自卫武装。

但是，要向稔平半岛发展，我们至少必须有一支大队一级的骨干武装，必须有一支能控制大亚湾海域的海上武装。于是我考虑到应该把独立中队加以扩建，由它负责开辟稔平半岛。因为这是关系到我们游击队战略性行动，必须向林平同志、向总队党委报告。为此我从惠宝边到宝安总队部去，向林平谈了我的想法。他十分赞同，立即召集在总队部的党委委员开总队党委会议研究。会议决定把独立中队扩建为护航大队，迅速向稔平半岛挺进，并确定了大队领导干部的人选。

7 月中旬，我带着总队党委的决定回到了惠阳的枫木浪，和独立中队的干部开会。在会上，我首先宣布："根据斗争形势的发展，总队党委决定把独立中队扩建为护航大队，刘培当大队长，调曾源来当政治委员，叶基当副大队长，赖仲元（独立中队政治委员）调任大鹏区人民政府区长。陆上部队编两个中队一个独立小队，海上部队编两个中队。"我明确指出："护航大队的主要任务是向东发展，开辟稔平半岛，扩大我们的根据地，并打通至潮汕的路线，争取早日和韩江那边的党组织和抗日武装联系起来。你们要团结新区可能团结的力量，共同打击那里的日伪军，解放那里的人民，同时还要提高警惕，严防顽军的突然袭击。要注意做好群众工作，要不断壮大革命力量。"我对他们的行动作了部署："叶基立即带一个中队进入稔平半岛，配合练铁、蔡端、曾城等同志，开展稔平半岛的武装斗争；独立小队，挺进到虾涌至稔山之间活动，保持与叶基的联系；调一个海上中队进入大亚湾，要牢牢地控制住大亚湾海域。"同志们进行了热烈的讨论。大家表示坚决执行总队党委的决定，有充分的信心去开展稔平半岛的斗争。

叶基率领护航大队第一中队挺进稔平半岛后，以巽寮为基地，团结争取了当地的开明士绅，建立了游击区，积极开展对日伪顽军的斗争。12 月，在暗街（现名港口）歼灭伪盐警队，宣布暗街解放。这是我军挺进稔平半岛的第一仗，虽然只歼敌十余人，但政治影响很大。当地群众第一次听到共产党领导的游击队来到稔平半岛并打了胜仗，纷纷说只有共产党领导的部队才是真正抗日救民的部队，从而大大鼓舞了人民群众的抗日热情。

我军出现在稔平半岛，国民党顽固派大为惊恐，调来了徐东来支队的两个大队配合驻稔山的杂牌部队陆如钧大队，对我进行疯狂“围剿”。徐东来的一个中队占领了虾涌（也写作霞涌——编者注），驻扎在苏茅坪小学内，卡住我军东进陆上通道，进而企图集中兵力消灭我在稔平半岛活动的部队。为了粉碎顽军这一企图，巩固大亚湾沿海根据地，支援进入稔平半岛的部队，我决定由护航大队集中力量去消灭虾涌之敌。

护航大队集中了第二中队、大队部短枪队和海上部队以及已在虾涌附近的独立小队，在刘培、曾源的率领下，于坝岗乘武装船在虾涌海滩登陆，占领苏茅坪后山后，即由赖祥率领担任突击任务的第二中队接敌。敌人发觉我军行动后，依托围墙和房顶进行顽抗。我突击队三次冲击，都被敌猛烈火力所压制。战斗持续了一个多小时，小队长范祥牺牲了，大队长刘培、中队长赖祥相继负伤。天快亮了，我军被迫撤出战斗，乘船返回坝岗。

这次战斗，由于我缺乏攻坚器材，在敌人集中火力封锁大门的情况下，无法进入院墙内，因此未能歼灭敌人。但是顽军被我火力杀伤了 40 多人，害怕我军再来进攻，第二天便慌忙撤回稔山。虾涌为我独立小队占领，顽军阻止我东进的企图终被粉碎。

积极打击日伪军　日军由于集中兵力进行太平洋战争，驻东江地区的兵力因此减少了，在很长的一段时间内已没有能力对我根据地进行大规模的“扫荡”了。当时，日军主要是集中兵力固守广州、香港及其外围的据点。在路东，日军只占据着深圳、沙头角、沙湾等地，并在各地外围建立一些伪军据点。此外，在大亚湾的三门岛、稔平半岛南端亦还有日伪军据守。

我路东部队在反击顽军的同时，积极寻找战机打击日伪军。2 月中旬，惠阳大队为开辟新区，扩展根据地，派出一个独立小队，由一名中队级干部黄慕率领，深入到接近深圳的坳下村一带敌后活动，相机打击日伪军。坳下是小梧桐山西面山脚的一个小村，距沙头角约 9 公里，西距深圳约 5 公里，北距沙湾约 4 公里。2 月 18 日，独立小队到坳下已经两天，由于在该地收税、打土匪，目标已经暴露，又被汉奸告密，而未及时转移，被驻深圳、沙湾日军出动的 100 多人所包围。独立小队凭借山地丛林与日军展开激战，毙伤敌二三十人。敌人放火烧山，除少数突围、5 人被俘外，包括黄慕和小队长戴鼎在内的全队 20 多人壮烈牺牲。被俘的 5 个同志被押解到深圳，遭严刑拷打，但他们坚贞不屈，一周之后趁天黑下雨全部越狱逃出，返回部队。

这次战斗，是我军重返惠东宝敌后以来最严重的一次挫折。惨痛的教训告诉我们，游击队的指挥员任何时候都不能麻痹大意，特别是深入敌后到新区活动时，一定要及时地、频繁地、秘密地转移驻地，否则就会被敌人抓住而陷入被动地位，遭受损失。

2 月下旬，独立中队海上队 4 艘武装船出海执行任务，过坪洲后发现日海军两艘炮艇开过来，立即返航在坪洲码头靠岸。部队登山与日炮艇展开了火力战，重伤日炮艇一艘，杀伤甲板上日军数人。我船被击毁一艘，人员无伤亡。

沙头角日军的外围沙井头伪军据点，被我惠阳大队于去冬拔除后，又在沙头角到盐田之间，离开梧桐山靠海边的一座独立屋建立了一个伪军据点。这个据点对我妨碍很大，卡住了我从海上和陆上同港九根据地的交通，我们决定拔掉它。6 月初，惠阳大队经过周密侦察后，组织了一次夜袭，一举爆破成功，全歼据点内 30 多人，缴步枪 20 余支。接着，独立中队海上队，于大鹏湾夜袭黑岩角海面日军运输船，全歼船上日军水兵，缴获物资一大批。

日军为了遏止我军进入大亚湾向稔平半岛及以东地区发展，收编了红海湾上龟灵岛的一批海匪，成立“中华民国广东省反共救国军海军第四总队第四大队”，从红海湾窜到大亚湾，停泊在马鞭岛一带海域，把整个大亚湾封锁起来，敲诈勒索大亚湾渔民和过往船只。大鹏半岛各地群众派代表到独立中队，要求部队把这股伪军消灭，以解除他们的痛苦。中队长刘培向我反映了群众的意见，我同意独立中队去完成这一任务。

6 月 30 日，独立中队转移到大鹏半岛东岸的岭澳村，群众纷纷控诉伪军的罪行，并要求参加战斗。群众说：“你们要船我们有船，要几条有几条。你们要人我们有人，要多少有多少。”群众高昂的战斗热情，大大增加了独立中队指战员打好这场仗的决心。依据侦察了解到的情况，独立中队领导根据指战员和群众的意见，决定组织短小精干的突击队，采取伪装打鱼接敌，突然发起攻击的打法。

7 月 6 日 8 时许，副中队长叶基率领 15 人组成的突击队，分乘岭澳村 6 个渔民驾驶的 3 艘渔船（我们海上队的武装船在大鹏半岛西岸一时转移不过来），扬帆出海。11 时半，第一突击船接近敌指挥船 30 米处，敌哨兵喝问：“什么人?”渔民回答：“我们是渔民，来打鱼的。”一边说，一边靠上敌指挥船。第一突击组迅速爬上船打死敌哨兵，夺了轻机枪，随之向住舱投了两颗手榴弹，解决了战斗。这时，另一敌船以猛烈火力进行反击，我指挥船快速接近，以火力压制敌人，支援第一突击组，同时掩护第二突击组强行登上敌船，歼灭船上的敌人。第三艘敌船的敌人见状，企图起锚逃跑，我各船集中火力猛烈射击，敌人被迫投降。

经过40多分钟的激烈战斗，独立中队歼灭了伪海军第4大队的3艘船，击毙敌大队长陈强以下50多人，俘敌40多人，缴获轻机枪2挺、步枪40多支。我牺牲了政治服务员叶展明、小队长魏辉、组长王健、政治战士刘光明4位同志。

马鞭岛战斗的胜利，开创了我们东江抗日游击队以3艘“小槽仔”吃掉3艘“大眼鸡”，16名勇士歼伪军近百人的范例，写下了岭澳群众和部队一起英勇战斗的光荣诗篇。从此建立和巩固了大亚湾的海上游击根据地，粉碎了日军在大亚湾建立据点的企图，并为开辟和建立稔平半岛抗日根据地创造了条件。

12月，惠阳大队为拔除沙湾日军外围的丹竹头伪军据点，进行了两次袭击战，但均未奏效。第一次，由于侦察不细，没有作好强攻的准备。战斗打响后，才发现敌驻地有一层很高的铁丝网障碍，攻不进去。第二次，由于计划不周密，爆破用量过大，突击队距离爆破点过近，爆破后突击队全部被震晕。调第二梯队投入战斗时，敌人已惊醒过来，集中猛烈火力封锁突破口，使我第二梯队不得前进。战斗持续一个多小时后被迫撤出。

丹竹头的两次袭击战没有打好，主要是没有充分的侦察，情况了解不详尽，战斗部署不周密所致。要取得袭击战的胜利，关键是详尽地了解情况。只有详尽地了解情况，才有依据作出周密的战斗部署。侦察是了解情况的重要手段。了解情况也很需要通过地方党和群众来进行，但作为指挥员下定决心确定袭击部署所需的情况，主要应依靠自己的直接侦察去获得。在这段时间我军各个部队进行的袭击战中，凡是打得干净利落的，都是侦察工作做得充分、细致，战斗部署做得周密而获得的。

路东部队经过一年的艰苦战斗，虽然受了些挫折，有些仗没有打好，但是惠宝边根据地的局面打开了。部队发展壮大了，护航大队建立了起来，惠阳大队得到了扩大，我们惠宝边有了两支坚强的骨干队伍。根据地不但全部恢复，而且扩大了，以坪（山）龙（岗）横（岗）为中心区，西到梧桐山周围，东到大鹏半岛和大鹏湾、大亚湾海域，已牢牢地控制在我们的手中，我们还开辟了稔平半岛游击区，展现了不断向东扩展的势头。

三、路西部队主动出击日伪军

（一）主力“珠江队”战绩显著

在宝安阳台山根据地，“珠江队”在宝安大队第一中队的配合下，在阳台山以西地区，在反击顽军的同时，积极主动地向日伪军出击，捷报频传，战绩显著。宝安大队其余部队，在阳台山以东龙华、布吉地区，也在艰苦地坚持战斗，抓住战机打击日伪军。

“珠江队”于1942年8月，在顽军大规模进攻我阳台山根据地的间隙，以第五大队为基础，加上“虎门队”的一个小队组成。但当时的“珠江队”名为大队编制，实际上只是一个加强中队，下属3个小队。为了加强作战指挥能力，选调了精明强干的邱特、何通、刁连等同志来担任小队的领导。

“珠江队”建立后，一直活动在阳台山以西、宝太公路和珠江以东一条狭长的、日伪军和顽军据点林立的夹缝中（东西宽约15公里、南北长约25公里）。在西面，宝太公路沿线的松岗、沙井和新桥、福永、西乡、南头等地都驻有日伪军；在东面，公明、乌石岩、龙华等地为顽军占领着，并经常到宝太公路进攻我军。“珠江队”就是在这种敌强我弱、日伪军和顽军两面夹击的条件下，坚持斗争。不打仗时，为了保存自己，他们经常在洪田、黄田、黄麻埔、蔗园埔、铁岗等山地和村庄隐蔽，几乎天天都要转移驻地，天没亮就要登山准备战斗，每天吃两顿不见太阳的黑夜饭，斗争和生活十分艰苦。但是，尽管环境这样险恶，“珠江队”的勇士们一直积极寻找战机，主动向日伪军出击。

四打西乡 西乡位于宝太公路南段，离南头约5公里，是南头日军的外围据点，驻有伪军“爱国义勇队”一个中队，每天派出一个班到桥头碉堡警戒，盘查勒索过往群众。1943年二、三月间，“珠江队”4次袭击了这伙伪军。第一次，夜袭没有奏效。指战员们总结了教训，改变了打法，灵活地运用战术，第二、第三、第四次接连取得胜利。

第二次袭击，改在白天进行。突击队化装成担柴卖的农民，为麻痹敌人，从南向北接近桥头。一举歼敌一个班。这次袭击后，敌人提高了警惕，盘查更严。他们第三次袭击又改变了打法，夜间派突击队潜入桥头敌碉堡内，拂晓敌接近时，突然攻击成功，再歼敌一个班。经过两次挨打以后，敌人拂晓出来时，改为以一个排的兵力，分两个梯队搜索前进。“珠江队”第四次袭击也变换了打法，突击队于夜间潜伏于西乡出口两侧的破屋内，待敌人出了街口，突然发起攻击，全歼敌一个排。

“珠江队”四打西乡伪军的战斗，是我游击队机动灵活作战的范例。他们在同一地点对同一敌人，每次的打法都不一样，使敌人抓不住我军的规律，防不胜防。这种经常变换战术的打法，是游击战灵活性的充分体现。

福永攻坚战　乌蛟腾会议后，为了贯彻针锋相对打击敌人的方针，总队部派参谋处长周伯明负责研究解决攻坚问题。周伯明从港九大队搜集了一些炸药，从“珠江队”抽调人员成立了一个爆破试验班，几经试验，到 4 月中旬，终于取得成功了。

我们全军各部队，开展“红五月战斗竞赛”。“珠江队”决心打个漂亮仗，作为红五月的献礼，对象早已选好了，就是驻在宝太公路中段福永的吴东权伪警大队一个主力中队。吴东权是死心塌地投靠日军的汉奸警察头目，去年曾经配合顽军卡断我队联系东宝的交通线，是我们“珠江队”的老对手。他们盘踞着福永这个重要据点，凭着炮楼固守，威胁着我们的活动。这个炮楼有两层墙壁，牢固的铁门，外面还围了铁丝网，我们部队打过两次都攻不进去。

5 月 2 日，“珠江队”决定再打福永。在此之前他们派出一个班，化装进入福永住了一个星期，进行了反复的侦察。为了直接掌握情况，突击队的指挥员又化装进入福永住了两天。从而把福永驻敌的人数、武器装备、兵力部署、防御设施、生活规律、哨兵位置、接敌道路、爆破目标等，摸得一清二楚。据此，他们决定采取夜袭、攻坚、打歼灭战的办法消灭福永之敌，并制订了十分周密的作战计划。夜间 10 时左右发起战斗，主攻部队很顺利地进入了福永。突击队在火力掩护下冲进敌炮楼围墙，爆破组很快就找到爆破目标，一举爆破成功，敌炮楼的铁门连同里层的铁栅都炸开了。突击队冲进敌炮楼，经过 20 多分钟的战斗，全歼守敌 1 个中队，俘虏 30 多人，毙伤 20 多人，缴获轻机枪 6 挺、步枪 44 支。

为民除了一害，福永的群众非常高兴，纷纷走出来向我们祝贺。我们部队作了一番宣传，把缴获的粮食分给群众，便带着胜利的喜悦，踏月而归。

总队部通报表扬了以“珠江队”为主的这次战斗，他们在“红五月战斗竞赛”中首战告捷，获得了可喜的战绩，沉重地打击了敌人的气焰，鼓舞了我军的斗志。而这次爆破攻坚的成功，全歼守敌，为我军普遍开展爆破攻坚战、地雷战，起了很好的示范作用。并且从此提高了我军游击战术的水平，增加了我军歼敌的战机。

虎口拔牙　“珠江队”发扬连续战斗的作风，根据总部的指示，又在5月26日袭击了沙井的伪军。

沙井是伪军一个重要据点，驻有伪军第30师第119团800人左右，配有迫击炮2门、重机枪4挺、轻机枪10余挺，战斗力较强。我们侦察到其中的第一营第一连和一通讯排态势比较突出，于是决定袭击第一连，并尽可能歼灭那个通讯排。在力量悬殊的情况下，要歼灭敌人一个建制团中的一部分，谈何容易！更何况距离沙井2公里多的新桥驻有一个中队的日军。可是，“珠江队”的勇士们就有虎口拔牙的胆量和决心。

这天夜里月暗星稀，又刮起大风，正好掩护“珠江队”勇士们的行动。第三小队向敌第一连进发，解决敌哨兵后，冲进屋里，将敌连长、副官等5人击毙。就这样，这个第一连被我们解决了。与此同时，第一小队也迅速地解决了敌通讯排。敌团部和其他连队听到枪声，向我们开火，并向我们冲来。担任警戒的宝安大队第一中队，用火力封锁敌人的来路，掩护“珠江队”转移。待敌人向这边开炮的时候，我们早已撤出战斗了。这次战斗，由于计划周密，配合得当，只用了20分钟，达到了预期的目的。击毙敌连、排长以下20余名，伤10余名，俘30余名，缴获步枪60支。我们的小队长何恩俊同志在战斗中牺牲。

反击顽军　在我军主动出击日伪军的时候，顽军又来向我们进犯。“珠江队”和宝安大队密切配合，击退了顽军的进攻，并且主动向顽军反击。

8月3日，驻乌石岩的顽军300余人分两路包抄宝安大队第一中队。“珠江队”立即派出两个小队分路支援，配合作战，击溃来犯之敌，毙伤10余人，缴枪2支。

10月11日，总队部再次部署出击进攻阳台山根据地的顽军徐东来支队。“珠江队”和宝安大队第一中队又配合作战，夜袭广九铁路塘厦车站徐东来支队部的通讯机关，毙敌2名，伤5名，俘大队副以下10名，缴获敌人全部无线电通讯器材及电话总机。

10月24日上午，“珠江队”又袭击了观澜大埔巷顽军。我们这次敢于白昼出击，对敌人威胁很大。但是，在战斗中，我们的小队长刁亮负了伤，抬回来以后经多方救治无效牺牲了。

黄松岗打“麦老虎”　10月26日，“珠江队”袭击了黄松岗伪军麦永中队。麦永盘踞在这个宝太公路上的重要据点，勒索欺诈，群众称他为“麦老虎”，要求我们惩办他。伪军内部一些人对麦永也很不满，愿为我军作内应。当晚，我军通过内应带路，包围麦永的住所和炮楼，麦永从屋顶逃出顽抗，被我们击毙。敌人死 7 名，伤 4 名，被我们俘虏 28 名，反正者 12 人。我们缴获轻机枪 2 挺、日式重机枪 1 挺，步枪 26 支、手枪 4 支，弹药等一批。

我们原来计划是要生擒麦永，开大会公审的，现在却打死了，群众更加高兴，年轻人放起了鞭炮，老年人到庙里谢神还愿。这次战斗胜利，进一步密切了我们的军民关系，鼓舞了斗志，瓦解了伪军，拔除了伪军据点。

“珠江队”不愧为我们的主力部队。他们在宝安大队的配合下，在那样狭小的地区（有的同志开玩笑说：我们的活动地区一枪就能打透），在日伪军和顽军的两面夹击之下，一个中队又一个中队地歼灭敌人，战果显赫。宝安阳台山根据地迅速恢复和扩大，他们有很大的功劳。

宝安大队也和其他大队一样，转变了战斗作风，主动积极打歼灭战。6 月下旬，大队政治委员何鼎华亲自率领 3 个独立小队和 1 个短枪队夜袭沙湾丹竹头伪军刘华部，共毙伤俘敌 28 人，缴手提机枪 2 挺、步枪 20 多支。这次战斗，取得了强攻打歼灭战的胜利，提高了部队的战斗力，对部队鼓舞很大。

（二）第三大队的胜利战斗

在东莞，在王作尧同志的领导下，邬强、卢伟如率领第三大队在大岭山区、靠近宝安的霄边附近以及莞太公路沿线，积极主动打击日伪军，活动地区逐渐恢复和扩大，打了许多胜仗。

2 月中，第三大队在莞太公路上对伪军展开袭击，并且挺进到莞龙公路温塘一带袭击日伪军。

4 月，日军部署在东莞城区及莞太公路两侧全面“清乡”，任命了东莞县汉奸土匪头子张葵寿为“清乡委员会主任”。我们总队部为了粉碎敌人的阴谋，经研究派保卫科长何维率领精干的锄奸队潜入莞城，在地方党组织的协助下，惩处了张葵寿等汉奸，打乱了日军“清乡”的计划。

5 月 10 日，第三大队出击宝太公路伪军第三十师的据点，毙伤敌连长以下 30 余人。18 日又出击怀德伪军麦定唐部，毙伤敌 20 余人。

7 月 5 日，第三大队主力中队夜袭莞城南边 3 公里的篁村。这里驻有伪军第三十师的一个连。中队长黄布化装侦察了两次。为了弄清伪军驻地内部的情况，又派地方党员进入敌驻地内侦察，把情况摸得很清楚，因而战斗进行得非常顺利。突击队摸掉伪军哨兵，主攻队跟着冲进伪军住的庙里，伪军在睡梦中就当了俘虏，我们只用 10 分钟就解决了战斗。缴获轻机枪 2 挺、长短枪 50 余支，击毙敌连长1名，俘敌60余名。

夜袭篁村的胜利，正好作为对“七・七”抗战六周年的献礼。开会祝捷，大队领导推广了中队打歼灭战的经验，同志们斗志更高了。

第三大队乘胜前进，7月底，又奇袭了东莞茶山，全歼伪军一个中队。8月中旬，又围攻北栅伪军麦浩、陈淇部，缴获轻机枪2挺、长短枪数十支。

北栅战斗后，第三大队主力集结在治平乡休整。顽军黄文光、刘光大队及独立第九旅一个营分三路向治平乡进攻。我军集中主要兵力，先击溃顽军向黄潭、大径进攻的一翼，接着，又打垮从怀德包抄我部的独立第九旅一个营。激战了一天，毙伤敌40余人，我方也伤亡了20多人。

在我军一连串胜利的影响下，经过我们深入细致的争取和教育工作，9月4日，伪军第三十师一个连，在连长李正的率领下，向我第三大队投诚。11月11日，伪军第三十师第八十九团代团长兼第一营营长梁德明，经过王作尧同志争取教育，黄琴同志深入策动，在厚街带领第一营和一个机炮连起义，开进大岭山根据地，参加抗日。

为了加强东江北岸罗浮山地区及广州外围的游击战争，6月初，总队部从宝安抽调兵力，挺进博罗罗浮山地区，在增城、博罗地方党组织的支持下，成立了独立第二大队，由阮海天任大队长、何维任政治委员，在增城和博罗西边一带活动。7月中旬，日军100余人和伪军李潮部200余人乘船溯东江而上，袭击我们在上、下南的部队。我军与日伪军激战一天，毙伤日军20余人、伪军30余人。8月，独立第二大队主动袭击驻博罗西部铁场的博罗县伪警察第二中队，全歼守敌，俘伪警中队长以下官兵50多人，缴获长短枪50多支。9月，又袭击了联和圩伪联防队，毙伤敌人10多名，缴获步枪10余支。

四、粉碎日军的大“扫荡”

1943年下半年，世界反法西斯战争胜利发展。9月，意大利法西斯宣布投降。日本帝国主义在太平洋战争中也面临败局，它准备以中国大陆为基地进行垂死挣扎。为了发挥香港和广州两个中转站的作用，华南日军发动了打通广九铁路的战役。这个战役，分为两个阶段：第一阶段，占领广九铁路沿线各个据点；第二阶段，“扫荡”我东、宝抗日根据地，以巩固它所占领的广九铁路各个据点。

从11月11日开始，日军发动了对广九铁路沿线的进攻。原先盘踞在常平、樟木头、塘厦、天堂围、平湖一线，专门反共反人民的国民党顽军独立第九旅、徐东来支队，一枪不发，向后溃逃。日军久留米师团占据了铁路沿线，准备修复铁路、桥梁、车站，打通广州到香港的铁路交通。

由于我活跃在铁路以西的东莞、宝安部队，不断地打击日伪军，对敌人威胁极大。日军认为，要确保广九铁路这条交通命脉，必先消灭我坚决抗战的游击队，才能解决广九铁路的“治安之癌”。于是拼凑了大量兵力，向我们东莞、宝安两地进行空前规模的“扫荡”。

东莞军民粉碎日军“万人大扫荡”。11 月中旬，日军第五十七师团主力两个联队，驻东莞城、石龙、太平的日军以及伪军第三十师等合共 9000 多人，采取“铁壁合围”的战术，向东莞大岭山根据地进行“万人大扫荡”，妄图一举消灭我们东莞地区主力。

11 月 18 日，我们在东莞的部队，主力集结在大岭山周围，寻找战机，打击进犯广九铁路的日伪军。拂晓，在三处发现日军。王作尧率领“珠江队”从东莞回宝安，宿营于莲花山下。清晨，炊事员上山拾柴，与日军相遇。王作尧和彭沃立即指挥队伍登上山头，与敌展开战斗。激战到 8 点多，毙伤敌人十多名，我方牺牲了 2 位战士，彭沃也扭伤了脚，于是撤回大岭山去。这时，第三大队的第一中队在怀德同从太平方向开来的日军展开战斗，杀伤了部分敌人，却发现日军越来越多，中队长黄布指挥队伍边打边向大岭山顶撤退。邬强、卢伟如率领大队部和其他中队驻在大王岭，总队政治部主任杨康华同志也随他们行动。这天早晨，从连平方向传来枪声，发现一路日军从连平方向开来，同时，在大王岭前面杨屋村大垢方向也发现敌人向我方扑来。邬强集合队伍上到村后的山上，不久，王作尧和彭沃率“珠江队”来到，两支部队会合了。大家都主张先占大岭山要地妈山，这里的地形险要，易守难攻。部队和指挥机关到了妈山后，几位领导同志立即分析当前的形势，认为日军重兵包围我们，情况很危急。为了保存抗日力量，决定黄昏后分路突围。

黄昏已过，夜色渐浓，看到日军在山下的田野上燃起了点点篝火。我们的部队即按既定部署下山突围，从敌军接合部的间隙穿越过去。

突围的部队分成三路：第一路，王作尧、杨康华、邬强、彭沃率领“珠江队”，翻越水濂山，在大雁塘、山门之间出莞太公路，到大进埔村。第二路，卢伟如率领第三大队主力，经黄潭后面的小山从大雁塘、榕澍界之间向莞樟公路转移。第三路，黄布率第一中队经大径、张家山山沟转出，进入莞太公路的桥头、白壕一带隐蔽活动。其余机关人员由黄业、何清率领跟随部队突围后，出治平乡，沿小河沟向杨西地区青竹笋，到大进埔与“珠江队”会合。

我们部队突围的方向，大出乎敌人意料之外。原来他们估计我们一定会向南突围去宝安，已经部署伪军第三十师在霄边到梅塘一线准备堵击，截断我军的去路。敌人的打算落空了。

日军成万人包围了我们部队加上自卫队武装民兵上千人，而我们依靠群众的支持，利用对地形的熟悉，全部突围出来了，保存了部队的有生力量。我认为这是个很大的胜利，是游击队在敌人重兵“扫荡”的情况下，摆脱被动地位、恢复主动地位、粉碎敌人“扫荡”的一种有效的手段。

到了第二天拂晓，日军果真按时向围困着的大岭山发起了总攻。在炮兵、航空兵火力射击后，分路扑上各个山峰，所得的只是一堆堆沙石。一场苦心策划、劳师动众的“铁壁合围”计划，就这样告吹了。我军早已安全转出外围，深入敌人的心脏，部署新的战斗了。

部队突出重围后，为了调动敌人，减轻敌人对大岭山区的压力，在敌后积极组织行动。我军在莞太公路沿线破坏公路、桥梁和电线。短枪队进入东莞城一带活动，捉汉奸，撒传单，搞得东莞城满城风雨。莞樟线的部队，袭击茶山、横沥、常平，直接威胁广九铁路。敌人见我在其后方分散行动，被迫把进入大岭山的重兵撤回。

经过“扫荡”与反“扫荡”的斗争，日军整个兵力不足，只好留下少数日军据守东莞的重要据点，把主力撤走。我军乘敌空虚，打下了许多伪军的小据点，扩大根据地，壮大游击队。“珠江队”和起义部队，在突围后不久，由王作尧、彭沃同志带领转移到宝安。

宝安军民粉碎日军的连续“扫荡”　日军在东莞大岭山的“万人大扫荡”失败之后，11 月下旬，又在宝安阳台山发动了连续“扫荡”。

这时，我们在宝安阳台山根据地有较多的兵力，梁鸿钧率领宝安大队一直在这里。“珠江队”刚从东莞突围过来，在东莞起义的一个营正在这里整训，加上独立小队、脱产民兵，约有一千兵力。日军“扫荡”东莞大岭山落空，锋芒已大为减弱。因此，我军决定与敌周旋，伺机予以打击。

11 月 22 日，日军 500 余人，分三路进犯布吉、龙华。第一路沿布龙公路向龙华挺进，我军在坂田附近伏击来敌，打得日军狼狈逃回。第二路沿乌石岩和大船坑向龙华合围，我军预先占领了乌石岩至龙华之间的石坳山口，居高临下，截击敌人。敌人发动几次冲锋都被打退，只好撤走。第三路由梅林冲进了龙华，大肆劫掠，被我军包围阻击。敌军龟缩不出，到深夜才分路溃逃。

12月4日，日军500余人由南头、布吉、深圳、天堂围、塘厦等五路出动，以乌石岩为中心，对我军包围“扫荡”。100多日军由天堂围经观澜、白花洞、大水坑向乌石岩推进，我军在大水坑进行伏击。激战一天，敌军被我们大量杀伤，被迫爬过白花洞山上逃走。这一天，布吉方面的日军200余人，沿布龙公路向龙华进犯。到了雪竹径，分成两路，一路由坂田推进，一路转向岗头仔。我军在岗头仔还击敌人，打得他们掉头向青湖逃窜。我军绕到青湖截击，敌人只好逃回布吉。

日军对宝安阳台山根据地的“扫荡”，就这样被我军粉碎了。

1943年我军作战取得一系列的胜利，迫使日军主力逐渐撤出我们东莞、宝安根据地。日军固守广九铁路的企图，由于我军不断地主动出击而破产。日军始终不能全部控制广九铁路，其“全线通车”的梦想成了泡影。

五、港九游击战争的发展

日军占领香港后，就把它作为在太平洋，特别是作为对东南亚各国作战的中间枢纽，无论在兵力调动、军需补给、舰艇修理、飞机中途加油等都以香港为基地。为了控制这个战略要地，加强对香港的统治，日军占领香港不到两个月，即宣布香港为“占领地”，任命陆军中将矶谷廉介为香港“总督”，并加强外围防守和境内控制。日军在港九地区，在其“总督”统辖之下，有一支3000人的警备队和一支宪兵队，在港九各地遍设派出所和派遣队。每个派遣队约有宪兵三四人，辅助宪兵（警备队派出）十人八人。另外，还有在香港招募的军警和便衣宪查①二三十人或五六十人。因而港九地区就成为军警林立之地。

我们港九大队成立后，开始时主要活动于西贡半岛、沙头角和大埔、元朗等地。我们挺进港九的各个短枪队，经过一段时间的斗争，把当地的土匪大部分消灭，一部分被我赶跑。通过这个行动，我们的部队在群众中树立了威信，得到群众的拥护，在各地获得了立足点。并发动了群众，建立了抗日自卫队、常备队、护村队等形式的群众武装组织。为了充实这里的干部和骨干，我们采取了很多办法，如陆续从内地各根据地抽出干部调进去；将日军占领香港后，到根据地来参加部队的部分共产党员和进步青年，经过短期训练后派回去；通

① “宪查”与“宪兵”不同。宪兵是日本军人，穿军服，而便衣宪查是在香港招募的中国人和印度人，宪查熟悉本地风土人情，比宪兵危害更大。

过香港地下党组织继续动员青年工人、学生参加部队；粤北省委被破坏后，从粤北地区撤出一部分共产党员调到港九大队；各个武工队在各地区的先进分子中发展党员培养为骨干，等等。到了1943年春、夏以后，各个地区以武工队为基础，先后组建了西贡中队（100人左右）、沙头角中队（70多人）、元朗中队（60多人）、大屿山中队（60多人）、海上中队（100人左右）和市区中队（100多人）。

在港九这个面积狭小，回旋余地不大，而又是敌人军警林立的地区，港九大队的游击战争，主要采取隐蔽斗争的方式，着重发挥短枪队机动灵活的特点，运用奇袭、伏击等游击战术打击敌人。因此，各地区中队均编有短枪队，大队也直属一个短枪队。大队短枪队是一支十分精干的队伍，共20人，队长黄冠芳，政治指导员李唐，副队长刘锦进（刘黑仔）。黄冠芳果断沉着，刘黑仔勇敢机智，十多名队员个个生龙活虎。他们采取高度灵活的战术，斗智又斗勇，来无踪去无影，神出鬼没，声东击西。他们在沙田地区展开活动，以观音山、吊草岩一带为依托，频频出击，进行了数十次战斗。他们深入敌人的要害部位，发动奇袭，屡获战果，使敌人闻风丧胆。他们许多传奇式的英雄业绩，在港九地区广为传颂。

观音山、吊草岩一带是在日军包围中的小块三角地，共有十多个村庄，稍有麻痹就会遭到敌人袭击。为了安全，短枪队白天化装活动，派出民兵到各个路口放哨，还在周围建立了十多个宿营地，经常变换驻地。日军在不少村庄安插了汉奸、密探，搜集我游击队活动的情报。短枪队把肃清当地的汉奸走狗作为头一个任务。他们先后肃清了牛皮沙村、沙田围村、沙田头村的汉奸、密探，拔掉敌人的爪牙，堵塞了敌人的耳目，发动了群众。

1943年11月，日军企图打通广九铁路和对我路西根据地进行“扫荡”时，总队部命令港九大队进行牵制。港九大队决定由短枪队去攻打沙田到大埔之间守备四号隧道的敌人。短枪队扮作民工接近隧道，突然发起攻击，首先解决了印度兵，日军增援后又与之展开激战。战斗结束，击毙日军2名，缴步枪10支。接着又袭击窝塘的日军兵营。由于侦察细致，短枪队神不知鬼不觉地进入了兵营，将12个日军全部击毙于睡梦中，缴获轻机枪1挺、步枪10支、短枪1支。

由于指战员的英勇战斗，民运队员们艰苦细致的群众工作，港九大队的活动范围不断扩展。初期主要的活动范围是西贡的赤径、嶂上，沙头角的南涌、乌蛟腾，元朗的八乡、十八乡等，和离市区交通要道、圩镇较远的山区。1942

年夏，向沙田地区发展，建立了以观音山、吊草岩一带为中心的基地，迫近了九龙市区。在沙头角地区发展到铁路线上的上水、粉岭、大埔等圩镇。到 1943 年秋，又开辟了大屿山区，并发展到市区敌人的统治中心。随着活动范围的扩展，港九根据地逐步地建立了起来，与惠宝边根据地和宝安阳台山根据地互为犄角。当顽军以优势兵力进攻时，惠阳大队数次转移到港九的沙头角地区，增大了我军的回旋余地。1943 年，总队部的电台一直架设在乌蛟腾附近的石水涧村。我曾数次到港九大队去，代表总队检查他们的工作，对他们的斗争给予肯定。

乌蛟腾会议后，至 1943 年底，我们广东人民抗日游击总队与日伪顽军进行大小 70 多次战斗，原惠东宝根据地已完全恢复，并且向莞太、宝太等公路和港九铁路沿线以及大鹏湾、大亚湾沿海地区扩展，同时建立了港九根据地。我们的部队已经发展到 3000 多人，脱产武装民兵近千人，从而打开了东江抗日游击战争的新局面。

我们之所以能在重重困难中胜利发展，除了军事上力争主动外，大力加强了部队的特别是战斗连队的思想政治工作，也是重要的因素。

乌蛟腾会议后，总队的思想政治工作，也以积极主动的新姿态出现。总队政治部抓了干部的整风学习。杨康华同志调来了很有宣传教育经验的林鹗（林之原）同志，在东莞办了几期整风学习班。后来在惠宝边又由原粤北省委的宣传部部长黄康同志和李光中同志办了几期整风学习班。由各大队抽调干部去轮流学习，从而使干部提高了政策水平，端正了思想，增强了党性。5 月，总队政治部在东莞召开了由各大队负责政治工作的领导干部参加的、全军性的政治工作会议，主要是研究如何深入贯彻乌蛟腾会议的精神，加强部队的阶级教育，加强各大队的政治工作机构，加强连队的思想政治工作。

（原载于《宝安党史通讯》1985 年）

作者简介：曾生（1910—1995），原名曾振声，1910 年 12 月出生于广东省惠阳县坪山乡（现属深圳市龙岗区坪山镇）一户华侨家庭。1935 年参加共产党外围组织中国青年抗日同盟，1936 年当选中山大学师生员工抗日救国会主席、广州市学生抗日联合会主席。同年初到香港当海员，寻找党组织。1936 年 10 月在广州加入共产党，回香港秘密从事海员工运，先后任中共香港海员工会组织部部长、书记。1938 年 10 月遵照党的指示，从香港带领数十名共产党员、工人、学生回到坪山组建抗日武装。组建中共惠（阳）宝（安）工委，任书记。12 月组建惠宝人民抗日游击总队，任总队长，后改称为新编大队，任大队长。1940 年 9 月任广东人民抗日游击队第三大队大队长，后任广东人民抗日游击总队副总队长、总队长。东江纵队司令员、中共广东区党委委员。1946 年北撤山东后任华东军政大学副校长、渤海军区副书记兼副司令员、两广纵队司令员。1949 年 11 月任广东军区第三副司令员兼中共珠江地委书记。1950 年兼任珠江军分区司令员、政委。1951 年任华南军区第一副参谋长。1952 年春率中南军区赴朝学习团入朝，挂职 12 军副军长。同年到南京军事学院海军系学习。1955 年被授予少将军衔、一级独立自由勋章、一级解放勋章。1956 到 1960 年任海军南海舰队第一副司令员。1960 年 12 月任广东省副省长兼广州市市长、广州市委书记。1962 年任中共广东省委常委。1975 年 10 月起，先后任交通部副部长、部长，国务院顾问等职。1982 年当选中央顾问委员会委员。曾任第一、第二、第三、第四、第五届全国人大代表，第四、第五届全国人大常委会委员。1995 年 11 月在广州逝世。

奇袭新塘火车站

郑　戈

情报

1944 年 10 月中旬，邬强奉命由增城调回东纵司令部任参谋处长。北上先遣队由副大队长郑伟灵带领配属独二大队，郑兼任独二大队副大队长留在增城地区活动，派杨步尧任该大队政委。

是年 11 月初，驻守在广州东郊外围据点新塘镇的日军警备队 1 个大队及伪军 1 个团，与广州驻防部队调防。当时接防部队尚未到达，只剩下罗铭伪联防大队近百人。为了进一步发动群众，在增城地区建立抗日民主政权，独二大队的领导研究后决定：抓住新塘镇日伪军调防之空隙，逼迫新塘伪联防大队长罗铭率领部投诚，并夜袭新塘镇据点。独二大队派大队长肖光星由情报参谋许沸腾安排，通过打入罗铭部的情报员宋文波（波仔），迫使罗铭两次到新塘火车站北面梅花地村谈判投诚问题。罗铭当时答应次日晚率部投诚。待到次日，调防新塘的日伪军部队已到，他便改变主意，拒绝率部投诚。为此，我建议独二大队领导另作决定：消灭离新塘 4 公里的火车站伪军 1 个连和广州日军警备队设在火车站的物资供应站，迫使永和圩日伪军据点撤退，以巩固扩大游击区，建立民主政权。经大家一致同意后，决定由我亲自去侦察新塘火车站的敌情、地形，以便部署战斗，务求必胜。

侦察

在情报参谋许沸腾的引领下，伪装成永和圩伪警署人员的我和突击队长吴晃、战士王闰一行 4 人，在一天上午从永和圩出发，沿公路到达新塘火车站。我们在火车站旁检查哨前的摊贩档入座，叫来酒菜、炒粉等食物，一边吃，一边凝视观察车站周围的地形。当时刚好对面座上有一艳装女人。许沸腾细声告知我和吴晃两人，此女人便是日军供应站站长阿南中佐的女佣兼翻译。我们要进火车站内侦察和见阿南中佐，须经过此女人转达。我示意许与该女人攀谈。许即请她过座同吃炒粉，并向她介绍身穿黑香云纱、胸佩伪警署圆形证章的我，是新由广州派到永和圩警署的专员，吴晃是永和圩伪警署的帮办，手拎提包的王闰是随员。许接着说："现因有一批木炭准备卖给供应站，想进火车站内与阿南中佐洽谈，请代为转达。"但这女人只动动眼皮，只管抽烟、饮茶、吃炒粉，不甚理睬我们。许沸腾这位熟悉新塘地区敌情的情报参谋，灵机一动，随即掏出一摞储备券（当时汪伪政权在沦陷区发行的货币）塞到她手里，说声："请多帮忙!"这个见钱眼开的女人，立即起身要我们稍候一下。不一会，她从火车站内走出来，对岗哨说了几句之后，就领着我们进入火车站。我们在通过岗哨到阿南办公室的途中，走得很慢，大家都很沉着地以非常敏锐的眼光，环视站内的地形、伪军的简易营房、物资仓库、供应站办公室等。按事前约定的暗号，我以丢掉手中烟头的方向，暗示为车站铁路南面突破地段的位置。我并向吴晃、王闰细声布置从突破口剪断铁丝网后，突击队分别向伪军营房和火车站突击的行进路线及战斗任务。这一侦察行动，在短短六七十米行程内完成。唯有离火车站后百余米外山坡上伪军的军士哨未能观察到。我们进入阿南办公室内，翻译盘问了几句后，就将一位 30 岁左右、身体健壮、戴眼镜、个子不高、身着军装、神气十足的阿南中佐请出来见面。许沸腾通过翻译，向阿南介绍了我们的身份。我随即就同阿南大谈木炭生意经，其他同志则细心观察室内的地形和设置情况。分手时，相约过几天就担木炭样品让阿南定价。我们心想：再过几天就要捉你上油麻山去了！由于我们沉着镇定，谈吐大方，阿南毫无疑心。在阿南办公室走出火车站的途中，我们再次反复观察站内及附近的地形、敌情。走出火车站之后，我们就沿着往新塘镇的公路走去。途中，我们巧遇驻火车站伪军的1个采买上士和1个挑箩伙夫去新塘买菜，我以敬烟之机同这两个伪军边走边交谈，从中了解到该连伪军实际兵力只有五六十人，连长常夜宿新塘，只有副连长常住营房。这两个伪军自信游击队不会打新塘，因为北面9公里有永和圩日军防守，东面10余公里的仙村还有日军据点。他们大谈“当兵食粮不卖命”的道理。为了报答这两个伪军在闲聊时为我们提供了情报，走到新塘镇后，我请他们上茶楼饮茶。从茶楼出来后，我们又在新塘镇内侦察了日伪军的各自驻地及其岗哨布置等情况。返回途中，我们又选择了阻击新塘镇日伪军增援火车站的设伏地点。为了摸清夜间敌人的活动情况和我们夜袭火车站的行进路线，当天深夜，我们从火车站北面数里的乌鸦塱村出发，经火车站两侧通过铁路，摸到预定剪铁线网的突破口，侦察了火车站内敌人活动情况，最后还确定了设伏新塘援敌的位置。

部署

侦察任务完成之后，独二大的几位领导听取侦察结果报告和战斗打法的建议，最后研究决定：采取夜间长途奔袭，出敌不意，突然袭击，速战速决的打法，以迅雷不及掩耳之势，消灭新塘火车站伪军1个连，活捉日军站长阿南中佐。为此作了具体的战斗部署：以郑伟灵、杨步尧大队配属独二大队周应芬手枪队为主力，担任消灭新塘火车站之敌；独二大队陆仲亨中队配属爆破参谋陈清，带领谭维爆破班，在新塘至火车站之间地段，埋地雷设伏阻击新塘镇增援之敌；卓觉民率领自卫中队担任后勤工作；宋刚独立小队为预备队；大队部指挥所设在乌鸦塱村附近右侧的小山坡上。突击火车站的战斗由郑伟灵、杨步尧负责统一指挥，要求行动秘密，突然袭击，神速歼敌。并部署突击火车站，组成吴晃和周应芬2个突击队，吴队负责消灭伪军，周队负责活捉阿南中佐。

奇袭

战斗部署和动员完毕后，部队由距新塘20余里的油麻山石迳村出发，利用黑夜作掩护，由禾塱村支书卢章容带路，前进到乌鸦塱附近一山坡处。等到夜深时，各路部队已分别从火车站两侧秘密接近敌人。当各路部队都已进入预定地点，敌人仍完全没有发觉我们的行动。吴晃队和周应芬队接近敌人火车站铁路南边的铁丝网后，我也同时到达，确定了剪铁丝网的具体位置，随即下令剪铁丝网，拉开突破口。突击队的战士们在吴晃、周应芬的带领下，勇猛迅速地通过铁路，分别向日伪军的驻地冲去。这时，伪军堡垒的哨兵发觉了我们，向突击队连打两枪，突击队两位战士神速地冲进堡内，生俘了伪军哨兵。顷刻，两个突击队勇猛地冲进日伪军驻地。周应芬带领手枪队员曹敏、黄永福、颜财等八九人，冲进日军阿南中佐办公室，当时阿南身着军装，正要拔出指挥刀妄图抵抗。周应芬迅速地用驳壳枪指住阿南，命令其投降。曹敏一个箭步上前，快速夺下阿南手中的指挥刀，并立即押着阿南中佐、翻译、女佣等走出火车站办公室。我们一枪未发，便将阿南中佐俘虏了。在这同时，吴晃、叶振良、黄彪、冯浩等人带领的突击队冲入伪军营房。伪军们还在睡梦中，又是一枪未发，副连长以下的20余名伪军，个个身穿底衫裤，束手被俘。突击队缴获长短枪30余支和弹药一批。此时，山坡上的敌军哨所，凭借工事用轻机枪向突击队猛烈射击。我突击队的机枪立即还击，毙伤伪军10余名。为了避免新塘镇及永和圩之南北敌人增援夹攻，我果断地下令撤出战斗。突击队撤离时，焚烧了日军仓库的物资和伪军的简易营房。顿时，火光冲天，烟雾弥漫。突击队的政工人员，向被俘伪军作短简教育后，全部就地释放，只将阿南中佐、翻译、女佣带走。战斗全过程只用了半个多小时，达到了出敌不意，突然袭击，速战速决，消灭敌人，我无伤亡的作战目的。

诡计

狡猾的阿南中佐，初则不肯走，后则慢走，并暗中沿途捏碎香烟撒在路上，为天亮后新塘日伪军出去追击作引路标志。押解俘虏的同志由于无经验，疏于注意阿南此举动。果然，在次日上午，新塘日伪军七八百人，沿着撒烟丝的路，向我们发动进攻。我们的主力撤到油麻山石迳村后，迅速向油麻山东侧禾塱、均和圩地区转移。另派出黄生班小分队阻击敌人。全班遭到日军炮火猛烈轰击，光荣牺牲。激战到下午，日军未能救回阿南中佐，扫兴撤回新塘圩。

建政

奇袭新塘火车站，消灭伪军 1 个连，俘获日军站长阿南中佐的胜利，威震广州和整个增城地区。数天之后，永和圩日军据点被迫撤回新塘，我们收复了永和圩，增城游击区扩大巩固了。群众欢天喜地热情慰问部队，数百名群众愤怒地围观阿南中佐。这个平时神气十足的侵略者，此时却颓丧地耷拉着脑袋，惊恐万状，宛如丧家之犬。这是群众初次见到活捉的侵华日军军官，真是大快人心。不久，女佣经教育后释放返回广州，翻译和阿南中佐送交东纵政治部敌工科进行教育。后来阿南有悔悟之意，参加了日本人民反战大同盟。日本投降后，被遣送回国。阿南中佐是东纵俘获的日军高级军官之一。

1944 年 12 月初，在永和圩成立了增城县第一个抗日民主区政府。千余群众热烈参加了成立大会，任命方觉魂为区长，罗伯章为自卫大队长，卓觉民为副大队长。与此同时，东纵第四支队也在永和宣告成立，蔡国梁任支队长兼政委。从此，增城地区抗战进入新的阶段。

［原载《勇赴国难——郑戈（郑伟灵）回忆录》，中共广州市荔湾区委老干部局印制］

—•—◆—•—

血战植地庄

胡嘉卫

1944 年上半年，活跃于禺南地区的广游二支队新编第二大队在取得了生擒广州市郊汉奸“八老虎”和出击新造、市桥等一系列的胜利之后，为了进一步发展大好形势和配合兄弟部队的战斗，决定第二次出击汉奸李塱鸡的老巢——市桥。

7 月 24 日晚，部队经过战斗动员，向市桥方向运动。适逢刮过台风，下过大雨，市桥以北的主要道路被水淹没，无法通行，部队只好撤到植地庄暂时隐蔽。

植地庄在市桥西北 7 公里处，与里仁洞毗邻，是一个群山环抱的小村庄。村庄的西面是葫芦岗、长岗，往南是塔沙岗，东面是白虎岗、燕子岗，后面是松岗。山上长着杂树，庄的周围是竹林，形成一道藩篱。

正当部队撤到植地庄隐蔽、伺机出击的时候，一个暗藏的汉奸向敌方告了密。7 月 25 日，驻广州市郊石榴岗的日军 500 余人，在指挥官吉田的指挥下，于 26 日拂晓前将植地庄包围。情况紧急，大队政委郑少康和大队长卫国尧命令副大队长卢德耀带领 1 个机枪班占领村后高地掩护部队撤退。中队长何达生带领 1 个班坚守村庄抗击敌军，保护群众。郑少康、卫国尧、李海及黄平等同志分别率领部队突围。

郑少康和卫国尧率领大部分队伍向西南方向突围，冲了出去。但当突围队伍通过沙塔岗下一片比较开阔的地段时，遭到占领了长岗、燕子岗和白虎岗的敌人猛烈的火力扫射，指导员黄杰等多人当场牺牲。卫国尧同志当时身患疟疾，一边指挥机枪手卫富射击一边撤退，在翻越沙塔岗时不幸中弹牺牲。卫富继续向敌人射击，不幸又中弹牺牲。郑少康率领大部队伍，最后穿越了敌人的火网，冲出包围。

坚守植地庄的战士，在中队长何达生的指挥下，与本村民兵及群众相结合。利用村落小巷纵横，闸门又多，村的周围又有厚厚的土墙，墙上还有许多不同射角的枪眼等有利地物，誓死坚守，战况激烈，打得十分英勇。

战斗一开始，敌军以三路纵队的队形跑步冲向村来。在此紧急关头，何达生马上端起机枪向敌群扫射，一下子打死了十多个日军，打退了敌人的冲锋。之后，敌人多次发起冲锋，均被何达生率领的当时留下来的植芸、黎明、陈耀祥、陈细九、黄贤、曾九和孔联等 7 名战士利用村口东、西两个门楼和复杂特殊的地物英勇击退。后来敌人发炮轰击，有民房中弹着火，还有一道高墙被轰塌，敌一个军官带着一群敌兵冲了进来。何达生除了动员村民灭火外，沉着冷静地等敌人走近时，突然以机枪、步枪和手榴弹猛烈反击，将敌军官和数名敌兵击毙，打退了一次最危险的进攻。战斗一直相持至下午 4 时，敌人始终无法进村。眼看夜幕快要降临，害怕夜战的敌军又恐遭我外围部队袭击，匆匆抬了几十名伤兵和死尸撤退。是战共毙伤日军 70 余人，何达生等 8 人前后打退了敌人 8 次冲锋，守住了植地庄，掩护了大部队突围，保护了村民的安全，受到了广泛的赞扬，被称为“植地庄战斗八勇士”。他们的英勇精神，大大鼓舞了禺南军民的斗志。他们的英勇事迹在当地群众中广泛传颂，至今不绝，赢得了后人的敬仰。

（原载《珠江滚滚》，广州地区老游击战士联谊会珠江纵队分会编印）

通讯兵在五桂山

伦永谦　青　山　黄　梅

1943年，在南番中顺游击指挥部统一领导下，珠江三角洲及中区抗日武装斗争迅速发展。指挥部从禺南转到中山五桂山后，部队日益壮大，开创了新局面。遵照中共广东省临委和军政委员会的决定，派遣主力武装开辟云雾山区抗日根据地，并决定从东江纵队电台派出参加第一期报务训练班的吴文辉、李子芬（他们二人是中山派去培训的）、余绿波三位学员，以及伦觉（伦永谦）等到广东人民抗日游击队中区纵队，建立电台。伦永谦等到达中区纵队后，首要的任务是建立电台，准备随部队挺进粤中。

伦永谦同志第一个到达五桂山区，其主要任务是与东纵司令部总台联络，并抄收延安新华社新闻电报，供部队领导参考。伦永谦到达时准备装机建立电台，当时想从部队缴获的战利品——收音机中取其零件组装收发报机，可是打开机器一看，全是采用交流电。部队经常流动，且无电源，不适合游击队使用。没有建台的通信器材怎么办？于是领导决定派伦永谦同志前往澳门购买。

从五桂山区去澳门，需要经过日军岗哨严格检查，非常困难。要采取秘密行动，伦永谦同志只好化装成一个商人，由一位女交通员带他走出山区，越过平原，搭上自行车尾架，经过日伪军层层关卡盘问，终于抵达澳门。在澳门地下党组织的协助支持下，购买了建台之零配件，并多准备了一些备用配件。当他完成任务后，领导指派了武装在澳门边境处接运护送回五桂山。

伦永谦同志被任命为电台台长，吴文辉同志为指导员（兼电台机务工作）。买回了零件，伦永谦与吴文辉两人紧张地装配收发报机。装好机后，余绿波和李子芬也从东江纵队调来五桂山电台。由于形势发展需要，又从部队及地方党组织挑选了一些同志到电台学习和工作，有张健、曹水、杨铭、汤建平、黄磊等人。这些同志都是经过部队和地方党组织认真审查才到电台学习的。此时成立了学员班和摇机班。学员班同志除了学习报务外，还要给摇机班的同志上政治课和文化课。摇机班的同志文化水平低，但都是从连队中挑选表现比较好的同志来担任，需要在政治上和文化上关心他们，帮助他们进步。电台建起来之后一共有 17 人之多。

1944 年 10 月在五桂山槟榔山一个华侨住宅楼下的一间房子里，架设好天线，收、发报机开始进行工作了。第一次就收到从革命圣地——延安新华社发出的非常清晰而又漂亮的电讯新闻。我们将这些电讯新闻及时送给领导，从此我们听到了党中央的声音。

根据上级指示，我们电台的任务主要是建立联络电台和新闻台，联络台与广东军政委员会联络，新闻台主要抄收新华社电讯。现在新闻台建立起来，联络台工作碰到困难，由吴文辉组装的发报机由于天线和发射机输出的部分不匹配，我们只能收到东江电台的呼叫讯号，但东江却听不到我们的讯号。有一次，东江回答：“已听到。”后来我们日夜抓紧试验发射机呼叫“东江”……

由于形势发展需要，中区纵队一部分部队要挺进粤中，开辟新的根据地。至此，初生的电台也跟随部队离开五桂山，接受新的任务。

（原载《珠江滚滚》，广州地区老游击战士联谊会珠江纵队分会编印）

作者简介：伦永谦（1924—2017），香港人。1938 年参加香港学生赈济会、抗日民族解放先锋队，1939 年加入中国共产党。1942 年参加东江游击队，在东江纵队司令部工作。1944 年派往粤中人民抗日解放军，1947 年在新华社香港分社工作，1948 年在粤赣湘边纵队司令部工作。1949 年在南路军分区司令部三科、湛江市军管会交通科工作。1951 年后先后在湛江建设局、建委，广东省城建局、建委工作。

作者简介：黄梅，女，广东中山县石岐人，1927 年出生。1942 年参加中山游击队妇训班。1944 年加入中国共产党，任珠江纵队文书。1945 年初调东江纵队电讯班学习，结业后留在东江纵队电台工作。1945 年 12 月奉调香港从事地下电台工作，1949 年调回中国人民解放军粤赣湘边纵队配合南下大军解放广州，之后在华南分局机要室工作。1950 年底调中央办公厅机要局工作。1978 年从中央办公厅五七学校调安徽医学院组织部工作。1981 年调广州市档案处工作（现广州市国家档案馆）。1983 年底离休后，服务于广州地区老游击战士联谊会。

坚持斗争，夺取胜利

——记东江纵队一支队在日寇投降后在蒋管区的斗争

鲁　风

为便于统一领导、统一指挥，于 1945 年 2 月将活动于路西地区的五个大队共千余人的部队编成东江纵队第一支队，支队长为黄布，政委为陈达明。将这一地区的五个区人民政府组建为路西行政督导处，督导处主任为谭天度，副主任为何鼎华、王士钊。

1945 年 8 月，在抗日战争最后阶段，东纵领导决定抽调第一支队全部主力由支队长黄布、政委陈达明率领挺进粤东开辟新根据地。

当时我是东纵第二支队副支队长，于 1945 年 3 月率黄锡良、黄固大队、张苞独立中队在东江河桥头至石龙两岸活动，主要任务是袭击日军由石龙至惠阳的水上运输，以及盘踞在马西、绿兰之李潮、大鸡六伪军，保证我军江南江北人员来往和物资运输畅通。1945 年 8 月上旬末的一天中午，我接到东纵领导调我到第一支队任副支队长的命令，并指示不必到坪山二支队去办手续，持命令立即兼程赶到路西找何鼎华、古道报到。于是，我只带了两个警卫员，当天就从大洲出发，在横沥火车站附近通过日军封锁线，经两天行军到达犀牛坡，见到了何鼎华同志。

何鼎华同志在一间阴暗的小房子里热情地接待了我，第一句话就说：“你来得正好！”

我问：“情况怎么样？”

何说：“日本鬼子 9 日已经宣告无条件投降。今天是 12 号，黄布他们已把主力全部带走，我们目前唱空城计了。”

我问："那怎么办？"

何说："上级指示我们重起炉灶，组织新班子。我兼任支队长，东莞县委书记古道同志任政委，新一区区长赵督生同志任政治处主任，你任副支队长。谭天度同志调走，我还担任督导处主任，我的精力主要管政权。我们三个同志都没有做过军事工作，因此军事上主要由你牵头了。"

我问："支队部现在在哪里？有多少人？还有多少部队？"

何说："支队部机关一个人也没有。部队只有各区政府、莞樟线、莞太线特派室的队伍还有区中队及基干民兵。"

我问："古道、赵督生同志他们现在哪里？"

何说："他们正在原单位办接交手续，几天内即可到任。"接着我们又谈了一些其他问题。

何走后，我本来想休息一下，但怎么也安静不下来，心里焦急地思考着怎样担起这副担子，完成党交给自己的任务。

二

1945 年 8 月 15 日，日本天皇正式宣布日本无条件投降，路西区的形势便急剧变化。原躲在大后方的国民党反动派急不可待地要摘桃子，他们派出了众多的大员纷纷到大小据点与敌伪接头。由于其正规军还在大后方，于是他们一方面指令日军集结坚守东莞、石龙、虎门、南头、深圳等据点，拒绝向东纵投降；一方面收编伪军李庆部 200 余人进占东莞县太平镇至南头公路线上的锦厦，伪军陈培部 200 余人占据宝安县之沙井村新侨村，并着令顽军保安团徐东来千余人及收编土匪肖天来部 300 余人分别进驻东莞县之大朗、樟木头，宝安县之龙华，与东纵对抗。这几股土匪顽军，像饿狼出窝，在其驻地四出抢掠，鱼肉百姓。人民群众还未来得及享受抗战胜利的喜悦，就又遭此蹂躏。大家无不义愤填膺，纷纷要求东纵为他们除害。

在短短的几天内，我们废寝忘食，夜以继日，总算把支队部机关、两个主力大队、两个县大队、一个重机枪中队、一个警卫排、一个武工队、一个后方临时医院组织起来了。

支队领导机关是精干的，司令部缺参谋长，只有作战参谋卢克华、黄林，情报参谋刘浩，参谋王实；政治处主任赵督生，组织干事方向，宣传股长陈化，文化教员叶之柏，军需处主任贾华，并下设有几个干部；重机枪中队队长莫志强，政指祁标，警卫排长罗建。

一大队：以莞大线特派室的队伍及水乡武工队为基础组成，以该特派室军事特派员莫浩波、政治特派员史明分任大队长、政委，下辖黄加中队、陈柏森中队，每个中队约百人。

二大队：以莞樟线特派室的队伍和何清大队留下的一个中队为基础组成，以该特派军事特派员黄介、政治特派员吴江分任大队长、政委，下辖于水中队、祁和中队，每个中队约百人。

东莞县大队：以新二区区中队、新建的厚卫常备队、起义伪军一个中队和新入伍50余名贫苦农民组成，以李桂平为大队长，陈德和为副大队长，李植光为政委。

宝安县大队：以邱伯寿为大队长，邓汀为政委；郑珠明10余人的武工队，在南头、深圳一带活动。

受降通牒发出后的结果：日军说按国民党方面的广州行营张发奎司令长官的命令执行；而伪军方面有了国民党特务头子陈策、翟荣基为后台，又挂起了被收编为国军的公开番号，更是嚣张，胡说什么东江纵队是“土匪”，国军回来要消灭他们，并积极蚕食我根据地边沿地区。

我们决定给敌人以回击。9月初我们动员民兵，配合部队先把分散而又比较孤单的敌伪武装，及在宝太线之黄松岗、西乡等据点的伪军伪乡公所拔除，然后转到莞太线活动。

9月下旬，我们以多于敌10余倍之兵力，围攻莞太线赤岭刘发如匪伪一个中队。由于我们部队新组建，又缺重火器，从早晨到下午都没有攻下。敌人龟缩在炮楼上顽抗，后在莞城和厚街敌人两路增援下，我们被迫撤出战斗。从这次消耗战中，我们深深感到，新组成的部队，未经过训练，打攻坚战是不行的。

我建议把部队开到金桔岭整训。支队几位领导同志研究后同意我的意见。于是我们把莫浩波、黄介、李桂平三个大队集中在金桔岭，以总结赤岭战斗教训为背景，进行为期半个月之整训。在整训中加强时事教育，提高部队对时局的认识，奠定坚持斗争的思想基础。

为了形成拳头，我征得莞大政委李植光的同意，从莞大调出两个中队，给莫浩波、黄介大队各补充一个中队。李植光从全局出发，把两个最好的中队调了出来。

经过半个月整训，军政素质有所提高。10月下旬，我们集中全部力量，进攻侵占东莞县锦厦村的李庆伪军。锦夏村村后的高地，在千米半径内是最高的小山头，可俯瞰四周。村前是鱼塘，村南是海边的滩涂和沙田，易守难攻。但敌人刚进村，脚跟还未站稳，还有些部队在海边向村中运动。抓住这一时机，我命令黄介大队正面攻击，莫浩波大队和民兵从南北两侧包围，重机中队以火力掩护，莞大为预备队。从拂晓到黄昏前一小时左右战斗结束，全歼李庆伪军百余人。缴获：轻机枪两挺，掷弹筒两个，长短枪近百支。

战斗结束后，我们在霄边召开庆功大会，总结战斗经验，表彰作战有功人员。

宝太线区长万明同志代表区政府和人民，带着慰问品前来慰问。万明区长从战斗准备，动员民兵，一直到亲自率民兵参战，给部队以很好的印象。

内战迫在眉睫，为了动员路西地区人民备战，我们于11月初旬，在连平圩召开了民兵检阅大会。参加受阅的武装民兵有5个大队共1000余人。会议由古道和赵督生同志主持，到会者还有区委书记李植光、区长万明、黄华等同志。

经过锦厦庆功大会、民兵检阅大会，全区军民斗志昂扬。我们借此时机，将部队转移到宝安县，围攻盘踞在新桥、沙井的陈培伪军。这两个村庄相隔不远，唇齿相依，庄前是稻田，庄后是海边滩涂和蚝田。陈培是沙井人，其士兵也多为这一带人，对地形颇为熟悉，且筑有较为坚固的工事。11月上旬，我们集中了三个大队，还从各地动员近千民兵，数门滑膛土炮，浩浩荡荡地将这两个村子包围了起来。开始进攻时，在土炮、掷弹筒、轻重机枪的火力掩护下，部队迅速接近了伪军前沿，并占领其部分工事。三天后，陈培被迫撤离了其多年经营的老巢，趁黑夜逃窜海上。遗下部分粮食和军用品，为我们缴获。

在我军胜利的震慑下，国民党保安团长徐东来，国民党收编的土匪大队长肖天来见势不妙，迅即率部缩回铁路以东的清溪、塘头厦、沙湾一带。至此，路西地区除日寇驻守的东莞县城，虎门、太平镇、石龙镇、南头、深圳外已无敌伪。根据地抗日军民普遍情绪高涨。也有部分群众，由于受国民党反动宣传影响，对共产党能否长久将信将疑。为了打消群众顾虑，我们普遍召开群众大会，庆祝抗日战争胜利，揭露国民党打内战的阴谋，指出胜利的果实是属于人民的。并动员数以千计的民兵到新解放的地方游行示威，没收敌伪财产，对大的敌伪据点进行干扰性袭击，扩大我党我军影响，增强人民群众胜利信心。

11月上旬是广东的晚稻收割的季节，晴朗的天气较多，但有时寒流早达，也不时出现阴霾，甚至酝酿大雨。当时的时局也恰似这气候一样，我们应该未雨绸缪，做好艰苦斗争的准备。

我们支队领导在一起讨论形势时一致认为，不论全国形势怎样好，在这里是必打内战，路西这块“肥肉”国民党是不会愿意落在我们手里的。因此，决定充实部队，提高质量；巩固山区老根据地；储存物资；整顿后方医院，疏散人员，将重病、彩号转到安全地区。

11 月中旬我们把部队移驻观澜圩、公明圩整训，同时帮助群众抢收晚稻，协助地方同志征收公粮。

同时派东莞县组织部部长王培、支队政治处组织股股长杨帆，江南指挥部派参谋彭飞（迟到），召开莞太线老区、中心区委会议，到会的有李植光、黄华、刘清、万明等区委主要领导。五天会议重点是讨论解决在日本投降，国民党打内战的新形势下，如何坚持斗争的问题。

在会上积极坚持斗争和消极等待北撤或分散去香港隐蔽的两种思想斗争相当激烈。李植光等同志坚决主张斗争。会后，他亲自率部消灭伪护沙队十余人，俘护沙队队长方淦，缴获长短枪十余支；在桥头、河田等乡征集公粮四五百担；整顿武装，安排潜伏做秘密工作人选（建立地下联络站），从思想上物质上，作了坚持长期斗争的准备。

二

消极抗战、积极反共的国民党政府在美帝国主义的支援下，把远征缅甸后驻扎在西南大后方的正规部队，通过粤境经九龙由美国舰船海运秦皇岛、青岛、烟台等地，再转运东北、华北、华东各战场打内战。广州行营主任张发奎趁过境北运之国民党新一军、新五军、十三军、五十四军驻防广九铁路沿线候船待运之机，发动了对我路西地区进行所谓填空格式的进攻，企图将我东纵第一支队全部消灭。

1945 年 12 月中旬，支队司令部情侦参谋刘浩报告：张发奎利用借境暂驻防在广州至石龙段的李弥新五军，暂驻防石龙至深圳段的石觉十三军，巡逻封锁铁路沿线，防止我们向东江河以北、广九铁路以东突围。还以广东军一五九师刘候武部驻防莞门、太平镇一带，防我从珠江口突围。以新一军孙立人部贾幼伟师、李雄师配属保安团徐东来，土匪肖天来大队等，按五万分之一的军用地图的每个小方格进驻小分队，然后逐村庄逐山头进行“清剿”。

我和古道、赵督生同志认真细致研究分析这一情报，认为情报来源比较可靠，国民党军队已按情报说的那样部署基本就绪，而且敌人是过境部队，行动时间不可能长。于是我们决定：支队部率两个主力大队立即向路东突围，莞太线大队、宝安县大队和区乡政权人员分散隐蔽，掩埋军用物资，动员群众，坚持合法斗争，待锋芒过后，再重新杀回来，搅它个天翻地覆。

12月21日黄昏，支队部和莫浩波、史明大队从公明圩出发，经梅塘、长山口、黎贝岭、大坪向路东开进。当晚22时许在指定的联络地点未见派往黄草朗与黄介、吴江大队联络的人回来，故临时决定：莫浩波、史明大队经燕山围、交乙塘继续向路东突围。支队部率警卫排30余人，于牛眠埔村宿营，等待黄介、吴江大队。

22日是冬至节令，广东人民有宰鸡杀鸭过节的习俗。这天早晨5时部队吃完饭后，便沿村后的山沟向黄浪渡头转移，天亮时就地隐蔽。凌晨起不时听到稀疏的枪声，开始我还以为是冬至节群众放的爆竹声。9时左右从村子里逃出来的群众向我们报告说敌人约在8时左右进入村庄，所有路口都被封锁，有外出的人便放枪射击。中午时分，瞭望哨报告：在支队部周围千余米的制高点均已被敌人占领，现已开始搜山，正在迫近支队部。我与古道、赵督生同志紧急讨论，决定分三路突围。古道同志是东莞县城人，对中堂、望牛墩、道滘水乡一带情况熟悉，他带10余人西向黄冈圩、鸡啼岗突围；赵督生同志带10余人向交乙堂、石鼓圩突围；我带10余人东向宝山、樟木头之羊凹通过敌人封锁线直接突围到路东。大家立刻分头行动。

我带范官友、庄锦、王南等人沿着山沟山麓的树林草丛向东北方向缓慢而警惕地搜索前进。于下午3时在地公墩、简头村附近通过山谷小道时被敌人发觉。敌人先射击，我们边还击边跑步进入前面的小丛林。爬到宝山南麓斜坡的草丛中，回头仍见敌人在后面追来。这时我身边只有范官友一人，而我的体力不好，无法再加快速度。正在危急的时候，情急智生，把挂包里的钞票散到路上。趁着贪婪的敌人忙着抢钞票的时候，我和范爬到了另一条山沟的小洞子里。我对范说敌人不发觉，不要开枪。敌人搜了一阵子，没有发现我们，只好回去了。太阳西沉，我们走到简头村里，老百姓说："铁路线封锁很严，到处有兵把守，今晚过铁路不行。"我二人被迫向西南折回大钟岭，宿在松林中，以地瓜和甘蔗充饥。25日深夜我回到老家，见到分别多年的母亲，她又惊又喜。她告诉我：敌人天天都来村里盘问是否有共产党，要保长交出你来，你趁机快走。并要我把藏在草堆里的那两个女同志带走。那两个女同志一姓叶一姓陈，是支队部的文件运输员，在牛眠埔敌人搜山时被冲散，是群众把她们送到我家里来的。我们化装成农民沿沙河北岸西行到溪头村附近，遇到警卫排长罗建。罗建说22日那天，走到黎贝岭附近时与敌人遭遇，边打边走，在虾公岩时只有他和周仔二人跟随赵主任。赵主任带周仔在孖寮隐蔽，叫他回这里隐蔽，然后到路东。听了他们的汇报，我便叫他把散失的人员收容带到路东。

29日我和范官友仍化装成农民，由我村农民刘庆深带路，混在往清溪圩赶圩的人群中，通过铁路线。在清溪圩找到了黄克，由他带我到约场，见到江南指挥部指挥员卢伟如、政委王宇，向他们汇报了路西突围情况。他们指示：莫浩波、史明大队调出给七支队；我把黄介大队整顿，待机重返路西，坚持斗争，若需要部队加强时，准备从二支队拨去。我去曾司令那里去，看他有什么指示。

在马栏头我见到了曾生司令员，他满脸笑容，第一句话就说，你们胜利了。敌人费尽了九牛二虎之力，企图将你们一网打尽，但他们的计划落空了。他听完我的简短汇报，指示说：认真总结经验教训，保存力量，争取北撤，并作长期斗争的思想准备。具体问题按江南指挥部的交代执行。

1946年，刚过元旦几天，听土桥头的群众说，在火草洞附近，驻有从路西过来的部队。我猜测很可能是黄介、吴江他们。我便着人给黄、吴捎去一封信，命令把部队移往三峰。

在三峰我见到黄介、吴江和部队同志，心情十分高兴。

我问：你们怎么样过来的？

答：21日刚接到转移到路东的命令，22日凌晨部队在松木山，便被敌人包围了。好在我们对这一带的地形非常熟悉，就趁黑夜突围了出来。白天我们在附近山头上隐蔽，天黑便向屏山、水口转移。但在路上又同敌人遭遇上了，互相打了一阵枪，后来我们绕经黄冈圩、宝山南麓从羊凹过铁路便到达这里。

这次行动全支队共伤亡了10余人。

三

蒋介石急于北调大批军队往东北、华北、华东接收敌伪财产，抢占交通要道、战略据点，扩占地盘为打内战作准备。因此广东“填空格”的锋芒很快就过去了，形势有所缓和。但暂时的缓和不过是残酷斗争的前夕。1946年元旦至春节的这段时间里，我们充分利用这一缓和的空隙整顿部队，准备重返路西。当时路西区的情况是敌人仍以一个正规师一个保安团对我们进行“清乡”“围剿”，建立反动区乡政权和保甲制度，使我们以血的代价建立起来的抗日民主政权、群众组织、民兵等基本上遭到破坏。

敌人“填空格”对我们部队没有“填”出什么名堂，就恼羞成怒，对群众施行白色恐怖，大搞所谓“清乡自首”运动。凡是参加过东纵的人员都要登记自新，否则杀头。而登记的人员政治上则受歧视，人格上被侮辱，经济上被勒索。

1946年元月末，我率黄介大队从火草洞出发经浮岗、长山围于林村与樟木头之间通过铁路封锁线，露营于长山口村附近山头。白天我们派人化装成老百姓到村里找人联系，群众不敢接近我们，个别年长的要我们赶快离开。一整天部队隐蔽在山上，啃点炒米喝点凉水，好不容易才挨到黄昏，部队只好继续向梅塘、新陂头开去。到了这一带，我们部队驻扎在村子里，开展宣传工作，揭露国民党消极抗日、积极反共，抗战胜利后，又企图独霸胜利的果实，挑动全面内战的反动阴谋。楼村、镇美、迳口等村经部队几天的宣传活动，群众的情绪稍有好转，可是由于原来的基层骨干有的被杀，有的逃走，不少人仍处于观望动摇的状态，因而一时间难于将群众组织起来。

几天以后，我得知邱伯寿、邓汀大队，李植光、陈德和大队仍坚持在原地活动。李植光那里的公粮、经济供应还有点办法。但莞太线沿线驻有国民党一个师的正规军，部队准备到宝安县乌石岩、龙华一带活动。

2月初，国民党的正规军和保安团包围迳口村我部驻地，我们被迫向白花洞撤退，在蠄蜍石、吊神山展开战斗。我们部队占领有利地形，居高临下，敌人在猛烈的火力掩护下向我部仰攻，稍受我火力射击便停止，再重新组织火力掩护攻击。黄昏时分，敌人集结，我们部队便转移到大坪村西南的山上露营，着人到大坪村与叶创取得联系。部队在山上隐蔽了两天。而敌人当晚则在观澜圩宿营，翌日又在大湖新围一带对我军继续搜山“追剿”。

经过10来天的活动，部队十分疲劳，弹药奇缺，于是我们决定把部队转到路东休整。部队经塘贝、石马到达路东三峰，并与二支队二大队黄克取得联系。由于敌人正准备在路东区进行“填空格”，情况十分紧张，因此，我们采纳了黄克的建议，把部队转到青塘。

那天在青塘，部队刚吃完早饭，正准备上山隐蔽，派出在东南面的军士哨就与敌人的搜索部队接上火了。于是部队迅速向东面的大山疏开，断断续续打了一天，到黄昏时分各自收兵。晚上部队经过南坑约场转到银屏咀的大山后面隐蔽休整。第二天，我们派出一个中队在清溪至龙岗公路北侧设伏。民主政府的路东新三区区长张松鹤同志也随我们伏击部队行动。9时左右在公路上只见敌人车辆运输繁忙，人员零零星星，一个班一个排一个连地东来西往络绎不绝。其中有的士兵还挑着鸡，牵着牛，赶着猪，最有趣的是把磨盘大的年糕用竹竿穿起来抬着走。张松鹤区长说，这可能是昨天青塘战斗中敌人的“战利品”吧。我说，待全国胜利后，这是你这个画家的好题材。他当即取笔画素描，几笔就把国民党军队乌合之众丑态的嘴脸勾画了出来，惹得大家当场大笑。张松鹤说，全国解放后我一定重新搞我的本行。张现在是北京画院雕塑专家，曾创作了毛主席头像和人民英雄纪念碑上敌后游击战的浮雕，但不知上述题材可曾创作过。

在清龙公路伏击的部队因故未能打响，便撤回火草洞。部队在火草洞休息一天，黄介大队补充了弹药。中午时分，国民党的飞机在火草洞后面的大山峰上转来转去，可能是侦察。据群众报告，敌人在清溪圩集结。我与黄克、黄介、吴江等同志商量，认为敌人已发现我们的行踪，决定部队转移到铁场、黄泥塘。

在黄泥塘，交通员带来了江南指挥部的指示。“江指”着令我率黄介、吴江大队，黄克大队，黄锡良、欧阳洪大队迅速返回路西，以牵制正在路东进行“填空格”的敌人。根据指示我们迅即派人到小三洲、西坑与黄锡良联系，要他们到黄洞沥一带集结。派出的人员刚去不久，从松元下方向传来了枪声，敌人又跟来了。我即命全部队向杨梅坑后面的大山疏开。为提防敌人从后侧包围，令黄克派出一个中队抢占走马松制高点。敌人进入火草洞新围以猛烈的火力射击，敌机发出尖锐的怪声从我们的头上飞过，随着是迫击炮射击，但弹着点距我们较远，威胁不大。部队以火力掩护交替向山高林密的狮子岩撤退，仅从一个方向进攻的敌人对我们也没有什么办法。入夜部队又拉回青塘。

时间过得很快，部队从元月末过路西，2 月中旬又回到路东，拉来拉去，绕了个大圈。保安团徐东来像只幽灵般缠着我们，几乎每次战斗都同它遭遇上。风餐露宿，打被动消耗仗，很影响情绪。吸取这一阶段的教训，我和大队干部在讨论中一致认为：这次再回路西要主动出击，首先要打击的对象是徐东来、肖天来，其次是扫除国民党新建立的区、乡政权；同时，大张旗鼓地宣传群众，揭露国民党全面内战的阴谋。根据当时我们有黄介、吴江，黄克，黄锡良、欧阳洪，邱伯寿、邓汀，李桂平、李植光 5 个大队，总计及千人的情况，消灭部分敌人，牵制敌人对战路东“填空格”的部分兵力，是完全可能的。

3 月初我们回到路西，隐蔽在东宝两县交界的章阁西北的山头，伏击徐东来例行的巡逻部队。我把黄介、黄克两个大队分别埋伏在由迳口到沙湖围的小道两侧，着令黄锡良大队担任警戒和预备队。这天天气晴朗，上午 10 时左右，徐东来下属大队长黄文光、副大队长王汉江率该部经迳口沿着山谷山道行进，已至我埋伏地点约千米，眼看再有半个小时，敌人就可全部进入我伏击圈，但狡猾的敌人，突然派出 30 余人，向东南方疏开搜索，而其本队却随后向我设伏区左侧迂回。由于伏击不成，黄锡良部首先投入战斗，黄介、黄克埋伏在半山腰的部队也边射击边抢占制高点。敌我双方都在火力掩护下向前争夺山头高地。敌人以迫击炮、六零炮、机枪组织火力掩护冲锋，我们则抢先占据有利地形，以手榴弹回敬他们。黄克、黄介部队从右侧迂回。敌人则向其右侧吊神山疏开。这次战斗进行了两个多小时。敌人伤亡二三十人，敌大队长黄文光受伤，缴获步枪 10 余支。我们此战伤亡 10 余人。黄锡良同志在率部队向敌人冲锋时受重伤，经抢救无效不幸牺牲。

晚上，部队转移至樟坑后，准备伺机袭击驻龙华的敌肖天来部。但就在这天晚上，却不知肖天来为什么慌慌张张向广九铁路方向撤走了。这样，路西区除龙太线的石龙、太平，宝（安）太（平）线的南头，广深铁路沿线驻有敌人一些部队外，其余地区的敌区乡政权、地主武装和宗族封建武装，以及国民党刚建立的政权都作鸟兽散，逃之夭夭了。于是我们进驻观澜圩、龙华圩，并派出小分队到莞樟线活动。在各地发动群众，收缴国民党新成立的区、乡武装。

经过近一周时间的活动，我们给了敌人较大的打击。这时我们获悉一部分路东敌人正在准备回师路西。为了迎击敌人，我们决定部队晚间离开圩镇村庄露宿山头，并及时建立起隐蔽的区乡政权，同时收集粮食，补充弹药，储存物资。

3 月下旬，国民党驻铁路线的过境部队配合徐东来、肖天来部重返路西，分驻龙华、乌石岩、公明圩、观澜。我们认为江南指挥部赋予我们回路西的任务，已经基本完成。就决定邱伯寿、邓汀，黄介、吴江大队分别在宝安、东莞坚持斗争，黄克、欧阳洪大队回路东。

待黄介、吴江大队转移到东莞之屏山、水口、松木山、黄草朗一带活动后，我即率支队部 20 余人到东莞县水乡与李植光取得联系。

四

水乡即龙太公路以北，石龙至珠江的东江河以南。这数十公里平原，河汊纵横，蕉园林立，甘蔗果树并茂，土地肥沃，物产丰富，堪称鱼米之乡。这里曾是土匪刘发如的独立王国，他自立法规，自印钞票，勒收苛捐杂税，连日本人对之也无可奈何。日本投降后，国民党收编他为保安团团长。在水乡，方向同志从香港回来，在江城洲向我们传达了江南指挥部政委王宇的指示：鲁风为代理支队长，王士钊为代理政委；中共以方方为组长的第八执行小组已抵广州，要我们坚持斗争，保存实力，争取北上。

清明节过了不几天，我们移驻在小东向村，10 余人分住在两间屋子里。这里距中堂国民党区公所只有千余米，安全警戒、交通传递、生活供应，全由地方党陈成来同志承担。在此隐蔽的有李植光、贾华、尹平、卢克华、黎明、方向、陈化等。李植光工作热情、积极，他常与莞太线大队分散在各地的人联系，收拢人员，征集经费。卢克华对东坑、大朗一带地形和情况熟悉，还有些活动能力，派他与黄介保持联系。黎明是水乡潢涌人，土生土长，忠诚老实，经常外出搜集情况。方向、陈化来往香港与上级保持密切联系。王士钊同志老成持重，是东莞县的老县委，熟悉地方情况，我和同志们都对他很尊重。

支队部 20 余人，在江城洲、凌屋村、高埗、小东向等村庄转来转去，依靠群众掩护未被敌人发现。再加上土匪头子刘发如罪恶滔天，民怨极大，国民党虽收编他为保安团长，他也敢不就任，逃往新加坡去了。树倒猢狲散，大大方便了我们的活动。

黄介大队以中队为单位分开在松木山、黄草朗、屏山、水口、横岗群众基础较好的村庄隐蔽活动。国民党上层要消灭我们是死心塌地的，而下层考虑本身的利害关系，有时则并不怎么积极。近个月来，部队没公开活动，没损害他们的利益，他们为了保存实力，也就得过且过，搪塞了事了。但我们队伍内部却暴露出了一些问题，过去在残酷的斗争日子里，为了党和人民的利益，为了生存，只有奋力作战，因而也掩盖了一些不正确的思想。这个把月，部队虽然在饥寒交迫，在夜行日宿中熬过，但由于战斗少了，相对地没有过去那样残酷，加上政治思想工作和时事教育开展得不够及时，结果一些模糊认识和混乱思想反而滋长起来了。如有的认为八年来我们和人民历尽艰辛，流血奋斗，总算把日本鬼子打败了，本来以为胜利后会安居乐业，重建家园，过太平日子，结果却仍然是战火不止，于是感到前途渺茫。这窝囊气受不了，主张与国民党军队拼个鱼死网破。有的有急躁情绪，感到这样打打跑跑，等到方方同志的三人小组来解决问题时，我们怕早已被消灭了。还有的对国民党反动派存有幻想，个别的经不起考验，开起了小差。严峻的事实告诫我们：在残酷的战斗中没有被打垮的部队，可能在相对缓和而又艰苦里的环境里丧失斗志。针对这种情况，我们依据香港《华商报》刊登的我党与国民党“双十协定”的精神，结合部队当前的处境，对部队进行一系列教育。指出国民党坚持独裁打内战的政策，违背人民意愿，必为人民唾弃。以张发奎为代表的广东国民党当局，对东纵采取不承认政策，实行其“填空格”行动，搞伪政权联保措施，半年来用尽九牛二虎之力，耍了不少花招，也无法达到其消灭东纵的阴谋，而且将永远达不到。党中央从全局出发着令我们北撤，北撤是为了和平，但和平不能乞求，坚持斗争是唯一出路。坚持斗下去，斗到张发奎对我们无可奈何，非承认我们不可的时候，方方同志的三人小组谈判才能解决问题，北撤才能胜利实现。经过反反复复的教育和一些开小差者的现实遭遇：被捕被杀、被罚款，在家里站不住脚又加入到部队来的现实，大家逐步提高了认识，坚定了信心，增强了斗志。

由于敌人之“填空格”行动，抗日民主政权有的被摧垮了，有的转入了地下，因而部队的财源和供给成了大问题。在这方面，李植光出了大力。黄介、吴江也想了不少办法，但几经周折，也不过仅能勉强维持最低限度的口粮，衣着、医药和弹药等供应仍然没有着落。而后李植光、卢克华曾筹划袭击东莞县银行，未能实现。最后只好以半胁迫半说理的办法向大宗族的封建主借款，如大朗的叶姓、银屏的钟姓、何田的方姓、北栅的陈姓等，当然他们不愿意，但在无可奈何时也借一点来搪塞。后来李植光就又带了 200 多武装人员，兵临城下，软硬兼施，强迫桥头的伪乡长，将原抗日民主政府征集的几百担公粮交出来。公粮是取回来了，但我们也暴露了目标，几天以后在沙塘的草田里与徐东来打了一仗。我们早有准备，在水草田里挖有掩体，水草田方圆几里密密麻麻的荒草有人一般高。我明敌暗，敌人盲目射击，无济于事，贸然冲进草田，顿遭我方射击，损失更大。敌人像耗子咬铁球，无处入嘴，从上午到下午沿着草田转来转去盲目射击。傍晚时分草田里叶德分队的机枪响了，李植光也带了一个分队在塘缅新村从背后向敌人射击。在我前后夹击下，敌人又伤亡了二三十人，只有仓惶地逃回厚街。

到了 5 月下旬，我们在高埗召开了一次会议，参加者有我和王士钊、李植光、贾华、尹平、陈成来、刘清、万明、卢克华。会议听取了陈化同志传达从香港带回江指政委王宇的指示：以方方同志为中共代表的第八小组，工作有进展，双方已达成东纵北撤协议；王作尧副司令、杨康华主任率领东纵粤北部队已兼程南下；着令一支队北撤人员，务于 6 月 20 日前赶到宝安县葵涌村集结；北撤总员额为 2400 人，主要是军队和地方政权干部。

据此指示精神，我们研究具体实施方案，拟定北撤人员名单。北撤人员为军队干部和政权乡以上干部，自愿北撤者。指定留下人员或来不及集结，或不愿北撤者，动员他们到水乡或就地分散坚持武装斗争，多余武器交予地方同志处理。个别零星人员可直往香港与支队长何鼎华、政治处主任赵督生联系，党的组织关系由东莞县委组织部部长祁烽接收。同时迅速派人把这方案通知黄介、吴江、邱伯寿、邓汀，并告诉他们，情况不断地变化，做好北撤与坚持长期斗争两手准备，争取实现前者，做好后者的思想准备。

高埗会议结束不几天，约在6月初祁烽从香港回来，住在江城洲李植光家里，正式通知：决定北撤。地方组织向他移交工作。莞太区李植光、宝太区万明已事先办了移交，水乡区、大岭区由刘清移交。他们办了二三天移交手续，祁烽、王士钊便分别单独去往香港。

五

由于时间紧迫，我要与何鼎华同志汇报和交代情况，把在香港集中的同志带至沙鱼涌；按指示又要提前数天到集结地接受新任务和处理一支队先后在沙鱼涌集结人员北撤事宜。因此，我与李植光化装成客商，经李的二哥秘密托付渔船老板，予以关照，由莞城乘船往香港。在香港与何鼎华、赵督生同志接上联系，稍留两天，把应办的事基本办完后，便和赵督生夫妇、陈昶夫妇、卢克华夫妇乘船抵沙鱼涌，住在土洋天主教堂。

江指政委王宇对我说，为便于工作，东纵首长指示，你为江南指挥部副参谋长，具体工作由谢斌同志安排。由于情况紧迫，你速去谢斌同志那里请示任务。谢斌同志原籍江西，是抗战初期从延安派到（东）珠江纵队任参谋长的老红军。在土洋村我向谢斌报告了来意，他立即明确了任务：（一）迅速派人到淡水、龙岗、坪山弄清楚国民党军队情况，并持续监视其动向；（二）编制江南指挥部北撤人员花名册。接受任务后我与江指搞情报的翟江同志共同研究实施方法。过后，翟江同志又亲自到他的家乡淡水镇布置工作。开始几天，他的工作较为顺利，但在北撤的前两天因身份暴露而光荣殉职了。

6月30日上午9时左右，我们集结在沙鱼涌的沙滩上，美国执行小组米勒上校，嘀嘀咕咕讲了一通话。我们只想着上船和担心留下来战友的安全，哪里有心听他的那一套。运送我们北撤的三艘登陆舰和一艘驱逐舰由远而近向海岸驶来。驱逐舰停下，登陆舰驶到海水半人深处，打开后门，放下跳板。然后点名登船，每艘乘坐800人。点名开始了，点一个走一个，开始还比较有秩序，但到了后面便乱了套。越到后面，就越混乱了，有登船的同志，有送行的战友，有帮助提行李的战友，涉水的游水的，都匆匆地上了船。到了最后谁都不管他那么多了，凡能上船的就都挤上船去，结果比原来计划多增百余人。跟我送行李的公务员维仔，我喜爱他天真活泼，思想纯朴，工作热情，同时又担心他自幼父母双亡，生活无依靠，安全无保证，便把他留在船上，一同北撤。

我们乘坐的是第一船，都是来自全省各地军队和地方的800余健儿，其中有同支部队的，有阔别多年的老战友，济济一堂，谈笑风生，格外高兴。第一船的领导人是江南指挥部指挥员卢伟如同志。

红日西沉，夜幕降临，汽笛长鸣，我们乘坐的船正慢慢地开动。呼啸的波浪声，呜呜的汽笛声，同志们互相挥手的告别声，交织在一起，震动着每个同志的心弦。我和黄冠芳等原在港九大队的同志，走上甲板，远眺波涛汹涌的大鹏湾，面对岸边留下来没有北撤的战友们，不禁潸然泪下。一桩桩的往事，呈现在眼前；在战斗的岁月里，从大鹏半岛的南沃、水头沙至九龙半岛的红石门、鹿颈，冲过波涛滚滚的大鹏湾，穿梭往返；王锦小队在大小梅沙海域，以小木船击沉日寇由沙头角出海巡逻的小电船；欧锋海上中队，在大鹏半岛东南端，三门岛以西附近海域，智俘日寇满载高丽参、烟叶，从朝鲜开往香港的电扒，并毙伤俘虏日军10余名；水头沙大摆地雷阵，堵击国民党对大鹏所城的进攻。大鹏半岛、九龙半岛人民，为了中华民族的生存，为了抗击日本帝国主义的侵略，节衣缩食，舍生忘死，与部队同舟共济，坚持到抗战胜利……这一切多么令人眷恋和难忘啊！现在为了人民的长远利益，我们按照党中央的指示，北撤山东。在这块地方，几经艰辛，流了多少先烈的鲜血，才赶走了日本鬼子。而今，要和众乡亲告别了，确有依依惜别之情。战友们，乡亲们，我们一定会回来的！

（本文源自鲁风同志手稿，由鲁慧提供并校对）

第三章

海上游击战

从自卫队到护航大队的战斗历程

刘　培口述　李宇光整理

叶基同志健在的时候，曾多次敦促我说："刘培同志，我们护航大队的战斗历史你要好好写一写。"在他病重住院期间，我每次去医院看望他的时候，他总要提起这件事："刘培同志，写得怎样了？"并一再嘱咐我说："刘培同志啊，这不是个人问题。我们护航大队对巩固与发展稔平半岛的革命根据地是有贡献的，开辟大鹏湾和大亚湾海上游击战也是有战绩的，你要对历史负责，把它写好。"叶基同志对革命事业负责的精神大大地激励着我写这个回忆录。我想，曾经领导过我的首长多数还健在，我们护航大队多数骨干还健在。我虽右手负伤残废了，但我还有一个清醒的脑子和一只完好的左手。记不清楚的，就请教老首长和老同志，自己写不好就和同志们合作写。因此，我一再向基伯表示：我一定按照你的意见，把护航大队的发展、壮大的历史写好。东纵北撤40周年纪念活动的时候，我重游了当年部队曾经战斗过的一些地方，走访了在艰苦环境中曾与我们同生死共命运的部分群众，我心潮起伏不宁。想起当年战友们英勇战斗的革命精神，根据地人民群众热爱子弟兵的动人情景，我常常夜不能寐。深深感到写好护航大队的战斗历程，是我应该完成的历史任务。

一、组织海上护航队

1941年1月，根据惠阳县委的决定，我被调到惠阳县委直接领导的手枪队，任政治战士。其时手枪队队长是高健。3月，五大队周伯明副大队长，从路西宝安地区带了2个班的武装人员到惠阳，部队扩大到几十人，成立了惠阳队。惠阳手枪队也扩大了。9月，高健调任副大队长，由叶维儒接任手枪队队长，我任手枪队支部书记。1941年9月底，五大队政训员蔡国梁同志找我谈话，他说："为了加强自卫队的政治思想工作，组织上决定调你到茜坑马鞍岭自卫队，担任政治指导员。你要处处以身作则，起模范带头作用，当好指导员。"

我受命到茜坑马鞍岭抗日自卫队，见到中队长江水和自卫队的同志们。该队有30多人，拥有2挺驳壳手提机、单响10来支、粤造七九步枪五六支、双筒2支，其余是粉枪（一种古老原始的前装式枪——编者注）和大刀。当时，自卫队的任务：一是保护来往商旅。日军从大亚湾登陆，惠、东、宝沦陷后，从上下涌、茜坑至茶园，是东江通往香港的主要交通线之一。客商从香港抢运出来的轮胎、棉纱、西药、火水（煤油）、机器零件等物资，大都通过这条交通线运往内地。我们自卫队配合部队担任护送工作，在其中收取护航费，以解决部队的活动经费。二是打击零星出来偷鸡摸狗的日军。通常利用夜晚袭击沿海各据点的日军，迫使他们不得安宁。

1941年12月8日，太平洋战争爆发。惠、宝地区的淡水、澳头、大鹏城、葵涌、沙鱼涌、坪山等沿海各据点的日军，集结队伍入侵香港。蔡国梁同志率领部分部队，随之挺进九龙、新界开展工作。我们自卫中队乘机解放了金龟肚、葵涌、沙鱼涌一带沿海地区。接着遵照毛主席“敌进我进”的方针，分乘由土洋地方党动员渔民借给我们中队的两艘渔船，尾跟日军进入到西贡半岛的赤径、岐岭下、深涌湾一带区域活动，打击乘机打家劫舍的土匪，扩大我们部队的影响。

1941年12月20日，蔡国梁找我去布置任务，对我说：“江水、赖祥、赖章等同志暂时留下在西贡半岛活动，你带领部队其余人员立即返回葵涌、沙鱼涌，组织海上护航队。担负从沙鱼涌、坪洲、塔门到深涌湾这条航道的护航任务。一是接送八路军驻港办事处领导同志和被困香港的文化界、各民主党派的知名人士，将他们交给设在惠阳田心的大队部接待站；二是保护客商从香港抢运出来的轮胎、火水、棉纱、机器零件、西药等物资回内地，以此收取一些护航费、运输费；三是消灭海匪，保护渔民生产，与敌人开展海上游击战。”

接受任务后，我立即带领部队乘船返回葵涌、沙鱼涌，找到了当地区委负责人何清同志，向他汇报蔡国梁同志布置的任务，请求区委帮助我们解决护航船只问题。何清听了我的汇报后，叫我马上到土洋去找沙溪乡乡长、地下党员李秀灵同志。到土洋我找到了李秀灵，向他说明情况后，他便立即动员当地的船主李华灵，要李把船借给我们用一个时期。李华灵满口应承，还将利进寿、利加小两位舵工叫来，交代他们：“船借给部队用，你们两人帮部队驶船。”这样，我们借到了船。这是海上护航队创建时的第一艘风帆（槽仔）战船。

当时任务很紧，我把中队人员分成三部分。一是派赖桂、江九、赖养等同志上船，做好两个舵工的思想政治工作并迅速熟悉海上情况，同时备足船上的米和水，装上几只沙袋，学会海上打仗的本事，准备出海；二是派江忠同志带领一部分人在沙鱼涌建立税站，负责对来往客商物资的检查和税收工作；三是把剩下的同志组成小分队，在葵涌、沙鱼涌、叠福、金龟肚、牛草棚沿海一带村庄，开展群众工作。宣传党的抗日救国主张，扩大我们的影响。动员和组织群众，维护社会治安。

（一）出海护航，接送各界人士

经过一个星期的紧张准备，出海护航的各项工作已经就绪。1941 年 12 月 31 日，我便带领武装船扬帆出海。第二天元旦到达香港深涌湾，靠岸与联络站接上头。联络站同志向蔡国梁报告我来了，蔡亲自来到联络站给我交代任务。他说："今天有 3 位首长乘你的船回沙鱼涌，一路上要照顾好这 3 位首长，保证他们的安全。"天黑后，这 3 位首长来到深涌湾，我把他们接上船，安置妥当后便叫李华灵扬帆启航。元月二日下午，返抵沙鱼涌。船靠沙滩后，我叫赖桂等几个同志把首长从船上背下来。一位矮小的脚有点跛的同志对我说："刘队长，你能否弄副轿子抬那位走路不太方便的同志?"我便对他说："是否搞两副轿子，您走路也不轻快嘛。"他和那位很胖的首长走路确实不太方便。但他肯定地带有点命令式地说："不要搞两副，我可以走，叫你搞一副就搞一副嘛!"我不好再说，就叫江忠同志在沙鱼涌搞个大竹椅，做成轿子，送首长到葵涌庙中队部。到了中队部，那位矮小的首长又对我说："刘队长，我们 3 个人 20 多天没看过肉了，给我们搞点肉吃好吗?"我说："可以。"便叫事务长买了一只 3 斤多重的阉鸡和 2 斤猪肉，做好送给首长吃。首长要我陪同他们一齐吃饭。饭后，我就亲自带一个班，配上一挺手提机枪，护送 3 位首长到田心大队部，交给了接待站的同志。这 3 位首长是谁? 蔡国梁大队长没有告诉我，我也不好去问。后来，那位矮小的首长来到大鹏半岛的鹅公岭，主持设在那里的省委电台工作。一次我带部队转移到半天云、鹅公岭活动恰巧遇上，谈起来才知道他是连贯同志。他告诉我很胖的那个是廖承志同志。

在护航过程中，我们很快从 1 艘船发展到 4 艘船，这些船都是在海上抓获的土匪船。把土匪船缴过来之后，我们马上组织人员上船，参加接送护航任务。当时，从香港等地出来的各界人士很多，为了尽快地把他们接送回内地，我们的船三四天跑一水（一个来回），马不停蹄地来往于两地。到 1942 年 2 月底，我们 4 条船跑了 20 多水，从香港接送了 120 多人和大批物资回到东江内地。

（二）消灭海匪，保护渔民生产

香港沦陷后，大鹏湾海上土匪多如牛毛。在海上比较有名的土匪有黄福仔、黄祥仔、莫仔、吴仔、何联芳、陈乃秀、邓芳仔等大大小小的十多股。他们在海上无恶不作，勒索渔民、行劫商旅，因此沿海渔民群众和商旅对他们恨之入骨。

1942 年 1 月初，一次我们出海护航，从深涌湾出来，到了塔门海面便遇上了海匪黄福仔。我认不出来，舵工利加小有经验，指给我看，说：“刘队长，前面那条便是海匪黄福仔的船。”又说：“是靠上去还是避开它？”我考虑了一下，心想：你不吃掉它，它也会咬你，决定靠上去吃掉它。我说：“利加小，给我靠上去。”同时叫大家作好战斗准备。船一靠上去，未等黄福仔动手，我两支花机（德国造冲锋枪，俗称花机枪——编者注）、几支步枪一齐开火。这个突然袭击，打得黄福仔晕头转向，他们有的被我们打死，有的被我们打伤，有的跳海逃生。战斗结束后，我们把海匪船缴了回来。

这个胜利消息很快在渔民群众中传开。坪洲、塔门、吉沃、土洋、大小梅沙、叠福、牛草棚沿海一带的渔民，听到后高兴得很，纷纷拍手叫好，都说：“黄福仔作恶多端，喂鲨鱼是罪有应得。”不少渔民带着海鲜到沙鱼涌来慰劳我们。上述一带活动的海匪都知悉黄福仔被我们消灭。我们又公开宣布：“东面从牛草棚海边起到塔门，西面从盐田海边起到吉沃，全部海面不准任何土匪船只在那里活动打劫。谁还在这一海面打劫，我们就叫他去喂鲨鱼。”土匪听到后都非常惊慌，有的就散伙（如黄祥仔等），有的就逃生别处（如邓芳仔、莫仔等），有的就到香港、新界当汉奸、伪军去了（如陈乃秀）。也有来归顺我们的，如叶旗仔便托人来沙鱼涌找部队说情：他要改邪归正，洗手不当土匪，参加游击队打日本仔。我对来人说：“你回去告诉叶旗仔，希望他安分守己，不要再干坏事了。愿意参加游击队打日本仔，我们非常欢迎。”来人回去后，告诉叶旗仔我们对他的态度。不几天，叶旗仔亲自驶船来沙鱼涌，连人带船参加了我们护航队。叶旗仔这些人本是穷苦青年，参加我们部队后一直表现很好，很能吃苦，打仗很勇敢。其中詹东生、段福生两位后来成了护航队的骨干。

自打了黄福仔之后，从坪洲到深涌湾一带的海匪便销声匿迹了。因为解除了人民群众的苦难，群众把我们当成是自己的队伍。这一带渔民对我说：“刘队长，我们渔民是望海为田的，有你们在我们就放心出海捕鱼了。”所以，渔民在海上遇到有情况，马上就用各种方式向我们报告。日军的炮艇一出来，他们就通知各渔船迅速向我们船队靠近，把我们掩护起来。土匪船和走私船一露头，他们就吹起海螺角，将船头指向土匪船或走私船。有好几次我们接到渔民的报告后，在渔民的帮助下，很快便把散匪消灭掉。不到半个月，我们缴获了 3 条海匪船，连同叶旗仔的那条船，我们就有了4条船。港九大队成立后，蔡国梁大队长又给我们补充了2挺冲锋枪（英式）和10支红毛十（英式步枪），这便使我们海上护航队的战斗力大大加强了。

（三）打击奸商走私，保护民族利益

香港沦陷后，不少汉奸与伪顽互相勾结，大搞走私活动发国难财。他们从内地运矿砂、猪鬃毛、银元、盐、猪、牛、鸡、鸭等到香港卖给日军，又从香港运回鸦片等毒品到内地荼毒人民，有时也运一点火水、轮胎、棉纱等。他们将货物运往两地变价贩卖牟取暴利，却逃避我们税站的检查和纳税，对这种现象我们是坚决给予打击。

1942年1月上旬，我带叶旗仔那条船出海护航。到了坪洲海面，叶旗仔对我说："队长，远远那条船是奸商偷运矿砂到香港的走私船。"我问叶旗仔说："旗仔，你怎么看得出是运矿砂的走私船呢?"他说："你看那条船的载重都超过水线了。"我说："旗仔，开过去把它抓过来。"我喊声刚落，叶旗仔就转风转舵，直向那条船驶去。那条走私船看到我们的船驶来，觉得情况不妙，立即转向外海逃窜，但因它载重太大走得很慢。我船快追上时，我鸣枪喝令他们："下帆检查!"他们不理睬，我叫旗仔一边开火一边追，最后把这条走私船打沉在外海。

从1942年1月上旬到2月底，在海上每天都能碰到走私船。所以在这短短的1个多月时间里，我们就抓回了40多条走私船。我们把船上私货全部没收，船员经教育后释放处理。缉获来的货物交给设在沙鱼涌的省委交通站——万隆货栈处理。他们雇人将货卸下，运往惠州、淡水卖，卖到的钱交给总队部，作为部队的活动经费。

经过近一个月的护航活动，航道熟悉了，海情也掌握了，我们又有了4条武装船。借用李华灵的那条船，我们就退还给他了。还给利进寿、利加小两名舵工和船主李华灵一些酬金，对他们的支援帮助表示感谢。

（四）护送客商，增加部队收入

护送物资回内地也是我们护航队的任务之一。从香港护送回来的，一是港九大队在香港收集起来的英国人丢下的武器、弹药和各种军用物资。这些物资运回来就交给大队部，由大队部补充给各部队。二是客商从香港运往内地的各种物资。我们主要是担负海上护航，保证他们的安全。有时我们船空，也帮他

们运一些。货物到了沙鱼涌，客商向我们的税站缴纳保护费。① 由于来往的客商很多，我们的收入是很可观的，收到的这些钱都上交给了总部。客商的货物运到了沙鱼涌，要从船上卸下来运到内地去，这些客商又得来找我们帮他们办理。我们便布置小分队，把土洋、葵涌、金龟肚、三家村、咸水湖、马鞍岭、下輋、田心等村来沙鱼涌揽挑担的群众组织起来，帮他们卸船和运往内地，规定收取搬运费。这一来，客商很满意，他们的货很快便从船上卸下来，安全送到淡水镇。群众因增加了收入，也很高兴。

（五）赶走梁永年，保证我们交通线的安全

1942 年 2 月 5 日，正当我们非常紧张地接送各界知名人士，和护送客商的货物回内地的时候，驻在南澳的由土匪编成的杂牌军头领梁永年，突然率领 200 多人，从南澳窜到葵涌，要我们中队撤到沙鱼涌去。梁永年窜到葵涌来，一是为了扩大地盘；二是为了控制我们的发展，切断我们从沙鱼涌到淡水镇的交通线；三是葵涌是来往客商云集之地，油水很大，占据后可以大捞一把。因此，梁永年部占据葵涌，对我们是很不利的。

1942 年 2 月 10 日左右，周伯明同志知道梁永年部占据了我们的咽喉要道葵涌，便布置惠阳大队把它打下来。当时我们中队还是打着茜坑马鞍岭自卫队的招牌，梁永年对我们中队不十分戒备，为了夜间行动不引起误会，他要我们统一使用他的口令。惠阳大队部署战斗方案时，要求我们配合行动，主要是负责掌握梁永年部晚上使用的口令，和他们兵力的具体部署情况、哨兵位置、换岗时间。这些我们都做到了。2 月 13 日夜，惠阳大队向梁部发起攻击。因被他们的哨兵发现，把铁门关住人进不去，引爆的地雷又失灵，加上他们占据了有利地形。经过一个晚上的战斗，我们没有攻下来，拂晓便撤出了战斗。这么一打，虽然没有把梁永年消灭，但给了他当头一棒。他看到势头不妙，第二天便撤出葵涌跑回南澳。葵涌又给我们占领了。不久，梁永年又怕在南澳不安全，跑到稔山那边去了。

从 1941 年 12 月底至 1942 年 2 月底，我们除了圆满地完成上级布置的护航任务外，部队也发展了，人员从原来的 40 多人扩大到 50 多人。陆上我们编成 2

① 抗战时提出“有钱出钱，有力出力”的口号，游击队设立了一些税站，一般按照货值的 3%—5%收税，用于抗战。另一种是匪患肆虐，游击队为大宗货主提供武装护送收取的保护费。战争时期，税费之间并没有严格界定，叫法有些混乱。

个小队，分别由赖桂和叶展明当小队长。海上编成 1 个队，有 4 条船。蔡国梁大队长又补充我们一挺牛角机（英式机枪，是由赖祥同志扛回来的）。这样，我们中队的人员和装备都比以前大大增强了，声势也比以前大多了，活动的范围更宽，在葵涌、沙鱼涌一带站住了脚，并为下一步的发展打下很好的基础。

二、编进王竹青部

1941 年 2 月，日军第二次在大亚湾登陆，国民党军队闻风而逃，惠淡地区再次沦陷。混乱时局土匪丛生，国民党军队的军官梁永年、莫炯炎、吴斌乘乱带领部分士兵携械出来当土匪；从博罗出来的有王竹青大股土匪（沿海人民将他们称为东江马，约百余人）；有当地合伙来的股匪，其头领是陈乃秀、邓方（澳头人）、黄福仔、黄祥仔（葵涌人）等；还有张亚乙、李乃铭、何联芳等。这些散兵、土匪，在坪山、大鹏半岛、稔平半岛一带各霸一方，作为自己的势力范围。他们设关卡、办赌场、开烟馆、走私贩毒、盘剥人民，使大鹏湾、大亚湾沿海和两个半岛人民陷于水深火热之中。

国民党当局是不允许他们军队中的官兵携械外逃去立寨为王，认为这是对他们赖以统治人民的军阀军队的严重瓦解行为，同时也不允许土匪结帮立寨自成势力，因此是要消灭这些散兵土匪的。国民党当局知道，各股散兵土匪之间也常常因利益关系而火并。如：1941 年七八月间，梁永年去香港，王竹青便乘机收买香港警察头子，把梁永年抓起来，以便把梁永年的部队吃掉；而梁永年的亲信也迅速用重金通过关系疏通香港警察头子，释放了梁永年；梁永年趁王竹青不知道他已出狱，便连夜赶回大鹏半岛的南澳据点，立即行动把王竹青的部队杀光。国民党当局看到共产党游击队在东江敌后有了新的发展，特别是对日军占领香港前后，我游击队在澳头、坝岗、田心、坪山以及整个大鹏半岛的迅速壮大，非常恐慌，因此也想办法消灭我游击队。由于在抗日战争这一特殊时期和广东东江惠宝沿海这一特殊地区，国民党当局不愿把嫡系部队派到澳头、大鹏半岛、坪山这一抗日前线来和日军长期直接接触，又为了达到其保存实力、伪装抗日、蒙骗视听、消灭异己的目的，就挑拨各股散兵土匪之间的矛盾，同时利用这些散兵土匪与我们的矛盾，来限制我党及其领导的武装力量的活动和发展。为促使各种矛盾的进一步激化，从而酿成各种势力相互间的武装冲突，达成他们借刀杀人的效果，国民党当局把一些散兵、土匪分别收编起来，给他们封官授禄、划地盘。在靠近我们地区活动的王竹青，被封为经济游击总队第一大队队长，驻于葵涌、大鹏城、王母圩、南澳、沙鱼涌；封莫炯炎、吴斌为经济游击总队第二大队队长和副大队长，驻于坪山、盐田一线。这些散兵、土匪也利用国民党的收编取得正式番号，领取部分关饷，穿上黄军装各自占领地盘干起“合法生意”。他们开烟馆、办赌场、走私贩毒、设关卡、收咸水，以达到扩大自己的势力、鱼肉人民的勾当。这是国民党当局与散兵土匪之间的互为利用的关系。莫炯炎、吴斌、王竹青、梁永年等人就是由于没有完全听从国民党顽军驱使，充当打我们游击队的先锋（怕被我们消灭）和替死鬼，最后被国民党顽军打垮和消灭。从这些现象可以看出，当时大鹏半岛等地敌、伪、顽、土匪和我们之间复杂的关系。

在这错综复杂的环境中，鉴于当时我们的力量还弱小，一时还不能完全控制大鹏半岛的局面。因此，总部和惠阳县委为了在大鹏半岛站稳脚跟，壮大革命力量，进而建立巩固的大鹏半岛抗日根据地，决定派人打进这些杂牌军中去开展统战工作，争取、分化、瓦解他们，从而粉碎国民党当局利用他们来限制、消灭我们的阴谋。

王竹青的队伍被梁永年消灭之后，王、梁之间便结下了不共戴天之仇。王竹青不甘心失败，回到博罗公庄老家，又拉起 100 多人的队伍，利用他的老婆谬某去找国民党的少将参议刘景（谬原是国民党某高级将领的姨太太，与刘景很熟）。通过刘景向余汉谋说情，封了官衔，于 1942 年 3 月来到葵涌。刘景和我惠阳大队高健同志原有交情，刘景将高健的情况向余汉谋作了介绍，想把高健同志的部队收编起来成立一个总队，由他来当总队长。余汉谋同意他的设想，便派刘景和高健同志谈判，谈判不成功，刘景便回去了。惠阳县委和曾生同志根据这些情况，决定将以群众自卫武装名义出现的茜坑马鞍岭自卫队、惠阳长杆队、塘布自卫队编进王竹青部队的序列。王竹青过去与曾生有联系，曾生派过党员到他队伍里去做工作。王竹青为了壮大自己的势力，同意我们编进他的队伍里去。我们编进去之后，茜坑马鞍岭自卫队为王竹青大队的第二中队；叶基、罗哲明同志领导的长杆队为第四中队（叶基改名为叶树生，任副中队长；罗哲明改名为罗春祥，任中队长）；吴海同志掌握的塘布自卫队为第八中队。这样，王竹青部 8 个中队中有 3 个是我们党掌握的武装。为了与王竹青保持联系和掌握好我们这 3 个中队，经王竹青请求，由曾生同意，派张东荃同志当他的秘书。我们编进王竹青队伍时，曾生和林平同志对我们指示说：“一是你们要扮得像一点（像土匪），可以参加‘三合会’，张东荃、刘培和罗春祥三人要去参加刘汉东的‘三合会’（吴海早已参加‘三合会’），学会土匪的日常生活动作和语言。为了广交朋友，掌握国民党和王竹青的动态，可以上茶楼，进赌场打麻将，但不能嫖，不能吹（抽大烟）。二是想办法搞经济，缉私、收税等，搞到钱和物资一切缴获要归公。三是部队的管理要保持革命队伍的一套，严格遵守纪律。”曾生和林平同志还十分严肃地对我们说：“这是对你们的严峻考验，你们要把他们改造过来，绝不能被他们融化掉。”我们虽然编进了王竹青队伍，但仍保持我们的独立性。而且人民群众心目中也很清楚，总是把我们和王竹青区别对待。

我们取得从王竹青那领来的经济游击队的番号后，就放开手脚干。一面积极地与敌伪顽开展针锋相对的斗争；一面派出部队武装护航，收取护航保护费，设税站收税，派船出海缉私。在这两方面的斗争中，不断扩大我们的影响，壮大革命力量。

（一）打击日伪军，增强人民的胜利信心

日军占领香港后，经常派炮艇在大鹏湾的南澳、坪洲、沙鱼涌一带海域巡逻，抢夺渔民捕到的鱼虾。有时候还派小股日军登陆，到沿海一带村庄烧杀、抢掠、强奸妇女，使得老百姓过着暗无天日的生活。1942 年 4 月 12 日，日军派 3 艘炮艇在坪洲海面游弋，企图在关湖登陆，袭击沙鱼涌和葵涌。当时，叶展明小队长带一个小队在关湖，发现日军这一企图后，立即派人回来向我报告。为了打击日军的气焰，把他们消灭在沙滩上，我叫赖养再带一个班到关湖加强那里的兵力。晚上 10 时左右，炮艇上的日军分乘几条橡皮舟向沙滩驶来。快要上沙滩的时候，叶展明小队长一声喊“打”，1 挺机枪、4 支手提机、20 多支步枪一齐开火。原来日军以为关湖没有我们的部队，毫无顾忌地大摇大摆上沙滩，突然遭我猛烈的火力射击后，狼狈不堪，慌忙抢乘橡皮舟返回炮艇。这次战斗，共毙伤约 10 个日军。日军连夜离开关湖，返回香港大埔去了。

关湖战斗的第二天，伪军头目陈乃秀（陈是澳头人，初是在大鹏海面当土匪，后投靠日军当伪军）以为沙鱼涌、葵涌已被日军占领，便派了一条“电扒”（装有发动机的木帆船）来沙鱼涌捞东西。这条“电扒”到了沙鱼涌海面，抛了锚，放下舢板，5 个伪军扛着太阳旗，大摇大摆地上沙鱼涌。我们让他们上到海关楼下面，便叫他们举手投降。这 5 个伪军乖乖地当了俘虏。一审讯，他们说：陈乃秀说沙鱼涌、葵涌给皇军占领了，叫他们赶快开船去把东西捞回来。我问他们：“谁是当头的？”他们说：“当头的还在船上，船上还有 3 个人。”我们又派人把那 3 个人抓回来。为首的就地处决掉，其他的经教育后就把

他们释放了。那条“电扒”我们没有办法用（没汽油），仍然让它在海上抛锚。因我们警惕性不高，第二天日军派船把它拖走了。

打了这场胜仗，沙鱼涌、葵涌、叠福、关湖、茜坑、马鞍岭、横輋一带的群众十分高兴。男女老少到处宣扬游击队打了一个大胜仗，把“萝卜头”（日本兵）打死在关湖的沙滩上喂鲨鱼。汉奸陈乃秀偷鸡不成蚀了一把米，派来的“电扒”也被游击队缴了。这一胜利扩大了我们的影响，群众的抗日热情从此更加高涨，打败日军的信心更加增强，从而更积极地支援我们，协助我们打日伪。这一胜利还被广东国民党当局的报纸大吹特吹，大肆宣传是他们国军打的大胜仗，并向重庆报功和欺骗外地群众及海外华侨。

（二）肃清汉奸、特务，为人民除害

沙鱼涌是出入香港的口岸，地理位置十分重要，加上我们接连打了几个胜仗，名声很大。这就引起了日军和国民党顽军对我们的注意，不断地派遣汉奸、特务来侦察和收集我们的情报。因此，我们和他们之间的斗争也是十分尖锐的。

1. 活捉汉奸朱磨壁

朱磨壁是白芒花人，充当汉奸后，经常来往香港和内地，收集我们和国民党的情报给日伪军。一次朱磨壁从内地带着两个人去香港活动，地方党派人跟踪他。到了沙鱼涌后，地方党跟踪的同志和我们联系，告诉我们朱是汉奸，家里很有钱，还有不少枪支，这次是到香港送情报的。我说：“这个老奸巨猾的家伙，来往打交道不少了，原来是个汉奸，这次一定要搞他。”我马上召集李辉、江九、赖祥做好准备。朱磨壁按往常的规矩，到了沙鱼涌，先上茶楼饮了茶，填饱肚子后，便到我中队部来。我哨兵不让他进中队部，朱说：“我要找刘队长，坐他的船去香港。”哨兵说：“刘队长不在。”在朱磨壁转身往回走的时候，李辉、江九、赖祥拔出手枪叫他不许动，将朱磨壁抓了起来。朱被抓后，我派李辉跟他谈话。提出两条，一要改邪归正，不再当汉奸；二要以实际行动，捐钱出枪支援我们抗日。只要答应这两条，我们可以放他回家。李辉正和朱磨壁谈着，朱满口答应的时候，跟朱磨壁来的两个人，找到王竹青说情。王竹青便派人来找我，说：“朱磨壁交给我来处理，罚他一千五百元。”为了照顾与王竹青的关系，我将朱磨壁交给了王竹青处理，王竹青从中捞了多少就不知道了。

2. 智擒汉奸韦铁铮

韦铁铮原是梁永年二大队的副大队长，梁被国民党军队消灭后，他就跑到三门关日军那里当了汉奸。一次韦铁铮派他的副官来南澳，通过渔民的关系找我们，说是韦大队长有事要找刘队长商量。渔民向我报告之后，我召集几个小队长和手枪班的同志商量，虽然认为来者不善，但是为了摸清他们的底细，决定接见他。渔民把这位说客带到队部后，经过一番寒暄，我就问那位副官："韦大哥派你来有什么好招呼给兄弟呀？"那位副官说："韦大队长的意思是刘队长年轻有为，正是红日当头，切勿错过时机。不能在王竹青手下长此下去，任他摆弄。刘队长应把队伍拉出去，另立旗号才好。"我就装着说："自己没有门路，朝廷上又没有靠山，这是没有办法，谋个栖身之地罢了。"那副官以为已经把我说通了，心里非常高兴，说："韦大队长派我来跟刘队长商议一下，韦大队长想见见刘队长。韦大队长有这个意思，想刘队长到三门关那边去合作办事。"我就将计就计："把队伍拉过去可以，至于开拔费和兄弟们的安家费，可是件大事。""这好办，只要刘队长答应，韦大队长是不会亏待你的。""好吧。你回去就请韦大哥过两日来一趟，我们当面商议好了。"这位副官回去后的第三天，韦铁铮果真同他副官来到南澳。于是我便在南澳镇的茶楼办了一围酒席应酬他。席间一边喝酒一边谈，韦铁铮说："副官回去以后把刘队长的意思跟我讲了。太君说，只要刘队长把队伍拉过去，任命刘队长为大队长。"接着他又说："关于开拔费和兄弟们的安家费嘛，太君说先付给 3000 元，其余的过去再付。"这时也喝得差不多了，我给江九、赖祥使了一个眼色，他俩迅速地缴了韦铁铮和他副官的枪，把韦抓起来，送到关湖关起来，准备处决他。那位副官则叫渔民送回三门关去。

过了 3 天，王竹青知道韦铁铮被我抓起来了，派人叫我去大队部。我到了大队部，王竹青很严肃地对我说："顺水呀（土匪话意为：姓刘的），你做得真好呀！你替我出了气。你把那个姓韦的'花妖仔'扎了（土匪话意为：把伪军官捉了），至于他贡献多少'花板'（土匪话意为：银元）给你，我不管，你把那个'花妖仔'送给我就好了。"这一下可把我说蒙了：王竹青怎么知道韦铁铮被我抓起来了呢？我正在犹豫中，张东荃同志给我使了一个眼色。我说："好吧。照先生（三合会的地方头头）吩咐，把'花妖仔'送来。"王竹青接着说："去年姓韦的跟梁永年害了我七十多兄弟，我一定要为在天的兄弟报仇！不然，我对不起我的兄弟在天之灵。不要你送来了，我现在就派弟兄同你一齐去'扎'过来。"王竹青马上派人到关湖，把韦铁铮带走。几天后，王竹青在他 70 多个兄弟的墓前，处决了韦铁铮。

3. 处决特务毛芝英

我们打进王竹青部队之后，由于我们部队战斗力强，纪律严明，群众威信高，又占据了水陆交通要冲，引起了国民党顽军的怀疑和不安。国民党独九旅的罗懋勋几次责问王竹青："你们队伍打进有共产党。"王竹青却说："没有。"为了搞清情况，国民党顽军先后派女特务毛芝英等，以到香港抢运战略物资为名，经常进出香港、新界等地。这样他们就可以到我驻地来进行侦察，同时他们又想以国家抢运物资为名，要求免税。毛芝英来往香港和内地都要坐我们的船。我们的答复是：不管谁做生意，我们是经济游击队，我们兄弟们都要吃饭，不能免、减税。用船可以，同样要交运输保护费。毛芝英每次到香港去，都要到港九大队的联络站，该站站长叶振思就在她的色诱下叛变逃跑了。叶振思叛变逃跑后，我们更加提高警惕，觉得毛芝英这个坏家伙对我们的威胁太大了。为此，蔡国梁大队长要我设法干掉她。

一天，毛芝英从淡水来到沙鱼涌（毛每次都是由王竹青介绍来的），到了中队部找我说："刘队长，我要坐你的船去香港（她以前去香港都是坐我的船去的）。"我说："可以。"并开玩笑地对她说："到香港捞到东西，可要照顾一下兄弟呀。"她说："忘不了刘队长。"我想，这正是除掉这个祸患的好机会，就布置赖桂做好准备。天黑以后，她上了船。起航后，一路上我们战士跟她有说有笑，她对我们的行动一点也没察觉出来。过了坪洲海面，赖桂叫战士们将她捆绑起来。这时，毛芝英死命挣扎、求饶，赖桂和战士们不理她，把她推到船边，宣布了她破坏抗战、瓦解我军等罪状后，对她进行处决。叶振思不久也被我们抓住处决了。

4. **拔掉钉子伍权**

毛芝英一去不回，引起国民党顽军对王竹青和我们的怀疑。罗懋勋为了进一步掌握王竹青和我们部队的情况，决定委任国民党少校军官伍权来王竹青大队当副大队长（王竹青大队所有官兵都是没有军衔的）。对此，王竹青虽然非常反感，也深知罗懋勋这一着是不怀好意的，是来监视他的行动，掌握他和共产党的关系，寻机消灭他的。但他没法推脱，只得表示欢迎。

伍权来后，成天到各中队"巡视"，特别是对我这个中队，来得更加频繁。他三天两头来一次，每次都装出很随便的样子，大谈青年要有志气，要抗日救国，现在是国共两党合作抗日，八路军抗日很勇敢，等等。有时，在部队战士面前唱唱抗日救亡歌曲，冒充进步，试探我的政治态度和战士们的反应。我们干部、战士都是警惕他的，所以，每次都机智地应付过去。他看这一手不行，又来另一套，在我们面前散布王竹青的坏话，拨弄是非。一方面企图挑拨我们和王的关系，另一方面又试探我对王竹青的态度。一次，他来到中队部，坐下来就对我说："老刘，你年轻有为，何苦在人家脚底下捞饭食。指挥部有我的人，你把部队拉出去，完全可以当个副总队长。"我说："副大队长呀，我姓刘的还没有这份福气，这还是先生王大队长对我的栽培才有今天，现在我已经高兴得头顶天了。"把他顶了回去。伍权走后，我到红花岭向曾生同志作了汇报。曾生叫张东荃同志也来一块听一听。汇报之后，曾生要张东荃回去后，经常在王竹青面前吹吹风，说"伍权到处活动，说大队长的坏话，大队长当心一下"。以便引起王竹青对伍权的更加不满和不信任，寻机利用王竹青把他干掉。

一天，彭沃大队长来我中队检查工作，我们正在海关楼饮茶，伍权闯了进来。我想这下糟了，给这小子看见了。我急中生智，叫伍权坐下来饮茶吃东西。他坐了一下，还未喝完一杯茶就想溜出去告密。我硬是把他拉住，不让他出去，要他坐下来跟我一起饮茶。吃得差不多的时候，我给赖祥、魏辉、李辉使个眼色，他们3个人站起来，拔出了手枪对准他，缴过他的手枪，把他抓了起来，立即送到土洋。我马上到红花岭找曾生同志，告诉他伍权已被我抓起来了。曾生听后说："我本来叫你利用王竹青把他干掉，为什么你这么匆忙把他抓起来？"我把抓他的经过向曾生汇报后，曾生说："赶快叫张东荃同志来商量一下。"张东荃来后，商议了一下，曾生说："张东荃同志，你先回去，在王竹青面前说伍权的形迹可疑，在下面专讲大队长的坏话，挑动下面对大队长的不满，大队长可不得粗心，要果断处理。然后刘培你晚上八九点到大队部去找王竹青，对他说，伍权副大队长不是个好东西。今天他来我中队部对我说大队长靠不住，暗中和共产党来往，劝我不要在大队长脚下捞饭食。要我把队伍拉出去，指挥部有他的人，给我当副总队长兼大队长。激王竹青表态。"果然，我按曾生的指示一说，王竹青听后发火了，说："这个'石头'（土匪话是沉底货、绊脚石，意思是妨碍他的人），把他'堕'了。"王竹青一表态，我接着说："先生，这个'石头'已给我'扎'住了。"王竹青一听伍权已被我抓起来了，觉得有点为难。正在这个时候，张东荃同志从楼上下来，对王竹青说："这好办，给罗懋勋写个报告，说伍副大队长请假一个月，逾期不归，请促其归队。"王竹青一听，觉得这是个好办法，叫他的副官马上写个公文上报罗懋勋。王竹青表态后，我便起身告辞。临走前，我问王竹青："先生有什么吩咐没有？是把那个'风子'（土匪话，意为：内奸）送回大队部来呢？还是用'屐'送过坪洲'雪面'用个'白瓜格堕'了（土匪话，意为：用船载到坪洲外面用猪笼装上沉到海里）？"王竹青说："你回去'寸'（土匪话，意为：杀）了他，但要'闩起门来'（土匪话，意为：保密）。"我从王竹青那里回来，到了红花岭，高兴地向曾生同志报告："王竹青说要'闩起门来寸'掉这个'花妖'。"曾生听了说："好嘛！就'闩起门来寸'掉这个'花妖'。"当晚，我叫赖祥、魏辉等几个人把伍权拉出去，在土洋处决掉。

（三）驱逐莫仔，收回茜坑

伍权被处决，国民党顽军觉得共产党游击队厉害，王竹青靠不住。因此，在1942年4月中旬，国民党187师张光琼发动内战，进攻我路东惠阳大队的同时，想乘机将王竹青也一起敲掉。这一情报由张东荃代表我们部队通知了王竹青。请他做好上山准备，必要时可到新界去。王竹青也看到来势不好，便带着队伍到新界去避风，我们也跟着去了。这期间，驻守在坪山的国民党惠淡守备区经济游击队第二大队长莫仔，派出部队配合张光琼进攻我们惠阳大队，向红花岭、马栏头一带进犯。张光琼遭我惠阳大队打击后撤回淡水。莫仔趁王竹青去了新界，顺势占领了王竹青原先的防地——茜坑。王竹青从新界返来，看到莫仔占了他的地盘，派人去和莫仔打交道，莫仔不给，说是惠淡守备区最近划归他的。王心里非常窝火，派部队去攻打，不仅攻不下来，还受到一些伤亡。

过了几天，我从新界回到南澳（因打邓芳迟回来），王竹青立即叫我到葵涌去，将莫仔占领茜坑前后情况告诉我，请我去收回茜坑。我看到这种情况，觉得莫仔占了茜坑，不仅对王竹青不利，对我们也不利，等于卡住了我们的脖子，威胁我们从沙鱼涌到淡水的交通安全，茜坑非拿下来不可。因此，我就向王竹青表示，让我去看看。王竹青表示同意。我便从南澳把部队带到马鞍岭住下来，第二天一早先把茜坑周围的一些小高地占领，然后派出几个人到路口收税。莫仔驻茜坑的部队，看到我们的人卡在他们的税站前收税，就开枪打我们的人。他先开了枪，我们就还击。部队展开后，组织火力掩护突击队向茜坑突击。因莫仔的部队占据茜坑的炮楼，一时难于接近。后来，我们用在新界缴来的平射机一打，莫仔的部队害怕了。慌忙退出茜坑，撤回到坪山。拿下了茜坑，王竹青非常高兴，奖励我们部队100个光洋，用轿子把我从茜坑抬回葵涌。请我和张东荃喝酒，叫他的"夫人"和姑娘陪着一块喝酒、吃饭。这样一来，王竹青更想依靠我们的力量来壮大他的势力了。

（四）消灭土匪邓芳仔

张光琼发动内战，我们中队转移到新界的赤径大埔一带活动。当地群众向我们报告，在红石门有一股土匪，头领叫邓芳仔。我们根据群众的报告，派人进行侦察，果然不错。经过周密的准备，把他们包围起来。一打，除邓芳仔跑掉了，其他的土匪全部投降。这次战斗，我们缴获了平射机 1 挺、步枪 10 多支、信号枪 1 支、风雨表 1 只等物品。俘虏的土匪经教育后，释放他们回家。

（五）继续开展海上缉私，保护正当商旅安全

到 1942 年 2 月底，护送文化人士和民主人士的任务基本结束，海上的土匪也基本上被我们消灭。我们船队主要转入护送客商、转运货物和开展海上缉私活动。当时，正是东北风季节，是走私的大好时机。走私贩这时走的都是从稔山到香港，从香港到稔山这条航道。运的东西，从稔山运出的有矿砂、猪鬃毛、大米、桐油等，从香港运出的是轮胎、棉纱、火水、机器零件、毒品等。我们船队经常在坪洲海面活动，发现走私船，便扬帆追击。在追击中，有的不愿接受检查，往大海跑的，我们就坚决打，把它打沉葬身大海。但大多数走私船还是愿意停船接受检查。在将近 4 个月的时间里，我们船队就抓获 20 多条走私船，每条船上都有 100 多担物资。我们将缴获的物资交给万隆货栈处理。由于缴获的东西很多，万隆货栈一时处理不了。因此，在土洋、叠福一带乡村里，都堆满了我们缴获的走私品。这些物品对解决部队的活动经费问题，起到了一定的作用。抓获的这些走私船，经审查货主都不在船上，都在香港、稔山，船员是走私贩雇来的。我们按照政策，货物没收，船和船员放行处理。我们这样做，渔民是很高兴的。

（六）实行公平交易，保护渔民利益

惠淡地区沦陷后，很多不法商人乘兵荒马乱的时候，哄抬物价，盘剥群众。特别是一些鱼贩子，对渔民群众更加苛刻。不少渔民向我们反映，沙鱼涌的黄珍记鱼栏对渔民的盘剥非常厉害。他们规定渔民捕捞回来的鱼都要卖给他们，渔民需要的煤油、网具和日常生活用品也都得到他们那里去买。他们大秤入小秤出，从中盘剥渔民，100 斤鱼只称 80 斤；买他 1 斤煤油，只有 14 两（老秤 1 斤应为 16 两——编者注）；1 斤白米也只有 14 两。对此，渔民很是愤恨。为了保护渔民群众利益，我们派出工作组，向商家宣传我们的经商政策。召集各店主开会，宣布买卖自由，不准缺斤短两。对黄珍记进行严肃批评，要他改正过去的不法行为。工作组还经常到各店铺去检查。从此，渔民便可以自由买卖。捕捞到的鱼，愿意卖给哪家鱼贩就卖给哪家鱼贩；愿意到哪家铺仔买煤油和生活用品，就到哪家铺仔买。这么一来，渔民非常高兴，称赞我们游击队就是好，

帮他们撑腰出气。渔民群众也更热情地支援我们，积极协助我们开展海上斗争。这一时期，人民群众把我们看成是他们自己的队伍，纷纷要求参加我们部队。第一批来参军的记得有：邱财、袁贤、袁发、范祥、王友仔、廖梦仔等 10 多人。第二批要求参军的有：彭观舞、彭灵、黄纯仔、徐章、徐林、徐青、王林仔等 10 多人。这样，我们中队就从 60 多人发展到了 80 多人，护航船队拥有 6 条船。战斗力提高了，军民关系也进一步密切了。这就为今后的发展打下了比较好的群众基础。

三、成立独立中队

1942 年 7 月初，国民党顽军集中 187 师、保安第八团和徐东来部队，准备向我路东根据地进攻，形势非常紧张。曾生同志把我和叶基、罗哲明、张东荃、吴海等同志找去开会。会上，曾生分析了国民党顽军的企图后，说："你们要能拉住王竹青和我们一同粉碎国民党的内战阴谋，这对那些杂牌部队就有影响。不过这只是个希望。"他又说："张东荃同志，你回去做王竹青的工作。告诉王竹青，张光琼这一两天就要来进攻葵涌了，要接受上次张光琼借打我们之机，把你打垮的教训，不要让张光琼吃掉了。最好配合我们一起行动，打垮张光琼的进攻。看看王竹青是什么态度。"张东荃回去后，跟王竹青一说，王说："张光琼在淡水、龙岗增兵，是打你们游击队的，你们要小心。他不是来打我们的，我会应付张光琼，请你们放心。"

张东荃回来将王竹青的态度向曾生作了汇报。曾生听后，当即指示我们说："张光琼就要来进攻了，你们三个中队今晚连夜撤出沙鱼涌、葵涌，撤到金龟肚进行合编，编成一个独立中队。由刘培当中队长，叶基当副中队长，张东荃当党代表，罗哲明当指导员。陆上编三个小队和一个手枪队，由林英、赖桂、魏辉当小队长，手枪队由王健当队长。海上编一个船队，由吴海当队长。整编之后，部队连夜转移到上下径心等待时机。"我们遵照曾生的指示，连夜把部队撤到金龟肚，向部队进行了动员，传达了曾生的指示。整编后，立即把部队开进了上下径心。

从此我们部队便离开了王竹青的序列，辗转于大鹏半岛的高山密林之中，出入于大亚湾、大鹏湾之间。在党的领导下，紧紧地依靠人民群众，一次又一次地粉碎敌伪顽的联合进攻。在斗争中不断巩固和发展大鹏半岛抗日根据地，开辟海上游击战场，打击敌伪的嚣张气焰，壮大革命队伍，提高部队战斗力。

（一）打退国民党顽军的疯狂进攻

在投降反共路线指导下的国民党军队，一听到日军来，就逃之夭夭，但对我根据地军民却非常凶狠毒辣。当时我们都叫国民党的军队为“呵呵鸡”，是支内战内行、外战外行的军队。从1942年7月至1943年8月这一年里，国民党顽军和敌伪互相配合，十数次向我发起围剿和进攻，但每次都是以我们的胜利、敌人的失败而告终。

1. 径心伏击战

1942年7月，张光琼向我们进攻。根据情报，敌兵分两路，一路从坪山、茜坑、金龟肚到葵涌；一路从坝岗、上下径心直扑葵涌。敌人采用钳形战术，妄图消灭我们于葵涌、沙鱼涌。曾生同志指示我们，一定要坚持团结、抗日、进步，反对国民党分裂、投降、倒退的方针；坚持“人不犯我，我不犯人”的自卫原则，配合惠阳大队粉碎国民党顽军进攻我路东的计划。并要我们整编之后，立即转移到上下径心隐蔽起来，打它一个埋伏，给它一个下马威。

从坝岗来的这一路是国民党187师陈智伯营。我们根据径心的地形，选择在上下径心中间的山坳进行伏击。由叶基同志带2个小队，配备1挺机枪、1支花机、1支驳壳机（德国造毛瑟机枪的俗称——编者注）、40余支步枪在山坳的两侧设伏，我和张东荃、罗哲明带1个小队和手枪队在上径心的制高点上指挥。第二天上午八九点钟，陈智伯带着五六百人的队伍，从坝岗出来，经上下径心向葵涌进发。我们待他的大部队过去，后卫部队进入伏击圈之时，在山坳两侧用机枪、花机、步枪一齐开火，打死、打伤他们几十人。陈智伯看见他的后卫部队遭我伏击，马上把队伍掉回头，向我阵地反扑过来。由于地形对他们不利，其兵力施展不开。我们达到预期目的后，边打边退，天黑以后转移到岭沃休息。这是我们独立中队成立后打的第一个胜仗。

在我们撤出葵涌、沙鱼涌到金龟肚整编，向上下径心转移的时候，布置叶展明等同志，继续留在王竹青的独立小队（手枪队）那里，尽可能地掌握那支小队伍。当国民党顽军进攻王竹青部队时，如果王竹青不顾部队逃跑，要求叶展明想办法把小队里愿意来游击队的人拉过来，并同时注意王友仁那个中队的动向。我们在上下径心打完伏击战，转移到岭沃时，叶展明派人来岭沃和我们联系，说：王竹青带着老婆和几支手枪跑到香港去了；王友仁中队被冲散，莫仔也垮掉；只收容了王友仁中队长等十几个人，配有一挺机枪、五六支步枪。我叫来人告诉叶展明同志，继续留在那里收容王部散兵，并派人把已收容的十几个人带到岭沃来。此后王友仁一直跟随我们中队活动，直至 1943 年 2 月 5 日才离开我们往稔山。

2. **坝岗坳歼灭战**

上下径心伏击战，打乱了张光琼的行动计划。在坪山、茜坑方向，顽军又遭到惠阳大队的截击，他们一无所得，匆忙收兵回巢，我们取得了反顽斗争的重大胜利。不久张光琼又纠合其部队向惠阳大队进攻，遭我惠阳大队打退。张光琼虽连遭失败，但灭我之心不死，他提出在军事上对我游击队实行“穷追”战术。采取深入我根据地心脏，占据我主要圩镇，屯兵“围剿”我们的方式。1942 年 11 月、12 月间，张光琼派袁亚狗进占澳头镇，派“大鸡陆”（陆如均）进攻大鹏半岛，占领我大鹏城、王母圩。他们以这些圩镇为据点，经常派出部队，四处搜索，对群众实行“三光”政策，所谓在经济上对我进行“杜绝”（即在经济上杜绝我们的一切来源）。“大鸡陆”经常派出一个中队到坝岗、小桂一带对我进行“围剿”和欺压人民群众。为了打破张光琼的这个行动计划，我们中队从内线活动转向外线，在淡水外围一带活动，引诱袁亚狗、“大鸡陆”收兵回巢，届时在半路打他们的伏击。但这些家伙很狡猾，不上钩。

12 月下旬，我们中队返回岭沃，派人与当地党组织陈培同志（桂岗乡长）联系，了解敌情。陈培告诉我们，“大鸡陆”每天派一个中队，从大鹏城出发，到坝岗、小桂一带村庄搜索我们部队，抢劫老百姓东西，弄得鸡犬不宁，群众恨死他们。他们每天上午出来，下午二三点钟返回大鹏城。根据这个情况，我们决定选择在离坝岗圩几里地的山坳，打他们的伏击。12 月 30 日晚，我把中队开到坝岗的后山隐蔽起来。31 日化装到现场看地形，研究兵力部署，准备次日打埋伏。部队在进行战斗动员时，我号召大家勇敢作战，“劏鸡过年”（打“大鸡陆”）。动员后，部队情绪很高涨。次日（元旦）拂晓吃完早饭后，部队分头进入阵地。叶基同志带 2 个小队和手枪队，配置 1 挺机枪、2 支花机、30 多支步枪进入设伏点。林英同志带一个加强班到径心坳，阻击葵涌方面的援敌。张东荃和我掌握一个班和王友仁那十几个人作为预备队，在坝岗坳山顶指挥和阻击大鹏城方向的援敌。等了一天，不见敌人出来。黄昏时候，我们将部队撤回休息，准备第二天敌人出来时再打。

2 日拂晓，部队按原定作战计划，分头进入阵地。这天，敌人果然出动。敌人一出大鹏城，陈培同志马上就来报告说：“‘大鸡陆’出笼了，这次是派王玉如中队到小桂一带搜索和抢东西。”我派通讯员告诉部队，敌人出来了，要注意隐蔽，不能暴露目标。不一会，远远便看见王玉如中队沿着山径上来，过了坝岗坳向小桂方向进发。当他们通过我伏击阵地时，可看清他们有60多人，装备机枪2挺、步骑枪40多支。这时，同志们都希望太阳快点下山，王玉如快点拉队伍返回大鹏城，好吃掉他们。下午2点多钟，王玉如带着队伍，扛着、背着抢来的东西，从小桂回大鹏城。他们的队伍稀稀拉拉，毫无戒备，没想到我们会在坝岗坳下面的山窝里，打他们的伏击。待他们进入我伏击圈时，我部署在两翼的部队一齐开火。在我猛烈火力的突然射击下，王部乱作一团。这时叶基带部队一个冲锋，仅10多分钟便全歼了王玉如中队。在搜索战场时，发现乱石缝中有一个敌排长还在顽抗。小鬼班战士王秋接近他，刚把手榴弹扔出，敌排长还枪射击，王秋负伤牺牲，敌排长也被炸死。这次战斗，缴获轻机枪2挺、长短枪50多支，生俘敌30多人，毙伤20多人。这是我们独立中队成立以来打的第一个歼灭战，也是首创了我东江游击纵队史上，以一个中队歼灭国民党一个建制连的战例。曾生同志接到我们的报告很高兴，来信表扬我们打得好，并要我们将缴来的2挺机枪中的那挺"勃朗宁"上调，派人将机枪送到红花岭去。

我们在坝岗伏击战打响后，陆如均听到坝岗方向有枪声，马上带部队前来增援。待他们来到距离坝岗约300米处，我们两挺机枪居高临下，向敌人展开猛烈射击，打得"大鸡陆"仓皇逃窜。回到大鹏城后，陆如均加强警戒，生怕我们再去打他。

这场歼灭战的胜利，对敌人震动很大。第二天袁亚狗、陆如均便分别从澳头、大鹏城撤回淡水，从而粉碎了张光琼对我大鹏半岛的"勤剿""穷追""杜绝"的内战新战术，迫使国民党顽军再不敢到大鹏半岛设立据点。战斗结束后，我们把缴获的武器枪机卸下，叫俘虏挑运，部队迅速转移到山寮下。而后集合被俘人员进行教育，说明我们是抗日武装，要他们今后不要来打内战，要打日本仔。教育后发给每人2块钱茶水费，释放了他们。这些俘虏很高兴，说："以后再也不来打共产党了。"俘虏释放完后，部队转移到石桥坑，进行战斗总结。为庆祝这次胜利，战士们还自编自演了活报剧"劏鸡过新年"。

3. **夜袭洋塘粮库**

张光琼打了这么久的内战毫无结果，余汉谋便换兵易将，把张的187师调走，调来叶敏如和独九旅。叶敏如一上任，就在淡水周围加紧征收田赋，屯积军粮，并和日军、汉奸勾结，相互配合，进一步封锁我们，作好了进攻我们的准备。他们不准老百姓把粮食运往我们控制的路东和大鹏地区，因此，我们的粮食异常紧张。加上连续两年大旱，老百姓生活也十分艰难。为了打乱国民党顽军的内战计划和解决老百姓的度荒问题，我们和地方党联系后，决定袭击国民党洋塘粮库。

经过侦察，了解到洋塘粮库只有 2 个敌兵看守。1 月底我把部队转移到洋塘外围集结隐蔽，待地方党的准备工作做好后就动手。2 月初，春节快到了，准备工作就绪。我们派出手枪队缴了看库敌兵的枪，打开粮库大门，掩护坡角、牛牯湖、常柏田、横排浪等一带村庄的基本群众百余人担粮回家。同时也组织部队进行搬运，我们搬了 3000 多斤，在银屎坑存放。天快亮时，被国民党的联防队发现，我们迅速撤退。叶敏如知道后十分窝火，派兵四处搜索，把我们放在银屎坑还未运回来的粮食，又全部抢了回去。这次夜袭洋塘粮库，既打乱国民党顽军进犯解放区的行动计划，也缓解了上述地区老百姓的渡荒困难。

4. **截击护送军饷的单车**

1943 年 4 月底，驻在淡水圩的独九旅一个团，正积极准备向我解放区进犯。据地方党提供的情报说，驻淡水的独九旅部队，每逢月底都从惠州运薪饷到淡水圩。通常是二三人一起，带驳壳骑单车，行经三栋、永湖、牛龙径回到淡水。最近又派人到惠州领关饷去了。根据这个情报，我们决定截击他们。截击成功可以一举两得，一是可以打乱敌人进犯解放区的计划，二是可以解决部队的经济困难。因此，我们派叶展明同志带手枪队的魏辉、江九、王健等 7 位同志，回到叶的家乡牛龙径村，准备在附近的路上拦截他们。叶等化装成老百姓，在牛龙径等了 2 天。第三天午饭后，看见两名军官，每人骑一辆单车，背一支手枪，每辆单车后有一大包东西，飞快地蹬过来。叶展明他们待两辆单车蹬到跟前时，立即拔出手枪，那两个家伙乖乖地当了俘虏。这次缴获了两支驳壳枪、两大包钞票共两万元。据俘虏讲，这是他们一个营一个月的经费。我们把缴获的钞票全部送回了总队部，总部林平政委表扬我们独立中队有办法。

（二）开展海上游击战，粉碎日伪的联合“扫荡”

我们独立中队在陆地上不断打退国民党顽军进犯的时候，吴海同志带领的船队在海上也积极地开展活动，一次又一次地粉碎了日伪军的联合“扫荡”。

1. **坪洲海战**

1943 年元月 2 日，我们在坝岗消灭王玉如中队后，国民党又在 2 月间发动战争，进攻大鹏半岛，对我进行报复。正在这时候，日军也出动 2 艘炮艇在大鹏湾进行“扫荡”，配合国民党对我大鹏半岛进行“围剿”。一天，吴海带领 4 条船出海执行任务，刚出坪洲湾不远，渔民便向我船队挂出信号，说有 2 艘日军炮艇出来了。吴海立即下令船队返航。日军炮艇发现吴海的 4 条船可疑，便全速驶来，向吴海的船队开火，要其停船检查。吴海根本不理睬它，把船开回坪洲头岸边下锚，日军炮艇使用火炮追击。吴海把船靠了沙滩，迅速登岸，占领了坪洲头高地，组织好火力，待日军炮艇进入我平射机和机枪的有效射程时，便集中火力向妄图靠近我船队的那条敌炮艇开火。日军用一条炮艇向我岸上还击，掩护另一条炮艇向我船队靠近和射击。因为我们占据了岛上高地，容易发挥火力，又有山头隐蔽，敌炮艇却在海面上，甲板上是无处隐蔽的。经过一个小时的激烈战斗，日军炮艇无法靠近我船队，而前面的那一条却被我平射机击成重伤，在甲板上的日军被我机枪杀伤数人。在此情况下，日军炮艇只好撤出战斗，把被我击伤的炮艇拖回三门关。我们船队的船也有一条被日军炮艇的炮火打坏。这次战斗，我无一伤亡。战斗结束后，坪洲的老百姓高兴得很，纷纷送东西来慰劳我们，说我们打得好，打得“萝卜头”灰溜溜地回三门关。

我们分析日军吃了这次亏之后，一定会集中更多的炮艇对我们船队进行搜索“扫荡”，还可能对坪洲岛进行烧、杀、抢。为了避开日军的锋芒，我布置船队转移到吉沃、大小梅沙一带海区分散隐蔽起来。叫岛上老百姓除老者外，立即转移到牛草棚、下沙、王母圩等地去避一避。布置渔民分散出海打鱼迷惑敌人。果然，坪洲海战的第三天，日军集中了一大四小共 5 艘炮艇，从三门关到鹅公湾、坪洲、塔门、独牛一带海域，接连 3 天搜索我船队。日军看到船便检查，看是不是我游击队的船。还审问渔民，但渔民都说不知道。这些日军见钱就抢，见海鲜就拿。经过 3 天的搜索，发现不了我们的船队，便收兵回三门关和大埔。日军撤兵后，我们船队又返回坪洲、南澳、沙鱼涌一带海域活动。

2. **夜袭敌铁拖**

1943 年 6 月间，一天渔民报告说在黑岩角停有一艘日军的铁拖（运输船）。接到渔民的报告后，吴海召集各船长开会研究，决定吃掉它。当时船队有五条船靠在南澳，吴海决定派出 2 条船在外围警戒，他亲自带叶旗仔等 3 条船担任突击。采用钳形战术，从铁拖的左、右舷接近。晚上 10 时左右，日军都已睡觉了，吴海带领 3 条突击船出击。突击船一靠近敌铁拖，队员们便迅速从两舷爬上去，摸到日军的住舱，点燃两个包有辣椒粉的鱼炮掷进去。鱼炮一响，住舱里的日军有的被炸死，有的被炸伤，有的被炸晕过去，有的直打喷嚏。突击组乘势冲进去，缴了日军的枪，将 7 个还能动弹的日军捆绑起来，关在舱里。然后打开货舱，一看是黄烟叶，还有不少的中西药材和布匹。吴海组织大家迅速将这些物资搬上自己的船，经过 2 个多小时，才紧张地搬完全部东西，这时已是下半夜 1 点多钟了。部队离开敌船时，吴海在敌船的机舱里放了 2 个炸药包，将敌铁拖炸掉，胜利返航。船队回到南澳时，天已大亮。这次战斗对日军是一个沉重打击。另一方面，当时部队正处于缺衣少药的困难时期，缴获的物资也给部队解决了一些问题。总队首长听到我们这次海上的胜利，十分高兴，表扬我们海队不畏强敌果敢善战。

3. 马鞭岛战斗

1943 年 6 月间，日军为了确保其海上运输线的安全，遏止我们游击队进入大亚湾向稔平半岛及其以东地区发展，收编了龟灵岛上的一批土匪（外地人都叫这批土匪为“龟灵仔”），成立“中华民国广东省反共救国军海军第四总队第四大队”。这些“龟灵仔”从海丰县窜到大亚湾，停泊在马鞭岛一带海域。伪海军第四大队长叫陈强，手下有 5 艘大眼鸡船、100 多人。他们驻泊马鞭岛海域后，经常派出两条大眼鸡船，到大亚湾内的虎门、牛过水、金门堂、锅盖洲、芒洲、三洲、赤洲、川洲、白头洲、大小辣甲等海面进行抢掠，控制大鹏半岛和澳头、下涌等地渔船出海打鱼，封锁大鹏半岛与澳头的渡船交通运输（日军占领南澳、香港后，大鹏半岛的粮油、日常用品等，都是靠澳头供应的），把整个大亚湾港都封锁起来。他们向渔民和来往大鹏半岛与澳头的渡船敲诈勒索，无故没收渔民的渔网渔具，要渔民拿钱买渡船的船牌，赎回被掠夺的渔网、渔具。还规定渔民捕了鱼，要送给他们，不得拿到澳头去卖。那时正是荒月天，这么一来，老百姓的日子就更加难过了。于是，大鹏城、王母圩等地群众，便派出代表到牛草棚找到我们，要求我们部队尽快消灭这些“龟灵仔”，以解除老百姓的痛苦。

我们把群众的要求，向曾生同志作了报告。曾生同意由我们独立中队去消灭这帮“龟灵仔”。6 月 30 日晚，我和政委关秀（赖仲贤），副中队长叶基等带领中队的陆上部队，从牛草棚转移到岭坳村。我们一到岭坳村，村里的男女老少都很高兴，纷纷向我们诉说“龟灵仔”的罪行，要求尽快消灭“龟灵仔”。这就给我们部队作了很有力的战斗动员。我们住下后，几个中队干部进行商量，认为我们的船队在大鹏湾（西海）一时过不来，就是过来了，目标也太大，容易暴露我们的行动计划。我们现在没有船，又是在陆上，“龟灵仔”在海上，他们的船都是大眼鸡，有几百担大，人又比我们多，这个仗该怎么打？商量中，大家说要打好这场仗，只有依靠群众，发扬军事民主。我们一方面动员干部、战士想办法出主意，另一方面走访村里的群众，听听群众的意见。这样一来，便出现了部队找群众、群众找部队共商决策的一派动人景象。群众说：“你们要船，我们有船，要几条出几条；你们要人，我们有人，要多少出多少。”群众高昂的战斗热情，大大增强了我们打好这场仗的信心。我们几个中队干部根据群众提出的建议，决定先派懂大鹏话的班长刘茂同志（大鹏城人），乘村里董均祥家的船，装作领船牌，前往进行敌情侦察。侦察回来，刘茂和董均祥都说“龟灵仔”共有3只大眼鸡船，2只在前，1只靠后，他们大队部是在后面的那条船上，船桅杆下有一挺机枪；前面的一条船桅杆下也有一挺机枪。还说，在领船牌时，听见船舱里有打牌九和抽大烟的声音，每条船上有三四十人。为了更准确地掌握伪海军的情况，决定派政治服务员叶展明再次乘董均祥家的另一条船去侦察。侦察的结果和刘茂侦察的情况完全一致。

根据侦察的情况，从中队领导到战士及村民群众都认为，要歼灭伪海军第四大队，只能奇袭智取，不能强打硬攻。应组织短小精干的突击队，分乘渔船伪装成打鱼活动，迅速接近敌船，采取突然袭击的战术。打法定下来后，我们从中队申请报名参加突击队的几十个指战员中，挑选了叶展明、魏辉、王健、刘光明、江九、邱才、彭灵、林英、袁贤、黄运、游强、黄生等15人组成突击队。派李汉兴（岭坳村人）从要求参战的十几条渔船中，挑选了张壬生、郑容生、董均祥家的三条渔船和张壬生、郑容生、李木连（又名木九）、李华昌、李华喜、董锦珍等6人参战驶船。命叶展明为第一突击组长，带领江九、邱才、魏辉、彭灵4名突击队员，乘张壬生的船，担负突击敌指挥船；林英为第二突击组长，带领王健、袁贤、黄运、黄生4名队员，乘郑容生的船，突击敌指挥船左侧的那条船。我们的指挥船上，配机枪1挺、冲锋枪2支、英式步枪2支，乘黄锦珍驾驶的董均祥家的船，担负掩护突击组突袭任务。

7月4日黄昏，突击队登船扬帆出征。当晚正是上弦月，上半夜的海面，在皎月下犹如白昼。我船距离敌船还有几百米远，便被敌哨兵发现，敌兵鸣枪喝令我船队不许靠近。船工只好用大鹏话回答敌船：“我们是渔船呀，来打鱼的，不要开枪。”伪装收网后返回。

第一次未打成。我们总结了经验教训，重新布置行动。改为晚上8时起航，待上弦月落后再接近敌船，利用敌船的死角从侧后突进。7月6日晚8时许，由叶基副中队长带领突击船队，在岭坳的大网前登船，再次扬帆出征。晚11时半左右，我们的突击船接近敌指挥船约30米处，敌哨兵发出口令，渔民张壬生、李木连一面使劲摇橹划桨靠近敌船，一面回答说：“我们是渔民，来打鱼的。”当我突击船一靠上敌指挥船的左舷，叶展明一声令下，突击队员一齐爬上敌船。打死敌哨兵后，叶展明夺下机枪，江九、邱才两同志冲向敌住舱，投进两颗手榴弹。两声巨响，炸得敌人晕头转向，举手投降。敌指挥船左前方那条船发现指挥船被我袭击，立即用密集火力打过来，叶展明拿起机枪还击，不幸中弹负重伤。魏辉同志见状跳过去，要为叶包扎，叶推开他指着机枪，示意他向敌射击。魏辉端起机枪射击时，不幸也中弹负重伤。这时，快速接近敌船的我指挥船的火力组，集中猛烈的火力，对准敌左前方那条船，进行压制射击，支援我第一突击组肃清残敌，同时掩护第二突击组实施突击。在敌指挥船上的彭灵见两位战友负伤，迅速爬到船桅杆下，端起机枪转移到船头，向左前方敌船射击。在我两挺机枪的火力压制下，打得敌人抬不起头。这时，我指挥船已靠上敌指挥船，副中队长叶基同志与第一突击组汇合，一面搜索残敌，一面集中两挺机枪火力掩护第二突击组。我第二突击组冒着敌人密集的火力，勇猛向敌船冲击。郑容生、李华喜两位渔民沉着镇静，用尽全身力气摇橹划桨，快速护送突击组登上敌船。王健在登爬敌船时，不幸中弹掉进海里壮烈牺牲。第二突击组靠上敌船后，投出一个手榴弹，把敌人的机枪炸哑，乘势爬上敌船，打得敌人举手投降。这时，在敌指挥船右侧的那条船，看见指挥船和左侧那条船已被我歼灭，妄图起锚外逃。叶基当即组织火力进行射击，打得敌人哭爹叫娘，双手举起叫喊“饶命”投降。叶基派船工张壬生、李华昌送突击队员上船去接受敌人投降。在敌指挥船上的伪海军第四大队长陈强躲在船舱下面，企图负隅顽抗，经再三喊话叫他投降，他就是不投降。于是，彭灵同志手端机枪，一梭子弹把他击毙。在外海抛锚的两艘伪海军的大眼鸡船，看见港内的3条船已被我全部歼灭，便起锚驾船向龟灵岛方向逃去。

经过40多分钟的激战，我们歼灭了伪海军第四大队3艘船。缴获机枪2挺、步枪40多支，生俘40多人，击毙陈强以下五六十人。我牺牲政治服务员叶展明、小队长魏辉、组长王健、政治战士刘光明4位同志，叶基的脚亦受轻伤。战斗结束后，叶基布置将3条缴获的“大眼鸡”放火烧毁，然后带领大家凯旋返航。

马鞭岛战斗的胜利，粉碎了敌伪妄想在大亚湾设置据点，将大鹏湾和大亚湾联成一势的企图，保障了我船队在大鹏湾和大亚湾广大海域进出自由的顺畅，为我们开辟和建立稔平半岛及其以东地区的抗日根据地创造了条件；马鞭岛战斗的胜利，开创了东江抗日战争史上以3条“小槽仔”吃掉3条“大眼鸡”，16名勇士歼灭伪海军近百人的战斗范例；马鞭岛战斗的胜利，写下了岭坳群众不畏艰险和部队在一起英勇战斗的光辉史篇。大亚湾渔民获得了解放，从而建立了大亚湾巩固的游击根据地。

敌伪不甘心失败，7月下旬，日军又指使伪海军从龟灵岛方向派出2艘大眼鸡，鬼鬼祟祟地向大亚湾驶来，妄图再犯马鞭岛。我们得知这一情况后，便布置船队队长邓金将船队驶到大亚湾西口（鹿嘴）待机，准备待伪海军船队进入湾内接近马鞭岛海面时，然后再出击，把口子封死，集中火力将其击毁。但是，当伪海军的两艘大眼鸡在东面出现时，邓金杀敌心切，想快点把它吃掉，在敌船队离马鞭岛还有五六海里时，便下令出击。结果，我船队一开火，伪海军马上掉头逃窜，跑回龟灵岛。这一仗我们虽然没有把它消灭，但从此伪海军再也不敢来大亚湾了。

（三）肃清流窜土匪，保护人民群众安全

经过近一年与日伪军和顽军的斗争，以大鹏半岛为中心的抗日根据地不断发展、巩固，但是外地的土匪也经常流窜到我们活动的地区来“捞食”，威胁着人民群众的安全。因此，我们在与敌、伪、顽进行针锋相对斗争的同时，还得和这些流窜土匪作斗争。这些土匪有的是成帮的，有的是单干的。

1943 年 3 月，即马鞭岛战斗前，情报站长王舒来报告说有 4 名何成联的土匪，流窜到叠福来“捞食”，带有 4 支短枪、4 支冲锋枪。我们接到情报后，布置王舒先诱骗这些土匪，把他们分别隐蔽起来，然后派魏辉同志带手枪队，一个一个地将他们缴枪抓起来。一审问，才知他们是汉奸陈乃秀的流散人员，原是跟陈“捞”的，后陈在香港被日本人杀了，他们不敢在香港“捞”才回内地来的。经过教育后每人发给一些路费，我们叫他们回家去，不要再当土匪了。

1943 年 5 月，王舒又来报告，说有 30 多名国民党军来到南澳镇，住在海关那座房子里。同时，船队吴海同志也派人回来报告说，从南澳跑到坪洲的渔民说，有三四十个武装土匪从东山开过来，现住在南澳海关上，南澳的渔船大部分逃到坪洲去了，并请示船队如何行动。当时，我们部队住在牛草棚，认为南澳虽有敌情，但不能确定是土匪还是国民党军队，估计国民党军队三四十人是不敢来的，人多了海关住不下。因此必须先摸清楚这批武装人员的身份。我们立即派出赖祥同志带几名手枪队员去进行侦察，弄清了不是国民党的部队，而是土匪莫仔的残余队伍。根据侦察的敌情和地形情况，我们决定第二天晚上，陆上部队从牛草棚出发，由山坡后面迂回过去，把他们包围起来。并命令船队在同一天黄昏后，把南澳港封锁起来，防止这批残匪从海上逃跑。待战斗打响后，立即与陆上部队联系，支援陆上歼敌，同时注意加强对海上警戒。我和关秀政委留在牛草棚掌握全面情况，由叶基副中队长负责带领赖祥、赖桂两个小队去围歼这股残匪。

第二天，部队按计划占领海关楼后面的高地，把莫仔残匪三面包围起来。突击中，被他们的哨兵发现，赖桂不幸牺牲。叶基布置李辉同志对他们喊话："我们是曾生的部队，你们已被包围了，快派人来联系。"他们一听是曾生的游击队，便停止射击，派人出来联系。我们乘机突进去，叫他们集合队伍训话。这帮土匪乖乖地出来集合，带队的是一位副连长，他说："莫仔、吴仔两人在稔山被国民党扣押起来了，部队也被打散了。我们三十多人是跑出来的，在那里站不住脚了，没饭食，所以从稔山乘船来南澳，想到南澳来看有没有什么捞。"叶基对他们说："南澳镇是曾生抗日游击队的根据地，谁想来占我们这个地方都是不行的。谁来我们根据地'捞食'那是绝对不允许的。"叶基讲话时，赖祥便收缴他们的武器。最后，叶基对他们说："你们要改邪归正，不要再当土匪了，回家去种好田地。我们共产党游击队是优待俘虏的。听说你们昨晚就揭不开锅，还没吃饭。这好办，我们做饭给你们吃，能吃一斤煮一斤，能吃二斤放二斤米。你们放开裤腰带，尽量吃，吃饱后，睡个觉，明天派船送你们回稔山去。"那帮土匪听了很高兴，都说再不当土匪了。第二天，我们叫李汉兴同志给他们每人 2 斤米和一点路费，在东山那边请了一条渔船，把他们送回稔山那边去了。这次消灭莫仔的残余队伍，计缴获勃朗宁轻机枪 1 挺、长短枪 20 余支。我们牺牲小队长赖桂同志。

还有一次，在麻鸭脚开展群众工作的同志报告说有一个"阿保"（土匪）带支驳壳枪来这里"捞食"，我派魏辉同志带几个手枪队员，把他抓了回来。经审问，他名叫周来，是稔山人。他说："听说大鹏半岛好'捞食'，我就来了，不知道这是游击队活动的地方。我家里很穷，有个老母亲，没得吃，只得出来捞。"又说："你们信得过我，就放我回家去。我把母亲安置好后，就来参加游击队打日本仔。"果然，放他回去的第三天，他就来找部队要求参加游击队。周来参军后，打仗很勇敢。经过一个时期的考验，我们提升他当了班长、小队长。

（四）没收非法进入我根据地的"英军服务团"的武器

由于国民党的"殃民政策"、日本帝国主义侵略的祸害和连年的旱灾等原因，1943 年上半年，大鹏半岛人民的经济生活非常困难，尤其是粮食来源更困难。4 月下旬，有用"英军服务团"名义的两个"钩鼻佬"，领着一个穿西装的中国人，在大鹏城、王母圩两地"施粥赈灾"。表面上，他们每天上午煮一大锅粥，派给去讨吃的人每人一碗，派完了事。暗地里他们却东跑西窜，跑到七娘山各村进行侦察、测量。大约搞了 20 多天他们就走了，也不再施粥了。

1943 年 6 月上旬，有 12 个人带着 2 支冲锋枪、2 支手枪、2 支红毛枪（英式步枪）、1 部电台及大部行李，从澳头坐船到大鹏城。他们持有惠淡守备区的介绍信，来到大鹏乡公所（当时我中队仍未全部控制大鹏半岛，该处仍有国民党的乡公所）接洽。他们其中 8 人要在大鹏进行工作，要乡公所给予安全保证和生活照顾等。过了两三天，有 8 个人跑到七娘山半山腰里的高岭村安营扎寨，架起了电台。我们得到这一情况报告后，我和关秀、张东荃、叶基研究认为：不管是什么守备区介绍来的，应该一律消灭。并由我去向领导汇报请示。我到了枫木浪村，曾生同志恰好不在，便向连贯同志作了报告。连贯同意我们把这 8 个人通通扣起来，如果他们不抵抗，让我们就不要伤害他们。我回到中队，将上级意图一说，大家同意派叶基带一个小队和手枪队去收拾他们。叶基非常顺利地完成了任务。这 8 个人被缴枪后，没有任何要求，只希望保留性命。尔后，他们拿出了“英军服务团”的证件，解释来此工作的原因。两天后，连贯同志来信指示说，中央周恩来同志来电，英国大使已经承认错误：未经我方同意，便擅自派武装人员侵入我根据地并安装电台。因此，我可将电台和人员归还，武器没收。我们按照周恩来同志的指示处理此事件。在释放俘虏时，我们对这 8 个人训示了一番，令其 3 天内离开大鹏城，坐船到澳头经淡水返回惠州。

（五）建立三站（情报站、交通站、税站）和开展群众工作

为了掌握敌人的动态，沟通上下级的联系，解决部队的活动经费，我们建立了情报站、交通站和税站。

我和叶基同志两个中队，早在编进王竹青部队之时，即 1942 年 3 月，为了掌握国民党在淡水的动态，便建立了淡水情报站。该站以开货栈、做生意面目掩护，由叶基物色他家乡（淡水洋塘）的人来当“老板”和当“店员”。该站以叶基和罗哲明编入王竹青部队改名的最后一个字（叶基改名为叶树生，罗哲明改名为罗春祥）来命名，因此叫做“生祥”号。国民党顽军在 1942 年 4 月、7 月两次增兵淡水，和准备从坪山、葵涌出动打内战，该站都及时准确地报告了情况，使部队胜利地粉碎了国民党顽军的进犯。后来在大鹏半岛根据地内，也建立了一个情报站，是通过地方党物色的人员组成的。站长王舒（后是刘立）通过地方各种渠道收集情报，主要是收集日、伪、顽、土匪在我边沿地区活动的情报，收集外来武装、可疑人员进入根据地活动的情报等。这个站对消灭散兵莫仔的残余、汉奸陈乃秀的残余，掌握英军服务团两次窜入我根据地等

情况，起到了很大作用。我们有了淡水情报站和王舒情报站，耳目更聪灵，及时掌握了敌、伪、顽及土匪的活动情况，保证了战斗的胜利。

独立中队成立前，我们是没有交通站的。上级如有事，就到沙鱼涌找我们。我们有事请示报告一般是通过张东荃办理。特殊情况下，我就亲自到土洋、红花岭或田心向总部或大队领导汇报请示。合编独立中队后，伏击了顽军陈智伯营，在我们退到岭坳休整时，麻烦事情就来了。想报告情况和请示我们今后的活动等问题，派出人到土洋、红花岭、马栏头一带，转了一大圈找不到领导机关的下落。没办法又派人到径心、田头、田心又找不到，最后还是上级派人通过坝岗到盐灶的山背找到我们。这样一个来回就过去了一个月。有时，我们派人到牛草棚、关湖一带找船队，也一样找不到，最后还是靠渔民用船送我们的人到坪洲的海面才找到。有一次船队也找了我们半个多月才联系上。经验告诉我们，要建立隐蔽交通站，才能保证部队上通下达，做到文件、书信传送畅通。因此，我们在塘布（对上）、岭坳（对下）建立了第一批交通站。随着部队的发展和活动地区范围的扩大，后又在盐灶、枫木浪、牛草棚、关湖、下沙、径心等地陆续建立了交通站，构成了大鹏半岛的交通网。交通站站长叶惠，后叶香。

为了解决部队活动经费，我们还设立了税站。1942 年 8 月，江忠副官报告说："现有经费只能维持个把月了。沙鱼涌税站交来的税款，还是 7 月份打内战前收到而未上缴的那几十元钱，只够他们税站三个人吃。现在没有客商从香港那边运货经沙鱼涌去淡水，所以，他们都回来了。近两个月来，缉私也没有'发市'，船队在海上碰到的都是难民船。船上的难民是给日军赶出来的，个个饿得皮包骨头，真可怜。难民遇上船就靠过来，要求给他们一些米煮粥吃，救救命。我们中队从上个月就没有向总部交款了。"江忠继续说："看来今后的经济恐怕会困难，是否从现在起，部队每天暂时改为一餐粥、一餐饭？另外要想办法多开经济门路才行。"听完江忠报告后，我们中队领导都感到处境确实困难了。经济工作确实要开源节流，两方面同时着手。同意从明天开始改为一餐饭、一餐粥。并决定，由赖桂同志带沙鱼涌税站原班人马回去，恢复那边的税收工作。上下洞、土洋、关湖、叠福一线设立流动收税站。派范样、钟通各带几个人去南澳、坝岗、三间店一线，建立新税站。税站领导开始是江忠，后是李汉兴、张德同志。由于各市、镇相继成立了税站，部队的经费的来源开始有所好转。

大鹏半岛的民运工作，开始是由惠阳大队派出人员进行，归惠阳大队管。

独立中队成立以后，第一个派出做民运工作的是李覃桂同志，但我们中队领导对这项工作重视不够。一次曾生来队检查工作，对我说："刘培，不能搞流寇主义啊，要重视群众工作。"从这以后，中队领导对这一工作就重视起来了，指定罗哲明负责民运工作，任命陈生为民运干事，关秀政委亦亲自抓。这项工作我们一是做好大鹏半岛、坪洲岛陆上的群众工作，二是做好海上的渔民工作。由于我们抓紧了民运工作，密切了军民关系。马鞭岛海域歼灭"龟灵仔"的战斗胜利，坪洲我船队击败敌炮艇的战斗，都有中队民运工作人员的一大贡献。

（六）精兵简政，度过困难时期

1942 年和 1943 年，连续两年的严重天旱，日、伪、顽又联合对根据地实行经济封锁，群众的生活十分艰难。为了减轻人民的负担，自力更生，克服困难，坚持斗争，我们认真地执行中央关于精兵简政的号召，中队从 167 人精简为七十多人。精简后，小队长当班长，政治服务员当政治战士，班长当战士，中队直接领导班。精简下来的人，一部分动员他们回家搞生产，另一部分组织起来成立生产队，在岭坳村的大网前开荒生产，种地瓜、花生、黄豆、青菜等实行自产自给，渡过难关。

在根据地军民共同努力下，我们战胜了灾荒，渡过了难关。接着，旱患解除，生产发展，根据地扩大，形势好转。原来动员回家生产的同志，此时纷纷归队，而且还动员了不少其他的青年参加部队。仅大鹏半岛就有 30 多人，董覃通、欧根、李世芳、赖耀、李茹、罗桂、叶田等同志就是这个时期参军的。

经过两年的艰苦奋斗，大鹏半岛抗日根据地更加巩固了。省委的电台、华南抗日游击总队部、军政学校等单位，陆续从路西的东宝地区转移到大鹏半岛驻扎。

四、护航大队的诞生

1943 年 7 月 6 日，马鞭岛战斗胜利之后，大鹏湾的斗争形势发生了很大的变化。曾生同志指示我们将中队的海队武装船只，迅速从大鹏湾抽调 4 条船到大亚湾活动，以便控制整个大亚湾港，稳定大鹏半岛的局面。8 月，我们独立中队从岭坳转移到枫木浪。中旬的一天，曾生来到枫木浪，找我们几个中队干部开会。曾生说："根据斗争形势的发展，总队党委决定，把独立中队扩建成为护航大队。刘培当大队长，调曾源同志来当政委（赖仲贤同志调任大鹏区人民政府任区长），叶基同志当副大队长。陆上编二个中队、一个独立小队，海上编二个中队。”曾生还说：“护航大队成立之后的任务主要向东发展，开辟稔平半岛，打通至汕头的路线，争取早日和韩江那边联系起来；团结新区可以团结的一切力量，共同打击那里的日伪军；还要提高警惕，严防国民党顽固派的突然袭击。坚持人不犯我，我不犯人，人若犯我，我必犯人的自卫斗争原则，解放那里的人民群众，壮大革命力量，迎接抗日战争的最后胜利。”

根据曾生的指示，我们大队几个领导干部对部队进行了调整，一中队由叶基兼任中队长，韩藻光任指导员（由上面调来）；二中队（原名展明中队，是纪念叶展明烈士命名的）由赖祥任中队长，林英任指导员；袁贤任独立小队长，刘贤任指导员。海队一中队在大鹏湾（西海）活动，由吴海任中队长；海队二中队在大亚湾（东海）活动，由邓金任中队长。

（一）加强武装斗争，巩固扩大革命根据地

1943 年年底，根据总部指示，大鹏半岛以西海上斗争任务，移交给港九大队负责。调护航大队在大鹏湾的两条武装船（连人带武器）给港九大队海队，其余武装船只迅速到东面大亚湾海域，加强向东发展的力量。从此，我们大队主要是在大鹏半岛以东沿海及稔平半岛、大亚湾海域开展对敌、伪、顽的斗争，发展和扩大抗日根据地，壮大抗日力量。

澳头战斗　澳头战斗是护航大队成立后的第一次战斗，全歼了王竹青一个中队。

1943 年 9 月，国民党顽军发动内战，进攻我路东根据地。之前，王竹青被张光琼打散后，又拉起了一帮人，投靠罗懋勋，被委任为惠淡守备区经济游击总队副总队长兼中队长，进占了澳头镇。王竹青有 80 余人，配有轻机枪 3 挺、短枪 30 余支、步枪 30 多支。为了争取王竹青和我们共同抗日，我们派曾经打进王竹青部队并当过中队长的罗哲明同志，去做王竹青的工作。他去的时候带了两瓶酒和两只鸡，到澳头找到了王竹青，跟王说：“澳头镇是我们的地方，罗懋勋叫你来是叫你充当打内战的先锋。现在全国人民都要求抗日，希望你跟我们一起抗日，打内战是死路一条。如果认为跟我们一起抗日有困难，就希望你当国民党进攻我们的时候，跟我们通个气，保持中立。”王竹青拒绝了我们这两个要求。为了不放弃争取他的工作，我们又派曾经打进过王部的范祥去做王的工作。范祥曾在王的警卫小队（手枪队）当过兵，身份没有暴露。张光琼把王竹青打散后，我们叫范祥隐蔽在家。范祥去后对王竹青说：“打散后不久我就回

到家里，闲着没事做。”又说：“当这份差事真受气，要用你去打共产党游击队，又要吃掉你大队长，我看不如到曾生那里去较为稳当。”王竹青听后，把范祥骂了一通，并说：“以后你不要来了。”范祥回来汇报说，王竹青已经变了，死心塌地跟罗懋勋来侵占我们的澳头。根据这些情况看，王竹青是决心跟罗懋勋来打我们，充当罗的马前卒。因此，曾生下决心，为了粉碎国民党顽军的内战阴谋，先把王竹青消灭掉，收复澳头镇。为了做好作战准备，我们再次派范祥到澳头王竹青处侦察地形，了解他们的部署。因为范是化装成农民去的，王竹青一点也没察觉。范在澳头活动了一天，把情况了解得十分清楚，第三天就回到部队。

根据侦察的情况，我们制定了作战方案，由赖祥中队和手枪队担任突击，吴海同志的船队（邓金调军政干校学习，吴海从西海调来，西海由伤愈回来的叶昌负责）负责运送部队和封锁港口，并担任海上警戒，防止日军来犯。为了确保全歼王竹青部，曾生决定从惠阳大队抽调一个小队来加强突击力量。这次行动的总指挥是曾生同志，政治部副主任兼惠阳大队政委李东明同志和我担任前线指挥。

作战计划确定之后，部队从枫木浪转移到坝岗集结。9 月上旬的一天晚上，部队运动到靠坝岗、盐灶的海边上，曾生亲自到海滩送我们上船。由吴海的 4 条船护送我们到澳头以东的海滩登陆，隐蔽在岩前村。我们和地方党刘观源同志取得联系，要他把全村封锁起来，不让走漏消息。部队隐蔽了一天。白天，我和赖祥以及惠阳大队的小队长李柯平等几个同志到妈庙、螺岭去看地形，决定部队的行动路线和布置任务：由袁贤带独立小队在惠淡公路的阿妈庙村背的小高地担任警戒，切断淡水通澳头的电话线路，阻击淡水来援之敌；派出 1 个班控制螺岭对面山的小山坡，防敌逃跑；我和李东明带领赖祥中队、手枪队和惠阳小队从岩前村出发，绕过南边灶和渡头，进入螺岭（指挥所地点）50 米高度的制高点，控制住在螺岭山下二层楼里的王竹青中队部。

第二天晚上，我部各自进入阵地。11 时许，我们占领了螺岭下面的山坡，3 挺轻机枪控制了王部整个楼房。赖祥带领突击队从山坡左侧迂回突击，接近敌岗哨时，敌哨兵喝口令：“是谁?”赖祥他们沉着地边前进边回答说：“我们是渔民，出海捕鱼。”当突击队接近到 10 米时，敌哨兵喝令：“不许前进!”并向突击队射击。突击队立即分开，由赖祥、李柯平各带一个组迅速向敌营房冲去。将敌哨兵击毙后，突击组冲到楼旁，向一层楼内的营房投掷手榴弹，把敌人炸得死的死，伤的伤，没死的躺在床上举手投降。第一层楼的敌人很快就被解决。二层楼上的敌人仍在顽抗，他们在东、西两侧的楼角上，用 2 挺机枪向我后续部队射击。赖祥端起冲锋枪向东侧的敌轻机枪一梭子弹打过去，敌机枪射手和机枪从二楼摔下来，范祥同时把西边的敌轻机消灭了。这时，我们在山坡上用轻机枪向敌楼房猛烈射击和投手榴弹，打得敌人抬不起头来。敌人在楼上惊慌失措四处乱窜，楼棚是木板做的，他们一走动，我们在楼下的突击队员听见就从楼下往楼棚上打，打得敌人哇哇乱喊："不要打了！我们投降！"

从战斗发起到战斗结束，不到半小时。在审问俘虏时，得知王竹青听到枪响便跑了。王竹青的侄子王子敬小队长新结婚，住在新围子梁文杰那幢屋子里。我们马上叫赖祥带突击队把新围子包围起来，喊话叫王子敬投降。王凭借两支手枪和占据楼房，居高临下进行顽抗。经过 2 个小时的战斗，王子敬弹尽援绝，只得交出两支手枪当了我们的俘虏。

战斗结束后，连夜召开澳头镇群众大会。宣布澳头镇又被我们解放，大家可以安心做生意，搞生产，我们游击队会负责保护大家生命财产安全。大会结束后，部队撤出澳头返回枫木浪。曾生在坝岗等待我们的胜利消息，看见我们凯旋归来，十分高兴。这次战斗计缴获轻机枪 3 挺，手枪、步枪各 30 多支，毙敌 20 多人，生俘 40 多人。俘虏经教育后，除了王子敬，其他的第二天发给茶水钱释放回家。战斗中我牺牲李柯平同志和一位战士。

曾生同志分析，罗懋勋经我们这次打击后，一定很快就会全面向我们进犯。因此决定护航大队从枫木浪村转移到东涌，并布置赖祥带一个中队埋伏在南澳后面山，待敌退却时打它的埋伏。果然，几天后，罗懋勋便派兵进攻我澳头、南澳，直插枫木浪，妄图消灭我大队。但敌人扑了个空，不敢再前进，便立即撤兵。途中其后面部队遭赖祥中队伏击，被打得狼狈不堪，敌人失利后迅速从南澳、澳头撤回淡水。

这次战斗全歼国民党顽军一个中队，粉碎了国民党顽固派的内战阴谋，进一步巩固和扩大了路东根据地，特别是大亚湾沿海地区的抗日根据地，为开展和建立稔平半岛游击区创造了有利的条件。

挺进稔平半岛　稔平半岛地理位置非常重要，是华南的重要盐场和渔业基地，物产丰富，为历来兵家必争之地。曾生对开辟稔平半岛根据地十分重视，护航大队成立前，就派练铁、蔡端和曾城同志到稔平半岛开展秘密工作，建立地下党组织，发展武装力量。护航大队成立后，曾生立即派叶基副大队长带一个中队去稔平半岛，配合练铁、蔡端、曾城开展稔平半岛的武装斗争；派袁贤独立小队挺进到霞涌和稔山之间游击；海队派两条船到霞涌、范和岗、巽寮的海面活动以配合稔平半岛的斗争。叶基率队到了稔平半岛后，以巽寮为基地，团结争取了古顺秋，积极开展对敌、伪、顽的斗争。主要战斗有：

消灭暗街伪盐警队 1943 年 12 月，在国民党当局和驻稔平半岛国民党杂牌军的默许和支持下，敌伪在暗街（离平海 3 公里）建立了盐税站，收缴港口一带盐田的盐。为了保护伪税站的安全，敌伪派出十几名武装人员担任盐警。叶基经过侦察，亲自带领部队绕过平海城，直插暗街，将伪盐警队全部歼灭，缴步枪 10 余支，宣布暗街解放。这是我部队挺进稔平半岛的第一次战斗，虽然只歼灭伪盐警队 10 余人，但政治影响很大。广大人民群众第一次听到曾生的抗日游击队来到了稔平半岛，纷纷说：只有共产党才是真正抗日救民的军队。此战，大大鼓舞了稔平半岛人民群众的抗日热情。

霞涌战斗 叶基带着一个中队在稔平半岛开展活动，胜利地建立了游击区。1943 年底叶基中队在暗街歼灭伪盐警队后，国民党顽军调徐东来两个大队，配合原驻守在稔山的“大鸡陆”大队，对我叶基中队进行疯狂“围剿”。徐东来派周义心大队一个中队，占领了我们的霞涌，该中队驻扎在霞涌苏茅坪小学。根据这个情况的变化，我们判断，国民党顽军是妄图阻止我们部队东进，集中兵力对付叶基带领的部队，妄图把我们消灭或赶出稔平半岛。为了粉碎国民党顽军这一阴谋，巩固大亚湾沿海的根据地，支援叶基在稔平半岛的活动，我们大队几个领导决心打下霞涌，进一步清除袁贤小队在坪山与稔山之间的活动障碍。我布置袁贤摸清了驻扎在霞涌周围的顽军部队情况，在霞涌的是惠淡守备区经济游击总队第三大队第八中队（即周义心大队的叶维屏中队），有 70 多人，配备机枪 2 挺，驻在苏茅坪小学。根据侦察的情况，我们决定集中赖祥中队、袁贤独立小队、大队部手枪队和海队力量参加战斗。这时，除袁贤小队在岩前村一带活动外，其余部队在坝岗。于是，我们乘吴海海上中队的 4 条船，从坝岗出发到霞涌沙滩登陆，绕过霞涌圩，在苏茅坪后山集合。我命令袁贤小队在稔山方向警戒，一是防止叶维屏向稔山突围，二是阻止稔山之敌来援。由赖祥中队担任突击。赖祥指挥部队把苏茅坪小学包围起来后，亲自带突击队悄悄突袭学校的大门，在行进中不幸被敌哨兵发现，敌人便把大门关起来。他们依靠学校的围墙和房顶做依托，对我们进行射击。赖祥指挥突击队三次突击到学校大门前，都被敌人的火力所压制，未攻进去，牺牲了小队长范祥同志。战斗持续了一个多小时，突击队无法冲进去。我着急地从苏茅坪村后面的山坡上下来，叫吴海将船上的平射机抬上来，准备掩护突击队再次进攻。当我拿过小鬼班刘传的步枪，瞄准敌人刚想击发时，被敌人的机枪打中我的右手和臂部。跟随我的小鬼廖娇发现我受伤流血，立即给我包扎，并扶着我撤出战斗。另一个小鬼陈发成迅速把大队救护长叶萍找来，叶看我伤势很重，用担架把我抬离阵地。这时，赖祥也负伤了。我看难以攻下来，便告诉赖祥天快亮了，命令部队撤出战斗。我们乘船返回坝岗。

战斗中，叶维屏中队被我毙伤40多人，第二天他便撤回稔山。霞涌圩又为我收复，从而粉碎了敌人阻止我向东发展的阴谋。回到坝岗，我对曾源政委说，大队部要迅速转移到后面去，国民党很快就会来进攻，对我进行报复。要动员好部队狠狠地在坝岗坳前给它打击。果然在几天后，大鸡陆从稔山出动来攻，在澳头到坝岗沿途受我阻击，后在坝岗坳被我杀伤10余人后撤回去。这时，我的伤势更严重，曾源告诉我，纵队领导决定要我离队治疗，派袁庚来当副大队长，代理我的工作；赖祥调纵队任警卫中队长，并带一个半小队去。我被转移到高岭治疗，纵队派纵队卫生处主任江风医生和招丽贞同志来给我治疗。纵队林平政委对我非常关心，买了一只鸡，写了一封信由江风带来叫我安心休养。当时，我因流血过多常处在昏迷状态，叶萍小声告诉我："大队长，林平政委很关心您的伤势，纵队专门派江医生来看您，带来一只鸡和一封信。"我从昏迷中醒过来，听到后很受感动。

5月初，我从香港××医院治伤出来，回到港九大队设在西贡大浪村山背的一个医疗站休养。得悉国民党顽军大举进攻我路东根据地，企图消灭在大鹏半岛的东纵领导机关和彭沃带领的主力部队（五虎队），我急着想回部队参加战斗，但领导不批准。直到6月初才让我回到大鹏半岛来。在盐灶大队部，我见到了曾源、袁庚和部队，很高兴。曾源对我说："上级叫你继续休养，到大鹏城东江干校去休养。"我在休养时回想霞涌战斗过程，之所以打得不顺利，主要是在接连打了几次胜仗之后，自己产生了骄傲轻敌思想。因此在战斗部署上不周密，造成了战斗失利。这是一次教训，需要好好记取。

第二次解放暗街 1944年7月，暗街又为"伪反共救国军海军第二大队"占领。该大队有100多人，大队长叫黎强。伪海军在暗街对盐民和渔民进行残酷的盘剥和血腥的屠杀。伪海军的这些暴行激起了广大群众的深仇大恨，要求我们部队对这帮投靠日军、作恶多端的卖国贼予以严惩。我们部队也为了解放暗街、扩大影响，进一步动员群众，巩固和发展稔平半岛游击区，决定长途奔袭暗街敌伪。我要叶基在巽寮附近集结部队，并派人对敌人的兵力部署进行详细侦察。战斗任务下达后，曾源和袁庚带领叶昌中队、手枪队乘吴海中队4条船从盐灶到达巽寮，与叶基会合。叶详细汇报了敌情，确定了部队远袭行军的道路。

部队在巽寮的一个村子里休息了一天。当晚，按行动计划迅速行军，向暗街伪海军营区靠拢。晚上 10 时许，将伪海军第二大队包围。经突击队勇猛冲击，很快全歼了伪海军大队。伪大队长黎强和他老婆没住在大队部，而是住在暗街的另一间房里，也给我们包围住。当突击组冲进去时，他和他的老婆躺在烟床上抽大烟，被突如其来的袭击吓得直发抖，乖乖地举手投降。突击组把他的手枪、烟枪和大烟土一齐缴了回来。

这次战斗共歼敌 100 多人，缴获长短枪 100 余支，沉重打击了敌伪的嚣张气焰，进一步扩大了我们的政治影响。我们不仅站稳了脚跟，而且扩大和发展了稔平半岛的抗日游击区，为下一步向海丰推进创造了有利条件。

平海战斗 平海坐落在稔平半岛的东部，是国民党当局在稔平半岛的政治、经济中心，是稔山到暗街中间的一座古城。据说，仅稔平半岛的盐税就能供养国民党一个军，所以他们就派了一个盐警中队驻在那里收盐税。1944 年 8 月初，我在东江军政干校休养结束将离开时，东江纵队副司令员王作尧对我说："你们护航大队在五月反顽斗争中打得很不错，守住了坝岗坳，地雷战搞得好，大量杀伤了敌人，还救了五个美国飞行员。最近又袭击了稔平半岛伪军据点，全歼了伪盐警大队一百多人。听说伪军大队长两公婆还在抽鸦片，就给你们俘虏了。你们要抓住这个有利形势，再接再厉向东发展，早日打通和韩江方面联系的路线。"

我回到盐灶大队部，将王作尧同志对大家的鼓励和指示向曾源、袁庚作了汇报。9 月中旬，按纵队司令部通报，知道国民党顽军又在准备向我路东根据地进攻。我们大队几位领导干部分析了大鹏半岛、稔平半岛的斗争形势及敌、伪、顽军的驻军情况，认为如果把国民党驻稔平半岛的平海城盐警中队吃掉，不但对我们进一步巩固稔平半岛游击区和根据地有利，而且对从稔（山）平（海）线以西向惠阳、海丰边界发展，海上部队向大亚湾以东开展游击战争，进行缉私、建税站工作等也极为有利。同时，还可有力地打击国民党顽军对我路东根据地的进攻计划。因此，决定集中大队的主力，由我和袁庚率领前往，要求叶基务必于我们出发前把平海情况搞清，以便将敌盐警中队消灭。9 月下旬的一天，大队主力集结在坝岗，乘吴海同志海上中队的船，到巽寮南面的沙滩登陆。叶基在沙滩等候我们，部队在巽寮南面的村子里休息。在此之前，叶基已派曾城进入平海城与地下党陈镜同志取得联系，侦察到敌盐警中队分开住在南门和西门两个城楼上。我们到后，听取了叶基和曾城的汇报，研究了打法。决定由叶基带一个中队在三王径警戒陆如均；袁贤小队在稔山外围活动，担任阻击；曾城带一个小队在平海北面的山上警戒；由叶昌中队和大队手枪队担任突击。

第二天晚上，我和袁庚带叶昌中队和手枪队，绕过村庄，进入平海城南门外面的小山坡。11 时，手枪队长王岚带突击组向南门突击，驻扎在南门城楼上的盐警没有放哨，王岚突击组直接冲进去，大喊："缴枪不杀!"敌盐警吓得从梦中惊醒，举手投降，前后仅几分钟的时间。接着，王岚突击组沿城墙向西门突击，快接近时被盐警哨兵发现，王岚一枪把敌哨兵击毙。突击组迅速突进盐警营房，投进一个手榴弹，"轰"的一声，炸得盐警直打哆嗦，举手投降。从战斗发起到结束仅一个小时，打得很顺利。此战，计生俘敌盐警 70 多人，缴获长短枪 70 余支。我们将被俘的盐警集中在南门的一个祠堂里训话，而后释放处理。

这次打平海也有一个教训。本来歼灭了盐警中队之后，就应撤出战斗返回巽寮，但我和袁庚胃口很大，想一举吃掉驻守北门和东门的赖耀庭部队。后经两天多的战斗吃不下来，国民党顽军从稔山赶来的增援部队，又突破了叶基和袁贤的阻击阵地，迅速向平海推进。我们只好撤出平海返回坝岗。后来在一次会议期间，我去看望曾生司令员，曾生为此事批评我说："你这人真蠢，吃掉盐警队就应该走，还去打赖耀庭，结果把我们派进去工作的蔡端同志打出来了。"为此，我做了检讨，说："我错了，假如曾源政委在的话，我们就不会干这蠢事了。"

开展海上斗争　在陆上战斗进行得异常紧张、激烈的同时，我们的海上中队也积极开展海上战斗，打击日军巡逻炮艇和运输船。

月夜游海遇日军炮艇全歼王竹青中队，粉碎了国民党顽军发动的第三次内战阴谋后不久，适逢中秋节。曾生和他的爱人阮群英恰好都在枫木浪大队部。早上，曾生见到我就问："刘培，今天是中秋节，加什么菜庆祝胜利啊？搞点花生，叫阿阮做花生糊，晚上赏月。"还说："请雨花台那几位同志（指住在鹅公村的省委电台的连贯、普特和黄康同志）和大家一起过节好吗？我看他们几个饿得快要呕吐了。"我说："好呀，昨天老百姓送来慰劳品，有一头猪、十几只鸡，今天通通杀了它。准备到南澳渔船买几条大鱼，够吃的了，晚上多给三位老同志一些猪肉就成了。"阮群英接住我的话说："要给那三个斋佬一人一大碗肥猪肉。"还说："到南澳的人要买斤糖回来做花生糊。"我叫小鬼廖娇仔去鹅公岭请连贯、普特、黄康同志下来。他们几个一到大队部，见了我便问："刘培，今天搞什么好吃的？要搞好点，肚子里没油水啊!"我还未回答他们的话，曾生笑着对他们说："阿阮说你们三个是斋佬，一人一大碗肥猪肉。"引得大家笑起来。吃过晚饭，曾生兴趣很浓，提议来个游海赏月。我便派人告诉叶昌（吴海已调到大亚湾船队）准备好船只出海赏月。

天快黑的时候，我随同曾生和阿阮、连贯、普特、黄康同志一齐到南澳沙滩登船。月亮冉冉东升，在皎洁的月光下，船徐徐地向港外驶出。首长们在船上兴致勃勃地谈论着当前的时局和战事，这时叶昌同志说："渔民发出信号，有两条'萝卜头'的炮艇出来了。"我们和渔民规定信号，海上发现敌船，即在船桅上挂灯，挂两盏灯表示发现两条敌艇。我叫叶昌同志立即转向返航，当船刚靠上沙滩，两艘日军炮艇已驶到我们游海的地方巡逻和检查渔船。我们上岸后，走在路上，曾生说："毛主席在《论持久战》中说：'兵民是胜利之本'，没有人民群众的支持，我们就寸步难行。我们一定要认真做好群众工作，依靠群众，克服困难，夺取最后胜利。"

袭击日军铁拖 1943 年 10 月上旬，渔民来报告，在东山和鹿嘴之间，有一条日军的铁拖在抛锚。刚好吴海带着船队的 4 条船在东山，马上扬帆起航，编成 2 个纵队战斗队形，直向敌铁拖左、右两舷靠拢。一靠上，突击组便迅速爬上敌铁拖，引爆 2 个鱼炮，炸死 4 个日军。打开货舱一看，全部是烟叶。吴海命令大家迅速把烟叶搬到船上去。经过近 2 个小时的搬运，4 条船装得满满的。后放火将敌铁拖烧毁，船队胜利返航东山。

鹿嘴海面战斗 1943 年 11 月初，又接渔民报告，日军有条铁拖在鹿嘴海面抛锚。吴海带船队靠在勒格南湾和北湾，立即布置船队化装成渔民打鱼，接近敌铁拖。当时正值逆风，船队摇橹接近敌船。约距 2000 米处，敌船突然向我船队开火。吴海发现原来是 2 艘日军炮艇，才知上当了，马上命令船队用平射机和风龙（英式）机枪向敌炮艇还击，边打边掉头扬帆返航，向杨梅坑撤退。幸好杨梅坑的民兵听到海面有枪声，马上占领海堤掩护船队驶向涌口内。时值退潮，我们的船队能进涌口，敌炮艇进不去。进入涌口，吴海指挥战士们马上登陆占领海堤，和民兵一起对敌射击，战斗中打伤一艘敌炮艇。日军看见无法接近我们船队，只好撤回三门关。

这次之所以上当，是因为前几次打得很顺利，尝到了甜头，船队的同志思想麻痹起来了。没有想到日军经我们几次打击后，会改变手法，晚上派两条炮艇在靠近我船队经常活动的地方伪装埋伏起来，诱骗我船队出来好把我一举消灭。这次战斗，虽然我指战员无一伤亡，但也被敌人打坏了一条船。

反顽斗争胜利 1944 年，国民党惠淡守备区总指挥集中主力和杂牌部队，多次向我路东根据地（以大鹏半岛为主要目标）发动进攻。其中规模较大的是5月和10月两次，都是利用独九旅和独二十旅换防的时候进行。这两次进攻都被我路东的军民所粉碎。

5月反顽斗争胜利　这次国民党惠淡守备区总指挥罗懋勋下了最大决心，妄图摧毁我路东抗日根据地，消灭我东江纵队主力部队五虎队、指挥机关及中共广东省委机关。他集中了独九旅、独二十旅两个团和杂牌军李乃铭、徐东来两个支队的顽军，向我路东根据地大举进攻。从5月1日发起进攻至5月31日全面撤退，历时整整1个月。敌人进攻是以大鹏半岛为主要目标，兵分两路，一路由澳头、坝岗到大鹏城、王母圩；另一路由坪山、茜坑到葵涌、沙鱼涌。妄想把广东省委、东江纵队在大鹏半岛的指挥机关和主力部队，压缩到大鹏半岛的葵涌、王母圩一线予以消灭。

我护航大队负责对东线敌人的打击。当时我因战斗负伤不在大队，由袁庚代理大队长和曾源政委负责指挥。护航大队的兵力，除了叶基副大队长带一个中队仍然坚持在稔平半岛活动外，大队部手上掌握的兵力有叶昌中队（又叫火山队。赖祥中队调走后，留下一些骨干在大鹏半岛，动员青年参军新组建起来的一个中队，有100来人。组建起来后，在东山集中训练了一个时期）、海上中队、大队手枪队和卓绍基中队（澳头自卫队）、大鹏城自卫队（张平同志指挥）、坝岗自卫队等；配属大队指挥的还有港九大队调来的赖章中队。

由东线来进攻的敌人是独九旅和徐东来支队。为了打垮他们，我们采取了地雷战和麻雀战、阵地防御相结合的战术。在澳淡公路、坝岗坳、将军坳一带与独九旅和徐东来周旋了整整一个月。

根据敌人的进攻路线，我们的兵力部署是：卓绍基中队沿惠淡公路沿线伏击敌人；坝岗自卫队担负澳头至坝岗的伏击；海上中队的4条船在虎头门一线封锁，控制大亚湾，担负澳头到坝岗一带海岸线的海上交通；叶昌中队和大鹏城自卫队在坝岗到径心作正面防御；手枪队和赖章中队为大队机动兵力。

5月1日，国民党顽军开始进攻，一出淡水便遭到卓绍基中队的伏击，在三间店中了一个地雷，伤亡10余人。经一天的阻击战斗，卓绍基中队退出澳头。敌占领澳头后，该中队仍坚持在澳淡公路两侧游击，打击敌人的后勤补给线。

5月2日，敌人由澳头向小桂、坝岗进攻，我坝岗自卫中队沿途给予打击。在小桂前面敌踩响了我们埋设的地雷，被炸死、炸伤十几个人。这一来，敌人害怕了，不像从淡水出来时那样猖狂，进攻的速度也放慢。敌人在小桂前面打了两天，像乌龟爬行一样，走一步、停一步。3 日下午，我们动员群众坚壁清野，将东西转移走，并主动撤出坝岗圩。在乡公所和各家各户的屋内屋前屋后都埋上了地雷。4 日，敌人进入坝岗圩，接二连三地踩响了地雷，炸死、炸伤 30 多人，未死的也吓得魂不附体。原来预计敌人会进攻坝岗坳，可能在 9 时可以到达坳下面。因此，我们在坳下面埋了一个 30 多斤重的计时地雷，可是地雷 9 时前就响了，敌人吓得在坝岗圩停下来，不敢来进攻。在这次战斗中，周来同志表现很勇敢，缴了敌人一支步枪回来，袁庚表扬了他，还提升他当班长。

5 月 6 日，敌人派出一个营改向将军坳进犯。叶昌中队事先派出张愉同志带一个小队防守将军坳，为了加强其兵力，袁庚和曾源增派一个班到将军坳。从 6 日到 11 日敌人连续 6 天向将军坳进攻，踩中我们埋设的地雷，死伤数十人。在我们部队顽强的抗击下，敌人无法攻上将军坳，只得改变进攻方向。

5 月 11 日，敌人妄图从上下径心一线突破。袁庚和曾源识破了这个企图后，立即派赖章中队到上下径心埋设地雷，伏击敌人。敌人进入上下径心，沿途踩响了地雷，被炸得不敢前进，企图遭到失败。

敌人又集中主力想从坝岗坳突破，进入大鹏城。叶昌中队和大鹏自卫队坚守坝岗坳，敌人攻了 6 天，只是前进到半山腰。时值雨天，土比较松，我部队动员群众在山顶挖石头往下滚动，砸得敌人胆战心惊，无处躲藏。敌人想突破坝岗坳，进入大鹏城的企图又告失败。

这时从淡水向坪山方向进攻的敌人，6 日到了坪山、茜坑。彭沃大队和高健大队在大量杀伤敌人之后转入外线作战，牵制敌人。高健大队转移到淡水、白芒花、永湖一带活动。彭沃大队转移到金龟肚一带活动，扰乱敌人的后方，粉碎敌人进攻路东根据地的内战阴谋。

5 月 29 日，林平政委决心放弃王母圩。敌人进入王母圩后，不知我放弃王母圩的意图，害怕遭我歼灭，第二天一早就撤退了。

5 月 30 日，两路进攻我大鹏半岛的敌人分别从坝岗、王母圩撤回淡水。

5 月反顽斗争的胜利结束，粉碎了国民党顽军发动内战的阴谋，使他们在政治上、军事上遭受了重大损失。我们进一步巩固了抗日根据地，扩大了政治影响。说明共产党领导下的抗日游击队是有很强战斗力的武装队伍，是不可战胜的。根据地的军民是团结一致抗日的。国民党顽军要来进攻根据地，一定会遭到坚决的反击。

10 月反顽斗争胜利　这次罗懋勋发动内战，向我路东根据地进攻的罪恶目的仍和 5 月那次进攻一样，也是集中他的主要兵力以大鹏半岛地区为目标，压我主力在大鹏半岛决战，消灭我省委领导机关和东纵领导机关。所不同的就是采取闪电战的战术，敌人以主力直指葵涌、王母圩，在沿途公路两侧则用1个营的兵力驱赶我打麻雀战的小分队，妄图在我主力和领导机关还来不及展开和转移前一举消灭。他们兵分三路，一路是李乃铭支队佯攻澳头镇，吸引我兵力；一路是徐东来、肖天来两个支队进攻龙岗、横岗、坪山，配合其主力进攻葵涌、沙鱼涌；其主力是独九旅、独二十旅为一路，从淡水到茜坑，直插葵涌、王母圩，迫我主力在该处决战。

我护航大队的任务是在澳淡公路东侧向来犯的李乃铭支队进行阻击，相机吃掉他一部分。根据纵队司令部的作战命令，我和曾源、袁庚带叶昌中队、王岚手枪队、袁贤独立小队隐蔽在岩前、高涌一带。坝岗自卫队由钟通带领，从澳头到坝岗圩一带海岸线埋设地雷和进行运动游击；张平带大鹏城自卫队守坝岗，阻击敌人，延缓敌人进入大鹏城、王母圩的时间；卓绍基带澳头自卫队同上次5月反顽内战的任务一样，在澳淡公路两侧伏击敌人。

李乃铭大队从淡水出来后，卓绍基中队在澳淡公路两侧进行麻雀战，边打边撤，阻击敌人前进。李乃铭占领澳头后，我们估计也可能和5月那次内战一样，他会立即从澳头往坝岗进入大鹏城。准备在他倾巢出动，占领坝岗后，我则迅速占领澳头，待他撤退时歼灭他一部分。但是敌人占领澳头之后就不动了。我们几个大队领导研究决定攻打澳头，歼灭敌一部分兵力，以配合葵涌方面的行动。于是，我和袁庚带手枪队几个人化装去澳头侦察，回来后准备第二天行动。但我们还未动手，李乃铭便惊慌地逃回淡水去了。

西线国民党顽军的主力是在第四天黄昏进至王母圩的，由于扑空，第五天下午便迅速撤回淡水去了。这次反顽斗争，历经一个星期便胜利结束了。

（二）营救美国飞行员

1944年5月26日，正当反顽斗争进行得非常紧张的时候，突然在大鹏半岛上空机声隆隆，我们以为是国民党顽军和日军联合起来向我进攻。不一会，大亚湾上炮声密集，原来是美军的轰炸机轰炸停泊在大亚湾外海的日军运输舰。美军轰炸机进行轰炸的时候，日军运输舰上的高射炮进行射击，打中其中一架轰炸机。该飞机起火后在虎头门以东、巽寮东南方海面坠落。适值吴海带领海上中队在虎头门一带活动，他们看到五个降落伞在他们船队东面徐徐下降，意识到是盟军飞机的飞行员跳伞。一会儿，5个飞行员在距我船队五六百米远的海面降落。吴海立即命令船队摇橹迅速接近飞行员降落的海面，把5个飞行员捞上船来。美国飞行员在船上起初非常害怕，全身发抖，误以为我们是伪海军，举起双手向我们投降。因语言不通，吴海用手比画一个“八”字和伸出四个手指，这些美国飞行员会意了我们是八路军、新四军，很高兴，都把印有“我是美国飞行员，请你们送我们到共产党游击队那里去，以后酬谢”字样的手册交给吴海。吴看后点头微笑，和他们一一握手，然后命令船队扬帆返回东山。当船队靠近东山的时候，日军出动了炮舰和飞机，在大亚湾上空和海域进行巡逻搜索，欲抓捕跳伞的美国飞行员。船队返回东山后，吴海亲自带几个战士将美国飞行员护送到枫木浪。

当时林平政委正在枫木浪指挥大鹏半岛的反顽斗争，他派人接见了美国飞行员，并通过翻译说明：“现在国民党发动内战，情况严重，我们一定保护你们的安全，设法护送你们回大后方去。”5 个美国飞行员在枫木浪停留了 2 天，由林平政委派人送到南澳，从南澳乘船到大小梅沙，然后到东纵司令部所在地红花岭。这几个美国飞行员在离开枫木浪时，把身上所携带的手枪和短剑留下来送给我们船队，以表示感谢。不久，我们看到东江纵队《前进报》上发表他们给曾生司令员的感谢信，才知道这些美国飞行员是第十四航空队的勒夫科中尉、拉忽累尔中尉、沙吉上士、康利上士和艾利斯上士。

这是我们大队和美军在抗日战争时期的一次合作。

（三）积极开展群众工作，建设根据地

1943 年下半年，特别是马鞭海面歼灭伪海军后，大鹏半岛的斗争形势起了很大变化，流窜在大鹏半岛的国民党散兵游勇和政治土匪、经济土匪都被我们全部肃清，整个半岛完全为我们所控制。总部为了建设大鹏半岛抗日根据地，决定成立大鹏区人民政府，调独立中队政委赖仲元去当区长。同时，为了使军事工作与民运工作紧密地结合在一起，更好地完成根据地建设的任务，总部还决定把大鹏半岛一带地区的民运工作统一归护航大队领导。在马鞭海面战斗时，赖仲元带领李汉兴深入发动岭坳群众，组织渔民配合部队去侦察敌情，选定参战渔船和渔民，做好船主、渔民及其家属的思想工作，提高他们的胜利信心。战斗结束后，赖亲自起草马鞭海面全歼伪海军的《告大鹏群众书》。

护航大队把大鹏半岛的民运工作接受过来后，由曾源政委亲自抓这个工作。在枫木浪办了 2 期民运训练班，共 30 多人，每期 1 个月，培训民运骨干。训练班由曾源和陈生、罗哲明亲自讲课。大队还组织了 2 个民运工作队深入到大鹏半岛各乡镇，开展群众工作。民运队的同志进入各村镇后，在惠阳大队和独立

中队民运工作的基础上，进一步完善各项工作，公开宣布我们是中国共产党领导的抗日游击队。采取组织流动剧团、青年读书会、识字班，出黑板报，印刷传单等各种形式，宣传党的抗日救国方针政策；揭露日、伪、汉奸的野蛮暴行和国民党顽军打内战的阴谋，宣传八路军、新四军和各根据地人民群众团结一致，消灭日、伪、汉奸和粉碎国民党顽军进攻根据地的胜利消息，从而大大提高了党和部队的威望，增强了群众争取抗战胜利的信心；同时紧密配合区乡政府，发动群众，实行减租减息运动，维护群众利益，进一步激发群众拥护共产党，消灭日、伪、汉奸的抗战热忱；在群众中培养积极分子，建立和发展党的组织。曾源在检查和布置民运工作时，反复强调工作队到了每个村镇，都要十分注意发现和培养群众中的积极分子，经过斗争考验之后，逐步吸收他们入党，使村村都有党小组，这是建设大鹏半岛革命根据地的重要的一环。民运队经过一个时期艰苦深入的工作，基本上做到了村村有党员和党小组。王母圩发展比较快，继澳头仔村第一个党支部后，成立了大鹏半岛的第二个党支部（指由部队民运队新发展的，不包括原有的地下党支部）。

（四）组织群众武装

我们除了抓党的建设之外，还特别重视组织群众武装。在民运队的具体组织下，大鹏半岛各村镇普遍建立了抗日自卫队。各村自卫队人数不等，多的有30多人，如高岭、新坪自卫队，少的10人左右。各村自卫队的武器，都是各村动员带枪的群众拿出来的。自卫队在建设大鹏半岛根据地的过程中发挥了很重要的作用，在锄奸肃特、维护社会治安、支前参战、带领青年参军等方面做了大量的工作。王母圩自卫队逮捕了潜入大鹏半岛进行秘密破坏活动的“东南亚和平运动东江和平军”支队长李悦成、参谋长陈浴良、汉奸何士兴，影响是比较大的。

1944年5月，国民党顽军发动大规模内战，派遣2名特务来侦察我们的情况，在横头山、径心坳被王母圩自卫队捉住，立即送到大队部。经审问，我们获知国民党顽军这次进攻根据地兵分三路的有关情况，相应作好了兵力部署，故打得很顺利。在5月的反顽斗争中，各村镇民运队动员村民实行坚壁清野，在大队爆破组指导下，大量制造地雷，埋设在敌人进攻的道路两旁。敌人从小桂一出来，就踩响了自卫队埋的地雷，炸死、炸伤一批敌人。敌人在坝岗圩走到树林里，树林里的地雷响了；拿柴草做饭，草垛里的地雷响了；进店铺抢东西，店铺里的地雷响了。炸得敌人魂不附体，龟缩在一起，不敢乱动。自卫队还协助部队在山上挖石头，大摆雷石阵（即当敌人向我阵地进攻，接近我埋设的地雷附近时，我即将准备好的石头向下翻滚，敌人害怕石头砸伤，乱跑乱窜，踩中地雷）。王母圩自卫队还化装成游击队，晚上在王母圩上装作急行军，第二天一早便在圩上大造声势说："昨夜有好几千游击队路过王母圩，在这一带布防打国民党。"使一些有变天思想的乡绅听到后都害怕。在敌人进攻坝岗时，王母圩自卫队长谢才带领队员用土炮杀伤了不少敌人，最后因土炮爆炸，谢才同志光荣牺牲。自卫队除积极参战之外，还动员和带领青年踊跃参军。

（五）组织妇女会

我们非常重视妇女工作，每次召开民运工作会议，都要汇报检查和布置妇女工作。大鹏半岛各村镇都办起了夜校、识字班和妇女会，由民运工作同志上课，还向妇女宣传党的抗日救国的方针、政策，宣传妇女解放的道理，宣传妇女在革命运动中的重要地位和作用。同时动员和组织妇女参加各项社会活动和支前工作。在 5 月的反顽斗争中，大鹏半岛广大妇女积极参加了斗争，她们抬担架、送茶饭、埋地雷、挖石头，忙个不停。特别是上下径心、铁西湖、花树尾、坝岗、小桂等一带靠近前线的乡村妇女们，表现尤为突出。她们在村妇女会的领导下做好饭菜送到阵地上，有的做成饭团，在饭团里夹上猪肉，有的还夹上鸡球，使指战员吃得非常高兴，战斗情绪更加高昂。有些妇女还到阵地上和战士们一起挖石头，垒好，当敌人来攻，就将石头往下推砸敌人。

我在霞涌战斗负伤时，一路上都是由妇女抬送的，尤其是土洋村的妇女，照顾特别好。我因流血过多，常常昏迷，妇女会便布置四位妇女同志照顾我，日夜守候在我身旁。这 4 位妇女是：麦友娣、林梓妹、赖润、黄阿石。

（六）团结各阶层人士共同抗日

曾生同志非常重视统一战线工作，经常教育我们要注意团结一切可以团结的力量和我们一起抗日，哪怕是能和我们合作一天打日军的，我们都不要放弃对他们的争取工作。当我们根据惠阳县委和总部的决定，编进王竹青部队的序列后，曾生找我们几个人去谈话说："争取了王竹青敢于这样和我们合作，这是一个胜利，但王竹青是'东江马'，流氓意识很重，你们要继续做好巩固王竹青的工作。还要注意团结当地各阶层人士，特别是掌握有武装力量的乡绅，像刘汉东这样有影响的人物，多团结几个对我们的工作就更为有利。"

刘汉东是塘布人，"三合会"的先生，在塘布周围十几里路远的地方有很高的名望。乡里的事情，只要他说了就是算数的。这个人很讲义气，民族观念也很强。当日军第二次在大亚湾登陆之后，他不仅拿出了几支枪，还动员乡里有枪的人成立了有 30 多人枪的“塘布抗日自卫队”，他亲自当队长。王竹青来后，他这个自卫队也编入王竹青部队的序列，挂名为第八中队中队长。他住在家中，但他很信任我们的吴海同志，队伍交给吴海指挥。为了团结刘汉东，我和张东荃、罗春祥根据曾生和林平的指示，参加了刘汉东为先生的“三合会”。参加后，刘汉东给我们讲“三合会”的来历和教义，我们则向他宣传我们党的抗日救国的方针、政策。他说：“我们叫洪门，你们叫‘红军’，两家都是红的，我们拥护共产党打日本帝国主义的政策。”为了更好地团结刘汉东跟我们合作抗日，曾生指定罗春祥负责做刘汉东的工作，经常和他保持联系。那时，我们部队和刘汉东的关系是相当密切的。他积极支持我们活动，给我们部队提供了不少方便。

1942 年 7 月，张光琼发动打内战，向我们进攻。曾生指示我们将叶基中队、吴海中队和我这个中队退出王竹青部队序列，成立独立中队。当时，因时间紧迫，来不及告诉刘汉东，吴海已跟我们走了。事后，我带着缴获的战利品去塘布看望他，向他说明当时情况很紧张，来不及跟先生说“阿摆”（吴海同志）跟我们一起离开王竹青。现在吴在“木履”（“三合会”称船叫“木履”）当队长，这个工作很重要，“阿摆”搞得很不错。刘汉东听了很高兴，表示支持我们这个做法。临走时，他一再叮嘱：“现在内战很严重，你们可要注意一下。”有时，我们叫吴海带点东西回塘布看望他，谈部队的战斗情况。听到我们打了胜仗，他很高兴，并嘱吴回去转告“顺水”（指我），祝贺我们打了胜仗。

他帮助我们收集情报。塘布一带的老百姓经常出入淡水和坪山，凡去淡水和坪山，听到有什么情况都向他报告，他就主动派人转告给我们。抓国民党特务温生财就是刘汉东提供的情报。温生财是龙岗人，在坪山、龙岗一带活动，收集我们的情报，坏得很。这个家伙行动很诡秘，惠阳大队多次布置抓他都没有抓到。后来我叫刘汉东注意掌握温生财的行动情况。刘汉东高兴地接受这一任务，派人去龙岗、坪山了解温生财的活动情况。在刘汉东的密切配合下，终于把温捕获。

他还帮助我们掩蔽工作人员。每次国民党发动内战的时候，我们所有在塘布周围的交通员、工作人员，刘汉东都很认真负责安排疏散、掩护，保证他们的食宿和安全。所以，我们从未发生过工作人员被俘的情况。

1943 年，灾荒严重，部队生活极其困难，有时断炊。实在没有办法时，我便去找刘汉东，说明部队生活很困难，请他帮助筹借点米谷和杂粮。每次去刘汉东都答应帮忙。虽然那时候老百姓的日子也很艰难，但是刘汉东却积极筹借一百几十斤大米或地瓜送给部队，真是做到了有求必应。后来情况好转，部队接连打了几个胜仗，罗春祥带着缴获的战利品去感谢他，他很高兴。

夜袭洋塘粮库时，部队出发前先隐蔽在塘布。当时没有袋子装粮，我找刘汉东商量，我说："先生，部队要去搞粮库，没有袋子装粮，请先生协助一下。"刘汉东一听，满口应承，给部队收集了可装几十担粮的席包给我们装粮。

以上就是团结、争取"三合会"先生刘汉东的情况。

1944 年 6 月，澳头第二次被我们解放。这是我们控制下的一个比较大的圩镇。曾生为了团结争取澳头各界人士与我合作抗日，建设好澳头，派陈志期同志来护航大队工作。陈是淡水圩人，地下党员，曾任淡水崇雅中学校长，后因身份暴露，组织上让他到万年乡和澳头乡中心小学当校长。他曾发表署名为"被压迫的一群"，揭露国民党迫害进步教师和青年学生的《告人民书》，在社会各阶层人士中有一定的威望。他来护航大队后，安排他做宣传和统战工作。当时，我们在澳头建有税站，并派有民运工作人员在群众中开展工作，把渔民组织起来成立了渔民协会（后来又成立了水上乡）。在陆地上，有以黄鱼涌村为中心的地下党组织，群众基础比较好。为了加强这一带地区的民运工作，让陈志期集中主要精力做好上、下层人士的工作，我们将叶玉榴等 4 个同志调到澳头来工作。由于陈志期在澳头教过书，各方面人士都比较熟悉。他一到澳头便走访了大鱼商梁文杰（国民党县参议）、李逢春、陈福如和各商号老板，说明到澳头的来意。接着召开各阶层人士座谈会，针对他们的思想疑虑，反复解释党的抗日救国方针、政策，鼓励他们大胆经商，发展生产。在陈志期艰苦耐心的说服教育下，各阶层人士都安下心来经营各业，使澳头的经济不断繁荣起来。同时，各阶层人士也自愿地缴纳各种捐税，支持我们抗日。

澳头附近有个盐场叫麻西盐场，国民党派盐警来收税，不准盐民把盐卖给群众和小盐贩们，要"归堆"（把盐民生产的盐全部贱价卖给他们，由他们集中高价卖出），引起各界人士的纷纷议论和盐民的反对。陈志期先召集各界人士开会，听取他们的意见，后又提议由盐民组织自卫武装，保卫盐民的正当利益。在各界人士的支持下，由盐民拿出几支枪来成立了自卫队，我们派出赖业同志去当队长。一天，国民党盐警要来收税，自卫队远远就放枪，国民党盐警听到枪声，马上便缩回去了。这一来，大大增强了党的声望和群众自卫的信心。

在澳头附近还有农工民主党（即第三党）活动，负责人是苏景云（高涌人）。陈志期根据党的政策与他们保持联系，有什么重大事情也主动找他们交谈，采取共同的行动。原来他们也想在澳头附近搞点武装，看见我们的武装力量较强大，群众又拥护我们，觉得没有必要在这边搞了。

澳头黄鱼涌村的陈友芳，曾在国民党广东省长陈济棠那里当过团长。陈济棠倒后，他成了“失意军人”，解甲归田在家闲着。陈志期根据陈友芳对蒋介石排除异己、消极抗日表示不满的心理状态，主动拜访他，对他进行团结教育工作。陈志期对他说：“老哥呀！国难当头，要为保国、保家做点事，出点力，整天蜗居在家没意思。”又说：“现在东江纵队的队伍一天天在扩大，跟着共产党走这条路保证不会错。”陈友芳说：“老弟，讲是这么讲，共产党能相信我陈友芳吗?”陈志期说：“团结一切可以团结的力量共同抗日，这是共产党的基本政策。只要你抗日，没有理由不信任你。”陈志期从陈友芳那里回来，请示了曾源，曾源决定邀请陈友芳去见曾生司令员和林平政委。陈志期从大队回来后，亲自到黄鱼涌村找陈友芳，对他说：“老弟是教书出身，现在都出来了。你老哥是军人出身的，现在国难当头，还不应该出来为桑梓做点事?”又说：“组织一个自卫总队，你来当队长，受东江纵队领导，经费由部队负责，大哥干不干呀?”陈友芳经过思想斗争，表示同意。一天晚上，由护航大队部派出一个小队护送，曾源、陈志期陪陈友芳到坪山。曾生和林平亲自接见了陈友芳，对他的爱国热情鼓励了一番，接着说：“成立大亚湾人民抗日自卫总队，你陈友芳来当总队长，曾源当政委，叶基当参谋长，陈志期当政训室主任。下面又编 2 个大队，分别由陈可永、卓绍基当大队长，供养由纵队负责，每月给 10 担谷的活动经费。”陈友芳听后很高兴，表示一定要在共产党的领导下，为桑梓的抗日救国事业出把力。

从坪山回来后，陈友芳积极进行“大亚湾抗日总队”的筹建工作，动员各界人士有钱出钱，有枪出枪，共同保卫家乡。陈友芳亲自给有枪的乡绅写借条，共搞到四五十支步枪，很快把各大队建立起来。在东江纵队成立一周年纪念的时候，在澳头镇召开群众大会，陈友芳亲自讲话。他说：“今天是东江纵队成立一周年，我们澳头全体军民召开大会进行庆祝，我向大家宣布‘大亚湾人民抗日自卫总队’成立了。‘大亚湾人民抗日自卫总队’是直接受共产党领导的。东江纵队曾生司令员、林平政委非常赞成我出来为保国、保家多尽力，委任我当总队长。今后，在东江纵队曾生司令员、林平政委的领导下，我坚决做好工作。国民党蒋介石消极抗日，积极打内战，这是不得人心的。”澳头各界知名人士也参加了大会，讲了话。这次大会开得很成功，对惠州的国民党当局震动很大。

这是当时澳头的统战工作情况。现在看来，当时的统战工作做得是很成功的。

结束语

在草拟《从自卫队到护航大队的战斗历程》中，深圳、宝安、惠阳、惠东党史办的同志给了我极大的支持，为我顺利地完成撰写工作提供了种种方便。在此谨向深圳、宝安、惠阳、惠东党史办的同志，表示衷心的感谢！

为了收集资料，写好护航大队成长、壮大的史实，原护航大队的赖祥、叶昌、李汉兴等同志还专程陪同我重访了故地土洋、葵涌、沙鱼涌、王母圩、南澳、岭坳、澳头、平海、暗街、巽寮等地，并得到了上述革命老区党政领导同志和群众的大力协助，帮助我回忆当年硝烟弥漫的战斗情景，以及战友们英勇献身和群众踊跃支前的动人事迹。在此谨向他们表示深切的感谢！希望尚健在的原护航大队的战友们和革命老区的党政领导及群众，看了此稿后，多多提出宝贵的修改补充意见。

为伟大的民族解放战争而英勇牺牲的原护航大队的烈士们永垂青史、光耀人间！

（本文由刘培之子刘小河供稿并校对）

口述者简介：刘培（1922—2002），曾用名刘添。广东惠阳籍。1939 年 7 月加入中国共产党。1941 年 1 月参加广东人民抗日游击队。历任政治战士、手枪队党支部书记、中队政治指导员、中队长、护航大队长、东纵第五支队支队长等职。解放战争时期，先后在解放军华东军政大学、华北军政大学学习。历任解放军两广纵队第三团团长、第五团团长等职。中华人民共和国成立后，曾任解放军中南军区海军万山独立水警区副司令员、中南军区海军工程部副部长、海军榆林基地第一副司令员兼参谋长、南海舰队工程部部长、国防科工委 064 工程指挥部副总指挥、南海舰队司令部顾问等职。1955 年授海军上校军衔，1964 年晋升大校军衔。荣获中华人民共和国二级独立自由勋章、中华人民共和国二级解放勋章。

执笔人简介：李宇光，男，1921年9月出生，广东兴宁人。1941年1月加入中国共产党，任兴宁一中党支部书记。1944年7月加入东江纵队，曾任两广纵队二团二营副教导员。1978年任南海舰队政治部副主任。

海上中队史

集体回忆 罗欧锋执笔

海队的成长

港九沦陷后，一片混乱，流氓、地痞、黑帮成群结伙，抢掠民财，一股股土匪、海盗趁机到处打劫。我国文化界的精华和民主人士，国民党的一些高级官员及其家属，还有英军官员等，都被围困在香港和九龙半岛上，处境非常困难，生命安全受到严重威胁。正在此时，八路军驻港办事处主任廖承志接到党中央和周恩来同志的重要指示，东江部队要全力以赴，用一切办法抢救在香港被困的文化人。林平、曾生、王作尧立即传达布置，派出精干部队到港九执行这项重要任务，开展抢救和护送工作。兵分海、陆两路。海路方面，由蔡国梁布置，从陆上部队抽调部分政治条件好的、有些航海经验的指战员，组成一支19人的海上队（包括陈志贤、王锦、黄康、赖连、吴传、何锦祥、郑水、陈植棠、罗兴、黄全等），配备英式磨盘机枪1挺，长、短枪10余支，弄来两条槽仔船（后搞到一条索舟古船）作为战船。初期活动在企岭下，后到北潭涌，主要任务是护送文化人和民主人士、接运枪支弹药和护商护侨等。先由黄冠芳短枪队到香港铜锣湾、筲箕湾，把文化人和爱国民主人士接到船上，护送到九龙坑口，再由江水短枪队从坑口护送到九龙西贡，然后由海上小队用船从西贡、岐岭下（后在深涌湾）护送到大鹏湾沿岸适当地点（大小梅沙、上洞、沙鱼涌等海岸村、镇）登陆，再由惠阳地方党护送去“大后方”。经过3个多月的努力，完成了紧急护送任务。经海上小队护送回来的有八路军驻港办事处主任廖承志、中共南方工作委员会副书记张文彬及连贯等一批党的领导干部；文化人士乔冠华、张友渔等；爱国民主人士邓文钊、李伯球等；著名电影明星胡蝶、国民党官员吴铁城和第七战区司令长官余汉谋的夫人上官贤德、陈兆棠夫人等数十人。邹韬奋、茅盾等几百人从元朗、新界陆上交通被护送到宝安。水陆两路合计，经我们东江抗日游击队抢救回来的著名文化人士和爱国民主人士有300多人，连同革命工人、爱国青年等不下千人。此外，护送难胞、商人、侨胞回到内地有万人以上。还有英国官员和英、印军人等近百名国际友人也是由海上小队护送到大陆的。党中央发来电报，高度评价我东江纵队抢救文化人士的工作，给我们极大的鼓舞。在护送过程中，我们密切配合兄弟部队打击土匪，保障沿海渔民和商旅的生命、财产安全，我们也得到锻炼、壮大。

日寇侵占香港后，矶谷廉介狂妄地叫嚷要把港九变成为日本南太平洋战争安全的中转站和补给站。他们从华南抢掠来的大量资财要经此运回日本，由日本输送到东南亚和我国西南、华南各战场的军火及军用物资也要经过这里。广九铁路被我广东人民抗日游击队切断后，日寇又开辟了从香港经汕头到台湾和从香港到菲律宾的两条海上运输线。广东人民抗日游击队为了在海上更好打击敌人，切断敌人在海上的运输线，也相应地在大鹏半岛东西两侧成立了两支海上游击队。东侧一支是护航大队，活动在大亚湾至汕尾港一带；西边一支是港九大队领导下的海上队（即护送文化人士和民主人士的海上小队，于1942年3月进驻龙船湾），代号“顺风队”，由陈志贤任小队长，王锦任副小队长。下有2个班，赖连、黄康各带一个班。小队建立了党支部，支书陈志贤，支委王锦、赖连（后为蔡冰如）。

进驻龙船湾建立海上活动基地，从根本上说就是深入发动和组织渔民群众。大队长蔡国梁特别强调说：“发动和组织渔民，依靠渔民，向渔民学习，这是我们海队坚持海上抗日游击战的关键。”当时，人民的生活十分困难，为了解决人民度荒口粮问题，大队派出渔民干事肖春由惠阳收购大米运回龙船湾配给群众，用实际行动安定人心，调动群众抗日的积极性。同时，为解决部队经费问题，派副小队长王锦带领五位同志和一艘索舟古船（一种速度较快的渔船——编者注）到火头坟湾建立税站，并发动渔民群众起来废除鱼栏的封建剥削。还办起识字班及渔民小学，成立渔民协会、锄奸防谍小组，组织游击队之友、妇女会、姐妹会等。广大渔民的觉悟普遍提高，许多渔民青年都要求参加海队。比较早参军的有石观福一家三口，还有石十五、何根、吴满友。渔家青年杨牛、杨元、李兴、李贵、邱求、邱贵、曾佛新、曾佛粦、罗琼、徐带等都是比较早参队的。这些人参军后都成了海队的骨干，密切了军民关系，使海队在渔民中扎下了深根。不到半年，“顺风队”已发展到四五十人，且装配有平射机 1 挺、英式冲锋枪 1 支和几十支红毛十步枪，已初具规模。

经过一年多的工作和斗争，在渔、农人民的支持下，海上队已发展到近百人。随着形势的需要，海上队活动由龙船湾扩展到大鹏半岛，以大鹏湾的羊槽湾为新的基地，活动于大鹏湾和九龙西贡区至三门一带的沿海及海上，并于 1943 年 6 月间发展成海上中队，代号“大华队”。陈志贤为中队长，林伍（后改名吴展）为指导员。下设 2 个小队，第一小队长欧锋，小队副赖连，政治服务员黄康；第二小队长王锦。共设 6 个班，何锦祥、曾佛新、曾佛彝、陈传、郑水、黄义、吴传、李兴、李友、罗琼等都是班干部。中队成立党支部，书记林伍，副书记陈志贤，支委有欧锋、黄康、王锦。这时，林平同志到大鹏半岛活动，在大鹏湾沿岸视察后，认为南澳可作为港九大队的“海军军港”，并对海上中队作了指示：“要想完成好在海上打击敌运输线的任务，首先要团结好渔民，渔民就是你们战胜海洋的老师，又是你们在海上最好的侦察员和情报员；其次要在海上刻苦锻炼，这样，你们这群‘旱老虎’就一定能变成‘深水龙’。至于武器装备差，敌人那里多得很，就看你们的本事，就等你们去接收了。”港九大队大队长蔡国梁也把陆上中队（中华队）和海上中队（大华队）拉到南澳的枫木浪村整训。整训提高了指战员的政治觉悟和军事技术，坚定了独立自主开展海上游击战争的信心。

南澳位于大鹏半岛西南岸，是抗战时内外物资进出的港口。这个港湾的水不深，大的战舰、轮船进不了，百吨级的船可锚泊十多艘，渔船可泊百来艘。港湾背后是半天云山，山高约 600 米，瞭望哨可以监视整个大鹏湾海面，敌人的电扒一出动便可以看见。敌人进攻时，海军可以登陆，掩护“军港”内的战船、渔船。进可以攻，退可以守，是海上中队的良好基地。

1944 年 1 月王锦去学习，卓觉民接替第二小队长职务。

1944 年 5 月王锦学习回来，陈志贤、欧锋到大鹏城东江干校学习，卓觉民又调走，大华队由指导员林伍、小队长王锦主持工作，基地仍在南澳。

1944 年 9 月，陈志贤调任后方办事处主任，林伍调大队任渔民干事，海上中队的干部作了较大的变动，但中队代号仍叫大华队，任命欧锋为中队长，黄康为副指导员，王锦为副中队长（兼小队长），赖连为小队长，李思训、郑锦为政治服务员。

1945 年 1 月，港九大队根据纵队的指示，抽调大华队和中华队两个连队输送给第二支队主力，大华队由中队长欧锋、副指导员黄康、副中队长甄东生带队上调。当时把大鹏自卫中队编入大华队，编足一个连上调。留下的部分武装连同其他单位调来补充的人员重新组建一个中队，代号“海鹰队”，由王锦任中队长，坚持海上战斗。

1945 年 8 月，日本投降后，王锦调走，中队长由陈志贤接替，后海鹰队又扩大为大队。

港九大队的海上队坚持海上游击战争，整整 3 年多。在这艰苦的岁月里，依靠渔、农人民群众，历尽千辛万苦，克服种种困难，队伍不断壮大，威震港九沿海，胜利完成护送文化人士和民主人士的任务；出色地切断敌人海上运输线，打击、消灭日寇运输船只，保护我渔民海上生产和来往商旅生命财产的安全；巧妙地夺取敌人的军械、物资，帮助解决了东纵当时物资短缺的困难；保证了我军海上交通、运输的安全，使港九游击队有更大的回旋余地。

开展海上练兵，“旱老虎”变成“深水龙”

海队组建之初，要把这支“旱老虎”变成“深水龙”，就要使部队适应海上生活，而遇到的难题首先是晕船。渔民听到我们练兵遇到困难，都主动向我们介绍航海经验和传授预防晕船的方法。部队及时总结在海上训练的经验教训，认为要尽快适应海上生活，非从陆上练起不可，于是发动大家上山砍树，在沙滩上搭起秋千架、单杠，同时挖了跳高、跳远池，一步一步地进行多项目的训练。经过陆地苦练，为海上训练打好了基础。再次出海，我们把船开出大鹏湾外海，白天、黑夜都在海上漂泊，风、雨、烈日无阻，进行适应性的训练。经过一段时间出海苦练，同志们终于战胜海洋，适应了海上生活。为了配合训练，我们还编了一首渔歌，歌词是把沿岸地名联起来，以便指战员熟悉沿岸港湾的特点：“黑岩岩，黑岩岩，黑岩行过有个打落湾。打落湾呀风仔猛，行过有个鹅公湾。大鹅公，细鹅公，日头一出打东风，捡起锚来，扯起帆，一帆驶到独牛公。大独牛，细独牛，颈渴摇埋牛食水，肚饿又有饭盏洲。大白纳，细白纳，有风驶航里打叶呀……”

我们要消灭敌人，从敌人手中夺取武器，就要学会过船。跳船与陆地跳高跳远又不一样，船随着风浪时起时落，特别是从小船跳上大船就更困难了。练习跳船过程中，脚指甲碰破的、扭了脚的、碰伤膝盖的、跳肿腿的、掉下海的极为普遍，但同志们没把困难放在眼里，一次、二次、三次继续苦练下去，终于战胜了晕船、呕吐，闯过了海上跳船等一道道难关。

海上瞄准射击，如何命中目标又是一个新课题。因为海上的目标随波浪时起时伏，很难构成瞄准线，更难命中目标。渔民郑大爷知道我们有困难，特此前来介绍当年打海匪射击的经验。在他老人家指点下，经过反复苦练，我们很快掌握了海上瞄准射击的要领。

在广大渔民兄弟的帮助下，我们还学会了摇橹、掌舵、投放鱼炮、观察气象等一套海上知识，使我们这支“旱老虎”，真的变成了“海上蛟龙”。

蛟龙出海　消灭敌伪顽

1943 年开始，港九大队的战况转入激烈阶段，海上战斗亦趋紧张，不断发生海战。比较重要的战斗略述如下：

（一）袭击敌人海上运输线

1943 年 10 月，欧锋带领两条武装船从羊槽湾开航巡逻，到果州外海时发现一条由汕头方向开来的电扒拖着 1 条大眼鸡木船，电扒上挂着日本国旗，逆风顶浪向香港方面驶去。欧锋即命令一号船掩护，二号船出击。二号船陈传班长拦腰向敌人插去，用旗语通知敌船停航，但敌船仍顶着西南风行驶，于是一号船顺风斜插敌船，二号船绕向敌船左边截其后路，并集中火力向敌船射击。电扒上的日军见势不妙，急忙砍断拖木船的绳索，开足马力向香港方面逃走。我二号船部分战士跳上大眼鸡船并将它拖回羊槽湾。这条船满载物资，计有白报纸 30 多吨、陶瓷器皿一大堆，还有高丽参等。这些物资均上交大队军需处，白报纸则按林平同志指示交《前进报》社。敌船上在潮汕捉来的苦力 50 多人，亦被我们解救。

（二）再战海上运输线

1944 年夏天，我海队 3 条武装船出航。在大鹏湾外海运输线上有几条满载的虾艚船，每船挂两张帆，排成一队向港九方向航行。当时我们判断这支船队是汉奸的走私船，会有武装护送。我船立即做好战斗准备，但不知对方船上的虚实，若迎头打，我船可能受包围陷于被动。欧锋决定从船尾打起，先试探虚实。我三条船即摆开向走私船尾部驶去，两船掩护，一船突击。接近敌尾船时，我方打出停航检查旗号，但敌船不停航。欧锋下令开火，敌船尾开枪还击，火力甚弱，前头的敌船只顾往前航驶，无力增援尾船。探明了敌情的虚实后，我突击船猛冲逼近敌船，几个战士立即跳上去，解除敌尾船的武装。盘问得知那几条虾艚船都是由平海大洲开来的走私船，载满生盐运往香港资敌。我船继续从后面打起，逐船解决。在我船强烈的火力威胁下，俘虏了全部敌船，令船工开船回南澳。不久，又缴获几条走私的虾艚船。前后两次共缴获九条虾艚船、生盐几百吨。这两次战斗都是以小船打大船，大获全胜。所获生盐等物资上交大队军需处，俘虏的走私贩警告后释放，船只没收，船工释放回家。

（三）战敌机帆，粉碎日顽夹攻

1944年4月5日（一说是5月2日），国民党淡水守备区指挥官罗懋勋，纠集独立二十旅等部800多人，分两路进攻我大鹏半岛。一路由葵涌攻径心坳，一路由坝岗攻大鹏坳。我大鹏区政府常备队扼守径心坳，刘培、袁庚的护航大队和自卫队扼守大鹏坳。早晨，浓雾刚散，便打起来了，战斗十分激烈。港九日军紧密配合顽军，由海上派出一艘机帆船向坪洲方向驶来，向我夹攻。日机帆船很狡猾，将到坪洲海面时，停机让风帆鼓风航行，企图对我突然袭击。我大华队欧锋奉命率两艘武装船出海迎战。发现敌机帆船时，欧锋即令我两船驶向上风接近敌船。当距敌船百多米时，敌船发动马达并向我开炮，我船开火还击，平射机、重机枪、机枪和红毛十火力齐发，猛烈向敌船射击。我船轻小，转舵拐弯快，战斗多时，敌钢炮向我船打了几十发，均未击中，忽然成了哑巴，于是我两船向敌船展开攻势。敌左舵，我右船便袭击它，敌掉头袭我右船，我左船又开火打它，打得敌船团团转。这时，港九方向飞来两架日军飞机，在坪洲海面低空盘旋，向我船射击，掩护敌机帆船向三门岛方向逃窜。我两船安全返航。我据守径心坳、大鹏坳的军民相继击退顽军的进攻。罗懋勋率部退却途中在西乡村和小桂又遭我陆上部队截击，毙敌营长以下多人。敌狼狈逃回淡水。

1944年11月4日，反共头目罗懋勋再次纠集独立二十旅两个团的兵力，从淡水、龙岗出发，兵分三路，两次向我惠阳、宝安沿海及大鹏半岛进攻。当时，东江干校有个训练班和东纵司令部无线电台设在南澳的油草棚，我大亚湾刘培大队和港九大队中华队（即陆上中队）结合民兵，分头抗击三路顽军。海上队（即大华队）从海上掩护，顽军无海军，没法抄袭，战斗多时只得退却，又一次粉碎了敌人的进攻。我电台和训练班没受损失。

（四）歼敌"挺进队"

1944年8月8日，陈志贤、欧锋到东江军政干校学习，大华队由林伍指导员、王锦小队长主持工作。8 月 15 日晨，渔民向我报告黄竹角（沙头角对面海岛边）停泊 3 条敌伪木船，检查、抢劫来往船。港九大队新任政委黄高阳正好在南澳布置工作，他告诉王锦：据情报了解，沙头角日军最近组成一支海上“挺进队”，有五六条船、七八十个伪兵，由日本军曹充任队长，其中 3 条船在黄竹角海面活动，妄图一箭双雕，一面是保护敌运输线，一面是封锁截断我运输线。15 日下午黄高阳政委决定由王锦率领两条武装船，采取搜索夜袭的办法，坚决拔掉敌人这个新据点，保护来往商旅、船只和渔民的安全。王锦接受任务回来后，立即召开会议进行战斗动员和战备工作人员。凌晨 2 点钟，我船到红石门海面时，船头瞭望李泰报告，黄竹角方向有一道手电筒光。王锦即命令大家做好战斗准备，两船加速朝电筒光处前进，不久见到前方有一片黑影，我船驶近时才看清是 3 条木船，并泊在一起，潜伏不动。王锦在一号船上指挥，直扑敌船右翼，陈传的二号船插向敌船左侧。我两船飞驰前进，将靠近敌船时，敌哨兵大声喝问，随即打来两枪。因同志们早已做好战斗准备，没等敌放第三枪，王锦即下战斗命令。这时，我船上所有武器均开火向敌船横扫过去，一道道火光织成火网，罩着敌船。这一突然袭击，发生在距敌老巢沙头角仅几浬的地方，敌“挺进队”是万万没有预料到的。敌人在睡梦中被枪声惊醒，顿像热锅上的蚂蚁乱作一团。正当我一号船乘混乱之际飞快发起冲锋的时候，天公不帮忙，风力逐渐减弱了，敌人又重新组织火力向我一号船还击。来伯、吴满友等几个同志，看势不妙，勇敢地站起来，冒着敌人的弹雨奋力摇橹、划桨，迅速逼近敌船，使我船转被动为主动。就在敌人集中火力妄图阻止我一号船前进的时候，我二号船迅速接近左边的敌船，在距敌船仅 20 米时，曾佛彝、吴桂来一连投出两颗鱼炮，一声巨响，敌船马上燃烧起来，随即渐渐下沉。这时，一号船也接近右边的敌船，石观福抢先投出一颗鱼炮，敌船爆炸了。中间那条敌船见势不妙，想起帆逃跑。正在船头上开重机枪的李太、邱求，眼明手快，顺手拿起一条长竹篙，钩住敌船的帆绳。只见邱求用力一拉，随着船篙一游荡，一跃便跳过了敌船，大声喊道：“哪里跑！”这时，石观福和其他几个战士也跳上敌船。敌人吓得丧魂落魄，急忙降帆求饶，一场海上夜袭战胜利结束了。最后，逐船打扫战场，清查俘虏时，听说有个日本军曹，但怎么也找不到。原来这家伙胆小如鼠，当我们一放鱼炮时，他便带着几个人跳海往岸边小岛游去逃命了。这次战斗共击沉敌船 3 艘，毙敌 25 人，伤 13 人，缴获机枪 2 挺、冲锋枪 4 支、步枪 21 支、手枪 4 支。

黑暗逐渐消失了，东方露出一片曙光，我两艘武装船迎着朝晖胜利返航。

这时，黄竹角对面忽然响起枪声，朝我船方向射击。原来敌“挺进队”6 条船分两边停泊，封锁黄竹角航道。当我夜袭敌船时，敌另 3 条船不知虚实，不敢妄动。天亮了，敌见我只有 2 条船，才放胆朝我开枪，以便向上司交差。我一面还击，一面返航。指战员个个精神焕发，斗志昂扬，唱着游击队歌凯旋而归。我船到南澳后不久，日本炮艇由沙头角追来。那时，我海军又变成陆战队了，全部登陆，据守山头高地，摆开轻重机枪阵地。狡猾的日军早有教训，不敢入巷，仅停了一会便掉头回沙头角去了。

（五）黑岩角缴电扒

1944 年 11 月 30 日，海队中队长欧锋和黄康、王锦率 3 条武装船在坪洲附近海面巡逻。黑岩角的渔民前来报告，有一条日军的大电扒泊在黑岩角。罗、黄、王同志马上研究，决定将我船驶向黑岩角。我们见敌船前头有个包可住 10 多人，包底整个是货舱，估计是货船，决定打它。敌电扒开动起来比我木船快，这是对我不利之处，但我 3 条都是槽仔船，动作灵活。我们以不同角度向敌船包围，可能取胜。同时，电扒已下了锚，就是要启动，也要经过一段时间。战斗开始了，一号船拦头插去，二号船、三号船插向敌船后边，形成三角形，向敌电扒紧迫包围。王锦率二号船突击，黄康率三号船掩护。二号船先接近敌船，但敌船比我船高很多，班长曾佛新如猛虎跳墙，一跃而起抓住敌船的栏杆，手刚抓住缆索，不幸中弹牺牲。其弟曾佛彝怒火冲天，第二个冲上去，利用甲板掩护，开冲锋枪扫射。二号船的战士也接着一个跟一个冲上敌船。日兵在船尾竖起几件恤衫当白旗，摇来摆去迷惑我们。小队长陈传从梯口冲下敌船的包底，脚一伸下去，日军便打枪过来。战士们见了十分愤怒，立即向船舱丢进几颗鱼炮，连续爆炸，发出轰隆巨响，旋即喊话劝日军投降，但毫无声息。我战士机警地用烂布扭成一团，丢进船舱试探，日本兵仍打枪出来。我战士接连丢进几颗手榴弹，发出连串的爆炸声。战士们冲下舱底，生捉了 7 个日本兵，还有几个伪职人员都龟缩在角落里当了俘虏。海队指战员押着日军的大电扒胜利返航南澳。这次缴获满载的烟叶，全部上缴大队军需处处理。7 名日军俘虏送纵队司令部，伪职人员经教育后释放。这一战，我海队士气大振。英雄的班长曾佛新烈士葬于南澳至水头沙的路旁，立碑纪念。碑上刻着：“抗日烈士曾班长佛新之墓。模范班长事迹：烈士新界人，于民国卅三年十一月卅日于三门海面战斗，英勇突击，壮烈殉国。是役缴获敌电扒一艘，生擒日兵七名，物资大批。民国卅三年十二月一日立。”

（六）大白天乔装打扮，俘获敌运输船

1945 年 5 月一个晚上，放哨的同志报告：从零点到黎明前海上马达响了一个晚上，因雾大看不清楚，不知道是什么船。黎明，一个渔民刚从海上回来便跑来我南澳驻地报告，在水头沙湾的岩石边泊着一条敌电船，还有两条大木船泊在一起。要彻底切断敌人海上运输线，必须继续打击敌人，但敌运输船为什么开进大鹏湾内，船上兵力装备如何？我们全不了解。为了慎重起见，我们一面派人前往侦察，弄清情况，一面做好战斗准备。但是，那时已有部分部队出发剿匪去了，留下的武器又不够，王锦只好派人到半天云港九大队军需处借来 3 条手枪，同时召开留家支委扩大会，决定化装成渔民，袭击敌船。讨论会刚结束，负责侦察的几位同志都回来了。原来这 3 条敌船是由香港开往汕头的，因昨晚海面雾大迷航，开到水头沙湾来的，白天怕盟军飞机不敢航行，只好停靠着。船舱面上没发现有炮，只发现那条大运输船有鬼子，那 2 条木船有中国人，还有 3 个鬼子在岸边游水。鬼子的那条铁船泊在中间，两条汕尾样式的大眼鸡木船泊在铁船的左右两侧。情况查清了，我们就下决心打。先派 3 位同志扮作渔民，腰间藏着手枪，带着鱼炮，摇只小艇靠近敌船，作为突击组。主力船沿南澳海边掩蔽地接近敌船，重机枪架在船头用布盖好，同志们分乘 2 条船，隐蔽在船舱里。我们经过下沙咀的山角，在一排岩石的后面掩蔽起来。这里离敌船约 200 米，只见中间那条铁壳运输船大概 200 多吨，两边的大木船是汕尾、福建的大眼鸡，大概有 30 吨。3 个鬼子仍在海中游水，2 个鬼子坐在船上聊天。我们已做好战斗准备，那时只见罗兴、杨元、钟国阶 3 位同志摇着小船，身穿渔民服装，手持钓鱼用具，船上还放着一些蹦蹦跳跳的鱼。敌船上的鬼子见到鲜鱼好像猫见鱼一样高兴，立即哇啦哇啦地喊起来。我们小船的 3 位同志立即摇小船靠近敌船，罗兴、杨元拿大鲜鱼递给鬼子。正当鬼子高兴地伸手接鱼时，钟国阶把手一扬，将鱼炮投入敌船，小船一拐便躲在木船后面。鱼炮在敌运输船爆炸了，鬼子乱成一堆。我们立刻集中火力向鬼子大船射击，并快速向敌船冲去。只见几个鬼子急忙从舱内爬出来，拿着一挺轻机枪架在船头，企图抵抗。在这关键时刻，罗兴等同志飞快跳上敌船，对准正想向我射击的鬼子投了一颗鱼炮。鬼子慌忙丢下机枪向船舱里逃命。鱼炮爆炸了，我 2 条主力船也靠近敌船，同志们一齐跳上去，鬼子措手不及，全部当了俘虏。在海上游水的 3 个鬼子见势不妙，想上岸躲避，也给我们活捉。这次战斗从打响到结束只用了几十分钟。合计缴获敌木船 2 条，毙敌 2 人，俘虏 32 人（其中 20 多人是中国人），

缴获机枪 1 挺、步枪 6 支、指挥刀 1 把，医药器材、军用毯子、各种罐头等一大批，解决了当时东江纵队医疗、毛毯、食品等物资的困难。

（七）大浪口“海鹰”歼怪船

1945 年 8 月初，王锦和陈传带领 3 条战船，从大鹏湾的鹅公湾起航，到西贡龙船湾一带巡逻，留下刘捷小队。一天，大鹏湾西涌口的渔民到鹅公村向刘捷小队长报告，西涌口海湾外停泊着一条日军大帆船，离岸约 900 米。敌船有 2 名日军到岸上的商店喝酒。刘捷马上召开会议研究，一致认为先捉岸上的日本兵，然后再打大帆船。刘捷立即率领队员跑去西涌口把商店包围起来，活捉了 2 名日本兵，缴了 2 支三八式步枪。接着布置打日军的木帆船，但海队出巡去了，没有船，便向渔民借了一条虾艚船、一条舢板。突击小组乘舢板，由班长李金福任组长，均化装成渔民；刘捷率虾艚船掩护，沉着向敌船驶去。当接近敌船时，船头瞭望的日本兵架起一挺机枪喝问：“干什么的?”李金福说：“打鱼的。”敌船无动静，我突击船迅即靠近。李金福投出一颗鱼炮在敌船爆炸，日兵龟缩在船舱里。敌船又高又大，李金福用竹篙钩住敌船舷往上爬，被日兵开枪打中胸膛，跌落海中，英勇牺牲了。突击组前仆后继，刘捷小队长跟着用竹钩爬到敌船边，又被鬼子兵击中，跌落舢板，也英勇牺牲了。在这危急关头，正好我一支部队赶到，在西涌口岸上架起重机枪向敌船猛烈扫射，掩护我 2 船撤回来。敌船乘机起锚，向西海逃去。

一天晚上，王锦带领海鹰队 3 条战船泊在火头坟，渔民郑大爷带着龙船湾东西村的渔民来报信：大浪口有条奇怪的大木船，除船头、船尾外，整个船身都用油布盖着，看不清是什么船，要海队注意。王锦中队长连夜开会研究，大家认为一定是日军船，船上可能有日本兵，用油布盖着是伪装，怕盟军飞机轰炸，我们必须提高警惕，做好战斗准备。大家分析了敌我力量，认为我船小，操作灵活，且顺风航行，航速快，而敌船虽大，但逆风航行，航速慢。经过多方分析，决定消灭这条怪船。次日早餐后，王锦带领海鹰队 3 条战船由火头坟湾启航东行，刚过观门口海面就发现那条怪船在正前方，立即命令通讯员打旗号做好战斗准备。距怪船几百米时，海鹰队排成三角形向怪船航进。怪船上的日军立即向我船开火，妄图威吓和阻止我船接近。王锦发出还击信号，轻重机枪、战防枪立即向怪船开火。怪船船头的火力较弱，船尾火力较强，但无火炮等重武器。王锦命一、二号船集中火力向怪船尾部射击，压制其火力，掩护三号船向敌船冲锋。我三号船是突击船，勇将吴满友、邱求等在船上。因风浪太大，我三号船被冲到怪船左侧，未能接近敌船尾，吴满友接连投出两颗鱼炮，都从油布上滚到海里。当吴满友刚站起来投第三颗鱼炮时，被敌人打伤倒在船上。小老虎邱求，作战英勇，当他举起鱼炮正在点火时，也被敌人打伤腿。三号船的火力减弱了，正处在不利地位，王中队长命令一、二号船掩护三号船撤离。在一、二号船火力掩护下，三号船刚转过船头看起帆，却被敌人打断帆绳，帆跌了下来。在这紧急关头，邱求强忍着伤痛，冒着弹雨，抱着桅杆往上爬，不幸又中一枪，从桅杆上跌下来。邱求强忍着接连两次负伤的剧痛，顽强地撑起身来，拼出最后力气把帆扯起来；颈部受伤躺在船尾的吴满友，这时也挺起身来一手把舵，一手拉帆绳，使三号船脱离了险境。可惜小英雄邱求在吃力地扯起风帆时，流尽最后一滴血，为祖国为人民献出了宝贵的生命。那时，陈传率二号船已占有利地势，准备冲锋。王锦在一号船发出攻击敌船尾部的号令，一号船机枪手刘火焕扣响磨盘机向敌船尾部不断射击，二号船边打边冲。敌船上的日军怕二号船接近，集中火力阻击二号船。三号船舵手小老虎石观福胸部中弹受重伤，老船工来伯接着把舵，把船撤到右后方。他们包扎好伤员后，又掉转船头向敌船发出密集的火力。乘敌人忙着应付我二号船时，我一号船立即接近敌船，小将邹来眼明手快，连续向敌船尾投出 2 颗鱼炮。敌船随即两声巨响，顿时浓烟冲天，烟火吞没了敌船。顷刻间，船篷、船板、桅帆都炸成碎片，船尾开始下沉，有的鬼子扑向船头，有的跳进海里，妄图逃命。敌船逐渐下沉，船头的鬼子站在齐腰深的水里。三号船朱来同志，用日语喊话："缴枪不杀，优待俘虏。"日兵还不投降，仍打枪反抗，朱来再抬头喊话时，被鬼子击中头部，当即牺牲。海鹰一号船的指战员怒不可言，急速向敌船冲去。邹来小将再投鱼炮，但未投出，胸中却给鬼子击中受伤。另一战士接过邹来的鱼炮投了出去，其他战士又接连投了几颗鱼炮，隆隆几声巨响，掀起一股股浪柱，接着整个敌船下沉了。除生还 2 名日俘外，其余 40 多个鬼子见海龙王去了。

此战，除歼灭 40 多名鬼子外，还缴获三八式步枪 6 支、九二式日本山炮 1 门、炮弹 9 发、无线电收发报机 1 台、2 皮箱飞机制造图纸及其他军用物资一大批。

几年来，我们在海上打击、截断敌人运输线而发生的较大海战有 10 多次，据不完全统计，共缴获日本船只 13 艘，击沉 4 艘，俘日军 28 名，毙伤日军 28 名，毙伤伪军 38 名，解放船员 120 人，缴获机枪 3 挺、长短枪 42 支、炮 1 门、收发报机 1 部、高丽参数百斤、白报纸 30 多吨、吕宋烟叶 80 吨及其他军用物资、西药等两船约 1 万吨，全部由军需处上交东纵司令部。在海战中我队牺牲了曾佛新、刘捷、李金福、邱求、朱来等同志。

（八）抢救、护送美国飞行员

1944年2月11日，美国盟军第十四航空队，中美联合空军飞行员指挥兼教官敦纳尔·克尔中尉，率领战斗机群从桂林起飞，掩护轰炸机袭击九龙日军占领的启德机场。在空战中，克尔的座机中弹起火，他跳伞降落在九龙郊外的吊草岩附近，被我港九大队小交通员李石和民运工作组长李兆华掩蔽在石龙仔山洞里。日军派出军队在吊草岩、观音山一带搜捕，但没搜到，旋即出动陆军1000多人到新界沙田、西贡，进行严密封锁，反复搜索。空军出动飞机在新界南北低空盘旋、侦察。海军也出动10多艘舰艇、电扒，在港九海域巡逻、搜索。面对如此紧急形势，我港九大队部命令我武装船相机行动，牵制敌人。陈传率2条武装船到坪洲、叠福、南澳活动，在船上开枪射击，故意暴露、诱敌、分散目标。经过10多天的反“扫荡”、反搜索的斗争，2月24日我胜利解围，大队部令陈志贤、廖梦和翻译谭天等同志护送克尔回大陆，船由深涌出航，到大鹏南澳上岸，然后到枫木朗村大队部。2月底，陈志贤和赖连带一个班，护送克尔到坪山纵队司令部。

1945年1月16日晨，美国盟军第十四航空队一群飞机轰炸港九日军军事设施，其中一架飞机被日军高射炮击中，飞行员跳伞落在新界海面。我港九大队两个短枪队队员发现后，赶紧驶船去营救。同时，老渔民周二父子亦拼力摇橹、驶帆，赶上前去，把飞行员伊根中尉抢救上渔船，迅速向牛岛、鹅公湾方向驶去。这时，日军已出动舰艇在海上搜捕美飞行员，到处开枪扫射渔船，喝令停航检查，有两艘日军巡逻艇向周二的渔船追来。在这危急时刻，我海队两艘武装船插出救援，中队长欧锋急令：“准备战斗，副指导员黄康指挥二号船保护渔船航驶，一号船负责监视和阻击敌艇。”我两艘武装船以临战姿态，掩护载伊根的渔船向鹅公湾海岸急驶，并准备登陆痛击敌人。日军巡逻艇见势不妙，遂掉头驶去。欧锋、黄康跳过周二伯的渔船会见伊根中尉，罗雨中当翻译，说明我们是中共领导的东江纵队港九大队的海队，向伊根作了不少的宣传解释工作。武装船到达南澳基地后的第三天，欧锋派李观末等人护送伊根到司令部。伊根一再表示谢意，还给欧锋中队长写了感谢信。

（原载中共深圳市委党史办公室、东纵港九大队队史征编组编：《港九大队六个中队队史》）

执笔人简介：罗欧锋（1923—2009），曾用名欧峰。曾就读香港沙头角东和小学、大埔官立英文学校、九龙英文书院。1941 年 2 月参加广东抗日游击队第五大队，1941 年 7 月加入中国共产党。1942 年 2 月奉命返回香港任港九大队副官。1943 年夏，调任港九大队海上中队，先后担任小队长、中队长。新中国成立后，1954 年转业任职于广东省水产厅，离休前任水产厅副厅长。

南海英豪

吴　展

一、形势迫人

1941 年 12 月日本侵略军占领香港后，日军中将、香港“总督”矶谷廉介妄图把香港变成日本帝国主义支援南太平洋战争的中转站和战争的补给线。由于广（州）九（龙）铁路经常遭我游击队的袭击和破坏，处于不畅通状态，于是便于 1943 年初，开辟了一条从香港到汕头、台湾地区，以及到日本和朝鲜、菲律宾等地的海上运输补给线，把日本、朝鲜等地的军事物资，运输补给到国内的台湾、汕头、香港等地；又把从国内的香港、汕头、台湾及其他地方掠夺的物品，运回日本去。这条海上运输补给线，经过南海大鹏湾海面。日寇为了保护和巩固这条海上运输补给线，一方面经常派出“海上巡逻队”、“海上警备队”、日本宪兵、便衣队，乘着日寇海军巡逻艇或快艇、电扒（即电船）等，在这条海上运输线和附近海域，进行巡逻“扫荡”，搜查渔船和来往商船，勒索渔民商人钱财，毒打枪杀，无恶不作。这一海域的渔民无法生产和生活，商人不能来往做生意，人民群众陷入极端困境。另一方面日寇则以铁掩（有铁板的电船）、电扒、大眼鸡（大的运输木船）等，或三五成队，或单船独只，在这条海上运输补给线上，繁忙地运输各种物资。

为了打击日本侵略者，配合盟军对日作战，动摇日寇在香港、九龙的占领和统治，破坏日寇这条海上运输补给线，削弱日本侵略者的军事力量，坚决保护人民生产、生活和生命财产的安全，1943年2月，广东人民抗日游击总队司令部指令港九大队成立一支“海上中队”。港九大队大队长蔡国梁、政治委员陈达明，接到这一命令，非常重视，经研究后，决定叫在西贡、赤径一带活动的“抗日常备队”（又叫护路队）任政治指导员的林伍同志（后改名吴展）到大队部，蔡国梁大队长和陈达明政治委员，亲自进行动员和布置。蔡大队长传达总队林平（后改名尹林平）政治委员的指示：根据港、九的地理，香港是南太平洋上的一个孤岛，九龙是个半岛，周围都是大海，这是港九大队对敌斗争的一个很大的回旋之地；海上有广大的渔民，是一支不可估量的抗日力量；现在日寇开辟了一条从香港到日本的海上交通运输线，港九大队应该建立一支“海上中队”，开展海上游击战，猛虎要下山，蛟龙要出海嘛！打击日本侵略者，切断这条海上运输线，保护海上渔民和商人。蔡大队长传达了林政委的指示后说：“现在大队决定，以原来在西贡一带海上护航活动的陈志贤同志任队长、王锦同志任副小队长的‘顺风队’为基础，建立‘海上中队’。由你和陈志贤同志负责组建，陈志贤同志任中队长，你任政治指导员，黄全同志任庶务长，王锦同志任副小队长，黄康（后改名黄柏）同志任政治服务员。大队部再调些人员、武器、船只给你们，迅速组建起来。你们海上中队以大鹏半岛的南澳为中心，以进可攻、退可守的大鹏湾为基地，驻大鹏湾的羊槽湾，依山面海，开展海上游击战争。已经和陈志贤同志谈过，过后你找陈志贤等同志研究具体工作。”陈达明政治委员接着说：“建立海上中队，开展海上游击战争，这是从来未有过的，是一项新的任务，非常重要而又艰巨，不像在陆地上那样。在海上打游击，一定会碰到许多具体问题和困难，你们全体指战员，都必须下定决心，克服各种困难；海上中队更要重视思想政治工作，从海上实战出发，加紧海上练兵；要积极把海上渔民发动、组织起来，紧紧依靠海上广大渔民群众，才能克服各种困难，在海上立足之地开展对敌斗争，战胜敌人……”

林伍同志接受了任务，表示了决心，便找陈志贤、黄全、王锦、黄康等同志研究具体工作。一支“海上抗日游击中队”便正式宣布成立了。以原来在海上护航的“顺风队”十几位同志为基础，大队部从其他陆上中队抽调来七八位战士，组成海上中队一个小队，代号“大华队”，王锦同志任副小队长，黄康同志任政治服务员，民运员蔡冰如同志（女，原香港工人，蔡国梁大队长的妹妹），卫生员高年欢同志（女，原香港工人）。这二十几位海上游击队指战员，除石观福、吴满友、徐带、何根、陈传、李泰、罗兴、杨牛、杨元兄弟等十几位是渔民出身，识水性、会驶船外，其他都是生长在陆地上的青年小伙子。

二、艰苦成长

南澳是大鹏半岛西海岸的一个小圩镇，镇上有一条街和几条小巷，二十几间大小店铺，有杂货店、鱼栏、客栈、茶楼和小修船坊。平时趁圩的人较少，每逢农历二、五、八日圩期人较多，主要是买卖鱼鲜、海上生产工具和日常用品。南澳依山面海，水陆交通方便。背靠六七百米高的半天云山，山麓有半天云村，山下有枫木塱村（即前文的枫木浪村——编者注）和牛草棚村。陆地北距王母圩约5公里，东北约7公里便是大鹏城，西北约8公里是沙鱼涌。这一带是敌后沿海游击区。西北约10公里，在我游击区边缘的葵涌圩，经常驻有国民党保安团等地方部队。海上南面是南海太平洋，东南面是三门岛，西南是新界的塔门岛、坪洲岛等岛屿，西面隔海就是新界、九龙。登上半天云山上，可望见浩瀚开阔的大海。南澳是海上、陆地物资买卖的集散地，也是一个较好的避风港和渔港，有几十家定居陆上的渔民和一百多艘在海上流动的渔船，出海捕鱼回来，或遇到台风都到这里停泊避风。大鹏湾属于我内地游击区，群众生产、生活较安定，对日寇在港九的罪恶统治和海上的残酷罪行，非常愤恨，有较高的抗日思想觉悟，对我游击队坚持抗日，在海上肃清土匪，反对渔霸，维持海上治安，保护渔民生活、生产和生命财产的安全，纪律严明，表示非常敬佩和爱戴，从各方面积极支持和帮助部队打日本鬼子，有较好的群众基础。

1943年2月的一天，天空晴朗，微风轻拂，海面碧波荡漾，银光闪闪，一只索舟古船，两只槽仔木帆船，载着二十几位海上游击队指战员，向大鹏湾的羊槽湾进发。中队部在索舟古船上，机枪手李泰在船头架起了平射机，罗兴在槽仔船放上了磨盘轻机枪，其他同志都背着英国造“红毛十”步枪。指导员林伍高声喊：“同志们！我们唱一支‘游击队歌’好不好?”“好！”船上的同志齐声响应。“好！一、二、三！”“我们都是神枪手，每一颗子弹消灭一个敌人；我们都是飞行军，哪怕那山高水又深……”嘹亮的歌声，在先后前进的3只木帆船中四起，打破了平静的海空，随波漂荡。船到了羊槽湾，岸上白茫茫一片沙滩，只有一间以前渔民作收集鲜鱼和晒鱼用的旧空瓦房，这就是海上中队的营房。同志们搬上各种用具和行李，便打扫因日久没有用过，既潮湿又肮脏又臭的瓦房内外。黄全庶务长拿来了稻草铺在地上，作同志们的睡床，王锦副小队长安排了同志们的床位。同志们马上整理内务擦拭武器。这班“陆上游击小猛虎”一见到这海阔天高，白沙皑皑，非常高兴，张张笑脸喜形于色。他们按捺不住内心的喜悦，有的在沙滩上走来走去拾贝壳；有的谈论着如何在海上打游击，消灭敌人。一片寂静的沙滩，顿时呈现一派热气腾腾、朝气蓬勃的气氛。陈中队长、林指导员带着王副小队长、黄服务员和3位班长，到沙滩、海边察看了一遍，选定了哨位，即布置站岗放哨。

根据毛泽东同志的建军思想，党支部建在连队，是连队工作的领导核心。驻地工作安排妥当，党支部即召开支部委员会。支部书记林伍、副书记陈志贤、组织委员王锦、宣传委员黄康、保卫委员黄全，分析研究了这支新的队伍在新环境里开展的新工作。经过讨论，统一了意见，做出了决议：“现在队伍来到海边沙滩上，要在海上打游击，战斗生活在海上，开展海上各项工作，这新的环境、新的工作，会给同志们带来新的思想变化。党支部必须根据大队部的指示，抓紧部队的思想政治工作，安定情绪，加强海上练兵，积极开展海上渔民工作。每个党员都要起模范带头作用，完成各项工作任务，做好群众思想工作。”并研究了具体的思想教育工作和军事训练科目，制订了工作日程，第二天即开始正常工作。

“一、一二，一、一二……”南海的早晨，东方刚微亮，海风习习，在蒙蒙的晨曦中，海上中队全体指战员，除在海边、沙滩站岗放哨的同志和炊事员外，都在沙滩上跑步。王副小队长嘹亮的口号声，在这白沙蓝海的天空中回荡。在学习训练时，没有课室，没有椅桌，同志们便排列整齐地在沙滩上“席沙而坐”，静静地听林指导员讲政治课。

为了提高认识，统一思想，激发同志们抗日的决心和勇气，海上中队的思想政治工作，主要是从两方面进行，一方面是系统地上政治理论课；一方面是做同志们日常的思想教育工作。系统的政治理论课，是根据实际情况，从实际出发，以通俗易懂的语言，讲理论认识。海上中队的政治课曾讲过：日本帝国主义野蛮侵略中国的罪恶史、中华民族四万万同胞的近代斗争史、中国共产党的全民抗战主张和毛泽东同志的抗日战争的战略思想。“打倒日本鬼，建设新中国”，这一非常深入人心的响亮口号，已经为每个游击战士的座右铭。

陈中队长上军事课，讲游击战争的重要性、游击战争的战略战术。主要讲：游击战争的目的就是保存自己、发展自己，消灭、驱逐敌人。陆上游击战争、海上游击战争目的都是一样的，但表现形式则各不相同。游击战争就是哪里有敌人，就到那里去打击、消灭敌人。抗日战争要打败敌人取得最后胜利，必须要依靠游击战争，没有游击战争，在敌强我弱的情况下，抗日战争就不能取得胜利。所以游击战争在抗日战争中具有重要的战略地位。分班讨论可热闹了，曾佛新同志抢着发言说：“日本是侵略性的帝国主义，侵略中国是很野蛮、很残酷的；奸淫掳掠、杀人放火，无恶不作，搞得人民无法生活。我参加游击队，就是要坚决打倒日本鬼子，把他们赶出中国去，使我们能得到安居乐业……”陈传同志接着说：“日本鬼子想霸占全中国，我们游击队要配合正规军，在敌人后面，哪里有敌人，我们就到那里打击、消灭敌人……”石观福同志说：“日本鬼子占领我们陆地，我们游击队就要在陆地上打他；他们侵占我们的海上，我们就在海上打他，保护海上渔民和商人生命财产的安全……”

你三言、他两语，同志们个个踊跃发言。

按照党支部的分工，党支委积极开展同志们日常的思想教育帮助工作。林指导员找朱兰同志个别谈心，态度和蔼地对朱兰同志说：“朱同志，来到这里沙滩，看你情绪有点不高兴，是不是有什么想法？”朱兰同志低着头，不好意思地说：“我认为打游击，在陆地上打多好，有群众、有乡村、有房屋、有山头，到处可以走动，到处可以打击敌人。来到这里，只有沙滩、海水、独房一间，什么都没有，怎么打游击？”林指导员对朱兰同志说：“我们游击队是打击、消灭日本侵略者的，哪里有日本鬼子侵占我们的国土，压迫残杀我们的人民，我们就要到那里去打击他、消灭他。海上就像陆地，渔港就是乡村，渔船就是我们的家，渔民就是我们的同胞兄弟姐妹……”“我明白了！”朱同志点头微笑着说。黄服务员也找黄友仔同志谈话，王副小队长和李贵堂同志交谈，从政治上、军事上、思想上进行个别帮助、教育，提高同志们的认识，确立在海上打游击，消灭敌人的坚定信念。

学政治、学军事，提高思想觉悟，同志们还迫切要求学文化。海上中队开设了文化学习课。每天晚饭后，组织了只有初小程度或文化水平较低的同志学文化。同志们如饥似渴，踊跃参加。中队文化教员李思训同志担任文化教育课。自己动手编写了思想、政治、军事教育有关的课文作为文化教材，由浅入深，既进行文化教育课，又结合思想、政治、军事教育。没有课室，就席沙而坐；没有纸和笔，就将沙滩当白纸，折下一小段树枝当作笔。就这样，同志们在艰苦的环境中积极地学习文化。一有空，就一边念课文，一边用“树枝笔”在“沙滩纸”上随写，随抹。同志们积极努力，进步很快。

为了让同志们熟悉海上情况，准备开展海上练兵，岸上除留一个班看守营房外，其余两个班十几位同志，分乘两只槽仔船，进行海上训练。渔民出身的石观福和陈传分别掌舵，扬帆驶出海湾，乘风破浪，前后、左右来回穿梭。船一出海湾，波浪翻腾，时间一长，几位在陆上长大的同志晕船了，头晕、眼花、呕吐。先把肚里的饭菜吐了出来，最后连黄水胆汁也呕出来了。倒在船上，东一个、西一个，枪也拿不住，坐也坐不起来。

船回到驻地，几位晕船的同志休息片刻，很快就恢复过来，不好意思地说："不知怎么搞的，船一出海湾，就觉得头晕眼花、想呕吐，我不信会这样！下次再来。"第二天下午，同志们又乘两只槽仔船驶出海去，晕船的同志们同样晕船呕吐。同志们又不服气，第三天又驶出去，又一样晕船，呕吐得一塌糊涂。就有些同志们议论纷纷，有的同志认为：在海上乘帆船会晕船，根本就不能在海上打仗、打游击。有的同志说：从来没坐过船的人，不能在海上坐船，一坐船就一定要晕船的。有的说：不晕船的人，永远是不会晕船的；晕船的人，始终要晕船，生下来就是这样的。有的说：没坐过船，一坐上船就晕船，如果晕船多了，就可能不会晕船。你一言、他一语，不停地议论，年纪较小的黄友仔竟哭起来，怕会晕船下不了海，当不了海上游击队员，会当"衰仔"（即没出息的人）。

将近一半的同志，一到海上就晕船，怎么能在海上打游击呢？这的确是一个严重的问题，怎么办？同志们正在思考纳闷的时候，刚好曾生同志来大鹏半岛检查工作，特地到羊槽湾海上中队驻地来看望同志们。曾生同志听了汇报后，面带笑容、谈笑风生地说："同志们！你们海上中队的工作做得很好，很有成绩嘛！应该表扬。同志们辛苦了，我代表总队向你们表示慰问！是的，本来你们都是山上的猛虎，现在要下海，困难会很多的。古话说：'虎落平阳被犬欺。'但你们是人民的子弟兵，是勇敢顽强的抗日游击战士，就不能被'犬'欺了，一定要战胜它。你们想过没有，游击队打游击，有在'深山密林'里打的，也有在'青纱帐里逞英豪的'，可是你们港九大队，却史无前例地在敌人占领的大城市香港、九龙打，在高楼大厦、热闹的街道，到处有敌、伪武装军警巡逻，戒备森严的繁华市区里打游击，神出鬼没地抢救爱国民主人士、文化人，捕杀敌、伪头目，罪大恶极的汉奸、鬼子，袭击敌人兵营仓库等。现在你们也要破天荒地虎落平阳打游击，只要你们紧紧地团结、依靠海上广大渔民群众，拜他们为师，请教他们，我相信困难是难不倒你们的，你们一定能胜利地开展海上游击战争。"同志们听了曾生同志的一席话，受到极大的鼓舞，增强了开展海上游击战争的信心和决心。

支委会开会研究，决定请教渔民解决这个晕船呕吐问题。海上渔民出身的石观福、吴满友等同志都说："我们生长在渔船上，生活在海水中，从来就不会晕船。”陆上渔民出身的陈传等同志说：“我们从陆上开始下船去捕鱼时，也会晕船的，后来下船多了，就渐渐地不会晕船了。”林指导员、王副小队长、黄服务员带领朱兰、黄友仔等几位晕船的同志，到南澳渔港，找老渔民张伯和郑伯请教。张伯说：“没坐过船的人，一到海上随着风浪上下、左右摇摆、晃荡，很不习惯，很容易头晕眼花，内脏肠胃也受不了，便会晕船呕吐。船坐多了，习惯了，就自然不会晕船呕吐了。”郑伯说：“一些青年人，一时晕船呕吐不要紧，不要害怕。最好的办法，就是要让他们多坐船，多到海上锻炼。时日久了，就不会晕船呕吐了。”朱兰、黄友仔和同志们听了张伯和郑伯的话，提高了克服晕船的思想认识。

为了迅速解决在海上晕船呕吐这个严重问题，党支部决定：以后每天下午，都是同志们驶船出海锻炼的时间，风雨无阻；海上中队每位指挥员、战斗员，都要在海上、船上生活、锻炼；并要学会游泳、划桨、摇橹、扯帆、驶船等技术本领，把我们海上游击战士，变成海上蛟龙一样。

羊槽湾的下午，海面平静如镜，两只槽仔船，载着十几位海上游击健儿，扬帆在海上来回穿梭不息地锻炼。船上有的同志晕倒了，有的在呕吐，但同志们一声不吭地在顽强地顶着。黄服务员大声喊：“同志们！不要怕，勇敢地坚持下去就是胜利！”晕倒的同志边呕吐，边咬紧牙根，勇敢顽强地坚持着锻炼。一天、两天、三天过去了，一周、两周过去了，有效果了，部分晕船的同志，慢慢地习惯了，有的不大晕了，有的不呕吐了，艰苦地闯过了这个晕船呕吐的大难关。这是海上游击战士必须具备的基本条件，大家都非常高兴。

为了能够多在海上、船上锻炼，每天吃晚饭时，会晕船的同志干脆把饭碗端到停泊在沙滩岸边随着波浪摇晃的三只船上去吃。晚饭后休息时间，同志们争着学习游水、划桨、摇橹、扯帆、驶船等，天天如此。一个月过去了，中队长、指导员长、服务员，带头到船上锻炼，从班长到每个战士，都逐渐地学会了游泳、划桨、摇橹、驶船等。

海上中队来到羊槽湾，附近的群众闻讯都很高兴。一个多月来，有的父母拉上儿子，有的青年自己跑来要求参加海上中队；新界塔门岛商人李伯，叫他两个儿子李思训、李熙铭兄弟俩，还有曾佛新、曾佛麟（即前文曾佛彜——编者注）兄弟，大鹏湾王母圩的青年李发等，前后有十几位青年来参加海上中队。海上中队不但在海上的锻炼有了很大的进展，人员也有了发展，由 20 多人，发展到 30 多人。1943 年 6 月，大队部又先后调来了 10 位同志和 1 只槽仔船，并决定将海上中队编成 2 个小队，调欧锋同志（后改名罗欧锋）任第一小队长，并担任党支部委员，欧莲同志任副小队长，黄康同志任政治服务员，王锦同志任第二小队长。同志们受到很大的鼓舞，思想更坚定，情绪更高涨，积极地投入海上练兵。

海上练兵，可不同以前在陆地上的瞄准、射击、投手榴弹等三大技术的训练。要从海上实战要求出发，海上中队就在索舟古船上竖起两块瞄准靶，同志们在两只槽仔船上练瞄准。可是当同志们刚闭上一只眼睛，用另一只眼睛瞄准时，发觉海上与陆地大不相同，蓝色的海水，白色的波浪，干扰着眼睛和视力，尤其是索舟古船和槽仔船，随波乘浪两边各自都在上下左右摆动，很难瞄到瞄准点。下课后，同志们便讨论开了，有的同志说："海上的船是走动的，海水有蓝色、有白色，我们的眼睛不习惯、不适应，在海上、船上是无法瞄准的，射击很难命中。"有的同志说："这是我们的眼睛在海上、船上不适应、不习惯的问题，如果适应了，习惯了，便不受干扰，就可以在海上、船上瞄准射击。"有的同志建议：为了适应在海上瞄准训练，我们可以试作一种画有蓝白色的海水、波浪的海上瞄准图，贴屋外墙上，让同志们饭前饭后、有空随时瞄一瞄，在陆地上锻炼同志们的眼睛和视力；另一方面又多到海上、船上实地训练，一段时间后，相信会习惯、会适应的。大家一听是个好主意，马上让会画能写的中队文化教员李思训同志画出有色彩的海水、波浪的瞄准图，贴在屋外墙上，进行陆上和海上的瞄准训练。同志们在船上进行瞄准训练过程中，也揣摩到了木船在水面上各种乘风随浪两边摆动中的规律，掌握好瞄准射击的焦点。后来大家还找来大汽油桶，里面装上石灰，放在海上，子弹打中了会看见喷出白色的粉末。同志们在槽仔船上，距离 100 米、200 米，进行实弹试射，效果很好，很快就提高了射击命中率。

投弹，在海上不但要求投得远，更要求投得准。如果投不准，就投到海里去，既不能杀伤敌人，又不能起火燃烧，制服敌人。因此在沙滩上，挖了几个"投弹坑"，给同志们在陆地上练习远、准地投手榴弹。渔民捕鱼回来，看同志们在投手榴弹，建议说："我们渔民用鱼炮（即火药包）炸鱼，威力要比手榴弹厉害得多。你们部队手榴弹又少，不如用鱼炮炸敌船更好。"我们采纳了渔民的意见，同志们便用小石头、小砖块当作鱼炮，进行远、准的投掷练习。还举行过比赛，同志们情绪很高涨，都抓紧空隙时间积极练习，争取好成绩。

经过一段时间在陆上、海上和船上的艰苦锻炼，同志们既习惯和适应海上和船上的生活，学会了游水、摇桨、驶船等各种本领，又掌握了海上、船上瞄准、射击、投弹等作战技术。大家情绪高涨、信心百倍地要求出海去打击敌人。

经请示，大队部指示："要掌握好战斗时机，做好准备，可出海打击敌人，也可从实践中锻炼队伍，但不可随便出击。"这既严格要求，又大大鼓舞了同志们。同志们非常高兴，从思想上、行动上、武器装备上，时刻做好出海战斗的准备。

1943 年 8 月的一天上午，南澳两位青年渔民，划着舢板来到羊槽湾海上中队报告说：鹅公湾外面海上，有一艘敌人铁拖，拖着一只大眼鸡木船，向香港方向驶去。中队立即召开会议分析研究，估计是敌人的运输船，决定去截击它。陈中队长、林指导员向同志们动员布置后，即由王锦小队长率领 22 位同志，分乘 2 只槽仔船，李泰同志托着平射机，罗兴同志扛起磨盘轻机枪，其他同志都背上"红毛十"步枪，雄赳赳、气昂昂地扬帆出海。我船顺风赶到外海，不久即赶上敌船。因为都是第一次见面，敌、我双方都各不了解情况。敌船满不在乎慢悠悠地照常航行。"擒贼先擒王，打蛇先打头。"王小队长命令我木船，向敌人铁拖开火冲击。我两只槽仔船在敌船后面两侧，以密集的火力向敌铁拖射击。敌船受到这突然而来的武装袭击，非常惊奇，急忙企图逃脱。我船乘着吹向敌船的东南上风，直冲到敌船旁边。曾佛新同志手灵脚快，一跃而上，想跳上敌人铁拖去，但敌铁拖比我船高大，一下跳不上去，跌下槽仔船来。陈传同志跟着再跳，也跃不上敌铁拖。同志们非常着急，正想再跳时，一时风向改变了，我船无法靠紧敌船，而且掉在敌船后面，跨度越拉越远。敌铁拖开足马力，拖着大眼鸡，向香港方向逃窜。同志们急得面红耳赤，瞪着眼、看着敌人的船逃跑，非常气愤。"同志们，这是我们第一次出海作战，"王小队长对大家说："大家很勇敢，打得很好，虽然没有打掉他们。也打跑了他们。我们得到了锻炼，取得了经验，这也是我们的胜利。我们回去从实战出发，好好总结这一次战斗的经验和教训，来提高我们战斗力。"

下午、晚上全中队集中进行总结，参加这第一次海上战斗的同志热烈地发言。大家一致认为，敌人在海上使用的是舰艇、电船、电扒、铁拖、大木船等，都是使用电气开动机器的，航行速度快，而且前进、后退都能随心所欲，操纵自如，但敌船体积大，笨重，转弯、掉头缓慢。而我木帆船，要靠风向和风力，航行速度较慢，但我木帆船体积小、轻便，转弯、掉头轻快，这是我们的优势。因此我们木帆船必须"争上风"，掌握冲向敌船的上头风向，才能掌握到主动权。其次，我们在海上作战，应该将战斗的槽仔船明确排号分工，分为指挥船、火力船和突击冲锋船，又分工，又配合，发挥自己的威力去制服敌人。第三，为了能克敌制胜，我们的同志必须能跳过敌船去，最后解决问题。因此我们全体指战员，必须学会跳过敌船的本领，开展跳高、跳远运动。于是在沙滩上又挖了几个沙池，同志们上军事课或休息时间，都积极、认真地练习跳高、跳远。经过一段时间的训练，同志们进步很快，基本掌握了跳高、跳远的要领。

海上中队的2个小队，已发展到70多人，在非常艰苦的环境下，克服了无数难以想象的困难，逐步提高了政治思想觉悟和军事素质，并初步学会了海上的战斗本领和组织作战形式，逐渐成长为一支有战斗力的海上抗日游击队。

海上中队的生活是非常艰苦的，但又是很愉快的。海上中队的经费全靠港九大队拨给，港九大队的经济收入充裕时，每月能拨够买米、油、盐、菜的伙食费和每人五角钱的零用钱；但在经济收入缺少时，常常只能买地瓜当饭吃，煮黄豆、萝卜干做菜。但是在“打倒日本鬼，建设新中国”的共同目标和“同生死，共患难”的深厚阶级感情的海上游击战士面前，越是艰苦困难，越是团结、互让、互助。一盘熟地瓜，一个班七八个人，本来就不够吃，可是你去让他推，最后还有剩余。二三个月没发零用钱，抽烟的同志就要“吊烟瘾”了，不抽烟的同志就送一二角钱给抽烟同志买烟丝。海上中队驻在前无人家、后无乡村的海边沙滩上，每星期六晚上，都在沙滩上举行一次晚会，有唱歌、表演活报剧和耍小杂技、小魔术等。互相比赛，气氛热烈，情绪高涨，大家都沉浸在愉快、欢乐的海洋中。

三、鱼水深情

海上中队与海上广大渔民群众建立了鱼水关系。中队成立不久，陈中队长，林指导员，罗、王小队长，黄服务员等，经常分别到各渔湾去和渔民见面交谈，谈生活、说生产、扯家常，讲抗日救国的道理，宣传我游击队的宗旨和政策，团结渔民群众，组织起来搞好生产，共同抗日。并经常派出同志到较大的渔湾南澳、吉澳、新界的塔门、龙船湾、火烧坟和滘西等，帮助祖祖辈辈无法读书识字的渔民，办起儿童识字班。后来又在各大渔湾帮助渔民组织起“渔民协会”，由渔民自己民主选举进步、开明的头面人物当正、副会长，配上几个进步的青年渔民当工作人员，为渔民办理自己的事；保留鱼栏合理的税和佣，废除名目繁多的苛捐杂税和不合理的勒索。在新界各渔湾物质生活困难时，帮助“渔民协会”到唐界的南澳、吉澳、沙鱼涌等地，购买粮食、火水、绳索等生活、生产必需品，解决渔民的实际困难。广大渔民把游击队看作是“救命恩人”，主动、积极支援和帮助部队打日本鬼子。

在经济上，渔民们主动提出将出售鱼货收入的百分之二或百分之三，赠送给部队作经费。海上中队开始婉言谢绝。但广大渔民坚持要部队收下，说："如没有游击队，就没有我们渔民，哪能捕鱼生产，有收入、能生活。"后来渔民协会统一规定各会上缴百分之三至百分之五。开始由海上中队代收后，全部上交港九大队军需处，后来由大队部派人员直接收。

在军事上，渔民凡是到敌占据点西贡、沙头角、九龙等地卖鱼，看到的情况、听到的消息，或在海上观察到敌船、匪船或外地船，都来队报告。这使海上中队依靠广大渔民有了耳目，能掌握到可靠的情报，这对海上中队对敌斗争，开展海上游击战争起到非常重要的作用。各渔湾的渔船又愿意承担部队海上临时、义务交通运输任务，无论平时或紧急情况下，部队要运送物资或人员，有求必应，要船给船，要人给人。港九沿海渔湾，日寇经常进行"扫荡"或突然检查。当敌船开来渔湾时，渔民一发觉即通知同志们："敌人来了。"将我木船驶进渔船群中间，用渔船将我木船围护起来，又把同志们的武器，分散收藏在渔船舱内，让同志们穿上渔民衣服，化装成渔民，分散到各渔船去掩护起来，使敌人无法查到我木船和人员。有一次，林伍同志和大队部军需处赖传同志到塔门岛和较流湾了解渔民生产情况，敌人 1 艘武装电扒和 1 艘武装木船，突然从较流湾背后闯进来，驾着日式轻机枪。30 多名日寇和伪军，手荷日式步枪，如临大敌，从海上到岸上，见人即搜身检查，情况非常紧张。林伍、赖传两同志，一时已无法逃离港湾。在这千钧一发的危急关头，较流湾渔民协会会长、身挂日寇伪村长之职的石友根看到这情况，当机立断，挺身而出，给林伍、赖传两人各一张"良民证"、一套染红了薯莨的渔民衣服，将林、赖的两支手枪收藏在屋外的地洞里，即叫林、赖两人到他开的"友根栈"鱼栏店内的两张空床睡觉，当作他店里晚上收鱼、白天休息的工人。如鬼子或伪兵问什么都说"不知道"。石友根他知道，在他店里的工人，敌人和伪军是不会有什么怀疑的，也不敢乱动，是可以掩护过去。但也有可能被查出，要冒极大的风险。为了掩护同志，他一切无所顾忌，在所不惜。结果 2 个日本鬼子和 4 个伪兵进店里来，周围到处查看搜查，对睡在 2 张床上的"渔工"却不查问。敌人一无所获，灰溜溜地走了。林伍、赖传 2 位同志才脱险安全回部队。

四、开创海上游击战争

1943 年 10 月的一天，欧锋小队长率 2 只槽仔船，从驻地扬帆出海巡逻。船到果洲海面时，发现 1 艘日寇电扒，拖着 1 只"大眼鸡"木船，从汕头方向，逆风顺水朝香港方向开来。电扒上竖着一面“红膏药”日本旗，同志们判断一定是敌人运输船，决定打它。欧锋小队长令我两只木船“争上风”顺风顺水冲击敌船，一号指挥船向敌船右后方冲去作掩护，陈传班长的二号船向敌船左侧冲击。我两船交叉火网，集中火力向敌电扒射击。敌电扒遭我猛烈火力突然袭击，蒙头转向，惊恐万状。当我两船乘风迫近敌船时，狡猾的日本鬼子突然用斧头砍断拖着大眼鸡的索缆，丢弃了大木船，慌忙逃脱，开足马力向香港方向逃去。我两木船在后面紧追不舍。但因敌船是电扒，速度快，我船“靠风驶舵”，处于下风追不上，欧小队长即命令我 2 船撤回来。是役初战告捷，缴获大眼鸡运输船 1 艘，拉回驻地羊槽湾。同志们和群众非常高兴，鼓舞很大。有的同志和渔民划着舢板到大眼鸡船边，爬到船上看第一次缴获的胜利品。清理船上物资有：高丽参 400 多斤、白报纸 30 多吨、陶瓷器皿一大堆，并解放了船上被日寇从潮汕抓来的 80 多名群众。物资全部上交港九大队军需处，白报纸根据总队林平政委的指示，交给总队《前进报》社。80 多名群众，经招待食宿并教育后发给回潮汕家乡路费。他们对日寇的罪行，尤其是抓他们去香港做苦工，非常愤恨，说共产党、游击队是他们救命恩人，万分感激，全部跪在地上叩头。有的热泪盈眶，表示回去要帮助游击队打日本鬼子。

1944 年 4 月 5 日，国民党顽固派、淡水守备区白军罗懋勋，纠集独立二十旅等部约 800 多人，分两路向我大鹏半岛进攻，一路由葵涌向径心坳，一路由坝岗进迫大鹏坳，但均遭到我陆上部队的顽强抵抗。早晨天一亮，战斗即开始，越打越激烈。港九日军闻讯，即派出一艘武装机帆船，从海上坪洲方向开来，妄图从海上配合国民党顽军夹攻、消灭我部队。敌船很狡猾，驶至坪洲海面，即停开机器，扯起风帆，乘风掩蔽航行，企图乘我不备，进行突然袭击。渔民发现敌船后，即来队报告。海上中队即派欧锋小队长，率两只槽仔船出海截击。当发现敌人机帆船时，欧小队长在一号指挥船上命令我船“争上风”冲击敌船。在距离敌船 100 多米时，敌船又开动机器向我船冲来，并向我船开枪、开炮，我船亦开枪还击，平射机、轻机枪、步枪，一齐向敌船射击。当时我船正占着吹向敌船的西南风上风，船身小，轻便，转弯、掉头快。敌船大，虽使用机器马达，但笨重，转弯、掉头慢，转弯时角度大。敌船向我船开了 10 多发钢炮，均没打中。当我船迫近敌船，进行近战时，敌船的钢炮发挥不了作用。我一号指挥船，命令二号火力船，向敌船猛烈开火冲击，敌船即向我二号船开枪还击，我一号船即乘此时机冲向敌船，敌船被迫将火力转向我一号船。当敌船打我一号船时，我二号船又冲上去。就这样，我船轮番左打右击，打得敌船团团转，招架不住，企图逃脱。正当这时，敌人从香港派来两架飞机，到坪洲海面盘旋低飞，并向我船扫射，掩护敌船向三门关方向逃跑。我船在海上打退了敌船，配合陆上部队的战斗，击退顽军的进攻，取得了粉碎敌、顽军水、陆夹攻的胜利。

1944 年 8 月，陈中队长、欧锋小队长调东江纵队军政学校学习，海上中队的工作，由林伍指导员和王锦小队长负责。8 月 15 日早晨，海上渔民来队报告：沙头角对面海岛黄竹角海面，停泊 3 只敌人木帆船，在海上大肆搜查、抢劫渔船，搞得人心惶惶，不敢下海捕鱼。下午，港九大队政训室主任黄高阳同志来大鹏半岛检查工作，得到情报：沙头角日寇，一方面为了保护和巩固其海上运输补给线，另一方面企图控制这一海域，切断我海上交通运输线，并于 8 月初成立一支“海上挺进队”，有三只木帆船，三四十名伪军组成，配备有日式轻机枪（又叫歪把子）、日式冲锋枪和三八式步枪等，由一日本军曹任队长，在沙头角一带海面活动肆虐。黄主任即与林指导员、王小队长分析研究，并决定立即打击、消灭它。但当时天已黑，又不知道敌船停泊的具体位置在哪里，便决定采取“夜间搜索奔袭”的游击战术。经介绍情况动员布置后，由王锦小队长率二十几位同志即分乘两只槽仔船，向黄竹角海面搜索前进，准备在哪里发现敌船即在哪里消灭它。同志们情绪非常高涨，大家都希望能很快找到敌船，以便消灭它，聚精会神地准备战斗。是晚天气阴霾，乌云盖月，又下起一阵雨，海空一片黑漆，这对掩蔽我船前进很有利，但看不清周围情况，却对搜索很不利。我船航行探索到夜里 10 时，仍未发现敌船，同志们求战心切，心里有点焦急。船仍在继续前进。夜 12 时了，还没有看到敌船，有的同志则担心今晚没法碰上敌船，无仗可打了；有的同志在想，这真是海里捞针，哪里捞去？“同志们，”王小队长对大家说：“不要泄气，要提起精神，时时准备战斗。”船仍在继续前进。翌晨 2 时，我船到了红石门海面，一号船瞭望哨的李泰同志在黑漆的夜空中，突然发现有一道手电筒光掠空而过，即向王小队长报告。王小队长立即命令大家做好战斗准备，迅速向手电筒光方向前进。突然发现前面有一堆黑影，我船即靠近，原来是 3 只木帆船，并列泊在一起。王小队长估计可能就是敌木帆船，立即命令陈传班长二号船，向敌船左侧冲击，自己一号船直插敌船左边，对敌船形成钳形。但 3 只木帆船却没有动静。“喂！你们是什么船？”李泰同志大声喝问。敌人正在沉睡中，一听突然而来的喝声，即打出两枪。这时同志们断定这 3 只木帆船是敌船无疑。王小队长命令二号船向敌船开火，一时密集的火力直射敌船，枪声和火光划破了沉静的夜空。敌人正在睡梦中，被我突袭的枪声惊醒，惊慌失措，乱成一团。我一号船乘敌混乱之际，向敌船冲击；但我船一转头，风向变换，风力减小，速度一时缓慢下来，敌人乘此机会，企图组织火力，向我船还击。在这紧要关头，来伯和吴满友等同志，赶快摇桨前进，使我船迅速迫近敌船。我二号船在距离敌船100多米时，曾佛麟、吴桂来两同志即向敌船投掷两颗鱼炮，轰隆两声巨响，敌船随即起火燃烧，并逐渐下沉，吓得敌人魂飞魄散，赶快爬到中间木帆船上。我一号船也逼近敌船右边，石观福同志也向敌船投一颗鱼炮，在敌船中爆炸。中间一只木帆船，见势不妙，企图扯帆开船逃跑。机枪手李泰和邱求、邱贵兄弟，眼明手快，拿起船上的竹篙，钩住敌船的帆绳，用力一拉，敌、我两船互相靠拢。说时迟、那时快，邱求同志奋不顾身一跃跳过敌船，大喝一声："不要动，缴枪不杀！"石观福同志手里拿着一颗鱼炮，也跃过敌船，王小队长端着驳壳枪同时跃过，船中一敌人匆忙拿起三八枪，对准王小队长准备射击。王小队长心急手快，先发制人给他一枪，打中敌人右臂上，三八枪随即掉下。"不准动！谁动就打谁。"王小队长喝了一声。"挺进队"万万没想到我游击队会向他们船开大炮（其实是火药包鱼炮），游击队员会突然落到他们船上，吓得目瞪口呆，举手投降。一场"夜间长途搜索奔袭"的海上游击战斗，便胜利结束了。因距离敌占据点沙头角仅几海里，要迅速撤离战场，我队将两只敌木帆船和俘虏、战利品等押回南澳港。我船迎着朝霞胜利返航，同志们意气风发，兴高采烈，"向前向前向前！我们的队伍向太阳，脚踏着祖国的大地，背负着民族的希望，我们是一支不可战胜的力量……"的歌声，震荡着黎明前的寂静，迎接即将到来的光明。船到南澳港，天已大亮。清理俘虏和胜利品，却不见日本军曹。从审问俘虏中得知这个狡猾怕死的家伙，在我向敌船开火时，带几个人跳海向沙头角方向逃跑。这次海上战斗，炸毁敌木帆船1艘，缴获2艘，日式轻机枪2挺，日式手枪2支，日式冲锋枪4支，三八式步枪21支，俘虏敌挺进队员28人，其中3人负伤。大队部指示："缴获的武器，暂时留下，俘虏即送大队部处理。"敌"挺进队"成立不够半个月，即被我歼灭，一命呜呼而夭折。这次海上战斗是在敌多、我少，敌（船）大、我（船）小，不了解情况，夜间长途搜索奔袭而取得的胜利。对部队和群众鼓舞极大，对敌人震动也很大。附近渔民和岸上群众闻讯，划着小艇前来祝贺和慰问部队，并看看缴获的胜利品。根据大队部的指示，"为了开展宣传，鼓舞人心，扩大政治影响，在南澳港召开庆祝海战胜利的群众大会，向群众展示战胜品"。第二天，我们在南澳港沙滩上搭起一座讲台，讲台左边放着缴获的轻机枪、冲锋枪、手枪；右边放着21支步枪。水上陆上群众陆续到来，有的到台上一边看、一边摸各种武器；有的拉着参加战斗的战士的手，问长问短，询问怎样打；有的则说："打得好！真是海上英雄豪杰。"参加大会的群众约有 2000 人，王锦小队长介绍了红石门海上歼灭敌"挺进队"的经过，中间当讲到我同志投掷鱼炮炸敌船和跳过敌船时，群众多次热烈鼓掌。继由林伍指导员讲话，讲明从海上几次战斗中，证明我海上中队，是坚强、勇敢、能打胜仗的。只要我们军民团结一致，坚持抗日战争，不管日本鬼子如何顽抗、狡猾、残酷，都可以打败的，最后胜利是我们的。接着陆上群众代表和渔民代表也上台讲话，对我队取得的胜利非常高兴，大加赞扬，表示要大力帮助支持部队打日本鬼子。最后群众向部队赠送慰劳品，生猪 1 只、鲜鱼 200 斤，晚饭加菜慰劳全体同志。

1944 年 11 月 30 日，海上弥天大雾，一片白茫茫，附近的东西都看不清楚。早上，黑岩角渔民，划着小艇来队报告："黑岩角海面停泊一艘敌人的大电扒。"但具体情况不清楚。经分析研究，估计是敌人的运输船，可能因海上雾大，不能航行而暂时停泊，便决定去打它。由欧锋中队长（陈志贤中队长已上调）带一个班，在黑岩角岸上负责总的指挥和配合；由王锦副中队长、黄康副指导员率 3 只槽仔船，每船十几位同志，海上具体战斗由王副中队长指挥。经动员布置后，即向黑岩角海面进发。同志们兴高采烈、情绪高涨，边擦武器边集中精力注视着周围情况。船到黑岩角海面，云雾已逐渐消散。不久即发现敌人电扒。我二号火力船向敌船右侧冲去，三号突击船向敌船左侧迫近，一号指挥船在敌船后方，形成了对敌船三角形三面包围。一声令下，我陆上的同志和海上 3 只木帆船一齐向敌船开火。敌船意想不到会有我船突然向他们冲击开火，一时非常惊慌。当我二号船冲近敌船时，曾佛新班长，奋不顾身，如猛虎跳墙，一跃而起，跳过敌船，手刚抓住敌船栏杆的缆索，不幸中弹牺牲。其弟曾佛麟见哥哥牺牲，万分悲愤，勇猛跳上敌船，并利用敌船甲板作掩护，用日式冲锋枪向敌船扫射。二号船的同志跟着一个一个跳上敌船，船上的日本鬼子无法抵抗，退到船尾舱去，用白衬衣当白旗，左右摇摆，表示投降。同志们即冲到敌船尾舱，活捉了 7 名日本鬼子和几名伪职人员。一场以我小木帆船战胜敌人大电扒的海上游击战争胜利结束，我船押着敌电扒回南澳。从伪职人员口供中，知道这艘敌电扒满载烟叶，从香港开往日本，航行至黑岩角海面，遇上雾大、退潮而暂时停泊。南澳陆上的群众和海上渔民，得知我船又在海上打了胜仗，缴获敌人大电扒归来，很受鼓舞。随后即动员同志们和群众，帮助把全船的烟叶卸下来，全部上交大队部军需处。7 名日本鬼子，押送东江纵队司令部处理。

伪职人员经教育后释放回家。英雄的革命烈士曾佛新同志葬于水头沙至南澳的路旁，并建立“抗日烈士曾班长佛新之墓”的石碑作纪念，碑文刻着：“烈士新界人，于民国卅三年十一日卅日于三门海面战斗，英勇突击，壮烈殉国。是役缴获敌电扒一艘，生擒日兵七名，物资大批。民国卅三年十二月一日立。”

1945 年 5 月的一天夜里，我哨兵听见海上有开动机器的马达声。早晨，南澳渔民捕鱼回来报告：“水头沙海面岩石边停泊一艘敌人的电船和两艘大眼鸡木帆船。”同志们感到很奇怪，敌船为什么晚上航行？白天闯进我区停泊？而且是 3 艘大船，这究竟是什么目的？支委会即开会研究分析，认为可能是敌人运输船，因为敌人这条海上运输补给线，白天遭我海上中队袭击，损失惨重，不敢白天经过，改在晚上航行，遇雾大、退潮，航线又不熟悉，怕出危险，途经水头沙海面岩石边暂时停泊；也可能是敌人武装船，有意闯进我区来，引诱我队出击，企图消灭我队。最后决定：“既然已来到我区内，不管是运输船或武装船，都要打它。”如何打法？当时有的同志提出：在陆地上打它。把队伍拉到水头沙靠近敌船的岸上，向敌船开火，消灭它。有的同志主张在海上打它，因为在陆地上打，有利于敌人的抵抗，也可能把它打跑了，只有在海上打它，才能到敌船上解决问题。可一面先派同志化装成渔民卖鱼，靠近敌船侦察了解情况；一面做好打它的各种战斗准备。大家同意后一种意见。便派班长罗兴和杨元、钟国阶 3 位同志化装成渔民，头戴渔民的竹帽，身穿薯莨丝绸衣服，摇着小渔船，船头装上两筐生猛活跳的鲜鱼，摇近敌船卖鱼。敌电船上的日本鬼子，见有卖鲜鱼的，如饿狗见到屎一样，咿哇鬼叫，招手叫我船靠近。我船即乘机靠近敌船。“太君！鲜鱼大大地有！”罗兴班长对着敌人说，并拿起鲜鱼递给鬼子。鬼子非常高兴，没有任何查问，拿了几条大鱼就走入船舱去，连钱也不给。罗、杨、钟的侦察，没有发现敌船上装有炮、高射机枪和其他武器。中间的电船有日本人，两旁的 2 艘大木船有中国人，电船旁边有 3 个鬼子在游泳，是敌人运输船。情况基本摸清，即布置战斗，仍派罗兴、杨元、钟国阶 3 位同志身带手枪化装成卖鱼的渔民，摇小艇藏鱼炮接近敌船。我 2 只武装槽仔船，由王锦副中队长指挥，沿南澳港岸边掩护前进，接近敌船。当罗兴小艇靠近敌船时，敌电船上的鬼子又叫喊着来到船边拿鱼。正要伸手接罗兴、杨元的鲜鱼，钟国阶眼明手快，向敌电船投上一颗鱼炮，突然轰隆一声爆炸，吓得鬼子魂飞魄散，乱成一团，赶快爬进舱去。我 2 只木船即集中火力向敌船射击。敌电船上一鬼子，突然端起一挺轻机枪，企图向我船射击，罗兴立即向敌电船再投去一颗鱼炮，吓得鬼子丢下机枪逃进船舱去。鱼炮又在敌船爆炸了，船上敌人躲进船舱毫无反抗之力。同志们一个接一个地跳上敌电船和木船。“铁坡啊！依他拓基、吐噜塞吸！”（缴枪不杀）同志们用以前学会的日语喊话，并用枪指着船舱口，把敌人一个个叫出来，全部当了俘虏。3 个游泳的鬼子，看到情况，急忙赤膊上岸，企图逃跑，我即派同志上岸追捕。战斗胜利结束，便在日本俘虏中要原来的轮机兵开机器，派班长、又任平射机枪手的罗兴和政治服务员罗琼（后改名罗耀辉）两同志在敌电船监督驾驶。可是船开不久，日轮机兵通过伪翻译员说：“一人开机器不够，需要多一个人。”即在俘虏中再给他一个人。由于我们还缺少经验，警惕性不高，不能识破狡猾的敌人在要阴谋。当船刚驶出水头沙湾，敌人即把罗琼同志连人带枪抱起来，抛到海里去，拿起斧头砍断拉着两只大眼鸡的缆索，丢下两只大木船，转变方向，开足马力向香港方向逃跑，罗兴同志见状，即用手枪同敌人开枪，可是打不响，便一个箭步向敌人扑去，进行肉搏，两人扭打成一团。敌电船仍在迅速前进，眼看可能被敌船带到香港去，人当俘虏，平射机也落入敌手。在这千钧一发之际，罗兴同志当机立断，挣脱敌人，将平射机丢下海去，自己纵身一跃跳下海。在海面上捕鱼的渔民得知后，即驶来渔船，把罗兴、罗琼两同志拉上渔船，送回队部，并叫 4 名青年渔民潜水将平射机捞起来。此次海上战斗缴获敌大眼鸡木帆船 2 艘，毙敌 2 人，俘虏日本鬼子 12 人、伪船职员 20 人，缴获日式轻机枪 1 挺、三八步枪 6 支、指挥刀 1 把、医药器材、军用毯子、各种罐头等军用物资一大批，又一次取得了海上游击战的重大胜利。

海上中队自 1943 年 2 月正式成立，至 1945 年 8 月日本投降的两年半之中，在海上先后对敌战斗 17 次，共缴获敌伪电扒、铁拖、木帆船等各种船只 13 艘，击沉 4 艘，俘虏日本鬼子 28 人，击毙 20 多人，缴获日式轻机枪 3 挺、日式长短枪 42 支、高丽参 400 多斤、白报纸 30 多吨、烟叶 80 多吨、食盐几百吨。海上中队在海上游击战争中前后牺牲了班长曾佛新，战士邱求、朱来、刘捷、李福、徐带、石十五、杨元、梁金水、何根等同志；调出海上中队后牺牲的有：小队长赖连、戴来、李熙铭等同志；病逝的有黄康、蔡冰如、曾友、邓民友、高年欢等同志。他们为了抗日救国，献出了宝贵的生命，烈士们的精神永垂不朽，我们永远怀念他们。在战斗中负伤的还有：王锦、石观福、周来、陈华、吴满友等同志，他们付出了血的代价，受到人们的崇敬和爱戴。日本侵略者梦想在南海建立一条从香港至汕头、台湾地区，以及到日本的海上运输补给线，遭到我海上中队日夜的袭击，完全被我摧毁。这既配合了盟军作战，又保护了海上渔民和商人，扩大巩固了我海上游击区。海上中队成长为一支有三只木帆船的游击队的坚强海军，胜利地完成了海上游击战争的任务，得到东江纵队司令部的“开创海上游击战争”的传令嘉奖。

［原载广东青运史研究委员会研究室、东纵港九大队队史征编组：《回顾港九大队（下）》］

作者简介：吴展（曾用名吴世权、林伍），1918 年出生，广东省海丰县可塘镇溪头乡人。1927 年参加“海陆丰苏维埃运动”。1937 年参与发起“海丰县青年抗敌同志会”开展抗日救亡。1938 年加入中国共产党，在海丰县从事地下工作，因身份暴露后调东江纵队。1942 年任港九大队海上中队指导员。1945 年任中共香港长洲区委书记。1956 年任广东省军区群工处处长。

第四章

大城市游击战

背景导读：日寇进攻香港，中国共产党领导的抗日游击队于危难中挺身而出。日军攻打香港第二天起，广东人民抗日游击队（东江纵队前身）先后派出六支武工队约百余人挺进港九，积极发动群众抗击日寇。1942 年 2 月 3 日成立港九大队。任命蔡国梁为大队长，陈达明为政委，黄高杨为政训室主任，统一领导在香港的陆域和海域展开的武装抗战，直至日本投降。东江纵队港九大队在香港三年零八个月的抗战业绩，书写了大城市武装抗战的历史篇章。

港九大队在抗战中的地位和作用

黄云鹏

我是 1942 年 11 月间到达港九大队的。初任政训室保卫干事，1944 年 6 月、7 月间任政训室主任、政委。1945 年“八一五”日本投降后，接着开展受降工作，宣布港九大队撤退，参与英军谈判，协助组织英军自卫队等工作。1945 年 11 月间，我离开港九大队转调港九山区工作委员会工作。在足足 3 年时间里，与港九地区人民建立了深厚的感情，使我感受最深的有两个问题。

一、港九大队的战略地位

首先，港九大队是插在敌人心脏的一把尖刀，狠狠地打击着敌人。香港是日本帝国主义发动太平洋战争的中转站，也是侵略中国华南地区的基地。因此敌人在占领香港两个月后，即派陆军中将矶谷廉介为香港“总督”，成立了宪兵总队，建立了警备司令部与区役所，军警林立碉堡重重，统治非常严密。就在这个地区，我们港九大队与敌人周旋了三年零八个月。在香港、九龙地区，我们组织了市区中队，虽然只有几百人，但他们在敌人心脏到处贴标语，撒传单，开展政治攻势，分化瓦解敌人；同时发动群众破坏敌人军工生产和设备，“盗窃”敌人物资，多方收集情报，为盟军提供轰炸目标。

影响比较大的是 1944 年 4 月 22 日，为牵制敌人“扫荡”西贡的兵力，一夜之间把深水埗窝打老道的火车铁桥炸毁了，粉碎了敌人的“扫荡”阴谋。群众扬言“三千红军，反攻香港”。在新界，我们组织几个中队深入敌人据点打击敌伪，使他们寝食不安，一夕数惊。例如沙头角中队，1944 年 4 月袭击大埔元洲仔之后，接着是年冬，深入大埔圩，镇压了敌人通译、号称杀人王的“林老虎”，不到一个月又在大埔圩击毙便衣密探陈福，20 天后又深入大埔圩生擒渔业会长林惠成，对敌人威胁很大。元朗中队也是经过调查研究，摸清情况，深入元朗圩击毙了密探队长苏安与飞龙队头目孙富顺，使一些汉奸走狗感到人人自危，说不准哪一天会轮到自己。沙田短枪队长刘黑仔，更使敌人闻之丧胆：一次，缴了飞机场旁边牛池湾牛房侧敌岗哨全部枪支，杀死日伍长，群众拍手称快；1944 年 2 月，为了牵制敌兵“扫荡”西贡，深入敌启德机场安置定时炸弹，把油库及飞机炸毁，迫使敌人狼狈收兵；1944 年秋为了粉碎敌人打通广九铁路的阴谋，又成功地攻打了沙田四号地窿。在海上，我们组织了海上中队，在香港周围海面，不断袭击敌人运输船，不但缴获了大批物资，更主要的是破坏敌人交通运输。由于这样，敌人对港九大队恨之入骨，不断发动大“扫荡”，消耗了大量兵力。

其次，港九大队是东纵统战工作的前哨，特别是国际反法西斯统一战线的前哨。香港沦陷初期，党中央即电广东省委及八路军驻港办事处，指示千方百计不惜代价把围困在香港的进步文化人士和爱国民主人士、国际友人抢救回来。廖承志、张文彬、曾生、林平同志立即动员布置，积极投入这个工作。港九大队对这一工作起了第一站护送作用，仅仅三四个月时间，经港九大队护送回来的文化人士达七八百人之多，如邹韬奋、茅盾夫妇、何香凝、柳亚子、夏衍、张友渔、胡绳等，此外还有国民党重要官员如余汉谋夫人上官德贤、南京市市长马超俊夫人姐妹及著名电影明星胡蝶等，安全顺利地抵达游击区，出色地完成了抢救任务，影响很好，评价很高。接着又开展了营救盟军与国际友人工作。香港沦陷以后，所有英军战俘分别囚禁于七姐妹（地名）、深水埗、亚皆老街 3 个集中营。我们立即组织力量，深入集中营与战俘联络，先后经我们救出来的有赖特上校、京中校、祁德尊少校等 20 多人。经过这种营救工作，港九大队的地位和作用，开始受到盟邦的重视。

1942 年 7 月，英国在惠州成立了英军服务团前方办事处。该办事处主任祁德尊少校要求我方派出代表和他合作，并派出何礼文上尉到港九地区调查，摄影集中营的情况和位置，开展营救工作。日本投降后，赖特上校返英前曾向东纵领导表示：“如果没有你们的帮助，我们是不会做出什么工作来的。”

在救护遇难盟军飞行员的工作上也很有成绩。1944 年 2 月 11 日，美军飞行员克尔中尉袭击启德机场时被敌人击中座机，被迫跳伞逃生，为我一小鬼救护脱险，渡过了数千敌人三个星期的围困，终于把他安全送返中国大后方。1945年1月16日，又救护了美第十四航空队的伊根中尉及美第三舰队飞行员克尔汗少尉，这样就大大引起在华美军总部的重视。1944年10月，美国第十四航空队派人并携带电台与东江纵队合作组织情报工作，并获得陈纳德将军的赞扬。

日本投降，港九大队宣布撤退后，英国人主动要求与我谈判，提出要我延缓撤退，并要求协助组织英军自卫队，在香港成立我驻港办事处与英国人经常保持联系，从而大大提高了东江纵队的国际地位，这些都与我统战工作分不开的。

第三，港九大队是东江纵队的大后方。由于港九大队是在港九的山区地带新界地区开辟了武装根据地，为内地部队提供了在敌情紧张的情况下，可以向新界转移和休整的地方。1942年总队的电台、《前进报》社、整风班，就曾住在沙头角；省临委和军政委员会也在乌蛟腾附近村庄召开干部会议；有些伤员在内地难以医治的，也由港九大队护送到香港留医。林平同志也曾在沙头角地区养过病。日本投降后，国民党大肆进行“劫收”，企图消灭我东江纵队。我部队一部分非战斗人员及老弱病残者也疏散到港九地区，由港九大队安排，有的到工厂做工，有的当小学教师，有的到渔业共进社工作。路西一批枪支弹药，在自卫队掩护下，也转到新界埋藏；部队医院、《前进报》社也曾一度设在新界。抗战期间，港九大队为东纵的物资供应方面，也做了一定的贡献。香港沦陷前，港九地区已是我广东人民抗日游击总队的物资、药品、武器弹药的重要来源地。香港沦陷后，英国人遗留下来的物资武器弹药，也通过港九大队源源运入内地，支援开展抗日武装斗争。1943年5月，我珠江队爆破宝太公路伪军吴东权的福永炮楼，取得全歼敌人的胜利，所用的炸药就是港九大队支援的。香港是一个商港，也是各种物资的集散地，东纵部队穿的、盖的、用的以及各类药物用品，大都是港九地区供应的，足见港九大队对东纵是起了特殊的作用的。

二、港九大队的生存、发展、壮大

港九地区地形狭小，三面环海，山不高、林不密，没有很大的回旋余地。敌人统治严密，“扫荡”频繁。在这样的环境下，港九大队能够生存，并且不断地发展壮大，其根本原因，我认为：

1. 港九大队与当地人民群众建立了密切的鱼水关系，部队与人民群众骨肉相连，真正是人民子弟兵。香港沦陷后，港九地区的土匪多如牛毛，活动猖獗。如肖天来、黄竹青、陈乃寿、张明仔、黄慕容、邓芳仔、李观姐、廉仔佬、曹仔老、谢天带、肖佳等，他们到处抢劫、勒索，强奸妇女，群众苦不堪言，有的背井离乡，四处躲避。当时部队还没有公开，为了群众利益，我们只好以冠字号、肖字号、曾字号面目出现。对各股土匪，我们采取分别对待的政策，有些争取分化，有些顽固不化的坚决消灭或驱逐出境。不到半年时间，基本上消灭了土匪，使老百姓重返家园，安居乐业。他们感激我们，从而开始信赖我们。与此同时，我们派出大批民运人员，深入各村各户，认“干妈”，结姐妹，打成一片；办文化夜校，宣传群众抗日，组织联防会、妇女会、兄弟会、儿童团、游击之友等。群众觉悟大大提高，真正认识到我们这支部队是自己的队伍，纷纷要求参加部队。全新界650多条乡村都和游击队有不同程度的联系，有的直接参加游击队，有的参加游击小组、民兵、儿童团。南涌鹿颈有七八百人，几乎每家都有人出来参加工作。乌蛟腾的青年、妇女、儿童，有百分之九十参加了工作。赤径大浪盐田仔，虽然一出生就是天主教徒，但那里的青年几乎全部参加抗日救亡工作，有的全家参加，有的兄弟一块参加，十二三岁的小孩子也出来当小鬼。在战火的熏陶和洗礼中，大批青年在锻炼成长，既为港九大队造就了不少干部和骨干，还向兄弟部队输送了不少干部。港九大队时时处处以人民群众的利益为重。1943年大饥荒，港九人民生活非常困难，部队就发动群众开荒生产自救，还办起了互助合作社，派人到内地购买粮食，回来卖给群众，群众很满意。对一贯欺压群众，民愤极大的汉奸、特务，我们坚决镇压。如击温二、打林老虎、歼苏安、灭孙富顺等，群众无不拍手称快，纷纷慰问部队。每次与敌人发生遭遇战，我们都尽量不在群众村里开火，以免引起敌人烧杀群众。而我们则主动深入敌人据点，打击敌人。有了群众的爱护和支持，部队的生存、发展就有了保证。

2. 港九大队有一个周密的情报网，消息比较灵通，有利于打击敌人。敌人每次“扫荡”，我们事先都有情报，及早做好掩护转移工作；每次战斗我们都根据所获情报，做好战前布置，准确地打击敌人。我们的情报工作，既有广大群众的支持，又有一个严密的情报网，还安排了大量人员以各种职业为掩护，打入敌人的心脏窃取情报。如元朗区役所有区长杨英秀，地下党员大张、小张，西贡区役所有区长许米南，沙头角有以鱼栏为掩护的黄仕明、地下党员刘德谦，粉岭有打入敌宪兵队的袁浩，荃湾有何珠，大埔有小学教师张才、欧坚，上水有廖发，九龙有钟溢等。还有活动在香港九龙的市区中队，都时时刻刻为部队提供情报。丰富的情报来源，加上有交通网的配合，敌人有什么军事行动，都能及时送到大队部，这就使我们对敌情了如指掌，应付自如。

3. 港九地区的特殊环境，决定我们的组织形式与活动方式。“三三事件”（“三三事件”：1943 年 3 月 3 日，在香港新界沙头角老隆田晏台山，陈冠时为掩护战友突出重围，不幸负伤，被日军俘获。两个多月后，陈冠时被日寇砍首示众，牺牲时年仅 21 岁。——编者注）前，港九大队是分片领导的，大队部设在西贡，领导沙田坑口、西贡海上队及武装长枪队等；政训室设在沙头角，领导沙头角、上水、元朗、大屿山等处工作。“三三事件”后，由于敌情紧张，组织形式也随之进行了调整：①大队部、政训室集中西贡，加强领导。②成立西贡、沙头角、元朗、大屿山各区，由中队长、指导员、民运区委 3 人组成领导机构，加强独立作战能力。③肖光生、卓觉民长枪队撤到内地，港九地区组成精悍的短枪队活动。④1943 年冬建立市区中队，把尖刀插到敌人心脏。

大队领导机构一般设在新界，但 1944 年抢救美军飞行员后，敌人大“扫荡”，5 月间即迁到大鹏半岛水头沙，是年 8 月又搬回新界。1945 年 6 月间，敌人作临死前的挣扎，敌情十分紧张，大队领导机关又搬到盐田。直到日本投降，领导机关除“三三事件”有损失外，一般比较安全。部队活动方式完全做到群众化，民运工作人员都打扮成一个乡下姑娘一样，不知内情的完全看不出是外地人。海上中队的船只，与渔船一样，隐蔽在渔民之中；市区中队完全采取地下活动的方式单线联系；机关工作人员一般都隐蔽在山上或树林中，经常转移，防止暴露，敌人大“扫荡”时，则隐蔽在炭窑中，或海边岩洞里。这样，敌人虽然不断大“扫荡”，企图消灭我们，但我们始终能坚持下来，不断发展壮大。

4. 港九大队还有一个有利条件，就是经济收入比较充裕，无论穿的吃的用的都较有保证。经济收入是多方面的，但主要靠税收。税站设在南澳、平洲、西涌、红石门、西贡、吉澳、上下涌、火头坟、滘西、塔门、龙船湾、高塘、南石头、坑口、元朗等处。我们保护商旅的安全，收税合理，商人一般都很满意，这是最主要的收入来源。其次是战斗缴获，海上中队缴获的有生盐、烟叶、人参、白报纸、饼干、罐头等，数量相当可观。再就是搞些货运办合作社，由港九买些日用品如棉纱、布匹、衣服、火水、西药、香烟、胶鞋、轮胎等，运到内地，买回米、油、糖、豆、药材、三鸟、猪、牛等，一方面可以增加收入，又可以解决部队和新界人民的困难。还有在海上渔民中征收少量的“渔佣”。1945 年，经济比较困难，则缴收甘心投敌的劣绅的财物，如曾把荃湾渔霸何传耀、元朗邓寇章捉起来，交款释放。也有一些开明绅士自动捐献的，这是个别现象。总之，港九大队经济比较丰富，能保证供应，这就使部队无后顾之忧，集中力量搞好工作与战斗。

附：港九大队组织概况

一、1942 年 2 月—1943 年 6 月

大队部

大队长：蔡国梁

政委：陈达明

副大队长：鲁风

教官：翟信、陈加田、谢阳光

军需：欧连、袁大昌

情报：蔡仲敏

翻译：谭天

卫生：麦雅贞

交通站：李坤

政训室

主任：黄高阳

组织干事：何杰（余慧协助）

保卫干事：黄云鹏

民运干事：王月娥

宣传干事：陈冠时、梁布克（后）

统战干事：方觉魂

油印室：梁布克（兼）、李应新

西贡区

沙田短枪队队长：黄冠芳

指导员：唐翰芬

副队长：刘黑仔

坑口短枪队队长：江水（兼税站站长）

护路队队长：张兴

指导员：罗汝澄
教官：林伍
民运负责人：刘志明、李兆华、张婉华
渔民工作：杨江、肖春

沙头角区

长枪队队长：卓觉民
短枪队队长：卢进喜
下有干部：叶培根等
民运负责人：黄思明
下有干部：蔡华
交通站：欧巾雄、陈伟修、曾发
副官：罗欧锋（兼红石门税站站长）

上水区

短枪队队长：林冲
下有干部：莫浩波、邓华
民运：杨凡

元朗区

队长：高平生
指导员：谭铁流
民运：陈海（原名罗广志）、吴江（后）

大屿山中队

队长：刘春祥
指导员：陈亮明
副队长：苏光

钢铁中队

队长：肖光生
指导员：黎明
副队长：曾芳

海上队

队长：陈志贤
下有干部：王锦、黄康

注：这一时期大队分片领导，蔡国梁、陈达明驻西贡，除管全面外，着重领导西贡各单

位、海上队、武装长枪队、市区等处工作。黄高阳驻沙头角，领导沙头角各单位、上水、元朗、大屿山等处。鲁风同志是在 1942 年秋任职的。

二、1943 年 6 月—1944 年 6 月

大队部

大队长：蔡国梁

政委：陈达明

情报干事：蔡仲敏

军需：袁大昌

翻译：谭天

文书：谭干

卫生：麦雅贞、欧坚

交通站：李坤

政训室

主任：陈达明（兼）

组织干事：黄志敏、助理吴惠琼

保卫干事：黄云鹏

宣传干事：梁布克

统战干事：方觉魂

国际干事：黄作梅

油印室：李应新

沙头角中队

队长：林冲、罗汝澄（后）

指导员：何杰、陈海（原名罗广志）（后）

民运区委：陈海、叶文秋（后）

西贡中队

队长：罗汝澄、张兴（后）

指导员：刘志明

民运区委：李兆华

元朗中队

队长：高平生

指导员：谭铁流
副队长：叶镜
民运区委：吴江、黄思明（后）

海上队

队长：陈志贤、罗欧锋（后）、王锦
指导员：林伍
渔民工作：肖春

市区中队

队长：方兰（兼指导员）
下有干部：黄扬声、陈佩雯

钢铁中队

队长：肖光生、后曾芳、赖章、梁锦平
指导员：杨江、黄志敏（后）、黄作梅、李汉清

卓觉民中队

队长：卓觉民
指导员：游扬

注：①这一时期大屿山不属港九大队，把黄高阳、鲁风调去准备成立大队，直属广东人民抗日游击总队（东江纵队）领导。②西贡、元朗、沙头角等各区成立区中队，由中队长、指导员、民运区委 3 人组成中队领导机构。③长枪队撤到大鹏半岛一带活动，新界建立精悍的短枪队活动。④1943 年冬成立市区中队。

三、1944 年 6 月—1945 年底

大队部

大队长：鲁风、黄冠芳（后）
政委：黄高阳、黄云鹏（后）
副大队长：黄冠芳、罗汝澄（后）
情报干事：陈亮
军需：袁大昌、赖传（后）
文书：谭干
卫生：欧坚、孙育明
交通站：罗许月

政训室

主任：黄云鹏（兼）

组织干事：谭铁流、助理吴惠琼

宣传干事：梁布克、何文（后）

敌伪干事：梁华、何文（后）

渔民干事：林伍、肖春

油印室：李应新

西贡中队

队长：张兴

指导员：刘志明、梁华（后）

民运区委：李兆华、张婉华（后）

沙头角中队

队长：罗汝澄、莫浩波（后）、邓华

指导员：陈海（原名罗广志）

民运区委：叶文秋

元朗中队

指导员：杨江

副队长：何国良、何锦祥（后）

民运区委：陈水

大屿山中队

指导员：陈亮明、王鸣（后）

副队长：陈满

民运区委：王鸣

市区中队

队长：方兰（兼指导员）

下有干部：黄扬声、陈佩雯

海上中队

队长：罗欧锋、王锦（后）

大鹏半岛留守处

主任：陈志贤

注：①这一时期大队领导机关驻地变动比较频繁，1944 年 4 月、5 月迁到大鹏半岛水头沙；1944 年 8 月，由水头沙迁回赤径；1945 年 7 月，由于敌情紧张又搬到盐田，直到日本投

降。②在大鹏半岛增设留守处。

[原载广东青运史研究委员会研究室、东纵港九大队队史征编组：《回顾港九大队（上）》]

作者简介：黄云鹏，广东省深圳市人，1914 年 1 月生。1938 年 7 月入党，同年 11 月参军。历任坑梓抗日壮丁队政治指导员，东江华侨回乡服务团惠阳队横沥区和多祝区分队长，惠阳队副队长，中共高潭区委委员、书记，中共大鹏岛区委书记，港九大队政训室保卫干事、政训室主任，港九大队政治委员。

背景导读：港九大队市区中队处于城市中心区，他们在战争实践中学习战争，不断摸索城市抗战经验，除了用“纸弹战”“爆破战”等方式搅得日军惶惶不可终日之外，还因地制宜，采取各种手段对日寇的机场、船坞、军械进行破坏，大量收集和提供精准情报，指引盟军飞机炸毁日军防空炮阵地、隐藏的弹药库、物资仓、码头、军舰和飞机，遏制香港在太平洋战争中的支撑作用，丰富了游击战的样式，发挥了超越“一颗子弹消灭一个敌人”的战争作用。

市区中队史

集体编写　方　兰执笔

市区中队于 1943 年底成立，1945 年 10 月结束，历时一年零十个月。这个中队是根据抗日战争形势发展的需要而成立的，活动于香港市区和九龙半岛一带，在特殊的环境里，采用特殊的方式方法对敌人进行斗争，把日本侵略军牵制在市内，像一把尖刀插进敌人心脏，起到里应外合的作用。

市区中队属港九大队直接领导，采用单线联系方式。一位年轻的女同志方兰为中队长兼指导员，还有陈佩雯（陈敏）、黄扬声、宋洛川等几位党员为中队骨干。这几位同志都生长在香港，抗日战争初期是香港一些进步团体的领导成员，日敌占领香港后即回游击区参加武装斗争。

港九大队大队长蔡国梁和政委陈达明，很关心市区中队的建立，把留在香港市区与大队有联系的10多名同志调给我们。这些同志是香港抗日团体的积极分子，曾为大队提供过情报及团结了一些爱国青年。这个中队在斗争中逐步发展壮大，到1945年春发展到300多人（包括已担负任务的游击之友），分布在市区敌人各个要害部门。中队部设在西贡槟榔湾村。

市区中队斗争的方法，是采用“纸弹战”。即在政治上对敌人开展政治攻势，揭露日本侵略者的残暴统治和垂死挣扎的事实，宣传国内抗日战争的战绩和国际上反法西斯战争的大好形势，宣扬我党我军在抗日战争中的重大作用，从而教育广大同胞，鼓舞斗志；同时分化瓦解敌人，使日本侵略军不得不把一定兵力投放在市区内。在军事上，千方百计刺探情报，并用适当方式方法（如地雷战、破坏敌人生产）狠狠打击敌军。另外，还动员爱国青年参加抗日武装队伍。

在一年多的时间里，市区中队做了一系列的工作。

一、对敌人开展政治攻势

所谓政治攻势，就是开展宣传活动，在政治上向敌人发动进攻。通过向群众宣传，发动群众，组织港九同胞投入抗日救国斗争，使敌人陷入四面楚歌之中。

1944年2月11日，美国飞行员克尔中尉在轰炸香港日军启德机场时，座机被日机击落。他跳伞落在郊区沙田山地，我游击队小交通员李石把他隐藏在附近草丛里。日军眼看美国飞行员落在沙田山地，出动上千人包围搜索，结果毫无所获。他们恼羞成怒，疯狂地向我港九大队反复“扫荡”。

我们中队虽然成立刚两个多月，但为了配合大队反“扫荡”，即决定2月底全体队员在一定时间内统一行动，散发宣传品。目的是要让敌人知道我们正在它的眼皮下活动，以牵制敌人。

当时我们只有一条交通线，从槟榔湾先到坑口，再由坑口乘艇到筲箕湾。我们的宣传品就这样送到香港。至于九龙方面，还要从香港乘轮渡过海，通过敌人的岗哨。这就是说，要冒一定的风险。但这是中队的统一战斗行动，不能延误。于是就发生了这样一件事情：

1944 年 2 月 22 日早晨，陈佩雯同志从香港过海往尖沙咀，把《东江纵队成立宣言》送往九龙。她把一卷《宣言》放在一只漂亮的手提包里，上面盖上毛线。她穿上一件时髦的红格子大衣，大大方方地经过码头岗哨。两个伪宪查（一男一女）叫她打开手提包，陈佩雯镇定地打开。那伪宪查从手提包里掏出这卷《宣言》问："这是什么东西?"陈佩雯说："你自己看吧!"宪查看见一行醒目的红字"东江纵队成立宣言"，立时吓得脸发青了，赶快把《宣言》塞进手提包里。陈佩雯过了海，到亲戚家换了衣服，才把宣传品送到交通站。后来知道那个宪查是一个受过爱国团体教育的青年，他不相信那个穿红格子大衣的姑娘只是一个人，他认为她的前后左右肯定有几个游击队员配合行动，所以他不敢动手。

3 月份，日敌继续对我大队反复"扫荡"。4 月初，中队已发展了一批游击队员，并且积累了一些经验，于是决定来一个 4 月大行动，既有"纸弹战"，又有"地雷战"。4 月份我们散发的宣传品数量很大，当时的《前进报》报导了这次"纸弹战"的情况："我队再次发动猛烈政治攻势，将《告港九同胞书》、胜利捷报、反敌斗争之小传单数十种共 2.85 万余张，有计划普遍在港九市区散发。4 月 13 日，一连数天在旺角、深水埗、大角咀、油麻地、筲箕湾、中环、荷里活道、湾仔、土瓜环、红磡、大坑、铜锣湾、鹅颈桥等地，不断发现我之宣传品。15 日，中环街市下面敌布告牌也贴了一张传单。"

这次政治攻势收到很大效果，因为还有军事行动的配合，基本上达到预期目的，把日敌牵制在市内。

随着形势发展，单纯依靠大队发来宣传品，已不能满足要求，而且通过封锁线又容易出事。于是我们决定建立油印室，中队自印宣传品。

我们的油印室由梁佩云（梁芸）同志负责。梁原是香港学生，后来在日本横滨正金银行香港分行当职员。她刻字又快又好，能写几种字体。她白天去上班，晚上刻印宣传品。油印室的工具十分简陋，没有油印机，用屐皮代替滚筒；没有刻钢版的钢笔，用留声机针代替。油印室地址，最初设在香港砵甸乍街一个小阁楼上。这小阁楼又窄小又闷热，只能放一张床，以床当桌子用。这样可以避开日敌和邻居注意。油印室后来迁到黄惠英（苏平）同志家里。那时，敌人时常入夜宵禁，管制灯火，所以夜间工作要用毛毡遮窗，避免光线外照。后来，又在九龙深水埗砵兰街一个游击队员家里建立第二个油印室，由黄静仪同志负责。黄没有公开职业，中队每月发给她 20 多斤大米和少量菜金，生活十分艰苦。除了上述两个固定油印室外，有时还在其他游击队员家里临时刻印一些宣传品。

有了油印室，宣传品就更多了。宣传品的内容，以摘录《前进报》《尖兵报》有关东江纵队和港九大队的战斗消息为主，也报道本市区斗争情况，还经常编印战斗口号。记得当时印发的口号有：

“欢迎曾生司令员到香港、九龙!”

“同胞们，盟军就要反攻了，希望你们协助!”

“工友们，你们三五成群进行怠工吧！破坏敌人生产!”

“商人们，你们不要投机倒把，影响同胞生活!”

“警察们，只眼开只眼闭吧！不要敲诈勒索自己的同胞！反攻时协助我们作战!”

为了进一步加强我们中队的宣传工作，1945 年初，中队决定出版一份 8 开的中队队报。中队有了自己的队报，宣传工作就更有计划，更有系统，更富于针对性，给敌人打击更有力，影响更大。

我们的队报定名《地下火》。二十世纪三十年代德国作家列普曼写了一本书，名为《地下火》，反映德国共产党人反击希特勒法西斯的英勇斗争。我们的《地下火》，是二十世纪四十年代反击日本法西斯的战斗小报。

《地下火》的版头是一幅木刻画，一支熊熊燃烧着的红色火炬。这是一位游击之友黄初俊同志设计刻制的。初俊是冯芝烈士的女婿。日本鬼子杀害了冯芝老妈妈，可吓不倒黄初俊、孔秀娥夫妇俩，他们把仇恨埋在心里。初俊是一位业余美术爱好者，一听说要他刻制《地下火》版头，便通宵达旦，精雕细刻；秀娥也通宵达旦守望着，一夜之间干脆利落完成了任务。

《地下火》的内容主要是根据抗战形势的发展，宣传党的方针政策，报导我军抗日战绩，发表教育群众的文章，动员人民起来抗日救国。稿件由中队几位同志编写，曾发表过《牛池湾战斗》《刘黑仔打特务》《市区中队炸火车桥》和港九大队战绩等。还曾筹办“七一”专刊，摘录发表毛泽东同志《论联合政府》的国际形势和国内形势部分。

散发宣传品的方法：

（一）公开张贴。热闹市区或当众显眼的街道、日敌机关的布告栏、卫生间以及工厂的材料堆和工具箱，都是我们张贴宣传品的地方。1945 年 5 月的一天，天刚亮，中环街市日敌的布告栏上出现一张印有红色火炬的《地下火》（这个布告栏上曾先后有几个游击队员张贴过传单）。一个卖猫鱼的妇女捅一捅隔邻卖咸水蚬的老头，低声说：“你看那是什么?”老头走过去一看，回来伸了舌头，向卖猫鱼的妇女伸出大拇指和食指，暗示八字之意，并悄悄地说：“苏联红军胜利了！”这时，布告栏前已围满人群，人们看了默不作声，有些人点了点头，若有所思地走开了。

有一次，游击队员老梁，晚上在九龙深水埗张贴传单，突然来了一个伪警问：“你贴什么?”老梁把手上的马灯高举，照着传单说：“看吧！你也是中国人，不要死心塌地替日本人卖命！”那伪警看到传单上写着刘黑仔的名字，吓得目瞪口呆，好一会才说出话来：“我是不得已为混碗饭才干的。”老梁顺便又教育他一番。临走，还吩咐那个伪警要过5分钟后才能离开这条街，伪警连连点头答应。

（二）有计划地向群众递送和组织轮流阅读。对一些有民族气节的人，我们将宣传品送到他家去，或装作路上拾来的送给他阅读，并留意他的反应。对反应一般的，继续向他作宣传教育；反应强烈的，进一步启发他；有些经过帮助教育之后，表示要为民族利益而斗争的，我们就吸收他参加游击队。

（三）有针对性地把一些宣传品投递到一些伪职人员家或工作单位，主要是警告他们，叫他们不要再干坏事，分化瓦解他们。这也收到一定效果。如筲箕湾伪区长曾某，接到我们给他的宣传品之后，就与家人和一些亲属一起阅读，并说他是不得已才做这差事的。后来，他逃回老家去了。

张贴标语和散发宣传品，一般都是夜间进行，做到快贴快送快撤退，并经常变换地方。为了防止意外，遇到便衣特务时，每个游击队员都有两手准备：一是晓以大义；二是必要时准备牺牲。

我们的“纸弹战”不仅全体游击队员和游击之友投入战斗，有时连他们的亲属也有不少人参加。其中有年逾花甲的老太婆，也有十岁八岁的小孩子。他们以能散发几张传单，为游击队做些事情而感到光荣。他们很多人还为游击队做了大量的运输和保管工作。

二、开展军事斗争

市区中队开展军事斗争，根据大城市的特点，主要从两方面进行：一是搞情报；二是搞爆破为主的武装斗争。

（一）情报工作

由于中队活动在敌人心脏腹地，收集情报任务很重。大队要求广泛收集日军的活动情况，迅速送交大队部和司令部。收集情报的内容很广泛，有军事、政治和经济各方面。

1944 年 10 月，在华美军司令部决定和东江纵队合作，并派遣一个情报组到达东纵司令部。我们的情报工作任务更繁重了，收集和提供的情报也更多。

1946 年 3 月 28 日，《华商报》登载黄作梅同志的一份报告，这份报告说，“在差不多 11 个月时间中，供给了非常重要和宝贵的情报给第十四航空队在华美军司令部”。黄作梅同志列举了 20 条重要情报，其中有我队提供的，如：1944 年 12 月 4 日，启德机场、香港船坞的图例及材料；1944 年 12 月 18 日，太古船坞的图样计划、油麻地区目标；1945 年 1 月 5 日，启德机场图，太古船坞图样和香港海湾，日军在港之机关、油仓、船坞等之详细大幅图样；1945 年 4 月 20 日，图南船坞组织之详细报告；1945 年 7 月 5 日，日军在香港之防卫力量及意图等。这些情报是我们的游击队员们冒着极大危险收集来的，有的为此而献出自己的宝贵生命。下面叙述几个事例：

1. 收集日敌舰艇进出香港的情况。中队首先弄来了日本海军各种舰只的型号识别图，对照着图，就可以识别航空母舰、巡洋舰、驱逐舰、登陆舰、运输舰等。我们把港口方位绘了位置图，编了号，如“A1”“A2”“B1”“B2”等。

文淑筠同志家住上环儒林台半山上的一幢 8 间 4 层楼房里（8 号 3 楼），这栋楼坐山面海，从阳台上往下望，维多利亚港尽收眼底。用望远镜仔细观看，连舰上的编号也可以看到。这样，她每天负责观察，什么舰船在哪个方位，她都一一记下来，又用极薄的纸写上像火柴头那么大的字，交给交通员，转送大队部。为了更准确核实情况，又布置住在坚道的黄惠英同志同样担负此任务。经过一段时间的观察分析，我们大致摸到了敌舰的活动规律。

2. 日敌舰艇的修理、制造等情况，也是我们收集的情报内容。这些舰艇到厂维修，不少是伤痕斑斑。我们就打听这些舰艇从哪里来，修好后又往哪里去，同时把这些舰艇的性能、用途、数量，以至一些图纸收集归类后，送交上级。

我们有一位游击队员单桂贞（据何家日《船厂地下斗争》回忆录记载为单柱贞——编者注）同志在红磡船坞机密图纸车间工作，他经常设法偷出机密图纸送给部队。1944 年初，盟军飞机来港进行地毯式轰炸，厂内工人、日本人都拼命逃跑。他本来是个长跑好手，完全可以比别人更快地躲进防空洞，可是他不走，为的是利用这一混乱场面，取得机密图纸。不幸这车间挨了一枚炸弹，单桂贞同志被炸死，牺牲于战斗岗位上，时年 20 岁。另一位女战士张咏贤，是一间造船厂（日立分厂）的绘图员，她为了取得船厂的情报，不幸被捕而英勇牺牲，年仅 19 岁。

3. 军事方面的情报。我们有一位游击队员黄尖同志在启德飞机场（原是民用机场，日占后改为军用）工作。他机警地把机场的平面图“偷”了出来，我们立即送交司令部。我们还对敌人的子弹、手榴弹工厂及仓库作了调查，逐一登记并绘了简单的图纸，送交大队部。我们还打进日本宪兵本部、派遣队、伪区役所等一些机构中去。其中有黄文同志在九龙日敌宪兵分部当杂役。他年纪小，只有 15 岁。他巧妙地运用各种办法取得日宪兵的信任，因而利用抹台、扫地和宪兵开会时端茶水等机会取得很多情报。尤其在宪兵部内的油印室窃取的资料更为重要。这个油印室负责人是香港日敌“总督”派来的，所印的材料有本部各派遣队的情况总汇，也有上送下达的材料。黄文作为“帮手”经常出入此室，乘机就拿走印得比较模糊要报废的一份。有一次，意外事情发生了：那天，黄文把一份“扫荡港九大队的图样计划”捏成一团放在上衣口袋里，引起了一个宪兵的怀疑。他等黄文从油印室出来时，立即叫黄文陪着外出买东西。到大门口，那个宪兵很狡猾，接过黄文的上衣，叫他回办公室取照相机。事情败露了，那宪兵怒吼着，审问黄文为什么拿走图表，并打了几个耳光。黄文叫冤说：“为什么拿走一张废纸准备大便擦屁股就挨打?”那宪兵又把他的头发剃了半边，并关起来。过了两天，因抓不到实在证据，黄年纪小，平时对各宪兵又卖力，就把他放了。黄文以后更机警地继续收集情报，直至日敌投降。

4. 日敌为了防避盟机轰炸，把军工产品及仓库都分设在各个街区，以民间为掩护。我们即逐一登记并绘了图纸。这项工作是全体队员分区进行的。当时日敌有的做法又十分愚蠢，凡是日敌重要机关及大型工厂、仓库，就涂上保护色，这样我们就容易识别。但那些仓库、工厂贮存什么，生产什么，就要冒险去调查了。

游击队员收集日敌情报，是为盟机提供轰炸目标。这些目标又是自己的工作所在地，或日常必经之路，尤其是几个大船坞，附近就是工人住宅区。我们游击队员都抱着高度的爱国主义自我牺牲精神进行工作。

经济方面的情报，我们也很重视。对日敌军需物资的数量、质量、用途，也都一一作了调查了解，及时向大队汇报。

（二）爆破

在敌伪的眼皮底下进行爆破，既能打击敌人，又可扩大政治影响，鼓舞群众起来抗战的信心和决心。于是，中队挑选了一批勇敢机智的游击队员先学习爆破技术；同时，设法把炸药、雷管、钨丝、导火线等物品运入市内，分散藏在游击战士家里，伺机行动。

1944 年 4 月，为了牵制敌人，粉碎敌人对我大队的“扫荡”，我们中队决定“四月大行动”：除了全线出击进行“纸弹战”外，还进行重点爆破。我们选择的目标是九龙窝打老道四号火车桥。

四号火车桥位于市中心，是横跨九龙窝打老道的天桥。为了不杀伤行人，也不炸毁大桥，而只要达到扰乱敌人的目的，所以爆破时间选择在 4 月 22 日深夜 12 时。方法是定时引爆炸弹。执行这一任务的是老梁和他领导的几个游击队员。

头一天，一切准备工作都做好了，老梁他们忽然发现钨丝与导火药（用七九子弹药粉）燃不着，又怕 30 多斤黄色炸药的两个雷管响声不大。他们要求中队赶快多送几个雷管和一些七九子弹粉。中队接此要求，十分焦急，因为从中队部到市区的交通要道，都有敌人重兵把守，他们在原来岗哨之外又增加岗哨。急中生智，计上心来，我们安排一个 11 岁的小鬼亚庆仔牵着一头牛，将雷管和子弹粉装在赶牛的竹鞭内。亚庆仔镇定自若地拿着竹鞭赶牛过岗哨，及时地接应了梁大哥。入夜，老梁几个人，迅速地把定时炸弹放好，又把指针拨正 12 时，便迅速撤离桥墩。时钟刚敲响 12 下，便一声巨响。我们的行动成功了！

第二天早晨，港九全市戒严。敌伪人员全部出动，进行大搜捕。开到郊区和宝安去“扫荡”的日军，也被拉回市区。我们的目的达到了。

1946 年 2 月 13 日《解放日报》刊登《华南抗日游击队的战绩》一文提到：“其中特别是 4 月 21 日突击九龙市区炸铁桥之役，使香港九龙敌伪陷于惶惶不安之境地。”1944 年 5 月 11 日《前进报》以“我队全面出扰港九，敌寇空前惊慌”为专题，详细报道了这次爆破成功的情况：“……该处贴近警备队总部，夜深人静，轰隆声震动全港。市民均从梦中惊醒。敌寇则心惊胆丧，即动员全港宪查集中九龙方面，至翌晨 6 时，始实施大戒严……爆炸发生后，伪方垂头丧气，对敌更无信心。尤其是宪查，以为游击队反攻到市区……市民知我炸铁桥，人心大为振奋，认为香港快反攻。”

总之，这次威震港九的“四月大行动”，给予香港同胞很大的鼓舞，并锻炼了全体游击队员，既增强了斗志，又粉碎了敌人大“扫荡”的阴谋。市区中队受到大队的表扬，中队的队伍也迅即壮大了。

（三）动员和组织爱国青年参军

动员和组织爱国青年到游击区参加抗日，也是我们中队的一项政治任务。游击队员们向青年朋友进行宣传教育，激发他们的爱国热情，动员他们参加抗日救国，并输送一批青年工人和学生到游击区参军。这批新游击队员，大致有两种情况：一是游击队员的亲戚朋友，如陈佩雯动员了 7 人入伍，其中有 2 个是她的姊妹。张景也动员了 7 人入伍，其中有 2 个是他的弟弟。另一种是有志气的青年，经教育后，出于热爱祖国和对日本侵略者的义愤而勇敢加入游击队的。

三、破坏敌人军工生产　“偷”走敌人军用物资

香港是日本到南太平洋的一个中转站和补给站，所以日军在这里设立许多船坞。船坞是侵港日军的主要军工工厂，由海军领导。除船厂外，还有生产军用胶鞋的工厂、印制军用票和中储券的中华书局印刷厂，以及一些生产子弹和手榴弹等的小五金厂。破坏敌人军工生产，是市区中队对敌斗争的另一个方面。

（一）发动工人怠工，破坏军工生产

在日寇的铁蹄下，香港工人过着牛马不如的生活，瘦得只剩下一把骨头，每天都有人饿死在街头。日本鬼子动不动就打骂工人和扣工资，工人们心头已有一团怒火。我们就因势利导，用各种办法组织工人怠工，使一天的工作量三天也没完成。为了防备敌人发现，各个车间、工场互相联系，派人“睇水”。工人们怠工时，就三三两两围成一堆，议论各地新闻。我游击队员一面从中了解情况，一面鼓动工人不要为日寇卖命。1944 年夏天的一个中午，美机空袭太古船坞，当地炸死 300 多人。我们即利用工人（包括日本人）的害怕心理，鼓动工人不要为敌人卖命；并经常制造一些假空袭警报，人们（包括日本人）听到就拼命往防空洞跑，使工厂停产。在这过程中，我们团结了一批工人，发展了一批积极分子，从而壮大了我们的队伍。

（二）“偷”走日敌物资

1943年广东各地大旱，民不聊生。日敌掠夺粮食十分困难，配给香港市民粮食由六两四减为三两二，而且多是杂粮。日敌同时进行强迫疏散人口。他们常常在街上随便用绳一围，便把被围的人强行带走，一去无回。这次所谓“疏散”共7万多人。年轻身体好的押去海南岛开铁矿、修铁路，老弱病者则流放到孤岛或扔到宝安县的海里去。那时从宝安县的大小梅沙至西涌、沙鱼涌海面，无数尸体在水上漂流。未被“疏散”留在市内的市民，不少人瘦得只剩下一把骨，每天都有人饿死在街头。

当时香港工人生活十分困苦，三两二米养不了自己，更谈不上养活妻儿。为了生存，他们不得不偷走工厂的物资出卖，但被日敌搜出时，即遭受毒打、吊飞机、脱光衣服用漆涂身在烈日下暴晒，等等。

工人“偷”走日敌物资，既可解决一些生活困难，又可破坏日敌生产。于是我们布置游击队员要领导群众进行斗争，使群众认识偷走日敌物资是爱国行动，并组织工人们有计划地进行。这样，组织工人偷走日敌物资成为每个队员的斗争任务。凡是部队可用的物资送交大队部。

（三）破坏日敌军械生产

我们破坏敌人的生产设备和物资的行动，多是发动工人群众一起进行。我们把工人发动起来了，他们又帮助我们出主意，破坏敌人的生产。如太古船坞的机械车间工人们，在加工切削地雷壳及迫击炮弹壳时，将接口螺丝加工得过松或过紧，使接口不牢靠，或是旋不进盖子，使产品不配套，让它报废。后来敌人有所发现，规定每台车床生产的产品，要登记操作者的姓名。针对这些情况，我们又对验收的中国人工长进行教育，使他们在验收过程中马虎了事，不让日敌找出次品是哪个工人生产出来的。

红磡船厂主要生产登陆舰和维修舰艇。这个厂因受美机的连续轰炸，生产受到一定损失。后来，日敌把造舰的一些设备运入防空洞，改为生产炮弹，我们便布置炸防空洞。1944年初，我游击队员带饭盒入太古船坞时，把黄色炸药放在下面，再用饭盖上。带进厂后，立即把炸药放到钢管内藏好，敌人没有发觉。后因“七一三”事件而中止。

这种破坏敌人生产的行动，不只限于各船厂，中华书局印刷厂也进行得很巧妙。工人们在油墨中放上钉子等异物，电版在印刷中便被异物弄坏了，不得不再另制电版，既花钱，又花时间，影响了生产进度；度量车间把纸张量得不合规格；机修车间不是弄坏机器，就是倒洒油墨，弄脏白布（印刷时要用白布）或纸张。日本人常常大发雷霆，责问日本人工段长和中国人班长，但因抓不到证据，也只得不了了之。

四、建立交通线

交通线的任务也很繁重，传递文件、运送物资和护送人员来往，都要通过交通线。从中队部到市区，共开设了 4 条交通线，每条交通线都有专职交通员。

那时，敌人在市区内实行军事管制，经常突击检查。码头、车站和交通要道都设有岗哨，由日军、印警和中国人宪查组成班排把守，四周还有便衣特务。除固定岗哨外，公路上还有巡逻侦察，海面上有“铁拖”和“小电扒”，戒备十分森严。

初时，我们市区中队由于人力少，缺乏经验，对交通线上斗争的复杂性认识不足，所以出现“三一七”事件，两个交通员被捕。后来经过认真总结，吸取教训，提高了认识，并创造了许多斗争的经验，保证交通线畅通无阻。我们的交通线是这样进行工作和活动的：

（一）交通员群众化

我们物色的交通员，除政治可靠、机智勇敢外，还要有深厚的群众基础。从郊区到市区边缘的交通员，多是当地的农村妇女。她们与群众一道，挑着柴草到街上去卖，又买回农村需要的东西。就在买卖过程中和市区交通员接头，互相交换情报，然后，各自分散回去。

（二）伪装好所携带的材料和物资

为把所带的东西伪装好，有时把送出去的文件藏在柴草、青菜、木瓜、芋头等物品内，有时又放在担竿、竹帽内。游击队员肖镜是维记牛奶公司的工人，他把文件藏在牛奶桶内，通过岗哨送往市区。

对一些重要的文件，都用密写，交给正式交通员传送。这样，一旦有什么意外，也不会立即暴露内容。

（三）要求交通员遵守严格的纪律，保守机密，并严格执行规定时间

有一次，亚维回中队部时，半路遇大雨，她擅自决定在附近村庄一个进步群众家过夜。就在这天晚上，中队领导没见她回来，立即作了紧急部署：转移文件材料，连夜疏散人员。并准备第二天早上如还不见她回来，就要通知市内交通员调查情况。第二天当她回来时，受到了严肃的批评。

原先，我们的交通线都要经过日军岗哨，后经多方调查发现，有些水客不用经岗哨，是因为他们买通了那些宪查，这样就可以用小船在偏僻的海边，按约定时间上船，偷渡到新界地方。于是我们有时也用此办法，不久又开辟了一条从茶果岭到香港的水上交通线。这条线不用经岗哨，但有时也会遇上突击检查。

由于我们的交通员勇敢、机智、镇定，所以遇事能化险为夷。有一次，伍娇正挑着一担青菜，乘菜艇由茶果岭到湾仔。小艇刚要靠岸时，眼见日军、印警、宪查站在岸上。这时她的菜担里藏着一大捆《前进报》，但她不慌不忙，让别人先走。人们上岸后排成队，伍娇故意放慢脚步走在后面。那些伪宪查用铁枝插进每担菜里，一连插了七八担而一无所获，怕麻烦了，便不再查看。伍娇一直是镇定自若，毫无惧色。当她回来汇报时，我们为她捏了一把汗，又为我们有这样坚定机智的交通员而骄傲。

又有一次，中队接到大队通知，要我们代购一些刀叉及高级食品，给刚被我们营救的美国飞行员使用。这任务交给吕少梅去办。吕到湾仔买好东西后，即按原来交通线回中队部，不料上船后，船迟迟不开。船家说："前面那条船的'萝卜头'（指日本人）不给开，这船可能开不成了。"吕焦急万分，怕当天回不来会急坏中队长。正在思考怎么办时，两个日本鬼子和两个伪宪查已下船检查。这时，她想到自己是一个光荣的交通战士，不管怎样，都要镇定应付。伪宪查问她去哪里，她答："茶果岭。""做什么？""探舅父。"当伪宪查翻了吕的手篮，看到了较好的蛋糕时，吕马上说舅父多病，病了很久，想吃点好东西。宪查又往下翻了一下，见还是食物，便走开去检查别的乘客。如果宪查继续往下翻，就会见到刀叉，那就麻烦了。因为农村人是不用刀叉的，而当时正值美国飞行员被我营救后，日本鬼子到处搜索的时候。吕少梅这次回来比平时晚了一个钟头，就在半途遇到了中队部派出专门等候她回来的同志。

中队部交通员的生活是紧张而愉快的。他们互相关心，互相帮助，亲如一家。他们每天晚上交流经验、学文化、唱歌，心情舒畅。有一回，亚四得了伤

寒病，在全无医药的情况下，靠同志们亲人般的细心照顾，每天只喝薏米汤，虽然病得脱光了头发，但终于奇迹般地痊愈了。他们还养鸡，到海里去捕鱼，改善生活。

五、中队的组织建设和思想政治工作

发展游击队员，一般要经过一段时间的考验，才能吸收。入队时要履行入队宣誓仪式，参队后要执行任务，定期联系。对没有职业、生活有困难的队员，发给一点生活补助。不少游击队员还能在自己工资收入中，尽量节衣缩食，以能上交经费支援部队为己任。

要求队员生活于群众之中，衣、食、住、行都要和群众一样，和群众同甘苦、共命运，带领群众投身到抗日斗争中去。

组织形式与领导方法：开始，我们沿用中队下的小队体制，后改为分区分线领导。中队领导骨干最初驻在中队部槟榔湾和吊草岩，我们感到，游击队员常来联系容易暴露，而且会发生不必要的横线关系，增加暴露的可能性。后来便决定中队领导骨干分头到市区去领导，并相应建立各种制度。几个领导骨干只有开中队会议或学习才到中队部。中队领导骨干每人都有几个住地，以便出现情况可以随时转移。每个成员都有自己的代号，方兰的代号为460，陈佩雯为461，黄扬声为462，宋洛川为463。市区中队的代号则为“新华队”。每个人的住地都有安全或不安全的标志，并定出各种组织纪律。如：原来认识的游击队员，现在没有关系，就不要来往，见面也不打招呼，甚至是爱人也如此；约定见面碰头时间，一定要准时，不能过早或过迟；时时提高警惕，防止敌人跟踪；文件材料不需要时，立即烧毁；听到看到什么情况立即如实反映；一切生活行动要按规定去做，小心谨慎，不能暴露自己身份。总之，斗争要大胆、心细，绝不能让敌人摸到我们的规律，要时时取得主动。

我们的思想政治工作，主要是进行以下几个方面的教育：

（一）进行爱国主义教育

揭露敌人侵略我国的残暴罪行，结合每个人身受其害的事实进行教育，以此激发大家的爱国热情和斗志。我们用鸦片战争、八国联军入侵、清政府割地赔款、香港被英国强占的历史和日本侵略东北三省、发动卢沟桥事变、广东沦陷等事实，系统地进行爱国主义教育，说明做亡国奴的痛苦、屈辱，指出只有斗争才有活路，只有斗争才能取得抗日战争的胜利！还以《义勇军进行曲》的歌词作为行动口号，鼓舞大家的斗志。

（二）进行革命气节教育

每一个队员入队时，都教育他们要有为祖国牺牲的决心，要宁死不屈。特别指出我们市区中队在敌人的心脏进行战斗的特点，要不停地开展工作，给敌人以打击；要经受住严峻的考验，有非常顽强的斗志和具有宁死不屈的牺牲精神。我们以方志敏和我队冯芝老妈妈等许多革命烈士的英勇事迹，去教育我们的队员。

（三）加强组织纪律教育

中队自始至终都十分强调这个问题，这是我们特定的斗争环境和任务决定的。除严格要求每个游击队员必须遵守中队所定的纪律外，还规定：一旦有人被捕，不管被捕人员是否坚定，都要作最坏打算，有关人员都要转移、撤退。我们反复列举了许多事例，进行正反两面教育。

（四）进行国际国内形势教育

国际方面，第二战场开辟后，苏德战场及英美盟军作战情况；日军在东南亚的连连失败。国内方面，在中国共产党坚持抗战的主张下，八路军、新四军取得辉煌战果，广大游击区军民顽强的斗争，以及我东江纵队战绩（如营救美军飞行员，海上队打击敌人，保护海上旅客的安全，严惩汉奸等）。所有这些都作为教材，大大鼓舞了游击战士们的斗争意志和胜利信心。

此外，我们及时传达党中央、毛主席的指示和纵队司令部、大队部的有关决定，使大家明确斗争任务。并注意用总结经验来教育自己，克服缺点，提高斗争艺术；表扬好人好事，鼓舞斗志。还帮助交通员中的文盲和半文盲学文化。虽然晚上大家已经很疲劳，煤油灯的灯光又很微弱，可是他们都要坚持读点书、写写字。

六、收缴日降军武器、物资

1945 年 8 月 15 日，日本宣告无条件投降，抗日战争胜利了！东江纵队奉朱德总司令的命令，迅速接受日军投降，收缴物资和武器。我中队立即行动。当时英军尚未到达香港，日军继续在各自的岗位上，声称要等候英军到来，才向英军投降。

我游击队员知道九龙漆咸道的日敌岗哨内有一批枪支，日军正准备转移。黄灯明、何家日等同志商议后，准备好各种工具和宣传品，在天未亮时来到岗哨，把 50 多支枪和一批弹药接收送到中队部。同时，他们还在红磡船坞的仓库里，收缴了大批军用汽车的零件及通讯器材。谭志刚同志在图南造船厂拆下了一挺重机枪，很快就用去对付那些不肯向我投降的敌伪据点。其他游击队员也分别缴到了不少物资。我们还接受了几个日敌下级军官及台籍翻译带枪向我投降。这些，我们都及时向大队转送。

在市区中队的斗争历史上，发生过两个事件：

（1）“三一七”事件

1944 年 3 月 17 日，发生交通员亚四（袁益）与义务交通员冯芝被捕事件，简称“三一七”事件。

我们有一个交通站设在西贡坑口。从坑口去香港的筲箕湾要坐小艇。筲箕湾附近有一个小岛，日军在这里设了一个岗哨，检查来往船只。3 月 17 日，新交通员亚四从坑口送一批传单到湾仔，交给主动帮助中队做交通工作的冯芝老人（61 岁，方兰的母亲），由她再转交给游击队员伍惠珍。伍家是个联络点，游击队员杨作光等人常来这里取宣传品。那天冯芝老人把宣传品交给伍惠珍后，又从伍家取回了一大堆东西交亚四带回中队部。因为亚四要带去的东西很多，冯芝老人担心她年轻缺乏经验，怕出差错，所以她就和亚四一起送回中队部。她把所带的东西分别缝在身上穿的衣服及其他衣物里。当天下午，两人乘小艇回坑口。到筲箕湾岗哨时，不幸碰到日军突击大搜查。开始是一个中国人宪查来搜查，他从冯芝老人身上搜出一些东西。这个人还有民族天良，将搜出的东西顺手丢到海里去。跟着又一个印度人宪查来，把老人缝在衣服里的一些材料搜了出来。这样，她们两人不幸被捕。

当天，我们在坑口焦急地等到黄昏，终于不见亚四回来，便立即向附近的艇家打听，才知道她们出事了。中队立即研究敌情，采取应变的紧急措施，第二天部署有关人员撤退和转移。

在狱中，冯芝老人感到问题严重，就对亚四说：“我自己就是死，也绝不连累别人。”教亚四说她只是同行的，什么也不知。并说：“你身上没有搜出东西，没有证据，会没有事的。”她自己编了个口供，说年老不识字，家里穷，出来做水客，是以前的一个邻居叫她把衣服带到坑口去，其他就不知道了。经敌人多次审问，她都是这个口供。敌人不相信，对她残酷地施加电刑，又放狼狗威吓，但她仍是这个口供。当转到筲箕湾宪兵派遣队时，老人见张咏贤同志也在那里，她们 3 人被监禁在一起。冯芝老人曾送过传单给小张，认识她。张咏贤当时 19 岁，原是香港圣保禄书院的学生，出生在一个基督徒的家庭。她热爱祖国，对日寇在香港的侵略罪行十分愤怒。1944 年 1 月她经杨作光同志介绍加入游击队。她表现积极勇敢，在电车上散发过《东江纵队成立宣言》和其他传单，并收集敌人船只和宪兵队的一些情报。被捕后因没有供出游击队一点情况，受到电刑和毒打，后与冯芝老人同狱。老人对她进行教育和鼓励，细声地给她讲革命故事，又唱“起来！不愿做奴隶的人们”的歌。她坚定地对小张说：“既然被捕了，就千万不要害别人，自己死就算了。”她对小张很关心，把家里送来的食品分给她吃。

冯芝老人嘱咐前来探望她的同志说：“转告亚齐（方兰的小名），我绝不会做对不起她的事，让她放心好了。”

后来，亚四因为没有被抓到证据，释放了。冯芝老人与小张被转送去宪兵总部，囚禁在这里的都是重要政治犯。有人见到她们，一个是瘦小的老太婆，一个是文弱少女，觉得有点奇怪，便问：“老太婆，你是什么人啊？”冯芝老人自豪地说：“我是中国人！”

日寇幻想在这一老一少面前打开缺口，得到一点游击队的消息，可是得到的是可耻的失败。后来敌人把她们转去赤柱监狱，最后转到海军刑务部（即海军军事法庭），把她们作为间谍处决。冯芝、张咏贤两位烈士，于 1944 年 6 月 22 日在香港加路连山英勇就义。

“我是中国人！”这是我们炎黄子孙的一个多么崇高的称号。她在日本法西斯鬼子面前，临危不惧，宁死不屈，表现了我中华民族的崇高气节！

“三一七”事件发生后，市区中队的同志们都万分悲愤，但没有因此而气馁。他们继续英勇战斗，很快就布置了“四月大行动”的战斗：爆炸九龙窝打老道四号铁桥；散发革命传单。同志们化悲愤为力量，更加狠狠地打击敌人，决心向两位烈士学习，学习她们为维护中华民族的利益而贡献自己生命的崇高品德。

冯芝、张咏贤两位烈士的英雄事迹，被作为游击队员入队的第一课和加强队员气节教育的活教材。

（2）“七一三”事件

1945 年 7 月，日敌正在作垂死挣扎，对活动在它心脏的市区中队，总是千方百计想找到突破口而一网打尽。就在这时候，7 月 13 日，我队香港片一个游击队员（党员干部）不警惕，被日敌发现而被捕了。他经不起考验，变节了，由此牵连了 20 多个游击队员被捕。这是我们工作中的重大损失。幸而中队及时知道事件的发生，采取紧急措施，迅速转移（那时在日敌宪兵部内我们有一个内线李某，知道日敌对被捕人员严刑拷打，逼供出中队长“方姑”住地及情况。全港特务出动捉“方姑”）。不久，日敌投降，被捕人员全部释放。

1945 年 9 月 28 日，港九大队发表宣言，宣布奉纵队命令，完成了任务，撤出港九新界。这时，市区中队不少队员被编入东江纵队其他部队，为人民的解放事业继续英勇战斗。

（原载中共深圳市委党史办公室、东纵港九大队队史征编组编：《港九大队六个中队队史》）

执笔人简介：方兰（1921—1998），原名孔秀芳，又名芳兰、芳姑。祖籍广东顺德。出生于香港。1938 年 11 月加入中国共产党。1942 年参加广东人民抗日游击队，任中队政治指导员。1943 年 12 月任港九大队市区中队中队长兼指导员。抗日战争胜利后，任中共香港大屿山区委书记、大浦区委书记。1948 年调粤桂边游击区，任中共雷州地委副书记。中华人民共和国成立后，任广东省妇女联合会部长、秘书长、副主任。1959 年任中共佛山市委副书记，中共佛山地委工业办公室副书记、副主任。1973 年 7 月起，任广东省妇女联合会主任、党组书记。后任广东省人大代表、广东省委委员、中华全国妇女联合会常务委员、广东省儿童福利会会长等职。1983 年 3 月至 5 月任广东省顾问委员会委员。

抗日战争时期的大屿山岛

鲁　风

1942 年秋至 1945 年春，在那抗日战争战火纷飞的岁月里，我在东纵港九独立大队工作，其中有一段时间住在大屿山。大屿山抗日游击区的开辟，军民并肩战斗，给我留下深刻印象。对坚持抗战艰苦奋斗的战友和英勇牺牲的烈士；对经历英国统治百年的大屿山岛上居民热爱祖国、仇视日本帝国主义，和我部队同艰共苦并肩战斗的人民群众，更令人难忘。应该让后人知道这里曾有过这么一段热爱国家民族的抗日战斗历史。但整整40年过去了，没有档案资料可查，且那个地方，现在暂为英国人的统治区，又不便调查。所以仅依凭自己过去接触到的、能记忆的及近年来与曾在那里活动过的同志交谈的整理记录，遗漏和个别事的具体情况有出入，势所难免。为了纪念在那里坚持抗战的战友，纪念不愧为炎黄子孙的大屿山人民群众，纪念流血牺牲的烈士们，我勉为其难地提起笔来，作如下简述。

一

大屿山位于香港正西十五六公里的海面上，形似一匹迅跑越栏的骏马。从岛的东北角到西南端长约二十五六公里，宽约七八公里，最宽为十公里，总面积约一百五六十平方公里，比香港岛大一倍多。

岛上是崇山峻岭，山峦起伏，树林遍布，溪涧潺流，景色幽美，恬静宜人，为休憩避暑的好地方。可惜交通不便，荒芜零落。

全岛人口近万人，没有公路，仅大澳、梅窝、大浪、东涌有小轮船与香港、九龙通航。大澳是岛上的政治经济中心。

1941年冬，侵华日军发动南太平洋战争，侵占香港。对荒芜偏僻的大屿山，来不及兼顾，仅在东面的梅窝、西端的大澳各驻日宪兵10余名及警察所数十名警察实施统治。

日寇占香港，经常派出武装小汽船小炮艇在通往广州、澳门、唐家的海域巡逻游弋，来往商船、走私船只暂为减少。靠抢劫为生的海盗李七一伙，在海上活动既危险又没有什么好捞了，便登上大屿山以东涌为巢穴，打家劫舍。这时原盘踞在淇澳岛以林耀为首的海盗也涌到大屿山来了，他们与岛上的流氓烂仔结伙为匪，洗劫水口、塘福、石壁、沙罗湾等村庄，连昂平、地塘仔僧尼聚居佛地也没有幸免。

当时全岛土匪横行，居民人人自危，生命财产毫无保证，村各自为政的混乱局面。有些村庄想组织联防自卫，但又苦于没有武器和牵头人。

东江纵队在日军侵占香港地区的同时派蔡国梁、曾鸿文、黄冠芳等同志率小分队进入港九、新界地区。当时部队忙于维持社会治安，清除匪患，宣传群众，组织群众抗日，保家卫国，建立沙头角、大埔、西贡、元朗山区的乡村根据地和扩建部队。由于力量限制，交通不便，暂时派不出部队去发展港九附近岛屿。后据地下党组织报告土匪在大屿山岛横行霸道、奸淫掳掠，群众处于水深火热之中的情况，便即派出苏光为组长，陈满为副组长，率邱球、林容、曾可宋、陈汉平等5人，配英式红毛瑟步枪4支，冲锋枪、驳壳枪各1支，通过地方党员陈友同志的关系，以护乡队为名，于1942年4月，从荃湾乘帆船经急水门抵达大屿山的大浪。大浪村地下党员陈友同志，将他们带到水口村后山的破庙里隐蔽，然后以雇请的护乡队名义进驻水口村。4月下旬一天的上午，匪首李七率匪众数十人，抢劫水口，村民惶惶逃往山中躲避。敌众我寡，群众不同意苏光坚守。苏光等退出村里，隐蔽于入村路旁侧。当时匪众大摇大摆，争先恐后，梦想先进村去捞一把。哪里知道刚走到村边，便突然遭到我们的密集火力射击。这一仗打得匪徒们晕头转向，弃尸丢甲，狼狈逃窜。

粉碎李七抢劫水口村的消息，像一块石头投到池塘里一样，巨大的波纹迅速向全岛漾开。群众颂扬称赞苏光，传说纷纭，把生命安全、财产保护、治安维护都寄予期望，争相邀请他们卫村保土。

在水口村东头，相距一千二三百米的塘福村，村民袁××去梅窝，找原在东莞、博罗、增城活动的土匪头子，抗战初期被国民党第四战区第四游击纵队收编，任命为支队长，后在国民党军队和日本军队的夹击下受不了，收山来到梅窝闲居的袁华照（又名袁虾九）询问：前几天水口村，不知从哪里来的什么人，胆子大，枪法准，以5个人把李七那伙60余人打垮了，真了不起！我们村准备请他们“睇更”，特意叫我来与你商量。

袁虾九说：“这些人多是学生，在唐界专门打日本鬼，保护老百姓，东莞人叫他们做‘老模’。这帮人信得过，是好人。”

袁××回到塘福传播袁虾九的意见，群众对苏光更为好感，再派人邀请苏光保卫村庄。苏光决定自己率林容、于××留水口，派陈满、邱球去塘福。苏光、陈满便趁机宣传抗日，保家卫国，动员群众，组织武装自卫。水口、塘福各自到袁虾九处购了3支英式红毛瑟步枪，组织乡丁，协同苏光、陈满进行自卫。

数天后李七从马骝洲请来林耀匪徒，共约300人，于6月末的一天早晨，从石壁坳直下，分两路攻打水口、塘福。攻打水口的土匪，在苏光、林容、于××和3个乡丁坚决抵抗下屡攻不下，伤亡10余人，于下午3时撤出，增援塘福力量。

陈满、邱球、邓祐稳、邓亚女、邓亚民和数名自卫队员，配英式步枪5支、滑膛土炮1门。村边筑简单鹿砦工事，土炮对正入村路口。清晨土匪距村数十米，自卫队点燃土炮，轰的一声响，跟着步枪齐放，把快要进村的土匪打的横七竖八，龟缩不前。土匪再次集中力量，改从东面进攻。战斗延至下午4时，邓亚女等3名自卫队员，见势不妙，私自溜了。陈满、邱球仅余数颗子弹，决定退出村庄，向水口靠拢。苏光打退进攻水口的匪徒，立即带了两人向塘福增援，于半途与撤离塘福的陈满、邱球相遇。他们跑步回塘福时，土匪已攻入村庄。

塘福、水口战斗失利，苏光把陈满等安置于大浪后山的庙里，自己返回大队部汇报。

7月中旬，港九大队派刘春祥带领武装队50余人到大屿山，组成以刘春祥为中队长、陈亮明为政指、苏光为副中队长，何国良、陈满分别为第一、第二小队长的大屿山中队。

部队返回水口、塘福村时，群众热烈欢迎，悲愤控诉土匪烧杀抢的惨无人道罪行，要求部队打东涌匪巢，夺回被抢走的耕牛。

经苏光、何国良、陈满亲自侦察，查明李七那股匪住东涌街，林耀那股匪住在马环。当时他们正在销赃分赃，赌博、花天酒地。匪徒们疏于警戒，过着深夜不眠、清晨酣睡的生活。

根据侦察情况，部队便召开了党小组会、军事诸葛亮会和军人大会，反复动员讨论，最后经中队领导决定：何国良小队打马环，陈满小队打东涌街，并动员塘福、水口村群众数十人，于7月下旬某日的晚上，从水口出发，经石壁坳、地塘仔直奔目的地。

何国良小队包围马环，天亮入屋只见赌具、鸦片烟枪横七竖八，桌上有残羹剩饭，满屋狼藉，但不见土匪。原来狡猾的林耀那伙土匪饭后便上了船，他们夜宿在船上，将船停泊距码头七八百公尺靠赤沥角湾的海面上。何国良小队扑了空。

陈满小队拂晓攻入东涌街，逐屋搜捕正在酣睡的匪徒，顽抗的当场被消灭，活着的乖乖放下武器当了俘虏，部分冲出逃往码头的被何国良小队迎头痛击，无一漏网。土匪被打死打伤数十人，失散数十人，被俘近三十人，缴获长短枪数十支、耕牛财物一批。

战斗结束，部队动员东涌群众，结合水口、塘福随队参战群众，把土匪洗劫水口、塘福村的耕牛等财物送回去。群众欢天喜地，热泪盈眶，认回被抢的耕牛和财产。

李七股匪被消灭后，林耀股匪便逃回中山县。部队驻在东涌，进行战斗总结。附近村庄的群众，纷纷派人要求部队去保护。沙罗湾的刘发仔一马当先，恳切陈词，要求部队去驻守；东涌街的商人肖照、李荣仔发动群众，慰劳部队。借此时机，部队派出民运工作人员到姜山长沙、昂平等地宣传抗日和部队宗旨，筹建政权、民兵等群众组织。

二

活动在增（城）、从（化）、番（禺）地区的广东抗日人民游击队增从番大队，经一年多的战斗，没有打开局面。日寇发动太平洋战争后驻广州外围的兵力紧缩，国民党军队乘机压境，部队活动十分困难。因此上级决定撤销增从番独立大队番号，把部队调回东宝地区。大队长兼政委卢伟良调三支队任政委，我是副大队长兼第一中队长，肖江山是第二中队长，我和肖调港九大队工作。

1942 年夏末初秋，我到港九队工作不久，忽然咯血，经 X 光透视是右肺尖患了结核，需要手术治疗。组织决定入住医院治疗并做手术。1943 年仲夏，大队长蔡国梁、政委陈达明亲切地对我说："你的肺部刚动过手术，需要休息静养，决定你到大屿山去，那里环境安定些；你的任务主要是养病，在精力许可时，可参与大屿山中队，做点指导性工作；那里是刚开辟的新区，部队新组建，你不要跟随部队行动，要注意隐蔽和安全。"

于是我化装成客商经香港市区，乘小火轮船到长洲，住在秘密交通员巢英家里。翌晨她安排我乘船到大浪，然后由大浪地下党员陈友带我到地塘仔去找陈亮明。通过陈的关系，安置我住在老尼姑了见师父的庵里休养。

了见师父原籍广东顺德县，自幼上学，青年时代曾跟随过资产阶级民主革命派上层人士，见过世面；她通情达理，具有民族意识和爱国思想。由于时运不济，命途多舛，至削发为尼。她收有徒弟徒孙各一，徒弟住元朗青山，13 岁的徒孙和年近古稀的姐姐在身边。她本家姓何，为便于掩护，我易名何方来，公开的社会关系，她是我的姑母，我是她的内侄，外间的人通常称呼我为何先生。

地塘仔坐落于岛的中部，海拔 400 余米北坡的山腰里。林木蔽日，小径纵横，风景幽静，建有 20 多幢庭院式的庵宇和居士们的别墅。北距东涌街六七华里，有梯阶石路相通；西距香火鼎盛的僧尼聚居地昂平三四华里；昂平再向西约十华里是全岛的统治中心大澳。它又是通往水口、塘福、石壁、大浪必经之地。

了见师父关怀体谅我，我也十分尊重她，彼此融洽相处。荤食是佛门忌讳，而我常食荤，不知是她出于关怀我的健康，还是她的佛门信念淡薄，对此，她从没流露过不愉悦的情绪，连一句“阿弥陀佛”的话都没有说过。

刘、陈、苏几位中队领导同志，有时来看看我。我们之间举止自如，谈话契机，可能使了见师父猜疑我的身份。有次她以思疑的口气探问：“你怎样认识陈先生的?”

“我的父辈与陈先生的岳父是世交，经介绍认识。”我编造一套话来搪塞她。

“你参加了陈先生的团体吗?陈先生的弟兄很好，年轻有礼貌，纪律严明，秋毫无犯，是仁义之师呀！去年夏天时，多蒙陈先生的弟兄，把杀人放火、打家劫舍的土匪赶跑了，不然，我仍住在青山徒弟处，不敢回来哩。”她真挚地以颂扬、期望、感谢的口吻对我说。

从她的颂扬声中也流露着害怕的神态，可能与近日个别尼姑风言风语说我是危险人物，日本皇军知道不得了有关。因而，既忧我的安全，更怕自己被牵连。

土匪蹂躏大屿山，强奸妇女，尼姑也不例外。因而，她感谢部队是真诚的，但为什么对我有所期望?摸不透。我没直截了当，正面回答她的提问，以商量和征求意见的口气说：“你以为参加陈先生那个团体好吗?”

她严肃地说：“国家兴亡，匹夫有责。”

这句话说得巧妙，有风度有分量，既希望我参加抗日，又不直接讲出来。

我接着说：“全国人民，应不分男女老少，东西南北，贫富贵贱，有钱出钱，有力出力，动员起来，共同参加抗日。待我健康好转，一定尽力而为。”

经过半年的休养，健康恢复，颇有起色，生活可以自理，可做些适当劳动。为了减少师父的顾虑，我决定搬出她的家，住到南侧相距50余米的一所房子去。这所房子是赵姓居士的，空着没有人住，由简玉阶看守房子的工人代管。

我把我的想法告诉了她。

她说：“住赵居士那间房子，不如住简玉阶先生那幢房子好。简先生的房子宽大，设备齐全，有泳池，隐蔽僻静，屋边沿溪林密，偶有意外，行动也方便。现在住有两个工人，和他们商量，问题不大。”

简玉阶是广东南海佛山市人，南洋兄弟烟草公司的经理。这位民族资产阶级，当时住在国统区，在社会上有一定的地位和影响，据说在香港还有几房姨太太，其中排行第14的姨太太皈依佛门，每年春节和暑天都来住的。考虑到种种关系和影响，我还是搬到赵居士那所小房子去。

三

自东涌消灭海盗李七，赶走惯匪林耀，部队趁此良机积极展开活动的同时还派出10余民运人员，分赴各村庄加强群众工作，宣传抗日，组织民兵，建立秘密政权，发展生产，扩大队伍。一年来工作开展颇为顺利，岛上百分之七八十的居民点均已建立公开的秘密的形形色色多种多样的抗日群众组织；社会秩序比较稳定，群众安心生产，并自觉地缴纳公粮、税款；战斗部队发展到80余人。

抗日战争进入第6个年头的1943年，是抗日战争相持阶段中最艰难困苦的一年。日寇采取压降诱降两手，迫国民党投降；国民党消极抗战，积极反共，准备投降。为了中华民族的生存、祖国人民的利益，争取抗日战争胜利的早日来临，我们坚决执行党中央提出的“坚持抗战，反对投降；坚持团结，反对分裂；坚持进步，反对倒退”的方针，并以此为依据，积极广泛地开展游击战争，打击敌伪，逼着敌人龟缩在大澳、梅窝两据点，不敢越雷池；特别海上武装活动，对来往广州、澳门的敌伪汉奸船只威胁甚大。日寇侵占香港九龙地区已年余，迟早总会腾出手来，对大屿山进行“扫荡”的。为了打开局面，取得更大成绩，应对日寇“扫荡”，部队决定向附近岛屿发展。大屿山中队决定：在岛上积极打击敌伪，使之龟缩在大澳、梅窝，加强海上活动，打击来往广州、澳门之敌，向附近岛屿开辟新区。

1943年夏，陈其昌率全班开辟内伶仃岛。该岛位于东涌西北十七八公里、蛇口西南十二三公里，是通往广州、中山、澳门的必经航线。

全岛面积约4平方公里，森林茂密，居民数百，以渔农为业，鱼汛期渔船聚集，鱼商收购繁忙。

陈其昌班登岛后，以各种形式召开群众会议，宣传抗日，阐明部队宗旨和来意。组织群众，保护群众生产，帮助群众解决急需的粮食和鱼雷问题。

陈其昌在当地人民的帮助支持下，武装一艘渔船，平时伪装打鱼，在岛的周围数十公里范围内活动，检查来往海运船只，宣传抗日救国，人人有责，有钱出钱，有力出力。对普通商人的正常商品，收纳税款；对日商、奸商的船货即行扣留。他们的活动有力地打击奸商渔霸，也威胁了敌寇，引起日寇注意。

于是，奸商与日寇之间便互相秘密勾结。有一天，日军集中 9 艘炮艇，封锁海域，以数十步兵结合驻沙井南湾东安村的汉奸陈培伪军登岛“扫荡”。

陈其昌带领一班人，隐蔽在森林里。日军分驻在东湾村、樟木湾、东角咀，不准居民上山、渔民出海，不准商人出售粮食。以 4 艘炮艇封锁巡逻海面，日军还带着军犬和从沙井调来住在南湾东安村的汉奸陈培伪军数十人上山搜索，入村搜捕，抢劫财物，屠杀居民。我军被围困后的第 3 天，便向山高林密的尖峰山转移。粮食吃光了，只有以野果山泉充饥解渴。采摘野果有时也要付出一定代价。一次两个人摘野果，被猴子发现了，先发出吱吱喳喳的呼叫声，随后由猴王带领成群结队百把几十只猴子，吱吱咯咯，蜂拥而至。它们龇牙咧嘴，扰前袭后，向战士们抓头咬脚，撕破衣服。而战士不能开枪，只好上起刺刀刺杀。被刺伤的猴子走动不便，其他猴子迅即从树上跳下来抢走。每次采摘野果，遇着猴群，总要周旋个把小时。

这个班经过半个月的饥餐露宿，雨淋日晒，个个都变得脸色枯黄，体力下降，越来越难以支持；个别的确实支持不住，倒下去了。其中谭金火同志，因感冒发烧，兼受感染，又因缺乏医药，便与世长辞了。他临终时还叮咛大家：“坚持斗争，争取抗日胜利。”同志们怀着悲愤的心情，掩埋战友的尸体，站在墓前，庄严宣誓：“谭金火同志，安息吧！你的未竟事业，由我们继承；我们永远紧握手中枪，战斗到底，一定要把日本帝国主义赶出中国，建立繁荣富强的新中国。”

开过简单的追悼会，全班 10 人，坐在墓旁的地上，讨论当前行动方案。诨号半公嫲文质彬彬的宋伟谋说：登岛“扫荡”的日军尚未撤走，还有两艘炮艇在海上巡逻，与其因饿而死，不如突围。小宋的意见，引起大家热烈的讨论，最后一致同意突围。但怎样突围呢？有人便提出将敌人“扫荡”前两天在焦坑湾用石块压沉的两条小舢板捞出来，分成两组，趁上弦月时分的早潮流水，在月落星稀初更时分，向相距 10 公里外的铜鼓沙洲方向突围。潮水冲出两艘炮艇巡逻海域越远，就安全系数越大。正常情况下四五个小时，即可抵达铜鼓沙洲，若有意外，天明后也可化装钓鱼的渔民向大屿山划去。上舢板时多备手榴弹、渔炮，在迫不得已时便与追近的敌人拼个他死我活。

三伏天的傍晚，10 个游击队员，从森林里向焦坑湾进发。走出森林，伏在海滩，观察周围动静。茫茫大海，视野不清，近处只见雪白的浪花飞溅，还听到贯耳的沙沙浪击声。仰望天空，朦胧的一弯月亮，正向西沉；稀疏的星星，在夜空中眨眼。经宋伟谋先到沉船处搜寻，发现两条小舢板仍在，他便迅速跑到陈其昌面前报告：船仍在原地。陈其昌着令留下 2 人警戒，其余战士光着身子，潜入海里把石头搬开，将舢板捞起。个把小时后，他们分两组乘着浮出海面的舢板，按原定计划向铜鼓沙洲驶去。

东方放出鱼肚白，渔民们在东窖、铜鼓沙洲扬帆作业。陈其昌当即向渔民打听东涌一带的情况，得知东涌无异常，便迅即奋力向前划行。他们终于傍晚顺利地回到大屿山。

陈其昌是陈满小队的一个班。陈其昌走后数天，陈满带了两个班向大、细鸦洲，蜘洲岛活动。这些岛位于珠江口，是通往南洋群岛的重要航道。细鸦洲与大屿山南端的路基湾隔海 3 公里。细鸦洲以南是大鸦洲，大鸦洲以南是蜘洲。蜘洲以西是桂山岛，以南是隘洲。以垃圾尾为圆心，半径 20 公里，共有大小岛屿数十个。这群岛屿是住在桂山岛伪军莫合仔的统治范围。

陈满小队刚登岛，即与伪军展开战斗。岛上渔民对伪军、渔霸既恨又怕，不敢接近部队。陈满赋予战士陈克权做其渔霸哥哥的工作，顽固的渔霸哥哥，根本不听劝说。盘踞于垃圾尾伪军莫合仔，依仗人众船多，不允许别人进入其势力范围，还向鸦洲增派 200 余人固守阵地。陈满小队活动一周后无结果，只好返回大屿山。

内伶仃、鸦洲地区活动开展不顺利，刘春祥中队长情绪急躁，坐卧不安。1943 年夏末秋初的黄昏，他亲自率领从全中队挑选的 11 名骨干，武装齐全，乘一只木帆船向北经东窖岛驶向深圳湾，袭击奸商走私船只。船过了东窖不久，将要到达深圳湾海域时，突遭两艘日本炮艇伏击。船被击沉，全体人员壮烈牺牲殉国。这期间发展岛屿和海上活动受挫，主要的教训是急躁、轻敌和军事行动泄密。

日、汪收编为伪军，盘踞在垃圾尾的惯匪莫合仔，有匪众 500 余，与渔霸豪绅勾结，有其一定的社会基础。我们没有经过艰苦的群众工作，贸然闯进他的势力范围，当然不易立足。

刘春祥在深圳湾龙鼓滩的事件，据后来查明原是中队干部在出发前，与东涌的几个商人在餐桌上说话大意而泄了密，才招来了这一惨痛教训。

吃一堑，长一智。为弥补损失，安定情绪，提高斗志，总结教训，中队决定集中在东涌坑整训。整训主要内容：政治上加强形势教育、爱国主义教育，坚定抗日战争必胜信念；军事上进行射击、刺杀、爆炸、游泳和游击战术训练。并提出希望能由我任课。为方便上课起见，我移住于距离分队集训地点约千米的马环村。

在分队集训的同时，派出吴华权、陈桂枝、邱宽、陈婆记等近 10 人的民运工作组，分别到梅窝、背澳、东涌各地加强地方群众工作。

分队整训期间，经济拮据，粮食困难。经与东涌商人肖照、大澳商人詹玉鹏协商，承蒙他们解囊相助，送来数十担粮食，以济燃眉之急。

肖照原姓叶，出身贫苦。大革命时期，曾参加农会活动。大革命失败后从广东老家跑到大屿山，在东涌街耀和号什货店当杂工、店员。由于他心地善良，诚实忠厚，工作勤恳，深得老板全家喜欢。数年后肖老板唯一的爱子病故，儿媳妇恳求家翁招叶为继子，易名为肖照。数年后肖老板去世，由他主持家务。

刘、陈中队打开东涌，他积极接近，多方支持，并将自用的驳壳枪送给部队。肖曾对中队的领导同志说过："我是爱国的，打日本人皆有责，为了能多做些抗日工作，目前互相间往来，不要过于密切，免得太暴露。"我们认为他是有正义感和民族感的人，存有顾虑是正常的。

詹玉鹏是广东潮汕人，大革命失败后跑到大澳经商。大澳是日本帝国主义在大屿山的统治中心，詹愿意为部队送情报和经济支援，这样的对象当时很需要又很难得。彼此间保持密切的秘密联系是十分必要的。

部队在集训期间动员全体人员，利用空余时间种菜。肖照为我们搞生产，于立秋前后还主动借 10 亩田和秧苗给部队种晚稻。

经过两个月整训，部队增强了体质，提高了军事素质，人员得到充实，也补充弹药，指战员情绪高昂，然后重返各地活动。

陈其章、曾观胜领着一班人，驾驶着两条小帆船重返内伶仃岛，以该岛为据点，于南头、西乡、蛇口、铜鼓、沙洲一带海域活动，主要任务是缉私、收税和扰乱敌人交通线。

1943 年初冬，珠江口东侧，内伶仃的周围，刮着北风，浪花滚滚，白帆点点，星罗棋布，穿梭盘旋，追踪鱼群。陈其章、曾观胜分别驾乘小帆船，伪装渔船混在中间。

太阳在东方冉冉升起，驱散了海上的迷雾，稀疏的云朵，渐渐升高化作丝丝的条云在空中飘渺，天空格外晴朗。在西北数十公里珠江口的航路上，发现两艘机动帆船，向正南向淇澳方向航驶，至航行到淇澳正东狮子洋航向 90°向内伶仃方向驶来。待走私船驶至内伶仃岛数公里时，陈、曾他们以带钩的长竹竿及缚在绳子上的铁钩把船钩住，战士迅速跳上机帆船，迫它驶到岛上的东湾村，然后强令他们发出"机械故障，泊东湾村排除，请到东湾来"的信号。午后第 2 艘载满粮食的船果然到东湾村来了。当天晚上他们押着两艘满载粮食的奸商走私机帆船到宝安黄田交给了总部。

埋伏在长洲警察所的地下党员钟谦良等同志率领几位同志到大屿山参队；大澳警察所派人与我们取得联系，供应情报；小分队袭击日军为防御盟军在梅窝东北角高山建筑工事的据点；民运工作相当活跃，人民群众安居乐业，生活稳定，生产繁忙。日军虽又恢复“扫荡”前的态势，却龟缩在大澳、梅窝两据点里，不敢越出雷池半步。

1943 年冬盟军在欧洲反击希特勒法西斯节节胜利，1944 年春全部收复乌克兰，走向进军柏林的大道上。盟军准备开辟第二战场，美国轰炸香港启德机场，准备在中国东南沿海登陆作战。墨索里尼无可作为，希特勒最后挣扎，日本军国主义南侵之后两年来已成强弩之末，德、日、意轴心国各自成泥菩萨过河之势。

日本军国主义为保持中国东南沿海阵地与盟军作最后挣扎，巩固香港战略、交通枢纽、经济补给要地是必然的。大屿山扼珠江口，控万山群岛，地位险要，抗日游击队声势浩大，壮大成长。因而日本军动用千余人，炮艇 12 艘、飞机 4 架于 1944 年第 2 个佛诞节（农历四月初八是佛诞节，当年闰四月）约 5 月中下旬之际，对大屿山围攻“扫荡”。由于我们预先得到情报，早有准备。部队经过动员教育，斗志昂扬，对粉碎敌人“扫荡”信心十足，一致认为：偌大的大屿山，山高林密，群众基础那么好，百把人分散掩蔽，昼伏夜出，待机出击，大有回旋余地。

农历闰四月初八的拂晓，日军用 12 艘炮艇在大屿山海域游弋巡逻，不许任何船只通行该岛。日军东路从梅窝沿山占领了 759 和 871 制高点；北路从东涌经石榴埔、石门峡占据石壁凹两侧制高点，并逐室搜查尼姑庵，目的是捉住在地塘仔休养的何先生；西路从大澳经姜山占据昂平东北的 751 高点和东南 935 高点，然后命令僧尼在宝莲寺大雄宝殿内集合检查。日军占据 935、751、871 全岛最高点，可以控制和俯瞰全岛。4 架敌机在上空巡逻侦察。

大队政治主任黄高阳到大屿山检查工作期间，正好遇到敌人去“扫荡”，他和政指陈亮明、副中队长苏光带领各分队，避开敌人，在沙罗湾、山石湾、大濠、黄龙坑、大浪附近的高山密林、山坑山洞回旋，与敌人玩起了捉迷藏的“游戏”。日寇来时气势汹汹，经过一周的搜索，却没有发现游击队，一方面泄气，一方面恼羞成怒，便变本加厉地露出了狰狞面目。他们对群众威逼利诱，吊打逼供，妄图获得游击队行踪的情报，还下了死令不准群众上山下海或离开村庄，违者格杀。

可是大屿山人民不愧为轩辕的后裔、祖国的好儿女，富有强烈的中华民族的民族自豪感，忠于祖国，忠于人民，视抗日游击队为至亲的兄弟，宁死不屈，绝不干对不起祖国的事。他们关心游击队的安全，关心游击队的生活，比家里的人还操心。人民群众自动地冒着生命危险，黑夜提着满袋的米饭，或有地瓜的竹筐，偷偷地溜出村庄，在竹筐插上点燃的香火，放到游击队出没的山上，支持游击队。最使我难忘的是宝莲寺住持法可和尚。

事情经过：敌人拂晓包围地塘仔那天，我躲到山沟的石洞里，晚上回到了见师父的庵里。她惊喜交加，慌慌张张地说："何先生这里你不能住了。今天日本鬼子，没有捉到你，把这里 10 多家的人都集中起来，声称如果不把你交出来，通通都要杀头。"接着她拿起剃刀，把我的头发剃光，换上袈裟，化装成和尚，请 60 余岁吃长斋的尼姑，立即从小路带到昂平宝莲寺请住持庇祐。法可住持收藏我住下，帮我化装，弄来良民证，并指点对付敌人查问的方法。数天后我混到数百僧尼集中在该寺的大雄宝殿听法可住持讲经，日本鬼子进殿检查来了。几个鬼子走来走去，以凶狠的目光扫视在座僧尼、居士、信徒，然后逐排逐排座位抽查。当鬼子走近我时，我心情紧张，心脏乒乒乓乓加速跳动。我清清楚楚知道，我的头上缺少僧尼出家受戒时 12 个用艾草烧焦的圆点，穿的草鞋、扎的裤脚破绽较明显。当时思绪万千，敌人封住大门，走是不行了，就算个人能脱险，也会使在场数百僧尼受牵连。只有强作镇静，闭目合掌，装模作样，念起"南无阿弥陀佛""观世音菩萨"。法可住持讲的是什么经，我既听不懂也没听进去。经讲毕，一个个走出大门，诚惶诚恐地犹如走过牛头狱卒把守的鬼门关。我装作一本正经，神态自如向方丈室走去，意图经过方丈室绕道隐藏起来。谁知后面跑步追来几个日本兵，我想糟糕抓我了。胡思乱想的刹那，日本兵跑在我前面往方丈室直去，将法可住持抓起来，不分青红皂白痛打一顿。日本军官狰狞而又狡猾地说："何先生的有？交出来，皇军大大的有赏，不然，杀头。"

法可住持说："游击队，来来往往的有，我早已向大澳皇军报告过。听说队长姓陈，何先生未听过。"

日本军官阴险地奸笑："看来，不给你点厉害，你不说的。"他亲自上前数步，没头没脑地拳打脚踢起来，打得住持遍体鳞伤，血迹斑斑。

"姓何的，藏在哪里？"住持没作声，日军大发雷霆，歇斯底里狂叫着，并把剑设在住持脖子上说："再不说即破你的脑袋。"

"皇军，姓何的我确实不认识，也未听说他到昂平，就是杀了我的头，也是不知道。”住持说。日军少佐无可奈何，再打了法可住持一顿，便走了。

经过10多天的“扫荡”，日寇没有遇上游击队，留下了莫合仔伪军百余人分驻塘福、水口。石壁、背澳各驻日军10多人全部撤回了大澳、梅窝。日寇兴师动众，来势汹汹，费尽九牛二虎之力的“扫荡”，就这样结束了。

金标、刘杰进同志在“扫荡”中因病隐蔽××岛被捕牺牲了。

“扫荡”刚结束，部队集结在地塘仔整顿和总结。接到上级通知，任命我为大队长，黄高阳为政委，并说原大队长蔡国梁、政委陈达明已调走，要我们立即回大队部主持工作。

（本文源自鲁风同志手稿，由鲁慧提供并校对）

活动于西贡、沙田坑口的手枪队

集体编写　林苑明　唐　华　蔡　华整理

1941年12月8日，日寇入侵香港，整个港九地区陷入一片混乱。土匪乘机四处抢劫，威胁着人民生命财产的安全。当时被困在香港九龙的进步文化人士、爱国民主人士、国民党一些高级官员及其家属、国际友人等，处境非常困难。当时，八路军驻港办事处接到党中央、周恩来的电示，要广东人民抗日游击总队协助香港九龙地下党做好对上述人员的营救和疏散工作。

总队领导立即派出黄冠芳、江水、刘黑仔、肖光生、曾芳、肖华奎、赖祥、赖章、赖连、赖传、刘春祥、曾连、曾容、丘石、沈来、叶凤生、刘培、黄科、卓顺、陈金伯等武装人员共60余人集中在吉澳岛，准备进发到西贡区。这支武装部队建立了临时党支部，由叶凤生、叶培、黄冠芳、曾芳、刘春祥组成，支部书记是叶培。队伍集中后，实行统一领导，队伍行动决策由黄冠芳负责，江水负责从茜坑带来的民兵武工队。因武工队不便公开身份，群众对我们还不了解。为了安定民心，发动群众，出发前，黄冠芳向队员强调纪律：不准乱拿群众的东西，不准调戏妇女，缴获东西要归公，违者受处。

同年12月13日，广东人民抗日游击队总队第五大队副大队长周伯明同志派人到吉澳岛请黄冠芳到三丫村，传达总队要求武工队立即挺进香港九龙西贡等地活动的命令。任务是：第一，深入敌后打击敌伪，肃清土匪，发展敌后武装；第二，收集武器弹药；第三，筹集抗日经费，抢运战略军需物资；第四，不惜一切代价抢救文化人士、爱国民主人士、国民党要人及其家属、国际友人等。

他们接到通知后，党支部召开会议，研究了立即进行工作的行动方案。12月15日晚，60多人分乘3条槽仔船从吉澳岛出发到企岭下靠岸，迅速插入九龙城以东的西贡、大环、山寮村。当时群众对游击队不了解，很害怕。为安定人心，队伍不住民房，在外露宿。但队伍没粮食开不了饭，黄冠芳同志找到村中父老问他们，村中谁能话得事（谁说了算）？群众说亚元哥话得事。他们立即派人到西贡圩把亚元找回来。黄向他讲明游击队不是土匪，是来打日本鬼子，消灭土匪，保护人民生命财产安全的。并告诉他们，如有土匪活动，请立即报告我队，派人消灭他。黄又提出，队伍出发前匆忙，没有准备粮食，要求借粮，说明借多少，还多少，同时拿出钱来买一条猪加菜。还请了村中年长的父老一起吃饭，群众疑虑逐渐消除。队伍住下后，即派人到西贡圩了解情况。同时，临时党支部召开支委会研究决定，以剿匪肃特、发动群众、发展敌后抗日武装、建立小块根据地为中心任务，进行抗日宣传，开展武装斗争。

一、消灭土匪，安定民心

部队住下后，就听到群众报告，有小股土匪，抢劫打豪墩村，打死1人，打伤1人，全村财物被抢劫一空。武工队立即派人把这股土匪包围消灭，并活捉了7人，将财物归还群众。为扩大政治影响，由队长黄冠芳主持大会并讲话，在会上宣传抗日道理，控诉土匪危害百姓的罪行，号召各村青年起来抗日救国保卫家乡。并征求群众对土匪的处理意见，群情激昂，纷纷要求枪毙他们。武工队立即抓住这个时机，宣布土匪的种种罪状，罪不容恕，同意群众的意见，坚决镇压，交刘黑仔将他们就地枪决。经过这次实际行动，逐步取得群众信任和拥护，很快把群众组织起来，武工队也有了立足之地。

为了进一步扩大影响，他们继续剿匪。根据党的政策，对土匪队伍进行甄别处理，分别施以剿、驱、歼、解散等各种策略。如在烂泥湾（万宜湾）干净利索地消灭了土匪杨牛仔。这股土匪80多人，在烂泥湾抢劫，把群众赶入一间祠堂内，然后逐家搜查，抢走贵重财物，并杀猪杀鸡大吃大喝。当时村里有一青年李兴连夜跑出来去赤径报告，蔡国梁同志立即下令曾芳队，肖华奎、江水队，黄冠芳短枪队，陈志贤的海上队一起配合行动，把杨牛仔这股土匪一举围歼，把所有的财物交回群众认领。这次战役我队赖和同志牺牲。与此同时在坑口智擒土匪俞生仔。俞生仔把抢来的东西准备在西贡附近出卖。江水同志了解情况后，即派肖华奎伪装商人，与俞生仔洽谈，说老板在西贡，要他去西贡才拍板。俞匪信以为真，依约前来，被我队全部消灭。接着武工队在滘西消灭惯匪陈乃寿20多人；在坑口尤渔湾，解除三青团骨干、伪自卫队长张明仔（是从珠江三角洲来的，西贡人）40多人的武装，并将其头目张明仔枪毙。对国民党散兵黄竹青（即前文第三章的王竹青——编者注）、黄平百多人的土匪队伍，广东人民抗日游击总队曾派刘培、罗春祥打入黄竹青的队伍，争取他共同抗日，要他们不要做危害人民的事。但他们劣性不改，继续在盘踞的龙船湾、塔门一带海面威胁来往商船，最后只得采取驱赶的方法，迫他们离开西贡地区。塔门土匪谢天戴是个地头蛇，这股土匪一共有100多人，经常出没在独牛角至大埔海峡、黄竹角等地进行抢劫。针对这股土匪的情况，部队就勒令他们交出全部武器，归田从善，如不执行，就坚决消灭。谢匪看到形势对他不利，只好缴械投降。

由于有了当地群众的拥护和支持，部队在群众中享有更高的信誉，同时也使土匪、流氓吓破了胆。部队又在小窖村剿除邓芳仔土匪10多人；在荔枝窝，将李观姐土匪40多人一枪不发就全部缴械，缴获了长短枪、轻机枪等一批。从西贡、九龙沿途的零星小股土匪都被部队先后消灭掉。我们的部队很快就打开了局面，并乘势迅速插入九龙城东北的北港、黄毛应、榕树坳、吊草岩、牛池湾一带，站稳了脚跟，初步建立了以西贡为中心的交通线。肖光生、曾芳等一个队在山寮、昂窝、黄毛应、北潭、铁钳坑一带隐蔽机动，担任战斗警戒。江水、肖华奎、叶凤生带领20多人留守西贡，负责从九龙市区来人的接送工作，并迅速与海上护航队取得联系，沟通西贡至海上护航队的最后一段交通线。

二、抢救文化人士和爱国民主人士及国际友人

1941年12月25日上午，黄冠芳、刘春祥、刘黑仔、叶凤生、彭景、肥佬彭等人，化装进九龙城。途中，经过黄猄仔坳时，突然从路边闯出一伙土匪，拦住去路，大声喝令："留下买路钱！"这伙人可能见到他们穿着阔气些，冲上来就搜身。由于他们怕暴露身份，又没带武器，只好忍气吞声，任那帮家伙搜

身。为了确保交通线的安全，当晚就派刘黑仔回西贡带手枪队到黄猄仔坳埋伏，把这伙土匪解决了。黄冠芳等6人进九龙城后，按指定的地点，在刘庆记织布厂的九龙地下党秘密联络交通站与李建行、何启明、苏伟民接上了头后，研究决定刘春祥同志到香港配合地下党工作；叶凤生仍回西贡加强江水那里的工作；彭景隐蔽机动；黄冠芳留在九龙工作；肥佬彭留下协助黄冠芳工作。由何启明、李建行安排，在启仁道不远的城南道一座3层楼租了一间房子，作为与李建行联系的接头地点；另在东头村租了一间房作为中转站，隐蔽物资和仓库；并在此处开了个搬运行，雇了十几个菜农帮助商人从九龙城挑布匹、棉纱和机械零件等货物到西贡。这样，作为活动和隐蔽物资的据点，每天生意很好，可以赚到大批钱，除留部分作活动费外，其余全部送回部队。

为顺利开展工作，黄冠芳利用过去在九龙工作的关系，拜会了九龙区伪区长戴若兰（港九沦陷前是九龙工商会会长）、黑社会头子刘水、农商会头头邱六寿、英邦办黄老吉（黄坚）、息影船馆头头肖发等，跟他们交朋友，开展工作，把这些人请到茶楼喝酒。在敬酒时，对他们说："黄某回九龙来做点小生意，只是想找碗饭吃，日后务请诸位多多关照。"这些人也知道黄冠芳的来意，同时与他们没有利益冲突，便满口答应。此外，黄还做了有爱国思想商人的工作，如当时刘庆记、李九记、黄安记以及城外的陈力英等一些乡绅的关系也打通了，都愿意帮助我们部队。甚至，把在敌伪当密探的邱金也争取过来，暗中为我们提供情报（后来被敌人杀害了）。经过一段时间的活动，抢救护送文化人士的交通线基本畅通。

1942年1月5日，李建行、何启明约黄冠芳在刘庆记织布厂见面，通知他明天有几个人在蒲岗圩口交送，必须要亲自送到西贡大环树。第二天，黄冠芳按李建行的部署，手拿着一把黑伞，装着外出的样子，来到约定的蒲岗圩口。不久见到李建行带着几个人混在人群中走来，其中一个中等身材，身穿黑上衣，头戴鸭舌帽；一个矮个子，穿着一件大棉衣；还有一个瘦高个子，一个手里拿着褐包袱的中年人，一个女同志，共5人。与李建行接头后，买了一些拜神供品和瓜果蔬菜等，每人拿一点作掩护。临行时李建行还是不放心，小声嘱咐，任务重要，路上要多加小心。在路上，黄冠芳有时走在前面侦察敌情，有时走在后面左右警戒。一路小心翼翼，好不容易才到了牛池湾，见到江水、肖华奎、叶凤生、赖章、赖连、曾连、曾容、江松、陈颂、廖添胜等同志，都打扮成商人。见面后，黄把李建行同志的话对江水同志说了，提醒他在路上要特别注意安全。前面就是九龙坳，那里离启德机场很近，日寇警戒很严，经常有巡逻车出动。为防万一，他和江水商量，决定派几个队员在前面侦察开路，其余同志在后面担任警卫。如果遇到情况，就可以形成战斗组织。但旁人看来又像逃难的人群。从九龙坳到西贡有一段公路，他们怕日军发现会追捕，就改走南围方向的小路。以前驻守在南围一带的英军，在逃走前为防日军的偷袭，在那埋下不少地雷。为了安全，部队在村子里请了两个群众带路，才顺利地通过了雷区。一路爬山穿林，有些人累得吃不消，脚上磨出血泡，也有个别走不动了，在这种情况下，只好咬牙忍痛跟着队伍走。下午3点钟左右，他们一行到达山寮村。部队早就派人联系好，由开明士绅黄亚元杀鸡招待他们。由于任务重，他们匆匆吃过午饭又继续赶路。经沙湾、大坑、沙角尾，5时左右，才到大环村。观察一下，无什么可疑人物跟踪，便大胆向小村走去，只见有几个游击队员把他们引到一间大屋里，总队已有人在那里等待着了。黄、江两同志任务完成后，心里十分快慰。事后，才知道这次护送的几位，就是廖承志、连贯、乔冠华等同志。

送走了廖承志等同志后，又接着护送何香凝及其家属；护送过中共南方工作委员会副书记张文彬同志；还护送邹韬奋夫人沈粹缜和3个孩子。在护送华商报总主笔、“救国会”负责人之一张友渔、韩幽桐夫妇时，由护航队从西贡深涌湾坐船经坪洲岛附近，还碰上了一条匪船。经过战斗，把土匪打退了，才把他们安全地护送到惠阳大队。

不久，又护送了农工民主党负责人李伯球先生和爱国工商界人士邓文田夫妇及兄弟邓文钊先生。

为了坚持党的抗日民族统一战线政策，还帮助和营救了不少国民党官员和家属脱险，如国民党第七战区司令长官余汉谋夫人上官德贤女士及其随行人员，国民党南京市市长马超俊夫人姐妹和著名电影明星胡蝶等人。

1942年春节期间，经过这一段营救护送工作，黄冠芳、江水、曾芳、刘黑仔、叶凤生、肖华奎、赖章等同志在西贡“不夜天”咖啡馆召开碰头会，分析自挺进香港、九龙工作以来的情况，总结前几批护送工作的经验，研究更好地开展敌后抗日工作和护送工作的计划。会议决定：由刘黑仔负责肃清交通沿线的土匪，侦察日军活动情况，黄冠芳带领彭景负责九龙城至牛池湾一带护送工作。在牛池湾设立流动的中转站，每天由西贡部队派人前往接应，护送到企岭下，转送到沙鱼涌圩的交通站。在此期间，他们已开始分散活动。赖传、曾九等同志在西贡圩设立税站，征收来往商人税款。江水、廖添胜、赖章等同志在坑口设立税站。江水和其他同志经常出入油塘、鸡寮、茶果岭一带地区活动，并在当地开展渔民工作，向他们宣传抗日救国道理，组织群众性的抗日救亡团体，动员青年参加抗日游击队。当时渔民妇女袁容娇一家三口都参加了游击队，她们后来都成为出色的战士和海上运输交通员。

抢救文化人士工作已接近尾声时，蔡国梁大队长又传达了广东人民抗日游击总队的指示，应国际反法西斯联盟的请求，协助营救被俘英军。我英勇机智的武装战士，又出色地营救被囚在启德机场的汤逊上尉等4名英军。

三、抢运物资，补充队伍给养

日寇魔爪伸进香港九龙后，整个地区变成死港。1942年港九新界又发生历史上罕见的大旱灾，粮食失收。城乡人民生活十分困难，粮食和生活必需品奇缺，日军每天只配给六两四（十六两制）大米，人民生活陷入饥饿的死亡线上。游击队的给养也就更困难了。

为了渡过难关，港九大队领导决定黄冠芳部队在抢运武器弹药的同时，抓紧抢运人民生活必需品。为了安全顺利地完成任务，他们利用香港九龙上层人物和商贩等各阶层，动员他们想方设法贩运物资，既可以解决生活困难，同时又支持了抗日。如棉纱、布匹、药品、汽车轮胎、机械零件、各种日用品都是内地急需的物资，我武装部队在沿途还给予武装护送，确保旅途安全。为了渡过难关，他们就千方百计利用关系，寻找货源。一方面组织群众抢运物资，同时也发动商人把货物运回内地。苏伟民在城南道租了一间房作联系点，由李健行同志介绍了很多商人与他联系，为客商护送货物。当时每担物资收护送费5元（港币），汽车轮胎每条收10元，另挑一担物资收费2元。路线从九龙城东头村到黄猄仔坳至西贡为一程。再从西贡到企岭下，加收2元挑运费。每天物资很多，武工队人力不足，就利用伪自卫队沿东头村、西头村、蒲岗口、上下园岭、沙地园、牛池湾警戒放哨，每担资物给他们两角钱作为茶水费。他们每有多少担货，就派人通知西贡，由武工队带队在牛房接应。与此同时，刘黑仔带领邓贤等同志深夜接运从九龙启德机场偷运出来的一罐一罐火水油（煤油），组织群众挑运。

英军溃退时，在新界一带扔下了不少武器弹药，组织力量收集武器弹药，是武装我们的有利条件。黄冠芳同志设法与当地的“地头蛇”、汉奸、警察打交道，经常化装到黄大仙、观音庙，假装拜神或到启德机场附近一带活动，寻找机会收集武器。当时有个黑社会头子（土匪）黄育南在日军那里当汉奸，参加了马宝山总公司兴亚特务机关的敢死队，并带有很多“马仔”（帮凶）到处为非作歹。黄冠芳即找到此人，警告他不要与人民为敌，不要为日寇卖命，并要他将功赎罪，收集武器支持我武工队。这个汉奸慑于我武工队的威力，表示愿意把收拾到的枪支弹药奉送给游击队。黄育南利用宋皇台侧有一条大水坑以及牛头角海边、启德机场附近，把枪械掩蔽好，还派人放哨，还想出办法，利用棺材，假装送殡，将枪支弹药从日寇的眼皮底下运出来，然后，由武工队接应运回西贡。

广泛发动港九同胞，加快了收集武器的进程。工人群众收运垃圾，把枪支弹药埋在垃圾里安全运走。有一次，一些工人将收集到的两挺轻机枪分别掩蔽在牛头角海面及宋皇台的坑渠里，通知黄冠芳等同志来取。牛头角海面靠近启德机场的海边上，这里有日军的巡逻哨，怎样才能把武器运走呢？武工队化装成摸螺仔的乡民，手挽篮子和绳子，边摸边把绳子一头绑在自己脚上，另一头缚在机枪上，沿着海边一路走一路向牛头角摸去。乘敌哨兵不注意时，迅速将机枪拖上岸收藏起来。当他们回驻地行经黄竹洋海边时，突然遇到一股土匪袭击，一位武工队员不幸中弹牺牲了。武工队的同志非常气愤，就用刚才弄到手的机枪把土匪全部消灭了，还缴获了12支长枪和一批弹药及一批物资。在宋皇台坑渠掩隐的另一挺机枪，要运回来则更加困难了。经过了解，宋皇台下，有一间小屋，住有一个菜农。请菜农帮忙是唯一的办法，武工队向菜农做说服教育工作，提高他对抗日救国的认识。他同意趁天黑想办法把机枪弄上来，让武装队来取回武器。武工队通过各种关系迅速地接到了一批武器装备，大大加强了部队的战斗力。

四、主动出击，打击敌伪

日寇占领香港以后，沙田一带的汉奸、暗探，仗恃着日寇的势力，横行霸道，坏事做尽，当地百姓深受其害，但也感到害怕。为了发动群众，调动群众的抗日积极性，我队决定严厉惩处这些汉奸走狗。如牛皮沙村的廖发、沙田围村的谢水仙，这两个人专门收集我部队活动情况，向敌人告密领赏。还有沙田头村“鬼头仔”陈鉴祥，日军入侵港九后，他专门助纣残害沙田居民。邱观养是沙田排头村人，也是罪恶累累。这些汉奸、暗探，先后为我队所镇压。沙田头村有日军密探陈养，他专门刺探我队的活动行踪，曾两次带日军前来吊草岩“围剿”，幸得我队早有所察，队伍化整为零，及时避开，日军每次出动大队人马来“围剿”，都扑空了。日军怀疑情报是假的，日军第三次扑空后，恼怒地将陈养当场刺死。车公庙白田村有一个叫刘瑞华的日军密探，他经常带人强行拦截商旅的货物，使货主血本无归。黄冠芳同志了解情况后，派刘黑仔带领黄青、邓贤、詹云飞、吴秀、王庚福等前往捉拿。他儿子和家属要到日军警备队报信，亦被我一起抓了回来，带到樟上村审讯后处理。落路下村有一别号叫刘济公的，甘愿当日寇的密探，四处欺压乡民，也被我队处决了。同时，我部队还清除了队伍内的奸细。这些出卖国家民族利益的败类被游击队消灭后，我队在沙田地区活动更加得到群众拥护和爱戴。消灭了敌人的耳目，我们的活动更自如了，一连打了不少胜仗，有力地打击了敌人，扩大了游击区。

（一）狮子山下歼日军

1942 年 7 月、8 月间，有一天，黄冠芳、刘黑仔、黄青、邓贤、陈金伯等同志，原想从狮子山脚下的引水道通过沙田水塘出击敌人。没想到在下山途中远远看到一队日军正往前赶来，他们已无法躲避，立即跳到渠内隐蔽。当日军走近时，他们突然开火，将日军全部歼灭。缴获敌人的武器、服装和一把指挥刀。

（二）茶果岭遭遇战

1942 年 8 月、9 月间，刘黑仔、邓贤、陈金伯、黄青、曾新等同志到茶果岭与搞经济工作的邱连同志接头，商讨运输一批货物回大队部。他们一行刚进入一间小冰室，围坐一张八仙台，刘黑仔警惕地面向门口。突然两名密探进屋，吆喝着室内的人举手让他们检查。刘黑仔眼疾手快，砰、砰两枪，两名密探受伤倒地后，还拼死地枪口朝天乱放枪，子弹放完了，才狼狈逃窜。我队的同志虽无人受伤，但刘黑仔叫大家不要外出，自己紧握手中枪和手榴弹，飞身冲出门口，试探是否有伏兵，然后才叫大家追捕敌人。由于茶果岭是靠近海边，密探已乘船仓惶逃走了。

（三）消灭鬼子林通译

西贡圩这个地方不大，人口也不多，但日寇在圩上却设有维持会、宪兵队、宪查等。汉奸走狗密探到处乱窜，欺压群众。1942 年冬的一天，群众向刘黑仔报告，说有日军通译，绰号林老虎，经常在西贡到北围、蚝涌一带胡作非为。此人凶狠残暴，熟识中国拳术，并懂西洋拳，身上佩有短枪。西贡居民恨之入骨。他接到情报后，立即派了黄青、邓贤、吴秀、邱胜、詹云飞等同志截击。当我队同志走近山边公路连接处时，已看见敌人及其随从人员。我队同志站在离地有一丈多高的公路小土堆上，黄青、邓贤等同志绕路前面包抄。詹云飞同志担心，如不及早争取时间拦截，会被敌人发觉。他立即纵身从土堆上跳下去，喝敌举手。我队同志突然出现，使敌人怔住了。此时邓贤、黄青、吴秀、邱胜等同志已经包抄来，缴了林老虎的手枪和子弹带。黄青把他带走，其余的敌人由邓贤、吴秀押送。詹云飞和邱胜捕捉其他的两个宪查，喝令他们站住投降。这两个为虎作伥的家伙，听到喝声脚都软了，詹、邱两同志把他们捆住。就在这时，黄青押着林老虎走近蚝涌附近公路时，林老虎突然放慢脚步，一边问向哪条路走，一边突然挥拳回身对黄青太阳穴打去。黄青已有警惕，立即把头一偏，但左耳已被他拳头击中，几乎晕倒。敌人乘机拼命狂奔，没几步却被公路上的石头绊倒，跌在地上。黄青飞步上前，对准林老虎，连开两枪，将其击毙。

（四）牛池湾战斗

九龙牛池湾日军设有一哨岗，扼守着九龙通往西贡的咽喉，不仅对我游击队活动不利，也极大地威胁着这一带农民贩卖蔬菜、瓜果、柴草。敌人对来往行人任意搜身，对妇女借口搜查，肆意侮辱，当地群众恨之入骨。

1943 年初，刘黑仔、邓贤、黄青、王庚福、刘连等化装成趁圩的农民，邱贵化装成年轻妇女，头戴凉帽，混入人群中，渐渐行近哨岗，假装排队受查。日军伍长刚从岗楼下来，看见邱贵，一心以为是花姑娘，没想到刘黑仔就在这时已取出手枪，对准一扣，日军伍长应声倒下。我们其他队员，也拔出手枪，几个宪查见状，一齐跪地求饶。刘黑仔和他的战友们缴获了敌人的短枪 1 支、中正步枪 1 支、英式红毛十（英国李·恩菲尔德 7.7 毫米步枪，俗称“红毛瑟”，“红毛十”应为当地游击队员口语。——编者注）4 支，那几个宪查经教育释放了。同志们唱着游击队歌，胜利地归队了。当地群众非常感激游击队员为他们除了害，出了气。

（五）大滩海遭遇战

1943 年春节期间，我队经常在海上巡逻，保护海上运输线的畅通及渔民安全生产。一天晚上，日寇有一批火水油（煤油）在园洲山下水，咸关落货，两只木船载满货后，开船起程。此时正是上半夜，由指导员李唐同志率船巡逻，刚到何东楼对上大滩海时，发现这艘木船迎面开来。李唐同志非常镇定，命令队员马上做好战斗准备。当敌船快要接近时，只见敌船上只有 3 个日本鬼子兵和两个船家。李唐同志机警地考虑到，敌我两船朝不同方向行驶，两船接近的时间转眼即逝，歼敌务必要掌握好时机。李唐同志当机立断，就在两船交错的一刹那，对准敌人连开几枪，2 名日军受了重伤（另一名日军抬上岸后死亡）；敌船的 2 名船家都受了伤。我船队员无一受伤。刘黑仔他们在岸上听到枪声，知道发生战斗，想来接应，遇上李唐同志和队员们带着胜利的喜悦回来了。次日清早，敌人出动大队人马在谢屋村、园洲山附近进行“扫荡”，但一无所获，只好灰溜溜地走了。

（六）活捉密探

1943 年夏秋间，一天，群众报告，有两名密探到茶果岭刺探到我军情后乘船走了。刘黑仔和曾九、邱贵、陈金伯等 4 人，立即坐船追赶。至香港太古船坞海面，就赶上了密探乘坐的船。刘黑仔命令队员，不要开枪，不使用手榴弹，而要设法靠近密探所乘的船活捉他们。当两船靠近时，刘黑仔和队员们突然跳到那船上，不响一枪，就把这 2 名密探制服生擒过来，并搜出两个“密探”臂章。刘黑仔和同志们押着这 2 名密探，连夜押送回大队部。

（七）活捉日本高级特务、宪兵少校东条正之[①]

1943 年秋，刘黑仔和队员们驻在界咸村。一天上午，有群众前来报告，有一辆军用小车，停放在蚝涌附近，乘车的有 3 人，有一个日兵荷枪警卫，其他两人离车步行至界咸矿山视察。还得知其中一人是日本宪兵少校东条正之，他身上佩有一支 32 号左轮手枪。刘黑仔接到情报后，急忙率领黄青、邓贤、詹云飞、吴秀、邱胜等同志，出其不意出现在敌人面前，拔出手枪，喝敌举手。几名敌人被突然出现的情况惊呆了，只好乖乖地高举双手。队员们将东条正之的枪缴下，将他们隔开审问。第二天送回大队部，经审讯，敌人不肯吐露真情。上级知道这种人受过特殊训练，在他身上根本问不出什么，下令枪毙他。我们处决了这个日本高级特务东条正之，使敌惊恐万分。

---

① 原文如此。日军军衔系列里的佐官相当于我国军衔的校官，作者这里做了类比。另有资料说东条正之军衔是大佐。

（八）抢救美军第十四航空队飞行员克尔中尉

1944年2月11日，美军第十四航空队飞行员克尔中尉率领一队轰炸机，轰炸香港、九龙日军军事设施，使日寇遭受重大损失。但地面日军密集火力，克尔中尉飞机被击中着火，他面部和大腿都被火灼伤，被迫跳伞，在高空上盘旋。眼看快要飘落在九龙市区，忽然一阵风将克尔中尉吹到新界观音山附近降落。刚好港九大队队员、14岁的小鬼李石（交通员）经过看见，带他隐蔽在一个山坳的簕丛里。立即回芙蓉别村找到做民运工作的李兆华同志（女），向她报告了情况。李即动员黄竹山村钟炳（短枪队队员）的母亲为克尔中尉做干粮充饥。敌人四处搜查，后来李兆华在群众的帮助下，设法把克尔中尉转移到敌人已经搜查过的北围村山窝里，隐蔽了一个星期。以后，李兆华又通过敌人的封锁线来到手枪队驻地，向黄冠芳、刘黑仔汇报了情况。由刘黑仔和黄青、邓贤、吴秀、詹云飞等又设法把克尔中尉护送至大队部。港九大队大队长蔡国梁接见了克尔中尉，并派谭天同志当翻译，陈勋同志照顾他生活。隐蔽了20多天，安全送到东江纵队司令部，然后转送后方。

敌人为追捕被游击队救了的克尔中尉，调动1000多兵力，把沙田、西贡两地区的海上、陆上进行包围、封锁、"扫荡"，但始终没有找到美军飞行员的下落。

（九）主动出击，牵制敌人

日寇为了搜捕美军飞行员，派出重点在港九大队大队部所在的根据地进行"扫荡"。为了使大队部得到解围，各个中队都采取行动，设法牵制敌人的兵力。他们在敌人眼皮底下，到处散发宣传品，贴标语，同时还采取一系列军事行动，进行反封锁、反"扫荡"。

我队的同志也在盘算着怎样才能把敌人赶回市区去。有人提议除掉汉奸陆通译，此人是九龙宪兵队的忠实走狗，敌人十分器重他，除掉这只走狗，可能会触动敌人。队长黄冠芳同意了。由刘黑仔化装成日军军曹，邓贤、黄青扮作日本兵，陈金伯扮作头戴通帽、身穿黑衫的密探，半夜摸进九龙塘陆通译居住的小洋房。九龙驻有日本正规军，这条走狗以为自己很"安全保险"。化了装的队员们，走近门前，刘黑仔上前按电铃。一阵铃声响后，一个年约40岁的女人开门探头出来，一见是"皇军"，连忙迎进。他们进去，留下陈金伯在门外放哨。刘黑仔、黄青、邓贤到客厅，那女人边端茶拿烟，边朝楼上喊："陆先生，皇军先生来了。"不一会陆通译下楼来了，他奸笑着说："失迎！失迎！"

刘黑仔放下茶杯，用四不像的话说："陆通译，司令的，请你的快快去！"陆通译却用日本话回答："什么事这么紧？我回来还不到3个小时啊！"邓贤和黄青刷地站起来，刘黑仔也站起来，走到陆通译的面前，手按着指挥刀，大声说："八格……你的敢违抗？"平时对中国人像狼狗似的陆通译，可是在这个"日本皇军"面前却像一条哈巴狗，他硬挤出一丝笑容，拱手哈腰地说："哈依，哈依。"顺从地跟着这几个"皇军"往外走。站在门外放哨的陈金伯，一听到铁门响，就转身到了一条小街口，这是我队计划好要处决这条走狗的地方。陆通译出门以后，他看走的方向不对，就停下来不肯走，刘黑仔用枪顶住他腰眼说："说话的不行，走！"这时邓贤和黄青扭住他的胳膊，拖他往前走。陆通译惊慌地问："太君，这是……""什么太君！我是刘黑仔，我代表中国人民判处你死刑。"陆通译打了个寒战，张口想说什么，邓贤一枪就把这走狗干掉了。

陆通译被除后，日军在港九市区内增派了岗哨，一到天黑就戒严。但在西贡、沙田"围剿""扫荡"的日军宪查队仍未被拉回市区。敌人抓不到游击队，疯狂地到处屠杀群众。在距西贡圩不远的黄毛应村，把群众邓福等捉去灌水、毒打、活活用火烧。这时大队部所受到的压力也越来越大，各中队与大队的联系仍处于中断状态。我队同志们的心里更是万分焦急。正在这时，传递情报的女交通阿梅来我队隐蔽的地方，队长黄冠芳问阿梅，这几天启德机场情况如何？阿梅说："机场向牛池湾那个门，除了两名印度兵外，增加两名日本兵；向着钻石山的门，和往常一样还是两个印度兵。"停一会又补充："据说机场内日军不多。另外，还有一辆架有机枪的摩托车，日夜围着机场转，碰到外人就扫射。"刘黑仔听后，沉思了一会，笑着说："这群野兽，牵着鼻子还'拉'不回去，那就把他们轰出去！"队员们心里明白，高兴得大笑起来。经过黄冠芳、刘黑仔与队员们共同研究、周密部署后，在一个细雨蒙蒙的黑夜，队员们出发了。他们潜伏在钻石山的杂草丛中，衣服全被露水湿透了，山上蚊虫又多得吓人。夜里11点了，队员们已埋伏了一个多小时，巡逻队的摩托车也来回转了几圈，公路上除了敌兵岗哨外，再没有什么人。这时队长黄冠芳、黄青等四位同志，乘着探照灯一灭，摩托车刚驶过一刹那，飞也似的跑下山去，穿过公路，副队长刘黑仔、邓贤、陈金伯就跟着他们的后面。启德机场四周有两道铁丝网，门口两旁各有个岗楼，2个印度兵扛着枪，雨衣连头罩脑裹住全身，像"哼哈"二将似的站在岗楼前。黄冠芳和黄青等偷偷地摸到印度兵背后，用枪顶住他的腰，他们连头也不敢回，就扔下长枪，跪在地上磕头，口里唠唠叨叨想说什么。队长马上把他们推入岗楼捆起来，剥下了他们的雨衣和鞋子，队长和黄青装扮起守门人。刘黑仔和邓贤、陈金伯解决了另一个岗楼以后，冲进机场。机场很大，但没有见到一架飞机，也空无一人。他们顺道往前走，大概走了 2000 米左右，一座巨大的汽油库矗立在他们面前。他们躲进了油库暗处，陈金伯正准备放定时炸弹，忽然，“登、登”的大皮鞋声，由远而近传来。刘黑仔握着 2 支上了膛的驳壳枪，邓贤和陈金伯也持枪站在他的背后。3 个全副武装的鬼子兵过来了，一步不停地朝前走过去。刘黑仔从陈金伯手里拿过定时炸弹，上好了弦，把爆炸时间定在 12 点钟。他在邓贤耳边说一句：“不要等我。”然后就朝鬼子兵来的方向跑去了。邓贤和陈金伯安放好另一个定时炸弹，跑回门口。黄冠芳队长见副队长刘黑仔还未回来，就叫邓贤、陈金伯先回九龙山。恰好在这时，刘黑仔飞快地跑回来了，他高兴地叙述了刚才的经过。原来，刘黑仔在经过油库时，同时见到不远地方有一幢大房子，他估计不是机库就是鬼子兵的营房。当巡逻兵走过后，他飞快地朝房子跑去，悄悄地摸到门边，一看，啊！一架飞机停在里面。他摸过去，一个鬼子兵抱着枪，倚着机身睡着了。他拔出尖刀，照准鬼子兵心窝刺去，鬼子挣扎了两下，便倒在地上。他连忙把定时炸弹放在机舱内，就飞快跑回门口。他们离开机场，按原路返回九龙山，坐在一块石板上休息，等待爆炸的时刻。“轰”的一声，又“轰、轰”两声，震得大地发抖，浓烟卷着大火，在飞机场上冲天而起，映红了夜空，队员们欢笑着欣赏这幅奇丽的夜景。汽油库和飞机被炸毁后，敌人即从西贡撤兵了。但敌人先头部队已进入九龙塘，后头部队尚在牛池湾时，狡猾的敌人却杀了个“回马枪”，后头变前头部队，坐着大卡车又急驶回西贡，重新把西贡、黄竹洋、大环包围得水泄不通。

为了打乱敌人的部署，牵制敌人的力量，我队加强宣传攻势，散发传单。香港、九龙、沙田、西贡群众纷纷传说刘黑仔队伍要攻打日本“南支那派遣队司令部”啦！敌人对我们这支队伍捉摸不透，寝食不安。正当市内鬼子惊魂未定，整天戒严时，市区中队埋在九龙铁路四号铁桥上的定时炸弹又爆炸了。

上述的一系列战斗和宣传攻势，迫使敌人连夜把兵撤回市区，反包围、反“扫荡”取得了胜利。

（十）袭击四号地窿

四号地窿位于沙田到大埔之间。敌人为了打通广九铁路，加紧修建四号地窿。经过游击队一连串打击后，敌人对四号地窿警备森严，派日军山本率队在此日夜防守，有印度兵 10 多人，住在 3 间屋子；山本队长和另外 2 名日军，就住在火车卡上。他们晚上睡觉，步枪都装上刺刀放在床边。

1944年春，一天晚上，刘黑仔带领黄青、邓贤、吴秀、詹云飞、邱胜、邱贵等化装成工人，从沙田山九肚村出发。分工由黄青、邓贤、吴秀3人各打一间屋内敌人，刘黑仔、詹云飞、邱胜到火车卡解决山本。这时天刚亮，战斗开始了。第一间屋被邓贤拿下来了，第二、第三间屋内的敌人听到枪声，知道出事了，立即起床抵抗。黄青和吴秀开枪射击，刘黑仔看见敌人顽抗，就跑过来助战，未提防敌人从暗处用刺刀向他刺来，差点被刺中，他翻身开枪把敌人打倒。第三间屋的敌人被吴秀消灭了。邱胜和詹云飞两个到了火车卡时，日军山本等人已出去巡视了。他两人正在犹豫时，山本听到枪声，飞快跑回来救援。詹、邱两同志向着冲来的山本开枪，刘黑仔等跑过来支援。这时，突然有两个敌人从铁路上跑来，刘黑仔命令干掉他。詹云飞、刘黑仔同时开枪，敌人应声倒地。这时天已大亮，如不撤退，沙田、大埔方面的敌人很快会出动来“围剿”，刘黑仔命令队员马上撤退。原打算从原路撤回，但考虑山路崎岖难行，且目标太大，很难避开敌人步枪射程，他们决定改由水路撤退。同志们刚上船，日军山本就不断开枪射击，刘黑仔大脚中枪，吴秀掌心被子弹穿过，詹云飞、邱胜挂包也被子弹穿过，船家罗谭腰中3枪。他们在船上利用缴到的“红毛十”步枪，与山本对抗。这种枪射程远，对山本有威胁，山本便不敢追击。邓贤和詹云飞合力摇橹，同时鼓励船家鼓起勇气，把船开走。大家合力把船驶到大水坑附近上了岸。同志们回队，刘黑仔和其他受伤的同志马上被送往东纵司令部医院养伤。这一战役共缴获敌人“红毛十”10支、刺刀9把，敌人伤亡惨重。

（十一）窝塘战斗

日寇在观音山脚的窝塘修筑工事，有一个工兵班的兵力（12人），我队决定消灭之。首先派出了一个游击之友郑容生去侦察，他化装成探亲的样子，手提一个竹篮，里面装一只鸡和一些鸡蛋。经过敌人兵营时，把鸡放出，借追捉鸡的机会，了解敌军驻地人数、枪支、进出路径等。了解敌情后，由黄冠芳、邓贤研究布置，授权民兵小队长谢称同志组织指挥，带领我队同志和民兵12人，在1944年冬的一天晚上，夜袭日军兵营。当摸进敌人营房时，敌人正在熟睡，被我队同志全部消灭。缴获轻机枪1挺、步枪10支、手枪1支和一些炸药、粮食及一批物资。

这些辉煌战绩，真是数不胜数，这里就不一一详述了。

在三年零八个月的游击战争中，我队曾立下赫赫战功，威震港九，对抗日战争的胜利作出不可磨灭的贡献。队员们的英勇事迹，永远留在港九人民的记忆中！

［根据黄冠芳、江水、邓贤（现名邓斌）、曾九（现名曾威）、张婉华、邱石、陈勋、詹云飞等同志提供材料，由林苑明、唐华、蔡华征集整理。］

［原载广东青运史研究委员会研究室、东纵港九大队队史征编组：《回顾港九大队（上）》］

战斗在香港新界的林冲短枪队

张惠文

1941 年 11 月下半月，日寇加紧发动太平洋战争，并在宝安县集结队伍。12 月 8 日，日本法西斯在偷袭珍珠港的同时，驻宝安深圳河北岸的日军也开炮轰击新界九龙，向香港进攻。我广东人民游击队决定从“三大”（即广东人民抗日游击队第三大队——编者注）和“五大”（即广东人民抗日游击队第五大队——编者注）抽调精干部队，紧跟日军之后分路进入新界。王作尧派林觉魂（即林冲）带领莫浩波、邓华、李生、苏光、卢耀康等 16 个同志组成短枪队，深入新界沙头角一带敌后活动，开展游击战争。为了便于工作，林冲先派政治战士罗汝澄于 11 月 10 日到达了沙头角南涌乡罗汝澄同志老家。这时的新界土匪横行，奸淫抢劫，无所不为，成了土匪世界。短枪队同志见此情景非常愤恨，但土匪人多势大武器好，我队势孤力弱，人地生疏，而新界老百姓对我抗日游击队尚不了解，我们不容易立下脚跟，必须十分注意斗争策略才能取胜。为了不过早引起日寇和土匪对我队注意，所以没有公开广东人民游击队的旗帜，而是以灰色武装的面目出现。林觉魂短枪队打着“冲字旗号”，林冲这名字即由此而来。

林冲短枪队一进南涌乡就对群众说明：“我们是为了保护老百姓生命财产而来，大家不用害怕。”

南涌乡有10余条自然村，群众见林冲短枪队人人和蔼可亲，全村男女有说有笑，很亲热，经过一段时间，乡亲们不再害怕我们。罗汝澄家是侨属，哥哥罗观平有些名望，本乡和邻乡鹿颈的群众都很尊敬他。林冲和罗家兄弟商议，为了保护本乡群众利益，认为单靠短枪队力量是不够的，还必须发动中青年们自己组织起来维持治安，才是上策。罗观平积极拥护并率先拿出自己的3支枪，然后又以罗家兄弟出面，与各村耆老商议组织自卫队事宜，发动有枪的人拿出来借给自卫队用。耆老们赞同这个建议，并分头去发动中青年参加自卫队，动员有枪的人拿出了10余支手枪、100多发子弹。事后还决定由祖尝出钱再买枪支子弹，同时他们还到鹿颈串联，组织了鹿颈乡自卫队，并与南涌乡自卫队共同建立联防队，加强了两村自卫队的协作，成为我短枪队的外围武装力量。

南涌乡与鹿颈乡联防队成立几天之后，林冲短枪队接到上级命令，要奔往元朗十八乡与荃湾等地，配合曾鸿文等同志的活动，护送在香港九龙抢救出来的文化人和民主人士回内地，同时将英军遗下的物资抢运回内地。此任务刚完成，又接指示：要开辟更多的活动地点，以便于在新界敌后与日寇开展长期的斗争。

那时新界各乡村土匪活动很猖狂，各乡村老百姓见带枪的人很害怕。在这个情况下，如何寻找于我队活动有利的村庄是当务之急。从地图上看，大埔区的沙罗洞地形很好，四面环山，只有3个自然村，人口不多，约100余户。村东北面的八仙岭伸延到沙头角、禾坑、南涌等地与大埔区乌蛟腾村相连；北面通过鹤斗村可通往上水、粉岭；西面接近大埔区南坑；南面下山沿海边直通涌尾，上山是乌蛟腾村，可通红石门海湾。沙罗洞的地形很适合我们开展活动。

1942年1月下旬，林冲短枪队从元朗到沙罗洞李屋村。群众不了解我们，纷纷上山躲避，村内只剩下一些行动不便的老人。短枪队走了一天一夜才到了此地，大家都很疲倦，肚子也饿了，但同志们都没有进村找东西吃，而是在村边树下休息。天将黑下着小雨，上山躲避的群众肚子也饿了，若果下山又怕给抓住要钱要物。该村李庆因挂着家中老母亲，从山上回村，行至村边看见林冲队伍，不像土匪，就壮着胆子行到队伍前面说："你们是什么人？衣服都被雨淋湿了，还不快走？"林冲很有礼貌地说："我们是从宝安内地来的，我们的宗旨是保护大家不被坏人抢劫。我们事前没有说明来意，惊动你们了，很抱歉。你们不要怕，我们不拿你们一针一线，叫大家快回家做饭吃，换衣服吧！我们也一天没吃饭，请你们帮我们做饭，搞点青菜或咸菜就可以，我们给回饭钱。"短枪队同志们吃过晚饭也没有进村，只在村边柴草间睡。

李屋群众吃过晚饭不约而同到李庆家，纷纷说："这班人吃过饭还给回钱，到底是什么人呢？难道是宋江这类人物，他（指林冲）说是要保护我们的生命财物。看来不像来害我们的。"李庆的哥哥李友富说："如果真是保护我们的，明早就请他们进村来。"

队伍进村后，林冲带领队员大搞室内外环境卫生，又去搬石块将村内外凹凸不平的路面填平。群众对此很高兴，并要请部队同志到家里冲凉。同志们便利用到群众家冲凉的时间接触各家男女老幼，做群众工作，宣传我们在新界的任务和抗日主张。从此军民互相之间有了进一步的了解，建立了感情，李屋村成为林冲短枪队的第二个立脚点。

有一晚，一群土匪约 30 人窜入沙罗洞张屋村，强迫村民杀猪、劏鸡做好酒菜招待，大吃大喝，有的抽大烟、赌博，有的调戏少女。林冲得知这个消息后，即以"冲"字号命令这班土匪立即离开沙罗洞。对方见我队态度强硬，又不知我队底细，只好离开沙罗洞张屋村。各村群众都说林冲队伍救了他们，使他们的财产不致被洗劫。

香港新界居民历来吃外地运来粮食，但日寇占领新界后，将所有粮食封存，每天每人只配给六两口粮，并强令不准用港币，只准使用军票。沙罗洞居民没有粮食也没有军票，即使有钱也买不到粮食，造成人们生活困难，社会治安混乱。林冲和各村耆老商谈，提出有困难由大家商量同心协力解决，动员大家开荒种杂粮，上山砍柴、割草、寻找草药材卖，挖掘生财之道。

1942 年 3 月，当我们在沙罗洞立稳脚跟时，正值港九大队宣布成立。港九大队是广东人民抗日游击队属下的独立大队，而林冲短枪队是隶属港九大队的短枪队之一。从此，我们部队旗帜鲜明，公开宣布是广东人民抗日游击队，是要维护人民群众利益的。我队指派民运同志张惠文配合帮助村民开展生产自救工作，发动群众将一切荒田种上杂粮，缺劳动力的组织互助组，组织人力上山砍柴割草采药，下海捕鱼拔海草等，使群众渡过了生活难关，并建立了深厚的军民情谊。

日寇占领香港后，为了强化其统治，在新界九龙派驻宪兵队、警备队，四处派特务侦察、搜集各类情报；在区、乡、村组织伪维持会，作为其强化统治的工具。

林冲短枪队在其他兄弟部队的支持、配合下与日寇展开正面斗争，分散到各乡、村活动，宣传我队伍抗日主张，提高群众觉悟。为了便于工作，将活动地区分为三大片：沙头角片以乌蛟腾村为中心，由蔡华（蔡松英）、陈海等同志负责；大埔片以沙罗洞片为中心，由张惠文等进驻；上水、粉岭片以鹤平村为中心，由杨凡、欧巾雄等同志负责。他们深入群众、宣传教育群众、提高群众认识之后，各种群众组织相继成立，有自卫队、民兵队、游击之友等。凡对党有认识并有要求入党的，经过培养与考验，符合条件者吸收为党员。计在大埔、沙头角、上水、粉岭前后发展了30名党员，建立了地方党组织。接着妇女会、儿童团、歌咏队也组织起来，有些村还办夜间识字班。通过这些渠道进行抗日宣传，团结教育群众抗日。

我们的同志除了做群众的工作外，对乡、村长们也耐心地做宣传教育工作，详细、反复讲解我党对敌伪人员“宽大与严惩的政策”，使他们对我党的政策有所了解和领会。于是不少伪乡村长变为“白皮红心”的人物，掩蔽我队人员，并供给敌伪情况，为我们搞些良民证，便于我们同志外出工作。例如乌蛟腾乡长李世藩是拥军抗日的典型，在1942年9月中旬，日寇出动几百人包围乌蛟腾，他明知村内有游击队和我们掩埋的一些枪支，也不告诉敌人。敌人折腾了大半天，一无所获，最后日寇把李世藩打死。

对于残害人民，镇压群众，一心为敌的伪头目，我们则坚决予以严惩。沙头角区伪区长温二，克扣配给群众的粮食，转卖给奸商。老百姓怨声载道，要求我队严惩他。林冲认为不杀温二，难救群众于饿死边缘，决定派副队长莫浩波和搞民运的张达执行杀温二的任务。他们先弄清温二日常生活规律及行动路线，以便伏击他。有一天，温二从香港过完周末，带着几个宪查骑单车从上水回沙头角。莫浩波等同志早已埋伏在公路边，待温二他们来到我伏击圈时，莫浩波闪将出来，大喝一声：“站住!”莫浩波短枪对准温二，砰、砰两声，温二倒地。几个宪查吓得魂飞魄散，连声说：“红军先生饶命!”老莫严厉地教训他们说：“我们是共产党领导的游击队，是坚决抗日与保护老百姓的。你们如不危害老百姓和我队，痛改前非是有出路的，不然，将落得像温二一样的下场。”他们连声说：“是、是，以后不敢再做坏事了。”

沙头角群众知道我队杀了温二，奔走相告，欢欣鼓舞。有的群众编山歌来歌颂我队：

山歌唱起闹洋洋，游击队到涯家乡。
动员生产来自救，使涯开荒种杂粮。
又去除奸杀温二，为民除害好榜样。
共产党像太阳，照到哪里哪里亮。

有的村民开联欢会，庆祝铲除一大害。也有组织慰劳我队的，一连热闹了几天。

杀温二之后，得到准确情报：驻大埔日本宪兵队的林通译（群众称他为林老虎、杀人王）经常到茶楼喝茶。林冲派副队长邓华带几位同志深入到大埔市区击毙林通译，给日寇打击很大，对香港九龙新界等死心为日寇当汉奸之徒，威慑很大。陈福是日寇忠实的走狗，与我队和人民为敌，搜集我队活动情况，并恐吓勒索与我队有来往的群众。群众恨之入骨，要求我队除掉他，因此我短枪队又深入大埔区杀掉陈福。

不到半个月我队再入大埔市区生擒日伪大埔区渔业会长林惠成。因为林惠成依仗日寇势力控制大埔渔民，强行压价统购，高价出售，渔民要我队惩罚他。

我短枪队三次深入虎穴铲除日寇忠实走狗，使日寇非常震惊，连忙增加了许多防御措施，但也无可奈何。林冲短枪队与之针锋相对，发动群众配合开展肃奸反特活动，又杀了一些日寇鬼头子。

1944 年冬，日寇在粉岭九骨附近公路设检查哨，每天有三四个日军，检查来往群众，常抢群众东西，调戏妇女等。邓华带几位同志，化装成农村大姑娘，担着青菜和农作物到哨位给检查。日军见大姑娘，得意忘形地要调戏，同志们一齐动手，拔出短枪对准日军，砰砰几枪，击毙 3 名日军，1 名负伤向据点跑去。不到 10 分钟战斗就结束，我队短枪队缴获敌人长枪 4 支、刺刀 4 把、子弹千余发，我队没有伤亡。据点敌人出动骑兵和摩托车赶到现场，但我队员早已撤退了。日军乱打一阵枪之后，将 3 具尸体抬回据点。

上水、粉岭宪兵队的特务头子小贞（日本人），凶残狡猾，又会讲中国话。我短枪队杀了一批日本走狗，致使小贞耳目不灵，不能得到我队的有关情报，便亲自出马。小贞自认为是侦察能手，化装成中国人，穿唐装衣服，戴着竹帽，深入我队活动的坪洋、大埔围等村侦察。他到大埔围村后，在晒谷场边坐下，对老百姓说："要谈生意事宜。"群众认得他是宪兵队特务小贞，即分头去向我队送情报。恰好有几位短枪队的同志帮助群众插秧，得知这一消息后，绕到小贞背面。曾发同志拔出快掣驳壳枪，冲到小贞身边，喝道不许动，砰砰几声，小贞倒地。

林冲短枪队对敌伪人员实施杀一儆百、宽大与惩罚相结合的政策，威力无穷。不少敌伪人员通过亲友求我队对他宽大，保证不再做坏事，并主动将敌伪情况送给我队，使我队对敌伪日常活动情况了解更清楚。

林冲短枪队活动地区日渐扩大，从沙头角扩展到上水、粉岭的敌据点附近，及坪洋、大埔围乡一带。而日寇却无法了解到我队驻地，每次包围“扫荡”都落空。短枪队在新界地区日寇心脏地带活动，来往自如，主动袭击日军哨所及巡逻队。

1944 年三四月间，日寇几百人到西贡“扫荡”，欲歼灭我们活动在西贡的队伍。在大敌当前，各区武装队伍贯彻“内线与外线，包围与反包围”的战略方针，刘黑仔潜入九龙区，在茶楼击毙汉奸特务；刘黑仔、黄冠芳等又用定时炸弹，炸毁了启德机场油库；市区中队方兰等在香港，大量散发传单，将传单贴到日军布告牌上，又在九龙旺角第四号大桥安置定时炸弹，将大桥炸毁了；元朗小队长李生击毙伪军密探长苏安；林冲亲自率领队伍突袭园州仔日寇哨所，活捉宪查 4 人，击毙伪军组长，缴获红毛十枪及军用品大批。事后，由自卫队送胜利物资回来途中，碰上“扫荡”的敌人。自卫队长曾春（党员）与敌人搏斗，子弹用尽了，最后拉响手榴弹与围捕的敌人同归于尽，曾春同志壮烈牺牲。面对敌伪的“扫荡”，我们各区武装队互相配合，对日寇实行反“扫荡”。

1944 年夏天，一股日伪军化装成游击队，经常在沙头角海面上抢劫渔船，企图破坏我队威信。林冲奉命率领短枪队，包围这股日伪军的驻地吉澳岛。经过激烈战斗，日伪军全部被我军消灭了，缴获大批武器和物资。敌人的阴谋又被粉碎了。

林冲短枪队连民运、情报、交通、财务等不够 40 人，大部分是香港新界人，他们满怀抗日热情，参加部队，与日寇展开尖锐激烈的斗争，在战斗中锻炼成长，从军事和政治上都取得很大成绩，是一支坚强的队伍。

（原载中共深圳市委党史研究办公室编：《深圳党史资料通讯》总第 24、25 期）

作者简介：张惠文，女，广东省东莞县人，1925 年出生。抗战期间参加东江纵队，任卫生队员。日军攻占香港后，在港九大队林冲短枪队任民运员。1946 年 6 月参加北撤，入华东军政大学学习。1947 年被编入华东野战军两广纵队后勤部卫生处，任卫生员。随军参加豫东、济南、淮海等战役。

回忆中华中队

集体编写　李汉清整理

中华中队源于港九大队的一些长枪队。

一、走向更广阔的战场

1942 年 2 月港九大队成立时，各个区（沙头角、大埔、西贡等）和海上武装都已建立有长枪队。初期这些长枪队都是小队的编制，分地区独立活动，负责保卫领导机关、电台，护路，护船，打土匪等任务。必要时大队部也会集中若干个队的力量，统一调配作战。如 1942 年 3 月、4 月间，土匪陈乃秀纠集了七八十人盘踞大滘，冒名游击队在海上横行肆虐。为了树立抗日游击队的威信，以正视听，同时为了保护人民生命财产，大队部决定消灭这股土匪。当时大队长蔡国梁指示从西贡区、沙头角区以及护航队调集力量，海陆配合作战，兵分三路：正面由赖祥、肖华奎率领部队从海上进攻；陆上分别由刘春祥、肖光生带队从小滘登陆，在西贡方向东侧与背后两面夹攻，形成了三面包围，把土匪压缩回大滘。经过一个多小时的战斗，队伍攻入大滘，消灭了土匪主力，把匪巢整个端了。以后的中华中队正是来源于上述各区的长枪队。

随着抗日形势的发展，港九大队的武装力量不断壮大，大屿山、沙头角、西贡和海上护航武装先后建立起中队编制，各自进行独立战斗。

1943 年，惠东宝抗日游击队根据地不断发展扩大。大队部作出决定，从 3 月至 7 月间先后两次从沙头角、西贡抽调了部分长枪队的干部战士，先集中在西贡，其后，在 7 月间由大队长蔡国梁率领这支长枪队主力离开港九，转移到内地大鹏半岛的南澳集训。从此，港九这部分抗日英雄儿女，奔向了更广阔的战场（当时还有部分护航队的武装一起转移，他们也就是以后的海上中队——大华中队建立的基础）。

这支从各中队抽来的长枪队在南澳枫木榔（即前文枫木浪——编者注）经过集中训练后，编成一个陆上主力中队。初期，这个中队的代号是钢铁队。中队长肖光生，指导员黎明。队伍经常跟大队部一起行动。其后肖光生调走，由黎明任中队长，黄作梅兼任指导员（主要负责外事工作）。1944 年初，中队的代号改为猛鹰队，黎明调回大队部，由曾芳任中队长，指导员仍是黄作梅。3 月，曾芳调司令部训练班工作，由赖章任中队长，黄振贤任指导员一个短时间后调回港九，由李汉清任指导员。这时中队已开始独立活动，离开枫木榔，转移到沙鱼涌一带。到 1944 年底，赖章调离，由梁锦平任中队长。

1944 年 4 月间，这个中队的代号改为中华队，独立活动的范围从枫木榔、鹅公、半天云、东涌、西涌、东山、伯公坳、大鹏坳、王母圩，以后到沙鱼涌、葵涌、清溪，到 1944 年底，逐步沿东江河南岸及淡水惠州附近的广阔地区推进。

到 1945 年 3 月，中华队（另外还有大华队）正式编入东纵二支队，从而结束了与港九大队的隶属关系。在二支队期间，这个中队仍沿用中华队的代号。

二、中华队的建制与主要任务

作为游击队编制的一个中队，中华队的建制是比较正规的。全中队经常保持有 130 名左右的指战员。分 3 个小队，每小队 3 个班。各个小队都配机枪：一挺磨盘风笼机（机枪的一种——编者注）、一挺捷克机、一挺英式牛角机；在小队里编有一个机枪班，另外中队里还编有一个爆破班。战士所用的长枪大部分是“红毛十”，配三角刺刀（东纵军械厂制）。中队部人员：中队长先后由肖光生、黎明、曾芳、赖章等同志担任，指导员先后由黎明、黄作梅、黄振贤、李汉清等同志担任，中队副梁锦平（兼小队长，后任中队长），特务长曾马才，传令员李文兴，勤务员成佛生（坑口孟公屋人），卫生员李牛（男，后在博罗横河战斗中牺牲）。小队级干部记得名字的有：小队长李贵仁、刘玖（东莞人）、张峰（先是服务员）、张福、赵庚长；小队副巫华；服务员：杨川、黄雯、李思训、蓝华（塔门来的）。班级干部记得的有：班长詹祥、张仕其、叶房生；机枪班长钟奕标、温耀发；爆破班长温伯胜；还有爆破手邓木生（黄毛应人）、机枪射手钟振标等。

自离开枫木榔后，除了作战外，中队都是独立活动的。按上级的指示，中队的主要任务有 4 个方面：

（1）军事训练（下面另作详述）。

（2）作为东纵司令部的“外围”警卫连。1944 年，中队活动范围以葵涌为中心，活动至大鹏及淡水外围的一些村庄，警戒从淡水、大鹏来犯之敌，保卫那时常暂驻于坪山一带的司令部。司令部在大鹏半岛举办训练班时，中队亦负担警卫的工作。

（3）1944 年仍有不少的“水客”通过沙鱼涌往返于内地和港九。中队驻守于葵涌以保卫当时设在沙鱼涌的税站，并协助税站检查行商及税收工作。

（4）宣传工作。中队每到一个新的宿营地，都要求干部、战士遵守群众纪律，对群众进行宣传，搞好军民关系，并在驻地附近房屋张贴标语。地方政府开展“二・五”减租减息，部队亦配合宣传解释政策。中队还经常开文娱晚会，欢迎群众参观，干部、战士自编自演一些歌曲、活报剧，宣传抗日、军民团结、反对内战。

三、军事训练工作与军、政干部的关系

1944 年，抗日形势有了更大的发展。上级要求作战部队，既要有较高的政治素质，更要有较好的军事素质；特别提出政治工作干部平时要参加军事训练，除了学会各种军事技术动作，还要求懂得指挥战斗。1944 年伊始，东纵司令部、大队部举办了各种军事训练班，中队也根据战斗情况，开展日常的和相对集中的军事训练。在这方面赖章同志对中华队的军事训练工作作出了很大的贡献。其余的军事干部如梁锦平同志等都是言传身教，亲自给战士作动作示范。

赖章同志在参加游击队前，曾在国民党的宪兵部队受过比较正规的军事训练。在我们共同战斗的生活中，赖章同志给我们一个非常深刻的印象：他作风严谨，处处以身作则；而且能从大局出发，团结政治干部，爱护下属与战士，生活上与战士打成一片。

1944 年 5 月至 11 月间，部队曾进行两次反顽战斗。在这两次战斗空隙之间的一段时间里，中华队曾进行过一次较集中的军事训练。整个训练计划都由赖章亲自规划并与小队军事干部研究执行。训练既有学科也有术科，并结合部队的日常生活进行整训。上学科时理论联系实践，讲军事建制，讲部队管理，讲军风军纪，讲军事民主。中队建立“值星制”（由小队军事干部轮值当值星官，负责集合队伍，检查内务、军风军纪等）。还成立了士兵代表会，监督伙食给养，公布伙食账目等。这项工作由当时负责抓部队生活的中队副梁锦平负责。上术科主要是进行军事技术训练：从三点一线、三角瞄准、跪射、卧射，到急速卧射、匍匐前进；从拼刺刀的战术动作，到班教练、排教练；从走独木桥、

超越障碍物到背负夜行军……总之，赖章同志对整个训练工作花了许多心血，并亲自动手与几位军事干部一起制作训练用具和教材。在训练时全体军政干部跟战士们一起爬滚、流汗甚至出血。在训练中赖章同志对各项技术动作要求都非常严格，但同时又非常细致地照顾和保护战士们的积极性，耐心施教，有步骤地进行训练。如“卧倒”的动作训练，先从分段动作练起，最后是一声令下，迅速卧倒。这个动作的要求非常严格，不管前面是沙石硬土还是泥泞地都要迅速扑下，左手平放护面，两眼注视前方，两脚八字平贴地面，脚踭不能竖起，右手持枪、出枪、瞄准。这些动作要一气呵成，难呵！训练这个迅速卧倒的动作第一天，不少同志都磨破了手肘膝盖。第二天，赖章同志微笑而幽默地说：“今天继续训练卧倒，为了避免损坏衣服（他没有批评某些战士的畏缩表现），暂时容许铺上包袱被进行训练，到动作熟练就不用包袱被啦！”中队长就是那样地理解战士们的心理，那样热心地保护战士们的训练积极性。战士们也体会到中队长的苦心，加倍努力，勇敢准确地进行训练。很快，全体战士都甩开包袱被，迅速准确地完成了这个卧倒动作的操练。

赖章同志在这训练期间以及带领中华队的整段时间，都充分表现出他是个胸襟开阔、组织观念强的军事干部。他认真贯彻中央提出的“把支部建立在连队”的号召，依靠党组织，团结政工干部，把中队建设好。对部队的政治思想工作他也很重视，并讲究联系实际。比如，上级布置下来的“整风学习”，他就跟指导员研究，在队部中开辟了一个学习园地“有的放矢”，还结合上政治课以及批评与自我批评解决干部相互之间的矛盾、干部与战士之间的矛盾等。有一件事充分说明了赖章同志对同志的关心和真诚的友谊。有一次，队伍来到了指导员家乡附近。中队长了解到指导员好几年没有见过家里人了，同时也知道指导员的父亲患了疟疾。他便动员指导员回家乡一趟，并想办法找到两支当时难买到的“奎宁”针剂，叫指导员拿回家给父亲治病。指导员拿着这些药品，心里非常激动。中华队的军事干部与政工干部就是这样在艰苦的岁月里凝结下牢固的战斗友谊。

1945 年初，赖章同志调离中华队，升任东纵二支队第一大队大队副，在其后的古塘坳战斗中英勇牺牲。

四、中华大队的几次战斗

（原文如此，疑为笔误，应为中华中队——编者注）

（1）1944年11月左右，中华队布防在沙鱼涌、葵涌、二洋一线，警戒着淡水顽军的来犯。当时顽军罗懋勋部分三路进攻惠东宝游击区根据地。其中一路约1个营的兵力由大鹏湾过来，企图翻过大鹏坳，与其他两路兵力一起夹击游击队。中华队受命在大鹏坳进行阻击。从上午10时左右，一直战斗到下午。敌人虽轮番用迫击炮轰击我阵地，但我中队居高临下，扼守山头，有效地阻击了敌人。顽敌多次进攻，死伤无数，仍无法登上坳顶。后来大雾渐起，赖章中队长当机立断，命令指导员与一小队队长刘玖率领一小队继续阻击，待大雾较浓时就向海湾方向撤离，赶往约定的集合地点。他率领其余两个小队在山下一线布设地雷继续阻击敌人前进。

这次反顽战斗，中华队配合友队胜利地完成了战斗任务。特别当顽军在行进中不断受到我们埋设的“土”地雷的轰击，使敌军心惊胆战。这次战斗后，中华队还创作了一首歌《菠萝鸡》，其中歌词写有“菠萝鸡，地雷炸中‘呵呵鸡’，顽固派的军队拿枪来送礼……”。

（2）1944年12月日军收缩防线，抗日游击根据地不断向内陆地区发展扩大。那时中华队在受命过江北（东江）前，转移活动到淡水外围山区。日夜行军，部队是相当疲劳的了，但那里一带都是新开发区，情况不很熟悉，有时行军途中听到村民报告说前面没有敌人的消息，但赶到时又见敌踪。所以虽然很疲劳，战士们都保持着高度的警惕性，随时准备战斗。

有一次路过一村，又听村民说前面有“萝卜头”（日本鬼子），中队长一面派出斥堠（斥堠也为斥候，是中国古代对侦察兵的称谓——编者注）队搜索前进，一面率领队伍向山地迂回前进。不久前面响起枪声，全队马上跑步奔向制高点。斥堠队牵制着敌人，我们从山后跑上制高点一看，原来有20多个日本鬼子也正在彼山坡跑上同一制高点。敌人还在半山腰，我们先登一步，架起机枪一轮扫射，就把敌人打散了。我们追下山去，这股日寇跑得更快。恰巧这时二支队的政治处主任黄高阳同志也到了这山下的小村子，赖章中队长把刚才的遭遇战向高阳同志作了报告，指导员当时带着一个排在前面警戒，高阳同志要求继续追击，后来知道敌人已龟缩回据点才作罢。

（3）1945年2月，记得是农历除夕前，中华队跟大华队一起到了镇隆圩。中华队驻宿在圩后靠山的民房，大华队则在距离不远的小学校。我们封锁了消息，所以敌人也不知道我们的情况。除夕那天，天刚蒙蒙亮，日军100多人带着几十个挑夫正向镇隆走去，企图乘村民购买年货之机抢东西发洋财。部分敌人已进入圩内，正巧那时小队长李贵仁开门想出去，他一下子发现了敌情，马上掩门报告中队长梁锦平。事出突然，已来不及通知友队了。梁锦平中队长正犯“打摆子”（疟疾），一听到情况，马上拉队伍跑上后山。他亲自带着机枪班在山上筑起阵地，并沿山地布置了警戒线。敌人察觉了我们的行动，马上鸣枪。大华队的同志马上利用地形房舍作掩护，拉出机枪猛向敌人扫射。中华队则在山上作掩护，牵制着敌人，打得日寇措手不及。敌人不明我们的情况，而且分散在圩内抢东西，给我们一夹击就到处乱跑。许多日寇、挑夫都跳入镇隆河逃命。当把敌人赶出圩时天已大亮，当地老百姓第一次亲眼看到游击队打跑日寇，无不拍手称快。

这次战斗后不久，中华队就接到命令，改编入东纵二支队第一大队。中华队又在新的地区迎接新的战斗。

（参加“中华中队队史”座谈会的同志有：黄云鹏、方兰、罗欧锋、梁锦平、李贵仁、李汉清、李文兴、蔡松英、林苑明、欧坚、袁卓峰。整理人：李汉清）

［原载广东青运史研究委员会研究室、东纵港九大队史征编组：《回顾港九大队（上）》］

忆大屿山中队的战斗片段

王江涛

抗日战争期间，港九大队的大屿山中队，活跃在珠江口的大屿山海岛区，沉重地打击了日本侵略军。日寇为了维持南太平洋战争中香港这个中转站、补给站的作用，因而十分注意我军在这一区域的活动，于 1944 年 4 月间出动海陆空军，以大于我军数十倍的兵力对我们大屿山的武装部队进行疯狂的大“扫荡”，企图一举消灭我们。由于我军早有准备，敌人只扑了一个空。

但是，敌人大军撤退后，仍然派重兵盘踞在大屿山的各个城镇和我游击队基地的主要乡村，妄想寻机消灭我们。而我军则采取了灵活机动的战略战术，狠狠地打击敌伪军，拔掉了敌人钉在大屿山南、北、东区的塘福、石壁、马湾涌、牛牯朗山等地的据点，横扫大屿山西端的大澳镇伪警察局，破坏敌人的海上航运线，沉重地打击了敌人。

一、横扫伪警察局

1944 年 10 月间的一个晚上，我们的武装部队袭击了大澳镇伪警察局。在这以前，该镇的居民曾不断地向我部队投诉伪警察局的罪行，特别是盐田工人的反应非常强烈。我部队为了解除群众的痛苦，打击敌人，扩大政治影响，对敌情进行了准确的侦察。伪警察局设在大澳镇的闹市中心，另外还有几个伪警察派出所分布在各街道；闹市中心还设有一个赌场，通宵达旦地在聚赌。我队早已派出一名当地人的秘密队员潜入伪警察作内应，所以对敌伪情况比较清楚。陈亮明同志部署了这一次战斗，由陈其昌带领突击队袭击伪警察局大本营及渡口岗哨；王江涛负责政治工作并和邱球等同志解决各个伪警察派出所的敌人。当夜，我们的队伍开到大澳近郊梁屋村集中时，根据敌情的变化，陈亮明同志召开紧急会议，决定这次战斗要短兵相接，迅速解决。由于大澳与大屿山本岛隔了一条海涌，必须掌握海水涨退潮的时间，才有利于我们的军事行动。有部分渔民是住在涌边的简易木屋里，而过海涌就要经过渡口，而且还有敌伪警察岗哨。要绕过敌岗哨，只有从涌的中段沙涌处走上对岸。战斗开始前，先由李友同志带领 3 名队员到伪警员曾榕家剪断电话线（敌人通话的内线），断绝了市镇内敌军与敌总部的联系，并缴了电话机。然后由陈其昌和一名队员伪装赌鬼，赌输了钱，大声怨言互骂，分头前进，接近渡口岗哨，捕获了敌渡口的哨兵。跟着以警察的名义，让我作伪警察的内线开了门，借口说打电话给日本宪兵总部而搞断了电话线，收缴了电话机。我和邱球等同志立即率领队伍分头袭击各个伪警察派出所，顺利地缴获了伪警察们的枪；紧接着再由我组织了队伍分散去贴标语、漫画，散发传单；与此同时，陈其昌同志带领 20 多名突击队员冲向伪警察局，缴了门哨的枪，随即冲上二楼，吆喝“缴枪不杀，优待俘虏”，全部伪警察才从梦中惊醒，纷纷举手投降。我们把伪警察局和各派出所的 39 名伪警察都绑了起来，押往偏离市镇的监房。先由做内应的伪警察叫开了门，说是接收犯人，监房的伪警察刚开了闸门，陈其昌立即上前以枪指向伪哨警，当场缴了他的枪，把押来的伪警察全部扣押起来。我和陈其昌同志向他们说明我们是大屿山抗日游击队，要他们保持中华民族的气节，不要再做敌人的走狗，不要欺压老百姓。随后，我们把监房锁好，把锁匙挂在监房门，待天亮后，由他们自己去开门。

这一次战斗没有响一枪就活捉了全部伪警察，缴获了40支长、短枪和一批弹药，散发、张贴了大批的抗日宣传品。由于大澳是大屿山的政治、经济、文化中心的一个大镇，又是各地货物的转运站，所以我队的胜利消息很快就传开了。当地居民反映，游击队活捉伪警察，完全没有响枪，真是“神兵天降”。伪警察们则非常害怕，暗中派人来通气，说以后不敢再为非作歹了。据了解，当晚的战斗，日本宪兵队长正在街上宿娼，知道游击队冲进市区后，害怕得不敢出来，电话又打不通，只好等到天亮才返回宪兵部。这一漂亮的突击战，打得敌人心惊胆战，而我军民则大为振奋。

二、夜袭马湾涌敌宪查队

1945年5月间，我们的队伍开到东涌一带活动。东涌位于大屿山的主峰凤凰山北面的山脚下，是大屿山的首府，也是敌人占领的前沿阵地。东涌城内驻有日本宪兵队，距城约1华里的马湾涌则有12名敌宪查队驻守。战斗前，我们接到散头村的群众骨干谢彩的情报，说驻守在马湾涌的敌宪查、特务经常到李荣仔的茅棚聚赌到深夜。我们弄清了敌人的活动情况后，由陈亮明同志主持了有陈满、王江涛和陈其昌等同志参加的会议，分析敌情，决定夜袭敌宪查队。首先布置了李荣仔引诱驻马湾涌所有的敌宪查、特务都去参加聚赌，并给谢彩3000元“军票”（当时日军在市面上通用的钞票）去参加赌博，设法延长赌博时间，有利于我队的战斗行动；同时，决定由陈其昌、欧伟雄、邱球、李友、廖锦年、孔灿、汪权等组成突击队参加战斗。

当晚，我队从散头村出发，于夜间10时许，利用没有月光的黑夜接近敌人。当队伍到达目的地时，即迅速散开，准备战斗。由汪权负责东涌城至马湾涌路上的警戒，以防东涌城日宪兵队的支援；由欧伟雄、李友负责茅棚赌场的警戒，以防发生意外；由陈其昌、邱球、廖锦年、孔灿负责突击任务。当陈其昌等同志摸入敌聚赌的茅棚时，看到内室的敌人正在聚精会神地玩着“天九牌”。突击队员们突然踢开内室的门，冲入赌场，以枪口对准敌人，命令他们不准动，缴枪不杀。其中有一敌人，蹲下准备反抗，陈其昌立即开枪，当场将他击毙。其他的敌人乖乖地举手求饶：“兄弟留情，不要错手，我们为了吃饭才干这勾当的。”不到5分钟便结束了战斗，我队缴获了敌人全部武装，并向他们说明：是中国人，就不要为日寇卖命。

驻守在东涌城内的敌军，虽然听到了枪声，但不敢出来支援。这次战斗，总共缴获了12支又新又漂亮的短枪和一批弹药，武装了我们的队伍。当地群众得悉我军机智勇敢地打了胜仗，都非常高兴，对抗战必胜的信心也增强了。而驻守在东涌一带的敌伪军从此龟缩在巢穴里，再不敢出来敲诈勒索老百姓了。

三、夜袭牛牯朗山日本驻军

1945年6月间，我队于黑夜袭击了牛牯朗山上的日本驻军。当时，盟军已在太平洋各个岛屿登陆，日军为了防止盟军的进攻，加紧在大屿山建立滩头堡垒，驻梅窝的日军营部强征乡民到牛牯朗山上挖地洞、筑战壕。白天，由日军监督乡民挖地洞，黄昏收工后，乡民回去了，只剩下日军在山上看守。牛牯朗村群众骨干周容发及时地向我们反映了这一情况。我部队又找了当地的青年乡民帮助调查，根据山上日军驻地营房内外的详细情况，决定于夜间袭击牛牯朗山上的敌军，由陈满和我带领10多名武装队员参加了战斗。陈满负责指挥战斗，由他带领邱球、廖锦年、孔灿等同志组成短枪突击队负责突击任务；我和温煌、范发、蔡学儒等同志负责掩护、后卫和呼喊日本语劝降日本兵等任务。

6月间的一个晚上，约10时许，我队从牛牯朗村出发时，正遇上刮风下雨。在伸手不见五指的黑夜里，我们每个战士的左臂上都绑着一条白毛巾做记号，爬山走路一个紧跟一个。到达目的地时，雨已小了，我和温煌、范发、蔡学儒等同志埋伏在敌军营开阔地的战壕里，以便掩护接近敌营房的突击队。陈满和突击队员们摸到敌军房门口，廖锦年见到一个黑影一声不响地从门里闪出来，于是把电筒一照，才发现是一个日本兵。这个日本兵又不吭声地跑入了室内，陈满、邱球、廖锦年等同志随即冲入，室内的敌人已惊醒，陈满等同志立即开枪射击，有两名日本兵应声倒毙。陈满迅速冲入内室，日本军官正要伸手去抓壁上的指挥刀时，遭到陈满枪击也倒毙了，其他的敌兵也被邱球、廖锦年、孔灿等同志枪杀了。陈满在内室扭断了电话线，以防敌兵和山上其他敌军据点通话。战斗结束了，5名敌人干净利落地被我们歼灭了。同志们怀着胜利的喜悦心情沿着梅窝山边回到贝澳村后的密林山坑里隐蔽、休息。

在以上的3次战斗中，我军没有伤亡。据不完全统计，我军共毙、俘敌伪军警57名，其中击毙1名日本军官中尉；缴获了长、短枪共58支，指挥剑1把，手榴弹和其他弹药、军用器材一大批。这一大批武器和弹药，武装了我们的队伍，扩大了我们的队伍。

四、破坏敌人的海上航运线

1944 年 5 月至 1945 年 8 月期间，我们不但在大屿山岛屿上狠狠地打击了敌人，而且在珠江口海域也袭击了敌人的交通运输线。当时，我们先后派出了以小队长陈其昌、政治服务员欧伟雄和班级骨干曾观胜、蔡学儒、范发、冯福等同志组成的一个排，配有机枪、步枪在海上活动。由于我队在海上截缴了敌伪的大量物资、船只，破坏了敌人航运线，敌人恼羞成怒，于 1944 年底出动了多艘炮艇来“扫荡”我们的海上队伍，企图打通海上航线。但是，我们以沿海岸线的固戍、龙鼓滩等地和内伶仃等岛屿为据点，以渔船为掩护，没有暴露部队的面目，行动飘忽，避开敌军进攻的锋芒。结果，日寇的海上“扫荡”只有以扑空而告终。

我们在海上的活动，最初是由陈其昌率领的武装队伍负责，他们伪装渔艇在海上钓鱼，监视着港澳穗的海上航道。如 1944 年的夏天，有一次他们发现从香港方向驶来一艘电扒（机动帆船）后，我队驾驶的渔艇立即接近该电扒，即以铁锚扣住了它。我武装队员迅速地跨上电扒，并把船上的人员关押到舱内。当第二艘电扒尾随而来时，我们即从船上发出讯号命令其停泊；不久又缴获了从澳门方面驶来的电扒。我队立即组织人力搬卸了大批军用物资，把缴获的电扒除了留下一艘自用外，其余的两艘都送往了黄田附近的我部队司令部。在这前后的日子里，还缴获了多艘电扒和大批物资。以后，由曾观胜负责的武装队伍继续在海上活动时，则根据敌情的变化，改变了活动方式。他们在三枝桅的风帆大渔船上，与渔民一起捕鱼劳动，当瞭望哨用望远镜观察到海上有载重的机动帆船时，就命令我们的渔船占上风行驶。当我武装渔船逼近对方五六百米时，就扣响轻机枪，威胁敌船停航，我们的队员则登船检查，组织人员搬运货物。最多的一次有 500 多担粮食被缴运回大屿山游击队基地。搬完物资后，我们就命令这些机动帆船驶回宝安县境内我们的根据地，让司令部去接收。

这期间，我们陆续缴获了敌伪的电扒（大型运输船）20 多艘，除了个别自用外，其余的都送回我部队司令部，为以后建立我军海上武装大部队和交通运输队提供了有利条件；同时，我们还缴获了敌伪的大量物资，计有大米、食品、罐头、香烟、烟叶、人参、金器、布匹等。除一小部分留给大屿山部队自用外，其余大部分物资都上缴了东纵司令部和港九大队部。这样，就大大地补充了我军的给养。敌人的海上运输线名副其实地成为了我军的“运输大队”。兄弟部队在陆上破坏了敌人的铁路交通运输，而我们大屿山部队和其他兄弟部队又破坏了敌人的海上航运。这样一来，敌人赖以垂死挣扎的香港、广州中转站、补给站的作用也就失灵了。

［原载广东青运史研究委员会研究室、东纵港九大队队史征编组：《回顾港九大队（下）》］

作者简介：王江涛，1921 年出生，广东海丰县人。1939 年 8 月加入中国共产党，同年 9 月参加东江纵队。多年在香港、澳门从事地下工作和武装斗争，曾任中共新界海岛区委组织委员、港九大队大屿山中队指导员、澳门中共地下党特派员。1953 年从澳门调至广州，后任广东省高教厅副厅长。

在乌蛟腾一带的工作

李贵仁

1941 年冬，在日寇侵占香港的同时，我党领导的广东人民抗日游击总队，从几个方向分别派出精干部队，深入到香港新界地区，在两个多月的时间内，基本完成了紧迫的“抢救”（抢救在香港的文化界人士和民主人士）和“收拾”（收拾英军丢下的武器）两大主要任务。为了加强第一线领导和便于集中统一指挥，有力地开展港九地区的抗日游击战，1942 年 2 月初成立了港九大队。港九大队成立之后，迅速把重点转移到开辟新界广阔地区的抗日根据地工作方面上来。

当时新界分为 3 个区，即西贡区、元朗区和沙头角区。西贡区是靠近香港的一个区，在“抢救”工作中是以这个区为依托进行第一步转运的，同时英军在这个区丢下的武器也比较多，我们的“收拾”工作也非常繁重，所以我们的武装力量到这里来的骨干比较多，在迅速地完成“抢救”与“收拾”任务的同时，为群众做了许多有影响的工作，获得群众的信任和支持，使这个区的力量有了很大的发展，以后组建了新的部队。元朗区的地方较大，与我内地游击区宝安县相连，是“抢救”工作的重要转运站。在这里有我们曾鸿文同志率领的部队，有较强的地下交通网络，出色地完成了“抢救”的转运和收拾武器的工作。同时还打击土匪和发动群众，使这一地区有了初步的基础。沙头角区是新界的边远区，其大部分乡村处在边远山区。我们部队进入香港新界时，由于当时执行任务的关系，只在靠近沙头角镇附近的几个村子留下小分队，还未公开游击队的旗号，大片地区尚待我们去开展工作。

一、开展乌蛟腾的工作

港九大队成立后，即由大队长蔡国梁、政委陈达明、政训室主任黄高阳等主要领导同志亲自率领刚在西贡区发展组建起来的部分部队，转移到沙头角区来开展工作。首先到达乌蛟腾村。这个村在沙头角区的东南部山区的中心，地处一个小盆地，有近百户人家，是这个山区较大的村子，它四周有 20 多个小村。乌蛟腾的群众有很强的自卫反抗斗争精神，在遭受土匪的几次抢劫后，群众自动组织起来，出钱出力，把村里的猎枪、十三响等集中起来，还组织懂得枪械的人修复了过时的火枪土炮，从外地买来五六支英式步枪，组织了有近 20 支枪（炮）的自卫武装队伍，声势很大，不仅保卫了自己的村庄，还支援了附近的村子。1942 年的除夕，涌尾村遭小股土匪抢劫，乌蛟腾自卫队闻讯后立即出动，当即击毙土匪一名，其余的土匪就不敢再来了。

我们部队从西贡区坐船过海，清晨到达离乌蛟腾约 3 公里的涌背村作短暂休息，吃过早饭后即向乌蛟腾村进发。这天正好是农历二月初二，乌蛟腾村正在搞敬神活动“做社”。一早就得知有“土匪”到了涌背，自卫队早已做好了战斗准备。10 点左右，突然锣声大震，自卫队向村民们报警说：“土匪”正向村里开来，已到涌尾。这时村里气氛顿时紧张，村民闻警迅速疏散，自卫队全部占领有利地形。这一举动，也被我部队发现了。大队长蔡国梁同志见此情况认为，主要是群众不了解我们是什么队伍的原因，决定先派几位同志去做宣传工作，在取得同意后再进村。大队长带了几位同志，还有女卫生员崔玉明同志前去做工作，边走边向村民喊话，态度和气，一再说明我们是抗日游击队，不是土匪，到新界来是为了打日寇，是帮助群众消灭土匪的。当走到接近他们的山口时，即遭到村自卫队的阻止。因大队长他们宣传的态度亲切和蔼，使自卫队员已有所考虑，故未敢开枪。这时村长李源灌出来与部队同志交涉，虽对宣传有所理解，但还坚持未搞清部队性质之前，要求部队暂时不要进村。蔡国梁同志考虑到群众的觉悟，就决定把部队转到横山脚村去了。乌蛟腾是这一带的大村子，部队若不能很快在这里打开局面，开展这一地区的工作将会受到影响。部队进驻横山脚后第二天就派人以买狗为名到乌蛟腾做宣传了解工作，经过接触，乌蛟腾人认识到横山脚住的不是土匪，而真正是抗日游击队，随即就有几位青年参加了部队。

二、围歼土匪邓芳仔

在香港沦陷的头几个月里，新界一带的土匪活动十分猖獗，群众受害不浅。肃清土匪为民除害则是关系到顺利开展新区工作的大问题。3 月份有股约 100 人的土匪，其头子叫邓芳仔，窜到大滘村。这里是在日寇占领香港后的水上交通要道，这股土匪经常在这里出没，到处抢劫群众财产和拦劫勒索客商，还冒充我游击队，破坏我军声誉。大队领导决定消灭这股土匪，考虑到这股土匪的力量较强，单靠刘春祥中队怕不行，就决定调西贡区的部队联合作战。作战计划由刘春祥同志拟制，他首先带着熟识本地地形的同志化装抵近土匪住地进行详细侦察。经过几天准备，随即在横山脚召开了两区部队协同作战会议，西贡区部肖光生和赖祥同志来参加了会议。会议讨论决定了战斗分工为：刘春祥中队负责主攻突击，首先占领该村后山控制制高点，战斗打响后迅速突入村内消灭驻匪。西贡区部队分两路，一路在大滘村东侧山背后登陆，占领山头从侧面实施突击，配合主攻部队歼匪；另一路分乘 4 条木船，从大滘湾正面驶入，防止土匪从海上逃窜，并实施正面强攻，配合陆上部队歼灭土匪。要求各部队在拂晓前占领冲击位置。蔡国梁同志强调指出，这是我港九大队成立后开辟新区的第一次大仗，关系重大，必须打好。

3 月下旬的一天凌晨两点，刘春祥中队从横山脚出发，4 点半已占领了大滘村后山，迅速作好了具体战斗部署。天刚蒙亮时，村里的土匪见到海上有船驶来，还认为是其他土匪来占地盘的，紧张的嘈杂声一时顿起。我们在后山听得清清楚楚，有的说是黄竹青来了，有的说是陈乃秀的人（这两人都是土匪）。他们立即派了部分兵力到后山想占领制高点。此时我突击队已接近该村，正好与上山的土匪相遇，战斗打响了。土匪遭这一突然袭击，被打得措手不及，拼命向山下逃窜。在村里的土匪听到后山打起来了，慌恐万状，一下子全乱了套，纷纷各自逃命。我突击队占领该村后迅速发起追击，活捉几人，击伤几人。这次战斗只是把土匪击溃。在战斗总结时大家认为，由于兵力不足（总兵力为一比一稍强），未能形成全面包围，故未达到全歼的目的。

三、举办初级政治训练班

初战土匪邓芳仔告捷，整个沙头角区的土匪再也不敢公开活动了，部队迅速开展这一地的工作，游击队的声望很快就扩大了。当地青年踊跃参加游击队，部队发展很快，在不到一个月的时间里，刘春祥中队已从40多人发展到70余人。为适应迅速发展的形势，急需提高部队的军政素质，大队领导决定，利用短暂的稳定环境，举办基层骨干政治训练班。将刘春祥中队整编为两个队，一个队仍由刘春祥同志带领，保持其原有的战斗力，到各处活动；另一个队由较年轻的队员组成，还有崔玉明、王铁峰、林英3个女同志，共30多人编为政治训练队，直属大队政训室领导，驻在马尿水（地名）进行培训。这个训练队的主要课程有社会发展史、大众哲学以及当时的国内外形势教育等，教员由政训室陈冠时等兼任，黄高阳同志也经常来讲课。由于形势不断发展变化，训练班只办了一个月。训练结束后，将部分队员充实到其他部队，一部分即组成沙头角区的长枪队，一直坚持在以乌蛟腾为中心的一带山村活动。队长卢进喜同志，9月以后是卓觉民同志。

四、掩护电台，警卫广东军政委员会会议

沙头角区是港九的边远山区，也是我广东人民抗日游击总队进出香港新界的走廊。其东南部的山区，远离交通要镇，有利的地形成为一个可以同敌人周旋的缓冲地，还可以隐蔽一定数量的部队和重要机关。

1942年的初夏，宝安地区抗日斗争形势紧张，总队电台要设法搬到新界地区来。蔡国梁同志考虑把电台放到乌蛟腾附近山区，便叫我带路，亲自选择地点。我们走遍了这一带的大小山头和村庄，最后选中离乌蛟腾村约2公里的石水涧村。说它是个村子，其实只有一个独户人家，主人叫林戊，其侄子林传（后参加了部队）。村子坐落在群山峻岭之中，这里的山林、小溪、茅屋和大自然景色，构成一幅山幽林静的美丽图画，是个不进茅屋不知有人家的地方。电台地点选定之后，蔡国梁同志把我从训练班调出来，叫我负责到乌蛟腾设立机要交通站的工作，并到沙螺洞把电台接过来。虽说是电台，实际上是一个重要

的机关，有一二十人。单是电台的设备器材，就雇了五六个民夫挑运。转移行动目标很大，蔡国梁同志还特别安排我们不准经过村庄，全走山间小路。5月初终于顺利地把电台安放到石水涧村。约1个月后，又把林平同志接来。从此这个独家村子就成了游击队的最高领导机关驻地了。

1943年1月下旬，广东军政委员会在这里举行了有名的乌蛟腾会议。当时在这个地区活动的部队就是卓觉民小队。一天，大队长来信指示，要部队到茅田仔村去活动，并明确指示，部队不准进村去住，要到山上找隐蔽的地方搭草棚，还要多搭几间，说是大队部要来。小队长卓觉民同志把任务分配给各班。我们听说是给大队部住的，就把草棚搭得很大，还特别搞好质量和样式。蔡国梁同志还亲自作了检查。其实不是大队部要来住，而是为广东军政委员会的会议作准备的。当曾生司令员、王作尧副司令员和一些不认识的领导同志相继到达后，我们才知道要在这里举行重要会议（后来才知道参加会议的还有梁鸿钧、梁广、连贯、罗范群、杨康华、李东明等同志。林平同志早已在此，是会议的东道主了）。此时大家才认识到，我们执行的不是一般任务，而是一次重要的警卫工作。黄高阳同志在外围活动，还亲自来作动员，他要求同志们要提高警惕，加强战斗观念，集中精力，不怕艰苦，认真做好这次保卫领导机关的工作。同志们都感到任务艰巨而光荣，非常认真地完成了这次警卫工作。

[原载广东青运史研究委员会研究室、东纵港九大队队史征编组：《回顾港九大队（下）》]

作者简介：李贵仁（1925—2010），香港新界人。1939年参加惠宝人民抗日游击总队（东纵前身）。1941年底返回香港参与组建港九大队。1946年6月北撤，入华东军政大学学习。1947年调华东野战军坦克队。参加过济南、淮海、渡江、解放上海等战役。中华人民共和国成立后，参加抗美援朝战争。获颁授三级独立自由勋章、三级解放勋章和朝鲜颁发的三级国旗勋章。历任坦克二师副师长、济南军区装甲兵技术部长。2010年于广州逝世。

船厂地下斗争

何家日

1941 年 12 月 8 日，日本发动了太平洋战争，继而攻占香港。

日本占领香港后，对当地人民非常残暴，动辄杀人，冻饿而死的人更是不计其数。香港已变成了死港，大批人逃离港九，回内地寻找生计。日寇占领香港后，把我们所在的红磡黄埔造船厂改名叫日立造船厂。

1942 年，船厂工友林冠荣、麦林福两同志从广东人民抗日游击总队回到香港。他们找我联系，并在黄灯明家里秘密组织读书会。同年秋，林冠荣就单独布置我的任务。

1943 年盟军飞机开始空袭香港。夏季的一天，林冠荣同志约我 12 点到他家里见面。他就住在宝其利街奉天茶楼附近。中午 11 点半，我正准备出门，美国飞机又来空袭轰炸。林冠荣以及单柱贞同志都在空袭中牺牲了。

1944 年春，麦林福介绍黄扬声与我及黄灯明联系，参加了港九大队市区中队。当时我所知中队长是方兰，中队的干部还有陈佩雯、黄扬声。

我们经常把东江纵队出版的《前进报》及市区中队出版的《地下火》投到各类人物的家中，试探其反应。还把这类印刷品放到区公所警告敌伪人员。而我们在船厂张贴的传单却经常被人撕去。有一次我就在船厂大坞口贴了一张，在旁边写上“撕者枪杀”几个字。结果一个星期都完好无损。

当时工人们为了生活，不能不上工，但都不愿为日本人干活。经我们串联教育，工人们普遍都实行怠工。一上班就三三两两围成一堆，议论时局新闻或聊天等，反正就是不干活。还派人“睇水”，发现日本人来了，立即通知大家马上散开。一天的工作，几天都干不完。日本人对此十分头痛。

日本人在船厂造的新船，主要是载运坦克及运兵的登陆舰，另外还有些军用船和军舰开来修理。我们把日本船的性能、生产进度等情报都向上级一一作了汇报。有一次我们的一位同志还趁着船体车间饭尾工程师的大意，进入办公室偷了一份船体图纸。

经过一段时间的了解和考验，我们发展了一些工友参加市区中队，如黄之水、张来、古炳生兄妹、黄港山、黄福等。另外还把一些同志送回内地部队，如我的胞弟何雄及麦继等。

我家原住在红磡区，1944 年 4 月、5 月间，盟军飞机到红磡区大规模空袭，当时死了几千人，我母亲和姐姐搬到白扬街去住了。这时由我负责联系的除了红磡船厂外，还有深水埗船厂、德士古油库及油麻地的一些同志。

为了工作需要，组织上又在旺角上海街租了一间屋，是二楼，作为给我居住和活动的一个点。这样，我就一共有 3 个比较固定的活动点。在上海街的活动点，方兰同志也同我接头。她还说如果有人问我们做什么的，就说我们是做经纪的。这段时间，陈佩雯同志教过我爆破技术。我也对我联系的部分同志传授过爆破技术。

随着抗日战争的发展，盟军飞机对香港的轰炸越来越频繁，日本人把九龙船厂的部分机器设备运入防空洞，在防空洞内生产炮弹。上级指示我们把敌人在防空洞的设备炸毁。我与黄之水作了研究，并由他将炸药等运入防空洞。因他是电工，有机会进入防空洞。正当准备工作快就绪时，有一天上午，陈佩雯突然到来，要我停止一切活动，中断所有联系，以后等待组织通知。

数天后，陈佩雯约我到旺角弥敦戏院附近见面。她告诉我，出事了，领导机关已撤退，要我暂时坚持下来，看情况变化，必要时也撤退。她把回游击区的路线和联络暗号告诉我，要我先到旺角消防局一个姓曾的同志处隐蔽起来。临分手时交了一只 14K 金的戒指和 50 元军用票给我，并叫我有困难时自行设法。按照陈佩雯的指示，分手后，我就到深水埗长沙湾道曾家隐蔽起来。

有一天，我母亲和姐姐回红磡原来我们家察看，家里也没有什么异样，她们就离开了。刚离开数百米，就看见大批日本宪兵开着卡车包围了那座楼。后来邻居告诉我母亲，日本宪兵拿着我的照片在那里搜查抓人。邻居说，我曾在此住过，但好久都没有回来了，不知我到哪里去了。宪兵又问邻居有没有见过“方姑”（即方兰）。邻居说，不认识。

我了解到这些情况后，知道日本人在追捕，处境很危急，决定撤退。

我在早晨混入人群，经过哨卡，去到沙田，在沙田坐上帆船去小梅沙。船出海后，遇到一些回程船，两船搭话。一船家说，日本人今天“扫荡”小梅沙。我一听不能去了，趁着两船靠近，一步跳上回程的船。我请船家带回沙田，并把身上仅有的 10 元军票给了他。到沙田后，又步行回深水埗白扬街。我观察了一整天，没发现异常情况，就回家向母亲要了点钱，又回到曾家继续隐蔽。

有一天，我偶然碰见黄灯明。他说他隐蔽在荔枝角石硖尾一个菜农家里。我们约好一齐撤退。这次较顺利，我们在小梅沙找到游击队的税站，联系上后，他们派人带我们去到水头沙。我们整个中队都集中在那里。我们见到了中队领导人方兰、陈佩雯、黄扬声，他们说已经派了交通员去找我们。原来我俩是最后回到中队的。

这次出事，黄福被捕，他向日本人出卖了我，所以日本人到处追捕我。

在中队集中期间，主要是学时事、政治及军事常识。教官是一位姓陈的同志。经过一段时间后，组织上准备重新把我们派回香港工作。

一天晚饭后，接司令部通知，日本已宣布无条件投降了。第二天我们就奉命分头分批陆续向香港出发。

回港后还没联系上所有的关系，黄灯明就来找我，说他接到报告，在港九铁路叫做火车头的地方，有日本人的驻地，里面有一批武器，看来那些日本人正准备逃跑。他要我协助他们去缴日本人的枪支。我们在凌晨去到火车头时，日本人已跑了。我们把这批武器弹药包扎起来，运到了中队部。

隔了两天，张景说，有一个日本人知道一批武器的收藏地点，必须要把这个日本人抓到。下午约 4 时，我和张景、黄灯明、罗荣雄来到尖沙咀半岛酒店附近的一座 3 楼上，抓住了这个日本人。

黄灯明、张景两人去找船只，我和罗荣雄用单车把日本人押到红磡区老龙坑街黄灯明家里。大约 20 分钟后，一批英军突然来包围，并入屋搜查。我押着日本人在楼上，我用枪指着日本人，命他进厨房顶。黄灯明母亲拿个大箩把他罩住。在楼下有一个红磡船厂的工友，外号叫“何老大”的，懂得点英语。他用英语同英军说了一阵后，英军也没有上楼搜查就走了。

第二天天快亮时，我和罗荣雄将日本人押到红磡轮渡码头。这时码头上很多人在等船，为怕出意外，我叫日本人在码头底下蹲着，罗荣雄站在码头上警戒，我则掏出枪站在码头的梯阶上。大约 7 点钟时，黄灯明同张景驶着一艘木船来到，我们一齐押着日本人上船，到槟榔湾中队部交给了方兰同志。

这段时期，我们收到部队送来的一批印刷品。为了扩大我们党和部队的影响，当时我领导下的一个队员黄港山同志，第一个把收到的毛主席的《论联合政府》及毛主席、朱总司令的接收日军投降、收缴其武器的命令拿到街头去散发。

［原载广东青运史研究委员会研究室、东纵港九大队队史征编组：《回顾港九大队（下）》］

印刷工人的斗争

——在日寇统治下的中华书局

吕少枚

1941年12月8日日寇占领香港后，这个交通比较方便，工商业比较繁荣的香港顿时成了死城，一切都停顿了。日本帝国主义为了利用香港的地理条件和经济条件进一步扩展向东南亚的侵略，在香港原来的工业基础上建立了船厂和军需产品工厂，为他们的侵略战争服务。

港九大队市区中队成立后，力量分布各工厂，用各种形式同敌人展开了斗争。

当时，我在方兰和陈佩雯同志的直接领导下，团结中华书局的工人群众，同敌人进行斗争。我们在中华书局很快就发展了刘洁云姐妹、李碧仙、刘凤群、冼群等人做骨干力量，利用一切机会及时向群众揭发敌人剥削和压迫的罪行，提高群众阶级仇、民族恨的觉悟。群众逐步提高了认识，有些直接参加了我武装部队，有些拥护我抗日斗争的主张，站在我们这边和敌人进行斗争。连车间的管工也为我们通风报信。有些担任工人出厂时搜身的职员，也能够做到心领神会地随意放行。

破坏生产，是我们在工厂对敌斗争的一项任务。

为了用实际行动纪念“七一”，我们在比较了解的工友中，发动每人拿走一件厂内的东西，以破坏敌人的生产。但这一行动如被敌人发现，会受到敌人灌水或烈日下晒一整天的刑罚迫害。我们设法买通搜身的中国人，唤起他（她）们的爱国心，因此这次行动得以顺利进行。

中华书局那时在印制中储券钞票，这是在汉奸汪精卫统治地区流通的纸币。印钞票工作是精细的，且原料昂贵。我们在每个工序都搞一些差错，最后，这些钞票便成了一堆废纸，使敌人查不出是哪个环节发生问题。我们的行动，打乱了敌人的生产计划。

我们在油墨中放钉子，待机器在运转中受阻碰坏，经常因此而停机。虽然敌人明知这些不是自然事故，而是“民族问题”，但这些行动隐发（原文如此——编者注）在群众之中，敌人无可奈何。

发动宣传攻势，扩大游击队在港九的影响。市区中队成立，使得敌人感到不单是郊区遭到游击队袭击岗哨、枪杀鬼子汉奸的威胁，市区心脏也很不安宁。我们把东江纵队的抗日传单按工人地址晚上在门缝中放进去，在厂内把传单夹在纸币中间顺工序而传递。这些传单在全厂工人中引起了强烈的反应。其中有个走狗败类拿给敌人看，想领功，车间的日本人米谷说："这是民族问题，我们厂也不平静。"敌人也知道厂内有游击队活动，但我们干得巧妙和有群众的支持和拥护。敌人虽密切注意我们的行动，但直到他们灭亡之日，也没有发现我们。

［原载广东青运史研究委员会研究室、东纵港九大队队史征编组：《回顾港九大队（下）》］

民运工作二三事

何玉屏回忆　姚　坚整理

我原是香港纺织女工。日本侵略军占领香港后，我随丈夫老张参加了东江纵队港九大队。在新界赤径参加了一个月的集训班，学习的内容有军事和政治，特别强调了在敌占区搞好民运工作的重要性。我是一名新战士，事事都感到新鲜，很想多学一些革命工作的本领；我看到日寇的野蛮侵略行径，自己作为一个中国人，有强烈的爱国心，为了抗日可以献出自己的一切。部队领导派我去负责几条村的民运工作，我的任务是在乡村里组织儿童团、妇女会，教育和组织群众起来抗日，搞好生产，支援前线，积极参加抗日游击队等活动。民运工作是十分艰巨和危险的，日寇经常进村"扫荡"，我们经常是住无定点、食无定时，紧紧依靠群众，随机应变，遇到敌情就立即撤到山上或上艇摇到海中心去过夜，千方百计地克服困难，坚持开展工作，为团结广大群众开展抗日救亡活动贡献了自己的力量。

"红小鬼"显神勇

儿童团的"红小鬼"都叫我亚姑，"小鬼"们送信、放哨最机灵。有一天

10多个日本鬼子乔装打扮，身穿黑胶绸衣服，头戴竹笠，好像是农民的样子。放哨的“小鬼”远远看见，知道是“萝卜头”（日本鬼子）来了，立即派人入村报讯：“亚姑，‘萝卜头’来了，快走。”我身边的阿婆立即解下身后的小孙给我背上，戴上一顶客家婆的帽子，拿走竹篮到菜地去了。日本鬼子抓了“小鬼”和几个农民来拷问，要他们交出游击队、共产党，他们守口如瓶，始终没有泄露半点消息。我就是这样在群众的保护下开展工作的。

抢运粮食弹药

我们的粮食、弹药从东江运至沙田才转运往游击区，因为要躲过敌人耳目，总是在半夜卸运的。遇上退潮，海边水浅，船重靠不了岸，我就组织妇女们半夜起床，到过腰深的水中去卸船，将粮食、弹药挑到山上指定的地点存放。她们为了支援抗日，不怕敌人“扫荡”，不怕深更半夜地劳累，不顾家中孩子啼哭，勇挑重担，翻山越岭去抢运物资，这种动人的情景至今还历历在目。姐妹们还利用晚上去开荒，种杂粮、瓜菜，不仅改善了生活，也支援了抗日游击队。

我们的游击小组长陈亚娇，她是个寡妇，丈夫是在一次日寇入村“扫荡”时被打死的。有一天晚上，我约了游击小组的成员在她家开会。可能是走漏了风声，敌人摸黑入村，直闯亚娇家搜索。幸而我们及早发现，大家立即分头疏散。我烧掉身上的文件，从后门由芋田旁边弯着腰走到别的村去了。敌人抓住亚娇拷打逼供，并指着她床上的两个枕头，问是谁来过，亚娇义正词严地说：“我老公被你们打死，我纪念他，放两个枕头都不行?”敌人扑了个空，查无实据，灰溜溜地走了。亚娇就是这样勇敢地对付敌人，掩护同志。

打击敌伪政权

农村的妇女广泛地组织起妇女会，开展抗日宣传工作。我和姐妹们一起上山打柴，下海边摸虾仔，边劳动边谈心，提高姐妹们的觉悟。在黄毛应村有个余嫂，她是广州花地人，逃难到那里嫁给了伪乡长，无亲无故，无儿无女，受尽伪乡长的虐待，经常挨打受骂。有一天伪乡长去赶圩，竟将家中的大床拆了，炉灶也用水泼湿，火柴也收起来，把大门倒锁了。余嫂一时想不通，上吊自杀了。我闻讯后立即组织群众把伪乡长绑起来，送到游击队大队部处理，通过这一事例揭发伪政权的丑恶面目，提高了党和游击队在群众中的威信。

保护文件

1944 年 5 月、6 月间，我仍在黄毛应村工作，但经常要到北潭涌村开大会。为了安全，领导布置我和邓志坚同志两人把一箱文件抬上北潭涌的山坑内去掩藏。过了一段时间，有一天乌云密布，天气骤变，暴雨将至。我想文件箱在山坑内，下暴雨会被山洪冲走，急忙跑去北潭涌抢救文件。三同户宋嫂不让我去，认为有危险，我不顾一切跑到通往北潭涌的河边。平时河水很浅，小鸡都可以走过，谁料当日坑水、雨水一齐倾注，水涨过腰深。我一下水就失去重心，被水冲走，东撞西碰，被冲到坑边上，头被撞破了，血流满面。我抓了一把岸边的青草，咬烂敷住伤口，忍着伤痛，爬到岸上，跌跌碰碰总算能坚持跑到一个名叫“玫瑰”的基本群众家去。面发青，一身湿透，吐了很多水，又无药，只有用生姜敷住伤口，止了血。又爬到山坑上，看到文件箱还在，心才放下。自那时起，我经常头痛，至今仍留有脑震荡后遗症。

抢救难民同胞

香港沦陷后，就成了一个死港。同胞们在日寇的残酷统治下，民不聊生，走投无路。日寇企图疏散人口，到处拐骗港九同胞，以招收开山生产为名，一批一批将难民驱上大轮船，驶向新界一带，放逐上岸。难民们在荒山野岭之中，无屋住，无饭吃，有些还有病在身，无医无药，十分可怜。当时我正在烂泥湾（村名），目睹此情此景，立即向游击队领导汇报。当时部队的给养也很困难，但面对受难受骗的同胞，一定要尽力援救。部队拨出粮食，安排由伪乡政府（两面政权）出面，煮粥救济受难同胞，并组织当地农民做向导，带领受难同胞绕道返回香港。

经过几年在民运工作中的锻炼，我认识了一条真理，群众是真正的英雄，革命离开了群众就一事无成；依靠群众，什么困难都可以解决。在政治上我更加成熟，思想上对共产党有了进一步的认识，我迫切要求参加中国共产党。1945 年 3 月在港九大队经李兆华、何培两位同志介绍，在赤径村举行了宣誓仪式，我成为一名光荣的中国共产党党员。

［原载广东青运史研究委员会研究室、东纵港九大队队史征编组：《回顾港九大队（下）》］

西贡人民对港九大队的支持

蔡仲敏

1941 年 12 月 25 日，港英当局宣布投降，日寇全面占领了香港。广东人民抗日游击总队，派出武装队伍，兵分三路，突入港九新界地区开展游击战争，创建游击区。1942 年 2 月，成立了港九大队，领导着港九地区的抗日武装斗争。

挣扎在水深火热之中的港九人民，对港九大队给予了极大的支持和帮助。他们在中国共产党的抗日救亡主张的号召下，积极投身抗日救亡运动，同时还建立起民兵、妇女、儿童团等组织，支援部队的工作。不论是市区的青年、市民、工人，还是郊区乡村的农民，都纷纷为打击日寇，开展抗日武装斗争出力，有的甚至献出了生命，谱写了可歌可泣的壮丽诗篇。

西贡区位于九龙半岛的东北部，是九龙山东脉向东北延伸的支脉。许多村落背山面海环绕在山脚下，海岸线长而弯曲，村民大都"半农半渔"，有利的环境为港九大队能坚持山区游击战争和建立海上武装队伍都创造了条件。港九大队部较多的时间就在这一带活动。

黄毛应等村，地处西贡边沿，是西贡圩通往西贡东南各村的咽喉。由于港九大队的不断壮大，港九的青年、工人，当地农民陆续前来参队，部队的声威震惊了敌人，敌人不断地派遣特务、汉奸进行猖獗的活动。在这个港九大队大队部早期活动的基地，有着良好的群众基础，西贡区役所主任许美南听从我们指挥，能及时地提供情报；西进吊草岩一带有黄冠芳、刘黑仔短枪队的活动，牵制着九龙通往西贡的交通要道；南面坑口有江水短枪队控制了海面。敌人是不能轻易进入这个地方的，就是来了也找不到我们部队的踪迹。

黄毛应村成为我们的交通站，由九龙来往的同志，大都停留或住宿在这里；由九龙等地运来的物资，也经过这里中转储放。当地的群众给了我们极大的支持和帮助，如邓仁发、李清在牛池湾粮站收得的粮食，交由徐官生设法运回黄毛应；还曾以运棺木的形式，从九龙运回物资、武器。该村仅有的 15 名青年，就有 5 人参加了部队。西贡的群众在敌人多次"围剿"中受了不少灾难，但始终都未泄露过部队任务消息。有一次敌军来"围剿"，南围乡的乡长忍受了敌人的严刑毒打，终被殴打致死。又如，1944 年秋天的一个早晨，西贡宪兵队长园外率队，由叛徒杨九仔带路，突袭黄毛应村。邓振南的父亲邓福、邓戊生的弟弟邓德安和一些进步青年被捕，抓到教堂里。敌人以酷刑迫害，把他们吊起毒打，脚下烧火，脚被烧烂。他们仍坚贞不屈，始终没有吐露游击队的任何情况。敌人洗劫了全村，把牲口、财物抢掠一空而去。敌人走后，村民们立即把受伤同胞进行抢救，邓德安因伤势严重不幸身亡，邓福半年后才复原。事后叛徒杨九仔被我游击队枪毙于西贡圩内。

深涌村面对大埔海，穿过赤海海峡，通大鹏湾；西边是大埔、沙田，敌人设有宪兵队、水上警备队；对面与沙头角、红石门等村遥遥相对，是一个袋形的海域，处在西贡区与沙头角区的中间，这里也是交通要道之一。我肖华奎短枪队都驻扎在这里，西径设有税站，征收客商保护税，保护商旅安全到达大鹏区以及内地解放区。在这里诞生了我们的海军——水上抗日游击队（海上中队）。在一次敌人的搜捕中，十四乡西径的李观妹和她的儿子，为掩护税站人员被敌人打伤，也未泄露任何消息。敌人追问乡长何金养为什么不报告，他说：“游击队神出鬼没，来无踪，去无影，就算我去报告，他们也跑了，去报告也来不及。”敌人无可奈何地走了。

赤径在一个狭长的海湾里面，出海经塔门，越大鹏湾可到沙鱼涌一带，也可绕过海湾北至沙头角区，南至龙船湾一带。这里设有交通站与各站联络，这一带（白沙澳、高塘、大浪、赤径）的青年大部分参加民兵中队或各种抗日活动。赤径群众靠机智勇敢挫败了敌人的阴谋。

有一次，敌人的“电扒”靠岸登陆寻找游击队，村边只剩下一老一少在耕作。敌人上前追问游击队在哪里，老的装聋作哑，少的指小铺子说：“买油？那里有卖。”敌人毫无办法，灰溜溜地走了。

1944 年 2 月，在敌人“扫荡”中，港九大队政训室的同志住在大浪湾山间中。赤径、大浪的民兵、妇女三更半夜冒着风险上山送米、送信，打破了当地人入黑不出门的旧规，为部队做出了很大的贡献。

白沙澳村有部队的医院，在部队北撤前，还储藏过总部大量的物资，由于群众的鼎力保护而一直没有暴露。

北潭村只有几户人家，部队的后勤部长期设在这里，保管着大量的物资和武器，在 3 年多的抗日斗争岁月里一直安全无恙。

龙船湾诸岛，西南与坑口连成一片，北连黄宜州、北潭涌的大片海湾，是一个良好的渔港，外面可控制大鹏湾、大亚湾和香港的航线以及香港通往汕头的航线，是日寇的海上运输要道。

龙船湾住着“疍民”，以渔为生，是生活于最底层的受压迫者。当他们觉醒时，踊跃参加了我们的部队，成为我海上部队的主要力量。我海上部队在这里发展壮大，建立税站，保护商旅运输，控制着香港至汕头的航线。

当地的群众还积极地支持部队的工作，奋勇从涌里打捞起英军遗留的水雷取黄色炸药供部队使用。又如：袁容娇带着儿女和小艇参加我部队，进入西贡后，即为我队送信、送物资来往于西贡、坑口之间，继而穿插于北潭涌、龙船湾一带。1944 年 2 月、3 月间，在敌人大“扫荡”中，她（他）们勇敢地穿梭于敌人海上封锁线，来往于西贡各地和南澳的海上部队传递信息；她那 17 岁的何垠、15 岁的石仔，都是水上生、水上长，开始跟着母亲为我队送信。当他们认识到游击队是“天下最好的人”的时候，就坚决要求参队，出色地按时完成了海上运送物资和信件的艰难任务。还有坑口、孟公屋、马游塘、观塘的群众，牛头角、陶化大同罐头厂的工友，吊草岩、蚝涌、牛背窝、岗背仔、小沥坑、石鼓砻、牛池湾等乡村的广大群众，在掩护我队战士，配合我队行动，提供情报，传送消息，运送物资等方面，都尽了最大的努力，真是军民一家，亲密无间。当港九大队于 1945 年底宣布撤出港九时，西贡的群众自动地列队在道路两旁，夹道欢送，大家都热泪盈眶，依依不舍。

我作为港九大队的幸存者之一，怀念港九大队为革命牺牲的战友，也怀念西贡地区为支援港九大队而牺牲的人民，并感谢西贡人民在抗击日本侵略军的艰苦斗争中给予港九大队的极大支持。

［原载广东青运史研究委员会研究室、东纵港九大队队史征编组：《回顾港九大队（下）》］

回忆港九大队巴黎中队接受日军投降的斗争片段

陈敏学

一九四五年我在东江纵队港九大队陈海同志（原名罗广志）单线领导下工作，他曾派我以特工情报员身份，潜入沙头角日本宪兵队侦察敌情。因我懂日语，日本投降时，上级派我到巴黎中队，担任邓华中队长的翻译，参加接受日军投降斗争。下面是当年我们参加受降斗争的回忆片断。

智入敌巢

一九四五年八月十五日，日军宣布无条件投降。但广九地区（原文，似应为港九大队——编者注）的日军仍不甘心失败。他们加强封锁，戒备森严。东江纵队港九大队领导派邓华同志负责接降工作，他率领陈敏学（担任翻译）、林传、曾九等五位同志，各人身上携带驳壳手枪和手弹两枚，并携带朱总司令的命令，冒着生命危险，深入新界粉岭、上水、大埔等日军据点进行接降。出发前，邓华同志向我们每个同志交代任务说：敌人虽宣布投降，但从各方面事实表明，他们还不甘心自己的失败，仍会负隅顽抗。他提醒我们务必加倍警惕，做好应变准备。我们肩负党的委托，亦深感责任重大。

八月中旬，一个晨光熹微的早晨，我们从沙螺洞步行至粉岭日军营地。在未进入敌营前，敌人在碉堡里头戴钢盔，架着轻机枪从堡垒的炮眼窥视行人动态。日军发现我们向其营地前进，喝令我们止步，并责问我们是谁人。我即用日语和他对话，说我们是港九大队，有要事找你上司。日军知道我们是东江纵队港九大队派来的代表，立即改变了刚才凶神恶煞的态度。几个日兵在碉堡嘀咕了一阵，允许我们进去见其上司。我向敌人的队长介绍了邓华是中队长。敌军听到神枪手“邓华”的名字，吓得发抖，面色发青。此时邓华同志以革命军人的风度，庄重而又严谨地向日军队长出示了朱总司令限令日军投降的命令。敌人低下头来静静听着。想不到平时淫威施尽的日本军，现在见到游击队居然找上门来，被吓得垂下尾巴。这位日军队长向我们提出三个要求：不要动手；

给时间考虑；请示上级，二三天后答复。邓华同志经过考虑，粉岭受降只是个开始，大量的工作还在后头，为赢得时间，同意两三天后再来，但要他们信守诺言。我们几位同志即奔大埔敌宪兵队开展另一回合的策反斗争。

三天后，我们折回粉岭找这位敌队长，他把“龙骨头”仓库交给我们接收。里面物资堆积如山，内有军衣服、蚊帐、皮鞋、药品、粮食、布匹、袜子和压缩饼干。邓华同志即动员民兵、常备队两部货车抢运了七个昼夜。把大批军用物资运回我游击区。由于英军即将到粉岭接降，为了物资（主要是粮食、饼干）不落到英军手上，我们将运不走的大部分粮食分配给当地人民抢运回家。尽管当时斗争很艰险，但谁都没有去考虑个人安危，而是一心扑向革命。在邓华同志带领下，不怕艰苦，不怕牺牲，机智勇敢地深入虎口策反，分化瓦解敌军，为革命作出一定贡献。

短兵相接

粉岭是很有军事价值的重地，是通往香港、大埔、沙头角、上水的枢纽。当时盐田、沙头角鹿颈、南涌、乌蛟腾是我游击队活跃的地区，因此，日军在这里驻守精锐部队，沿线设岗放哨，布防森严，并设立宪兵总部和警备司令部。在粉岭通向沙头角的十字路口，住有一个团的日军，紧扼我通往游击区的咽喉。八月十七日，正当我巴黎中队在粉岭动员全力缴收日敌军用物资的同时，邓华中队长和我们五位同志在上水正向敌军进行策反活动，突然接到情报，说我港九大队在元朗缴收到日军一卡车的汽油，运回沙头角，途经粉岭十字路口这必经之地，被日本警备司令部拦截扣留，我方正与敌军纠缠，事态严重。邓华同志带领我们立即赶到敌人司令部门口，只见一群日军面目狰狞，上好刺刀。重重围住那车汽油，手舞足蹈，狂呼嚎叫。我们立即上前，当他们知道我们是港九大队游击队时，又迅速把焦点集中我们身上，把我们包围起来。此时日本司令官拖着军刀，在十多名兽兵严密保护下探头探脑行将出来。邓华同志见势不妙，为了提防敌军先发制人，即暗示同志们作好战斗准备，敌人亦剑拔弩张。若敌人敢动干戈，我们唯有扣动手枪扳机，拉尽手榴弹的导火线，与敌人决一死战，同归于尽。处在这一触即发的严重关头，邓华同志临危不惧，挺身而出，据理驳斥敌司令官，有理有则同敌人进行针锋相对的斗争，表现出一个共产党员在严峻斗争时刻无所畏惧的革命英雄气概。敌人见我们态度强硬，不得不放回我们的同志，同时把汽车交还我们。港九大队又一次斗倒群魔！

虎口斗争

日本军队虽已接到“日皇裕仁”的投降命令，但仍没放下武器屈膝投降，反动气焰依然嚣张。他们本着恭奉武士道精神、坚贞不渝效忠天皇的反革命信念，在我受降过程中，不断设置障碍，节外生枝，制造武装挑衅，给我们接降工作造成许多困难。因此缴收日敌枪支弹药、军用物资确不是一帆风顺的。八月中下旬，我们在大埔日本宪兵部接收了敌人一批武器，其中有部分手榴弹，当晚运出敌占区。经大埔公路桥头时，日军在桥头两侧埋伏，架起轻机枪，上了刺刀，守住桥头，情况非常紧张。当时富有军事斗争经验、一身是胆的邓华中队长领着我迅步上前，向日军问个究竟。原来日军还是老调重弹，说什么武器不能交给我们游击队。邓华同志当即严词驳斥敌人说：“你等是战败国，理应无权干涉我游击队受降行动，而这批军火又是你们宪兵队长缴给我们的，你们有什么理由阻拦我们！”说罢我们立即把日本宪兵队长请来。日军见是队长，面面相觑，低下头来，顺利地给我们通过。

夕阳西坠，晚霞似锦，彩凤归巢，夜色渐渐苍茫，我们满怀喜悦，凯旋回营。此时战友们哼起当年游击队员爱唱的革命歌曲《在太行山上》：“山高林又密，兵强马又壮，敌人从那里进攻，我们就要它在那里灭亡！”歌声穿过松林，震荡山谷，划破静寂的长空。

（原载中共深圳市委党史研究办公室编：《深圳党史资料通讯》总第24、25期）

粤港澳敌后抗战回忆录

下册

广州市东江纵队研究会◎编著

SPM 南方传媒
广东人民出版社
·广州·

图书在版编目（CIP）数据

粤港澳敌后抗战回忆录 / 广州市东江纵队研究会编著. -- 广州：广东人民出版社，2025. 7. -- ISBN 978-7-218-16992-7

Ⅰ. K265. 06

中国国家版本馆 CIP 数据核字第 2025WW1994 号

YUE-GANG-AO DIHOU KANGZHAN HUIYILU

粤港澳敌后抗战回忆录

广州市东江纵队研究会　编著

出 版 人：肖风华

题　　签：李　韧
责任编辑：黎　捷　梁　晖
装帧设计：李桢涛
责任技编：吴彦斌

出版发行：广东人民出版社
地　　址：广州市越秀区大沙头四马路 10 号（邮政编码：510199）
电　　话：（020）85716809（总编室）
传　　真：（020）83289585
网　　址：https://www.gdpph.com
印　　刷：广州市豪威彩色印务有限公司
开　　本：787mm×1092mm　1/16
印　　张：44.5　　**字　　数**：775 千
版　　次：2025 年 7 月第 1 版
印　　次：2025 年 7 月第 1 次印刷
定　　价：120.00 元（上下册）

粤港澳敌后抗战回忆录

目录

上册

第一章 创建敌后抗日武装

第二章 华南作战 牵制日军

下　册

第五章　省港秘密大营救

第六章　无形的战场

第五章

省港秘密大营救

背景导读：1937年8月13日日军进攻上海，一批文化名人及民主人士为躲避战乱迁居香港。1941年，国民党顽固派掀起第二次反共高潮，大批爱国民主人士和文化人士因为宣传抗日救亡，抨击国民党当局消极抗日、积极反共的方针遭到迫害，无法在国统区立足，撤到了香港。到香港后，他们继续组织进步文化团体，推动抗日救亡运动，争取港澳同胞、海外侨胞和国际舆论的同情支持。他们对国民党蓄意制造“皖南事变”的反共阴谋的揭露，更是震动中外。这些引起了日伪和国民党顽固派的极大仇恨，欲置之死地而后快。故当日军的铁蹄踏上香港，爱国文化人士再次面临灭顶之灾。一场由中共中央南方局周恩来领导的省港秘密大营救旋即展开。

华南抗日战场上一场特殊形式的战争

李健行

发生在20世纪40年代初期（1941年底至1942年6月初）我党我军在华南抗日战场上抢救被日军围困在香港敌占区的文化界人士、爱国民主人士和国际友人脱险的战斗，是蜚声中外、具有伟大政治意义的历史事件。

正如茅盾（当时被抢救脱险的著名文化人士之一）在他所著的《脱险杂记》一书中说：它是“宏伟的”“难以想象的仔细周密”的“抗战以来最伟大的抢救工作”。茅盾为什么这样热情称赞和高度评价这次抢救工作？这是因为：

（一）**这次抢救工作的规模和战绩都是空前的**。它是我党我军在华南抗日战场上，与日伪军队和国民党顽军作战的同时所进行的，从极其尖锐、复杂、险恶和万分危急的战争环境中，成功地抢救出数百名堪称为中华文化精英的文化界人士和许多在政治上有影响的爱国民主人士以及国际友人的一次宏伟的战斗。这次战斗是在党中央直接指示和关怀下，在党中央派驻香港机构及其负责同志的大力协助下，广东党组织和广东人民抗日游击队（东江纵队前身，下同）实行了党内军内全面动员并组织各方面的社会力量，紧紧依靠广大群众，全力以赴，终于获得了全胜，完成了这一光荣而又艰巨的抢救任务。

（二）**这次抢救工作的范围之广和历程之长都是空前的**。因为这次抢救战斗纵横跨越过数百公里地区的、犬牙交错的战争区域，包括日军侵占的港九沦陷区、我军作战活动的惠宝游击区和国民党的统治区。在经历漫长的抢救战斗的征途上，要不断冲破和穿越日军的海上和地面封锁线以及无数检查岗哨，要通过敌伪政权和汉奸设置下的陷阱，还要躲避开国民党特务的跟踪追捕。在危机四伏、险象环生的抢救战斗征途上，偶有不慎，随时都可能发生不幸的事故。但这一切艰难险阻丝毫难不倒、吓不倒参加这次抢救战斗的英勇善战的战士们。在他们无私无畏的努力下，终于“关关难过关关过”，使全部被抢救的人员安全脱险。

（三）**这次抢救工作经过的时间也是空前的**。整个抢救工作的全过程是从1941年底至1942年6月上旬，历时近半年之久，没有发生过任何政治事故和人员伤亡。这也是令人难以想象的。

因此，我认为这次成功的抢救工作的伟大政治意义和历史意义是：

第一，这次成功的抢救工作是我党我军在抗日战争和第二次世界大战（世界反法西斯战争）中领导的游击区的武装斗争同城市敌占区的地下秘密斗争相结合，而克敌制胜的特殊形式的战争的光辉典型之一，是我党我军领导的华南抗日战场在对敌斗争的战绩上所作出的特有的贡献。

第二，这次成功的抢救工作是我党我军忠实执行党的知识分子政策，同广大知识分子血肉相连、生死与共关系的历史见证；是我党我军忠实执行统一战线政策，同党外的爱国民主人士和国际友人，患难与共、同舟共济关系的历史见证。

第三，这次成功的抢救工作，由于它在国际上的巨大影响，成为后来我党我军领导的华南抗日战场的战斗同太平洋国际反法西斯侵略战争的战斗互相连接起来共同对敌的起点。此事中央曾来电予以嘉奖。

因此，在党的领导下，作为一个共产党员和东江纵队战士，我当年有幸同其他同志一起参加了这次历史性的抢救战斗，做了其中的一小部分工作，完成了党所交给我的任务，为党尽了自己的绵薄之力，使我至今仍然感到自豪！

我现在想从两方面介绍一下在这次抢救战斗中我所经历的一些历史情况。

一、太平洋风云突变，日军闪电式地偷袭珍珠港并发动了东南亚战争

先从这次抢救事件发生前的历史背景说起。

当时形势的特点主要是：第二次世界大战（世界反法西斯侵略战争）已经打了两年多，中国抗战也已打了5个年头。在远东战场上，日本侵华战争已展开了全面进攻中国的战略。而我党领导的八路军、新四军和南方游击队为了反抗和阻击日军的进攻，已经在全国摆开了华北、华中和华南的三大战场，使日军的侵华泥足越陷越深。欧洲的反法西斯侵略战争由于苏联参战，希特勒企图速战速决鲸吞整个欧洲的迷梦破灭了，然而世界大战的战火正在扩大和蔓延。但是与我军华南抗日战场的惠宝游击区接壤的、位于太平洋南端的一小块受英国殖民统治，被称为自由土地的香港仍然是个灯红酒绿的“和平绿洲”，它好像是远远离开了世界大战的战火似的。正是由于香港当时这样特殊的地位和条件，各方面的政治力量都竞相利用这个“和平绿洲”来为各自的利益服务而开展角逐。

下面我只谈一下当年香港与后来发生的抢救事件有关的一些历史情况。

从1937年7月7日我国全面抗战爆发后，我党我军为了争取和接受海外侨胞和国际友人援助我八路军、新四军坚持团结抗战的物资和器材等，为了揭露蒋介石搞投降反共阴谋活动和揭露帝国主义玩弄的“东方慕尼黑阴谋”的需要，因而先后派了廖承志同志来香港建立了八路军驻港办事处（对外称作粤华公司，当时连贯同志也参加了该办事处的工作）和派了刘少文同志来香港建立秘密的国际情报联络工作机构，后来又派了乔冠华同志来香港从事外事活动。

而在日军发动太平洋战争进攻香港的前一年，蒋介石在全国大搞反共逆流后又制造了“皖南事变”，在内地到处逮捕抗日民主人士。因而大批作家、艺术家、名记者、名教授等在国民党统治区无法立足，先后从重庆、桂林等地流亡到了香港。他们到达这个作为当时“和平绿洲”的海岛后，继续同我党并肩作战，用笔杆子作武器，为挽救中华民族的危亡贡献自己的力量。同时还有何香凝、柳亚子等国民党左派人士和不少反蒋的爱国民主人士也都在香港坚持抗日救亡活动。由于他们在香港公开表明了坚持抗日、坚持民主、坚持进步，反对投降、反对分裂、反对倒退的鲜明立场，为国民党反动派、特务所记恨，日本法西斯和汉奸走狗更是把他们视作眼中钉。

香港当时不仅是国际政治活动的场所，而且是我国在华南地区与国际交通联系的海外跳板，是输入战略物资支援抗战的据点。不仅国民党政府利用香港购运物资输入内地，而且有大批的爱国商人也利用香港购入大量的货物，经由我惠阳游击区沙鱼涌等地进入内地，既是做贸易生意也是支援抗战的需要。那时，我八路军驻港办事处所接受的海外侨胞和国际友人的捐献物资，也是交由廖安祥同志在香港开办的运输公司秘密运进来的。因此，日军为了破坏这条交通线的货物运输，就经常派出飞机去轰炸这条交通线或派出军队去拦截、劫掠经过这条运输线的客商货物。还有伪军、国民党杂牌军、土匪等也在这条运输线上设置关卡对客商勒索“保护费”或抢劫客商的货物。

在日军进攻香港前半年，我华南抗日战场的广东人民抗日游击队当时为了解决部队的军费和军需的给养供应问题，一方面派了何启明等同志进入香港建立了交通联络站，另一方面又派了我和苏伟民同志等人来香港建立了东利运输公司（由我任经理兼搞情报工作），向在香港做内地生意的客商承包货物运入内地并收取货运保护费及税款，为部队提供经费。为了打破日军等对这条从香港经我惠阳游击区沙鱼涌进入内地的物资运输线的封锁、破坏和骚扰，将其为我军所控制和利用，当时我游击队派出了黄冠芳、卓绍基、彭亚景等同志组织和带领武工队，实行武装护送客商货物的运输。他们活动的地区包括大鹏湾的沙鱼涌、土洋、茜坑、三家村、溪涌、上下洞和盐田等地，后来逐步伸展到九龙新界地区的沙头角、大埔和西贡等地。

在日军为了企图摆脱侵华泥足越陷越深的困境，竟甘冒天下之大不韪，不惜孤注一掷，在突然发动太平洋战争的前半个多月，即派遣日军在香港外围集结。起初港英当局还不相信泥足深陷在中国战场的日军会挥戈南进，后来各方面的情报和迹象越来越显示日军将要进攻香港的企图，迫在眉睫，港英当局才惊醒过来，感到自己防卫力量不足，便要求我广东人民抗日游击队去牵制企图入侵香港的日军，并且表示可以输送一批军火支援我游击队。当时连交收军火的地点在沙鱼涌也谈定了。但当时港英当局既怕日军进犯香港，又怕把我游击队武装起来后对其不利，所以与我共同商定的输送军火一事，直到战争打响了还没有付诸实施。那时尹林平同志正是为了此事，从游击区来港与港英当局商谈协同作战事宜，而直至战事爆发后才被滞留在香港。

1941 年 12 月 7 日凌晨，日本法西斯偷袭珍珠港成功，正式向英美宣战。日军在发动对香港九龙进攻的同时，又在南中国海击沉了英国在远东的海军旗舰“威尔士亲王”号和“反击”号巡洋舰，使香港的海防力量成为真空。香港完全处于孤立无援的境地。至 1941 年 12 月 12 日，日军只花了 5 天时间，便占领了整个新界和九龙半岛。自 18 日晚起，日军陆续分别在北角、太古、鲗鱼涌等地登陆。不几天香港孤岛英军防线全面瓦解，到了 12 月 25 日英军宣布投降。前后仅 18 天的时间，港九地区遂沦入敌手。正是由于当时港九战事发生突然，而战事的结束也出乎意料的迅速，这就使我们对被日军围困在香港的文化界人士和爱国民主人士的掩护和转移工作陷于异常被动的局面。

幸而当日军越过新界，占领九龙半岛而还没有攻陷香港之际，我广东人民抗日游击队司令员曾生同志已当机立断派出了两支精干的武工队。一支由曾鸿文、黄高阳率领，进入元朗十八乡至荃湾地区活动；另一支由黄冠芳、刘黑仔、江水率领，插入九龙城以东的西贡一带敌人的心脏地区。他们到处打击敌伪汉奸，消灭土匪，维持治安，得到广大人民群众的拥护，很快就在敌占区站稳脚跟，开辟了从青山道经荃湾至元朗进入宝安游击区的陆上交通线，和从九龙至西贡经沙鱼涌进入惠阳游击区的海上交通线。这就为后来发生的抢救和武装护送文化人士和爱国民主人士的脱险（脱离港九敌占区）的工作做好了必要的准备。

二、抢救被日军围困在香港敌占区的文化人士脱险战斗的帷幕是怎样拉开的？

来自延安的紧急电报，这是党中央下达的无声的战斗命令

香港一告沦陷，生活在这里的 160 万中国同胞即面临悲惨的命运。尤其是当时流亡在这里的那些坚持抗日、团结、进步的文化界人士以及国民党左派人士、爱国民主人士的处境十分危险。因为日军进攻香港除了战略上的目的之外，另一阴毒企图就是想将当时流亡在香港的内地知名文化界人士和抗日爱国人士一网打尽。所以日军占领香港后立即封锁九龙交通，实行宵禁并在全市分段挨家挨户检查，大肆搜捕抗日分子并限令旅港的文化人前往“大日本报导部”或“地方行政部”报到；日本特务机关还用“内山完造”的名字约茅盾去谈话。形势对文化界人士十分不利。加上他们大都不是广东人，语言不通，社会关系不多，隐蔽有困难，处境万分危急。就在这个十分艰难危急的关头，延安党中央向中共南方工作委员会和广东党组织发来了一个紧急指示：“为了保护我国革命文化界的精英，必须不惜牺牲，立即竭尽全力把被围困在香港的文化人士秘密抢救出来。”这个光荣而艰巨的战斗任务，当时主要就落在广东人民抗日游击队的肩上，由我们去承担去完成了。

在香港陷落后的第 3 天上午，那时留在香港的尹林平同志突然派何鼎华同志来到九龙油麻地佐敦道 14 号地下（即我家，“地下”为方言“首层”之

意，此注）通知我说，要我立即同他一起去见尹林平谈一个非常紧急的问题。于是我们去到了九龙深水埗长沙湾道某号楼上（叶峰同志的爱人张贯一同志住在那里，张贯一同志后来去世了）。当时在场一起谈问题的有尹林平、何鼎华和我 3 个人。首先尹林平同志向我们传达了党中央关于抢救文化人士撤出香港敌占区的电报指示，并说，我们必须不怕牺牲，全力以赴，坚决地、迅速地贯彻执行中央指示，强调保证完成抢救文化人士安全脱险的重要性和迫切性。接着他说，要将这几百名被日军围困在香港的文化人抢救出来，首先就要将被围困在香港的、过去已经暴露了政治面貌的、同文化人士有密切联系、又是日军首先要搜捕的我党在港工作的负责同志廖承志、连贯和乔冠华等 3 位同志抢救出来。只有把他们抢救出来，才能躲避开日军的追捕，也才能找到在香港战事爆发后互相失散了联络的几百名文化人士的关系（包括他们的姓名和地址），否则，抢救工作我们就无从着手。如果万一他们 3 人出了问题，事情就更不堪设想，因此必须抓住抢救文化人行动的这个关键。但当时他们 3 人和全部文化人士都住在香港那边（有的原来住在九龙的文化人士也在战事爆发后搬迁到香港去了），要把他们抢救出来，我们抢救工作首先要过的第一关，就是突破和打通当时被日军严密封锁了的九龙至香港的海上交通线。因此，尹林平同志说，为了不耽误时间，我们必须在 3 天之内打通九龙至香港的渡海交通线（的确，在那时候，时间就是安全，时间就是生命），必须趁敌人立足未定，赶快把他们 3 人先抢救出来。这是决定我们抢救工作成功的至关紧要的第一步。

这时尹林平对我说："这件事得由你亲自去走一趟，这个任务就交给你去完成。党现在需要你作一个交通员，需要你比任何时候都不怕冒险，不怕牺牲；需要你在 3 天之内打通港九的海上交通线，确保安全抢救出我们党的这 3 位负责同志来。"当时，我听完了尹林平的指示后，一种共产党员的自豪感强有力地激励着我，使我愉快而勇敢地接受了去完成抢救文化人士的第一步任务。当时，我只要求允许我要一个能找到渡海船只的、过去同我们有长期合作关系的廖安祥同志协同我一起进行这件工作，因为这是一次绝密的行动，只能安排少数人去干。尹林平当即同意了我的要求，然后他就把一封密信交给我，并把我去香港找联系人的接头暗号和地址，以及下次我返回九龙时同他碰头的地点告诉了我。为了争取时间，那天上午我们的谈话很快就这样结束了。当天下午我就去找到了廖安祥同志并同他一起研究了如何偷渡过去香港的问题。

突破海上封锁线，闯过抢救工作的第一关，胜利地完成了第一步的抢救任务

事不宜迟。第二天清早，我同廖安祥同志沿着深水埗的海边堤岸从西往东走着去寻找渡海的船只。一路上满目疮痍、混乱不堪，弥漫着战后的凄凉景象。只见人群挤拥，面带愁容、神情紧张的行人，往来匆匆。在海边堤岸的各个码头上都有日军的监视哨。还有许多为非作歹的流氓、“烂仔”和“捞家”混迹其间。海面上日军的巡逻快艇在来往奔驶。平时用以载客和运货的小船大都驶离了岸边。我们花了大半天时间去寻找渡海船只，没有着落。后来终于在红磡码头的附近找到了一只由黑社会把持的，正在准备载客偷渡到香港的小木船。那时船上已载着几个乘客（偷渡者），于是我们就混进乘客中登上了这条船。不幸的是，当小船离开岸边不远时便被日军巡逻快艇发现。日军当即鸣枪喝令停驶，子弹不断从船的上空和船旁飞过。大家蜷伏在船舱里不敢抬头观望。后来日军巡逻艇追赶上了，端着刺刀枪的日本兵，瞪着眼睛，骂着“巴格亚鲁!”，然后对船上的每个乘客进行搜身。那时，我所携带的密信，早已被我放入口中吞下肚子里去了。后来日本兵就把我们乘坐的小船拖到远离岸边的、在退潮时才露出海面的一块礁石上，并把全船的乘客赶到礁石上站着。日军的巡逻艇开足马力拖着那只小船扬长而去了。那时我和廖安祥及其他的乘客除了在那里“等死”之外，别无他法。因为如果在涨潮之前不能离开礁石，就有可能被淹死。好容易挨到傍晚时分，才发现有一小艇经过，我们赶快呼救。小艇很快摇向我们这边。小艇到达后，我们要求艇主人运载我们偷渡过去香港，但他索价很高（因那时偷渡过香港是要冒生命危险的）。经过商议，各人才勉强凑足了摆渡费交给船主。小艇把我们送到香港铜锣湾靠岸。登陆后，我和廖安祥约定了再会地点，俩人就分了手。我按着尹林平告知我的地址，到了跑马地附近某街的一幢洋房二楼去寻找联系人。真是出乎意料，当时接见我的就是张文彬同志（那时他是来香港参加“南委”工作会议，后因战事爆发而滞留下来的）。于是我就把尹林平交给我的任务和在偷渡港九海上封锁线时碰到日军巡逻快艇的情况向他作了汇报。他听了之后，立即叫了一个同志带着我去铜锣湾避风塘停泊着的一艘大驳船上找到了连贯同志，而廖安祥已先于我到达那里。这艘停泊在避风塘的大驳船原来就是由廖安祥设法找来准备安置被围困在香港的文化界人士作临时避难所用的（后来这艘大驳船变成为文化人士撤离香港时的水上交通联络站，因为廖安祥过去是这艘大驳船船主的长年雇主）。当见到连贯

同志时，我就把尹林平要我从九龙冒着生命危险偷渡过来香港，并要求我亲自护送廖承志、连贯和乔冠华3人火速撤出九龙的紧急任务作了汇报。同时我还告诉他关于日军为了解决战后香港缺粮供应的问题，要在最近时期疏散港九难民到内地去的情报。我说，这是我们抢救文化人士撤出香港敌占区可以利用的好机会。因此，尹林平急切等待着与他们见面共商关于如何尽快抢救文化人的计划安排。后来，连贯又把廖承志和乔冠华找到船上来会合，决定翌晨同我一起偷渡过去九龙。那天晚上我们大家都住在那艘大驳船上，研究翌日如何安全护送他们3人偷渡过海的问题。我们决定把他们3人都化装成香港大亨，有的认作是船主的亲友，或是船主的东家或雇主，并由船主人派出得力可靠的伙计（艇家）驾驶一只较小的专船陪同和护送我们渡海过去九龙。如果途中碰到日军、汉奸或流氓前来盘查或骚扰，则由陪同我们的艇家出面去应付。

翌日，上午8时许，除了廖安祥继续留在香港外，我陪同他们3人离开。一个是肥胖子，一个是瘦高个，一个是矮个子，在几个艇家的护送下乘船启程渡海。这次偷渡还算顺利，没有碰上日军海上巡逻艇，一路“风平浪静”。船于当天中午前就抵达了九龙红磡码头。我们上岸时却碰到了守在码头上勒索“买路钱”“保护费”的一帮流氓。于是我们的艇家便上前去交涉，由我掏出几十元港币“孝敬”他们，然后我们才“平安无事”过关了。就是这样，当时被日军设置了重重障碍，层层严密封锁的港九海上交通线，终于被我们打通了，胜利地闯过了抢救工作的第一关。

穿过九龙启德机场日军封锁线，冲向西贡我游击区

从九龙红磡码头离船上岸后，我便带领着廖承志、连贯和乔冠华他们3人，按照尹林平告知我的地址到了旺角广东道（或上海街）一栋楼房的楼上（是当年袁鉴文同志的家），找到了尹林平，何鼎华同志也在那里等候。他们正开枱搓“麻将”（这是为了掩护），大家一见面都自然地流露出那种难以形容的从虎口脱险的喜悦，共诉互相悬念之情。坐定后尹林平对我说，组织决定仍由我于翌日亲自护送廖承志、连贯和乔冠华3人，取道西贡交通线进入我在西贡附近的新开辟的游击区，去找蔡国梁同志（即后来成立的港九大队的大队长）。然后由蔡国梁同志负责派武装护送他们3人，经沙鱼涌进入我惠阳游击区茶园。尹林平接着说：九龙至西贡交通线的沿途安全护送措施已通知黄冠芳、刘黑仔作了布置，他们会派出短枪队埋伏在途中，秘密掩护我们。而我的主要任务就是要设法安全通过九龙启德机场附近日军封锁线的几个检查岗哨。当时尹林平一

再对我强调说要做好应变准备，确保安全护送他们 3 人到达西贡我游击区。经过商量决定，把他们 3 人都装扮成为香港大元行（我哥哥开办的）货主，他们是陪同我去坑口（坑口与西贡分叉前是同一条道路，但不能说去西贡，因西贡已有我游击队活动，而坑口那时尚没有我游击队活动）探亲的（因家乡在坑口的香港明星的士公司老板承杏芳是我的远亲，他在香港战事爆发后躲回坑口去避难）。最后尹林平对我说，我完成这次任务后可赶回九龙继续下一步的抢救工作。

后来尹林平继续同廖承志、连贯和乔冠华等 3 人商谈关于今后如何把被围困在香港的文化人士安全撤到九龙来的问题，我就先行离开了。

翌日上午 8 时许，我陪同廖承志、连贯和乔冠华 3 人从九龙旺角启程步行前往西贡。约半小时后，就先到达了启德机场附近的日军封锁线。在通过日军检查岗哨时，我的心情难免紧张。幸运的是，不知是什么原因，通过那里的岗哨时，日本哨兵都没有对我们盘查。顺利地通过日军封锁线后不久，我们就沿着去西贡的那条路登上了西贡坳，那时我已发现我们的短枪队已在公路旁的半山腰上，秘密接应和护送我们了。我们一路走着走着，再没有碰到什么阻拦。中午时分，在到西贡路上半途中，已有交通员在那里等候和接待我们。然后我们被带领到山上的游击队队部，就见到了蔡国梁同志和黄冠芳、刘黑仔等人。由我向他们转达了尹林平的指示。然后蔡国梁谈了他们准备派武装护送廖承志、连贯和乔冠华 3 人经由沙鱼涌进入我惠阳游击区的计划安排。当天晚上，我们都同住在西贡游击队队部里。因我的护送任务已经完成，翌晨我就先离开西贡返回九龙。然后把护送廖承志、连贯和乔冠华 3 人安全到达西贡游击区的情况向尹林平作了汇报。

抢救文化人士撤出港九敌占区的战斗至关要紧的第一步，就是这样胜利地结束了，时间是在 1942 年元旦期间。

当尹林平听完了我从西贡回来汇报关于护送廖承志、连贯和乔冠华 3 人已安全到达西贡游击区的情况后，他对我说，因为时间紧迫，他必须马上赶回宝安部队司令部，进行党内军内的全面动员，进一步筹划关于抢救文化人士的工作和如何接应文化人士从港九撤出后护送他们往惠宝游击区和内地（国民党统治区）的问题。他要我和何鼎华继续搞好九龙方面的抢救工作，指定我的下一步任务，主要是负责将文化人士从香港撤到九龙，以及由九龙至西贡交通线撤至我游击区的工作。对此组织上已作了初步的部署和安排，由何鼎华同志向我传达。据回忆，其内容有如下几点：

1. 参加当时港九市区内抢救工作由刘少文、尹林平、潘静安、何鼎华和我负责。刘少文和尹林平分别领导香港和九龙的抢救工作；潘静安协助刘少文负责香港方面的抢救工作；何鼎华和我协助尹林平负责九龙方面的抢救工作。在九龙方面的抢救工作又具体分为两段进行：其中一段是由香港撤出到九龙市区并经由西贡交通线撤出往我游击区的，由我负责护送和安排；另一段是由九龙市区内经由青山道、荃湾至元朗交通线撤出至宝安游击区的，则由何鼎华负责护送和安排。在港九市区内不设立抢救文化人士的专门工作机构。此外，负责港九市区内交通联络和护送工作的交通员由香港市委调派给我们（其中有陈文汉和李锦荣两同志，他们分别安排在香港和九龙市区内协助潘静安和我搞具体的联络和护送工作）；负责港九市区外的交通员由部队调派给何鼎华同志指挥和安排他们的护送工作。

2. 每批撤出香港市区的文化人士的人数、名单及离开香港前的集合地点和撤出路线、撤出时间均由潘静安确定后，由我负责派交通员渡海过去联系和接收他们的关系，然后带领和护送他们到九龙，安置在指定的交通联络站，再由我把他们的关系转交给何鼎华同志接收（其中如果有经由西贡交通线撤出的人员则由我直接派交通员护送其撤出），然后由何鼎华负责安排撤出九龙市区的具体时间，并派出交通员护送经由青山道、荃湾至元朗的交通线（即香港难民疏散的交通线）撤出至宝安游击区。每批文化人士在九龙市区内停留时间一般定为一至两天后即行撤出。

3. 抢救工作必须做到既快速又安全，必须抓紧和充分利用日军疏散香港难民撤出港九敌占区的机会，以做好我们的抢救工作。要提高政治警惕，密切注视敌情变化，同时做好应变准备；严格组织纪律，不准随便发生横向的工作关系，但必须充分利用各方面可靠的社会关系以掩护和协助我们做好抢救工作。

4. 撤出文化人士脱离港九市区的交通线分为两条：其一是由九龙青山道、荃湾至元朗进入宝安游击区。这也是香港难民疏散至内地的交通线，我们主要是利用这条交通线抢救文化人士脱险。其二是由九龙至西贡游击区的交通线。这条交通线路程较短，是我们设置的秘密交通线之一，也是采取武装护送撤出人员的线路。对于一些确实不适宜经过疏散难民交通线撤出港九的少数人员，我们才安排他们走这条路线的。

5. 对于一些著名文化人士，在他们撤至九龙市区后，我们必须派人同他们见面及进行个别交谈，征求意见并向他们介绍交通线的情况和必须注意的一些问题，同时要做好安定他们的思想情绪的工作。

正是由于胜利地完成了至关重要的第一步抢救工作，又在此基础上对下一步任务作了全面的部署和安排，因此尽管当时港九敌占区的情况十分危急，但我们仍能争得时间和有利条件，去进行有计划、有组织、有步骤、内紧外松、从容不迫的抢救工作的第二步，即大规模的抢救工作。

展开大规模抢救工作的战斗是在1942年1月上旬开始的，几乎是与香港难民大批疏散离开港九敌占区的同一时间进行。邹韬奋是被安排在第一批从香港撤到九龙来的，随后相继撤出到九龙的有茅盾夫妇、沈志远、千家驹、张友渔、韩幽桐夫妇、张铁生、姜君辰、戈宝权和凤子等人。他们都是由李锦荣同志负责从香港带领和护送过来九龙的。上述这些比较有名气的文化人士停留在九龙期间的住处，大多数都是单独安排的。当他们随每批队伍从香港渡海到达九龙红磡码头后，就由李锦荣同志先个别地转交给我，然后由我带领他们到油麻地佐敦道我家做短暂的休息并与他们个别交谈，再带他们去旺角花园街蔡磊同志家里安置住下。也有的是由我从红磡码头直接带领他们去蔡磊同志家里安置住下后，再作个别交谈。当时曾经到我家做短暂停留的有邹韬奋、沈志远、千家驹和张铁生等，其余的如茅盾夫妇、张友渔夫妇、宋之的、姜君辰和戈宝权等人是由我直接带领去蔡磊同志家里后，再与他们个别交谈的。记得当时凤子是随同一个演剧队从香港撤到九龙的。此批人数较多，没有给凤子单独安排住处。凤子和演剧队的同志，是由李锦荣同志带领他们到旺角通菜街我哥哥公司的一个伙计家里去安置的，我也是在那里同他们见面和谈话的。总之，那时候每隔一两天就有一批文化人士从香港撤到九龙，停留一两天后，我们就派交通员护送他们混在被日军疏散的港九难民中，沿着从九龙经青山道、荃湾至元朗进入宝安游击区。整个抢救工作期间自始至终没有发生特别的事故，我们基本上能按照原定计划进行抢救文化人士脱险的工作。从1942年1月上旬至2月下旬大约不到两个月的时间，成功地抢救了被日军围困在港九敌占区的近300名重要的文化人士安全脱险撤至我惠宝游击区。而当我们胜利地完成抢救任务时，日伪和特务们可能还做着他们的黄粱美梦，满以为他们封锁了港九交通，被围困的文化界人士就会被他们一网打尽，但没料到他们的恶毒阴谋完全破灭了！

另外，当时还有不少的文化人士如夏衍、范长江等人撤出香港敌占区没有经由我们指定的交通线，而是由他们自己开辟的交通线，即从香港经澳门至中山或台山或广州湾（湛江）安全转移到广西桂林的。

何香凝一家和柳亚子父女是在稍晚一些的时候才被我们抢救出香港敌占区的。当时我们为了确保他们的安全，特别购买了一艘机动帆船，是用专船载运和护送他们从香港经由海上至海丰汕尾登陆，安全撤出去到内地的。

还有，在抢救文化人士撤出港九敌占区的战斗胜利结束后，尹林平同志又决定要我负责抢救一部分当时被围困在香港敌占区的民主人士和爱国工商界人士，包括李伯球一家、邓文田夫妇、邓文超、王显章和香港正泰参茸行的陈老板（名字忘了，他是福建人），他们都是经由九龙至西贡的交通线撤出至惠宝游击区的。

此外，部队在这同一时间内还直接派遣了武工队潜入港九市区内同香港市委的地下党组织和黄作梅同志等人紧密配合，营救出不少的国际友人并安全撤出至中国内地。

至此，一场在港九敌占区中我们与所谓战功赫赫的“皇军”展开的搜捕与抢救文化界人士的争夺战，是以我们大获全胜、“皇军”一无所获惨遭失败而告终了！但是抢救文化人士的战斗仍远未结束，尽管他们已经从港九敌占区来到我游击区，暂时脱离了日伪的追捕，但国民党反动派仍将他们视为欲置之死地而后快的危险人物。我们为了使他们真正到达安全的大后方，还在护送他们从游击区转入和通过国民党统治区的漫长的征途上，继续履行我们的职责，与敌伪和国民党特务开展了另一场更漫长、更艰苦、更险恶的战斗。直至把他们最后送到了大后方或八路军、新四军的根据地（如邹韬奋同志是到新四军根据地），我们的抢救工作取得了最后的、完全的胜利，这次行动才宣告结束。

（本文源自李健行 1984 年 6 月 24 日完稿的，关于抢救被日军围困在香港敌占区的文化界人士脱险战斗的回忆。原标题为《四十三年前我党我军在华南抗日战场上进行的一场特殊形式的战争》）

作者简介：李健行（1915—2010），曾用名李靖山、李绮霖。1933 年在中山大学附中读书时开始从事左翼进步团体活动，1938 年 2 月加入中国共产党，同年 10 月任中共龙川县委书记。后奉命利用家人和社会关系，在香港开办公司为部队筹措经费、物资。1941 年年末至 1942 年的香港大营救期间，为香港至九龙交通线的负责人之一。此后长期秘密从事党的财经工作。1950 年 1 月任广东省人民政府贸易厅副厅长。

险途护精英

——护送廖承志等进步文化人士从白石龙至茶园

郑　戈

1941 年 12 月底，日军侵占了香港。一大批抗日进步文化人士以及爱国民主人士被困在香港，安全受到严重威胁。党中央指示广东党组织，全力以赴抢救抗日进步文化人士。在抢救的人员中，一部分人先由我广东人民抗日游击队（东江纵队前身。下同）港九武工队护送（1941 年 12 月 9 日，广东人民抗日游击队惠阳大队派出武工队，尾随入侵香港的日军插入港九地区开展敌后抗日斗争，随后武工队接受了营救文化人士的任务。武工队是 1942 年 2 月成立的港九大队的基础），从香港、九龙、新界到达广东人民抗日游击队队部驻地——宝安县白石龙村，再从白石龙送往惠阳县田心、淡水、茶园。后一段是由我所在部队负责担任武装护送的。当时，我是广东人民抗日游击队惠阳大队第二小队队长，配属港九武工队指挥，奉命率部在布吉、横岗、梧桐山、沙头角、深圳一带地区活动。主要任务是策应港九武工队，将港九武工队及地方党组织筹集来的武器和物资由沙头角接送到总队部。香港沦陷后，我们小队奉命全力以赴参加抢救文化人士的工作。经我亲自负责组织武装护送过的人中，除了廖承志等外，还有茅盾夫妇、胡绳、戈宝权、廖沫沙等知名人士，以及国民党第 12 集团军司令官余汉谋的夫人和一些盟军友人。

护送廖承志、连贯、乔冠华的经过

1942 年春节前的一个上午，我在惠阳县田心村田头山上石桥坑（现属深圳市龙岗区）惠阳大队，接受了护送廖承志、连贯、乔冠华等 3 人去惠阳淡水茶园的任务。大队长彭沃给我交代任务时强调指出，廖承志同志在国内外都有影响，国民党顽固派知道了是不会轻易放过他们的。而我们沿途所要经过的地区，还有总人数达几百人的国民党散兵游勇和土匪势力，他再三叮嘱要严密组织部署，安全地将他们护送到淡水茶园交通站，交给惠阳县地方党茶园交通站的叶汉生同志。我领受任务后，深感责任重大。彭沃同志领我去见廖承志同志，向他汇报这次护送的行动计划，请示护送行动中的有关事项。在大队驻地石桥坑的一间旧砖石屋门外，我见到了廖承志、连贯、乔冠华。廖穿一件缀着布扣子的蓝色旧棉上衣，戴一顶鸭舌帽，身体肥胖；连贯矮矮的个子；乔冠华高高瘦瘦，戴着眼镜，一副白净书生样子。当彭沃大队长向廖汇报我们来意后，廖提议白天走，问是否有把握。我把沿途日、伪、顽、匪的活动情况向他作了简短汇报，说明白天走危险性大。我还说："你们 3 人中，一个胖胖，一个矮矮，一个高高瘦瘦，惹人注目，为避免敌人的盘查，还是晚上走最好。"并说："我们对这一带的地形、道路、民情都很熟悉，不论发生什么情况，保证把你们安全送到目的地。"我简要地向他汇报这次护送部队的组织情况和行动计划，请他指示。廖背着双手来回踱步，笑着点头，以示同意。就这样决定当夜出发。

我从廖处回来，即与小队政治服务员陈铭辉碰头，随即召开班以上干部会，研究了行动路线，规定了联络信号和发生情况时的处置方案。全队这次行动部署是：两个班在前面，带一挺机枪担任尖兵，一个步枪班居中掩护；大队配属的手枪组在廖等 3 人之间行进，替他们背行李，照料上坡、下坎、涉水、过沟等；陈铭辉率一个班殿后，全队避开村镇走小路。如遇敌，机枪阻敌，其余人员掩护 3 人迅速撤离危险地带赶路。要求各班于天黑前做好一切准备。当天即将全黑时，我就去接廖等人，从田头山上石桥坑出发。

是夜，天像锅底一般黑。大约过了 7 点，我们这支 70 多人的队伍，从海拔 700 多米的田头山下山。山路狭小崎岖，由石桥坑往山下到田心村，要走 10 多里山路。由田心到淡水茶园，走大路只有 30 余里。但由于要避开村庄走小路，队伍在山野小道上七绕八拐，不知多走了多少里路。加上天黑走得急，常有人摔跤，衣服和鞋袜被荆棘撕开了许多口子。由于组织严密，没有发生掉队现象。

夜行军开始还算顺利。约近午夜时分，经过龙岗东北侧一个叫黄泥岭的荒山麓时，遇上一股 20 余人的土匪袭扰。我认识这小股土匪的头目叶花仔，过去我们第二小队与他们打过几次交道，他们都不敢轻举妄动，我们也不怎么去理睬他们。但是这天晚上，土匪们看到自己占据了有利地形，所以一个劲地咋咋呼呼，把枪栓拉得哗哗响。在这同时，走在前头的尖兵机枪班长杜宏超立即指挥全班占据有利地形，架起了机枪，其他队伍也散开占领阵地，所有火器一齐向土匪藏身的地方瞄准。手枪组的几个同志机灵地把廖承志等 3 人就地安置下来。双方成了对峙状态。我一看地形对我不利，打起来一下子很难解决战斗，绕道走吧时间又不等人，只有争取对方让路了。我摸索着来到廖承志身边，把我的想法对他讲了，他和连、乔都同意我的设想。我趁土匪们正在犹豫之际，挺身走到路中央，朝土匪们喊道："喂！你们是什么人，是不是叶花仔？我是郑伟灵，有急事要到前面去。你们有什么事，后会有期，现在先把路让开！"连着喊了两遍后，听到叶花仔没好气地回答："原来是郑大哥哇！丢那妈（骂人话）！认错人了！"说罢，招呼他的同伙走到另侧山坑里去了。我立即命令杜宏超掌握的机枪班变前卫为后卫，就地掩护，监视土匪动静，其余快速通过。急行几小时之后，才将队伍停下来检查一下，没有发现掉队和丢失东西，只是廖承志等 3 人累得气喘吁吁的。稍作休息后，又继续赶路。终于在五更时分到达茶园交通站，将 3 位领导同志交给了交通站站长叶汉生。几天之后，另由交通站派人将他们送往惠州。

护送茅盾、胡绳、戈宝权等同志的经过

1942 年初的一天晚上，我们小队从宝安沙头角地区，运送武器和物资到白石龙总队部。次日上午，总队首长把我叫去，交给我队护送茅盾夫妇、胡绳、戈宝权、廖沫沙等 30 多位进步文化人士到惠阳的任务。护送分批进行，首次先护送茅盾夫妇等几位同志。总队首长交代说："这批文化人士是我国文化界的精英，要想尽一切办法，把他们护送到后方安全地带。"临别前，嘱咐我要严守秘密，不惜一切代价完成这项任务。我回答说："这一带地形我熟悉，敌情较了解，请首长放心，保证完成任务。"

我从总队回来，当即召开了全队干部会议，传达首长的指示。同志们感到责任重大，纷纷表示，无论怎样艰难险阻，都要想方设法把他们送到目的地。而后还研究了行动部署，确定了行进路线和联络信号，规定了具体措施。对护送前后特别是途中的组织工作做了详细研究，并派出侦察人员，探清敌情。

当天下午，总队政治部一位同志介绍我同茅盾、胡绳、戈宝权、廖沫沙等同志会面。他们住在一个偏僻山沟的茅寮里，茅寮里面简陋、潮湿，睡觉的地方铺着稻草。当时，虽是开春二月，天气仍很冷，寒风吹得寮顶哗哗作响。同志们衣着单薄，有的冷得打着寒战，有的三五个人蜷缩在一起。生活上虽然很艰苦，但他们精神振作，心情舒畅。当我们把来意汇报后，大家都很高兴，表示积极配合。茅盾同志问我："从这里到惠阳大队要走多少路，有些什么工作需要我们协助的，你们就说吧！应付这样的情况，我是外行，你们根据实际情况处置吧！"我把沿途情况作了介绍：从白石龙到惠阳大队部田心村共有 60 多华

里，分作两个晚上行进。头晚先到惠阳碧岭村（现属深圳龙岗区）交通站休息，第二晚再到田心惠阳大队部。途中要秘密通过广九铁路和布吉、横岗等日军和日伪联防队的驻地，还有可能遇到国民党散兵和土匪的袭扰。我们要设法绕开这些障碍，请大家做好明晚出发的准备。

第二天夜幕刚降临，我们全队 5 个班 60 多人，成一路纵队前进，兵分三组：第一组由两个班负责开路，扫清障碍；第二组一个班在中间行进，紧跟文化人士；第三组两个班殿后，应付敌人的追击。从宝安的白石龙到惠阳碧岭交通站，途中经布吉、广九铁路、横岗和龙岗之间公路，然后到达碧岭交通站等地方。这一带山路崎岖迂回，田埂泥泞路滑，加上他们大都是外地人，又没有长途夜行习惯，行走速度缓慢。全队护送的同志不辞劳苦，扶老携弱，认真照顾，不仅替他们挑行李，遇到险要山路和过水的地方，还背着体弱的同志涉水。

我们这支长龙似的队伍，在月色朦胧中沿着山边小路行走，绕过村庄和敌人岗哨，小心谨慎地顺利通过广九铁路。到横岗北面一个荒山坡时已是半夜时分了。月亮从薄薄的云层里钻了出来，淡淡的月色洒在路上，山野一片寂静。我们正准备中途休息，突然前面“砰砰”响了几枪。我立即命令担任照顾茅盾夫妇等同志的一个班，迅速带领他们向路旁草丛卧倒隐蔽。部队立即散开，占领有利地形。我估计是遇到土匪袭扰，便下令集中机枪火力反击。敌人见我人多、火力猛，不敢轻举妄动，赶快逃跑了。到了下半夜，皓月当空，我们行进的速度也较快了，途中又休息了几次。天将亮时，我们到了碧岭靠山脚的一间学校，找到了总队交通站站长廖其浩。他非常热情地接待我们，询问了夜行军的情况和文化人士的身体状况，还说：“这批文化人士现在已十分疲劳了，我这里比较安全，就住在我家吧。”于是，他一边腾房子给同志们住宿，一边烧热水给大家烫脚，还煮好了早餐叫大家吃。从白石龙连夜赶到碧岭，全程 40 多华里，对文化人士来说是一件艰难的事，加上一路避敌绕村庄走小路，心情紧张，来到此地已疲惫不堪了。有的刚放下行李，一坐下就打起呼噜，进入了梦乡；有的坐下按摩双脚，活动脚腕。我在巡看大家时，发现茅盾同志双脚红肿，脚底打了几个血泡，有的已磨破流出血水。我马上端来了热水，帮助他烫热双脚、包扎伤口，消除疲劳。为了文化人士在碧岭交通站安全休息，我特别加强了岗哨，当天平安无事。晚上天黑时，队伍又启程了。我们按照廖其浩同志提供的路线，从山边杂草丛生的小路经过，然后绕过坪山圩急速前进。一路上大家默默地紧跟着，没有一个人说话。这天晚上走了 20 余里路，上半夜就到达田心村惠阳大队部。我们按照总队首长的指示，安全地把茅盾夫妇等几位同志交给了高健同志。

（此文曾刊载于1986年解放军出版社出版的《秘密大营救》）

护送何香凝、廖承志母子的经过

江　水

1941年12月8日，日本发动突然袭击，侵占了香港。我党的地下工作者和一大批抗日进步文化人士来不及撤离，身陷囹圄，情况万分危急。广东人民抗日游击队（东江纵队前身）司令员曾生传达中央的指示：这些人是我们中华民族的精华、国家的瑰宝，一定要千方百计，不惜代价抢救之。部队挑选了有经验的战斗骨干，组成一支支精悍的小分队，一个站一个站地连成了一条护送文化人士的通道。当时，我是广东人民抗日游击队惠阳大队短枪队的中队长。我们中队（江水中队）接受了这一光荣而艰巨的任务，曾分别护送了何香凝和廖承志同志母子，还护送过茅盾、邹韬奋等一大批文化人士。虽然已经过去40余年，但这件事我却记忆犹新。

记得那是1942年1月4日，海上中队的黄友在西贡卖鱼栏老板徐观生（开明绅士）家里，向我和黄冠芳（短枪队的另一个中队长）传达了总队的命令，并要我第二天到九龙牛池湾接送第一批被营救的人。

1月5日早上，我带着本队队员曾连、肖华奎、江松、陈颂、廖添胜、叶凤生、赖章7人，化装成商人的模样出发了。我还带了一把有弯头的黑布雨伞，作为接头记号。当我们来到九龙坳的时候，突然有3个土匪跳出来。我见他们人不多，便向队员使了个眼色，土匪没想到我们会来这一手，一下就被我们缴了械。他们只有一支短枪和两把匕首，哪里是我们的对手。不过，这虽然是一个小小的麻烦，但大家都警觉起来。因为那些原来从上海、武汉等各个沦陷区集中到蒋管区桂林、重庆等地的文化人士，是因不满国民党反动派的迫害才逃到香港，拿起笔杆继续抗日宣传的，不但日寇不会轻易放过他们，就是国民党顽固派也会来加害他们。我提醒大家要作好充分准备。考虑到九龙坳地形比较复杂，我留下 4 个队员在这里警戒和接应，自己带着另 3 个队员去牛池湾。

大约是上午 10 时，黄冠芳手里也拿着一把黑布雨伞，夹在逃难的群众中间来到了。我从隐蔽处出来迎上去。黄冠芳向我介绍了廖承志和连贯同志。廖承志同志穿着一件黑上衣，头戴鸭舌帽，胖胖的身子像铁塔一样壮实。从他坚毅的脸上，我看出了他对抗战抱有必胜的信心。从他有力的握手，我体会到廖承志对我们游击队战士的无限信任。连贯同志穿着一件大棉袄，使得他本来就不高的身材显得更矮了，一看就知道是个持重和十分老练的人。还有一个瘦高个（后来才听说是乔冠华）、一个手提褐色包袱的中年人和一个女同志，共 5 人。

我领着廖承志同志等 5 人离开牛池湾来到九龙坳。这里离敌人很近，有通沙田、西贡、坑口的公路，随时都有出来的可能，不宜久留。我要原来留在这里的 4 个队员殿后，就和廖承志等同志继续赶路了。从九龙坳到西贡，我们不敢走公路，是经南围走小路的。英国人为防备日军偷袭，到处埋有地雷，南围的老百姓熟悉情况，我们就请了两位姓丘的中年人带路。路不好走，有些人脚上打了泡，走得更慢了。来到三寮村，已经是下午 3 点钟，大约 30 华里的路程，我们足足走了 5 个小时。

在三寮，村长黄阿年杀鸡请我们吃午饭。我们部队经常在这一带活动，宣传抗日，打击土匪，给老百姓做好事，因此在群众中有很高的威信。对他们的热情接待，我们很是感动。不知是日本进攻香港后的 20 多天里，大家在兵荒马乱中没吃好还是走路辛苦，这一顿他们吃得香，又多又快。我已经先派人通知海上中队的中队长陈志贤到企岭下等候，我们必须在天黑之前赶到，因此，我们不敢多休息，吃过饭后又继续赶路。因为那位女同志实在走不动了，我们就找了一张椅子，绑上两条竹竿，请了两个人抬着她走。从三寮到企岭下 8 华里，大约是下午 5 点钟，我们就到了那里。我将廖承志等同志向黄友和陈志贤作了交接，又送他们上船。第一次护送的任务就这样顺利地完成了。

在送走廖承志等同志的当天晚上，黄冠芳又派短枪队员彭阿景到西贡找到我，要我选派两个能干的队员第二天去坑口接何香凝同志。坑口的情况比较复杂，那里有通往敌人据点的公路，来往的人多且杂，而这一带的山岗连树都不长，光秃秃的，不利于隐蔽。我知道这个任务非同小可，而对这里的情况我和队员曾连比较熟悉，于是我决定自己和曾连去。

1 月 6 日上午，我找了一个可靠的渔民，是个女的，名字叫容娇。她是抗日积极分子，经常帮我们送信送情报，装运物资。她划小艇载着我们到坑口，何老太太和另一个穿着花旗袍、约莫 20 多岁的女青年也刚好到达。听护送她的彭阿景说，何老太太那天是从筲箕湾坐船到牛头角，然后爬山过茅湖仔，再从茅湖仔坐“牛奶”的船到坑口。这“牛奶”是一位女主人的绰号。她只有十七八岁，长得很白很漂亮，也很乐意帮别人办事，因此，人们都昵称她“牛奶”，真实的姓名倒很少人知道。

彭阿景向我介绍了何香凝同志以后就回去了。我领着何老太太坐着容娇的小艇到了滘西洲（小岛），在渔民马洪生的船上吃了午饭。这一天风比较大，海上的浪也比较大，我考虑到何老太太的安全，也为了让她坐得舒服些，便请了一艘钓艇。这艘钓艇比较大，有 3 支桅杆，平时可以出大海钓鱼。这艘钓艇的主人什么名字我忘记了，但他哥哥叫郑新志我还记得。

说来也是何老太太有福气。待我们坐上钓艇开往西贡的时候，海上风浪平静了。何老太太心情很愉快，对我问长问短。那时我不会讲普通话，何老太太见我是客家人，就用一口流利的客家话跟我交谈。她问我：“听说日本鬼子海边放步哨，海上还有巡逻艇，会不会给他们碰到?”我说：“日本鬼子立足未稳，还顾不了许多，我们走这条路不会有日军。”她又问：“听说这里有很多自称‘绿林好汉’的烂仔，遇到他们怎么办?”我回答：“他们一般都知道我们是‘曾大哥’（指曾生司令员）的人，不敢阻拦；一些过路的小股土匪我们是不怕的，请您老人家放心好了。”何老太太听了高兴地连声说：“坐船好，坐船好！我早就说坐船好。到了海丰、汕尾就更不怕了。”

船不知不觉到了西贡，我们上岸休息。那时候西贡乱得很，垃圾堆积如山，还随时可以看到饿殍。虽然那时西贡还没驻有日本兵，但我还是请何老太太快点离开这里。下午，船到了粮船湾，陈志贤已经在那里等候。何老太太握着我的手和我告别说：“你辛苦了！”我赶紧说：“不要紧！不要紧！”并祝她一路顺风。看着何老太太的背影，我的眼睛被泪水模糊了，紧握着拳头攥得更紧更紧。

此后，我还护送过茅盾、邹韬奋等一大批文化人士，并参加了营救和接应 4 个英军从日军俘虏营脱险的任务。

（肇庆军分区党史办李招培整理）

作者简介：江水（1917—1989），广东省宝安县坪山镇人。1938 年 10 月参加广东人民抗日游击队。1939 年 3 月加入中国共产党。抗战期间历任：战士，茜坑马鞍岭自卫队指导员、队长，港九大队一中队队长，北江支队第二大队大队长等职。1946 年北撤山东。解放战争期间历任：华东军政大学高干班学员，两广纵队教导支队作战股长，纵队司令部作战参谋、作战股长，第二师作战科长，独立师作战科长等职。中华人民共和国成立后历任：两广纵队第五团参谋长、广东珠江军分区独立第十七团副团长、独立第十六团副团长、空军航空兵 22 师 66 团副团长、军委空军司令部军务处科长、海军军械部副处长、海军后勤部军械部水中兵力处处长、装备部修理部副部长、海军后勤部军械部副部长等职。1955 年获三级独立自由勋章、三级解放勋章。1955 年授衔海军中校，1963 年晋升上校军衔。1978 年离职休养。

海上护送进步人士的经过

王　锦

1941 年 12 月底，日军侵占香港和九龙之后，一大批来不及撤出的进步文化人士及爱国民主人士，被围困在港九，生活和人身受到严重的威胁。党中央及时指示广东党组织和东江抗日游击部队，要全力以赴，想尽一切办法，不惜任何代价，迅速派部队进港九把被围困的进步文化人士抢救回来，免遭敌人毒害。一天，我正在上洞进行军事训练，副小队长芦振喜叫我到中队部。刚进中队部，看到彭沃中队长、韩指导员、韩副中队长都坐在那里，约 10 个人。彭中队长说接大队部指示，要我队抽 10 个人到九龙、西贡，首先是配合那里的短枪队，执行从海上抢救被围困在港九的进步文化人士的任务；其次，就是搞枪支、搞物资并负责护送回来。并说：港九刚沦陷，情况复杂，任务艰巨，你们去后定要同那里的短枪队搞好团结，在新区要严格执行好群众纪律，还要宣传群众，在港九人民中扩大我们抗日游击队的影响。当晚 8 时左右，彭中队长和韩指导员还亲自送我们到上洞村海边乘船，祝我们一路顺风。正好那晚是北风，凌晨 1 时左右，小木船一路顺风到达西贡青头湾。天刚亮，我们由吴提祥政治服务员、芦振喜副小队长率领，安全来到西贡街交通站。等候片刻，短枪队的黄冠芳、肖华奎两同志来看我们，并欢迎我们这支生力军的到来，然后安排我们住下，同时介绍当地情况。黄冠芳同志首先说："港九失陷后这里社会治安一片混乱，一股股土匪、海匪乘机到处抢劫发横财，他们全是经济土匪，大鱼吃小鱼，谁的势力大就站得住，我们要十分警惕。在摸清情况下，对那些能争取的即争取，对那些顽固不化不能争取并继续危害群众的，为保护群众利益，在适当时机消灭之。”冠芳接着还说：“当前我们有个重要任务，就是趁日军侵占香港不久，立足未稳之机，积极着手配合港九城市地下党，抢救围困在港九城市内的进步文化人士和进步民主人士及国际友人，免遭危险；还要搞枪支、物资支援部队大发展。”经黄冠芳同志介绍后，来港九的情况和任务都清楚了。

执行护送从港九抢救出来的进步文化人士的任务开始了。

第一次护送是在1942年1月中旬。一天下午，黄冠芳同志把副小队长芦振喜同志叫去，交代由海上护送一批文化人士回沙鱼涌的任务，强调海上要注意土匪，确保文化人士的安全。船只由渔工组肖春同志准备，他雇请一条大埔来青头捕鱼的帆船。船主姓张，约40岁的中年人，我们叫他张伯。全家7口人，除张伯和妻子外，还有5个小孩，三男两女。他们长年在海上以捕鱼为生。我们刚到船上，开始他有点害怕，说什么船只破旧，漏水厉害，遇上风浪难以到沙鱼涌……借口不愿去。这也难怪，香港失陷后，海匪已抢过他两次，有一点好东西都给抢了，因此对我们有戒心，这点是可以理解的。针对渔公的害怕心理，利用我是本地人与渔公语言相通的有利条件，便对他们进行宣传教育，讲明我们是惠东宝人民抗日游击队，是打鬼子、打土匪，保护人民的人民子弟兵。这一讲他对我们的疑心开始解除，还大胆控诉海匪抢劫的罪行，求我们一定要帮他消灭那些横行霸道的海匪。

晚饭后约9时，由西贡交通站交通员小陈和短枪队的陈仲英、本地王等3人护送着7个人到我们船上来，其中有个30岁左右的妇女。他们都是一色客商和难民打扮，但皮肤都很白。有两个穿长袍、戴眼镜，头戴礼毡帽，一副文人相，行李都不多。这批人上船后由交通员小陈把冠芳写的一封信交给芦副小队长，随后芦副小队长把我全班人员集合起来布置任务，进行分工。安排好这批来人在船舱休息后，芦副小队长陪着他们闲谈，我即找渔船主张伯告诉他准备开船。张伯说：“今刮东北风，海上风浪大，而且是逆风。”为保证这批客人的安全，我问能不能开船，张伯说：“老实同你讲，开始你们刚下船，究竟是什么人我不理解，总是害怕，因此只好借口船破旧漏水厉害，遇上风浪不行等，想把你们推走。经你们讲了一番道理我才明白，你们是人民子弟兵，为了人民，就是为了我们嘛。今晚是东北风，风浪是稍大点，船是旧些，其他没有问题，保证安全送你们过到沙鱼涌。你们一定要看好船舱内的人，不要出来，免得风浪大掉下海。”晚上 10 时左右，张伯全家除一个 7 岁的小女孩外，总动员起来，张伯掌舵，大儿子很快扯起风帆，船离开青头湾往沙鱼涌方向驶去。可惜因是逆风，东转西转，航速太慢。我派出两名同志在船头瞭望，自己在船尾陪着张伯掌舵。晚上 12 时左右，快到大鹏湾的宽阔海面，风浪逐渐增大，小船摇摆度也增大，被护送的 7 个人都晕船了。我们的同志由于还不适应海上生活，也开始头晕脑涨。凌晨 2 时，风浪更大，可能有 5 级大风，海上刮起白头浪花。如果是大船，这样的风浪算不了什么，但对我们这条只有 10 余吨的船来说就够厉害了。船刚驶出大鹏湾宽阔海面，船的摇摆度更大。张伯沉着地紧紧掌着舵，他告诉我不要怕，凭他在海上几十年的经验，这样的风浪不会出问题的。船舱内缺乏新鲜空气，使这批人呕的呕、吐的吐，真难受。为照顾好他们，我们的同志对自己晕船全不顾，这个去拿桶给他们用，那个去拿水给他们漱口，尽力帮助他们。船快接近沙鱼涌，一排排大山挡住东北风，海上风浪开始小些。东方开始发亮，船舱盖可以打开点，让新鲜空气进入舱内，他们才觉得舒服了。从西贡青头湾至沙鱼涌只有十三四里，由于是逆风，足足航行了 10 个小时。船快到沙鱼涌时，大家一个个从船舱内站起来松口气说：在香港冲破日军的围困，渡海战胜大风大浪的艰险，即将踏上内地，这完全靠广东人民游击队的照顾和护送。到达沙鱼涌后，将他们交给交通站，我们即准备返回西贡。他们一个个紧握同志们的手，再三感谢同志们的照顾和护送，表示一定学习我们抗日爱国的精神，做一名有热血的中国文化人。最后芦副小队长与他们热情话别。后来听说这批文化人士中有夏衍（此处有误，夏衍是从澳门撤离的。——编者注）、胡风等。

第二次护送是 1942 年 1 月下旬。那时我配备的是一支英军从香港溃逃时丢下来的“英式磨盘手提机”（即冲锋枪），其特点是装弹多、射速快、威力大。这次不知是什么重要人物回内地，由刘黑仔带短枪队护送，因为他们配备的都是驳壳、左轮手枪，为加强该队的火力，所以临时把我抽去执行这次任务。晚上 8 时，刘黑仔即向短枪队和我共 7 人交代任务。刘说：今晚我们要从海上护送 4 名重要“客人”到上洞村转回内地，首长交代一定要保证这 4 人的安全，遇上海匪能避开的即尽量避开，避不开，万一非打不可的也一定要准备好才打，宁可自己受损失也要保证这 4 人的安全。刚开完会，我们就把 4 人送到青头湾早已准备好的一条艚仔船上。这 4 人一个高一个矮，两个中等身材，3 个说北方话。我们把他们安排在船舱内，一切准备就绪后，晚上 9 点 30 分起航。刘黑仔把我和叶锋分配在船头瞭望，以便万一遇上海匪也能发挥我那支磨盘冲锋枪的威力。黑仔自己和另两人在船中照顾这4人，另两同志在船尾。那是农历十二月十几的夜间，因天气不好，月亮蒙蒙的，但幸运的是东风。从西贡北边青头湾至上洞村全程约14里，很快便在翌日凌晨2时许到达上洞海边。我和叶锋先上岸到上洞村周围侦察，在村外警戒，叶锋回船向刘黑仔报告：没有情况，可以上岸。因没有码头，黑仔和几个同志分别背着4人涉水上了沙滩。当将4名重要客人送到村内的移交地点不多久，部队派的一个班来接人了。交接完毕后我们撤回，连夜随船回青头湾去西贡，上午8时回到西贡住地。事后我问护送的是什么人时，黑仔说："只是接受任务，到底是什么人，我自己也不清楚。"

第三次护送任务是2月上旬。肖华奎同志在西贡把芦副小队长叫去布置护送任务。约半个小时接受任务回来，芦即叫我召集全班人员开会，由他向大家讲执行这次护送任务的内容。他说肖大哥讲，这次护送对象是国民党的什么大官的小姐、太太、小孩和随行人员，共10余人。要我们以民族利益为重，贯彻我党抗日民族统一战线政策，对他们照顾好，注意她们的安全。这天晚上大约7点，我全班及短枪队的陈仲英、宋仔和被护送的10余人由西贡镇往北面出发。20余人的队伍拉得长长的，3公里的路程足足走了1个小时，8点30分到达青头湾船上。这是一条经常由大埔圩装货运往大小梅沙，属沙鱼涌一带的槽仔船，有4个船舱。船主是姓李的中年人，我叫他李大伯。船上有6个水手，都是男子汉。因常走大小梅沙、沙鱼涌一带沿海，因此，对这一带港湾比较熟悉，对我们游击队也比较了解，思想比较进步，对我们特别热情。李大伯知道要送我们去沙鱼涌，高兴地说："去沙鱼涌水路我熟悉，但最近海上有土匪抢劫，你们要特别小心。"开船各项工作都准备好了，被护送人员安排在4个船舱内。我们全班也作了分工，有的在船头，有的照顾被护送人员，有的协助船主掌握好去沙鱼涌的方向，并确定了对付海匪的应急措施。9点20分，船在青头湾起航。往沙鱼涌只有十三四里，如果是顺风，顶多走4个小时便可到达。当晚是东北风，四至五级，去沙鱼涌正好是逆风，船要走"之"字形。船快出大鹏湾经大窖嘴时，发现正前方有个黑影，是条十多吨的船。对方开始问我们是什么船，到哪去，陈仲英回答说，我是黄大哥（即黄冠芳，在这一带很有声威，土匪听到这个名字都惧怕三分）的船，到沙鱼涌去。陈仲英是潮州人，可能对方听不懂陈仲英的"福佬话"（潮州话），也可能对方不知道黄大哥是谁，不耐烦地说："不管你是黄大哥、黑大哥都要下帆检查，不然我就不客气!"这是遇到海匪了。不多时，他们对着桅杆就是"啪啪"两枪，以威吓我们。小姐、太太们在船舱内听见枪声吓得不知如何是好。同志们一方面安慰她们，让她们相信游击队完全能够控制局面；一方面为了确保被护送者的安全，决定按计划行事。芦副小队长叫我先用磨盘手提机枪朝着匪船打几个连发试探情况。海匪万万没想到船上有游击队，我扳机一扣 20 多发子弹打过去，不知匪船有否伤亡，却见他们掉转船头灰溜溜地朝大埔圩方向顺风逃去。船舱里的小姐太太们这才安定了下来。我船仍按原航向行驶，经大埔圩水道过赤洲岛出大鹏湾。这里海面宽，风浪大，船摇摆度也大，转弯时船倾斜度也大，未坐过帆船的人真有点害怕，好像船要翻似的。其实逆风走“之字形”的帆船都是这样，不会出问题，但被护送的人却在船舱内一个个呕吐起来，一直呕吐了一个晚上，看上去个个都无精打采好像病了一样。船快到沙鱼涌，这一夜战胜了风浪和海匪，好不容易安全抵达。消息传到她们耳边，她们一个个高兴得走出船舱看看大海，看看沙鱼涌一带的风光，呼吸一下海面上的新鲜空气。早上 7 点 30 分，船靠近岸边，乘涨潮的机会驶进沙鱼涌。芦副小队长和陈仲英两人到交通站联系，很快来人把这些人接走了。

这次护送，整整航行了 10 个小时。临别时，这些被营救的官员家属及随员再三感谢护送人员对他们的照顾，同时赞颂部队对他们的营救。

（原载《深圳党史资料通讯》总第 15 期，1985 年 8 月）

作者简介：王锦（1923—2008），广东省东莞市厚街镇人。1940 年 10 月参加广东人民抗日游击队，历任东江纵队港九大队战士、班长、小队长，海上队副队长，海上中队中队长。1946 年 6 月随东江纵队北撤山东，入华东军政大学学习。历任：渤海军区海防总队连长，华东野战军两广纵队炮兵团连长、营长。参加济南战役、淮海战役、广东战役。1950 年参加万山群岛战役。1952 年参加抗美援朝战争。回国后转入海军工作。1961 年入南京军事学院学习。1965 年参与“8·6 海战”前敌指挥。在海军期间历任：舰艇大队大队长，汕头水警区参谋长，川岛水警区参谋长、副司令员，广州基地后勤部部长等职。1955 年授海军中校。

护送余汉谋夫人上官德贤

郑　戈

1941 年 12 月 25 日，日军侵占香港九龙新界全境。被困在香港的国民党第十二集团军司令官余汉谋的夫人上官德贤一行 10 余人，行李数十余担（连同其做生意的货物，实为 120 担。下同。——编者注），在广东人民抗日游击队（东江纵队前身）港九武工队营救下，于 1942 年 2 月初，从日军占领的香港脱险，乘船到东江抗日游击区葵涌附近上岸。在惠阳大队手枪队护送下，走了一夜路，上午到达惠阳县田心村（现属深圳龙岗区）学校门口草坪。

上官德贤女士身躯肥胖，圆眼细眉，皮肤白净，穿着黑色呢绒旗袍，端坐在用太师椅临时扎起来 4 人抬的椅轿上，一副贵夫人相。她双手按着放在膝上的黑色四方首饰盒，神情疲惫紧张。由一名国民党上校侍从副官左右侍候，其余随员都是余汉谋家中人员，大多数是年轻妇女，最年轻者约十六七岁。还有两个三四岁的儿童，是用谷箩挑着的。这批人如此长途跋涉、颠沛奔波地逃难，在她们可是有生以来第一次。她们到达田心学校门口草坪后，一个个显得疲惫不堪，顾不得地上污秽，歪坐在草地上大口喘气。惠阳大队副大队长高健在田心学校门口迎接上官德贤女士及其全体随员，然后安排她们在学校休息吃饭。上校侍从副官向高健哈腰致谢后，指挥众人进学校吃饭休息。上官德贤女士则坐在椅轿上，不愿进学校内休息，大概她是对我们有疑虑，怕进学校后再出不来。我们再三说明是邀请，但这位夫人仍执意不进学校。后来由两位随从妇女给夫人送饭菜。饭后，夫人和副官经过紧密磋商后，要求和我们洽谈。夫人首先向我们提出："长官！感谢贵军相助，我们今晚就要离开此地去淡水，希望贵军就派一个连送我们。"

"夫人一夜劳累，是否在这里休息一夜，明晚再走。"

"我们今晚不在这里休息，请贵军今晚送我们去淡水。"夫人作了肯定的回答。

"我们考虑到昨晚你们已经走了一夜路，今晚如果再连续走几十里夜路，可能在途中因走不动而掉队失散，发生意外。为此，请夫人在这里休息一夜，我军保证夫人的安全。"

“多谢贵军盛情，承蒙贵军大力相助，此次得以脱险到此。我们急于去惠州，希望贵军派一连兵力，今晚就送我们去淡水。我们一定向余汉谋长官呈报贵军救助之恩，为贵军请功授奖……”侍从副官开腔插话，并滔滔不绝地谈他和余夫人将如何要求余汉谋给我们发枪支弹药等，还说我们有什么要求，都可由他们向余汉谋提出。余汉谋当时执行消极抗日、积极反共政策，志在消灭东纵部队，这点我们很清楚，对他不抱任何幻想。经过住在田心石桥坑山上的领导同志研究后，决定同意余夫人要求，派我率领中队编制的第二小队和大队手枪队，当晚出发，将夫人及随员护送到淡水茶园交通站，移交给叶汉生，由叶汉生送去惠州。领导同志指示我队，确保夫人等沿途的安全，护送到达茶园交通站。另以我部队领导同志名义，给余汉谋写了封信，阐明我军营救他的夫人等从香港归来，是执行我党抗日民族统一战线政策，唯望余汉谋以国家民族利益为重，停止摩擦，一致抗日，别无他求。信由高健同志当面交给上官德贤女士，请她面呈余汉谋，并向她再次阐明我党坚持抗日民族统一战线的立场。余夫人也再次表示感谢我军救助之恩。

当晚，上官德贤女士坐着由 4 名民工抬的椅轿，和随员及民工挑运的数十余担行李，在我们部队护送下，从田心学校出发。我们估计途中可能会遭到国民党散兵组成的土匪拦截，部队作了充分的战斗准备。我们再三叮嘱余夫人一行，要求她们在行进途中保持肃静，不论遇到任何情况，切莫惊慌，听从我们安排。余夫人要侍从副官向众随员传达我们的要求。

我们行进到黄泥岭荒坡上时，果然不出所料，遭到国民党二三十个散兵土匪的突然拦截袭击。前卫分队立即展开，占领有利地形，两挺机枪以密集的火力反击。这时，在我身旁的上官德贤女士，在副官的扶持下，惊慌地下轿伏地，也不知道她喃喃地说了什么话。国民党军队这些散兵土匪，对他们的司令长官夫人进行突然袭击，使夫人受惊不浅，我极力安慰余夫人镇定。侍从副官这时也一再要求我们，一定要保证余夫人等人的安全，并再三表明要向余汉谋面呈为我军请功授奖。我直言相告，这股拦截袭击余夫人的匪徒，是国民党军队的散兵游勇。我们一定将匪徒打散，保证夫人及随员安全，请夫人和副官莫惊慌。我们先以密集火力反击匪徒，接着前卫分队发起冲锋，匪徒们就四散逃窜了。我们请余夫人上轿，整队继续前进。清点人数时，发现有两个女随员和挑运行李的民工在后卫分队掩护下不知从哪一条路走了。天亮后，我们到达淡水附近的茶园交通站，交由站长叶汉生接待。一面安顿夫人及随员休息，一面由我派部队去找失散的人员。夫人和副官这时焦急万分，痛骂国民党这股散兵匪徒。

在吃早饭时，离散的两名随员及挑运行李的民工在后卫分队护送下全部安全回来了。就在这天，我队要返回田心时，上官德贤女士向我们道别，再次表示感激我军相救之恩。侍从副官向我们说尽感恩戴德的好话。我对副官说："大难不死，必有后福，祝你们一路平安!"次日，她们在叶汉生安排下，安抵惠州市。

（本文原载于1984年10月《深圳通讯》第11期）

东江纵队营救国际友人统计

黄作梅

本统计仅根据手头所得材料，因在内战及敌人"扫荡"之环境中，部分材料遗失，尚有多次营救事实无法加入，特此声明。

英国人	20
美机师	8
印度人	54
丹麦人	3
挪威人	2
俄国人	1
菲律宾人	1
共计	89

这是当日本侵占时，东江纵队抢救工作的梗概，有书信及证件说明：

（一）战地医院的赖特上校（Coloneil.[①]T. Ride），他的华人书记李玉弼先生和两个外国人。他们从日本人那边逃脱后，便由东江纵队护送和帮忙到中国内地去。时间是1942年2月，确实的日子忘记了。

（二）两个英国士兵从香港逃出，曾加入东江纵队的工作。他们是霍支斯（P. Hodgy）和格尔拉夏（A. Gallaher）。他们对东江纵队的意见，他们在队里工作的热情，和他们对在游击队中的生活表示的满意，在1942年3月4日他们写给怀特中校（Lt. COL. SE. H. E. White M. C. D. C. Znd[②]Royal Scots）的信中可以看到。

先生：

这是一封短信，告诉你格尔拉夏和我正在做的工作。我们现在教练使用 H. G. Bren 和 Luis 机枪，和学使用三寸口径和二寸口径的炮。我们享受着和我们一齐工作的人的和善的款待。我们来到了这个地区，只剩下身上的衣服，而他们供给我们吃、穿、住，一点不要酬报。这些人民对斯克利维恩上尉（Capt[③] Scriven）和他一组人亦是同样的款待，而且送他们到重庆去，现在斯上尉和那一组人都在那儿了。这儿是需要很多人包括皇家工程队（R. E.）这种人才是受欢迎的。如果任何人希望逃脱，他们将找到一个带路者在等待着他们。对在营里面许多人来说这种情报也许是无用的，并且因为这可能对和我们一起工作的人是一种危险的来源，所以请你把这个消息告诉谁时要小心。如果营里任何负责人希望和外界通消息，他们可能通过这些人和引导者来这样做。我们和这里的人民希望很多正义的人来这里，帮忙这里工作。我们希望我们现在仍得原来的薪俸，因为我们是在工作着。

霍支斯

（Pte. D. Hodgy）

J. Gallaher

1944. 3. 4

（三）四个英国海军军官脱险，经过东江纵队的地区，并且由我们帮助到中国内地去，他们是：

都格拉斯中尉（Lt. J. Donglas R. N. R），通讯处：香港海军司令（部）转。

夏斯特中尉（Lt. J. W. Hursto B. E. D. S. E. R. N. R），通讯处：上海英领事馆转。

汤姆生中尉，通讯处：上海英领事馆海军办事处转。

何来特 J. 110998，皇家海军部电报员，通讯处：伦敦邮政总局转。

他们留下下面的一封致谢信：

我们曾经接受带信者各方面的协助，与在作战中之盟军取得联络，他们是可靠的，而且是绝对可信托的。

中尉夏斯特（签名）

（四）1942 年 3 月 24 日香港警察司汤先生和波利斯屈特夫人（Mrs. Green Priestwood）从赤柱俘虏营逃出，并经过东江纵队的帮助，到内地去。下面是他们的感谢信：

请求你们可贵的指导。

还有徒戎[④]只能赞扬我们从游击队所得到高度和善意的帮助，同时希望有一天能给他们以同样的帮助。

（签名）波利斯屈特（Green Priestwood）

“上面所述的我完全赞同——我们不可能得到比这更可贵的衷心的援助。”

签名：汤姆生（W. P. Thompson）

后来逃走出来的上海银行的芬恩维克、摩利逊两位先生，在那信上加上了下面的话句：

“我们的经验和上面所说的一样。”

签名：芬恩维克（T. G. G. Fenwick）

摩利逊（J. A. D. Morrison）

1942. 10. 20

（五）1942年4月14日，4个英国陆军军官从香港逃出经过我们的地区，他们是波生吉特（D. J. Bosenget）香港义勇军、比尔斯中尉（Lt. G. L. G. Pearce R. A.）、怀特中尉（Lt. L. S. White R. A.）和祁德尊中尉（Lt. G. D. Clagne R. A.）。他们4人联合写一封信给东江纵队：

当我们一到达目的地，我们将报告官方，他和其他的人正在干着好卓越的工作，使到他们的工作能够被认识和得到充分的酬报。

签名：波生吉特　香港义勇军（D. J. Bosenget H. K. U. D. C）

比尔斯中尉（Lt. G. L. G. Pearce R. A）

怀特中尉（Lt. L. S. White R. A.）

祁德尊中尉（Lt. G. D. Clagne R. A.）

那天晚上，在横山脚游击队部举行欢迎会热情欢迎他们，他们受到我们对战争胜利的坚定意志所鼓励，他们每个人都写了几句对我们的部队的印象。比尔斯中尉说：“他们从上至下的普遍的热情，他们的极大愿意帮助我们，和他们对我同敝人的明确的认识，使我们坚信中美英荷（A. B. C. D.）阵线过去是，现在是，将来也是敌人一块严重的绊脚石。”

渣甸公司的波生吉特先生说：“在旅途的进程中，我感觉到战争将很快就胜利结束，因为在游击队中的许多英雄们虽然不闻名于全世界，但，他们负着打倒共同的敌人的主要责任。”

祁德尊中尉说：“给我印象很深的是队员们的纪律，和他们全体共有的思想上的完全一致。”

（六）在8月中，两个英国士兵经过东江纵队的地区到大后方去，他们的名字已经忘记。

上面是东江纵队进行的抢救工作的成绩，是在香港沦陷之后，应该郑重的指出的那个时候敌人侵略的火焰是急速地蔓延全世界，盟军是在一种艰苦奋斗中，东江纵队必须肩负起这重大而危险的工作，完全靠他们自己，没有受到国民党政府的援助，也没有受到外国的援助。在这里东江纵队负起斗争的责任，好像世界其他各地任何英勇的战士一样，而且他们不是没有成绩的。他们的工作和他们的胜利使到他们的盟国友人振奋，同时给他们开始发现，现在香港有一种坚持斗争的新方向。最后英国当局在 1942 年 7 月起来参加斗争工作，一个机关用英军服务团的名义在桂林组织了，赖特上校当指挥官，前进总部设在惠州，由祁德尊少校负责。东江纵队便开始和英军服务团光荣的合作，同时他们的注意力集中于抢救和情报工作。

（七）在 1942 年 10 月 18 日，芬恩维克（MeSSre T. G. G. Fenwick）和摩利逊（J. A. D. Morrison）两先生是在东江纵队和英军服务团合作之下逃出来的，由东江纵队派人护送回中国内地。他写了封信给在新界的方先生致谢（方先生是东江纵队的中队长）：

我们经过方先生的地区时，蒙他优厚的款待和帮助，特此致谢。当我们抵达目的地，我们一定报告英当局。

签名：芬恩维克　摩利逊

1942. 10. 19

（八）10 月 28 日，东江纵队帮助陈伟泉先生安全地从香港回去沙鱼涌。他是受英军服务团所指示去破坏敌人在九龙的无线电台的。

（九）10 月 30 日，东江纵队帮助 5 个印度人逃出。他们是皇家炮兵，因为给他们许多便利，他们写两封信向该队致谢意：

我们在下面签名的印度士兵，1942 年 10 月 30 日得到九龙游击队很好的招待，他们供给我们各种便利和舒适，我们很感谢的。

签名：孟雅星（Mehnga Singk）
拉西加星（Lashkar Singk）
拿瓦恩特星（Navant Singk）
达立普星（Dalip Singk）
山托先星（Santokh Singk）

纪念我们和蔡大队长和他们部下一起度过的快乐的 3 天，我们将不忘记他们殷勤善意的招待。我们热诚的同情他们的神圣的工作。

（签名如上）1943. 2. 2

（十）1942年11月9日，2个印度人从香港逃出，一个是搭拉星，上海银行清算处的更夫；另一个是毛汉甸，是屈臣氏药房的车夫。东江纵队帮助他们到惠州。

（十一）同月14日，东江纵队帮助两个香港义勇军从港逃出，他们留下一封鸣谢信：

离开了九龙以后，我们出乎意料以外，碰到了港九人民游击队，安全地在他们护送之下，到达他们的营部。他们是一群优秀的人，很客气地招待我们，同时我们也发觉他们对他们的事业是很忠诚的。如果我们能力许可的话，我一定毫不迟疑地和他们一样地去做。我祝他们在建设自由中国的工作得到顺利。

麦尼民　18. 11. 1942⑤

我衷心地和毫不迟疑地赞同上面的叙述。

巴拉斯加氏炮兵第三连

香港义勇军

（十二）1942年12月，3个丹麦人由港到新界旅行，因受嫌疑，为东江纵队捕获。经审问后，他们同意到惠州去，他们的名字是却觉臣、安德逊和夏时津。

（十三）6个印度人经东江纵队援助回内地，留下一封印文的鸣谢信，这是1943年2月2日。

（十四）2月12日，东江纵队和英国合作，救出2个挪威人和2个俄国人。鸣谢信如下：

这是我们对港九人民抗日游击队给我回到自由中国的援助表示真诚的感谢，我们受着极好的友谊和招待，衷心地希望你们的伟大事业得到成功。

华德叔（中华电力公司无线电工程师）

空尼仑船长

伯罗德逊

（十五）1943年2月19日，东江纵队和英军服务团合作救出六个印度人，其中一个是中尉，一个是少尉。

（十六）1943年3月23日，东江纵队和英团合作救出5个印度人并送到惠州：穆罕默德·伊伯拉谦、穆罕默德·沙文、穆罕默德·喇辛士、沙喇莘士·沙德河⑥利沙连。

（十七）同年4月12日东江纵队和英团合作救出一个印度人和一个菲律宾

人，留下一封鸣谢信：

这是一封介绍港九人民抗日游击队的信，他们非常友好和善地帮助我们在回到中国内地的旅程，而且对盟国的事业有着真诚的同情和忠诚。

路易士　加士亚

（十八）同年 8 月有 4 印度人，皇家炮兵，经东江纵队营救回惠州。

（十九）1944 年先后共有 17 印度人经东江纵队的援助获得自由。

在很多的信中，英军服务团的负责长官对于东江纵队对印度人的援助，给予感激和谢意。

（二十）1944 年 7 月 17 日葛荣中尉由深水埗集中营逃出，经东江纵队援助到惠州，他留下一封鸣谢信如下：

给广东人民游击队东江纵队：

这是一封表示对你们钦敬和感谢的信，因为我在 7 月 17 日从深水埗俘虏集中营逃出来后，得到你们的帮助。在集中营时，我们得到的唯一消息是在大亚湾沿岸的一些乡村对我们是同情的，但我是不能肯定我未抵达惠州之前能否找到帮助。根据这样的消息，我带着足够 10 天的粮食（离开）集中营，以为这会有充分时间来完成我的旅程的。但是，由于不熟悉本地的情况，不断地从敌人的巡逻与搜捕中侥幸逃脱，以及晚间的极端黑暗等情况下，我的旅途的迟缓是出乎意料。同时，极端恶劣的天气，日夜的滂沱大雨，因而我的衣服从没有干过。

当日子一天天的过去，我的脚受了很大的创伤，而我的进程更变成了一个极迟缓与痛苦的日程。经过了 10 天有半的极端不舒服的日子，我在一条山径上遇到了你们 3 个同志，自然，我是会被认为相当可疑的。但是，我令他们明白我是希望逃避日本人后，他们把我带到梅花村。经过了一些询问后，我便给你们的伟大组织的同志所照料了。

从那时起，我所遇到的事情好像神奇似的，我所希望的每件东西都得到了，食物、衣服、睡室，还有看护替我治理伤口，小童对我的侍候，而他能预知我的每一个愿望的。在我最后几天行程中，我只得极少的食物。当遇到你们的同志时，我是在非常疲乏与衰弱的情景下，如果没有你们的帮助，我完全不能抵达安全地方的。在这里我希望再次向帮助我这样多的你们表示最深的感谢。

你们的无畏的英勇，你们在敌人统治的地区中，冒着绝望的危险，进行着坚决的斗争，而获得任何人的景仰，而他们会完全明白你们的英勇行为的。我在你们处所获的伟大的仁慈与殷勤的款待，我的心充满着极真挚的，非文字所能形容的感谢。

现在我已经恢复了我的体力和健康，这是我应该离开你们重新和我国人民共同努力的时候了。我可以向你们保证，我是你们终身的挚友，而且是完全同情你们的斗争的目标的。我的热情的愿望是：当我们的共同的敌人被逐出中国后，你们的目的能够实现。而你们为了这目的，正创造着这样一个伟大的斗争。

英海军中尉葛荣

8月1日

葛荣中尉抵达了英军服务团前进总部的时候，英军服务团负责长官顾尔伯少校8月6日给黄体文先生的信是这样说的："我们再一次大大的欠负了你和你部队关于你们这次给葛荣中尉的帮助。"

"我是很艰难去找出一些微小的方法来表示敝政府对贵队对我们的帮助的感激——再一次毫无代价的帮助。"

同时，在他送给东江纵队500粒亚特平和扑疟母星的时候，他说："我恐怕这是应对你们感激的大海中这一滴，有一天我相信一个较适当的报偿是可以安排的。"

（二十一）差不多一年后，在1945年7月，东江纵队帮助了6个印度人逃出香港，把他们交到英团，除了一个商人，一个是印警外，其余的都是印兵。这一次东江纵队对英国的帮助也是毫无条件、毫无代价的。在一封回信里，英国班凯少校说："我同时把你们不肯接纳我们偿还在营救这些印度人所负担的费用报告到我的总部去。"

他继续说："行动是较言语说得更响亮的，你们的部队给敝团过去的援助，和这次活生生的给印度人的帮助，足够证明你们和敝团合作的愿望。"

上述只是一些简单的关于东江纵队给盟邦营救合作的记录，事实上还有更多的脱险是经过他们营救的，还有更多的证明文件，同时在过去东江纵队还负责过其他的工作，如情报工作等，但是由于时间的匆忙，我们不能全部写下去。除了这个原因之外，4年半的游击战争环境，经常在顽敌的袭击和"扫荡"之下，许多文件和记录也损失了，因此，在这里我们的报告还是不完全的。

（1946年2月19日《华商报》）

［原载《东江纵队史料》，广东省档案馆编，部分用语依据中国人民解放军

历史资料丛书编审委员会编写的《华南抗日游击队（下）》里登载的同名文章作了修订］

编者注释：

①原文如此，疑为“Colonel”（上校）。

②原文如此，疑为“2nd”。

③原文如此，疑为“Capt.”（上尉）。

④原文如此，这两个字有多个翻译版本，根据《东江纵队史料》一书记载为“徒戎”。

⑤此为英文日期的表达方式，日/月/年。下同。

⑥原文如此，“河”疑为“和”。

作者简介：黄作梅，1916年出生于香港，毕业于香港皇仁书院。早年参加抗日救亡运动，1941年6月入党，同年参加广东人民抗日游击队。日军侵占香港后，出任港九大队国际工作组负责人。积极营救盟军及国际友人，协助“英军服务团”在九龙新界建立情报站和秘密交通线。1944年东江纵队成立联络处，任首席翻译官，负责与美军驻华第十四航空队代表联络。1946年东江纵队北撤后，接替袁庚任东江纵队驻香港办事处主任。同年受英皇乔治六世的邀请，以东江纵队港九大队国际小组负责人的身份到伦敦参加二次世界大战胜利游行，并授予他MBE勋章，表彰其“在1945年9月2日前对英军东南亚军事行动做出的贡献”。1947年6月任新华社伦敦分社社长。1949年8月任香港新华分社社长。1950年1月6日英国正式承认中华人民共和国后，周恩来总理决定香港新华分社升格为中国驻香港官方代表机构，此后除新闻工作外，黄作梅还负责办理中国政府与港英政府交往的事务性工作。1955年被委派参加以周恩来为首席代表的中国代表团，赴印尼万隆参加亚非会议。4月11日下午，他作为一路的领队和中国代表团工作人员及记者等7位同志，乘坐印度航空“克什米尔公主号”专机从香港飞往印尼首都雅加达。因台湾特务事先潜入飞机放置定时炸弹，飞机在沙捞越失事坠海，黄作梅及同机同志遇难牺牲。

第六章

无形的战场

港九大队国际工作小组

林　展

1941年底日寇占领香港后，很多进步爱国文化界人士、民主人士被困香港。港九大队按照党中央和广东人民抗日游击总队的指示，全力抢救这批人民的无价之宝脱离险境。这期间，也同时营救出不少盟国的文武官员（英、印籍人为主）。这些人脱险后，对我游击队既感谢又敬佩。盟国友人留下许多热情洋溢的信，并配合我营救工作，写信给仍滞留在香港的亲友，书报平安，同时介绍持信人所代表的力量（当时为安全起见，不写游击队，更不写中共力量）可以信赖，可以援助脱险。

为了更好地开展营救工作，扩大我国际声誉，港九大队成立伊始即设立了国际工作小组，任务是发现及联络可营救、离港的盟国友人。小组人选一般要能熟识英语，与英国或盟国人士有一定社会关系的人。

1942年2月初，港九大队政委陈达明同志到香港，接了我的党组织关系，告知我以后就属部队系统，并分配在国际工作小组。小组负责人是黄作梅同志。陈达明同志将黄的政治社会情况向我简略介绍。不久黄作梅由港九大队政训室到香港接我的关系，并叫我以后到他暂住的地址联系。

国际工作小组成立初期——1942年2月，小组成员有黄作梅、林展（中共正式党员）、谭干（似是候补党员）、卢陵（女，非党员）。卢陵不久便离开香港。工作小组接头的第一个地方就在卢陵的家，于九龙弥敦道八百多号的三楼或四楼内。这是卢母的房子，当时卢母已离港。该处便成为港九大队、国际工作小组接头联络的地点。黄、谭初期均在此处。我则仍住母亲家里。

大约在1942年三四月间，国际工作小组另辟一地点，是在深水埗界限街某号二楼。这时工作小组在此碰头的成员为黄作梅、林展、谭干。一般接头是我到该处找黄作梅同志汇报请示，偶然他也叫谭干同志一起参加。有一两次我在此处见到过陈达明、何启明等同志，但不是直接联系。黄作梅同志的父母弟妹亦住在此处作掩护。

国际工作小组的工作内容大体可分作三个阶段。

第一阶段，尽快通过各种渠道，趁日寇占领后立脚未稳之机，寻找营救国际友人的线索。当时有三种渠道：一是已脱险的国际友人给仍滞留在香港的亲友写信，内容是告诉本人已脱险，并介绍持信人可信赖，可跟随营救脱险。二是通过各人原有的社会关系，去发现有无未被日寇囚禁或囚禁后又逃脱出狱的英美印等盟国人士的线索。三是发展一些新关系，发现一些间接线索，再进一步工作。

初期，侧重用第一种渠道。黄作梅亲自送这种书报平安或介绍营救信较多，谭干次之，我最少。原因可能是受信人大部分是男性。记得我曾送过一封已脱险的人的信去找一个印华混血妇女。她接信后，并不热心要求脱险，却反复要我说出脱险路线、属哪方面的力量等。可能是不够信任，也可能是另有企图。这样见过两三次面，我认为无大作用，而且可能带来危险，经与黄作梅同志研究后，便放弃联系。

黄、谭所送的信，并去联系的人较多，他们在小组碰头会上也不时提及。有些可能经他们联系好，由港九大队另派同志护送出境。

那时由脱险者写回香港的信，都是用很小的纸条写，卷成如牙签或香烟，以便秘密携带通过敌人岗哨。

第二种渠道也用得不少。黄作梅同志战前在香港海军船坞工作，曾参加香港政府文员协会，社会关系多，由此发现未被囚禁的原英籍文职官员营救对象也较多。他曾联系过原香港英政府医务总监司徒永觉，动员他出走。后因日寇对到访司徒的人防范渐严，便改由我去找司徒的门生及较赏识的业务下级赖宝珠（女）医生。赖当时在香港跑马地一所法国天主教教会开办的医院当医生，我则曾是赖的妹妹赖宝勤在庇理罗士女书院教书时的学生，容易谈得拢。赖对我们还是尊重与相信的，我直接和她谈明来意，但认为司徒不太会冒这个险。之后，我还去找过她，果不出她所料，司徒不愿走。此事便作罢。

第三种渠道是发展新关系。这主要是为了刺探或套取敌人搜捕国际友人，把不同的外籍人囚禁在不同的集中营的地点，集中营的管理、探视（囚禁文职人员或一般居民的赤柱集中营允许中籍亲人定期探视）等情况。新关系包括有中国人、印籍警察（日寇称为宪查）等。通过收集这些情况，再研究作进一步的营救办法。

第二阶段，兼收集日寇情报。如收集日寇统治香港九龙采用了什么措施、手法、社会舆论、群情反映等。收集到后一般口头向黄作梅同志汇报，他再集中向上级陈达明同志汇报。

这时期我曾收集过日寇在香港九龙推行的户口管理办法。他们先宣传一番，再行登记，然后在每家门口悬挂着该户人数、姓名、性别、年龄等，以加强控制。特别是把户口与配给粮食挂起钩来，每人每天只得六两四米（司马秤），而且常常供应不足，居民普遍处于半饥饿状态，群情怨恨。我把这些情况详细写了一个报告。后据黄作梅同志说，上面还表扬了我们。

这期间也曾通过一个同学的父亲的介绍，并经黄作梅同志同意，到一个日伪机关去当缮写员。这日伪机关的头子名杜石山，潮汕人。他有在东京的日本人作后台，妄想建立个东南五省的伪政府。我在那里干了一两个月，得知他的日本人后台在香港没有什么力量，他自己的力量主要是在香港的潮汕籍人，其中不少属地痞流氓，常犯案被日寇当局拘禁，经济来源不充裕，看来作用不大，与我国际工作小组工作内容关系不大。请示黄作梅同志后，我辞职，另推荐一位地下党的同志去接任。

在这阶段，我曾抽空到日语速成班学习基础日语，以利当时搞敌情报工作。

第三阶段，配合英军服务团，以情报工作为主。1942 年 7 月，英军服务团在桂林组成，由赖特上校（曾被我港九大队营救脱险）当指挥官。其前方总部设在惠州，由祁德尊少校（亦曾被港九大队营救脱险）负责。他们要求我游击队与之合作，还要求在香港市区与之联系。为此，我们决定开设一间杂货铺，作为我们国际工作小组与英军服务团在港九市区的地下联络站。我们双方曾经协议：（1）杂货铺的开办经费由英方负担；（2）杂货铺的用人和经营管理由我方负责；（3）英方指定一人到杂货铺联系，其他人不能到杂货铺，更不能让其他人知道有此联络站。

双方按此协议执行。杂货铺设在九龙深水埗砵兰街，号称广恒杂货铺。杂货铺内有四名工作人员：黄作梅的父亲、黄楚翘（黄作梅的大妹）、叶颂齐、文坚。杂货铺由黄作梅化名登记注册，他以杂货铺老板的合法身份作为掩护。

英军服务团方面指定由陈养（中国人）到杂货铺联系。他们有什么情报或其他物品要送去英军服务团总部（设在惠州），便由陈养带来杂货铺，交给叶颂齐，由我们代为送去。英军服务团总部给他们在香港市区的工作人员的经费、指令、文件等，我们也送到杂货铺，待陈养来取。此外，黄作梅与陈养在杂货铺的阁楼上接头，协商工作。由于黄作梅同志本身是港九大队政训室的国际干事，他不时还要回大队部处理有关工作，1943 年 6 月以后，离开市区时，国际工作小组的一些工作，如与陈养的联系，与我及谭干的联系，则由叶子修同志代理。叶是 1942 年秋从香港地方党组织调往国际工作小组的。1943 年夏某天，英军服务团驻港人员陈养失事，被日寇抓去。日寇派几名便衣清晨便来杂货铺搜查。那时杂货铺还未开门营业，铺内只有黄作梅的父亲和 15 岁的小伙计文坚。敌人什么也搜查不到，当时抓走了黄作梅的父亲，文坚则未抓走。对此，组织上即通知叶子修及谭干撤离市区，回新界北潭涌暂住。后因日寇当天下午便释放黄作梅的父亲，未对杂货铺其他人员采取什么行动，约过一个多月，叶子修、谭干等又返回港九。谭干由叶子修同意去海员讲习所学习。这时上级与叶子修联系的是何启明。

国际工作小组与英军服务团在香港市区的联系，自杂货铺被搜查后即中断。

大约在 1943 年夏天，我曾一度联系过黄微同志，她曾在部队一个时期，后又返回香港市区，在商务印书馆工厂当女工。我们给她的任务是：了解敌情，了解工厂生产情况，团结工人，必要时搞些破坏。她没有参与国际工作小组的工作，我与她联系的时间也不长。

黄作梅在 1943 年 3 月 8 日的妇女节前后，还曾单线联系陈敏（女）同志一段时间。陈原在东纵司令部、政治部当文书，因患伤寒较重，回港治病养病，故交黄作梅同志联系。不过她没参与搞国际工作小组的工作。

在第三阶段，以搞情报为主时，我曾当过香港市区的小商店店员，也在承包启德飞机场扩建工程的承包商那里当抄写员，以便取得合法的职业掩护，收集敌情上报。

国际工作小组在香港市区的工作到 1943 年 9 月便结束。黄作梅同志已于当年 6 月返大队部，1944 年 8 月调往东纵司令部。

我约于 1943 年 10 月调回港九大队政训室（在赤径）。没过几天，陈达明同志通知我，调往东纵司令部，由林平同志接谈并分配在司令部工作。

［原载广东青运史研究委员会研究室、东纵港九大队队史征编组：《回顾港九大队（上）》］

作者简介：林展（1920.9—2003.7），原名林和安，女，祖籍广东省新会县，出生于香港九龙，早年就读于香港庇理罗士女书院。在香港和真中学任教期间，于 1941 年 7 月加入中国共产党，同年年底参加东江游击队，为港九大队国际工作小组的主要成员，兼英、日语翻译，参与营救和护送了大批被日军囚禁的盟军和国际友人脱离险境。1944 年 4 月至 1946 年 4 月任东江纵队司令部敌工科科长，兼统战工作翻译，做日俘转化及策反工作。1946 年 4 月至 7 月任北平军事调停处第八执行小组中共首席代表方方同志的谈判翻译。1946 年 8 月至

1947年2月任北平军调处中共首席代表叶剑英同志的英文秘书。1947年2月至1949年10月在延安（阜平）中共军事外事组任翻译。1949年10月至1954年任广州外事处（广东省外办前身）科长。1954年至1966年在云南冶金厂矿、冶金部昆明冶金设计院等单位担任领导。1972年后先后在昆明钢铁公司、云南省机械研究设计院从事翻译工作。1981年任云南省机械设备进出口公司经理。2001年获中国译协资深翻译家称号。

我们与美国的合作

——关于广东人民抗日游击队东江纵队与盟邦美国在打击共同敌人战争中合作的报告

黄作梅

我曾写了一篇东江纵队与英军服务团合作的报告，在2月19日的《华商报》发表。依靠手头的材料及自己亲身的经历，再写这一篇与美国盟邦的合作，想许多读者都很喜欢知道这些事情。

一、拯救美国飞行员

（一）中美联合空军第三十二战斗机大队第三中队的克尔中尉（Lt. Donald W. Kerr）在1944年2月10日被救。当日，在袭击启德飞机场的时候，他的飞机着了火，他被迫跳伞逃出。克尔中尉降落后，一个东江纵队的小鬼带他到九龙后面山中的一个山洞里。那天晚上，这小鬼和一个女同志回来，带着食品和医药来包扎这美国人的伤口。在山洞里，克尔中尉看着日本人在村子里搜捕他。两个孩子照顾着他。过了几天，他安全地被带着走了些山路而到达一个安全的地方。克尔中尉和游击队住在一起，直到他的创伤被医治好了才回到他在桂林的队部去。在他要离去的时候，当地民众开了一次群众大会来为他送行，并且也是欢迎这一位盟国的“空中英雄”。在他走以前，他写了一封信给帮助他实在太多了的游击队。该信是这样的：

给广东人民抗日游击队东江纵队和一切在东江、港九的中国游击队的致谢信：

我是美国飞行员克尔中尉，我从2月11日到3月9日给你们勇敢的人安全地和舒适地从敌人中藏匿起来，然后又给船送到敌人管辖以外的地方去。在你们战斗员面对着强大武装日军的非常严密的搜索拯救了我的结果，我不久便能够回到桂林去，继续我在中国的微小的工作。

在我的飞机给敌人击中着火，而我跳伞降落地上以后的几天，我感觉到我的情况是几乎绝望的。但是自从在你们的照料之下，而时间安全地过去，我逐渐感觉到极安全了。我带着日益增长的奇异来看你们这庞大组织的力量，机巧、认真、精明和勇敢。当然，每个美国人都知道你们和你们的工作，但因为这些的大部分必须保守秘密，所以我们不了解它的伟大的规模和能力。

我曾和你们一些人见过面，也曾表示我的尊敬和钦羡，但是我知道还有许许多多我未见过面的你们，在非常的危险和困难中为保证我的安全而工作。因为我不能和你们每一个人都见面，我必须用这方法来感谢你们拯救了我的生命并使我能继续我的工作。我希望你们每一个男的、女的、青年的，都把这看作我个人对你们的“心心相印”的音信。

中国的抗战已赢得全世界的景仰，而我们美国人也以能与你们如兄弟般一同作战而自傲，在战争里以及在和平的时候，我们永远是你们的同志。

克尔空军中尉（现任中美联合军官指挥员兼教官）

1944. 3. 8

（二）沙克上士（S/Sgt.[①]RoLerld. Shoak），13046632，射击手；勒夫哥中尉（Lt.[②]William Lefkoe），0741846，驾驶员兼掷弹员；拉忽累尔中尉（Lt. G. Laveerl），073509，驾驶员；康利上士（S/Sgt.[③]D. Conleg），34402807，炮手；和艾利斯上士（S/Sgt.[④]H. Ellis），他们都是桂林十四航空队的。1944年5月26日，他们的那架117号的625轰炸机在袭击拜亚士湾日本运输舰的时候被击中了。在他们那轰炸机冲进海里之后，他们五个美国飞行员被当地的渔民救起了，并被护送到东江纵队的司令部去，游击队员护送他们到国民党的地区，转回他们在桂林的队部。在他们住在那地区的时候，他们中有两个曾写信给东江纵队致谢。

第一封

亲爱的朋友们：

我们已接到你们通知，收到我们微小的礼物的非常伟大的来信（我们已经看到你们收到我们微薄礼物后非常美好的来信）。我们抱歉它的不会多一点，因为我们并没有准备到遭遇着飞机撞到海里去的这个不幸的情况。只有是由于这地区的中国人民的救助，使我们能够向世界上的人来报告你们的伟大的工作。我相信在不久的将来你们能够得到更大的帮助，而且我们能更深地合作来求得一个自由的中国。再次感谢你们，我们五个美国飞行员答允你们，将你们伟大的工作告诉给每一个人都知道。我们钦佩你们伟大的工作，并祝福你们将来获得更大的发展。

祝好

沙克

第二封

（一封向广东人民抗日游击队东江纵队致谢和致敬的信）

我们五个美国飞行员向拯救我们的英勇的游击队致衷心的感谢。对我们所欠负你们，我们的中国盟友和朋友的一切，仅说感谢是太不够了。

我们最高的希望和祝福是在不久的将来能见到所有的英勇的中国人民团结起来成一支强大的军队——一支和美国及其他盟国一起将敌人驱逐出中国所有土地的大军，一支英勇战士构成的，而他们将使中国成为一个她所应有的强大的大军。

我们美国人曾经读过、研究过历史上伟大的军队，但是在所有的历史上，在我们所有的学问中，我们从未见过一支像你们游击队一样勇敢的军队。有一天整个世界都会知道你们伟大的工作——而知道了一点你们过去和现在所做的事的我们，认为是一种光荣和特权来向你们致敬并称呼你们为我们的兄弟。

威廉·勒夫哥

空军中尉

（三）十四航空队的飞行员伊根中尉（Lt. J. Egan）和第三舰队飞行员克利汉少尉（2nd. ⑤Lt. M. J. Crehan）在1945年1月16日被救。那时候，日军正进行对东江地区的猛烈进攻，他们不得不在那里逗留到3月11日才开始他们经过国民党地区回到他们的岗位去的旅程。伊根中尉和克利汉少尉在他们住在游击区的时候，度过了一段很愉快的时光。他们写了许多封信给曾司令和纵队的其他的人员来表示对他们的感谢和兴趣，下面是一些他们所写的信。

第一封

（3月11日）

亲爱的曾司令：

我非常抱歉以前没机会写信给你们致谢。我们是这样匆匆地离开，使到我只有很少的时间，甚至在这时候，时间都非常紧迫，我只得简短地写几句。

只靠文字不能表示出我对你们为我所做的事的感激，它们太不够了。我唯一能报答你的办法是为你的工作而说话，这，我保证我将在每一个机会都去做。

几天来旅途安好。我的步行已有进步，我相信在这次旅行之后，我能和你的士兵走得一样的好。

一路上，我见到你们工作的成绩，对你们能干的组织没有别的只有赞叹，这是另一个证据，证明了你们是站在正确的一方面，并且正确地战斗着。

我希望战争不久就结束，日本人都被赶出中国去，那时候你能够继续你使中国真正民主化的战斗。

你们的战斗可能是艰难的、长期的，但是一分钟都不要失望，世界上所有善良的人民将拥护你们，并且你们的努力一定获得成功。

我希望战后能回到中国来，并看到中国在向和平幸福的路上前进，看到她获得在世界各国她所应得的位置。

克利汉

美国海军后备军少尉

第二封

曾司令：

再给你一封短信致谢一切。

你的人员已安全护送我们。旅途上我唯一的忧虑是我会不会跌到泥沼里去。

我把我的枪、子弹和佩刀送给你，希望对你有些帮助。那不是什么礼物，对你给我的照顾我是没办法报答的。

在十四航空队中，我的声音只是微小的，但是在我回去后，它将充满着赞叹，我将尽力为你和你们获得一些帮助。

你一定相信我如果回到广州的时候，我会尽一切努力来见你，对这我是很希望的。祝你和你的夫人好！并祝你胜利及愉快繁荣的和平。

伊根

第三封

亲爱的曾司令：

我和你的游击队伍已经走完了我的路，明天布置把我们转交给骆凤翔去，也已办妥，他将护送我们到达目的地，一个骆的军官将陪伴我们去，他叫卢振国。

再一次感谢你。你的毡和克利汉的外衣都送回了，它们使我们很舒适。祝好，并谢谢！

伊根

克利汉

第四封

亲爱的曾夫人：

有三件事使我觉得很不安：（一）我不得不走了；（二）我不能讲中国话，你不能讲英国话；（三）我和你见面太少了。

无论如何，人们在说再会的时候，他们常是可能再见的。我们不能互相讲话，但是我们仍然相信，我了解你的，虽然我没时常见到你，但我们和你见面的几次都是愉快的。

美国是像你丈夫一样的男人和像你一样的女人所构成的。它现在是一个大国了，但是我们亦曾经有一次要向我们的压迫者作战过。那时候我们的士兵是很困难的。他们没有训练，没有好的枪，他们遭受饥寒。可是他们的勇敢和对祖国的爱给予我们以今天我们所享受的自由和繁荣。希望你们将来亦是这样。

明天我要离开游击队的照料了。这是我有一瞬写信时间的最后一次机会。我预期那一天我能见到你和你的丈夫并且和你握手。

并致诚挚的感谢和最高的好意

伊根

第五封

亲爱的黄先生：

我抱歉没有充分时间写一封信足够表示对你为我所做的一切的谢意。可是，我要尽力做到。

我整个逗留在这里的时间是对我的一段奇异的教育，并且使我能够对我们所拼力为她作战的新中国获得一幅明朗的图画。它给予我一个我所永远难忘的经验，对这我将永远感激。

对于你们的人员、你们的司令和你自己，对于你对自己工作的能干的处理，我没有别的只有深切的景仰。当然对于那些贡献着生命给他们的国家的人们，除了完全成功之外，没有什么奖赏是适当的。

我确信抗日战争不久便会结束。可是就你们来说，你们的真正工作只是刚刚开始，因为那工作是一个团结的中国，在那里每一个人能获得平等的机会安居乐业。

对你们抗日战争的和建立新中国的成就，我寄以一切可能的祝福。

我希望在将来的某个时候能够再回到中国，在更好的环境中来重温我们的友谊。

到那时候，你可以相信无论我到什么地方我将报告你们的情形，并热烈地期待着你们向完全成功的目的迈进的消息。

克利汉

美国海军后备队少尉

第六封

把我的感情写成文字的困难使我很难写这最后一封信。和共产党游击队住在一起是快乐和得到教育的。在和你们的可喜的短促的相聚中，我曾见过真正的中国人，并且增加了我对他们和他们的国家的尊敬。如果这是可能的话，我希望我离开后朋友会记着我，我并且诚恳希望我们如能在什么地方再见。在十四航空队的工作人员中，共产党游击队有很多的朋友和同情者。那数目最少在过去几星期间增加了一个。

我感激曾司令和他的人员，我并希望他们在建立强大的新中国的努力上得到一个可能的成功。

你们的朋友

伊根空军中尉

二、情报工作

克尔中尉回到陈纳德将军总部报告的结果，使在华美军司令部决定和东江纵队合作，并派遣一个情报组于 1944 年 10 月到达东江纵队的司令部。那情报组只有两人，美国陆上技术资源委员会技术代表欧戴义先生（Dr. Merrill[6] Ady）和一个报务员——他后来被发觉是一个国民党的特务，接二连三的进行破坏解放区的活动，被美军当局开除了。一个游击队的报务员代替了他的位置。于是只有欧先生一人留在那里工作到日本投降。戴维斯少校（Lt. B. G. Davis）在日本投降的时候来接替欧先生的工作，并一直工作到去年 9 月初。

为了和美国派下来的情报组合作，东江纵队在欧先生抵达后便建立了一个特别情报工作部门，这部门逐渐扩展到包括了 200 个工作人员。情报站布置到所有东江地区日军占领的地方去，它们分布在南自香港，北至广州，东自海陆丰，西至珠江东岸的地区上。所有情报工作者都是东江纵队的队员，并且由纵队用自己的财政来供给。由于他们的勇敢和牺牲（在香港和别的地方他们损失了不少的人员），他们获得很大的成功，并因而在打击日本法西斯的战争中帮助了盟国不少。在差不多11个月的时间中，他们供给了很多非常重要和宝贵的情报给十四航空队和在华美军司令部。下面列举的是其中的一部分：

（一）1944年12月4日，启德、西乡南头飞机场之图例及说明，香港船坞的图例和材料，关于日本飞机场之材料及一卷未冲晒的重要军事目标的照相（底片）。

（二）1944年12月18日，太古船坞的图例计划，油麻地区目标，和关于虎门地方及以外之日军巡逻船只之报告。

（三）1945年1月5日，启德飞机场、太古船坞图样，和香港海傍，日军在港之机关、油仓、船坞等之详细大幅图样。

（四）1945年3月3日，日本华南舰队密码，香港政府之文件，报告概要，香港政府组织和军事斥候手册之摘录。

（五）1945年3月16日，各种油类样本，日本杂志、文件及陆军符号命令等。

（六）1945年3月22日，得自跌落桥头日机之资料一包，得自1944年12月落于惠阳之日机材料一包，得自1945年2月沉没或受创于汕尾之船只材料一包，和三包于1945年3月8日得自龙岗之文件。

（七）1945年4月4日，稔平半岛和范和江港口的地图，樟木头仓库图则，“M”型运输舰的图解和说明，沿海机场电油样本，和得自跌落平地之美国机师之证明材料。

（八）1945年4月20日，图南船坞组织之详细报告和从日本俘虏和朝鲜逃兵处得到的报告。

（九）1945年4月26日，香港政府之3月份香港情报总结。

（十）1945年5月11日，港九地图、传染病图表（极密）、沿广九路之日军工事图解，及日军在石龙以南、拜亚士湾海岸区、稔平半岛、太平、虎门、新界等地工事图则，和日军俘虏关于日本52部队的报告。

（十一）1945年5月17日，香港政府之3月份港九第三国人及“敌国人”报告。

（十二）1945年5月19日，香港政府之命令文件，一个日本飞行员在飞行学校“训练”时的“飞行与战斗战略”之笔记与其关于日军129师团之重要文件。

（十三）1945 年 5 月 18 日，日本在广州之货仓、船坞、工厂及政府机关之表册和四幅自稔平半岛以东到惠来县之海岸线、海滩及深度等图样。

（十四）1945 年 6 月 11 日，日本在广州之货仓、工厂、船坞及军政机关之表册，并附日本地图标明位置。

（十五）1945 年 6 月 12 日，白云机场图则和龙眼洞区标示工事、仓库之图则。

（十六）1945 年 6 月 14 日，日军华南司令部宣传计划。

（十七）1945 年 6 月 22 日，K. I. 84 式飞机图例共 128 张，买自日军人员方面。

（十八）1945 年 6 月 26 日，香港政府第三十六号及四十号情报（极密）。

（十九）1945 年 6 月 27 日，广东化学工厂和沙面目标之图样。

（二十）1945 年 7 月 5 日，日军在香港、广州之防卫力量及意图之详细报告。

附：两大城市沿广州铁路的及沿海的工事、军队防地、仓库、船坞及供应等详报。

因为这些情报对在华美军当局证明了非常宝贵和有用，东江纵队获得了陈纳德将军、在华美军司令部甚至华盛顿的赞誉，该情报站被认为是美军在东南中国最重要之情报站。下面是一些他们通过驻东江联络官给东江纵队的信件和电文的节录。

陈纳德将军的贺电

（一）

亲爱的曾司令：

我的曲江办事处发了下列的电文给我，该电是美国陆军第 14 航空队司令陈纳德少将寄给曲江办事处主任的。

原电如下："我很喜欢地知道你（指曲江办事处主任）已和我们南方接近香港的友人合作，请你对他们解释我们对任何政党都没区别，而且对中国不同的政治不感兴趣。我们对他们抗击日本人（的举动）有巨大的尊敬，因为我们对打击同样的敌人感兴趣。我们已开始从他们得到良好的情报，你要尽任何方法与每一方法的可能来帮助他们，以进行这种工作。在互相合作中，我们会因此树立早日战胜敌人，争取我们的胜利的基础。"

陈纳德

欧戴义

（二）“我们对最近你们供给的特别情报很感谢。同时寄上来的文件，被我们认为：优越，奇异。”

（欧先生来电，18. 2. 45）[⑦]

（三）“我们这里对收到的文件表示最快慰的祝贺。”

（昆明负责人来电，6. 4. 45）

（四）“我们对你们近来关于敌军及其活动，驻地和番号的报告特别感到喜悦，这些情报是重要的，实际上它是有生命活力的，因为它揭露了敌人的企图和活动，帮助了我们的指挥当局取得更好的结论和计划。”

（20. 5. 45 来电）

（五）“……你们关于波雷部队 129 师团的情报对我们会有帮助。你们报告该部队的指挥官姓名及其师团部在淡水是我们所得唯一的报告……”

（6. 6. 46 来电）

（六）“总部及我们对你们的情报感到满意。如果你们能做任何事情对调查敌军的符号、姓名、名称、番号的工作继续有所进展，我们是感到快慰的。”

（12. 6. 45 来电）

（七）致东江纵队曾生司令

亲爱的曾司令：

我最近从战略部的负责人收到一封高度赞扬我们工作的信，除了其他事情外，他说：你的工作无论在质与量上都经常优越，而且对我们在中国方面这个组织的成功有着决定性的贡献。

这赞扬与真诚的尊重已属于你及袁先生所建立与管理的优良组织，对于这些，没有一个赞扬的字是多余的。

我经常都知道你对反对日寇的事业的努力合作，并且极深切地珍惜和我们维系着的坦白与诚挚的关系。

我对于作为联络官员的黄先生的优良的工作、江小姐的服务以及我们在机器发生障碍而工作停顿时你的技术人员的帮助是真正十分感谢的。你所委派给这部门的全体工作人员都极有效地与愉快地工作着。

谨接受我最高的尊敬。

美国资源技术委员会技术代表欧戴义

17. 7. 45

（八）“……华盛顿对发现 129 师团及其消息致以庆贺。希望我们仍能继续为最好的来源。”

（19. 7. 45 来电）

（九）“你们关于 129 师团的报告很优越，总部致以谢意。因时间我们没法把报告中的大队指挥官姓名和大队的番号联结起来，因为 129 师团是你们的发现，我们没有其他的来源来调查这样事情的。你们作了极优良的工作。”

（26. 7. 45 来电）

欧戴义致曾司令告别信

亲爱的曾司令：

自从和你最后见面之后，出乎我意料之外，我还逗留了多几天来接受你和黄先生的殷勤款待。但是现在我真地要离开了。我惋惜我的回去，虽然这似乎是最好的做法。

我将记着我在这里居留时你们经常有礼貌和诚恳的好意，我经常觉得我是和最好的朋友在一起的。

你的经过袁先生的部门所做的情报工作是有显著的成绩的，我所知道的事情，和现在由戴维斯少尉从总部带下的证实意见令我们对这些完全没怀疑的了。对于你们曾做过的工作，我们感到极大满意，请把我的深切情意和尊敬（向）袁先生及他的工作人员表达。

我存在着一个期望，我们的联合和友谊将会在一个现在的许多困难已被解决了的新世界中继续下去！

你的诚实的朋友技术代表　欧戴义

17. 8. 45

三、协助甘兹上尉进行测量工作

1945 年 3 月 9 日，美海军甘兹上尉及其包括四个中国人、两个美国人的工作组到达东江地区进行测绘工作。在离开该地区之前，他们由游击队护送并帮助获得他们工作所需要的重要情报。

甘兹上尉致函曾司令鸣谢

曾生司令：

我要表示我对我所工作的地区你的部队所给予的光辉的合作的真诚谢意。他们的努力，使我们能获得工作上必需的情报。

我喜欢地说，你的部队给我很好的印象，他们能力高强，纪律甚好，并给我最好的关切。

甘兹

美国海军上尉

1945 年 3 月 11 日

该小组的中国人员是由军委会外事局派遣帮助美国工作的，他们也写下了他们对解放区的印象，说他们在解放区的工作中，获得了不少的见识，并对当地民众的敌忾和各机关部门工作人员的坚强与智慧有很好的印象。他们希望继续合作打击敌人，以获得最后胜利。

上面只是广东人民抗日游击队东江纵队与在华美军司令部自 1944 年 10 月至 1945 年 8 月日本最后失败期间的合作的一个短略概述。无疑地，他们的真诚合作对于全世界反法西斯战争有很大的贡献。面对着巨大的困难，特别是财政上的困难，东江纵队不得不在某些方面上局限了对盟国的帮助，这是值得惋惜的事。虽然，广东军事当局仍否认广东有共产党部队并诬蔑他们是“奸匪”或“土匪”，但是，铁的事实肯定能够证明，他们所说的完全是谎话，东江纵队和十四航空队、在华司令部合作的历史和他们的成功无疑是这种铁证的一份。

1946 年 2 月 4 日

（1946 年 3 月 28 日《华商报》）

（原载《东江纵队史料》，广东省档案馆编）

编者注释：

①③④原文如此，疑为“S/Sgt.”（上士）。

②原文如此，疑为“Capt.”（上尉）。

⑤原文如此，疑为“2nd.”（少尉）。

⑥欧戴义的名字疑为“Merrill Ady”。

⑦此为英文日期的表达方式，日/月/年。下同。

把尖刀插进敌人心脏

——一个女游击队员的回忆

欧　坚

1941 年 12 月，日本帝国主义发动了太平洋战争，同时出兵攻占了九龙半岛和香港。当地人民在日寇的铁蹄下备受蹂躏，生活在水深火热之中。在这国难当头的严重时刻，广东人民抗日游击总队（东江纵队的前身）贯彻党中央关于“到一切敌占区开展敌后游击战争，建立抗日根据地”的战略方针，于 1942 年春成立港九抗日独立大队，派出许多同志到港九市区，开展秘密工作。

1942 年初春的一天，我所在的第五大队铁路中队领导通知我要调动工作。当晚我即随交通员从宝安龙华出发，到阳台山深坑黄高阳同志处报到。他给我布置战斗任务：“目前我们要开辟港九地区抗日游击战争，成立港九大队，你是新界人，比较熟悉情况，调你回去有利于工作。你先回到大埔圩家里，具体任务九龙会有同志与你接头的。”最后他鼓励我说：“你一定要大胆工作，努力完成任务。”望着高阳同志那慈祥的面容，我增添了对承担这次任务的信心。

第二天拂晓，我便随着队伍出发，到达与宝安交界的新界大埔田村交通站。接着，队伍分成几个小组，分别前往香港、九龙、西贡和元朗。我与张剑莹、何英、朱金玉四人编成一组，我负责安排她们暂住我家里。由于从大埔田村到大埔圩还有一段很长的路程，途中需要经过敌人几个哨卡，我们全都化装成难民与村民一道经坪洋、粉岭，再乘车到了大埔圩。我家在大埔圩仁兴街一号，一到那里，没想到这座较为宽敞、舒适的楼房已被日本人占住了。后经邻居指引我才折回原来的老房子（仁兴街 61 号）。我的父母、兄弟姐妹十多人均被赶回这里居住了。我对父母说小张她们是内地逃难出来的，要去九龙投靠亲人，经得父母同意后把她们安顿了下来，几天后她们分头奔赴香港、九龙等地。

不久，党组织派岑华同志（即现在的梁超同志）到大埔圩找我接上了头，约我到九龙与他联系，并布置我如何了解周围情况和工作。同年 4 月，经梁超同志介绍，我光荣地加入了中国共产党，并在九龙洗衣街×号二楼举行了入党宣誓仪式。后来，由于新界到九龙交通繁忙，很不方便，为了及时得到组织上的指示，梁超同志把我的组织关系转到新界地下党刘德谦同志处。

同年8月，党组织决定派我打进日本机关做情报工作。当时需要做的有这几件事：首先必须通过亲友关系进入敌机关谋一职位，生活保证自给；第二，岗位固定后随时听候上级指示；第三，收集和了解敌人的各种情报动态，及时提供给部队；第四，不得暴露身份，严守机密，与组织单线联系；第五，没有上级命令不得擅自离开岗位。当时年仅17岁的我，参加革命才两年，党把这么艰巨的任务交给我，使我既高兴又有点担心，这毕竟是我第一次单枪匹马深入敌人心脏工作。但是想起离开武装部队时高阳同志的嘱托；想起离家出走时的抗日决心；想起自己在党的培养教育下已经由一名普通的游击队员成长为一名共产主义战士，如今革命工作对我提出了更高的要求，我不能更多地考虑个人安危，便欣然接受了党组织的决定。

1942年是日本侵占香港的第二年，当时日本军阀大肆喧嚣建立“大东亚共荣圈”，妄图一并吞占整个亚洲。他们在香港、九龙、新界全面设立宪兵部和区政所，占用了大埔圩富绅当铺老板黄建文一座大洋房作为大埔事务所，管辖元朗、上水、粉岭、沙头角等地区的区政所。各区政所的职员均由大埔事务所批准调配。要打进这个戒备森严的机关并不是容易之事。我有个大姐，她精通英语，占住我家大楼的一个台湾籍日本军官请她去大埔事务所当翻译。我通过大姐找到那个台籍军官介绍，才进入大埔事务所当了一名职员，然后分配到沙头角区政所。为了工作方便，我把在部队时用的欧坚和学生时朱韫贞的名字改为朱木兰。凭着自己是当地人，父亲又曾是香港英政府大埔田土厅大写职务（号师爷）的衔头作掩饰，我完成了打进敌伪机关的第一步。

沙头角区政所位于镇内新楼街尾，鱼市场的隔壁。所长是汉奸温二，机关内设有庶务系、户口系、治安系和卫生系等部门，有职员好几十人。在那里工作的初期，我的组织关系和工作直接由刘德谦同志负责，后来他调往别处，把我交给陈亮（当时名陈永震）同志领导。陈亮同志是打入区政所的我地下党员，当地鹿颈村人，由于曾当过教员，在文化界及人事关系上颇有威望，善于应付敌伪机关的上层人物，包括温二，他都相当熟悉。他在区政所担任系主任的职务，为党做秘密工作很细致。当时我在庶务系当文书，负责文件收发、公文来往、传递文件及加盖印章的具体工作。每天都能从中获悉许多有关敌人的动态，有机会秘密地把有关资料摘抄下来，交由陈亮同志转送部队。我也悄悄地拿了不少印有敌伪机关名称的公文纸张给部队使用。在陈亮同志的直接领导下，情报工作开展得很顺利。

区政所是日寇管理地方政权的机关，它与宪兵队有密切的配合。但那里戒备森严，日寇汉奸随时出入，天天见面，虽然各部职员都是中国人，但政治情况复杂，奸细、鬼头仔防不胜防。因此我在工作中必须时刻提高警惕。沙头角宪兵队的中岛伍长经常来区政所巡视，有时把社会上抓到的人带到区政所问话拷打。这个伍长是个穷凶极恶的暴君，不知残杀过多少中国人。在沙头角他与汉奸区长温二狼狈为奸，到处抓人，带兵“扫荡”游击区，无恶不作，民愤极大。他对区政所每个职员的一举一动都要过问，好几次，他就是突然站在我的背后阴险狡猾地看我抄写文件。那一次次惊心动魄的场面确实锻炼了我，使我从中磨炼出随时应付情况突变的能力，工作能力逐渐得到提高。当时区政所离我游击队部队驻地并不远，只隔一个海滩，但在日寇戒备森严的沙头角镇，有许多出入于游击区根据地的老乡以及化装出来活动的战友，相识却不能相认，更无机会谈论部队的情况了。我除与陈亮同志单线联系外，是不能与部队任何同志接触的。而且盘踞在粉岭、沙头角一带的宪兵队经常对游击队所在地进行“扫荡”，周围情况变幻莫测，惊心动魄的环境随时都有杀身的危险。这对于一个游击队员、共产主义战士来说，是生死攸关的严峻考验。

1943 年 3 月 3 日，日本宪兵队对沙头角鹿颈、南涌各村庄进行大“扫荡”，重重包围了港九大队所在地老农田晏台山。在敌众我寡的情况下，游击队员们英勇奋战，牺牲了一些同志，其余的冲出了重围。这就是港九大队史上的“三·三事件”。事发时日寇在山头发现一些敌伪机关的便条信笺和通行证等，引起他们对区政所的注意。中岛伍长和温二对我产生怀疑，然而狡猾却又无能的温二却把这想法透露给了陈亮同志。事后第三天，陈亮命令我撤离区政所。我连行李也没拿，便由交通员李嫂带路，经大埔乘船到大小滘深冲村，回到港九大队部。果然，当我离开区政所后的第二天，宪兵中岛伍长便到区政所来抓人，声称“朱木兰是游击队员，要抓住她”，然而为时已晚了。

在沙头角区政所半年多的工作，使我有幸结识了不少文化知识界人士。其中一位女的是当时负责接生的医生朱群卿，她是台山人，身边带有一个 12 岁的儿子，为了母子俩的生活，在此行医。在与其接触中，我发现她憎恨日寇，有强烈的爱国心。我们当时已成为好朋友，在不暴露身份的前提下，我对她做了不少的启发工作，激发她的抗日热情，鼓励她到游击区为老百姓接生治病。天长日久，她也接触了不少根据地的乡民，对游击队有了进一步的认识。我在撤离沙头角时，未能与她告别，当第二天宪兵队到区政所抓我时，她才恍然大悟：“朱木兰原来是个游击队员。”我回港九大队后，曾托人给她去信联系，希望她投奔革命。不久，朱群卿带着儿子参加了东江纵队，改名朱依群，一直跟随部队，是位出色的医生。她的儿子由战士成长为班长，于1947年在粤北与国民党部队战斗中壮烈牺牲了。

还记得在区政所内，有一位年仅15岁的年轻姑娘，名叫潘雪飞，在户籍系办理户口工作。我们同住在一个宿舍，朝夕相处，却不知彼此身份。三十多年后相遇，才知道东江纵队司令部电台的潘淑均同志就是当年的潘雪飞，真没想到我们当年是同在一个虎穴中的战友。畅谈过去，不禁感慨万分。

列宁同志说过："忘记过去，就意味着背叛。"四十多年过去了，回首往事，我感谢党的哺育，使我在革命洪流中锻炼成长，在战斗中度过宝贵的青春年华。在跟随党坚持斗争几十年后的今天，能有自己永远不能忘怀的一段战斗经历而感到安慰与自豪！

（原载《深圳党史资料通讯》总第18期，中共深圳市委党史办公室编，1986年5月）

作者简介：欧坚（1926—2007），原名朱韫贞，女，曾就读香港大埔崇德小学、九龙圣玛丽女子英文书院。1941年2月参加广东抗日游击队第五大队，1942年初加入中国共产党。1942年2月奉命返回香港，化名"朱木兰"打入日军机关沙头角区政所任文书，从事地下情报工作。1943年3月接上级通知紧急撤离，返回港九大队战地医院，后任院长。

一个不拿枪的游击队员自述

张子燮

上海沦陷，作为流亡学生的我，辗转经武汉、湖南回到广州。广州沦陷，又回到香港。偌大的中国，遍地烽烟，那时青年人虽有满腔悲愤，满腔热血，可是说也很难令人相信，竟是请缨无路，抗战无门。延安的门路已被封锁。我唯有忍辱负重，暂留英国人统治下的繁华都市。正是那时，不少国内的文化名人都集中到这里，他们办刊物出报纸，不断战斗。我才有机会当起记者，一偿

“笔杆救国”夙愿。太平洋战争又爆发，香港同样陷落，我走投无路了。留下来做顺民，不甘心！投奔蒋管区本也是抗日，但对国民党当局已没有信心。好在就在不远的东江一带，早已闻得有共产党领导的抗日游击队存在。通过进步朋友的介绍，下定决心，投笔从戎去！

我虽然文弱，但一心要去拿枪打仗。出发那天，交通站长何杰同志（原在香港一个社团里认识，后来才知道他是游击队一个交通站站长）带领着我们三个人（另两人是廖一原、张漪娟）乘火车向北行到粉岭站下车，步行大半个钟头，上到新界边界线沙头角附近的搏命山。在半山腰一条只有三几间破烂砖屋的小村里，何杰安排我们住下来。那时我正在生病，黄疸型肝炎，一睡三天不能起床。只见几个十三四岁的小鬼，每个人佩着一支几乎比他们身体还高的长枪，进进出出。原来不必去到东江，新界这里，一沦陷就有游击队开入到我们身边来了。

第四天，还是何杰同志，通知我和张漪娟两人一同回到元朗我家里掩蔽起来，搞地下情报工作。一切出乎我的意料，人家革命是离家出外，我的革命，反而从外面回到家里来。不管怎样，反正是服从革命需要。我们两人心中记着联系符号，即日搭车返到离沙头角西行不到十英里远的元朗圩我的老家。

一、情报人员的内心世界

元朗是新界最大的商业最繁盛、农产最丰富、人口最多的一个区，包括十八乡、八乡、锦田、屏山、厦村、屯门等乡百几条自然村在内。元朗圩是它的中心圩镇，商店林立，有合益公司作为乡议局一般的自治机构，地主富商集中在这里。全区是位于新界最高峰大帽山以西的一片大平原，再西则濒临大海。环绕新界的公路穿过它的心脏地带，可是贯穿南北的主干线九龙到深圳铁路则距离它甚远，要搭火车还得到上水或粉岭区去。日本人沿广九铁路南下进攻香港，也不以元朗为主攻路线，所以占领新界也不能把元朗作为军事活动中心，反而更多的从这里掠夺物资财富，还贷地开荒，以至开放烟赌妓馆，点缀升平，真正是新界的“王道乐土”了。

我们在这里搞情报工作，自然不能限于搜集敌情、军情，还要涉及大量的社情和民情，这是地理环境使然。

我和张漪娟成立情报小组，两人的代号分别为A、B，或大张、小张，上级给予一个番号叫“水银组”，大概取其无孔不入的意思吧！三年多的时间，小组就死钉在这个点上，由上级派人单线联系。我们远离部队，远离领导，三年多来，部队的同志们翻山越岭，走乡过乡，与群众打成一片，与敌人炮火周旋，搞得轰轰烈烈，可我们则长期埋伏，蛰伏不动，除一两个联系的同志和交接情报的小鬼外，更没有认识和能够见面的人了。但环境虽然这样清苦，圈子虽然这样狭窄，而工作是有意义的，前途是光明的，对抗战抱有最后必定胜利的无限信心，所以内心世界是非常宽广，非常乐观！每每想到这些，一个一个的同志们就好像都在自己身边一样，得到安慰。正是“心事浩茫连广宇，于无声处听惊雷”。

我之所以被派到元朗搞地下工作，是因为我算是当地人，我父亲在这里英政府机关工作多年，有一定威望，我的社会关系也广阔，各阶层人物认识的不少。由于要搞情报，接触面就远远不能只限于这些，而必须把手脚伸展到敌人的阵营里去。这里敌人的军事政治机构有警备队、宪兵队、区役所等，我就设法布置进去区役所工作。这样一来，有些平日比较知交的朋友，就取笑说我当了小汉奸，不齿我的所为。记得当初日本人到来时，我生怕父亲会被拉落水搞什么维持会、区役所等勾当，就常常在父亲面前强调这句话：“饿死事小，失节事大。”而此刻自己却“犯了”这条，在人家面前又怎能自圆其说！我苦心焦虑，一定要编出一套理论、一个理由，以取得人们的谅解。结果要一方面取信于敌人，否则有杀头危险；另一方面又要争取朋友和群众的另一种信任，不然就不能团结教育他们，得到他们的支持；而更主要的是组织上对我的了解和信任。

我没有学过什么情报学，组织上也没有具体交代过怎样去搞情报，就凭摸索着去开展工作。举凡自己认为属于部队在军事上、政治上、民运工作上有参考必要的事无论大小，我都一一甲乙丙丁地扼要把它记下来，交上去。平日不只手脑并用，连走路都必须目光向前，望着远远的；两耳留神，听四面八方，有没有突然发生的情况，好准备应付。真是提着脑袋闹革命，提心吊胆，连吃饭睡觉都必须提高警惕。我的全副身心，主要工作，已放到搞情报上面去了。可是我的心这样紧张地活动着，表面上却不能不装出雍容淡定、笑脸迎人的样子。这段时间的做人，真是表里不一样。

我随时随地观察到的事物，不只要记在心上，而且还要记在书面上，有时多起来，怎能够马上把心上记的写到书面上呢？我就发明一种办法，随时在口袋里藏着一支寸来长的铅笔、一叠小纸张，和人家谈话或听话时，故意习惯地把手插进口袋里，不住地暗中动作起来，用最简单的字句或符号一个一个画上，回家后取来再整理。日间是这样零敲碎打，晚间则在更深人静时点着如豆的油灯（有电灯也不敢开），写啊写的，用最薄的纸张，裁成最小最小的一长条，把比蚂蚁大一些的字一个一个写上去，然后卷好，用蜡纸封好，塞进墙洞或压在炉灶底下，甚至还高高挂在烟窗里以备用。当然，有时候也取得体积大些的材料，如敌机关的公报、文件，以及军用地图、表格等，则另处理。为了节省时间，减少笔墨，我们还自己创造一种简体字，把“组织”写成䌹，“干部”写成“卩”，“革命”则简化为“廿宀”，“暴露”简化为“卜路”，更简单的画一个“○”，加一点在“○”里面代表“掩蔽”，一点在“○”外面代表“暴露”，等等。

情报写好是要送上去的，许多时是交通小鬼来取，顺便带来上级的指示和任务。那些交通小鬼警惕性很高，不随便答话，交换了情报、文件即又上路。有一个交通小鬼很聪敏，见面必先问一句：“有什么情况没有?”“没什么?”他就安心坐下来，等我把比卷烟还小的情报藏在鲜鱼或咸鱼肚里，或把挖空的番薯、芋头，塞进情报去再用泥巴涂一涂，好像在地里挖出来还未洗干净的样子，然后带走；更巧妙的是拿个木瓜，用小刀向瓜蒂一头三角心切开小洞，把纸卷放进去，木瓜中空，能放进很多卷，然后把原来的瓜蒂盖好。木瓜有乳液自然渗出，把瓜身弄得模模糊糊粘手粘脚，使人不愿意摸它一摸。这样子带着通过日军一个一个的岗哨，都检查不出来，安全到达目的地。一路上交通小鬼又有一套经验和办法。上级同志常常说，来我处取情报，是双丰收，既得情报，又得一顿鲜鱼瓜果的菜肴呢。

每次情报带回去，我们大家的任务可算完成，可是要完成这任务，也不是简单的事。我住在市区的洋房里，而交通小鬼穿得破破烂烂，进出我们家，容易惹人注目。交通小鬼有时不得不作为乞丐来讨饭的样子，必要时要由我老母亲出面，装成讨厌的样子，把乞丐支出门口去。

有一两次非由我自己带着情报入村上山去不可。那次适值年关，村民多出圩办年货，我就利用一本通书（皇历），把一张一张情报套入书页中间去，大摇大摆经过日军岗哨。那日军士兵翻了翻通书就交回给我。我捏了一把汗。又有一次我把情报藏在雨伞柄里，碰巧岗哨上的日军要每个过路的人，分批替他搬运一些木材，由这边搬到那边。我搬完了，回头要取回放在哨位旁的雨伞。糟了，日军换了哨，刚来的日军不承认雨伞是我的，费了好多唇舌，才肯给回我。又是捏了一把汗。

情报的时间性很强，须及时送到，迟则失效。我们的情报网和通讯方法都是原始的，几十里的路程，一个区跨过一个区，翻山越岭，都靠交通小鬼的两条腿，日夜不停地在奔跑。许多时因情况的变化、战斗的紧张，往往整个月甚至一两个月都不见有人来取情报，我就坐卧不安，心焦如焚，恨不得身生双翅，飞到部队去。可是部队在哪里呢？我又不知道，只得凝望着远远的山头，发出莫名的遐想。有一次，敌人忽然指派我筹建元朗中学并当校长，恰巧民运队的陈瑞同志战斗中受了伤，两三个月没和我联系上，我无从请示。这样的大事，怎么办好？只能当机立断，先答应了敌人的“委托”，事后才向上级同志汇报。这样做，上级反而指出我做对了。

我在市区，而部队和同志们在山上，相隔很远，但是我们一颗心是连在一起的。我对每一位同志和每一位交通小鬼，感情之深，真是没有可以比拟的了。每见一次面，逗留时间不能长，许多话说不出来，内心依依不舍。交通小鬼去远了，我凭窗目送，偷偷地用望远镜看着他的小身体隐没在山边草丛中，才放心把窗门关上，收下挂出去的符号标志，默念着：“下次不要隔得太久才来啊！”

上级为了保证我的安全，没有必要时尽量少派人来，有必要见面时就叫小鬼引路带我化装入村或上山会面。我到过几次部队所在的山寮，每次我都顺便携带些肉类或糖果等食物慰劳同志们。一次大队宣教干事陈冠时同志到家里来看我。我明知他很久没下到市区，便同他到咖啡店吃些点心，替他改善生活。不料不久就听说他在沙头角一次战斗中被捕牺牲了。我失去了一位战友，内心觉得难以形容的空虚。又有一次，指导员杨江等三位同志深夜到来。这是来的人数最多、谈的时间最长、无所不谈的一次，我兴奋极了，留他们“宵夜”。我第一次亲手杀了一只鸡招待他们，过去我从来连鸡也不敢杀一只的。总之，我和同志们，无论公私事都亲密无间。

几年来，领导和联系过我的有何杰、罗广志、庄岐洲、黄思明、杨江、陈瑞、梁超等同志。我们水银组在工作过程中也受到两三次精神和物质的表扬，每次领到十余元奖金。我们提供的情报，没有很有价值的东西，但上级认为写的够详尽。同志之间，也表现出互相尊重互相鼓励的精神。一次我被邀绕道大埔区从大马路上山，然后转入小山径到林村一个部队去，一位武工队长和我谈得甚欢。我说：“我上山来和你们入市区去同样有不方便之处。”他说：“你是公务员（指我是敌区役所职员），这次走公路来有什么不方便！”我问：“你们打日本仔觉得怎样？”他说：“日本人气力大，一个对一个肉搏，我不及他们，我们靠智取。”我说：“你们辛苦了！”他说：“没有你们这些耳目，我们也是不行的。”

二、几次遇到的险情

既要革命，就要随时准备牺牲。我参加了游击队，不会拿枪，也不能拿枪，拿了枪反而容易暴露；但被捕牺牲，一样有可能。1944 年冬的一天，民运同志陈瑞约我到山下村会面，交通小鬼张贤领路，我短距离地跟着前行，抄过小路，将近到村前时，突闻枪声大作；小鬼机智，叫我迅速往回走，和她分路。我向后退不到几步，大队敌兵已把我截住，问我到这里干什么，要到哪里去。好在我每次出动都预先准备好一套应付突然事变的答话，才蒙混过去。但这时敌兵仍不肯让我走，硬要拖着我跟他们一起去。到山下村边，他们布置阵势，把整条村重重包围起来，也硬要我跟着趴在地下；他们个个如临大敌，每个枪口都对准该村的每一条路口和每一间房屋。这时村里鸦雀无声，我心里明白，假如村里有游击队都早已转移，又一次叫敌人扑一个空就是了。果然，大半个钟头后，村前村后的敌兵闻哨集合。我被带到宪兵队长面前，姓简的通译问知我是区役所职员，叽咕几句，那队长才让我离去。后来大队敌兵赶上村后的大山，乱放机枪，我闻声知道游击队早已远去无影无踪，敌人不过是乱放枪壮自己的胆罢了。这次幸而我还没有进到村里，不然，不是被捕，就是牵累着同志们不便走动。几天之后知道，陈瑞同志就是这次在一个山坑里受流弹击伤腿部，医治了几个月才重新和我联系上。

更早一次，1943 年某月某日，新来的敌宪兵队长小笠原春次，忽然派人叫我到宪兵部去谈话。我平日和宪兵部没有交往，也不认识那队长，谈什么呢！当地老百姓视宪兵部为老虎口，有入无出的。我是另有一种顾虑，犹疑了一下，也得要去。当坐在大厅中等候那队长下楼的一段时间，就听得见后房中有人在吆喝，有人在呻吟的声音，无疑是在对我们同胞施用酷刑了。我一定神，小笠原下楼来了，出乎意料的客气，招呼我坐在他办公桌旁边，又倒茶又递烟，首先装作不知地问我过去是否去过日本留学。我说，只在上海念过书，没有去过日本。接着，家庭情况，工作关系，一大堆问题推出来了。断断续续，谈了一个多钟头。最后，他故作姿态说："没其他意思，这次请你来，无非想交个朋友，你在区役所工作，我在宪兵队工作，都算是同事；今天是第一次，今后有事去找你，你有事来找我，不要见外啊！"他九十度鞠躬送我出门之后，几天内我心里总不是滋味。这是什么用意呢？后来，通过内线，探出宪兵队长找我谈话的原因，原来他知我是复旦大学毕业，他认为复旦大学一向最多抗日分子。

啊！我心头大石放下了，他不怀疑目前的事，而去怀疑过去的事，好在并惭愧我在复旦时还从未出头参加过抗日运动。

1987年4月9日

［原载《宝安党史通讯》（第11期），中共宝安县委党史办公室编］

战斗在没有枪声的战场

黎　成

一、接受任务

1941年12月中旬的一天晚上，一位上级领导同志来到我家，谈及日军侵占九龙进逼香港的情况。他说："看来香港不久也会沦陷，为此，我们已经动员了一些同志回东江游击队继续战斗。关于你的工作安排……"我急不可待地提出我也去东江打游击，那里是我向往的地方。他笑着说："不可能啊！经组织研究，由于你的环境特殊，所以决定你留下来，设法打进敌人的心脏里展开战斗，贡献你的力量。至于你的恋爱问题，你自己要妥善处理。"我想，恋爱毕竟是个人的事，决不能因儿女私情而耽误党的事业。于是我毅然接受了这个光荣而又艰巨的任务。从此，我时刻寻找着如何打进敌人内部的机会。

香港市区不断被轰炸，18日晚上日军在北角等地登陆，分别向中环、上环等区推进，15万香港英军的防线即告瓦解。25日下午6时，香港总督府扯起白旗，正式宣布投降。

日军占领香港九龙地区后，到处横行，奸淫掳掠，糟蹋人民，无恶不作。社会上的不法之徒乘机抢劫，市面一片混乱，商店停业，家家关门闭户，尸体横卧街头，垃圾堆积。顿时，香港成为臭港、死港。日军为了把香港九龙建成为"大东亚共荣圈"的模范区和进军太平洋地区的补给基地，抛出所谓"王道乐土""皇军是导民安乐的"（原文如此——编者注）等欺骗口号，佛口蛇心，企图掩饰他们的残暴凶狠的面目，麻痹人民，以此来巩固他们的统治。

日军为了强化在港九地区的统治，除了分兵驻守各个军事据点外，还建立了宪兵队管辖市区。香港岛宪兵队总部，设在原港英政府的高等法院内。最高统治者是宪兵队长野间贤之助大佐。下设东地区宪兵派遣队、西地区宪兵派遣队、九龙地区宪兵派遣队。派遣队内部机构是与宪兵队总部对口相应设置。派遣队的队长由尉级军官担任。地区宪兵派遣队下设区，区的分布是按原港英政府的警察署组织设置。区是属地区宪兵派遣队管理，乡村圩镇是属区管理。

特高课是日军统治机构中最重要、最机密的部门，也成了我设想的主攻目标。特高课的主要作战对象是对付共产党。由一名曹长领导，下设组，归军曹负责。每个组有正式密侦二到三人和不领工资的编外人员（即宪兵的线人，俗称“鬼头仔”），人数多少不一。这些线人有的是黑社会的流氓，他们走私、开赌场、开鸦片烟馆、开妓馆，也有的是商人、文化界的败类等。日军就是以这样的力量来统治着香港、九龙、新界的1066平方公里和100多万人口。

日军为了弥补占领区的兵力不足，在占领港九市区后，立即召集原港英警察总部的负责人，责令原来所有的警察、侦探回总部集中，候命派遣。

1941年12月26日上午，我凭着关系到警察总部报到，当上了密侦，由此，我就踏进了这道门槛。

1942年3月，我被转为宪查（警察），并派往宪查学校，接受法西斯教育和武士道精神的熏陶。这期宪查训练班是培训骨干力量，对学员的要求很严的，要学员尽忠职守，绝对服从命令，否则就要受处罚。学员中被打骂的，被罚托枪在斜坡路上来回奔跑的，被禁闭的，受罚的学员几乎天天都有，学员们在淫威下敢怒而不敢言。那时，我由于打进敌人重要部门的计划暂未实现，不知何日才能直捣敌营，真是出师未捷遭波折，感到非常苦恼。有一次，由于苦思冥想，彻夜不能入睡，怎知翌日全校行军扯旗山顶，在列队架枪时，我身体不适，未能跟队伍统一动作，被带队的日本宪兵拔刀用刀背向我腰部斩下，全队为之震惊。我怒火三千，怒目直视。暗想，我国四万万五千万同胞正在惨遭日寇残杀，大好河山支离破碎，劳苦同胞妻离子散，家破人亡，颠沛流离，这个国难深仇，恨海难填。今天我要不是任务在身，就会和他拼命。但是，小不忍则乱大谋，一刀之仇，我是没齿难忘的，更激起我对敌斗争的愤恨之心。由于我学习成绩优异，军事演习和各科考试都获得第一、第二名的成绩，毕业后遂被提升为班长，主管司法。当时我年仅21岁，年少英俊，日语能应付一下，且懂英语，经常为他们翻译英文材料，深得宪兵们赏识。那时，我虽已接触了他们的机密，但仍未能打进特高课这个重要部门，常为之而焦急。

二、向敌人要害部门进军

1943 年上半年有一天，我在赌场与陈溢相遇。陈是随军密侦，山本军曹的亲信，曾答允帮助我转当密侦。我向他打听此事，他说："已经对山本讲过，再等一下吧。"

过了两个多月，我接到通知到西地区宪兵派遣队特高课报到。我来到一间大楼内，见室内正面摆着一张办公台，坐着一个宪兵曹长，面目阴沉，闭目不言。两旁每边坐着四个宪兵军官，山本军曹的座位是挨近那个曹长，看来他是个第二把手人物。当我被台湾通译引进时，山本向我打了个招呼，转过头去同那个曹长讲了几句。有个宪兵军官，很严肃地问我："你为什么要做密侦?"我镇定地说："我原来是密侦，后来不是了。"他打量我一下，嘀咕了几句。从此，我就在山本军曹的组里工作，一直到 1943 年下半年，我被调往香港岛宪兵总部特高课。我的工作主要是侦察共产党东江游击队在港九地区的活动情况。自从 1944 年上半年九龙四号火车桥被我游击队爆炸后，特高课异常地紧张起来，经常出动搜捕可疑人物。我把每次活动得来的情报都迅速整理后交到联络点。由于我的身份不同，交往的人物复杂，情报的来源也是多方面的。特高课办公室一般来说接触机密比较容易，虽然日寇经常保持警惕，但总是逃不过有心人的锐利眼光。有一次，我发现一张香港九龙新界军用地图放在没有上锁的文件柜内，我趁着办公室房子调整的机会，巧妙地把那张军用地图弄到手，随即送往东江纵队司令部，后来闻说曾受到在华美军司令部的赞扬。

三、时刻在战斗

由于工作关系，我和山本的接触更加密切了。有一次，山本叫我去卧室见他。我一进门，室内无人，台上放着一张香港地图和一些文件。那时，大可以翻阅一下。但我警觉地马上停止了自己的念头，疑是山本设下的圈套，何况我以前得到的那张军用地图的价值比它还高呢。于是我便坐在梳化（即沙发——编者注）椅上，若无其事地抽着烟。几分钟过去了，山本披着一件和服，满面笑容地从浴室出来，和我打招呼。我想，好在我看透了他刚才那一招，没上他的圈套。对付这狡猾的狐狸，要十分小心提防才好。

日寇占领香港期间，他们经常宣传日军的“赫赫战果”，夸耀自己的战绩。同时，也抓住时机向我们开展攻心战术，捕捉动向，以求发现可疑迹象。

1943 年底，敌人经常散布“对共产党游击队开展大规模的‘万人扫荡’”“四面围攻”“东江游击队很快被消灭”等。一个时期还宣传得甚嚣尘上。这使孤军在敌人心脏里作战的我，时刻惦念着党的安危，以党的忧患为自己的忧患。消息传来，一时难辨真假，怎能不为之而担忧呢！然而，我只能以漠不关心，泰然处之，不露形色地应付过去。

潜入敌特机关的三年零八个月里，使我感到无处不是战场，无时不是在战斗，偶尔出点差错，就会前功尽废。牺牲个人是小事，党的事业受损失才是大事。为了党的情报工作，我只好在那艰险的环境里磨炼自己，百倍警惕，胆大心细，谨慎从事。

四、“七一三”事件

1945 年 7 月 13 日的早晨，我按照往常一样到宪兵队总部特高课向山本汇报工作和接受任务。到了中午快要下班时，有一个值日军曹出来对我们说：“你们要马上出发，分布在交通要道、轮船码头，缉捕东江纵队港九大队市区中队队长方姑和游击队员，抓不到不准收队。”我们要求给点时间吃饭。那值日军曹返回办公室后出来说只给一个小时，并指定在附近饭店吃饭。我冒着风险，立即直奔北角清风街联络点报讯，然后返回宪兵队总部。由于我的机警，及时地通报了消息，敌人的那次追捕一无所获。但是，他们仍不死心，还责令限期要把方姑追捕归案。至 1945 年 8 月 15 日，日本政府正式宣布无条件投降，此案也随之宣布结束。我亦随着形势的需要，转战其他战场。

［原载广东青运史研究委员会研究室、东纵港九大队队史征编组：《回顾港九大队（下）》］

调查日寇香港启德飞机场

吴 展

1941 年 12 月，日本帝国主义发动太平洋战争，侵占香港、九龙后，加紧在香港建立空军基地，把九龙的启德飞机场扩建为军用机场，成为日寇经常轰炸和威胁我国沿海及内地、控制南太平洋上空和领海的基地。这对国际反法西斯战争，以及我国的对日作战，都极为不利。为了有效准确地炸毁日军这个基地，英、美盟军曾几次派出情报人员，深入香港、九龙对机场进行调查和实地侦察，都不成功。日军对这个机场控制非常严密，为了不泄露机场秘密，他们在扩建机场时，全部动用自己的工兵。机场建好后，四周围起了铁丝网，禁止非机场人员进入和靠近。盟军情报人员，在香港、九龙待了几个月，无法调查，一无所获。

盟军获悉我港九大队深入敌后，经常在港九市区打击日、伪军，捕杀汉奸，便于 1943 年夏天，派出代表，到我广东人民抗日游击总队司令部，要求我们与他们合作，调查了解日寇香港启德飞机场的情况，包括机场的建筑、构造和质量等。司令部经研究后，同意合作，接受了这一任务，并决定把这一任务交给港九大队。大队长蔡国梁、政治委员陈达明十分重视，研究后决定指派我（当时改名林伍，是大队部干事）去执行，并指示：这是一项非常重大而又艰巨的任务，可能会碰到许多困难，必须下定决心，想尽办法，依靠当地部队和群众，克服一切困难，去完成任务。

1943 年初秋的一天，天气阴霾，秋风微拂，我由小交通员李仔带着出发了。李仔是长期奔跑在九龙、新界这条交通线的，道路很熟悉。我们决定先到西贡中队。从大队部到西贡中队驻地，要走两个多小时的路程。这是一条一边是高山，一边是斜坡的单边羊肠小山径，中间要通过敌人的封锁线和检查站。敌人对这条通往游击区的山路小道特别注意，日夜严密监视，只要发现小路上有可疑的行人，即进行搜查或开枪射击，有些群众白天也不敢走这段山路。晚上，山路崎岖极不好走，一不小心，便会摔到山坡下去。如用电筒照明，一被敌人发现便用机枪扫射，也是无法通过。唯一能通过的时间是在黄昏，日伪军要吃晚饭，警戒不那么严，而这个时间，也是日寇允许附近农民出去耕作和赶圩回家的时间。我们便决定在这个时间通过敌人检查站。我和李仔化装成“赶圩”的群众，手挽着竹篮，混在人群中走了过去。

在西贡中队驻地，见到了中队长黄冠芳和经常深入九龙市区捕杀日、伪、汉奸的刘黑仔同志，便向他们传达了司令部和港九大队的决定与任务。黄、刘同志和我一起研究了调查方案。第二天，我和刘黑仔一起到机场附近进行观察。机场附近均有日、伪军和便衣密探，很难靠近。我和刘黑仔化装成商人，身着整齐的西装、皮鞋，刘黑仔还戴上黑色水晶眼镜，走到离机场较近的一条山路上，佯作过路商人，进行侦察。我们不敢带照相机拍照，也不能绘图，只在脑子里先记住，回住地后，边回想边画图。几次以后，我们已把机场的表面情况了解到了。

然而还是不能侦察到机场内部的情况，要摸清机场内部情况，必须派人进入机场内部去。我们便向长期在郊区做地下工作的邓同志了解。据他反映，机场一般人是无法进去的，但经常发现有几个十来岁的小孩，出没于飞机场底层，夏天还有在里面睡觉的，他们有时还偷拿机场的钢材、木材出来卖。群众叫他们做“老鼠仔”，意指“钻地洞、偷东西”的小孩。根据邓同志提供的线索，我们又向当地群众作进一步的了解，原来这群小孩，是住在机场附近村庄的穷孩子，经常在机场附近玩耍、拾柴火、捡破烂，有时则偷越铁丝网，钻到机场底层去。他们经常出入机场，对机场的铁丝网、底层的缺口，和可以出入的下水道非常熟悉。他们白天和黑夜，避过敌人的哨兵钻进机场去。敌人的哨兵有时发现了，跑来追赶，他们则东钻西窜地躲起来，敌人哨兵抓也抓不着，赶又赶不掉，久而久之，也就认为“小孩无碍事”，任由他们了。这群“老鼠仔”就得以长期出没于飞机场。

我们获得这些情况很高兴，立即商量着，想办法组织一批“老鼠仔”混进机场去。邓同志认识一个叫“红仔”小孩的爸爸刘光，他是当地农民，是一位有爱国热忱的群众。我们决定先做好他的工作。我和刘黑仔、邓同志便一起到“红仔”的家，找着“红仔”的父母亲，向他俩人讲明配合盟军轰炸敌人启德飞机场的重要性，要“红仔”联系这群经常出没于飞机场的小孩，帮助盟军和游击队调查飞机场的情况。开始“红仔”的父母很害怕，怕被日本鬼子知道了，小孩会被抓去杀头，还会牵连到父母家庭和本村的群众。后经我们再三解释，“红仔”的父亲才答应下来。当即找来了“红仔”，要他和同伴们帮助游击队，调查敌人飞机场，打日本鬼子，炸飞机场。“红仔”听他父亲这么一说，很高兴，也答应了。我们便通过“红仔”，找到了他们那群“老鼠仔”的头头，他叫“顽仔”（是顽皮、顽强之意吧），15 岁，是这群“老鼠仔”中年纪最大的一个。我们在“红仔”家中与他见面谈话。他开始也表示不愿意干，怕被日本鬼子、汉奸知道了，要遭到枪毙；但他们早又听说过港九游击队，经常在九龙市区神出鬼没地捕杀日、伪汉奸的英勇故事，很敬佩和羡慕。我们便鼓励他要向游击队员们学习，为帮助部队打鬼子，做一件对人民有极大贡献的事情，做一个勇敢的爱国家的好孩子。这就鼓起了他执行任务的勇气。此时他瞪大两只眼睛，面露微笑说：“怎么做?”我们便向他交代具体任务，要他找几个同伴，避开敌人哨兵，偷偷地钻到飞机场里面去，查清飞机场是怎样的构筑，是用什么材料建造的。

“顽仔”接受任务后，便去找来了五位同伴，都是十三四岁的小孩。他们一起钻到机场的底层去，东钻西窜，眼看、手摸，把一处一处的情况都看得清清楚楚。当天下午便回来汇报说：机场最底下层是一层钢筋水泥板，板上面有一人高的一幅一幅排列整齐的钢筋水泥墙，水泥墙顶上有四层，就是飞机场的上层。但这只是了解到飞机场建筑的简单轮廓，很不详细具体。如钢筋水泥墙的间隔距离有多远，高度和厚度有多少？飞机场上面四层是用什么材料建筑的?都没有弄清楚，得再进一步详细了解。我们便动员他们再进去一次，要他们查清机场的建筑和所用材料，并交给他们一把卷尺。第二天，他们又进去了，把各种建筑项目基本都查清了：每幅水泥墙的高度 1.5 米，每幅的间隔 50 厘米；水泥墙顶上是一层钢筋水泥板，板上有一层很硬很厚的四方木条（估计是东北松），木条上面铺一层水泥石屎，上层就是钢筋水泥的飞机场顶层。每层的厚度，他们都用卷尺量清楚了，还画了一个简图，写明各层的建筑、材料和厚度等，把飞机场内部的结构、质量等，基本上都弄清楚了。我们对他们所取得的工作成绩，给予高度评价和赞扬，他们非常高兴。

第三天，他们又钻到飞机场上面去查看情况：飞机场建有东、西、南、北方向和中间交叉的飞机跑道（便于飞机能从各个方向紧急起飞）；机场除露天机坪可以停放各种飞机外，在机场边沿，还构筑有十几个马蹄形泥土的分散单个掩体飞机库，种上“铺地草”，停放各种飞机，以防飞机场被炸时掩护飞机。机场的飞机，日日夜夜来往，起落较繁忙。至此，日军香港启德飞机场的概貌，基本调查清楚了，我们巧妙地完成了这一任务。这对以后盟军对机场情况的了解和掌握，有针对性、有计划地轰炸机场，提供了准确的、有效的情报和依据。

当盟军代表得到我们的调查材料和绘制的简图时，非常惊讶。因为他们几次派出的情报人员，几个月都无法接近飞机场进行调查，而我们只用几天很短的时间，便把敌人飞机场里里外外的情况弄得一清二楚。这不得不使他们五体投地。我们这次对日军香港启德飞机场的调查，是一次有意义而艰苦的任务。我们紧紧依靠人民群众，在地方工作和部队同志的支持和帮助下，终于圆满地完成了任务，事后还得到司令部曾生司令员、林平政治委员和王作尧副司令员的传令嘉奖。

［原载广东青运史研究委员会研究室、东纵港九大队队史征编组：《回顾港九大队（上）》］

往事回顾

郑　斌

一

我的家庭出身贫苦。全家七口人，父母没日没夜地干活也养不了一家人。

我七岁时上了学，但只念了一年书，父母就把我从广州送到住在香港的姑母家去。我姑丈是给外国人家煮饭的。我在尖沙咀远东小学又念了一年书，十岁时停学了。我想到广州家庭的困难，很想独立谋生照顾家庭，这样我离开了姑母家，到九龙尖沙咀的半岛酒店当小工。干了一段时间，我又去了酒店旁边那间汽车公司当学徒，一直干到 1941 年底香港沦陷，这个汽车公司解散为止。

日本人占领香港后，为了维持生活，我便做起小贩，从新界郊区买菜，再运到香港市区去卖。我表哥在日本宪兵队做杂役，一个月领 15 斤米，这在当时是相当可观了。他想介绍我也去当杂役，开始我不愿去。因为日本鬼子攻占广东后，我的母亲以及两个幼小的妹妹都惨死在日寇的飞机扫射和残酷压榨之下，我心头对日本鬼子有着满腔的仇恨，当然不愿去给日本人当杂役，我只希望能加入打日本鬼子的队伍。表哥却对我说：“你现在生活还成问题，想打日本鬼子也得等长大些，那时才有力气去打呀。现在宪兵部正要雇杂役，你先在那里干活，以后再另想办法吧。”我想，表哥的话也有道理，于是我就在 1943 年初到了九龙宪兵部当杂役。

二

到了宪兵部后，见在里边做事的中国姑娘和日本人说说笑笑，很看不惯。有一天，我对一个叫罗碧仙的中国姑娘说：“你还跟日本人笑，多少中国人死了血流成河啊。”

罗碧仙是九龙宪兵队长的杂役，她姐姐罗碧霞是宪兵队长的私人翻译。小罗把我的话告诉她姐姐。

罗碧霞是同情抗日的，也是个爱国者。她曾在九龙酒店当过职员。那时港九大队市区中队游击队员张景在牛房工作，常送牛奶到九龙酒店，所以认识了罗碧霞。罗碧霞把我的情况告诉了张景，张景通过罗家姐妹和我交了朋友。我们是在宪兵部对面的平安戏院街上由罗碧仙介绍相识的。小罗走后，张景对我说，在宪兵部里边做事说那些反对日本人的话，让日本人知道了命都会没有。这天我们路上走了很远，谈了不少话。张景知道我有心参加抗日，约好明天再见。

第二次见面，张景给我一本书。我一看书名叫《情味》，心里不大喜欢。我只想看打仗的书，一心想从书里学点打日本的东西。张景似乎看出了我的心思，便说：“你别看它的书名是《情味》，里面是写一个人怎样走上革命道路的。”我回去看了以后，觉得很有意思，受到很大的启发和教育。这本书的故事情节至今我还记得清清楚楚。以后张景又给我看了《家》《春》《秋》《子夜》等书。

张景比我大四五岁，人家叫他“牛奶仔”。我们两人好得像兄弟一样，我有什么话都与张景谈。张景与我接触了一段时间以后，又给我讲了许多抗日救国的道理，我听了心里真高兴。经过一段时间的考察，张景正式介绍我参加地下游击小组，并在他家宣了誓。

张景给我的任务是把知道的情况以及宪兵队的组织编制系统表和香港整个宪兵队管辖的十几个派遣队的人员名单弄到手。没多久，我就顺利地完成了任务，用香烟锡纸的白衬纸写下了搜集到的情报，卷成烟一样，有时捅进烟里边，有时放在火柴盒里，和张景见面时，借吸烟的机会送给他。

为了工作的方便，我利用和宪兵部的人员熟悉的关系，让地区事务所的熟人给我找了间房子，地点在九龙宪兵本部对面。我姐姐搬来住在那里。阳台上有个“天官赐福”的神位，平常不插香，组织上派人来了就插支香，在那里作联络点。那时我化名王民，大家都叫我民仔。

三

我在日寇宪兵部当杂役，主要负责整理办公室。那时日本宪兵在内都是比较随便的，会议记录、特务日记（宪兵、中国人的宪查、汉奸等每天出去活动都要记日记），都放在主管宪兵的桌子上。我就利用抹台的机会偷看，把能拿到的都尽快送出去，有些不能拿出去的，我就把它记在脑子里，回家后再写在小纸条上。就这样，我利用杂役工作的有利条件搞情报，把九龙地区宪兵部的情况都能及时地汇报给上级组织。

那时，十几个派遣队队长每周在九龙宪兵本部开一次碰头会。开会中间我要进去倒茶水，要给他们安排吃饭，这也是一个获取情报的好机会。为了能获取更多的情报，我刻苦学习日语，很快就能听、能看、能说了。

除了这些利用公务掩护的办法之外，我还动了点脑筋，就是有意对一些人表现得殷勤些，同时还利用他们的矛盾，采取离间的办法，从而既能得到信任又可取得情报。如我对日本宪兵的高级人物，平时积极地为他们服务，使他们逐渐觉得我可以信任。这些人来香港都没带老婆，想找女人玩，那时粮食、副食品都极缺乏，有钱也买不到，他们为了讨好女人便要送点米油，所以就叫我送去。有的人晚上出去前告诉我有事找他，给我留下电话、地址，于是我便知道了这些人和社会上什么样的女人来往，并利用她们来做些事，如打听些消息等。他们在外边活动的时候，大部分时间是为自己找钱，特别是那些汉奸、宪查，经常在外边敲诈、搞走私等活动，但又怕主管他们的人知道。我知道这一内幕后，就对在外面搞钱的人说，某某说你在外面搞钱等。结果，他也把别人的事泄露出来，造成他们之间为了一己私利产生矛盾，我却从中利用这些矛盾收集情报。

宪兵部有个油印室，资料上多是有关我抗日活动的，提供这些情报的主要是各地区及本部的宪兵、宪查、汉奸败类。他们当时有个任务，就是每天各人都要写情报，内容多是关于我们东江纵队、港九大队及其市区游击队的情况，也有一些领导人和出名人物，如曾生、刘黑仔、方兰等的活动。这些资料都是有价值的情报，我就有意识地想进入油印室去。油印室有一个香港总督部派来的人，很懒，贪睡，时常出去搞些不三不四的事。有个从警备队调来的辅助宪兵常来作帮手，我就学习油印技术，帮助那个宪兵。他见我印得不错，有时就叫我去印，每次十几张，我从上边抄送了不少情报。

当时我年纪小，工作能力差，本来有许多机会可以取得重要情报但没能及时取到，还有自己的复仇思想十分强烈。如见到派遣队长开会，就恨不得一下子把他们全干掉。我想，要是有个定时炸弹放在桌子底下，到时来个“一锅熟”该多好啊。我把这想法和张景讲过，他不同意。他说我能打进去已经很难得了，而且说开会的人不一定都是最坏的，轻举妄动还会暴露自己。听了张景的话，我便没做出蠢事来。

当时散发市区中队抗日传单也是我们的任务之一。1944 年春一个晚上，我扮成日本人，把几张美、苏、英、中联合战线的胜利战果传单贴到九龙宪兵本部的外墙和九龙地区事务所告示牌上。守门的印度宪查以为我是个日本人，还向我敬礼。次日九龙宪兵本部很震动，于是他们仔细研究，发现这些传单的油墨、纸张与宪兵队所用的相同，都属于总督部物资仓库发出的，外面没得卖。他们怀疑是宪兵队或其他军政部门里的人干的，从此在九龙宪兵本部设置内部间谍检查组，由特高课长大村清负责。这家伙曾怀疑到我，因为我经常到誊印室去帮手，事后警告我，不准我再进油印室帮做事。

有一次，我发现有一张日军“扫荡”我游击区的地图，但看不清也记不住，只好想办法偷一张出来。那天我穿一件衬衫，把地图放在口袋里，因为天热，所以脱下衬衫放在手上。刚出油印室，大村清叫我回他宿舍取照相机，还让我把衬衫放在杂役座椅上。我取回照相机，他在办公室里阴沉着脸，问我刚才去了哪里？拿了什么？我说没拿什么。他气冲冲地一步冲到我面前大声追问，我还是说没拿什么。他从桌子里拿出我偷取的那张试版的图表，问我拿这个干什么。我因事先已有思想准备，所以显得很镇定。由于我拿的不是正品，是一张模模糊糊的，因此我一口咬定这是拿来上厕所用的，而且申辩我的理由（他们日本人发卫生纸，我们不发）。我说：“我们没有卫生纸，以前我用过好纸，他们骂我，现在我用废纸还不成?”这时一个比他高官职的人进来，因我平时常为这人办私事，所以他帮我说了情。但大村清还不肯放过我，把我拉到礼堂禁闭起来，不准离开。

第二天早上，负责总部开会事务的庶务课长杉野忠生叫我到办公室，让我准备当天开会的茶水、饭菜。我说大村清不准我出门口，课长叫我先去准备，由他去找大村说，我就出来了，这事便不了了之，我还照样做事。

但有个别宪兵并不甘心，还要我讲出谁让我拿图表的，有时还故意刁难我。有一次，松野值班，借口茶水有头油味，说我没心思做事，整天把头发梳得光光的，拿过一把剪刀把我的头发在中间剪去一大撮，并要我第二天剃光头。对于日本宪兵的蛮横和侮辱，我憋了满肚子气。有一天见到张景，我对他说，我坚决不干了，要求到部队去。张景耐心给我做思想工作，他说："为了革命事业，我们随时准备牺牲，头都可以不要，难道还舍不得几根头发？头发是可以长出来嘛！头发剃光了可以先戴顶帽子，要把仇记在心上。"

由于我干杂役很积极，不久就升为杂役头，手下有了十多个人。本来我可以指挥他们干事，但我还是天天去办公室，擦台子的活也不让别人干。

四

过了一段时间，张景告诉我"要做好准备，必要时撤退"。没过几天，张景又来找我，说沙田何东楼海边有一条柴船，叫我接上头就随船返中队部。我听了非常高兴，庆幸自己终于可以离开日本宪兵部这个魔窟，回到自己的队伍里去了。

一天傍晚，我按事先的约定上了柴船，在海上航行了一夜，次晨到了盐田。午饭后有人带我见方兰同志。在没见到方兰同志以前，我早已从日本宪兵的日记、谈话和油印文件上见过她的名字，都叫她方姑。日本人把她讲得可神了，说她是双枪手，四处奔走，行踪不定。那时我想，方兰同志一定是个年纪较大、高大威武的人。结果，引路的人指着在屋外一块长麻石上坐着的年轻姑娘说，这就是方兰同志，我真大吃一惊：这么年轻、斯文！

我把香港的情况向她汇报完，松了一口气，以为不再回去了。谁知她听完以后，叫我马上回去，还交托我护送一位女同志回香港市区。这样我又坐了一夜船，次日和该女同志回到沙田，进入香港市区。

回到宪兵部，有人问我这两天哪里去了，我就说是休假，瞒过了这一关，便继续做我原来干的工作。

对于小罗，她年轻、单纯，有一颗爱国热心，我是尽力帮助她的，她也尽力帮助我。因为她是队长私人杂役，我就让她留心谁找队长，他们都说了些什么。有两三次来人没见到队长，把没封口的信留下来，她就叫我到屋里去看信，她在外面给我警戒。

当时宪兵队里有个"飞龙队"，由日军村上中尉领导，一共三十多人，多数是中国人，分三个小队。其中有个小队长是女的，曾是香港岛宪兵队长野间贤之助的私人杂役，据说是野间的情妇，客家人，常化装成客家妇女到游击区搞情报，这个人很坏，后来据说被我游击队干掉了。

“飞龙队”还有个小队长叫谭启新，在日本投降时，他跟着村上和另外十几个投到我们盐田大队部。那时我已回到中队，他们见到我，问我：“你也在这里？”我说：“我也投来了。”

对“飞龙队”，我也按组织指示，尽力争取搞些情报。如利用和村上的私人杂役罗伟雄、密侦队长郭森之子的交往，从中套取情报。他们对我挺有好感，知道的情况也很多，为我提供了不少线索。我就是这样通过种种努力和途径，获取敌人情报向组织汇报，为革命事业贡献了自己的一份力量。

[原载广东青运史研究委员会研究室、东纵港九大队队史征编组：《回顾港九大队（下）》]

“我是春天布谷鸟”

——记东纵女敌工科长林展

黄　稻

我是春天布谷鸟，
凤凰差我来唤春。
唤得花开柳叶青，
唤醒几多种田人。

1944年春，夜，从一个偏僻的客家山村传来阵阵粗犷的男声合唱：中国客家民谣《布谷鸟》。

看上去，演唱者是一群中国南方农民打扮的青年。谁承想，他们竟是一群被中国南方抗日劲旅东江纵队俘虏的日本战俘。

朋友，您一定想知道把这群战俘组织成联欢合唱队的那位高明的“音乐老师”是谁吧？

她，就是当年威震敌胆的东江纵队政治部女敌工科长林展。

1983 年深秋，笔者寻访了赶来参加东纵成立 40 周年纪念活动的林展。

如果没有存照佐证，谁又能想到，眼前这位两鬓斑白、高挑清瘦的老大姐，就是当年那个头戴五角星帽，身穿航空军装，腰挎曲尺手枪英姿飒爽的巾帼豪杰，那位叫日本侵略者又恨又怕的“八路的女敌工科长”！

林展是新会人。1920 年，林展出生在一个爱国、正直的旧军官家庭。父亲林捷三曾参加过黄花岗起义，是黄埔一期生，当过蔡廷锴的参谋。由于不满官场腐败及蒋屠杀共产党，辞官而去。“九一八”事变，林捷三从报上读到东三省沦陷的消息，痛心疾首：“坏了！要当亡国奴了！”从此卧病不起。1935 年，林父在极度贫病和郁愤中溘然长逝，年仅 42 岁。

一、父亲给女儿留下一颗赤子之心

林展 12 岁，以优异成绩考入香港公立庇理罗士英文书院，获得 6 年内免费上学的奖赏。由于家庭困难，她只有一边读书一边给人当家庭教师，以解决交通及午餐费。毕业后又以佼佼者身份步入香港大学殿堂。然而为了支撑家庭，照顾母亲，带大弟妹，她被迫放弃了这一可贵的深造机会，到了意大利人和法国人办的育婴堂当杂役。生活从一开始，就在这个瘦弱的少女面前展现了一条多么严峻的道路！从洗盘子到扫厨房，收获是一口流利的英语。随后，林展参加了党领导的“抗日救亡姐妹团”，在工人夜校含泪演唱《我的家在东北松花江上》。

1939 年，林展参加了陶行知先生主办的中华业余学校俄文班，在那里，她又初步掌握了俄语。

1940 年是林展收获最大的一年，林展参加了中共直接领导的香港“虹虹”歌咏团。翌年，她光荣加入了中国共产党。

1941 年 12 月初，日本侵略者的铁蹄踏进了香港。党向林展交代了“隐蔽精干、长期埋伏、积蓄力量、等待时机”的工作方针，并指示她：争取打入敌伪机关，积极主动开展工作。

于是有一天，在香港的日本宪兵司令部籐原鹿雄伍长的公寓里突然出现了一名“能干”的女仆役。

在与魔鬼打交道的日子里，林展以最快的速度“吞”下了日语。

正当任务顺利进行的时候，一件突如其来的事件，使林展经历了入党以来的头一次生死考验。

一天，籐原突然暴跳如雷地宣称他丢失了180元军票，进而又怀疑是林展所窃。不由分说把林展捆起来严刑拷问。林展拒绝承认，籐原又派人去林展家中搜查。结果军票没找到，却搜出了林展父亲留下的一个军用望远镜。于是一口咬定林展就是共产党，丧心病狂地对林展施用灌水、电刑逼供。她几次死去活来，仍然是紧咬牙关，一声不哼。籐原恼羞成怒，把林展拖回家中，当着林母面毒打林展，最后籐原“嚓”地抽出指挥刀架在林展脖子上，扬言再不供认就“撕啦撕啦的”！

这时，林展的手臂已经被打得肿起有大腿粗，她从昏迷中醒来，对母亲说的第一句话是：“要记住报仇！”

籐原是个歹毒奸诈的家伙，见硬的不行，突然又改用软的一套，假惺惺差人捧来糖果要求“恳谈”。在敌人的软硬兼施面前，林展这位年轻坚强的党的好女儿经受住了考验，始终没有暴露身份，胜利地完成了任务。

林展没想到，正当她满怀希望党早日把她调进战斗部队，好痛歼这伙民族的仇敌时，一个对她来说完全陌生却又近乎“熟悉”的、极其严峻的使命在等待着她。

二、“强丈夫，本事大大的！”

1944年，东江纵队某部驻地，十几个日本战俘盘腿而坐，正在等待上课。这时，他们惊异地发现：前来授课的八路导师分明是个女性！这使他们大为不满。尤其是当知道这位女性是新上任的敌工科长时，不满之中又夹带了惊奇。

受一个女人管，这对于日本战俘来说，确实是难以容忍的！俘虏中有人放肆地背过脸去。

然而，当这位女科长把腰一挺，开始用严厉而富于感情力量的语调发言时，战俘“学生”们不禁转过头来了。她说：“你们军队到中国来烧杀抢掠，老百姓恨你们，跟你们过不去，这是很自然的！现在你们是东江纵队的战俘了，怎样表现才能和过去的日军不同呢？应该有不同啊！”

像雷电击破顽雨，像涓涓露滴心扉，惊异、叹息、沉默，有的战俘低下了头……

打那以后，俘虏们见到林展，便尊敬地叫一声“林科长”。

敌工科管教的日军战俘最多时达120多名。争取他们转化，开展策反工作，建立反战同盟组织，是敌工科的基本任务。

然而，敌工科里并非风平浪静，个别顽固到底的日本军官在战俘中竟还想发起“暴动”逃出战俘营。1945年春，发生在敌工科战俘营的“山本事件”，使林展经受了一次新的考验。

那是个雨天，战俘没有安排出外生产劳动，突然有一位姓关的台湾人（日军中有部分中国台湾人）借小便之机向青年战士方光报信：日本宪兵曹长山本正在策划“暴动”，他们拿大钟发条做成匕首，准备当晚杀死林展，然后夺枪逃往深圳南头。他说：“林科长待我们好，我们要保护林科长！”林展得知以后当机立断，立即以谈话名义传讯山本。她知道，山本为了不露马脚，一定会来。山本果然来了，刚走进办公室，只见端坐正中的林展出其不意地厉声喝道：“山本！你阴谋搞暴动，已经败露了。来人，把他扣起来！”

山本就擒，林展又立即来到日俘居住的祠堂，猛然推开门宣布：“山本企图搞暴动，已经隔离了！你们只要交出武器，不予追究！”这时，一些盲目跟随山本的战俘纷纷起来揭露其阴谋，并懊悔“觉悟不高，上当了”。多数日俘平时受尽山本欺侮打骂，见关押了山本，无不称快叫好！

“暴动”平息了，此后，山本一看见林展就连忙点头哈腰，往日的“军曹风度”不知哪里去了。原日军卫生员、战俘田中对林展处理这件事的果断机智佩服不已，逢人便夸林展：“林科长，强丈夫，本事大大的！”

从此，“强丈夫”的美誉在日俘中间和附近的驻军中流传开来了。

三、“我是春天布谷鸟”

为了尽快使多数劳动者出身的战俘早日摆脱军国主义的羁绊，站到反法西斯力量一边，林展亲任政治教员，给战俘们上《社会发展史》《八路军三大纪律》等课，宣讲苏德战场红军进入反攻的胜利形势。她运用在少女时期在英文书院学会的乐理知识，教战俘们唱歌，唱《朱大嫂送鸡蛋》，唱《清漳河》，唱日共歌曲《民众之旗》。带战俘上山从事割草、砍柴生产，她总是走在前头；发现伤病战俘，她给他们上山找药……她还任命转变较快的战俘田中（日军卫生员）担任敌工科卫生员，使田中感到不胜荣幸，大显身手。

为了使初来的日俘减除疑惧心理，敌工科派共产党员林五宁（会日语）深入到日俘中间和他们同吃、同住、同劳动，甚至连日本人喜欢在露天下裸浴的习惯都考虑到了，想方设法给他们方便……

由于日本侵略军到处烧杀淫掠，无恶不作，老百姓一见到日俘就恨不得把他们撕碎。林展和敌工科的同志们不惜用自己身体保护战俘，劝服群众。

一次，一名日俘找我战士小陆要床板，小陆表示有困难。岂知这个日俘竟拿出日本军队习惯的那一套，打了小陆两个耳光。小陆，这个身上还带着鬼子枪伤的战士忍无可忍，立即奔进林展房间，要取枪干掉那名日俘，被林展和另外两名同志强行按住了。这时并没人知道，林展背上，当年日本宪兵曹长籐原留给她的鞭痕还在隐隐作痛！

林展更没有想到，有一天，从前线送来一名日本战俘，这名日俘不是别人，正是当年的仇人籐原！但是，林展并没有枪毙他，而是按上级安排，把他转移到了另一安全地点。

四、艰苦卓绝，胆大心细

林展与战友们终于以他们的实际行动保证了“化敌为我”方针的贯彻执行，配合我主力战斗部队迎来了华南抗日战场的春天。

1944年，樟木头。香港“总督”矶谷少将的部队的“发病率”突然陡增，将士们纷纷躺倒，不愿再出征。原来是敌工科的同志和战俘们协作发出反战传单，让敌营里发了一场“大瘟疫”。同年，深圳日军藤本中佐哀叹：“由于共军普遍利用战俘喊话，勤杂、军士、见习通译等人员日渐消极投敌者众……”

1944年11月2日，我东江纵队郑伟灵部奇袭增城新塘火车站，取得消灭伪军一个连，俘获日军站长阿南中佐的胜利，威震广州和整个增城地区。数天之后，永和圩日军据点被迫撤回新塘，我军收复了永和圩，巩固、扩大了增城游击区。群众欢天喜地热情慰问部队，数百名群众愤怒地围观阿南中佐。这个平时神气十足的侵略者，此时却颓丧地耷拉着脑袋，惊恐万状，宛如丧家之犬。这是群众初次见到活捉的侵华日军军官，真是兴高采烈，大快人心。随即，阿南中佐被送交东纵政治部敌工科进行教育。经林展和同志们的反复耐心工作，阿南产生了深深的悔悟之意，继而参加了日本人民反战大联盟（日本投降后，阿南被遣送回国。阿南中佐是东纵俘获的日军高级军官之一）。

1945年夏，日本人民反战同盟华南支部庄严宣告成立。日本盟员和东纵指战员们聚合一堂举行联欢，高唱日共歌曲《民众之旗》，又奔赴不同战斗岗位。

他们有的英勇牺牲在抗日前线，有的经过千锤百炼，成为光荣的共产党员、坚强的国际共产主义战士、中日两国人民团结战斗共同反击法西斯军国主义的中坚分子。

1947年早春，延水冰消，宝塔映月。

在革命圣地延安的一次周末晚会上，一个高个子的文质彬彬的年轻姑娘，同王家坪军委外事组的同志们一起进来了。她看到好几位为国事夜以继日辛勤操劳，到这儿稍事休息的中央领导同志，还有几位经过万里长征的大姐。她脸上不禁流溢出喜悦的微笑。

那时中央机关很精简，杨家岭就是那么多干部了。大家稔熟得很，问个名字并不难。会间，毛泽东同志邀这位女同志一起跳舞。思敏察微的他，边走上前来边问："你叫什么名？从哪里来的？"她回答："我叫林展，是东江纵队敌工科的，后调到军调部第八小组工作，最近从北平军调部回到延安。"

"哦，广东来的，那么远！抗战八年了，你们辛苦了！"毛泽东同志赞叹着。他的话使她深深感动了——

啊，转战山东的战友，坚持在南方的亲人，伟大而艰巨的事业！多少年来日夜思念的党中央！此时此刻，多少要说的话，都凝集为这位20多岁高个子的广东姑娘眼角的热泪了。

……

如今，林展是云南省外贸战线的一位德高望重的女经理，她负责的公司主要承担电机产品的进出口业务。在一系列对外贸易场合，她能用流利的英、日、德、俄等多种语言同来自多个不同国家地区的外商直接洽谈业务。

英国客人常为她那地道的不列颠式幽默而忍俊不禁，德国客人则对她那日耳曼式的效率惊叹不已，而日本客人则更为这位自称从未去过日本的女经理如此谙知大和民族的语言习俗而暗暗称奇！电机商人们对林展是熟悉的，谈到友谊，她是个"知交"；作为对手，她是个"辣子"；作为同行，她又是熟悉业务的专家。然而，他们怎么也想象不出，这位高挑身材、斯文淡定的女经理，曾经是何等的"风云人物"，曾经走过一段何等曲折、艰险的人生道路！从庇理罗士英文书院的女生到籐原宪兵伍长的杂役；从东纵女敌工科长到曾生将军和方方将军的英文翻译；从叶剑英将军办公室备忘录英文副本制定者到美国记者安娜露·易斯·斯特朗的重点采访对象……客人们当面叫她"林经理""林女士"，背地里叫她"外贸女强人"。

不，她就是"布谷鸟"。如果说当年她曾经唤醒过春天——战俘之春，那么今天，她仍在催唤春天——改革之春、友谊之春！

（1983年12月2日东江纵队成立40周年前夕，黄稻采访原东江纵队敌工科长林展同志。史长缨整理）

作者简介：黄稻，女，原名陈秋瑜，1926年2月生于越南西贡。1942年1月参加东江纵队，同年4月加入中国共产党，曾任东江纵队司令部秘书、东纵机关报《前进报》出版部主任。1946年随东江纵队北撤山东。新中国成立后曾任广州市委宣传部宣传处长、广东省文化局宣传处长。

一份极其重要的情报

陈海仪

我们东江纵队联络处是在1944年10月初按照中共中央的指令成立的。所规定的任务是搜集侵华日伪军的战略情报，上报中央，并向当年配合作战的美国同盟军提供。联络处直接由曾生司令员领导，处长袁庚，内勤人员有吴更、吴华、梁风等，还从纵队政治部第一届青干班调入了廖矛、郑重（郑志远）、王康（刘时熙）几位中山大学的学生。

联络处成立时，随司令部驻在大鹏半岛，1945年春，北渡东江到罗浮山。司令部驻在著名的冲虚道观，联络处驻在左侧的朱明洞。

1944年10月7日，美军派来了欧戴义博士。欧是美军战略部陆空作战技术研究处的少校工作人员，持美国陈纳德将军等的介绍信，来到东纵司令部，要求与我方建立联络关系和取得帮助。司令部电报中央，周恩来代表中央于13日回电说："与欧博士谈话可表示欢迎合作，关于建立电台搜集情报、侦查气象、训练爆破可以答应。如有其他要求，可向延安请示。"从此，欧戴义的"观察小组"随东纵活动将近一年。

1945年，第二次世界大战同盟国进入反攻阶段，德国、意大利已经战败，日军仍在我国殊死顽抗。美军所作的战略计划，是在华南登陆与日军作最后的决战。为此，亟须收集沿海日军的布防情况。延安也通过南方局指示东纵收集这方面的情报。

3月9日，美军专家小组甘兹上尉一行6人，持陈纳德将军介绍信，化装成进山的香客来到罗浮山冲虚观东纵司令部，说明他们此行的任务是勘测大亚湾霞涌一带沿海日军的布防情况，选择适合美军登陆的滩头。为此请求东纵支持协助。曾生司令经立即报中央同意后，由袁庚派出曾在中大外文系就读的王康带一个小分队陪同甘兹一行到第七支队，会同支队参谋长赖祥等开展勘测工作。七支队作了缜密安排，帮助甘兹等拍摄了日军占领的海岸滩头的照片和绘制了地图。甘兹给曾司令留下了热情的感谢信。

曾生司令：

我要表示我对我所做工作的地区中你的部队所给予的光辉合作的真诚谢意。由于他们的努力，使我们能获得工作上必需的情报。我高兴地说，你的部队组织给我很好的印象，他们能力高强，纪律甚好，并给我最好的关切。

甘兹

美国海军上尉

1945年3月11日

此时，美军准备在华南登陆的意图已经明确，袁庚立即调动两路人马，分头出动作详细的侦察。

王康的小分队送别甘兹后，继续向东，由粤东直到福建边沿深入侦察，发现日军在沿海都构筑了坚固的洞穴式地堡工事。他们带回了绘制的这些工事的构造图样，标明了相互间的距离和火力配备。日军如此严密的布防证明，他们已经为美军登陆作好了缜密的防御准备。袁庚迅速将这份情报交曾生司令上报。驻华美军司令部和美军太平洋舰队司令部也得到了这份情报。

郑重被派到广州一带活动，侦察日军兵力的动向。曾在军校学习过的袁庚想到敌军在部署重兵固守时，一定会调动外围兵力以歼灭来犯之敌。果然，4月中旬，郑重连夜赶回罗浮山，向袁庚报告：发现一支日军机械化部队正从北面沿广九线南进，转向惠州进发。又经郑重几番调查核实，终于确认这支日军是番号“波雷”整编后的第129师团。继而又查到“波雷”部队已经在淡水设立司令部。“波雷”机械化程度很高，装备精良，士兵都很年轻，作战特别凶狠，是日军的一支精锐部队。

袁庚对这些情报十分重视，他们侦察到日军在广东沿海至福建构筑了坚固的洞穴工事，又调“波雷”部队到靠海地带布防，是准备在华南决战。倘若美军登陆，将关系到第二次世界大战整个战局的胜负以及所要付出的巨大代价。这些极其重要的情报经中央批准提供给驻华美军司令部以至华盛顿首脑机关。

1945 年 5 月 20 日，美军司令部获得这些情报后，给东江纵队拍来感谢电函：“我们对你们近来关于敌军及其活动、驻地和番号的报告特别感到喜悦。这些情报是重要的，实际上是有生命力的，因为它揭露了敌人的企图和活动，帮助了我们的指挥当局取得更好的结论和制定更好的计划。”

7 月 10 日又发来电报，内称：“华盛顿对发现 129 师团及其消息致以祝贺。希望我们仍能继续保持最好的情报来源。”

1945 年 6 月 18 日，美国新任总统杜鲁门在白宫主持高层军事会议，否决了原定在华南沿海和在日本本土登陆的作战计划，决定了“政治解决”的构想，致函日本天皇和政府，要求日本无条件投降，可以保留天皇制。如不投降，则将使用原子弹。

8 月 6 日，美军 B-29 轰炸机在广岛上空投下了全球第一枚原子弹。

8 月 9 日，美军在长崎投下了第二枚原子弹。

8 月 15 日，日本宣布无条件投降。至此第二次世界大战宣告结束。

（本文作者附言：我于 1945 年 7 月至 9 月调到联络处工作，时间短，水平低，严守情报工作规定，所了解情况不多。此文许多地方引用和参考已公布的材料，特此说明。）

作者简介：陈海仪，女，1944 年从中山大学参加东江纵队，任东江纵队政工队队员、联络处资料员。1979 年任广东人民出版社副社长。

东江纵队的国际地位

黄作梅

八年来坚持艰苦奋斗的东江纵队，由于它所处的战略地位，更由于它执行忠于盟邦共同作战义务的政策，自 1941 年冬太平洋战争爆发，香港沦陷之后，在协助盟邦作战的国际合作上，尽了很大的力量，有过不少功劳，因而它在国际上获得了良好的声誉。盟国对日反攻不断进展，直迫日本大门，接近中国大陆的时候，东江纵队和东江解放区的战略地位已引起盟国的重视。《美亚杂志》曾著文阐述，题为《东江游击纵队与盟国在太平洋上的战略》，其结论认为，如果能供给这支军队以武器装备，对于盟国的对日反攻是有很大意义的。

回溯几年来，东江纵队在抢救被敌俘虏的国际友人，营救美国机师，支持和协助英军服务团，及与美国从事情报合作的这几项工作，都有把它介绍出来的必要。

香港沦陷后，敌人把盟国军人战俘囚禁于七姐妹、深水埗与亚皆老街三个集中营，盟国的政府文员、市民、妇孺等则囚于赤柱集中营，印度兵则囚禁于马头围集中营，一部分管理市政卫生的官员和银行的职员则不予囚禁，迫令他们帮助恢复市政及金融工作。起初，敌人无论对被囚的或未被囚的盟国人士的监视都不大严密，脱险逃出还不太困难。赖特上校（Coi.[①] L. T. Ride）、京中校（Lt-COI.[②] G. King）、谭臣警察司（Mr. W. P Tho-mpsupt. of Lice）、祁德尊少校（Major J. D. CI-aqLLd[③]）等都是在这时逃出来，经过东江纵队的港九大队的保护招待和帮助而安全到达中国的大后方去的。他们都曾表示说：他们对周围情况完全不了解，逃出来是抱着极大冒险，如果没有东江纵队的帮助，能否安全脱险是一个极大的疑问。假使集中营里的人能够知道东江纵队的真诚帮助，相信许多人都会绝不犹疑地跑出来的。

为着更有效地进行抢救工作，东江纵队派出专门工作干部，潜回港九市区负担这个责任。当时曾和香港辅政司詹臣先生（Mr. F. GC. imSon-CoLouia LSec-retary[④]）、医务总监司徒永觉先生（Dr. Seluyn Ciarke Di-ector[⑤] of Medicalser Vice）、上海银行总经理祁礼宾爵士（Sir. Groybeern-Chief Managor of the Hong Shanghai Rank[⑥]）等（联络），并准备营救他们出险，可惜他们都不愿意，因而没有结果。又曾和赤柱集中营里的盟国人士取得秘密联络，但当时营中的英国高级官员对时局估计不足，认为日寇不出半年必败，不同意营内人员逃走，因而也没有结果。及后，由于逃出的人日多，敌人对战俘的监视逐渐严密，便增加了营救工作的困难。

经过这种营救工作，东江纵队的地位和作用开始受到盟邦的重视，当时特别是英国。1942 年 7 月，英国在惠州成立了英军服务团的前方办事处。该办事处主任祁德尊少校即致函东江纵队，要求派出代表和他讨论合作问题，并派出何礼文上尉（Major. R. D. Holmcs[7]）到港九解放区来，要求东江纵队调查和摄影集中营的情况和位置，及协助营救工作。

当时敌人在市区统治极严，秘密警察布置得像天罗地网。东江纵队工作人员在极困难和危险的情况下，英勇地和沉着地帮助英军服务团组织情报站，计划营救国际友人的办法，布置秘密交通路线，经常是一马当先担负最危险的工作，以鼓励英团工作人员的勇气，并经常指导他们关于秘密工作和坚持地下斗争的艺术，不断向他们提供改善工作的意见。在和英军服务团合作的过程中，支付了庞大的费用，但全部都由东江纵队自己撙节出来，勉力维持的。由于东江纵队的港九大队在新界英勇斗争，地区日益巩固，使盟国人员获得很好的安全保障和工作便利，并允许英军服务团在新界地区建立联络站，担任和市区工作人员与惠州办事处的联络工作，便利了他们对市区工作人员的指挥，减轻了敌人封锁的危险和交通的困难。

由于这些工作的成就，东江纵队的国际声誉日隆，魏菲尔将军曾加赞扬和鼓励，因而受到国民党当局的忌恨，用各种办法破坏东江纵队和盟国的这种团结与合作，终于在 1943 年 8 月英军服务团突然决定与东江纵队截断关系，停止一切联络。但即使是这样，东江纵队仍自动地给英团以援助，并救护了许多盟国友人送给他们，对英团的秘密过境的人员，仍予以便利。但国民党反动派这样的破坏行为，使这种国际合作不能继续下去，不能不是反法西斯事业的一个损失。不过英团的高级官员，如最高负责人赖特上校，在今年 2 月返英前在香港仍这样向东江纵队表示："如果没有你们的帮助，我们是不会做出什么工作来的。"

在救护遇难的盟国飞行员的工作上，也很有成绩，并获得陈纳德将军的嘉许。在华的盟国友人中，特别是在美国的第十四航空队里，许多人都传奇一样的传播着克尔中尉被一个东江纵队的小鬼救援脱险的故事，甚至十四航空队把它作为教育飞行员的材料。克尔中尉于 1944 年 2 月 10 日袭击香港启德机场时，飞机不幸被敌击中，被迫乘降落伞逃生，当受敌人追捕，但给东江纵队一个小鬼救护脱险，并在该队极力保护下，渡过了数千敌人三个星期的搜捕和围攻，安全脱险，辗转被送返中国大后方。同年 5 月 26 日，又在大亚湾救护了五个盟国飞行员。自克尔中尉脱险被救护回大后方之后，才使在国民党长期严密封锁下的东江纵队，和东江解放区人民的艰苦奋斗的情况，让盟国人士知道了。因而大大引起在华美军总部的重视，他们用了很大的努力，排除了国民党的种种阻挠，决定派遣人员到来和东江纵队合作。1944 年 10 月，美军的情报组携带电台到达东江纵队司令部，该情报组只有两个人，美国陆上技术资源委员会技术代表欧戴义先生（Dr. Merrill Ady）和一个报务员。欧先生留在东江工作一年之久，后由戴维斯少尉（Lt. R. G. Davis）接代，直到去年9月始行离开。

为了和美国派来的情报组合作，东江纵队建立了一个特别情报工作部门，这部门逐渐扩展到包括200多个工作人员。情报站遍布东江敌占区，南起香港，北到广州，东自海陆丰，西至珠江东岸。后来粤北西江沦陷，又更扩展到西、北江去。工作者都是东江纵队经过挑选的干部，一切经费也是靠自己支持。由于工作人员的精干和努力，并曾损失了不少人员，供给许多宝贵的情报给十四航空队和美军总部。

1945年3月，美国海军甘兹少校率领一个工作组到东江解放区来，进行沿海测量工作，准备盟军登陆的参考。东江纵队除了保护和帮助他们获得所需要的情报外，还特自派人实地调查，搜集许多有关的材料，直接供给在华美军总部。

在这种情报合作上，东江纵队曾获得了陈纳德将军、在华美军总部和华盛顿方面的赞扬，这个情报站被认为“美军在东南中国最重要的情报站”，它的情报被认为“在质与量都非常优越”“对美国战略部队在中国的组织的成功有着决定的贡献”，帮助他们的指挥当局“取得更好的结论的计划”。

以上只是东江纵队和盟国合作的一个概述，由此可见东江纵队不特谋国贞忠，而且在击败共同敌人的目标上，对盟国是尽了它的战友之谊。这种战友之谊，取得了盟国政府和官员的赞扬，而且特别在巩固中国人民和盟国人民之间的感情上，是有着很大的意义。盟国政府和人民，他们对于东江纵队都有一个良好的和深刻的印象，这种印象决不因国民党反动派的污蔑而减退的。我们更以此希望盟国政府，特别是盟国人民能够本着过去的战友之谊，给予中国人民以有效的助力，使得和平民主的中国早日出现，而更有所贡献于世界的和平与繁荣。

（《前进文萃》第3辑，1946年6月10日出版）

（原载《东江纵队史料》，广东省档案馆编）

编者注释：

①原文如此，“Coi.”疑为“Col.”（上校）。

②原文如此，“Lt-COI.”疑为“Lt. Col.”（中校）。

③原文如此，“CI-aqLLd”疑为“Clague”。

④原文如此，“LSecretary”疑为“Chief Secretar”（辅政司）。

⑤原文如此，司徒永觉英文名字应为“Selwyn Selwyn-Clarke”，“Di-ector”疑为“Director”。

⑥原文如此，“-Chief Managor of the Hong Shanghai Rank”疑为“Chief Manager of the Hong Kong Shanghai Bank”。

⑦原文如此，何礼文名字应为“D. R. Holmes”。

在港九大队的特殊斗争中成长

卢　锋

1941 年 12 月我病愈与方觉魂同志一同回部队。当时正值部队整编（原第三、第五大队合编），东江纵队正式成立并组织港九大队挺进港九敌后。原三大队政训员蔡国梁任大队长兼政委，上级决定我们二人到该队工作。方觉魂负责领导港九大队的统一战线工作。我被派到西贡进行该地区的统战工作。

西贡是九龙边沿小镇，环境复杂。正是日寇占领港九初期不久，国民党的杂牌游击队、日伪特务和土匪经常交叉出没的三角地带，斗争形势严峻。我到达此地开展工作不久，便得到敌人组织成立伪西贡区属的消息。为了更准确地掌握西贡区政治经济及敌特情报，掌握对敌斗争的主动权，更有力地打击敌人，大队长蔡国梁同志决定，让我化名卢永年，通过乡绅徐观生担保介绍，进入伪西贡区属，任物资委员会委员。组织生活与短枪队长江水同志和副队长叶凤生同志一起（后期由江水同志单线联系），工作上与短枪队秘密配合，重大问题则向蔡国梁同志请示处理。

我深知“入虎穴，取虎子”的艰巨和危险，也明白这是党组织对我的考验，我决心坚决完成任务。我积极地秘密配合短枪队消灭了部分土匪和日伪遣进的敌特分子。

1942 年 2 月的一天，我同伪商会会长李灶生从伪西贡区属出来，准备办理发放配给米的事，路上与“扫荡”西贡的日寇遭遇，当即被捕了。不久，伪自卫队长古才也被捕了，第二天我们三人被同押在九龙红磡敌警备队监狱中。在被捕当天晚上，我们同二十多位群众一同被关押在西贡大环村的一个院子里，当晚没有月亮，院外是密林山沟。我开始设想逃脱，但又考虑到敌人残暴成性，不能因自己逃脱而连累二十多个群众被残杀，于是我放弃了这个想法。我睡不着，想着：我们是在与敌人“扫荡”部队偶然遭遇而被捕的，李灶生和古才二人当时是江水同志的掌控对象，表现尚好，他们对我并不了解。在敌人没有掌握证据，又没有人暴露的情况下，我们可以利用自己的伪职身份和群众的掩护与敌人斗争；如果敌人有了证据或有人暴露，那我就只有挺身而出，死也要死得轰轰烈烈，不能遗臭万年。我坚定了斗争意志，决定了斗争方法。我马上积极教育李、古二人，并使他们明白：只有不泄露部队任何情况或关系，才能真正有保存自己的希望。我估计的没错，在敌人的审问中，开始说我们都是红军，后来又说我们支助红军，显然敌人并不了解我们的情况，这更坚定了我的信心。以后的审讯中，日寇野蛮地施行了“吊飞机”等酷刑逼供，但只能更增加我心中的仇恨。我咬紧牙关，没有泄露任何机密。经过 23 天的抗争，终于因敌人没有掌握证据，同时江水同志策动全西贡群众及统战乡绅联名具保，就这样我们三人同时被释放了。我当天马上回到西贡联系上江水同志，一起前往大队部，向蔡国梁同志汇报了情况。蔡国梁同志安慰和鼓励我说：卢锋同志经受过这次锻炼和考验是宝贵的，虽然取得了胜利，但还须注意吸取斗争中的经验教训，在今后的斗争中更勇敢机智地打击敌人。同时，他根据该地区环境复杂、斗争尖锐，我尚未暴露的有利条件，决定让我回到伪西贡区属工作（仍任原伪职）。

自从日寇“扫荡”后，西贡伪区属已有变化，该地天主教堂郭神父（此人是日特和国民党特务分子）的势力深入，同时土匪、特务活动亦更加猖狂。为了切实了解情况，组织同意我冒充天主教徒，混进教堂与他们接近，从而弄清了匪特关系情节、活动规律。1942 年 4 月上旬日寇七路“扫荡”西贡的前夕，我接到大队长蔡国梁同志的指示：必须在敌人“扫荡”前，将敌特分子全部逮捕。我与江水同志研究，决定以“请客”的方式，使匪特七人集中于教堂内，由江水同志秘密率领短枪队配合一网打尽，送上级处理（后均被处决）。完成任务后，日寇到处搜索通缉我，上级命令我撤回东江纵队政治部任总务干事。

在港九这四个月复杂的敌伪工作，虽然是残酷的，但也是锻炼考验自己的场所。在敌人监狱中我也明确了，一切决定于自己。在有利条件下固然是可以机智地战胜敌人，在失利条件下则需要有坚定信念的支持，方能取得胜利。只是没想到，从此以后，我不论是回到东江纵队坚持抗战期间，还是北撤后到解放战争时期，许多时候都与敌工、保卫工作紧密相关，哪怕是解放后依然长期工作在特殊战线。我从不后悔自己的付出，一切都是我自己的选择。

1965 年 8 月于广州

（本文由卢海燕供稿并校对）

作者简介：卢锋（1917—1997），中山县石岐镇员峰乡人。1935 年在香港参加共产党领导的抗日剧社、赈济会等抗日救亡活动。1938 年参加香港华侨青年回乡服务团，时任第一团第五队队长，后参加抗日并加入中国共产党。在东江纵队曾任敌工干事、民运队长、民运委员会委员、云岗抗日联防常备大队政委、广九铁路东行委员会任司法科长、东江纵队特派员，主要负责民运和敌工工作。抗日战争胜利后，随东纵北撤。解放战争时期，参加了鲁南战役、孟良崮战役；参加了济南战役、淮海战役；参加了渡江战役和解放舟山群岛战役。曾在山东八师，第三野战军的华东三纵政治部，二十二军军部、军法处、六十四师、六十六师工作，历任科长、处长、政委。1954 年 4 月调到中南军区政治部工作，上校军衔。

第七章

创建抗日根据地

背景导读：澳门为二战中立区，日军没有攻占澳门。中共党组织主要为秘密活动。澳门同胞组织爱国抗日活动，多以赈灾会或同乡会的名义进行。游击队利用各种关系，与澳门各界建立了广泛的联系。应澳门当局要求，助力维护治安，打击盗匪，将澳门发展为我游击队的后方，购买战争物资、医治伤病员、转运干部。

盟缔澳门

欧 初

珠纵一支队多次突袭敌寇，杀敌除奸，五桂山抗日根据地欣欣向荣。中国共产党及其领导下的抗日武装声威日盛，不仅震动了中山全县，也逐渐在澳门扩大了影响。

澳门古称“濠镜”，历来是我国领土，明清时属广东省香山县管辖。1535年辟为对外贸易港，由当地政府征收税款。1573年起，在该地居留的葡萄牙人每年向中国政府交纳地租。第一次鸦片战争之后，葡萄牙趁火打劫，先是于1845年单方面宣布澳门为“自由港”，继于1849年倚仗英国撑腰，驱逐中国驻澳门的官吏和海关人员，强行占领了澳门半岛，而后更强占了氹仔、路环等两个小岛。到1887年12月，葡萄牙又迫使清政府签订条约，允许葡人“永居、管理澳门”，为殖民主义的强盗行径涂上一层“合法”的油彩。

澳门虽被外国占据多年，但澳门同胞没有忘记自己是中国人，爱国抗敌之心与内地人民同样炽热，都愿意为驱除日寇出力。抗战初期，当地的中共组织十分活跃，广泛发动群众捐款，组成回乡服务团，对珠江三角洲的抗敌斗争支援很大。

我对澳门比较熟悉。记得抗战初期，广州沦陷，我曾随家人来到澳门暂住。战火之中，家境十分艰难。为了到香港联系抗日团体，还被香港警察扣留了半日。不久，我回中山参加抗战。临离开澳门时，我望着俗称“大三巴”的圣保禄教堂那高高的门阙，心里默默发誓：“打败了日寇，中国强大起来，我们一定要收回澳门香港！”

参加抗日游击战争之后，我一直关注澳门的情势。游击队的其他同志对澳门的工作也十分重视。从 1943 年起，当五桂山根据地初具规模之时，我们就先后派郑秀、郭宁、冯彬、黄乐天等同志赴澳门。郑秀借其舅父马庆康在澳门开设的马康公司为掩护，在高士德马路 19 号二楼建立了中山抗日游击队的秘密办事处，散发我游击队的宣传材料、战斗捷报，动员当地青年参军，开展与各界的联络工作。逐渐，一批批的澳门青年来到五桂山，参加抗日。他们初来到五桂山区的松埔村时，我特地去同他们见面。游击队专门为这些青年开办训练班，代号为“纽约桥”，梁奇达、杨子江和我经常去训练班上课。参加训练班的青年人数很多，其中有李成俊、容文达、郑杰、郑之、赖冠威、刘光普、朱碧、李铁、任艳华、何竹君、郑金秋、卢萍、郑汝钿、周宇、胡兆基、李葵等。这些青年从训练班结业之后，有的到连队担任文化教员，有的到班上担任政治战士，负责宣传鼓动工作，还有的成为医护人员。这些青年大多有文化，他们参加游击队之后，在斗争中锻炼成长，为国家民族作出许多贡献，其中有些人已为国捐躯。李成俊后来担任澳门日报社长、全国政协委员。李葵担任过澳门中国旅行社董事总经理。

第二次世界大战期间，葡萄牙是中立国，因而澳门算是中立地区，日军并未派兵占领澳门。但是，与澳门不过一水之隔的香港已为日军占领，在毗邻澳门的中山一带，日军设置了多个据点，驻扎重兵，一副虎视眈眈之势。因为战争，三教九流的势力都涌入澳门，澳门成为国际间谍活动地区之一。澳葡当局受各种势力的挤迫，加上境内经济动荡，治安混乱，走私盛行，日子很不好过。

开展抗日斗争以来，我们利用各种关系，同澳门的各界人士建立广泛的联系，赢得各方的支持。澳门著名的招兰昌医生，同我中山行政督导处负责人阮洪川是少年同学，我们利用这一渊源同招医师保持良好的联系。中共党员柯麟长期在澳门镜湖医院工作，他的弟弟柯平也在澳门，他俩在澳门一带威信很高。柯平同志每年到东江游击区向广东区党委汇报工作，都取道我五桂山游击区，由我们护送他到东江。著名爱国人士何贤先生当时同我虽未谋面，但已经有秘密往来。解放后我们终于见面，何先生一直称呼我为“神交”。他每次回家乡番禺，总同我联络，约我相叙。20 世纪 80 年代初我重访澳门时，何先生已经逝世，我特地到何先生墓前凭吊。抗战期间，通过同各界人士的多方交往，我们逐渐了解到当时澳门政府和敌伪顽之间的各种矛盾，决定抓住机会，开展对澳葡当局的联络工作。

1943 年底，五桂山根据地内的一个小山村贝头里石门路天主教堂来了一位外籍人士。我派人去同他交谈，了解到他是安神父，到山区来传教。之后我到教堂去过几次，同安神父逐渐熟悉起来，原来他同三乡的刘帼超医师是好友。刘医师是一位天主教徒，一直同情、支持我军，长期义务医治我游击队伤病员。我游击队对安神父非常友好，有时我们大队部就驻在教堂里，但绝不干扰宗教活动。而安神父在山区期间，恰逢中山人民抗日义勇大队成立。他亲眼见到根据地欣欣向荣的景象，对我游击队的好感也大为加深。我们决定利用这关系，礼送安神父回澳门，设法打通同澳门当局的联系。

我找来同刘帼超医师也很熟悉的郑永晖同志，让他护送安神父回澳门，并设法将我写的一封信递交澳葡当局，表示如果日伪进犯澳门，我军愿予以支援，同时希望他们与我们加强联系，互通情报。我交代郑永晖，这件事对团结国际友人、争取外援意义重大，务必做好。

郑永晖当即陪安神父到三乡刘帼超医师处，再转道赴澳门。安神父一到澳门，就将我的信转交给澳葡当局。澳门方面由警察厅政治部秘书的葡籍慕拉士出面热情款待郑永晖，对我军极表感谢，并承诺加强联系。郑永晖此行的搭桥目的也就达到了。

此后几个月中，我游击队数次粉碎敌人的围攻“扫荡”，还多方出击，取得了一系列振奋人心的结果。根据地的政权建设走上轨道，还建立了多个税站。而澳门则受到越来越多的伪军、土匪的骚扰，澳门政府武装力量单薄，难于控制局面。因此，澳方试图取得我方的助力。经过了解，他们找到当时仍然旅居澳门的黄槐先生。黄槐通过我们设在三乡的税站传了一个口信，说澳门的警厅厅长有事找我。我觉得事关重大，遂即向珠江地区游击指挥部汇报请示。指挥部经研究，批准我们派人到澳门谈判。于是杨子江以我的名义起草了一封致黄槐的信，略道契阔，并赞扬他同情支持抗日，同时介绍珠江地区经济委员会的秘书长梅重清同他接洽。8月，梅重清持信到澳门见黄槐，随后由黄出面安排，同澳方代表慕拉士会谈。澳葡当局要求我方配合维护澳门外围治安，打击骚扰澳门的伪军、土匪。我方同意他们的要求。同时，澳方也作出3点承诺：一是同意我方在澳门进行不公开的活动，包括发动募捐筹款等；二是同意我方在澳门采购部分物资，包括子弹、药品、通讯器材等；三是我方送部分伤病员到澳门就医。慕拉士还专门托梅重清带了3个游泳表回根据地，说是送给我们的礼物，其中最好的一个指定送给我。20世纪40年代，游泳表还很少见，战争期间更为难得，澳方可能想借此表示他们对合作的重视。我收到这3个表之后，全部上交给指挥部了。以后，澳方遵照协议，做了一些有益于抗战的工作。我方在澳门募捐，不仅募得捐款，还得到一批急需的药物。澳门镜湖医院救治我方送去的重伤员，还为游击队培训了一批医护人员。

在澳门外围的凤凰山区，是我们的根据地之一，活动范围包括东坑、正坑、银坑、翠微、罗洲、吉大等地。该区由胡泽群、谭生、杨维学、王河等人负责。在该区活动的部队代号为“白马队”，中队长是谭生。1945 年初的一天，有两个人找到游击队，自称是澳门政府的人，直接奉澳督的秘密命令而来，求见谭生队长。一见到谭生，他们就表明来意。当时澳门的治安极乱，抢劫、杀人的案件很多。经查证，多次作案的其实是同一班人，这帮匪徒的头子外号叫“老鼠精”。澳葡当局无力铲除这股悍匪，只好求助于我们。这个“老鼠精”的情况白马队原先已经掌握。他是当地香洲人，身有武艺，被国民党顽固势力“挺三纵队”收罗于羽翼下，收集我方的军事情报。他又纠合了一帮歹徒，在澳门作奸犯科，专门抢劫当铺、金铺。一旦遇到警察，匪徒即刻开火。他们行踪飘忽，武器精良，令到澳门的警察束手无策，直至惊动了澳督，必欲生擒之而后快。

收到谭生的报告之后，指挥机关认为，对这个刻意与我军为敌、又猖狂扰民的特务应予以坚决打击，何况我们可借此巩固同澳葡当局的互相关系。遂通知谭生同意澳葡当局的要求，同时要求澳方帮我们捉拿一个名叫郑实的通敌分子，此人平日匿居澳门，一有机会就破坏我游击队的活动。不久，谭生部经过周密部署，在香洲榕树头生擒“老鼠精”，将其移交给澳葡当局，葡方也如约将郑实交给我们。

澳葡当局对我方的合作十分满意，对我游击队的力量也更有信心，于是建议设立电台，加强联络，并且很快就将一些零件运到了我方游击根据地，可是因为战争环境，我们同澳方的电讯联系始终没有建立起来。而这时指挥部正在设法同延安的中共中央建立通信联系，遂决定借此渠道，将地下党已经准备好的电台零件从澳门运回来。这件事得到澳方的协助，电台零件全部运到指挥部。1945 年六七月之后，珠纵一支队一些干部和政权机关工作人员，还有一些家属，都是由澳门转道香港，最后抵达东江的。

当时有个大汉奸叫黄公杰，是叛党分子，这家伙卖身投靠日寇，出任日军驻澳门地区特务机关的首脑，手下纠合了五六百名歹徒，弄了几艘武装汽船、几门炮、十几挺机枪、几百支步枪，在澳门横行霸道，又在海面上大肆抢劫，身兼汉奸、特务、匪徒、海盗，澳葡当局对他又恨又怕。1945 年 8 月中，我正率领珠纵一支队的部分队伍在东江地区的宝安一带活动。就在这时，黄公杰一伙走投无路，向东江纵队水上部队投降，东江纵队领导特地将受降事宜，通知珠纵的杨子江和阮洪川专程到沙鱼涌出席受降仪式。之后，澳门当局要求遣返黄公杰，并口头答应战后：（一）澳门居民有集会结社自由；（二）香港进步报刊可以运到澳门公开发售；（三）不再随意拘押我部队人员。一天，我派人将黄公杰押来，将他的眼睛蒙上，连夜提审，然后由阮洪川将其遣返给澳门当局。遣返仪式就在澳门东望洋、西望洋两山夹峙的海湾外举行。消息传开，在澳门一带引起震动。当地群众额手称庆之余，对共产党领导下的抗日武装更加敬佩。

（选自欧初回忆录《少年心事要天知》，编者对原标题做了缩减）

作者简介：欧初（1921—2017），广东中山人，生于广州。1938 年参加“抗先”，次年加入中国共产党。是中山抗日武装主力部队主要领导人之一，广东人民抗日游击队珠江纵队主力第一支队队长，粤桂边区武装部队主要领导人之一，中国人民解放军粤中纵队副司令员。中华人民共和国成立后曾任广东省政府秘书长、中共广州市委书记、广州市常务副市长、市人大常委会主任、中共广东省委顾问委员会常务委员等职。

我在东江纵队电台工作的经历

戴　机

1938 年惠宝人民抗日游击总队（东江纵队的前身）在惠阳坪山驻守。当时由党中央从延安派人来南方建立的电台有八路军桂林办事处电台、粤北广东省委秘密电台、江西省委秘密电台、南委（闽西南特委）秘密电台、香港八路军办事处即廖办秘密电台和海南岛冯白驹独立队电台，共 6 个电台。也许是由于惠宝抗日游击总队地理上接近香港，传达信息比较容易，或者是战略地位没有上述单位重要，延安没有派人来惠宝游击总队建立电台，只是给了联络的波长、呼号、时间和密码，所以惠宝游击总队的电台要靠自己的力量去建立。

一、初次建立电台

20 世纪 30 年代的短波无线电通信是一种新兴事业，学这种专业的人并不多。这种人工资待遇很高，比一般工人高三倍到十倍，若不是共产党员，一般人不会到游击队工作。

1939 年 5 月，惠宝人民抗日游击总队改为第四战区第三游击纵队新编大队，名义上用的是国民党军队的番号，实际上是中国共产党领导的部队。这年秋天，新编大队开始在坪山谷仓下村的一个榨油房建立电台。直接领导这项工作的是梁鸿钧，他是延安派来的红军干部，负责东江的军事工作。电台的支部书记是王彦芝，她一方面学习，一方面负责管理电台人员和一个侦通班。电台的人员除了我以外还有刘先生、吴镜波和两位来学习的女同志王春红、谭淑贞。刘先生是天津人，他的名字没有人知道，其实此人当时只有 19 岁，是搞业余无线电的，不是党员也不是部队的成员，好像是请来的一位客人。吴镜波是从泰国回来的青年党员，又是业余无线电的爱好者。我参加革命前学过无线电专业，但没有实践经验。侦通班有钟金涛、陈玉麒、王天锡、王铁良、谢发等人，管理伙食的是王雅宜，保管密码的是阮群英。

电台机器是从香港买回来的，整套收发报机是孙政记制造，手摇发电机是孙立记出品，是当时典型的十五瓦短波无线电军用电台。同时，我们还装了一部十五瓦的小型电台，按时呼叫，同时进行学习。如此干了三四个月，始终没有听到对方讯号，没有联络接通。究竟当时和谁联络，我直到今天也不知道，那时保密纪律很严，叫做“不应知的就不知，不该问的就不问”。梁鸿钧只说过对方用的机器和我们一样，是什么地方他没有说，我也不敢问，现在想问也问不到，他已牺牲了。后来我听人说，对方根本就没有接听我们的呼叫。如果是这样，工夫算是白做了。不过总算开了头，取得了一些经验。

1940 年 3 月，国民党军企图围攻新编大队。新编大队向东突围，在平政打了一场遭遇战，笨重的机器不能再带，由钟金涛和谢发把一部电台掩蔽在平政后面的大山里。我们背着一部小电台随军行动。后来在高潭水口又打了一仗，部队处境更为艰难，把小电台也掩蔽了。我和吴镜波编在连队当兵。刘先生被送去香港，王彦芝和那几位女同志掩蔽在山里，后来也转移去香港。到 1940 年秋天，新编大队和第二大队合并，从东向西转移准备到敌后，当时共有 107 人。我随部队行军到小三洲时奉命调去香港工作。至此，新编大队的电台工作就告一段落。

二、再次建立电台

1941 年 12 月，日军攻占了香港。原在香港廖办的几个电台的工作人员和机要人员撤退回重庆，其中一部分同志经过东江游击区，这些同志有搞机要工作的康一民夫妇和搞电台工作的刘澄清夫妇。而我则是由申光同志指派回游击队工作的，同行的还有原游击队的江群好和香港的地下党员伦永谦。我们 8 人原是同在廖办的一个电台工作，回到东江游击队时，刘澄清等同志已先到一步，正在动手安装机器。当时的器材主要是原在香港电台工作的同志把机器拆成零件运回来的。另一部分是部队热心的同志从四面八方收集来的，比较复杂，凡是和电有关的零件都送来，如医疗电器、仪器、家用电器，甚至一根导线，都认真地、郑重其事地送缴司令部。虽然这些东西多数并不合用，但体现出同志们对电台工作的热情支持和希望。

当时部队的名称叫广东人民抗日游击总队，总队司令是梁鸿钧，政委是林平。省委书记张文彬适从香港撤退，经过游击区布置工作，电台直接由他管辖。在比较困难的环境下，我们大家动手把机器安装起来，用原香港电台的呼号、波长呼叫，并抄收新华社和中央社的新闻及路透社、合众社的英文电讯。经过一段时间的努力，1942 年 1 月下旬的一个晚上，在宝安县甘坑的一个山沟里，由刘澄清用他工作过的呼号接通了同延安的联络。原来游击队并无电台，在当时也没有听说要建立电台的安排，没有本身的波长、呼号，只因事起仓促，日军突然攻占香港，在特定的机遇之下，把原在香港工作的电台关系“转移”过来了。和延安联络上之后，跟着和粤北省委电台、南委（闽西南）电台也沟通了联络。海南岛的电台因在 1941 年 6 月已丢失了，所以无法联络。至此，原来廖办电台的联络关系又全部恢复，当然游击队不能代替廖办，只是在这个基础上建立自己的电台罢了。不久，康一民夫妇和刘澄清的妻子带着女儿继续撤去重庆。

1942 年 2 月 1 日，张文彬、林平、梁鸿钧、刘澄清和我等几个人开会，由张文彬宣布成立电台，刘澄清为机要科长，负责译电和兼做电台工作，我为台长。因为当时能上机工作的只有刘和我，江群好正在见习，伦永谦和新调来的潘雪琼正在学习，而译电的只有刘澄清一人，刘又要上机又要翻译密码，工作相当辛苦；对游击队电台的建立，刘的贡献甚大。

1942 年 8 月，国民党军两个师进入宝安，企图消灭我们游击队。游击队作大运动转移，张文彬因要去粤北省委，当即把电台交林平直接管理。在战斗频繁、敌强我弱的环境下，电台跟着部队是无法工作的，于是把笨重的多余的器材分散掩蔽，其中一部分器材掩蔽在光头仔村，后因该村保长陈白玉投敌而丢失。我和江群好携带电台的机器跟着邱伯寿去水径村他的婶母家里掩蔽，并在她家的闲房里挖个坑把机器埋藏好；这些都由邱伯寿一手操办。刘澄清则去香港新界勘探能安放电台的地方。新界是我们港九大队的活动地区，香港日军顾不上，国民党顽军又不敢去，如果保密工作做得好，就可以有个安定的工作环境。

1942 年 4 月，我们搬到新界乌蛟藤附近山顶上的石水涧村，这条小村实际只有一户人家，很隐蔽，外人很少知道这个地方，环境比较理想，电台就在这里安下来，开展起工作。电台抄收来的电报和新闻稿由游棠和邹顺平两个交通员送给林平同志，上级有电报发也由他们带来。港九大队的同志在外围加强警戒，保障电台的安全。在这样比较安全的环境里，电台的工作比较正常。这时杜襟南调来电台当政委，他主要的任务还是接替刘澄清的译电工作。以后，又调来何太，开始是管理教育警卫和摇机人员，后来又学习无线电通信工作。

同年夏天，粤北省委出了叛徒，廖承志、张文彬被捕，南委等地方组织亦受到破坏。这些消息是由粤北省委电台发给我们的，我们转报中央。后来中央决定解散除东江游击队控制区外的广东党组织。虽然粤北省委和南委的电台都没有受到破坏，但亦先后停止了工作。早在一年前，江西省委的电台已被破坏，省委负责人被捕（桂林办事处亦已经撤退）。至此，抗战初期我党在南方建立的 6 个电台不是被破坏就是停止了工作，而能够和延安保持联络的，就剩下我们东江游击队这个电台了。

我们电台工作的重要性在这时是可想而知的，既要负责和延安联络，又要抄收新华社的电讯，还要代中央留在香港的工作部门转报，所以林平十分重视电台的安全。港九大队极力做好保密和保卫工作，除电台工作人员外，其他人不准进入电台工作区的范围，以免暴露。

为了加强电台工作，上级又调原在博罗县委任青年委员的韩继元来电台学习，调来叶培根负责警卫工作，1941 年从香港调回游击队的报务员陈英亦归队。电台工作人员连警卫员、摇机员等共 20 多人。1942 年冬天，林平和广东省委的负责人来新界开会，因要靠近电台，以便取得中央指示，就在石水涧山下的九担祖村住下。为着保密，他们都不上山，消息只由交通员来往传递。临近春节期间，接到日军要对新界进行“扫荡”的情报，林平带同省委开会的同志，要我和刘澄清、江群好以及摇机员李丁、罗文共 5 个人，带上轻装的电台随着行动，继续开会。电台其他人员分散在新界掩蔽，多余的器材埋藏在山上。

我们在宝安坪山一带频繁地转移了三四个月，上半夜行军，下半夜工作，白天休息，基本和延安保持不间断的联络。至 1943 年 3 月，环境好转，我们的武装力量逐步壮大，留在新界那边的电台人员亦全部回来。此时刘澄清即将机要工作交给杜襟南，完成了任务回去。他在游击队一年三个月，为东江纵队电台、机要工作的建立，立下了不可磨灭的功勋。

1943 年广东大旱，老百姓连粥都吃不上。因为没有饭吃，国民党顽军和伪军都没有大的军事行动。日军的主要兵力分布在南洋，在坪山一带局面相对平静。游击队每人每日发四两米，只能吃粥。电台人员因要值夜班，每人加一斤番薯，算是最大的优待。这一优待连省委领导同志都没有。

大约在 4 月初，省委开会的同志都陆续离开，我们派了陈英、何太、潘雪琼等 8 人带一部收报机随杨康华、王作尧去东莞，专门抄收新闻，作为建立新闻台的尝试。

三、电台进入发展时期

1943 年夏天，省委领导同志连贯、饶彰风、谭天度等以及我们电台迁去比较安全的后方大鹏半岛。在换了几处地方之后，最后选定在鹅公角山上的只有三家人的小村大山田落脚。自从省委会议以后，东江游击队有了较大的发展，除了各县的地方大队之外，还建立了主力部队和海上大队。珠江、南路、粤中的武装也有相应的发展。因此电台的发展工作亦提到议事日程。电台除了联络之外，另设一部收报机专门抄收新闻。《前进报》亦在靠近我们的地方出版。上级又从宝安大队调梁葆葆到电台学习。当时学员都是用带徒弟的办法单个教的，先后有潘雪琼、何太、韩继元、梁葆葆、陈××、邹顺平等 6 人调来学习。1943 年 12 月 2 日，东江纵队宣告成立。原在南委电台工作的王强同志亦辗转到东纵电台工作。1944 年春节过后，又从惠阳大队调来丘海生，港九大队调来张婉玲、余绿波，中山（珠纵）调来吴文辉和李子芬总共 5 个人，正式开办第一期报务训练班。跟着电台又和省委一起搬到山下西涌的西贡村，由原任粤北省委秘书长的陈志华担任电台政委，杜襟南任机要科长。陈志华是 20 世纪 20 年代入党的老同志，经验丰富，作风正派，受到电台同志的爱戴！

1944 年夏天，东江纵队日益发展壮大，省委从大鹏半岛搬到土洋，我们电台亦随行。后因土洋联络情况不甚理想，电台单独搬回大鹏半岛的油草棚。电台这时又增加了来自香港的张础、文星辉，来自粤北省委电台的赖仰高和来自国民党后方的何子良。张、文两人是机务人员，有丰富的实践经验；赖、何两人任过电台台长，报务工作娴熟。这些同志的到来，加强了东纵电台的力量，为后来东纵无线电通信工作的发展打下了可靠的基础。就在这个时候，我们又开办了第二期报务训练班，参加学习的有卢侃、戴昌华、卢毅、黄作材、李文、伍惠珍、黄楚珊、文键、刘宛、杨碧群、陈伦、梁冰玲等12人，训练班主任张础，文星辉、赖仰高、何子良、王强等负责教学工作。

电台增加到六七十人，除原有的人员外，丘特所带的原省委的警卫队跟我们在一起；还有一位副官欧香，原是从美国回来的华侨飞行员，因游击队没有飞机，就派他去收税，后来调来电台管给养。部队北撤后，他留在香港，后来病逝了。

电台处于发展时期，除了举办两期训练班外，还派出伦永谦、吴文辉、余绿波、李子芬去珠江纵队建立电台，派出何子良去南路解放军建立电台。

这一时期东江纵队的力量继续发展壮大，我们电台在油草棚时不像在新界那样严加保密，由此而发生了一件意料不到的事情。当时油草棚村有个出外谋生的叶姓人，突然回来，此人表面很积极，参加了村里的自卫队，常借故接近我们。我们对他不无戒心，我们联络台住在油草棚村，新闻台住在山下海边，开始和延安新华社联络通报，由何太负责，后来新闻台搬到半天云。原来那个姓叶的是个特务，他知道我们驻地后就通知国民党军来进攻。敌人来时，我们电台的人员已先行撤退，留下丘特带领警卫队截击敌人。料不到国民党军队的子弹却把姓叶的特务打中了。过后国民党又派了一个女特务来，说是姓叶的老婆，回来侦察情况。姓叶的特务不知因发烧导致神志不清还是其他原因，口口声声称这个女人为“组长”，不承认是他的老婆，致使这个女人不得不和盘托出派她回来当特务的情况。后来有同志说，真是“子弹无情天有眼”，没有打死别人，却把特务打中了！

四、协助美军建立电台

1944年夏天，一位叫欧戴义的美国人领着一位姓唐的中国报务员，携带一部电台、一挺轻机枪、一支卡宾枪、一支手枪来到沙鱼涌，自称是十四航空队的联络员，要找东江纵队联系，商讨合作抗日。当时司令部住土洋村，沙鱼涌有我们的公开税站，司令部马上通过电台请示中央，中央批复可以和美方来人联系。欧戴义约四五十岁，曾在湛江当过传教士，他来的目的是想和我们合作、收集日军在香港和广州的情报，以供美军飞机轰炸之用。我们和他合作的条件和方法都是报经中央批准的。东纵为此成立了包括欧戴义和姓唐的报务员在内的一个小组，由黄作梅负责，配备了几个翻译人员，其中吴华有负责替美方电台来往兴宁联系，领取器材和给养。整个小组约有10多个人，跟随司令部行动，除了欧戴义和姓唐的报务员外，其他人都是我们派出的。欧戴义负责翻译电报，姓唐的报务员负责拍发。后来我们发现姓唐的报务员替国民党做事，即通知欧戴义将他解雇，由我们负责逮捕。欧戴义请我们支援他，我们派出江群好接替姓唐的报务员的工作，这样，我们就更加放心和美方电台进行合作。后来东纵司令部又成立一个有几十人参加的联络处，由袁庚负责，专门负责供给十四航空队有关日军的情报。这一合作直到日军投降以后，美国人才撤走。在合作期间双方关系是好的，美国方面多次表示，我们提供的情报很准确，加上东纵部队在这期间救过几批美国飞行员，都是经过欧转送回后方，美国人为此给了我们几部电台。

五、电台的全盛时期

1944年日军占领惠州，国民党军队退到东江河以北，东江南岸大片地区成为解放区。我们电台从大鹏半岛撤出，住在龙岗附近的南坑一带，随着部队的发展先后派出两个电台随队北上。其中一个由丘海生负责，另一个由王强负责。为了跟上形势的发展，我们又着手筹备开办第三期报务训练班。1945年春天，东纵司令部进驻罗浮山，我们留下由张婉玲负责的一部电台交给江南指挥部，其余的全部人员随司令部渡过东江河到达罗浮山，司令部住在冲虚观。这一时期可谓东江纵队的全盛时期，也是电台工作的大发展时期。司令部设立了4个总台：一个是对延安的电台，由我负责，除了和延安联络外，还和南下的王震部队、文年生部队沟通联络，这个电台跟司令部住在冲虚观；一个电台专门负责联络东纵属下的电台，由赖仰高负责，住在华首台；一个电台负责和总参联络，专发军事情报，由王强负责，住在黄龙观；一个是新闻台，由何太负责，住在华首寺。4个电台在罗浮山南麓一字排开，住在几间有名的寺庙里。第三期报务训练班接着开办，有温健等约20人参加学习。日本投降后，第四期训练班亦开办，有四五十人受训，训练班主任张础，机务主任文星辉。训练班和机务后勤的工作人员以及陈志华政委住华首寺。这个时候可谓东纵电台发展史的全盛时期。它不但负责东江纵队本身无线电通信工作，还担负在广东区党委领导下各个武装部队，诸如珠江纵队、韩江纵队、南路解放军、粤中部队电台的建立以至琼崖纵队电台的重建的重任。机务部门亦有力量可以安装和改装足够的军用电台供派出之用。经过一年多的学习和实践，我们培养出一批可以独立工作的电台人员，结出了可喜的硕果。

六、完成了历史使命

1945 年广东区党委在罗浮山冲虚观召开干部扩大会，到会的除东纵各支队领导外，还有广东其他纵队和后方党的代表共约几百人。在开会之前，还来了一批民主党派人士，如李伯球、梁若尘等。在这期间，电台抄收大量中央文件供会议学习，还抄收到《前线》等剧本，供整风学习之用，文工团据此剧本排练演出。各个电台充分发挥了作用，但遗憾的是海南的电台和我们于 1944 年派去南路和粤中的电台还没有和我们沟通联系，于是林平派我出去调查原因。1945 年 8 月中旬，日本刚刚宣布投降期间，我从罗浮山出发，经澳门坐船去广州湾（即湛江）。到湛江后找到周楠司令，原来他们由于环境恶劣，已把电台埋藏起来。当即派人挖出电台，修理好试叫，经过一个星期没有叫通。当时东江适值国民党军队大举进攻，东纵司令部已南迁海边，所以没有守听而未叫通。后来南路解放军亦无法在雷州半岛立足，部队向西转移，电台亦拟改为在湛江搞秘密电台，未随部队撤退。我于是奉命回到东江纵队。司令部这时已在宝安马栏头一带山上。林平又叫我去粤中，由谭桂明带我经广州、江门到三埠找到刘田夫同志。其时粤中部队经过□（原文此处空白——编者注）底战斗后，电台已丢失，吴文辉同志牺牲，只好另外设法重建电台（编者注：经向健在的粤中电台报务员曹冰查询，她说蕉山战斗和朗底战斗她都参加了。电台均没有损失，后来带到开平去了。查吴文辉牺牲于 1945 年 2 月 22 日蕉山战斗。部队在开辟新的抗日根据地途中，行进到新兴县蕉山村宿营，突然遭到国民党军三面包围袭击。指导员吴文辉及报务员黄华强在战斗中牺牲。吴文辉出生于非洲，1937 年回国参加抗战）。我回到东纵司令部后不久，国民党派强大兵力，采用所谓填空格战术，攻占我东江解放区，东纵各支队分散转入敌后。东纵司令部一部分转往香港新界，原在司令部的 4 个电台，除在罗浮山时王强带领的电台已随王作尧副司令北上迎接王震部队之外，何太带领的新闻台迁到香港后，发展成为香港新华分社的电讯部门。赖仰高负责的电台跟随曾生司令，我负责的电台则跟随林平，最后两个电台都迁入新界，一部分人员转入香港。

1946 年 4 月，东纵领导同志去广州军调部第八小组和国民党广东当局谈判北撤协议，要我和机要员林立随行。当时我们没有带电台去，到广州后第八小组我方代表有两部电台，分别是由关润健从北京带来和王庆生从重庆带来。但因一时疏忽，北京带来的电台被破坏，不过重庆带来的电台保护完好。后来谈判过程我方全靠这部电台对外联系。广州谈判取得协议后，东江纵队集中在沙鱼涌，随部队北撤的共有 7 部电台的人员和机器，北撤山东后编入两广纵队。其余留在南方的电台和工作人员，后来分布在广东各个部队，如粤赣湘边纵队、闽粤赣边纵队等，为解放广东作出了贡献。

东江纵队的电台建立从无到有，从小到大，走过几年的艰苦历程，完成了历史给予的使命。

（选自《回顾东纵电台工作》，中共宝安县委党史办公室编，广东人民出版社）

作者简介：戴机（1921—1993），又名戴子机，男，广东省深圳大鹏乡人。1938 年 10 月参加革命。1938 年 10 月加入中国共产党。1939 年 11 月入广东东江游击队新编大队，任报务员。1940 年 9 月任中共中央驻香港秘密电台报务员。1942 年 1 月任广东惠东宝人民抗日游击队电台台长。1944 年 4 月任东江纵队司令部电台台长。1946 年 4 月任军事调解处执行部第八小组通信官。1947 年 8 月任山东省渤海三分区通讯科长、两广纵队司令部通信科长、15 兵团司令部通信科副科长、中南军区气象处通信科副科长、广东省邮电管理局办公室主任、广州市长途报务局局长、广州市电信局长、广州市无线电工业局局长。1987 年 2 月任广州市城市规划局局长、广州市城乡建设委员会副主任、中共广州市顾问委员会委员。

抗日时期中共广东省委的喉舌
——《新华南》杂志

钟　紫　侯月祥

1939 年季春，一份坚持抗日民族统一战线的进步刊物在粤北韶关问世了，并很快成为华南地区销售量最大、读者最多、影响最深的刊物之一，最高发行量达 4000 份，发行至粤、桂、赣、闽、川等省；有些地方（东江流域）的读者，还为它组织了“读书会”。被人们称为国统区的“一盏灿烂的抗日明灯”。这就是《新华南》杂志。

1939 年初，中共广东省委决定创办《新华南》杂志，作为省委机关刊物，在国民党统治区进行公开、合法的抗日宣传。不过它和重庆《新华日报》不同，它在党领导下以统一战线的名义，由民主党派、各界人士利用国民党仅有的一点点出版“自由”，于 1939 年 4 月 1 日在广东战时省会韶关创刊的，它是 16 开刊物。1941 年春被迫停刊，2 年中共出了 50 多期。为贯彻执行党在抗日时期的各项方针、路线，经历了艰难险阻的道路。

一

由于当时的形势，《新华南》的组织结构与人事比较特殊。在党的关系上，《新华南》内部设有中共党支部，直属省委宣传部领导，省委定期派人了解情况。支部书记先后由主编石辟澜、谭天度担任（石还是发行人）。1939 年 3 月上旬，邓重行同志按省委指示，到韶关十二集团军找石辟澜，商量创办《新华南》事项，找到社址着手筹办，作家司马文森也来报到。经过半个月的筹划，《新华南》终于出版了。所以，创刊号实际编辑只有 3 人。

《新华南》“编委会”的主任编委：尚仲衣，委员：何家槐、任毕明、石辟澜。尚仲衣当时是中山大学名教授，教育家，爱国进步人士，在第四战区长官司令部第三组任上校组长职。何家槐是我党派进国民党内做统战工作的作家，当时担任第四战区司令张发奎的秘书。他参加编委，具有国民党官方要员参与的作用。任毕明抗战初倾向进步，1939 年下半年离开《新华南》，但为保持统一战线色彩，仍挂他为编委。石辟澜是广东潮州人，从1932年起就参加党的工作。1938年4月，党派他到十二集团军政治部工作，1939年4月到1940年夏在《新华南》任主编。后调中共粤南省委任宣传部部长，1942年到延安。1947年在进军大别山时，不幸被捕，壮烈牺牲。

1939年春，尚仲衣从韶关去汕头接夫人，不幸中途车祸遇难。《新华南》才出版3期，编委主任旋即改石辟澜担任，并增加李章达、张文为编委。李是国民党元老派，当时任第四战区中将军法总监、“救国会”广东分会主席，在国民党反共气焰甚嚣尘上时，他挺身而出，是难能可贵的。他不但关心出版事务，还每月节省部分工资、汽油费捐作经费（李解放后任广东省人民政府副省长）。1940年夏，石辟澜因被国民党特务注意，党为了干部的安全，把他调离粤北，党支部书记和主编改由谭天度同志担任。谭早在第一次国内革命战争时期就参加党的工作，先后在上海、香港、广州等地从事新闻工作，是很有经验的同志。当时编委公布为：李章达、张文、任毕明、何家槐、石辟澜、李筱峰、谷风（谭天度）、陈原、魏中天九人。主编兼发行人仍挂石辟澜的名字，表示编辑方针不变。

二

《新华南》诞生以来，它的经历是多灾多难的。编辑、记者历尽千辛万苦，茹苦含辛，可谓“过五关斩六将”。

（一）环境恶劣。韶关原是荒凉小县城，人口不过一两万。一时成为广东政治、文化中心，人口蜂至，条件很差。《新华南》社址最初设在曲江风度中路罗沙巷八号二楼，有30多平方米，四周是菜园，表面像木楼，其实是一栋“战时房”，墙是竹篱、树皮、泥巴搭成的。创办之初，一无所有，家具东凑西凑，一张写字台，几把竹椅，一个竹制书架，再买点厨具，草草布置。石辟澜和司马文森写文章，邓重行做杂务，兼买菜做饭（有时也轮流做饭）。因“灯火管制”所迫，晚上只能在煤油灯下工作，睡觉在地板上，每月每人工资十元，吃饭六元半，三元半零用，有病要自付药费，外出采访无补贴，生活是挺艰苦的。1939年冬，日军准备进犯粤北。从安全考虑，《新华南》奉命向南雄迁移。一月后，日寇被击退，韶关复趋安定，《新华南》又迁返韶关。1940年初，石辟澜到赣州，找到薛汕，商量把赣州作为《新华南》的“退路”，筹出《新华南》赣州分版。

（二）经费拮据。《新华南》的经费，没有“官方”固定的财政拨款，出版、办公、生活费用等，全要自力更生，单靠微薄的发行、广告收入，是不够开支的，登稿只好不发稿费，后来连邮资也成问题。三卷四期曾登“启事”说“经费到了更困难阶段”，使这一期迟出一个多月。并说“来信来稿要退者请附足邮票，以减轻我们的负担”。《新华南》的经费全靠各界（包括华侨）热心人士的募捐、赠款以维持出版。编辑人员也志愿捐款，有的女同志甚至把首饰卖了支持杂志的出版。对国民党要员的捐款，曾公开登载，作为迷惑敌人的烟幕，免除“赤书”嫌疑，但由于通货膨胀，“法币”贬值离谱，《新华南》的经费仍入不敷出，常拖欠印刷费。

（三）组稿困难。《新华南》的稿件有两个主要来源：一是编辑动手；二是有一批特约撰稿人，最多时达 47 人，多由革命进步人士担任。

《新华南》稿件不少还来自国民党第四战区政治部和国民党军政要员之笔，这也是《新华南》最显著特点之一。1939 年 11 月一卷九期中，有国民党将领吴奇伟写的《前方抗战与后方生产》、李章达写的《严守中立》、著名新闻工作者恽逸群的《进入相持阶段之后》等文章。

后来，《新华南》稿件常被国民党当局所扣，就改用摘录或全文转载的办法。一卷七期《关于宪政问题的辩论》是分小标题摘自《中央日报》《工商日报》《新华日报》《大公报》《民意》等对立的观点，本来，这些文章在各出版省市已受审查，“广东审查委员会”照理不应扣留的，但他们节外生枝，照样扣留。一卷十期“编者按”说“《抗战与宪政》一文系经广西审查委员会发给的一二一号审查证在《国民公论》二卷七期发表过的，也不准刊登”。

（四）印刷诸多刁难。《新华南》创刊三个月后，韶关所有印刷厂都接到国民党“指令”：不得为《新华南》印刷。自此，《新华南》就不能在韶关印刷，只能送到衡阳、赣州印刷。后来，在新西兰友人路易·艾黎和美国进步记者斯诺等创办的“中国工业生产合作总社”帮助下，在韶关成立了印刷、樟脑、机器合作社。印刷社设在曲江河西台儿庄路一号，《新华南》也从罗沙巷迁到印刷社附近，即曲江河西韶西北 54 号。这样，《新华南》印刷问题才基本解决。

三

《新华南》始终高举抗日、团结、进步的大旗，发表了许多富有战斗气息的文章，引人注目。从内容上看，有大量宣传抗日民族统一战线，动员民众抗日，批判消极、悲观思想，用马克思主义解释国际、国内问题，有各方面抗日爱国的活动、政治工作经验、战地通讯、民众生活、理论学习等。党中央的声音经常在这里传播。毛主席的《论第二次帝国主义战争》《新民主主义论》和一些论述都刊登在这里。从形式上看，有社论、译论、政论、地方通讯、自学特辑、读书杂感、译介、语录、工作与通讯、抗战讲座、国外通讯、文艺作品，以及有关青年、妇女、儿童、学生等方面的“专栏”。二卷九期涉及儿童的文章有两篇：一是16岁的毛岸英从苏联发来的文章《中国儿童在苏联》，介绍苏联人民对中国儿童的爱护和对中国抗战的同情与支持；另一篇是育英儿童工作团路里写的《谈谈我们所知道的儿童工作》，内容有“儿童与抗战”“社会对儿童的看法”“儿童与科学”和“儿童的缺点”等。

《新华南》还有一个特点是地方色彩浓厚，以反映广东地区为主。一卷二期、三期合刊有石辟澜《广东民众动员的过去和将来》，吴华《广东青年当前的任务》；一卷十一期、十二期连续刊登白霜文章《论广东妇女运动》；一卷八期有《我们对广东青年的期望》（陈宝仓）、《潮汕青年怎样建立民众武装》（李筱峰）、《七七看广东青年运动》（吴华）；二卷七期有《简论广东战局》（正诚）。

1938年到1939年，美英法为诱使日本北攻苏联，竭力劝说国民党向日本投降，几次酝酿和策划所谓“远东慕尼黑”阴谋，国民党内部消极因素增长，团结抗战岌岌可危。《新华南》及时发表了许多刚劲有力、切中时弊的文章，反对倒退，坚持抗战。其中有《发国难财者应征临时财产税》（马寅初）、《物价问题的症结及其对策》（许涤新）、《团结问题的重议》（钱俊瑞）、《不能让敌人休息》（沈钧儒）、《注意当前的暗礁》（李章达）、《围绕着英法的斗争》（乔木）、《庆祝桂南胜利余话》（谭天度）、《我们的北江前线》（杨应彬）、《轴心狂动与集体安全》（李育中）等。这些文章，都像一发发炮弹，粉碎敌人的阴谋，唤起民众的抗战信心。

1939年10月，《新华南》曾开辟“纪念鲁迅逝世三周年祭”专栏，动员民众学习鲁迅“投枪”，向敌人作殊死斗争。《新华南》召开过纪念座谈会、报告会，发表了茅盾《关于“呐喊”和“彷徨”》、何家槐《鲁迅先生纪念歌》、萧珊《鲁迅与中国青年》、秦牧《红酒鲜花之奠》、草明《三姑娘的荣耀》等七篇文章和黄新波、梁永泰的木刻作品，另有其他文艺作品。

1939年，国民党亲日派汪精卫集团公开投降日本，次年3月在南京成立伪政府，全民族团结抗战受到严重冲击。《新华南》立即投入批判、揭露的战斗，连续发表文章，讨伐汪贼之流的败类行径。二卷六期有谭天度的《对汪逆伪组织的认识与反汪运动》。文章指出：敌人军事进攻失败后，以政治进攻取代，实行所谓“以华制华”“以战养战”的阴谋。文章给汉奸汪精卫迎头痛击。

四

国民党为维持反动统治，实行反动的新闻政策。1930 年、1937 年分别有两个“出版法”，限制新闻、出版事业。在抗战期间，又借口“战时需要”，实行全面苛刻的新闻检查。从 1939 年元月起，国民政府正式成立“战时新闻检查局”，并在各省、市（县）设立“新闻检查所（室）”，对进步、抗日报刊实行种种压迫和摧残。“广东省图书杂志审查委员会”是由国民党特务机关 CC 派控制的，负责人是反动文人张振鹏。《新华南》从创办之日起，就被它视为眼中钉、肉中刺，采取各种限制手法。他们规定《新华南》稿件每期必审，且须十天半月前送审。这样大大削减了稿件的时效性。特别是这帮“文字刽子手”对稿件横加删削、阉割、腰斩，甚至扣留。有时一抽再抽，无法付印。工作人员为此跑来跑去，也是徒劳。同时，他们还采取控制印刷条件、卡断邮路等手段。《新华南》只好由旬刊改为半月刊，后又改为月刊。即使这样，《新华南》编辑部仍然顾全大局，坚持抗日民族统一战线的原则，对国民党亲痛仇快的作为，进行有理、有利、有节的斗争。

（一）《新华南》每期用稿 5 万字，但送审 15 万字到 20 万字；有时分几次送审，使他们掌握不了用稿规律。一卷十一期、十二期合刊，被抽掉九篇稿，四五万字，就用有相当数量、质量的预备稿件代替，并在“编后话”中“暴”出上述稿件的内容，揭露国民党特务审查机关钳制言论的卑鄙手段。三卷五期“编者话”披露有关杜重远在新疆被捕的两篇稿件被扣。二卷二期有五篇文章以所谓“所述诸多违背中央外交政策，未合抗战要求，奉谕应予免登”等被扣留。编辑部用“编者话”形式透露内容，以唤起民众的反抗呼声。其中晓星的《东方的天方夜谭》叙述博罗县政府残害抗青，宋刚的《抗战与华侨》揭露博罗县政府扣留“东江华侨回乡服务团”的罪行，致使海外华侨著名人士纷纷发函发电谴责国民党当局，要求释放抗青、华侨青年。国民党当局不得不答应《新华南》派代表出面领释了 23 名被捕者。事后国民党当局却进行报复，勒令《新华南》停刊两个月。

（二）采用“被删多少字”“被删一段”“中略多少字”“略”等形式，表示被删部分，使读者从编者的处理方式中，大致可以领会文章的精神。这种现象，几乎期期都有。如二卷六期《怎样开展群众反汪斗争》一文被删三段；三卷一期《认识当前时局的关键》1500字的文章，被删四处。后来，“审委会”说不准写上“被删”“被略”字样，就改用“开天窗”方法。“审委会”又说不准“开天窗”，就改用留空白的方法。“审委会”又说不准，最后只好用“略”字，但读者还是明白的。因为这样，《新华南》又被“审委会”勒令停刊两个月。

（三）设法克服印刷、邮路被控的困难。由于国民党省党部的明令暗使，《新华南》有一年多不能在广东印刷，只好拿到衡阳、赣州印刷，直到印刷社成立。由于邮局被控制，扣押《新华南》有时达数千本。《新华南》就改用通讯员网、投稿者、读者等各种方法带到各地去。不少读者进行改装，互相寄送，扩大推销；有的利用社会关系，通过货车把包装好的《新华南》送到发行点；有一个青年妇女曾把《新华南》捆在肚子上装作孕妇，通过国民党哨口，带到敌后游击区。一本《新华南》往往成为一个团体、一个组织、一个地区宝贵的宣传武器。

五

国民党抗战是被逼出来的，一直在伺机寻找后退、分裂、投降的借口。1939年1月，国民党五届五中全会确定了“溶共”“防共”“限共”“反共”的反动方针，设立“防共委员会”，秘密颁发《异党问题处理办法》等反共文件，实行法西斯专政。1939年冬到1940年3月，悍然发动了第一次反共高潮。在这种政治气氛下，广东特务机关认为时机成熟，加紧了对《新华南》的迫害。1939年冬平江惨案发生后，广东CC分子高信在国民党省党部召开的出版会上，破口大骂《新华南》。1940年初，叛徒叶青到韶关，曾公开说：“《新华南》就是共产党。”在广东国民党军队内，也开始追查《新华南》读者。后来广东发生了国民党军队“追剿”我党领导的东江游击队，逮捕共产党员和进步人士，捣毁重庆《新华日报》韶关办事处，火烧共产党开办的“五五书店”等事件，实行野蛮的高压政策。他们派出暗探，对作者、读者、编辑人员进行监视、跟踪。社址四周的监视哨有10个以上。他们还在社址对面五六十米处专门租了一间大房住下，把新华南社的围墙凿开一个大洞，实行整天监视、拍照。与《新华南》有联系的人有的被审查，甚至投进了监狱。

1941年1月，国民党掀起第二次反共高潮。广东特务机关加快了对《新华南》的扼杀活动，他们借口编辑钟远蕃携带马列著作，而强行逮捕入狱，这是国民党公开取缔《新华南》的前奏。后来又发生了两件事：有一天，李筱峰在街上突然前后被特务挟持；另一件事是一天早上，在新华南社驻地门前几十米远的电线杆上，绑着一个青年裸尸。这实际上是对所有与《新华南》有联系的人的“恐吓和警告”。从此，《新华南》再也不能正常出版了，稿件几乎全被扣留，成为不定期刊物。《新华南》曾派出谭天度等人为代表与有关当局举行辩论会，要他们说明《新华南》究竟犯了什么法?！但国民党阴谋已定，日益变本加厉。致使谭天度、李筱峰同志已不能再待下去了，随时都会发生意外。在党组织安排下，他们先行转移。编辑工作改调党员张琛同志（即张森，解放后任中共中央华南分局政策研究室副主任）负责。但到1941年春，《新华南》终于被国民政府封闭了。

作者简介：钟紫（1918—2000），曾用名路平，广东梅县人。1939年参加中国共产党，在国民党军队从事抗日地下工作。1942年按党组织指示到中山大学读书。1945年初到达东江纵队控制之惠东宝根据地进行革命工作。任《前进报》编辑。1945年中受组织派遣到香港主办正报。1946年负责报道东纵北撤情况，后随部队北撤。到达山东后在《大众日报》工作。参加济南战役和淮海战役。后随两广纵队南下，任新华社两广纵队随军记者。广东解放后参加《南方日报》的组建工作。先后在省委党校、北京新华社总社、暨南大学、惠阳地委工作。1982年在暨南大学离休。曾主编《香港报业春秋》，参与编撰《中国新闻事业通史》，收集、整理、出版了大量革命报刊的史料及文章。他还以回忆录的形式出版了《风雨忆同舟》等著作。

我们从南洋归来

——回忆东江华侨回乡服务团吉隆坡队

黄炜然

百年来，多难的祖国受尽世界列强、帝国主义的欺凌，富饶的国土被侵占，美丽的家园被践踏，人民挣扎在水深火热之中。反动统治者的无能，使有几千年历史的文明古国危在旦夕。然而，不愿做亡国奴的人民纷纷起来反抗。他们前仆后继、英勇牺牲的壮举，深深地影响了海外广大华侨。在历次革命运动中，华侨爱国护国不甘落后，出钱出力，号召组织华侨子弟回乡报效祖国，这是海外华侨一直以来秉持的优良传统。

东江华侨回乡服务团吉隆坡队于1939年5月成立于吉隆坡。当时，面对法西斯的侵略战争，国际矛盾日益尖锐，各种势力的斗争更加复杂。在国内，1937年七七事变爆发，祖国的大好山河一片片遭到日寇铁蹄蹂躏，人民流离失所、哀鸿遍野的惨痛境况，让海外侨胞感同身受。1938年10月12日，日寇在大亚湾登陆，直插惠州、博罗、增城、广州。日本帝国主义的暴行，进一步激起了广大华侨的强烈愤慨。南洋各地的抗日救亡运动，如火如荼迅速发展，各种救亡团体相继成立。当时发展最快最广泛的是以陈嘉庚为主席的南洋华侨筹赈祖国难民委员会（简称南侨筹赈会）。南洋惠属华侨也成立了南洋英荷两属救乡委员会（简称惠侨救乡会），推举黄伯才为主席，戴子良、孙荣光为副主席，会址设在吉隆坡惠州会馆内。英属的雪兰莪、森美兰、马六甲、新加坡、霹雳、彭亨、槟城等地，荷属的棉兰等地成立了分会。华侨救国团体用各种方式募捐，将所得钱款汇回祖国用以救济伤兵、难民。惠侨救乡会同时派钟醇生、黄适安、黄赫群等代表该会回东江一带灾区视察灾情，一返回南洋后就到各埠宣传，讲述亲眼所见的惨状，并将惨不忍睹的照片挂出来给侨胞看，控诉日寇犯下的滔天罪行，激发广大华侨对日寇侵略屠杀的深仇大恨。救乡会当即进行募捐活动，号召有志的华侨青年报名回国参加抗战。在抗日救亡的高潮中，由侨领黄伯才、张郁才出资，黄志强为队长的13人组成的“两才队”，侨领官文森捐资、王春红为队长、7人组成的“文森队”，以我为队长、由73人组成的“吉隆坡队”以及“加影队”“士毛月队”等华侨子弟队伍相继回国，参加抗战，同时吉隆坡埠各界人士捐献款项、物资也一并运回祖国。

我们吉隆坡队的成员，是由惠侨救乡会采取公开报名、经口试合格后发通知录取的。原定队员 72 人，表示要继承、发扬黄花岗七十二烈士的精神，为祖国为民族战斗到最后一息。但实际报名人数大大超过了原定人数，为入队而托人求情的不知有多少。一位姓郑的小个子青年缠着救乡会负责人不放，大家被他的爱国热情所感动，批准了他的请求，于是吉隆坡队的人数增加到 73 人。

吉隆坡队的队旗是方形的。在蓝底红边的队旗的一面，白色的"东江华侨回乡服务团"九个字缝成了一个弧形，弧形下面是吉隆坡的队名。每名队员制有灰色中山装制服 2 套、雨衣 1 件、胶鞋 1 双。队里有照相机、油印机各 1 部，自行车 10 余辆，药品 10 余担。我们在救乡会负责人钟醇生、黄适安等人指导下，于 1939 年 5 月初旬在吉隆坡一间两层楼的房子里集中，通过开会讨论，全队分成了六个小组，每组十二三人，各组选举了正、副组长各一名，由组长组成干事会，我被干事会推举为总干事，罗一帆、陈剑雄、温伯胜等分管宣传、油印、摄影、筹款、募捐、联络等各项工作。

我们队的队员来自各个阶层，主要是工人，其中包括煤矿工人、锡矿工人、印刷工人、橡胶工人、店员、裁缝、屠夫，还有自由职业者、教员、记者、学生、邮政职员，少数是小资产者。绝大多数人居住在雪兰莪，个别来自森美兰、霹雳。年龄最大的廿六七岁，最小的十六七岁，大部分人会讲广州话、客家话、马来话，也有会讲福建话和英语的。文化程度高小、初中居多，高中占少数。我们经常利用时间练习唱歌，《义勇军进行曲》《松花江上》等，尤其是《告别南洋》这首歌曲，几乎每逢集会必唱。大家都是为了一个共同的目的：回国参战，将侵略者赶出国土！当我们看到惠侨救乡会墙壁上挂着署名八路军、新四军赠送的锦旗时，我们心里更加坚信自己选择的道路是正确的了。

再见吧，南洋！

1939 年 5 月 19 日上午，南洋英荷两属惠侨救乡会假座吉隆坡中华总商会会址，召开吉隆坡各界人士欢送东江华侨回乡服务团吉隆坡队大会。到会者都是当时的侨领、知名人士和队员的亲属、朋友、新闻记者等，会场里挤满了人，写着"欢送东江华侨回乡服务团吉隆坡队大会"的横额悬挂在主席台上方。

我们全队在半山巴路口住地集合，身着制服，高举队旗，队伍整齐，精神饱满，唱着抗日歌曲步行经过火治街口、火车站、苏丹街，转入茨厂街尾，来到美芝律口中华总商会。沿途街道两旁站着许多人，带着微笑和敬佩的目光注视着我们的队伍。这时，我们对自己为侨胞争了光、对华侨抗日救亡运动能起到推动作用而感到由衷的高兴。

大会开始了。我们面对主席台，后面站满了参加欢送会的人们。惠侨救乡会的代表先讲话，然后来宾发言，最后我代表全队致答词。摄影记者及队里的照相机拍下了许多感人的照片。会后，我们全队在中华大会堂合影了一张具有历史纪念意义的照片。这种激动人心的场面使我们热血沸腾，回国抗战的决心更大，意志更坚定，为今后在艰苦斗争中经受考验、不断前进打下了坚实的思想基础。

次日，吉隆坡的中文报纸在显著位置上刊登了大会的盛况及照片。这不仅进一步激发了广大侨胞的爱国热忱，而且向当地人民表明了我们中华民族不可侮、誓与敌人血战到底的气概。

最令救乡会负责人感动的是我们队的绝大部分队员不留后路，不去英当局领取重回吉隆坡的入境证，表示了一心救国、决不回头的坚定信念。

下午，我们在住所准备出发，送行的人们早就在门前等候了。救乡会派来了七八辆巴士。我们所乘的车在送行车辆的簇拥下浩浩荡荡地向 25 英里外的巴生港口进发。一路上我们高唱救亡歌曲，望着洒有我们辛勤汗水的熟悉土地，内心的依恋和昂扬的激情交织在一起。我们的车离开了吉隆坡这座马来亚最大的城市，穿过橡胶园，进入了椰林。两旁马来人住的马厘棚屋、华人住的四檐滴水的亚答屋在眼前匆匆闪过。车经巴生埠时，当地的居民（华人、马来人、印度人）都跑到街旁瞧热闹，车队再继续行驶约 5 英里便到了巴生港口。恰巧南侨筹赈会在吉隆坡募集回国的司机也在此码头乘轮回国，所以码头已挤得水泄不通。父母送爱子，妻子送丈夫，亲朋送挚友，欢笑声、祝愿声、惜别声交响在一起，声浪充满了码头的每一个角落。这种情景也许是自该码头建成以来所未有的，给我们留下了永远难忘的一幕。

离码头约 800 米远的海面上，停泊着开往香港的客轮，小汽轮把我们分批载到那儿登船。带领我们回国的惠侨救乡委员会负责人钟醇生及队员们都上了船后，我们清点了人数、行李、药品等。此时，送行的亲友也跟着到轮船上，他们三三两两在走廊、甲板上与即将远去的亲人依依不舍地话别。夕阳就要沉入海中了，船长发出了送客离船的信号，水手们上前催促着送行的人们下船。亲友们满怀眷恋之情，一步一回头地下了船梯。小汽轮开走了，我们目送着它，心里默默地喊着："再见了，亲人们!"

起锚了，船身徐徐移动，越走越快。夜幕降临了，海风吹来有些凉意。我们回到船舱的床位上，心情起伏，久久不能入睡，眼前总是闪现着白天的欢送和惜别的场面。

第二天上午，轮船驶入了新加坡港口。不久，新加坡的惠侨救乡会分会主席戴子良等前来送行。南侨筹赈会在新加坡招募的一批回国司机也乘此轮回国，因此码头上挤满了送行者。我们再次见到了前一日巴生港人山人海的场面。

下午，轮船离开了新加坡，向西贡进发。我们站在甲板上，唱起了《告别南洋》这支歌：

再会吧，南洋！
你海波绿，海云长，
你是我们第二的故乡。
我们民族的血汗，
洒遍了这几百个荒凉的岛上。
再会吧，南洋！
你椰子肥，豆蔻香，
你受着自然的丰富的供养。
但是在帝国主义的剥削下，
千百万被压迫者都闹着饥荒。
再会吧，南洋！
你不见尸横着长白山，血流着黑龙江，
这关系着中华民族的生死存亡。
别了吧，我们的第二故乡，
我们要去争取祖国的自由解放！

《告别南洋》源自田汉的三幕话剧《回春之曲》，由聂耳作曲，表现了爱国青年回国抗战、投身民族解放事业的崇高精神。这首歌完全表达了我们此时此刻的心情。真的和马来亚告别了，心里不禁有些难离难舍的滋味。然而，抗日救亡的重任鼓起了我们的勇气，使我们战胜对第二故乡的眷恋之情，斗志昂扬地踏上了挽救民族危亡的艰险征途。

航行太平洋

轮船离码头越来越远，慢慢地，高楼大厦看不见了，热闹繁华的商埠也看不见了，最后连海岛也消逝在远处。海水渐渐由浅蓝变成了深蓝，只见天连水，水连天，船就像一片孤叶在海面上漂荡。海鸥在舷边飞来飞去，鲨鱼群在船的两旁追逐着，并不时跃出数尺高，远处还常可见飞出水面的飞鱼在滑翔。置身在浩渺的烟波中，不由使人感到指南针的发明确是我们祖国对世界航海事业的重大贡献。而眼前大自然的美景，却使我们想到那别有一派壮丽风光的祖国河山正遭到日寇炮火的摧毁，此时此刻，杀敌的心情就更加迫切了。我们希望船能开得快些，再快些！

航行途中，我们始终充满了青年人的活力。全队以小组活动为主，在小组会上，传达干事会意见，交流思想，加深了解，增进感情。集体活动往往在饭前或饭后进行，全体在甲板上集合，救乡会负责人钟醇生常在队前用普通话讲话，然后由我再翻译成广州话或客家话。我们每天出版油印简讯，主要由钟醇生执笔和编排。简讯分发到各小组及同船回国的司机，并固定张贴在走廊上。其主要内容是报道各小组活动情况及轮船的航行情况、每日航程多少、到了哪条经纬线上，还登一些诗歌、评论等，深受大家欢迎。我们也常常练习抗战歌曲，一路上，队员们的情绪是很高昂的。

风平浪静地航行了约 4 天，轮船抵达了西贡港湾。船停了下来，等候西贡领航员上船领航。人们说，西贡海湾，九十九个湾，的确如此。这里海湾面不宽，但像珠江水似的，虽不宽可水深，能通过大轮船。港湾如蛇行一般弯曲，没领航员领航是难以进港的。

船在西贡码头停泊后，南侨筹赈会招募的司机就在这里登岸转赴滇缅开车，我们全队站在舷廊上，向他们连声道再见，挥手送别。码头附近的水面上有许多男男女女划着小艇的小贩，他们没等船停就靠了上来，将盛有熟鸡和法国白兰地的篮子用竹竿撑上来卖给轮船上的人。有的队员买了点尝尝，倒也津津有味。

从西贡到香港，可不是那么一帆风顺了。船到伶仃洋时，突然船长告知，日寇要检查我们这艘船。怎么办？我们在钟醇生的指导下，立即召开干事会紧急会议，商议对策。会议决定，将反日的宣传品、队旗和有碍安全的东西包好，交给船长收藏起来。队员们分散到各舱和各个角落，各人准备应付敌人的查询。若万一暴露了，日寇行凶时，我们即见机拼搏，拿出中华民族的英雄气概来。会后各组长立即回各小组传达布置，队员们毫不惊慌，一致行动起来，做好了最后一搏的思想准备。队员们的表现使我们的心情安定多了，大家静静地等待着即将到来的严峻考验。

一波未平，一波又起。正在准备应变的当儿，海上起了风暴。初时的微风渐渐加强，强烈的阵风怒吼着扑向航船。午饭还未结束，饭桶、菜盆都被叮叮当当地刮到海里去了。人在甲板上、船廊上行走，都得小心翼翼地扶着栏杆，否则真有被吹到海中的危险。巨浪涌上船面，水手们赶紧封舱，把因船身倾斜摇晃而歪倒的行李物品用绳索扎好。由于舱窗关闭，空气闷热，加上船身的颠簸，大家受不住，一个一个都呕吐起来。没晕船的只有我和张志福两人。我们挂着干粮袋到各舱去送适安油、保济丸，但还是无法解除队员们的不适。这时风浪更大了，危险性在增加，为避免翻船沉没，船改为逆风行驶。我和 3 个队员在船的尾部，看见浪潮像小山似的翻滚起伏。忽地，船被抛进浪谷，队员叶仕安说："船钻进海底要进龙宫了。"好一会船才升起，却又被浪头举到空中。我想，这也是一场搏斗啊，是人的意志与大自然的搏斗！

两天过去，风停了，浪静了，敌情也像这场过去的风暴一样消逝了。大家虽然眼窝深了，面容憔悴，但都为危险过去而欣喜万分。也许还应该感激这场风暴吧，日寇大概是被它吓跑了。看，海面上不时出现了来往的船只，远处的岛影隐约可见，香港就要到了！船上的气氛顿时活跃起来。

香港欢迎会

我们的轮船在九龙码头靠岸了。欢迎我们的东江华侨服务团驻香港办事处的负责人曾寿隆、孙石、林务农、柯平等及余闲乐社、惠阳商会、惠阳青年会、海陆丰同乡会等先生、女士们早已在码头等候多时。我们整队在甲板上，钟醇生对大家讲话，大意是：航行 7 天，大家都辛苦了。我们终于平安抵达香港，但离我们的目的地还有一段路程，我们停留数天即赴内地。"东团"驻港办事处负责人登船领我们上岸。在码头我们和欢迎的人们一一握手，随后到九龙油麻地东屏旅店、新新酒店歇宿。

余闲乐社、惠阳青年会、海陆丰同乡会等团体在油麻地光明戏院召开了欢迎会，并播放了揭发日寇罪行、表现人民反抗的电影《华南烽火》，给我们上了一堂有现实意义的教育课。

在中区雪厂街思豪大酒店，香港各界人士、社会团体为我们举行了盛大欢迎会。一早，"东团"办事处负责人带领我们在尖沙咀轮渡过海步行到会场。二楼的大厅摆了些茶点，场面较为严肃。到会的听说还有国民党海外部部长吴铁城、侨务委员会主任张天爵。会议主持人讲话后，各界代表也讲了话，大意都是你们不远千里而来，华侨的爱国行为令人钦佩，祝大家今后工作顺利等。我在大会上致了答词，感谢港九各界人士的热烈欢迎和招待，并简单介绍了一下吉隆坡队的组成情况、旅途经历，最后表示今后一定努力工作以回报诸位的盛情。

逗留坪山圩

29 日上午，我们吉隆坡队 73 人在“东团”驻港办事处负责人和钟醇生的带领下在尖沙咀乘火车离开九龙。同行的有港九社会团体代表多人，他们携带着药品、慰劳品准备到坪山慰问曾生部队。尖沙咀车站送行者人头攒动，热闹非凡。火车向北开动了，车上与站台上的人们互相挥手道别！

火车经油麻地、沙田来到我们下车的大埔圩。我们由车站步行到海边小码头，登上小轮，向宝安县沙鱼涌进发。这条航线自广州沦陷后就成了一条重要运输线，一批批轮胎、煤油等物资由这条航线到沙鱼涌，然后经淡水、惠州、河源、龙川、连平直至当时国民党第四战区、广东省政府、省党部所在地韶关，因此它常遭日寇飞机轰炸。

下午两点钟船抵沙鱼涌。由于港湾水浅，没有码头，全靠木驳船接运客货上岸。国民党的海关就设在山腰处，一切过往行人、货物必须从那里经过。东江游击指挥所第四游击纵队新编大队（即曾生大队）已派了许多武装同志在这里迎接我们，大家见面非常高兴，同志们的热情使我们这些海外归来的游子感到格外亲切。而国民党海关的态度却令人愤慨，前来迎接的同志与海关交涉，要求一切物品免税放行，可海关坚持物品要完税进口。我们解释说，这些全是救济品、药品、慰劳品，而不是商品，不应被课税。海关根本不理会，双方相持不下。最后游击队的同志们拉出快掣驳壳枪把着关口，叫我们强行通过。原来游击队早有准备，对面山头已被控制了，国民党海关人员只好一声不响地放我们过关。国民党海关人员的蛮不讲理与我游击战士的热情有礼形成了鲜明的对比，给我们上了生动的一课。

我们在曾生大队同志们的带领下，打着队旗兴高采烈地上路了。从这里到坪山虽然只有 30 华里，但对我们这些很少走远路的人来说，也不是一件轻松的事，何况走的是乡野小道。穿过热闹的葵涌，队伍继续前进，但行进速度就慢了，因为有的人脚底起了水泡，加上 5 月的气候已十分炎热，个个走得汗流浃背。推单车的队员更辛苦，碎石小径不但不能骑行，有时还得车“骑”人。尽管大家很疲劳，还是振奋精神向前走。当夕阳斜照的时候，坪山——曾生大队队部所在地到了。我们被安排到预定的地方吃了饭，洗完澡，便各自休息了。

在坪山，我们受到了如同家人一般的友好款待，亲切热情的帮助使我们深切地感受到了兄弟之情、同志之爱。眼前的一切，对我们来说都是见所未见、闻所未闻的，处处充满了新鲜感。没事时，我们就三三两两地到圩场、农家、田埂上走走看看，心情十分舒畅。

一天，部队的同志和我们开了个联欢晚会。这里没有吉隆坡、香港那样的大厅，我们就在晒谷坪布置会场；没有彩灯霓虹，我们吊起了明亮的汽灯；没有咖啡糕点，却有一桶桶清甜的家乡水；没有电影与服饰华丽的歌舞，但高昂的抗日战歌令人热血沸腾。最精彩的节目要算战士们表演的草裙舞了，表演者全身涂得黑黑的，腰上围着一圈绿彩带，在灯光的照射下，黑亮的皮肤，发光的双眼，雪白的牙齿，格外有趣。他们在简单的音乐伴奏下有节奏地跳跃摇摆，那熟练的舞步、活泼的动作，牢牢地吸引住了观众的目光。我们时而凝神观看，时而捧腹大笑，这在当时真算是一个别开生面、新奇古怪的节目了。我们也表演了节目，几个队员的口琴小合奏，倒也有点独特感；还演唱了几首抗战歌曲以及最熟悉、最难忘的《告别南洋》。晚会使我们的感情融化在一起了。

在几天的交往中，我们亲眼看到这支祖国人民的子弟兵官兵一致，朝气蓬勃，斗志旺盛，充满了抗战必胜的信心，是一支有着共同的理想和远大目标、政治素质很强、前途无量的部队。

在组织的安排下，我们吉隆坡队一分为二，52 人编入了曾生大队。从此以后，他们就在曾生大队长指挥下拿起枪杆子作战。我与陈现、陈剑雄等 21 人仍留在东江华侨回乡服务团吉隆坡队，准备开赴东江各县开展抗日救亡运动的宣传工作。我们 73 名队员共同生活了一个月，虽然时间不长，但这段经历是每个人都难以忘怀的。大家要分手了，不免感到难舍难分。但我们都有一个共同的信念：中国人民一定能够取得抗日战争的彻底胜利。

严峻的考验

6 月 2 日，我们东江华侨回乡服务团吉隆坡队 21 人，以我为队长、陈现为副队长，在惠侨救乡会代表钟醇生、“东团” 驻港办事处副主任孙石的领导下，带着部分药品、物资，举着我们的队旗，告别了坪山，向惠州出发了。途中在淡水圩住了一宿，向驻军罗坤支队表示慰问并送了些药品。在淡水，我们看见了被日寇炸成一片瓦砾的废墟，当时群众的惨况令人目不忍睹。此情此景更加深了我们对敌的仇恨。

第二天，我们一行改乘帆船由淡水河顺流而下，下午就到了惠州城。“东团”惠阳县第一团叶锋团长等在岸上迎接我们，把我们安顿在旅店歇息。

我们在惠州的活动都是在钟醇生、孙石、叶锋等人的领导下进行的。我们拜访了东江专署的池中宽专员、东江游击指挥所香翰屏主任、第四游击队骆凤祥司令、惠阳县长刘秉刚等当地的重要人物，并各送锦旗一面和药品一批，以表示海外华侨的希望和情意。这些礼节性的活动都是为了使日后的工作便于开展。另外，叶锋团长等人还带我们到惠州、惠阳各群众团体访问，像什么第四战区司令长官部政工队、抗日先锋队等。有些工作还得与他们联系以求得配合呢。

我们所见到的官员一方面表示对华侨爱国热忱的敬佩，对送锦旗、药品表示感谢，欢迎我们到东江各地推动抗日救亡运动开展，另一方面则向我们大肆宣传所谓“一个政府，一个政党，一个主义，一个领袖”那一套。初时，我们不太懂他们的意思，也没介意。后来听多了，不由使人感到有问题了。我们暗自议论，前进的道路是不会平坦的。

不久，孙石、钟醇生等人完成了各自的使命分别回香港、南洋去了。我们仍在惠州继续活动，并尽快适应当地的生活习惯。此时，“东团”各县的组织由“团”改为“队”了，叶锋任“东团”的团长。约在7月，我们全队奉命参加博罗县党部开办的训练班。参加受训的还有博罗队、两才队队员。

博罗训练班的训练内容是学习一般的军事常识和防空知识，政治学习主要是“三民主义”。训练班公开号召大家加入国民党，还采取了暗地里个别拉拢的手段。面对这种情况，我们几个暗暗商量了一下，决定分别通知队员不要参加。我们的借口是：回国是为了参加抗日救亡工作的，没想过要加入党派，如果要我们参加，还得写信问问南洋的父母才行。那时他们还不敢露骨地威逼我们，但有两个头脑不甚清醒、认识糊涂的队员被诱惑过去填了表。此后，这两个人就被分化出去了。

一个月很快就过去了。训练班结束后，我们队开赴博罗县的乡村、圩镇做宣传工作。在响水、柏塘、显村等地访问、唱歌、演街头剧宣传抗日救亡道理。记得响水有一陈洁老人，一头白发，一尺多长的白须，他极力主张抗日救国，对我们处处表示友好和爱护。在显村有一位谭家驹区长，其妻姓阮，在学校任职。她对我们十分热情，安排我们在学校住宿，多方帮助开展工作，至今记忆犹新。博罗队的同志对我们帮助也很大。我们常在一起工作，互相配合。出去工作的同时，我们往往带些济众水、适安油、保济丸、奎宁、阿司匹林等药品，帮助群众解治小疾小病，很受群众欢迎。

夏去秋来，我队奉命返回惠州团部，整顿队伍，调出一些同志，陈剑雄去两才队，叶福生去博罗队，叶子汉去惠阳队，曹文武留在团部。也调进了几个人，冯尧南和海丰的3位同志，新组成了海陆丰队，冯尧南为队长，我为副队长。我们从团部出发，经坪山圩、三多竹、埔心，重山叠岭，一山更比一山高，越走越艰难。雇来挑担的海丰县农民肩负百多斤重担，一步不落地跟着队伍。人民群众的吃苦耐劳精神真令人钦佩。下了一个坡，我们在一个凉亭里休息。亭柱上涂着石灰粉处，“建立工农兵苏维埃政府”这几个庄严正楷字依稀可见。想起彭湃同志在这里闹革命时，海丰陆丰一片红，不禁肃然起敬。过了小亭，小路平坦了，不多一会我们就到了海丰县城，当地吴同志安排我们在平民医院住宿。

吴同志是本地人，个矮稍胖，戴着金丝眼镜。他向我们介绍情况，指导我们如何开展工作。还有一位名叫牛特的同志，常来联系、指导我们工作。同时还派了3位同志充实我们队伍。我们为使工作顺利开展，常到国民党县政府、县党部及各团体联系，并送了一批药品给平民医院。院长对我们还是友好的，可当局对我们态度冷淡，各团体似乎也不敢接近我们，加上绝大部分队员不懂本地话，给工作带来了很大困难。我们只能采取写标语、画漫画等方式进行宣传活动，扩大影响。

在海丰打不开局面，我们又到了陆丰，住在一所学校里。那里还住着国民党的一个保安连。刚好该连有个逃兵被抓回，在队前痛打了30大板。我们见他皮破血流，痛苦不堪的样子，觉得可怜，想给他送饭送药，却遭到连长的拒绝。这就是国民党军队封建军阀式的官兵关系，一方是压迫者，另一方是被压迫者，又让我们对国民党的反动本质多了一层认识。

陆丰有位高高瘦瘦的陈编同志协助我们工作。我们照例去拜见了国民党的县党政要人。县党部书记长叶子弼是个典型的顽固分子，态度极为蛮横，他不许我们在陆丰县开展工作。我们多次交涉无效，他最后声明：如你们不走，就要用军队赶。真是华侨回国抗日救亡都没自由。后来接到团部通知，留下海丰的两位女同志，其余全部撤回惠州团部待命。这时已是严冬季节了。

在团部，我们重新整顿了队伍，总结前段的经验教训。同志们仍然情绪饱满，不为困难所屈服。后来团部决定：冯尧南队长调离我队，又补充罗铁风和许惠然、李惠萍两位女同志，仍以我为队长、陈现为副队长，继续打着吉隆坡队的旗号，开赴惠阳横沥圩工作。

横沥圩是国民党区署、区党部所在地。我一方面与他们来往，留部分同志开展圩镇工作；另一方面，派同志到莲塘、森白洞一带农村活动，访问群众，办夜校宣传抗日。我们的队部设在东江边的一所学校里，后来学校又住进了保安团的一个连。连长郭清经常请我们到连队教歌，讲形势，介绍八路军、新四军及曾生部队的情况，以教育他们的连队。他的大胆行为使我们疑惑不解，当然我们不会放过宣传机会的，但同时也保持着警惕性。

这里的区署、区党部和我们的关系还可以，联系工作，常来常往。在东江华侨回乡服务团成立周年纪念时，他们送来一面“效忠党国”的锦旗，弄得我们哭笑不得。

3 月 7 日下午，郭清连长匆忙而紧张地来到我队部，告诉我他已接到立即开赴稔山附近截击曾生部队的命令。他说：“不知曾生知道否，你快派人告诉他。如果曾生部队在这些地方遇到我们，我们不开枪或朝天开枪，让他们过去。”我听后不动声色地说：“不会有这样的事情发生吧，我们和曾生部队没什么联系。”他忙表示：“请你相信，我说的是真话，不要误事。”他走后我立即叫罗铁风去报信。他人熟地熟，机警能干，听我把情况一说，冒着寒风冷雨，连夜奔向坪山。后来得知，曾生部队早已得到消息，“三八”妇女节那天晚上，他们一面和群众开纪念会，一面暗中集结部队离开坪山，向海丰开进。这就是国民党制造摩擦，企图消灭共产党领导的抗日武装，当时东江一带人所共知的坪山事件。以后听说第三游击纵队第二大队即王作尧大队，也同时受到国民党军队包围，幸早得到情报，免遭毒手。东江华侨回乡服务团的博罗队事件差不多也发生在那个时候，李翼队长等 23 人被捕了。在横沥圩，国民党区署对我们公开说，上峰有令，不许我们再进行活动了。这样我们只好将下乡的同志撤出农村，大家都不愿意离开工作点，说我们华侨子弟不远千里来到这里吃苦，为国为民，不知错在哪里，宣传抗日还受到干涉。

时局恶化，事态严重。国民党一直预谋要消灭异己势力。现在，第二次国共合作以来全国性的反共逆流正向东江袭来。东江华侨回乡服务团被迫停止工作了，我们吉隆坡队奉命返回惠州，驻守团部。两才队也在这里，我们一起在叶锋、刘宣同志领导下坚持斗争，同时将博罗队事件真相报告“东团”驻港办事处，电告南洋惠侨救乡委员会，以取得各界爱国人士声援。惠侨救乡会闻电后立即电促当局释放被捕人员，申明华侨应有抗日救国的自由。不久，以惠侨救乡会名义和东江华侨回乡服务团名义发表了告同胞书、快电代邮，责问东江当局的香翰屏、池中宽等人。“东团”决定：当地的同志暂分散隐蔽，只留少数人驻守团部。另一方面，叶锋、刘宣、黄志强和我数人到东江指挥所见香翰屏主任、杨幼敏参谋长、东江专署池中宽专员，要他们对为什么抓我们博罗队的人、为什么停止我团工作等问题做出回答。他们说我们“良莠不齐，分子复杂”，还恶毒地挑拨离间，说“东团”账目不公开，人员有真华侨，也有假的，企图分化我们队伍。我们一一驳斥道：国难当头，地不分东西南北，人不分男女老幼，皆应担负救国重任；我们华侨出钱出力，组成抗日团体回国工作，经济上向华侨负责，没有什么不可以公开的；凡是参加我团的人，就同我们一个整体，没有什么真假之分。我们多次登门，据理力争。可他们态度恶劣顽固，事情一时无法解决。我们决心坚持到底，直至斗争胜利。

营救博罗队

4月，南洋惠侨救乡会派官文森、梁英、叶淡波3人代表团回国营救博罗队被捕同志。他们在香港与国民党有关人员周旋，叶锋团长也为此出港商议对策。

5月3日，我奉命到了香港，向惠侨救乡会的代表报告情况。此时，东江国民党更变本加厉地迫害东江华侨回乡服务团。他们封闭了团部，赶出两才队和吉隆坡队。国民党元老张友仁先生十分不满国民党的做法，对我们的境遇深表同情。幸得他热心相助，将两个队安置到惠州医院住下。后来医院也不能安身了，他索性让队员们到他的别墅荔晴园住宿。国民党当局坚持反动立场，一面将博罗队押赴韶关芙蓉山军法处，一面更疯狂地抓人。吉隆坡队、两才队、驻在淡水的惠阳队都有队员遭到逮捕。惠州各阶层人士及广大群众对国民党的暴行敢怒不敢言。形势越来越紧张。

惠侨救乡会代表团官文森等人原想回东江进行营救博罗队的活动的，此刻，不宜回东江了，但营救工作仍在进行，遂决定：钟育民、吴逸民和我3人组成南洋英荷两属惠侨救乡会赴韶慰问博罗队代表团。临行前我们做了许多准备工作：购买面巾、牙刷等慰问品及一批药品。身穿灰色中山装，印上名片，并在思想上充分准备可能的困境。我们三人代表团启程时，香港报纸和重庆《新华日报》都发表了新闻消息。

我们经惠州时到团部看了一下，大门上贴着封条。我们买了些食品到惠州监狱探望被捕同志。只见一个个变得憔悴瘦弱。狱内痢疾、疟疾、霍乱等症流行。国民党残酷地折磨抗日志士，令人发指！

离开惠州，我们乘船至河源观音阁上岸，次日又步行来到灯塔，坐着猪笼式的货车去韶关。因为车上堆满了货物，我们趴在货物上头都抬不起来。车身在小路上跳一跳，我们的头就在车顶上撞一撞。为了早日到达韶关，我们也顾不上这许多了。汽车在连平县城歇了一宿又继续在高山上盘旋，经大坑口、南华寺后总算安抵韶关。这段路程辛苦极了，所幸的是没碰上敌机袭击。

我们抵韶后，首先设法探望被捕的同志。但在与国民党有关方面交涉时，开始他们互相推诿，总不明确答复。后来我们多方奔走，对方见我们颇有来历，知道是代表华侨组织的，在南洋、港九、东江各地影响较大，这才使营救工作顺利一些。余汉谋的亲信、副官处长丁培伦给了我们许多帮助。

经过几番周折，我们终于见到了关押在芙蓉山军法处的博罗队23位同志。当我们把凝结了千百万华侨和爱国群众心意的慰问品交到这些受迫害的抗日志士手中时，大家是多么激动啊！他们连声说道：衷心感谢广大侨胞和民众的关怀慰问！有些女同志的热泪夺眶而出，我们的心情也很不平静。

为了掩盖看守人员的耳目，把营救计划告诉博罗队的同志，我们3个人分头行动。钟育民来到看守人员跟前寒暄了几句就闲扯起来，我代表代表团向集合在牢房前院子里的大部分同志讲话，而李翼队长、李健行、刘江风、杨帆、杨步尧等同志则留在牢房里听吴逸民传达。我们狱内狱外一条心，争取同志们早日胜利出狱。从这以后，我们多次探望都没遇到什么麻烦。

我们从香港带来了两面锦旗，是以惠侨救乡会名义赠给国民党军政当局的。第四战区的一位联络官告诉我们，关于献旗事宜，张司令长官到外地去了，由余副司令长官接旗，决定在周会上举行仪式。他又说余长官亲自接旗是少有的，一般都由下属代接。言下之意即已是看得起我们了。献旗那天，我们到绥靖公署去，还没到公署就看见路上有扛着快掣驳壳枪的宪兵岗哨和巡逻流动哨，给人一种警卫森严的印象。联络官将我们迎进休息室，片刻，又引我们来到小礼堂的台上。此时台下已集合了服装整齐的将、校、尉大小官员。不一会，戎装革履的余汉谋走上台和我们握了握手后司仪就宣布开会了。我代表惠侨救乡会向第四战区献旗。余汉谋接旗后我讲了几句话，赞扬第四战区官兵的抗日行动，说明爱国华侨献旗以表敬意，略谈了南洋各地抗日救亡运动开展情况。我说博罗队事件不幸发生，使亲者痛仇者快，望当局明察情势，尽快解决好，则国家、民族幸甚。余汉谋在会上也讲了话，向我们表示了谢意，敬佩华侨的爱国精神，对博罗队事件则推卸责任，但表示要调查处理。会毕，联络官引我们到休息室休息。我们要求会见余汉谋。联络处长进去转达了我们的要求后出来说，只许一人进去，我只好一人去见余汉谋，我向他提出尽快释放博罗队以及关在惠州牢房的全体同志。余汉谋搪塞道，下面的党棍们和政府干的事，他不知情，没责任。最后表示调查后协助处理。当时的谈话气氛严肃认真，双方态度较为和缓。

另一面锦旗是赠给广东省政府、省党部的。省政府主席兼省党部书记李汉魂接旗。他接见代表团时，我们提出了博罗队问题，向他摆事实，讲道理，责问政府为何迫害华侨抗日团体。李汉魂态度较顽固，强词夺理，把责任推给军队。后来态度稍好些，答应与有关部门联系、调查一下。他耳有点聋，我坐在他身边，他还让我说话大声一点。

在接触的国民党高级党政军人员中，有顽固的，也有较为开明一点的，总之给我们的感觉是军方的态度好一点。像十二集团军副官处长丁培伦，对我们的工作客观上起了不少帮助作用。如在联系探监问题及后来的保释问题上，他都出了力。从他对这些事的处理可以看出余汉谋的态度，想尽快了结这个事件。侨务委员会主席张天爵表示愿意帮助我们，但无权力，他主要是想从华侨身上得到点好处。而省党部秘书长高信则口口声声说我们是异党控制的团体，应予解散。政府官员余俊贤采用的则是另一种手法，常来旅店探访，表示关怀，夸奖华侨子弟有志、有为、有才干，若在政府领导下工作，是大有前途的。很明显，这是想拉拢我们。当日寇重占惠阳时，他们又趁机说道：回港的路不通了，还是留在这里工作吧，政府是欢迎的。殊不知我们早在回国前就决定了自己今后的道路，我们坚决地回答：不必担心，这条路虽不通了，我们可以绕道回香港。

通过各方面的努力，国民党终于同意放人了，但在具体问题上，我们和他们仍然有争论。国民党说要分批放人，我们怕他们要阴谋，坚持要一齐放。在铺保问题上争论最大。军法处长说，按规定，要铺保，随传随到。我们坚持要无罪释放，取消铺保。经多次交涉，国民党终于同意了无罪释放的要求。

在韶关的三个月里，我们代表团在组织缜密的领导下工作。吴逸民常找《新华南》刊物负责人石辟澜、李筱峰联系，及时得到指导和帮助，使我们保持清醒的头脑，有理、有节地进行工作，对完成任务起了重要作用。在广大华侨的声援和惠侨救乡会的大力支持下，在东江华侨回乡服务团团长叶锋同志直接指挥下，我们终于胜利了。国民党当局释放了被捕的博罗队全体同志和监禁在惠州监狱的“东团”吉隆坡队、两才队、惠阳队的同志。我们万分感谢各方爱国人士的支援，同时更加认识到正义是不可战胜的这一真理。

博罗队被捕的同志释放后，因旅店租不到房子，就在武水江边租一只舫住在水上，休养一段，以利恢复健康。我们的钱用完了，丁培伦给我们借了款，最后还派车送我们到老隆。8 月底，我们和博罗队的同志以胜利后的愉快心情离开韶关到了老隆，然后改坐帆船沿东江顺流而下。同船的有两位陌生人，一位是梁若尘记者，一位是十二集团军政工队女队员。我对他们有所警惕，怀疑是否监视我们的。

（经了解梁若尘即梁若生同志，现任广州市人大常委会副主任、市文史馆副馆长。据梁称：博罗队当年在韶关得到有关人士营救释放后，返回香港，同车同船有记者梁若尘和另一位青年，不是监视，而是为了途中给予必要的照料。）

一路平安到了惠州，按组织安排的计划，同志们各就各的岗位继续战斗。我和吴逸民同志去香港（钟育民同志在韶关时，团部要他先回去了），向叶锋团长和南洋惠侨救乡会报告。不久，救乡会将超支的款额汇来，我们即电汇韶关，将全部借款还了丁培伦。

在敌人后方

在香港，叶锋团长告诉我们，曾生部队已经由海丰转入东莞、宝安一带敌后打游击了，要我到九龙钻石山动员在海丰失散的同志归队。我去钻石山后，于 10 月 10 日和几位同志回到淡水。此时吉隆坡队的队员集结在此，我传达了叶锋同志的意见，带吉隆坡队到敌后去。

在一个黑夜里，我们跟随从海丰返敌后的小队伍，穿过日寇在广九铁路边布吉村的据点，向龙华方向开进。天将亮时，我们在一座山腰小庙处歇息。联络好以后，交通员带我们来到了沙梨园，见到了王作尧部队的卢克敏、阮海天和黄伟成等同志。我们住在简陋的草寮中歇了几天。邱觉民、叶仕安、叶子汉 3 人因病要求去香港医治。那时，我们医疗条件极差，组织同意了（后来邱觉民病愈归队，叶仕安和叶子汉先后在田心村老家和淡水病故）。我们跟着交通员穿过山野田园和敌人据点，来到了东莞县大岭山脚下大环村，编入曾生大队。

从 1940 年 10 月以后的 5 年多时间里，我们活动在东、宝、增、从、番敌后的三角斗争地区，穿插在敌、伪、顽的空隙里，与他们周旋，进行复杂的斗争。初时我们的任务是在农村做民运工作，宣传抗日救国，发动群众，组织群众，武装群众，征收公粮，建立抗日的民主政府。

由于国民政府与日、伪互相勾结，经常到这些地方烧、杀、抢和抓人，在抗日武装力量还不强大时，群众对我军队认识不足。因此，初期工作阻力很大，生活也十分艰苦，武器装备很难得到补充，药品物资来源困难，吃的是杂粮、稀粥，甚至饿着肚子夜行日宿。敌、伪、顽军常在夜里包围村庄，拂晓进村搜索，我们往往在半夜三更转移，睡在山里、稻田茅寮里。我们有些同志就是在这艰苦环境里病死或被敌人杀害的。

由于我党、我军高举抗日大旗，坚决贯彻执行抗日民族统一战线政策，局面逐渐打开，工作得到逐步开展。我们被派到连平各乡村活动。通过邬强同志，利用李锦才的关系，我进入国民党员李炽昌控制的反动势力较强的飞鹅村工作。而陈现等 3 同志利用开明父老关系到上、下山门工作。在组织的正确领导下，我们依靠群众、发动群众，做出了一点成绩。

随着形势的发展，地方武装不断扩大，1941 年 3 月间，上级调我和从香港回来的共 10 多人组成流动宣传队，我被任命为队长，到各村镇做流动宣传工作。我们演讲、唱歌、演小话剧、写标语、画漫画、出墙报、到农家座谈。有时在武装部队的保护下进入边缘村庄或敌、伪、顽势力范围下的村庄宣传，扩大影响、促进群众觉醒。群众都说我们是学生军、模范团、模范队，是真正抗日的队伍。

镇平队纪事

由于我们经常要送款送物回部队，夜间行动又不安全，于是就向群众借枪护送。天长日久，觉得只有自己有了武装，活动才能自如，很有建立武装的必要。根据上级的指示，我们组织了武装队伍。起初三五个人，后增加到 10 余人。为解决给养，我们建立税站，流动收税。建队初期，我们的基本队员有：霄边的蔡德、蔡炳、蔡珍、蔡寿，怀德的邓培，乌沙的陈平、李锡洪，卢屋的卢炳、卢坤兄弟俩等，来来往往，并不作严格规定。东莞大队命我为政治领导人。我把小队伍交给蔡德负责，自己还是到各村活动。后来，上级陆续派来骨干充实队伍，先后派来李茂、李敬培、陈平为小队长、班长和政治服务员。这时队伍比较正规化了。扩充队伍，必须有人有枪。我们得知上沙村伪县长孙绳武的家人藏有长短枪 20 多支，为此我们想方设法劝其将枪支交出，他慑于我军日益壮大，终于分两批交了出来，我们高兴极了。不久，队伍很快就发展到四五十人。此时上级命令我为政治指导员，又派来了军事特派员陈德和、政治特派员史明，以加强领导。一天，驻太平的一个伪军清早携带一挺轻机枪穿过铁丝网到北栅村来投奔游击队，北栅村的基本群众陈道生把他送到我队。从此，我们有机枪了。大队部命名我队为镇平队，其意思是镇住太平的敌伪军。又一次，日寇 100 多人从南头出发，沿宝太线向太平开进。我们得知后立即布置队伍：一在沙头、上沙与上角的山上伏击，二在北栅矮坡上打伏击，结果杀伤敌人多名，击毙 1 名指挥官。我队伤亡 3 人，取得了小胜。这一仗，使我队在群众中有了一定影响。最后队伍人数发展到六七十人，在南栅沙角又收缴了一挺机枪。伪军麦浩（夏岗村人）部与日寇同驻太平镇据点，仗着日寇势力，常到各村勒索村民。为了保护群众利益，我们与麦浩部经常发生战斗。后来他们采取避实就虚的方法，即我们不在就趁机而来，一见我们就逃走。只有一次战斗比较激烈，持续时间长些。那次，他从太平出来去乌沙一带，我队闻讯立即出动夹击，他在上角与夏岗之间的矮坡上用轻机枪掩护边打边退。我在夏岗正面加强压力，一小队从右侧迂回，拦腰切断其退路，眼看有希望缴获这挺机枪，可惜迂回的小队慢了一点，被麦浩部发觉跑了，一场欢喜落了空。

镇平队是地地道道的宝太线人民的子弟兵，长期在宝太线一带活动，队伍在战斗中得到发展和锻炼，战斗力不断提高。群众对我们关心爱护，我们也处处依靠群众。无形中，我们成了内地的屏障，或者说是前哨，给日寇、伪军以有力的打击。

约在 1945 年 7 月，镇平队奉命上调编入主力部队去了，全队同志都感到很光荣。我带一挺轻机枪留了下来，以区政府一个常备中队为基础，配备镇平队留下的机枪以及各乡民兵，新成立一个特派室，隶属东纵第一支队。上级派来李云辉同志任军事特派员，我为政治特派员。我们继续坚持战斗在宝太线，直至日寇无条件投降。至此，历时八年的抗日战争胜利结束了。千百万华侨的心愿，几万万中华儿女的心愿终于实现了！回想我们走过的艰难历程，谁能不百感交集，欣喜若狂啊！

可是，此时形势反而紧张起来。中山县的伪军李庆（锦下村人）率部来犯，偷袭我们，火力很猛。幸好莫浩波大队在此，激战了一整天，将敌人消灭了。是役缴获了轻重机枪七挺，收获不小。随后，我们特派室的中队也编入了主力。

3 天以后，国民党新一军进驻了太平虎门。他们沿宝太公路向我进犯，采取所谓填空格战术。莫浩波大队在锦下、霄边、横江头一线阻击，新一军不知虚实不敢贸然前进。经过3天的战斗，我们奉命向宝安方向撤退。这时，我已留在区政府工作，接支队命令向敌后转移。环境十分恶劣，组织决定非战斗人员分散隐蔽。我们几人迂回广州、香港，又转回东莞石龙，在莞太线坚持工作，等待军调小组调停。1946年春，接到上级指示，令我出香港、三渡太平洋南返。

深切的怀念

我们吉隆坡队6年多来转战在广东抗日战场上，经受了严峻的考验和锻炼，为了民族的生存，付出了重大的牺牲。我们吉隆坡队73人，在党的领导下开展工作，随着形势的发展和革命事业的需要，时而集中，时而分散。在长期斗争中，大部分队员深入敌后工作，各有各的领导，所以彼此都没什么联系，环境也不容许我们联系了。现在我仅知道的幸存者有：邱觉民（邱林），抗战胜利后，随东江纵队北撤山东烟台，解放后在福建省第三野战军某部工作，后到四川成都，转业地方，现在四川省属卫生厅工作。曹文武，在惠州被捕，后押至台山县释放，与我们失去联系，流落在广州谋生，解放后参加饮食行业工作，现已退休在家中安度晚年。而我一直在军队工作，于1979年初离职休养。

我所知道的为祖国、为民族解放英勇献出生命的有：

陈现，又名陈迪、陈特，梅县人，吉隆坡队的副队长，入伍前是吉隆坡半山巴邮政局邮差。中学文化程度，能说马来话、广州话、客家话、福建话，略懂英文。个性沉静，谦虚好学。对同志、对人民、对组织、对祖国忠诚老实。能团结同志，头脑清醒，有一定的政治水平，工作积极负责。生平爱好有二：喜欢打羽毛球，而且打得好；喜欢弹琴（曼陀铃），而且弹得好。家住在雪兰莪加影士毛月埠，家中还有年迈的母亲及年少的妹妹，靠割橡胶生活。1940年10月，我队转入东莞，他在连平乡大横村工作，后来三人一组被派去上下山门工作，由他负责。1941年5月25日，遭敌伪刘发如部包围，三人均不幸被捕，当即枪杀，据说陈现同志被劈成四块，可见敌人之残忍。事后我请群众掩埋好尸体。

罗一帆，梅县人，入伍前是吉隆坡埠裁缝工人。1939年5月我们抵惠阳坪山时，他被编入曾生大队。他忠诚老实，政治认识较好，信念坚定，工作踏实，是后方办事处负责人。1941年在东莞牺牲。

陈剑雄，客家人。入队前是霹雳州某埠的学校教员，略懂英文，能写美术字，画漫画。工作认真负责，有魄力，领会问题较快，理解问题较正确。1942年在东莞莞太线翟家村做民运工作，被敌伪包围，在枪战中牺牲。

叶凤生，惠阳县人，长得矮小精干，行动敏捷。1939年5月编入曾生大队，在东莞活动时是短枪队长。攻打篁村敌伪据点时，率领短枪队冲击敌重机枪火力点，不幸中弹牺牲。我军消灭据点之敌后，将缴获的重机枪命名为“凤生机”。

卢洪基，讲广州话，入队前是吉隆坡埠屠场杀猪工人。憨直豪爽，说话声音洪亮，体格健壮。1939年5月编入曾生大队。1940年3月撤出坪山时，在稔山战斗中头部眼睛中弹牺牲。

病故的有：

叶仕安，惠阳县田心村人。入队前是雪兰莪峇都亚冷煤矿工人。能说流利的马来语、印度语、广州话、客家话。家有母亲、兄嫂、侄子，全家靠其兄当矿工的收入维持生活。有政治头脑，追求进步，参加峇都亚冷抗日救亡工作。1940年10月，转入宝安敌后时，因病经组织同意回家医治，以后病故。

叶子汉，惠阳县淡水沙坑人。入队前在雪兰莪峇都亚冷埠，兄弟四人开春和堂药材店。家有母亲、兄嫂、侄等人，收入颇佳，喜欢帮助别人解决困难，积极参加当地抗日救亡工作。性格活跃，爱唱歌、吹口琴。1940年10月转入宝安敌后，因病经组织同意，到香港看病，后在淡水病故。

还有那些不明下落的队员，如今他们在哪里？也许有的还健在，也许有的已为国捐躯。值得告慰的是，我们绝大部分队员经过战争和复杂环境的磨炼，在政治上、思想上、工作能力等各个方面均得到了提高，没有辜负南洋侨胞的希望，为党、为民族贡献了自己的力量甚至宝贵的生命。

写于1982年10月15日

作者简介：黄炜然（1916—2008），曾用名黄义芳，籍贯广东揭阳县。1926年为寻父随母亲赴马来亚，先后在吉隆坡锡矿和橡胶园做工。1932年参加马共领导的赤色工会、共青团，任共青团区委书记、地委书记兼赤色工会青工部长等职，曾参与组织领导煤矿、锡矿和橡胶园工人大罢工。抗战爆发后参加南洋筹赈会，组织开展抗日救亡运动。1939年5月任东江华侨回乡服务团吉隆坡队队长，率73名爱国华侨子弟回国支援抗战。1940年加入广东人民抗日游击队第三大队。1943年7月加入中国共产党，任宝太线特派室政治特派员等职。

1946年春奉命返回马来亚吉隆坡做华侨工作。1949年2月回国，在闽粤赣边纵工作。中华人民共和国成立后调广州公安总队，1954年调总政治部广州联络局，外派海外隐蔽战线从事统战工作。1970年组织决定撤回，任湖南郴州军分区副司令员、顾问。

东莞大岭山敌后民运工作的回顾

黄炜然

1940年3月8日，在全国性反共反人民的逆流中，第三游击挺进纵队新编大队被迫由惠阳县坪山圩向海陆丰转移，遭受挫折后奉命开赴敌后活动。根据上下坪会议决定，部队整编为广东人民抗日游击队第三大队。同年10月，以东莞县大岭山区为立足点，开展敌后游击战争。

其时，我正于不久前结束了作为代表团成员之一赴韶关慰问被捕的博罗队同志这项工作，胜利返回香港。10月10日，我奉命离港，在惠阳县淡水圩集结了部分同志，由交通员带路与从海丰撤退下来的部分武装同志一起，经宝安县布吉敌据点到达第二大队驻地，然后转赴第三大队驻地大岭山区大环村。从此我就在莞樟、莞太尤其是在宝太线活动，做民运工作，直至1943年底。

大岭山概况

大岭山坐落于广九铁路以西、珠江口东北、莞城之西南方。它的西南部与莲花山相连，而莲花山一侧越过峡谷的寮霄公路就是横跨东莞、宝安两县的马鞍山。大岭山东北方与水濂山一谷之隔，北面与红山接壤，它在这一带可算是一座较大的山了。大岭山上的七姐庙和红山东面及神仙水等地的庙宇，还有烧炭窑、石洞、山谷等，皆是我们部队的宿营地。大岭山脚周围的客家村，也是部队转移活动的驻地。

当时大岭山区附近，敌据点密布。在莞城驻守着日寇、伪军及伪警察麦定唐部，距离大岭山二三十公里的石龙、常平、寮步、太平也驻守着敌人。与大岭山只隔十几公里的金桔岭、大沙等地有时驻有顽军，有时却是伪军安营，霄边也是伪军常驻之地。而伪军麦永部和吴东权部，则分别驻在宝安境内东宝交界的黄松岗和公明圩。

我们的部队不仅面对着数倍于我的敌军，而且由于地方反动势力的存在，斗争环境十分复杂。敌伪在各区、乡均设立了政权机构，但一些乡村的实际统治者往往是当地封建势力的代表人物，即所谓的父老绅耆。他们在台前幕后，或死心塌地或迫于敌人淫威执行敌伪的政令、法令，压榨群众，给我们的敌后活动造成不少困难。像第五区伪区长陈伯轩，怀德的邓龙彪，夏岗的麦浩、麦定棠，沙头的陈辉，乌沙的李鉴、蔡洪，锦下的李仕全、李鹤宾，霄边的蔡锡镛等，都是区、乡中有一定地位的人物。

在这样险恶复杂的环境中，我们既受敌伪的武装袭击，甚至来自观澜、青溪的顽军张光琼部和独九旅、独二十旅、徐东来部、梁桂平部的夹击，又受地方封建势力的排挤打击，加上敌人的“三光”政策，有的群众一时还未觉悟，恐惧彷徨，因此我们部队开展敌后游击活动的任务是很艰巨的。

分布与活动

群众工作是我党我军的根本工作，尤其是这场抗日民族解放战争，若没有广大人民群众的支持和参加，要取得胜利是不可能的。我们的基本任务之一就是深入到群众中去，宣传群众，组织群众，动员群众起来抗日，参加抗日部队，献出枪支弹药，及时报告敌情，协助完成筹款筹粮工作，同时还须组织抗日民主政府，做好持久抗战的准备。

初期大队部曾设有民运部，由高云波同志负责。政训室设立后，民运工作就由政训室领导了，我们的民运工作采取了集中分散多种方式。1941 年春，民运部就组织了一个流动宣传队，我任队长，队员有刚从香港回来的 3 位男同志和何小士、刁慧民、李嫦等十几名女同志。何小士能写能说会演会唱，比较老练，是我们的得力队员。男同志中年龄较大的我们叫他老曾，年轻却有不少白发的我们叫他白曾，身材稍矮胖的青年大家直呼其名陈强，这 3 位同志都是相当活跃的。

我们宣传队起初在客家三洞流动宣传，有时也深入到新区工作，在武装小队的保护下进村活动。我们还曾突击到宝安的公明圩、水贝、罗田和燕村等地，主要任务是宣传我党我军团结抗日的政治主张，揭露敌伪顽烧杀抢的暴行和国民党安内攘外反共反人民的政策。宣传形式是多种多样的，有白话剧、唱歌、演讲、出壁报、刷标语、画漫画、座谈会等，其中最受群众欢迎的是白话剧和唱歌。而家访则是我们活动深入的一种方式，通过家访交谈，我们与群众建立感情，密切了相互间的关系，还可以从中了解到一些有用的情况，这样的宣传确实收到了一定的效果。

后来上级派来了副队长李静同志，她是从国民党十二集团军政治部政工队撤回敌后方工作的。不久，在我患病期间，上级又派来了廖安同志任队长，我被调到大塘后方办事处工作。

为了适应当时的斗争环境，民运工作在一段时间内主要还是以派出工作队员分散活动为主。队员的大体分布情况是这样的：连平乡大环村欧大雄（女）；半山是我、黄志强、刘冠华、庄志民（女）；新屋场吴更（牛特）；髻岭刘春祥、李女（女）；上下山门陈现（陈迪）、颜剑虹、李×娥（女）；大王岭严英、梁励行（女）；牛牯岭邱觉民（邱林）；治平乡的黄潭和绒旗塾分别是徐慧常夫妇和邱训（邱松学），后吴更也调来这里工作；在杨西乡的大雁塘、榕树界一带是陈特、王月娥（女）等人，在这些同志中不少人是从南洋回来参加抗日的。不久我抽调去飞鹅开展工作，后庄志民也去加强那里的妇女工作。宝太线、莞太线各乡村的民运工作常由李达明（李汉光）联系指导，赵学（女）、何佳（女）等人则是长期从事民运工作有经验的老同志了。

开展一个地区的工作，首先必须了解该地区或乡村的基本情况，而且要寻找一条能进入该乡村的渠道。这个问题不解决，我们就只能局限在我军能控制影响的地区活动，工作局面是无法打开的。

在我军控制和影响较大的乡村，民运工作的进行相对来说好办得多。队员直接派到那里，由村里负责安排食宿。那里的群众大都积极协助我们开展各项工作，我们的身份也多半是公开的。客家三洞基本属于这类地区。

在我军影响不大、国民党仍有一定势力的乡村，以及刚开辟不久、我军时有活动的新区，那就要根据具体情况采用不同的方法了。我到飞鹅时就是利用邬强副大队长和该村李锦才结拜兄弟的关系，由李锦才带进村的。我在李家吃住，对外声称我是他朋友。而我去塘下涌工作则是携带由曾生大队长和陈志强政训员写的公函面交该村父老绅耆的。公函内容是说明派我到此地工作，请他们保护协助。

我们部队一时还未能到达的一些乡村，采取了通过私人关系、由学校聘请教员的形式派队员到该村学校任教。如霄边学校，我们就先后派进了3个同志。

在敌占区里开展工作，一般利用我们的基本群众和那里村民的关系，在基本群众的带领下进村，通过他们的亲朋好友，我们一步步地做工作。我在南栅宝安的沙布就是这样做的。

总之，我们在敌后开展民运工作，就是要利用一切可能利用的时机、人物、条件，处处渗透，以扩大我党我军的政治影响，争取更多的人投身抗日救亡运动，支持和协助我军开辟敌后战场，逐步发展抗日武装力量。

向三线伸展

为了给扩大解放区、缩小敌占区的工作打下基础，我们的民运工作有计划地逐步地从大岭山区附近向敌占区、敌控制区深入。1942 年春，我从增从番游击大队调回第三大队后，即被派到宝太沿线各乡村工作。开始在宝安的塘下涌、燕村一带，后来伸展到霄边、乌沙、怀德一大片，其中几个月里我在莞太线工作，后又调回宝太沿线来了。

在宝太线活动的同志，霄边有张嫦（张希仕），她住在霄边村头，比较隐蔽。袁庚同志在这里做统战工作，工作对象是乡村的上层人士、敌伪军特别是麦浩等人，争取乡间的散匪改邪归正，为抗日出力，成绩比较显著。麦浩一个时期曾被争取过来，利用其兵力与我部合作，一举全歼了盘踞在宝安黄松岗之麦永部。但他后来又脱离了我们，龟缩在太平敌据点内。他曾派出一个中队驻守北栅，后被我军消灭。

何永鎏、梁静宜（梁瑞华）从香港回来后，利用私人关系被派到霄边学校工作，公开身份是教员。何永鎏调走后黄少真（黄河）又被派去任教。随着形势的发展，她们的工作变为半公开性质的了。

李森（李宝琴）和陈康以乌沙李屋为落脚点在乌沙一带活动，北栅一带有马朴等同志，严英在这里负责情报工作。

太平敌伪据点内和靠近据点的附近乡村也有地方党的同志活动。如太平、虎门、圳口有黄永光（黄植基）、万容枝、万柏棠（万明）等；据点附近的博美有欧培、欧灿等；卢屋有卢苏。

因此，宝太线上东莞这一段及宝安的一小部分逐渐为我党我军公开或秘密控制。一般说来，敌伪的一举一动我们都能得到情报及时了解。

在宝太线上设有 3 个税站。北栅税站由刘振光、钟成负责；乌沙税站由黄永裕负责；燕村税站由李和负责。因他们在乡村活动，也都做群众工作，我们自觉地相互联系，相互配合，相互支持。

分布在翟家村的陈剑雄，袁屋村的黄英，石鼓的王雅宜（女），赤岭的卢锋、陈明（女）及一段时间在白马的我和黄河（女）都是在莞太线乡村开展民运工作的。在莞太线上的厚街、河田、双岗等地，参加我们部队的同志比较多。至于莞樟沿线，有梁杰（袁少屏）、黄志强、陈淑姬（女）等同志，另外还有黄琴（黄启帆）、陈化（陈永）常在莞太、莞樟线上做上层人士和敌伪的工作。

我军武装部队亦常在这三条线上的各乡村活动，伺机突袭敌伪据点或伏击出动的敌军。有武装作为后盾，这对民运工作的顺利开展起了重要作用。部队所到之处，伪政权保甲长和坏分子慑于我军威力，不敢轻举妄动，群众也可以大胆接近我们。

有一段时间，以钟森指导员和赖伟南小队长率领的小队在宝太线不时袭击敌伪军和地方上的坏分子，他们的密切配合给了我们以极大的支持。一次，我们得悉驻在公明圩的伪军有一股要路经燕村、塘下涌开往霄边，我们和小队的同志决定在塘下涌背后两座山上埋伏，因两山之间是伪军的必经之路。果然伪军毫无察觉地进入了我们的伏击圈，我们以密集的火力打得敌人措手不及，吓得他们狼狈不堪地退缩到燕村右侧的山上，我们遂向马鞍山方向胜利转移。

李鹤宾是锦下村的恶霸地主，因妨碍我们开展工作，钟森率队突进该村欲将他抓起来。恰巧他不在，我们便没收了部分资财，以示警告，从此他的态度有所转变。

乌沙的李鉴、蔡洪这种人在农村是“烂仔”之类的人物，在村里有一定势力。李、蔡二人曾经靠近我们，后来在麦浩威胁利诱下变得更坏了。他们参加敌伪军对大岭山的进攻，在袭击我军时拾获一支步枪，但对我们仍玩弄两面手法。奉上级命令，钟森同志率小队执行逮捕李、蔡二人的任务。我们先在怀德瓦窑村开了个“军事会议”，决定由我和队员黄松去乌沙，假说袁庚来了，请他俩去一趟瓦窑。袁庚同志因工作关系和他俩较熟，估计他们会跟我们走的。这二人平日惯吸鸦片，待他们吞云吐雾大意之时，由我设法将李鉴身上的左轮搞到手（因李枪法好），此刻黄松等队员再持枪闯入将其二人捉住。这次行动完全是按预定计划进行的，李、蔡二人束手就范。不久他们被押回乌沙公路边枪决了，受欺压的群众皆拍手称快。

武装的配合给民运工作创造了有利条件，民运工作又给武装活动的开展打下了群众基础。随着我们工作的深入和我军威望的日益提高，团结在我们周围的群众越来越多，抗日力量不断发展壮大。

敌后历艰险

在三角地带，各种力量之间的斗争是激烈而又复杂的。敌、伪、顽对付我们通常是利用伪政权的乡长，保、甲长和地方势力收集我方的情报，侦察我们的动向。在这类人中，有卖身投靠敌人当汉奸的，也有国民党顽固派在乡村中的代表人物。他们多数人对我们缺乏了解，存有畏惧心理，唯恐自身利益受到损害，因而摇摆不定。对个别极坏的地主恶霸和死心塌地的敌伪走狗，我们采取孤立打击和镇压的手段，既为民除害，又为开展工作扫清障碍。怀德的邓龙彪和前面说到的李鉴、蔡洪等就是几个例子。但对大多数人，我们都是以团结争取为主，使其起码不要与我们为敌，妨碍我们活动。他们当中有些人，像霄边的蔡锡镛、锦下的李碧光等还为我们做了一些好事。

敌人用以对付我们的手段还有化装成各种商贩和修补匠的密探在乡间流窜，打探我们民运队员的活动情况，袭击我单独活动的同志。对我们威胁较大的是敌、伪、顽军的突袭。他们不仅时常出动骚扰，勒索群众，烧、杀、抢、抓人，还往往夜间包围村庄，天亮进村搜索，将群众集中到晒场或祠堂里查对，威逼群众认人，想方设法捕捉我们。严酷的斗争环境使我们不得不采用灵活多变的对策，以便坚持开展工作。

改换或编造多个籍贯姓名是我们常用的方法。其作用一是可以迷惑敌人，让他们无法搞清我们活动区域的人数；二是万一不幸落入敌手，不致使家人亲属受连累。如有段时间从宝安的李松朗、罗田、燕村、塘下涌，沿宝太线到霄边、沙头、怀德、北栅直至敌据点太平，长约30多公里的线上，其他做民运工作的同志都先后调走了，只有我一人在这片地区活动。因我同时用了几个化名，敌人摸不清我们究竟有多少人在这一带活动，想抓人也无从下手。

我们还要求比较隐蔽的同志尽可能不暴露身份，以职业为掩护，秘密进行工作。公开和半公开的同志则多在晚上活动。情况紧张时期，在下半夜里我们一两个人和基本群众一起视情况变化，或转移到山沟、密林、窑洞、茅寮；或在田坎下、咸田基围芒草中、河涌的闸寮里过宿，待天大亮后观察村中无异常动静才入村。若发生情况，就只得绕到其他村子去，待敌人撤走后即回村开展调查工作，安慰鼓励群众，揭露打击敌人。

被敌伪顽军包围、袭击、捕捉的危险是经常存在的，尽管我们采取了相应措施，但敌情是很难预料的。在敌众我寡的情况下与敌人遭遇往往给我们造成一定的损失，形势紧张、环境恶劣时，我们的活动也更加艰难。

1941 年 5 月 25 日，东莞水乡道滘的伪军刘发如部偷袭我大岭山地区，在上下山门做民运工作的同志陈现、颜剑虹、李×娥三人拂晓时突遭包围，不幸被捕，当场被敌人枪杀，光荣牺牲。

同年冬，由于顽军大规模的侵扰，我军大部撤出大岭山根据地，留下小部队分散坚持斗争，形势十分险恶。当时我是大塘后方办事处的书记，我们在办事处主任张英的带领下转移到杨西乡的一个村子。一日拂晓，忽闻邻村枪声甚密，原来是陈创中队与敌遭遇，损失不小。我们只得又向莞樟线主山转移，此地已离大岭山二三十公里，但情况仍很危险，我们不得不分散行动。张英、李南夫妇以及我和几个同志先是转到莞城附近棠梨涌祁兴同志家里，不几日人员再度分散，我和涂红（涂夫）还有一位姓劳的同志隐蔽在江城洲紧贴李顺（地方党员）家的炮楼上。

1942 年春的一天，金桔岭的顽军突然包围霄边，对在学校任教的梁静宜产生怀疑，将她带回金桔岭审问。因查不出证据，加上该乡乡长出来保释，只好放人。而我们的同志在各乡村不幸遭敌包围的事时有发生，陈剑雄同志就是因为在莞太线上的翟家村工作时被前来骚扰的敌伪军发觉，在持枪抵抗中不幸牺牲的。

我自己也亲身经历过几次险情。一次是在连平圩购买物品时，碰上驻在大沙之顽军陈禄部出动骚扰。霎时圩场一片混乱，各商号纷纷关门。我眼见走不出去即闪进一间药材铺躲避，幸好我们的队伍和吴庚稳率领的大环村自卫队前来赶跑了顽军，我始得平安无事。

另一次是在塘下涌时，我和基本群众黄九妹（男）在村前田坎下夜宿。天亮后见已有村民荷锄出村，村前塘边亦有人走动，按理不会发生敌情的了。我大步进村，正与村民交谈之际，忽见马鞍山方向围头塘边，一队黄衣人马奔村头而来。我马上意识到顽军来了，当即拔脚向村后穿去。“烂仔”黄桥，因受地主黄全之托转移他的驳壳手枪，也在此时冲了出来。不料村后山脚下又插过来一队顽军，我们即冲过开阔地翻过小山坡，这时后面传来顽军的喝令声，不知哪来的一股劲，我跑得更快了。顽军开枪了，子弹在身后追着，我们仍不停地向燕村方向飞奔。过了燕村，到了罗田，我们才停下来松口气，这时才发现自己的手指在流血，是被弹头打飞的碎石碰伤的。

1943 年夏的一天，太平据点的日寇、伪军夜里悄悄地包围了霄边，占领了村后的将军山，堵住了各个路口，于拂晓进村搜索。是夜我以为不会有敌情，没有出村，蔡福祥知情后即前来拍门报信，告知村子已被围住，走不出去了。外面，“酒保”奉乡长之命在巷里打锣，叫大家到将军庙榕树下集合，皇军有话说。情况万分紧急，我迅速爬上房顶，沿邻舍屋顶而过，在祠堂（学校）横廓下面的瓦沟里趴下。从这里可窥见将军山顶架起机枪的日寇，也能听到敌人搜查学校和对话的声音。我手上紧握着小号左轮，一动不动地注视着敌人可能爬上来的方向，准备着一旦被发现即开枪抵抗。所幸的是敌人并未想到去搜查房顶，这一次我又侥幸脱险了。事后听说敌人将村民和学校师生分开，以糖果引诱学生唱歌。学生们甚为机灵，只唱普通的歌而没唱那些抗日救国的歌曲。敌人抓不到把柄，就把全部教员都押上车带回了据点，我们的同志梁静宜、黄少真也在其中。她们在太平被拘留了 10 多天，敌人怎样审问均得不到实据。同时我们找到伪乡长蔡锡镛，晓以利害，并通过他做伪区长陈伯轩的工作，多方疏通，最后被拘留的教员全部得到了释放。

敌人的突然袭击固然是难以提防的，但有时我们自己的大意也给敌人造成可乘之机。有一次，北栅村对面不远的博头圩，奸商将收购的谷子用几条大木船运去太平资敌，我军接到群众的报告后即由翟信带领队伍打进去，我们则组织群众跟着把装上船的谷子全部搬走。此事必会惊动太平之敌，可我们却没及时全部撤出北栅。事隔 3 天，敌伪军大规模出动包围这一带，演出了所谓“北栅事件”。我们冲出了部分同志，但有好些人被捕了。敌人将被捕的同志押送到广州，我们受到了不应有的损失。是夜我和李达明、李森等人宿在怀德公路边一个小村庄的禾草堆里，拂晓的枪声清楚地告诉我们出了什么事，但我们只能满怀忧虑地向乌沙方向转移。

群众的支持

鱼离开了水就不能游弋，人民军队离开了人民群众就无法生存。在艰难困苦的岁月中，在犬牙交错的斗争环境里，人民群众给了我们巨大的支持和力量，为抗日战争胜利作出了不可磨灭的贡献。

宝安县黄松岗塘下涌有位桂香老太太，2 个儿子、1 个媳妇和 2 个小孙女一家 6 口住着两间破旧的泥砖屋，饱一顿、饥一顿，每逢青黄不接之时，擂米糊煲南瓜充饥，还要常到上下屋人家借粮度日，生活是极艰辛的。我被派到该村工作，初时就是住在这一家。以后我军过往人员没有不在这家歇息的，尤其是小鬼交通员陈永、李嫦（女）与这一家人混得很熟。凡部队驻扎该村，桂香全家都出来帮助做事。一次，桂香带信去客家洞大队部，路经大塘时被顽军拘留施刑审问，她表现坚定，不吐真情，又没有让敌人搜到信件，数天后被释放回家，神情安然地向我们报告了事情经过。她的小儿子黄九天后来也参加了我军，由于身强力壮，在部队里扛机枪和穿甲枪，作战英勇，曾任班长、小队长，后听说担任了中队长。可惜后来一直没有他的消息，生死不明。

塘下涌村子左侧有一条涌，从水贝、罗田、燕村穿过洪桥头直入珠江口。东莞宝安两县部队人员往常要经过这里，因每逢大雨或涨潮时水面宽且水深，须临时架设简桥才能通过。好几次大部队过往又适逢水涨，情况紧急，我就发动村里的年轻人想办法，主要是依靠黄九妹和黄九天兄弟、黄月稳兄弟、黄金水兄弟以及黄九享兄弟、黄惠堂兄弟和黄咸高等十几二十人。他们扛来杉木、门板为部队架桥，特别是祠堂的门板又长又大又笨重，抬到渡口是颇费劲的。有一次因时间紧，他们就站在水中用肩托门板让部队通过，当时过桥的同志都非常感动。

一天，我军在莲花山附近与顽军发生战斗，有 3 名战士携带着一挺轻机枪被冲散，后来到塘下涌找到我，我和黄九妹安置了他们。几天以后没有发现什么敌情，就让战士们归队了，但机枪要暂时留下来，因为带着它行动很不安全。黄月稳很痛快地答应把那挺轻机枪藏在他家炉灶烟囱里，这是很不容易的，若要遇到敌人搜村，其危险可想而知。后来，战士们与部队联系上，形势缓和些才派人把这机枪取回。

这个村的青年黄金水参军前就是我们的基本群众，到部队后表现也很好。在一次随何维（李少峰）由涌头向塘下涌执行特殊任务的途中，于东宝两县交界与从公明圩前来霄边的伪军遭遇，双方交战，由于敌众我寡，黄金水机智地转移到路边土坡上掩护何维撤走，自己却不幸中弹牺牲。事后我和黄九妹把他抬到塘下涌右侧山头斜坡上，让他母亲和哥哥见最后一面，就地安葬了。

国民党新一军用填空格战术进攻我游击区时，大部队转移了。我和新五区区长万柏棠带着小队伍奉命向国民党占领区迂回，在马鞍山山谷、树林、窑洞里隐蔽，塘下涌黄溥一家冒着被敌人烧杀之危险为我们煮茶送饭。其年迈的母亲麦日敬挑着茶饭送到山里来，后又将我们带到村中，隐藏在其叔父黄兴培的柴草间里。他们家里的人不仅为我们送饭，还帮我们收藏枪支弹药。这在当时如此恶劣的形势下，不是一般人所能做到的，村里知情的群众也都自觉地为我们保密。

蔡如平老人是这一带有威望的人，大革命时期任过省农委委员。大革命失败后独自一人隐居在家中，生活靠其弟蔡满福维持。他平时以写大字为趣，最好写一笔连成的“国”字，笔锋颇有劲力，很受群众赞赏。我们来霄边活动后，他极力帮助和支持我们。以后新五区联乡办事处成立时他担任了办事处主任，区政府成立时又任区长。东纵北撤时他转移到香港西营盘陈均平（陈履之）家居住，1948 年逝世。蔡如平的亲房蔡锡镛、蔡九荣、蔡九炽、蔡九新、蔡九许等兄弟都不同程度地帮助过我们。有他们出面，我们在村里开展工作会顺利一些。像霄边学校校长蔡九许，就是通过他写聘书，我们的同志才得以进该校任教。他在霄边圩开了一间万丰号，有个时期袁庚等同志因工作关系常在他家出入。伪军王天龙营驻扎将军山时，我曾做过其部下欧连长的工作，而我与欧的接触也是由蔡九许牵线在万丰号阁楼上进行的。我们所征收的公粮在敌情紧急时有些就由他帮忙贩运变卖，当然他亦从中得了利。不过抗战胜利，我军退出这个地区后，此人变坏，为敌所用了。

在霄边还有一位叫张倩芳的妇女，其夫陈伯伟在村里有些权势和土地。张倩芳专为产妇接生，收入可观，但对穷苦人时常减收或免收。她爱国，为人豪爽，有正义感，对我们部队的同志特别热情。尤其是对体弱多病的梁静宜及其弟弟的关心可说是无微不至的了，领导同志也常到她家中座谈。她的女儿陈淑姬后来也参加了我们部队，在英德牺牲了。

在帮助过我们的人中，多数是出于爱国热情支持我们的，也有极少数人是见风使舵，为维护自己利益不得不做点好事。但只要不是与抗日力量为敌的，我们都尽可能争取。初期，“恐日病”和“正统观念”在群众中尤其是在各乡上层人士中有一定影响，有的群众不愿意我们在当地与敌交战，甚至为此派代表请求部队。我们用事实帮助他们了解我军，认清敌人。随着时间的推移，群众的思想有了很大转变，不仅消除了顾虑，而且还有力地协助我军战斗，有的青年还负责侦察、带路和联络等工作。部队打了胜仗，群众就抬着猪、鱼虾和禾花雀等物品前来慰劳。我们在各乡都有像黄金水、黄九妹那样的积极分子，另外，一些有热情、有文化、追求进步的青年也主动向我们靠拢。如霄边的蔡秩成、蔡金亮（蔡文侠）和蔡咸彤等青年，在我们担任教员的同志领导下组织了农业研究社，以团结更多的群众。这些青年在斗争中觉悟不断提高，其中有的人先后参加了革命。蔡秩成还于 1943 年加入了中国共产党，成为无产阶级先锋队的一员。

军民创伟绩

在整个国际形势和国内形势的有利影响下，更重要的是由于我党的正确领导，我军的顽强奋战和广大人民群众的努力，敌后工作的局面一步步打开了。游击区不断扩大，敌占区日渐缩小，人民群众更加坚定了抗战必胜的信心。

在群众的大力支持下，我军在敌后战场与敌人进行了无数次较量，粉碎敌、伪、顽军的进攻，保卫大岭山根据地和人民群众的利益，取得了一次又一次的胜利。

据统计，自 1940 年至 1943 年底，3 年多的时间里，我军在战斗中，缴获敌伪顽军轻重机枪 40 余挺、步骑枪 800 余支，还有一大批军用物资。黄潭战斗是我军开赴敌后的第一仗，它打出了人民的信心，鼓舞了部队的斗志，使群众看到抗战胜利的希望。而在翌年 6 月的百花洞战斗中，我军和大岭山区各乡抗日自卫队及广大群众密切配合，沉重地打击了进犯百花洞的数百名敌伪军，充分显示了人民战争的威力。1942 年国民党顽军正规部队和地方部队共五千余人疯狂进犯我区，顽军 187 师师长张光琼口出狂言，要在 3 个月内消灭我们。经过数月奋战，我军在人民群众的支持下，以不可战胜的姿态活跃在敌后战场，使顽固派的美梦成了一枕黄粱。而 1943 年底的反“扫荡”胜利则更为鼓舞人心，那次日军出动了五十七师团主力两个联队和驻莞城、石龙、太平部队，会同伪军三十师共 9000 余人用“铁壁合围”战术包围了大岭山区。我军灵活机动，突出重围，并乘敌后空虚，频频出击，迫使敌人慌忙撤退，“万人扫荡”以失败而告终。

我军的胜利，震撼了敌人后方，动摇了敌、伪、顽的统治，使人民群众增强了抗战必胜的信心，同时也给我们的工作带来了十分有利的条件。各乡的抗日民主政权和群众组织相继建立。如连平乡和霄边就分别成立了联乡办事处，后又在此基础上建立了新一区人民政府和新五区人民政府。各村的自卫武装多数逐渐为我们所掌握，成为抗日自卫队，妇女会和儿童团也先后组织起来了。

由于形势发展的需要，在上级领导下，我们在新五区组织群众，发展建立了脱产的武装队伍。初期队伍只有几个人，还要借用群众枪支，后来壮大到六七十人，几十支枪并有两挺轻机枪。这支队伍在乌沙设有税站，自供自给。它敢于伏击宝太线、莞太线的敌伪军，战斗力由弱到强，胜利也由小到大，上级机关后来把我们这支队伍编为镇平队。镇平队受到群众的热爱和支持，是当地名副其实的人民子弟兵。

由于太平洋战争爆发，海外华侨和港澳同胞对我军经济上的援助中断了，部队给养成了大问题。我们搞民运工作的同志在上级布置下开始向乡村的开明士绅、地主借粮募款，同时在各地设立税站征收行商税款。征收办法是：首先调查各村有多少田地，做到心中有数；第二，在掌握了情况之后便召集村中有地位的父老绅耆开会，宣传我军征收公粮的必要性并说明民众有缴交抗日公粮之义务，最后议定实际缴纳数目和缴纳日期，立下一张由到会各方签字的字据；第三，征收时一般以每担谷子的时价折款缴交，特别是在形势紧张期间。我们的税站设在人们过往必经的路边，向过路的商贩征收商税，款额多少不定。税站的工作人员时有被化装的敌人袭击的危险，只要我们做好群众工作，他们也会协助我们识别暗探或主动报告敌情的。我们所收到的粮款通常由可靠群众分别暂存家中，然后在夜间武装护送回大队部，所以部队的给养主要是来源于人民群众。形势的有利发展，抗日民主政权和群众组织的建立，使人民群众增强了胜利信心，大大提高了交粮交款的积极性，减少了部队的后顾之忧。

从数年民运工作的实践中，我们深深体会到：人民军队只有依靠人民，深深扎根于群众之中，才能生存、发展、壮大。八年抗战，人民群众为我们军队输送了多少优秀子弟，牺牲了多少亲人，承受了多大的风险。我党我军以东莞大岭山为立足点，开辟敌后游击区，发展成一支强大的人民抗日武装，这些成绩的取得固然离不开党的正确的路线、方针和政策，以及坚强的领导，同时也离不开大岭山区人民群众的大力帮助。归根结底，人民战争的伟大力量来源于人民群众，没有广大人民的拥护和支持，就不可能取得人民战争的胜利。“人民，只有人民，才是创造世界历史的动力”，这是一个颠扑不破的真理。

我们回顾过去的战斗岁月，缅怀那些为祖国的今天流血牺牲的优秀儿女，是为了鞭策自己，保持发扬过去战斗年代的那种精神，继续为祖国的未来发光发热。同时，也为了使我们的同志牢记：离开了人民群众，我们将一事无成。

写于 1984 年 12 月

抗战时期东莞大岭山妇女运动片段

刘　清

抗战时期，东莞县大岭山区是东江纵队早期建立的抗日根据地之一。我曾三次进大岭山区，对大岭山区人民感情深厚，是他们支持我们赢得了抗日的胜利。大岭山的一山一水、一村一舍，使我永远难忘！

1938 年 10 月，日军在大亚湾登陆。我参加了中共东莞县委领导的抗日模范壮丁队，开进了大岭山区。我们既是战斗队又是宣传队，在此播下了抗日的种子。我在壮模队时间不长，就随王启光同志到宝安去了，但大岭山人民的抗日热情，给我留下了深刻的印象。

1940 年秋，部队东移受挫后，曾生同志率领三大队重返抗日前线——大岭山区，抗击日寇。中共东莞县委为配合部队开创大岭山抗日根据地，于 1941 年下半年成立大岭山区区委，黄庄平同志为区委书记。当时大岭山区有 8 个乡，即：连平乡、杨西乡、环治乡、日河乡、大沙乡、塘朗乡、犀杨乡、金桔乡。毛主席说："枪杆子里面出政权！"根据地要靠部队保卫，部队要有后方支持。所以部队一开进山区，就派出一些较强的干部去各乡担任办事处主任，如塘朗乡张英同志、连平乡黄琴同志、杨西乡刘荫同志都是当时部队较强的中队干部。他们在那里发动群众开展减租减息运动，组建民兵，农抗会、妇抗会等抗日群众组织，开展统战工作，为建设抗日根据地打下牢固的基础。当时部队作战活动区域，北至东莞县城，南至太平镇一带，西至厚街一带，东面是国民党反动派盘踞，所以莞太区、宝太区党的组织也划大岭山区委领导。我在 1941 年夏从莞太区调去区党委训练学习，结束后，曾在塘朗乡担任中心支部书记。同年 9 月，反动派对我根据地发动进攻，大岭山区人民经受了一次严峻的考验。当时我住在民兵队长黎家齐家，他有老母亲、新婚的妻子和一个弟弟。我改名为叶淑清，白天做群众工作，晚上组织男女青年读夜校，全村男女老少对我很热情，都叫我叶姑。旧历八月十四日敌人包围了整个村庄，烧杀抢掠，搜捕游击队员，家齐带领民兵上山抵抗敌人，不幸牺牲了。他年老的母亲和怀了孕的年轻妻子，心中燃烧着复仇的怒火，忍着悲痛替我化装成客家妇女，叮嘱我要请部队替他全家报仇。家齐的弟弟对我说："叶姑，有我就有你，跟我走，找部队去。"于是我从小路安全退到大王岭村。后来我和黄业等同志在山上掩蔽，家齐的家属尽管生活极困难，还想办法冒险做饭送到山上给我们吃。这是多么好的群众，多么坚强的妇女啊！今天我是幸存者，怎能忘记得了他（她）们呢！不久，我奉命撤出大岭山区到了宝太区。

1943 年秋，部队粉碎了日军对大岭山区所谓“万人扫荡”之后，部队发展壮大了。路西东宝两县解放区已连成一片。1944 年，成立了东宝行政督导处，东莞相继建立了几个区的政权。形势大好，鬼子的末日将至，抗日胜利在望。1945 年初，何清大队撤离东莞水乡，我又从水乡到大岭山区并参加区委工作。当时大岭山区的抗日运动，开展得蓬蓬勃勃，如火如荼，我从地下工作生活环境走到了解放区，顿时心花怒放！更使我高兴的是大岭山区妇女运动更上一层楼。这里我回忆几件事情。

一、妇女参政

东宝行政督导处为积极贯彻中共中央关于建立“三三制”政权的指示，以团结各阶层民主人士共同抗日，1945 年春节过后派出民主建政工作队到新二区（大岭山区），选定连平乡作为民主建政试点，区委和区政府将督导处这一指示作为一个重要任务来完成。参加建政工作的同志深入到各村，宣传群众，发动群众，积极参加建政，经过酝酿由各村推选出乡人民代表，然后召开乡人民代表大会选出乡参议委员会参议长及正副乡长，选举结果原乡妇抗会会长赖有娣（女，髻岭村人，党员）为乡参议员，刘元娇（女，大王岭村人，当时是非党员）为副乡长。

妇女参政，享有和男子一样的政治权利，这是了不起的大事，是妇女政治上解放的体现。中国妇女几千年来受尽封建礼教的压迫和束缚，旧社会从没有过妇女当省长、县长、乡长、村长的，只有在共产党领导下解放区才有这翻倒乾坤的事。当时我为妇女参政而高兴而欢呼！

二、与神权作斗争

1945 年春夏间，已有半年时间没下过雨。大岭山是个山区，春播秋种全靠天吃饭，天不下雨水稻田就无法播种插秧。老年人特别是老年妇女，就信守过去的旧习惯，一遇天旱就想组织妇女敲锣打鼓手执香火到马山庙拜神求雨。区妇女会会长吴石娇同志知道后跑到区委、区政府，请示如何办，区的领导明确指出，这是一种封建迷信愚昧的行动，妇抗会要立即分头去做工作，说服各村妇女不要组织和参加拜神求雨，并要宣传人定胜天，组织力量去挖掘山中泉水疏通灌溉渠道。吴石娇同志表示坚决照办。妇女会同志们的努力，提高了群众的觉悟，一场拜神求雨的行动被制止了。

这次抗旱斗争的胜利，是妇女反神权斗争的胜利。中国妇女几千年来除受封建礼教的压迫和束缚外，还受神权的禁锢，在旧社会不知多少妇女受神的愚弄断送了丈夫、儿女的生命，所以这次抗旱斗争，大岭山区妇女接受了人定胜天的思想，勇敢地起来反对拜神求雨，这是大岭山区妇女思想觉醒和解放的表现。

三、妇女在反抢粮斗争中的作用

敌人搞以战养战，常常就地抢粮。宝太区是我解放区主要的产粮区。过去盘踞在宝太线的汉奸土匪头子麦浩、陈太，平时龟缩在太平，一到稻熟时节，就随鬼子到宝太线一带抢粮。而这个区解放不久，群众基础没有大岭山好。1945 年 6 月督导处下令大岭山山区动员民兵去帮助宝太区保卫夏收，要求一个星期内把粮食抢收回来。区委、区政府动员后，3 个民兵大队 1000 多人，全副武装，由督导处副主任王士钊同志指挥，迅速完成了抢收任务。

大岭山走了 1000 多民兵，也就少了 1000 多个强劳动力。但是，全区妇女一经动员立即响应，纷纷表示：家里农活，由我们妇女承担，鼓励亲人放心到前线保卫夏收，武装抢收。有些村的妇女，自动组织互助组，劳动力多的强的，帮助劳动力少的弱的，共同克服困难。如张家山李牛同志带领环治乡民兵出发去了，家里只剩下妻子带着未满 2 周岁的儿子，村里的妇女就帮她把稻子割回来，而她又主动帮别人晒谷看孩子。

这次抢粮斗争中客家本地妇女承担农活干得很出色，保卫夏收的任务完成后，督导处通令表扬大岭山的民兵和妇女。

我三进大岭山，第一、第二次的时间很短，第三次时间长些，一直坚持到“东纵”北撤。大岭山区妇女运动出现许多可歌可泣的事迹，如大雁塘村模范妇女吴石娇，她抗日初期就参加了中国共产党，丈夫在战争年代献出了生命。她带着未成年的子女度过艰苦的岁月，坚持斗争直至全国解放。大公岭村老农会会员（大革命时期）、老党员邝应桃的妻子，她一家在斗争最艰苦的年月里，全心全意支持部队，掩护部队同志。同志们都称她阿娘（妈妈的意思）。大环村共产党员黄仁宽夫妇数年如一日，冒着生命危险，不惜房舍数次被烧，掩护部队情报站站长吴更同志在她家里坚持战斗。部队北撤后，他们处境更艰难，黄仁宽同志被敌人追捕不能回家住，他的妻子被抓走了，两个女儿就是跟着母亲坐牢给敌人折磨死的。

大岭山区根据地这些平凡的妇女，英雄的姐妹，实在使我难以忘怀。

作者简介：刘清（1923—2003），女，1923 年出生于东莞，1938 年 10 月参加东莞抗日模范壮丁队，1939 年 4 月加入中国共产党。抗战期间曾任东莞水乡区委组织部部长、东莞大岭山区委组织部部长。北撤时任妇女大队三中队指导员。在华东党校学习两年，1948 年任三野二线兵团政治处技术书记，1949 年任华东军大高级步校政治指导员（营级）。中华人民共和国成立后历任燃工部电力管理局人事科副科长、南京工学院系总支书记、林业部东北设计院党委副书记、华南工学院组织部副部长。

《前进报》简史

杨　奇

1942 年

1942 年 1 月，中共中央南方工作委员会为了加强广东武装斗争的统一领导，决定成立广东军政委员会，下辖抗日游击队总队以及司令部政治部。部队政委尹林平与政治部主任杨康华等人商定：应即出版一份代表司令部、政治部发言的机关报——《前进报》，由杨康华直接领导。

1942 年 3 月 29 日，《前进报》创刊，杨奇任社长。《前进报》一诞生，就处在敌、伪、顽（国民党打内战的军队）的三面夹击的环境之中。为了坚持出报，报社的战友在深山密林中，把军毡作为帐篷，把藤篮工具箱作为桌子，就这样进行编辑、誊写蜡纸、油印工作。为了在雨季中能够出版，曾经在宝安塘塱山脚搭建茅寮作为报社，山顶就是日军面向深圳的梅林炮台。

这一年夏天，国民党徐东来的部队远道奔袭宝安游击区。报社两次在夜间越过日军的封锁线，转移到香港新界地区坚持出报：一次是在沙头角海边，另一次则是在大埔圩林村的黄蜂寨山上。

1943 年

1943 年，是曾生、王作尧部队在东莞、宝安、惠阳地区连续打击日伪，取得辉煌胜利的一年。1 月下旬，总部在香港新界乌蛟腾村召开了重要会议，作出了十项决定，其中一项是：深入敌后，发展新区。为此，政治部对工作作了新的部署。例如，在东莞县厚街设立了后方政治部，由李东明、黄文俞等负责。随后不久，政治部主任杨康华也到了厚街，按照延安整风运动的文件，主办高级干部整风学习班，并通知我参加学习。

为了照常出版《前进报》，我将报社的油印室迁至厚街附近的双岗村，编辑室则安排在厚街镇一间古老大屋内。紧挨着我们编辑室的巷子，中间隔着一堵高墙。高墙的那一边，住着几排伪军，他们不时发出吵骂之声，我们都听得清楚。厚街与双岗之间的稿件传递工作，是由当地一位老太婆和一位“小鬼”担任的。就这样，《前进报》在这里出版了 3 个月，始终没有被敌人发现。

这一年，由于报社接近政治部，杨康华主任加强了对报社的领导；同时，由于环境比较安定，出版期比较正常，而且每期都发表一篇社论。例如，从第 37 期到 49 期，各期的社论题目依序是：《齐心合力打敌伪》《迅速制止内战危机》《制止内战，粉碎敌人的进攻》《请问叶指挥官》《声讨无法无天的罪行》《全东江人民站起来，把内战、投降的反动派打出去》《目前时局的出路》《国民党往何处去》《严重的形势与伟大的胜利》《爱国的党派、军队和人民总动员起来保卫东江》《和敌人开展坚决勇猛的斗争》《论今天的敌后斗争》。这些社论，都是由饶彰风、黄文俞和我 3 人分别写的。

这一年的 11 月，日军打通了广九铁路之后，出动“久留米师团”一部分连同莞城、石龙、虎门等地的日伪军共约 8000 人，采用“铁壁合围”战术，向东莞大岭山根据地发起“万人扫荡”。随后又对宝安地区连续进行“十路围攻”。与此同时，敌人还在它的“和平区”发动了“清乡”。这时，报社的处境十分险恶。当我们将河田乡的编辑室和桥头圩的油印室撤出之后，在官尾厦村住了几天，便收到政治部的指示，要我将报社转移到大鹏半岛靠海边的鹅公村去，并通知将黎笑留任东莞、徐晴调去宝安，以便于加强这两县的油印室。

于是，我和涂夫、石铃3人起行，从西往东，白天走路，晚上编报。《前进报》第50期1944年新年号，就是由我编辑，涂夫、石铃刻写蜡纸，最后请惠阳大队油印室代印的。这一期的内容主要有：《中共中央向敌后斗争的军民贺新年》、尹林平政委的《反法西斯斗争的胜利与我们当前的任务》、曾生司令员的《五年抗日战争的回顾及今后的努力方向》、杨康华主任的《新年献词》等。出版之后，我和涂夫、石铃又匆匆上路，在大年夜前夕赶到大鹏半岛的鹅公村，与新调来报社的李冲、刘毅、黄稻、郑安、郑盾等同志汇合，大家高高兴兴地过了一个农历新年。

1944年

这一年，大鹏半岛环境比较安定，《前进报》社先是设在半山的鹅公村，后来则是在西涌乡；从51期到76期都是在这里出版的。

6月11日出版的第62期《前进报》上，刊登了美国第十四航空队一级中尉敦纳尔·W·克尔感谢东江纵队营救他的信件。原来，在这一年的2月11日，克尔奉命率领12架轰炸机从桂林起飞，到香港轰炸启德机场时，他的飞机不幸被击中，油箱起火，克尔脸部和脚部烧伤，他跳伞逃生，降落在新界港九大队的地区内。日军派出部队上山搜捕他。正当危急之际，港九大队的“小鬼”李石刚好路过，把克尔带到一个山洞躲藏起来，立即返回部队报告。当晚，女游击队员李兆华便带了棉被和食物给克尔，并和李石一起把克尔转移到更为安全的北围村山洞内。经过16个日日夜夜的救护，港九大队把克尔中尉送往设在惠阳县大鹏半岛海边土洋村的东江纵队司令部去。克尔受到了曾生司令员的热情慰问和接待，休息了几天，便被妥善地送往惠州转往桂林，返回美国第十四航空队基地。

在《前进报》上，还刊登过威廉·列夫柯等五个美国飞行员的感谢信。他们在1944年5月26日从桂林起飞，到大亚湾发现日本军舰便低飞轰炸。战斗中，他们的飞机被日舰的机枪击中，被迫降落，坐橡皮艇逃生，为东江纵队海上队救获，给予治疗，并殷勤招待，然后把他们送回桂林基地去。正是由于这些营救飞行员的事实，引起美国军事当局认为应该重视与敌后游击队的合作。

1944年7月，美国出版的《美亚杂志》曾以《东江游击队与盟国太平洋的战略》为题，详细论述了东江游击队的作用与援助这支部队对于在太平洋反攻的战略意义。

《前进报》在大鹏半岛出版期间，司令部、政治部曾经联名发出《关于加强〈前进报〉工作的决定》，除了要求报社继续改进编辑业务和印刷工作外，还向全党全军提出培养工农兵通讯员、健全发行工作、组织群众读报会等要求。为此，我们从各方面加强工作，并派出特派员到各地检查，具体协助各地发展通讯员网，以及加强发行工作。结果，报纸的发行份数大大增加，各地缴交报费的情况也大大改善。到了下半年，出版的经费达到自给，减轻了部队的财政负担。

与此同时，我们在报社内部开展了“模范工作者运动”，工作时紧紧张张地工作，学习时认认真真地学习，休息时轻轻松松地休息。我们还一如既往地坚持开展爱民工作，组织起抗日自卫队和生产互助团，推动了春耕生产，还办起了4间男夜校和女夜校，每天晚上都由报社的同志去担当义务教员，受到了广大农民的欢迎。

我们在大鹏半岛出报期间，尹林平政委曾经专门召集报社全体人员开会，作了重要讲话。他讲述了东江地区的形势，指出了《前进报》的宣传任务，鼓励我们要创造性地工作。最后，他还要求我们积极筹备铅印出版报纸，并说已通知军需处购买印刷机。我们报社全体人员为此深受鼓舞。

然而，从日军占领的香港购买和运出印刷机并非易事，所以，直到9月间，军需处才将一台旧的四开度平板印刷机和四箱铅字运到大鹏半岛给我们。

为了筹备铅印出报，政治部给报社调来了在蒋管区已是印刷老手的黄耀坤、曾新华，连同曾超、廖荣等人，成立了新印刷部。他们在西涌乡的树林里，请乡民帮忙搭建了一个茅寮，中间放置那台四开度的平板印刷机，两边放几个木制的字架，每个字架分为许多个小格，存储着3000个常用语的铅字。黄耀坤、曾新华在整理军需处送来的四箱铅字时，发现偏偏缺少报纸主要使用的五号宋体铅字。于是，赶紧通知军需处补充添置，这一来，又费了不少时日。结果，《前进报》改为铅印出版，到了这一年最后一天才得以实现。

12月31日，《前进报》76期终于铅印出版了。第一版刊登的是毛主席写的历史性文告：《一九四五年的任务》。——这是一个多么紧张而又多么兴奋的时刻啊！编辑部、印刷部的人员像接生员一样，守候在印刷机旁，迎接第一张铅印的《前进报》诞生。发行人员更是忙个不停，把带着油墨香的一束一束报纸交给交通员连夜出发。第二天元旦，惠阳县的坪山圩、宝安县的观澜圩等地，人们就都看到套红标题的毛主席写的文告了。

从 1944 年起到 1945 年 9 月日本投降这段时间，是《前进报》社的全盛时期，全社分设编辑部、油印出版部、铅印出版部、发行科、总务科，还有一个警卫班。其中以油印出版部人数最多，因为它除了出版油印的《前进报》外，还承担着出版《政工导报》《锻炼》《广东党人》的任务，以及出版图书如《整风文丛》、毛泽东的《论联合政府》、朱德的《论解放区战场》，还有连环画册等。

这一年的 12 月，庆祝东江纵队成立一周年的时候，政治部通令表扬前进报社称："在爱民生产和发展群众运动上有优异成绩，成为一个部门的光荣传统"；社长杨奇同时获授"东江纵队模范工作者"称号（按：全军只有两人获此荣誉，另一人是陈一民）。

1945 年

《前进报》铅印出版了一期，大鹏半岛的形势又发生了变化。日军进攻惠州后，大鹏半岛海边经常出现敌人的电扒，斗争形势日趋尖锐。3 月 1 日，尹林平政委对我说："国民党撤出博罗县，丢下大片地区。你们报社快过江去，在那开展爱民工作，依靠群众，坚持出版报纸。"尹林平当时还告诉我一个好消息：《博罗日报》社丢下的印报设备，完全没有人管，他已通知独立大队的政委张英，设法把这些设备弄到手，运到罗浮山给《前进报》使用。

于是，我把西涌树林中不齐全的铅字和四开度平板机交给当地一位地下党员看管（姓名已忘记，似乎叫王灶金），然后带领报社的战友起行，从南到北，横过东江河，朝着罗浮山前进，随即选定这座名山西南麓的福市乡安下家来，继续出版油印的《前进报》。

当时已是 3 月底，春荒十分严重。有些地主看见我们报社组织农民生产自救会，担心会向他借粮，暗中把稻谷运到敌占区去卖。我同报社的战友开了一次"诸葛孔明会"，大家认为：农民无米下锅，春耕情绪低落，实在是不能等到夏收时才减租减息了。最后决定：按照二五减租的办法，实行退租退息。于是，报社各人分头去发动农民，终于在 4 月 11 日成功地召开了福市乡农民与地主的协商会议，通过了退租退息的具体办法。在短短 4 天之内，就退出了近七万斤稻谷，农民兴高采烈，奔走相告，很快便传遍各乡。4 月 17 日晚，杨康华主任在一名警卫员陪同下突然来到报社，要我将退租退息的全过程做了汇报。他既肯定这场斗争的收获，也指出做得不够的地方。临离开前，他叮嘱我赶快写个书面总结。19 日，我写了一份 7000 多字的《福市乡退租退息总结报告》送给政治部。5 天之后，这个报告便在《政工导报》第三期发表了。接着，政治部又正式下达了《退租退息条例》，对实施办法作了明确的规定，于是，退租退息运动便在东江两岸如火如荼地开展起来。

报社初到博罗，印刷机尚未运到，《前进报》仍然是用油印出版。由于积累了多年的经验，东江抗日根据地的油印技术，可以说在誊写（一般叫做“刻蜡纸”）以及印刷（用自制的油墨刮子在蜡纸上乱印）方面都有不少创新发明。例如：“蜡纸扩张法”——将两张蜡纸横放，在上下边缘处重叠少许，然后用圆头笔在接合处轻轻磨平，再燃点线香“焊接”，便可成为对开报纸（如《人民日报》）的版面了。又如“蜡纸扩张法”“蜡纸复写法”“双色套印法”，等等。至于印刷，除了讲究操作技术外，还要具备一丝不苟的精神。例如，誊写员要千方百计保护蜡纸，避免受热以致印刷途中出现麻点。油印员更是要等到夜间低温时才开始印刷，直至凌晨才收工。正是由于大家对待各个环节的工作都是那么细致，那么认真，这才使得《前进报》的印刷质量日益改进，印刷数量不断提高，从一张蜡纸印 4000 张、5000 张，到在 1945 年创造了 7000 张的纪录，成为油印出版史上的奇迹。

至于尹林平政委通知独立大队政委张英抢运博罗日报印刷设备一事，据张英事后回忆：他带了一个中队到达博罗城郊，晚上 9 时，进入博罗日报社，在街的两头放了哨岗。由于他自己是印刷工人出身，所以只带了几个战士作为助手拆卸平板印刷机，对于主要部件还加以包装，以免遗失零件。另一部分战士则拆卸铅字架，把每两个字盘合在一起，并在中间垫上几层报纸，然后用绳扎紧，以免铅字散失。他们只用了 2 个小时，便把平板印刷机和铅字运出博罗城了。

接着，印刷部的黄耀坤、曾新华、潘江伟、曾超、廖荣等人，便把这些设备从福市乡搬上罗浮山上的朝元洞去。

这一年 6 月，中共中央在延安召开第七次全国代表大会，我们精心安排《前进报》刊登了七大的新闻公告，以及《解放日报》社论《团结的大会，胜利的大会》。印刷机虽然小型，但日夜开工，把一束一束的《前进报》及时地送到广东各地，受到读者的欢迎。

这一年的 8 月 15 日，日本法西斯宣告投降，中华大地一片欢腾。9 月 1 日，

《前进报》出版第100期，头版还套了红色。我以“本报同人”的名义，写了一篇百期纪念献词。同时，在驻地朝元洞举行百期展览及庆祝大会。东江纵队秘书长饶彰风来了，新闻电台等兄弟单位的代表几十人来了，济济一堂，盛况空前。

形势急剧变化。本来，早在日本投降之前，中共中央曾经决定要在五岭山脉建立战略根据地，为此，八路军一支劲旅已由王震率领从大别山南下，东江纵队也由王作尧、林锵云、杨康华率领第五支队等1200多人北上，《前进报》社也派出副社长涂夫以及油印好手多人随军出发。到了8月底，我们又接到司令部的命令，要全社跟随司令部离开罗浮山北上，准备与王震部队大会师。我们报社全体人员兴奋极了。为了不让印刷设备落在日敌或者国民党反动派手里，印刷部的战友便把平板印刷机拆开，连同全部装有铅字的木架，在编辑部同志帮助下，一人或两人扛一件，趁着深夜月色良好，埋藏在朝元洞后山杂草丛生的山洞里。这里还要说明一点：印刷部的战友把印刷机横轴的主要部件交给了我，由我用油布包好装进木箱，带着警卫员袁惠民以及因肢部残疾不能行军的廖荣，走到后山的另一边，在山石垒垒处挖开大量石块，把箱子放下去，再把石块依旧堆好。这样一来，即使敌人搬走印刷机的骨架，也不能印刷东西。

当一切安排好之后，我便带着报社的战友，离开罗浮山北上。至于廖荣当下在朝元洞隐蔽，则是我早已同道长徐友生以及廖荣本人详细谈妥了的。当我紧握廖荣的手互道珍重时，他激动地说：“人在，机在，我一定会保护好印刷机的。”

9月10日，当我们报社随着司令部北上，到达龙门县休息时，广东区党委书记尹林平一连收到中共中央几次电报，其中一电指示称：王震率领的南下支队已奉命北返，不再建立五岭根据地了；东江纵队应即讨论确定分散坚持、保存干部的办法。另一电报则指示：应即派出干部前往香港、广州，建立自己的宣传阵地，宣传我党的政治主张。为此，尹林平与饶彰风决定将《前进报》一分为四：由李冲、李牧带一部分人回惠阳出版《前进报》江南版；由刘毅等人参加《前进报》江北版；由杨奇、黄志猷、何松、钟紫、陈梦云、何尔夫6人去香港创办《正报》；许洛明、许稚人等四人则到广州投亲靠友，设法进入国民党办的报纸工作。就这样，《前进报》江南版和江北版一直出版到1946年6月30日东纵北撤山东前才停刊，完成了它的历史使命。

（本文根据史料写于2018年国庆假日）

作者简介：杨奇（1923—2021），广东省中山市人。1940 年毕业于香港中国新闻学院，并任《文艺青年》半月刊主编，因揭露“皖南事变”遭到国民党迫害。1941 年 3 月加入中国共产党，同年 4 月参加东江游击队，历任东江游击区《新百姓》报编辑、《东江民报》主编、东江纵队机关报《前进报》社长兼总编辑。抗战胜利后，返回香港，任中共广东区党委在香港注册出刊的《正报》社长兼总编辑。1947 年初，协助乔冠华筹办新华通讯社香港分社。同年 10 月起任《华商报》经理、代总编辑。中共香港工委候补委员，报刊委员会副书记。

1949 年 10 月任《南方日报》副社长。1957 年创办《羊城晚报》任总编辑。1973 年任肇庆地委宣传部部长。1974 年 10 月起任广东人民出版社社长、广东省出版事业管理局局长。

1978 年重返香港，历任新华社香港分社副秘书长、宣传部部长、秘书长。1988 年接任《大公报》社长，1992 年离休。曾著有《见证两大历史壮举》《香港智力阶级》等书籍以及 80 万字的学术专著《香港概论》。

宝安税总站的艰苦斗争

——回忆 1942 年至 1943 年部队在宝安路西地区的税收工作

史　明

东江纵队坚持抗日战争，历尽艰难险阻，不断发展壮大，是在中国共产党的正确领导和广大人民群众的大力支持下，执行独立自主、自力更生方针的结果。

部队初创时期，虽然取得国民党当局给予“合法”的番号，但不拨粮，不发饷，不给枪支弹药。所能得到的，是爱国华侨、港澳同胞精神上的支持和人力物力方面的援助。而自 1941 年底太平洋战争爆发后，日军占领香港，这种宝贵的援助即随之断绝。我们要生存，要发展，要打仗，要胜利，就主要依靠收税来克服经济困难，维持部队最低限度的给养。

1942 年 7 月，我奉广东人民抗日游击总队首长的命令，到税站工作。先在宝安望天湖站当政治服务员，不到两个月，宝安税总站指导员李明（李汉光）同志调走，由我接任，直到 1943 年 12 月底，前后共一年四个月。这是我在抗战时期任职最长的一个战斗岗位。同我合作共事的总站长，先后有黄国平、陈秋、方明（梁方明）3 个同志。

领导上调我去税站工作，理由讲得很明确：部队的给养，主要靠税收；税站设在各交通道口，经常受敌伪顽袭击，几乎每天都有伤亡；税收任务是艰巨的，也是光荣的；必须注意总结经验教训，坚持下去。我带着领导的信任和重托，愉快地接受任务。

1942 年和 1943 年，宝安路西地区处在最艰苦最困难的时期。部队从海陆丰回到惠东宝，逐步得到发展，尤其是从日本占领下的香港把大批文化人士抢救出来之后，政治影响扩大，更引起日伪顽的仇恨。1942 年 4 月，国民党顽固派调了 187 师，凑合杂牌军徐东来、黄文光部，以十数倍于我的兵力，向我大举进攻，重点放在宝安路西地区，为时长达一年半之久。其师长张光琼叫嚣“三个月消灭惠东宝游击队”，采取“勦剿、穷追、杜绝”方针，充分暴露其“外战外行、内战内行”的反动面目。部队处在顽军和日伪的夹击中，受到很大损失，大量减员，只能以小队为单位，独立活动于阳台山与南（头）深（圳）线之间的荒山沟里。

1943 年又是大旱之年，霍乱疫瘟流行，米珠薪桂，人民群众陷入天灾战祸的窘境。

当时路西宝安游击根据地，实际上是东从布吉的水径，西至南头附近的沙河一条狭长地带。南面是“萝卜头”和“番薯兵”（群众对伪军的蔑称），北面是“呵呵鸡”（当地客家话瘟鸡之谓，群众以此蔑称国民党顽固派军队）。周围还有地主武装和大股土匪出没。它们配合默契，相互勾结，与我为敌。

我们的税站，设在这条两面受敌、三面夹攻的狭长地带的几段上。本来，国民党统治区和沦陷区之间有铁路、公路和许多山路可通往来，我们不可能在大路小路都设税站，但客商（当时习惯称为“水客”）为了安全，都走我们设站的路线。我们实行保护，不是封锁。

随着部队活动地区的扩大，先后设立了李朗、水径、上下坪、梅林坳、沙河、乌石岩、黄田、西乡等税站。各站根据敌情变化，在各自负责的路线上前后移动，往往前不到村，后不到店，所以水径站又叫布吉站，梅林坳站又叫望天湖站等。因为经常受到日伪顽的袭击，我们不愿意使当地居民遭受损失，而且又因为顽军对我们的进攻更频繁、更毒辣，我们往往把税站移到日伪军的据点附近，在敌人的眼皮底下坚持税收。

各税站的隶属关系，根据各时期的情况，曾经有所改变，后来相继由税总站统一管辖，各站称为分站。

总站直属总队部。1943 年 4 月至 9 月，总队部曾把总站交宝安大队领导。总站只有四五个人，分站多则六七个，少则四五人，受了损失时剩下两三个人也要坚持。总站人员经常去分站检查帮助工作，哪里有困难就到哪里去，同大家生活在一起，战斗在一起。

收税是收出口和入口的货物税。所谓“出口”，是从国统区（又叫“后方”）运出敌占区；所谓“入口”，是从敌占区运入国统区，也包括游击区进出敌占区的货物。出口的是农副土特产品，有家禽、牲畜、生油、粮食、烟叶、中药材等。钨矿、桐油一类战略性物资，不准出口，走私者以资敌论处，予以罚款或没收。入口的多为工业品，为棉纱、布匹、故衣、鞋袜、西药、火水、文具、铁钉等。日本人严格封锁工业进口，我们则实行鼓励政策，以利发展生产、繁荣经济、方便生活。水客多数是常平、大朗、观澜、平湖一带人。他们总是三三两两挑着担子，拂晓前通过封锁线来到税站。来得早的，等我们收了税才走。他们一到税站，就有安全感，放下心来。国统区是兵匪不分之地，水客们经常被顽军以“通匪”罪名敲诈勒索，因而大都经由我站结队而行，互相照应。

税站在保障部队供给方面的贡献是很大的。到底有多大，要我们这些幸存者说出具体数字，实在困难。时光流逝，相隔 40 多年，各人回忆差别很大。当时通用国民政府发行的中（央）、中（国）、交（通）、农（民）4 个银行的钞票，不断贬值，年初、年中、年尾一担谷多少钱，很难说得清楚。最近，从档案中找到原宝安大队政委何鼎华同志亲笔写的《一九四三年宝大军事工作总结》，里面写着有关税收工作的内容：（1）宝大年初 140 人，年末 288 人；（2）3 月以前宝大每月收入七八万元，支出 10 万元，向总部要补助；（3）4 月以后全宝安税站归宝大，收入一半缴总部，有盈余则 60% 作公积金，40% 缴总部；（4）9 月以后税站又全归总部直辖，宝大按预算向总部领款。

宝安地区税收数目，有 9 个月的统计：

4 月　　370, 000 元

5 月　　473, 047 元

6 月　　347, 521 元

7 月　　873, 288 元

8 月　　767,159 元
9 月　　668,498 元
10 月　　856,212 元
11 月　　748,004 元
12 月　　1,126,503 元
9 个月共 6,230,232 元。可惜查不到 3 月份以前税总站收入的资料。

虽然国民党钞票每月贬值多少无从查考，但这份珍贵的历史资料，无可辩驳地说明：按宝大 140 人开支 10 万元，288 人开支 20 万元计，税站的收入平均每月 692，278 元，保证宝安大队的经费开支绰绰有余，大部分上缴总队部，支援了其他部队。

税站的收入，由分站上缴总站，总站上缴总队部或宝大，一般是几天一次，派机智灵活的同志去。有一次，上级催着上缴以应急需，我带两个同志，用包袱把钞票绑在腰间，途经宝太线附近一条村过夜，歇宿在一间草屋里。天刚亮，听到鸡飞狗叫，我们警觉起来，沉着应付。是顽军还是日伪军，不知道；来了多少，不了解。3 个人要冲出去，没有把握，不仅要保存自己，还要保住一大笔钱。草屋门口正对着一条巷。我们拔出手枪，守住门口，屏声息气，准备拼命。过了一会，从门缝中看见五六个日本兵，端着上了刺刀的三八枪，边走边喊，由巷的那头向我草屋而来。我们心里很紧张，但横下一条心：一个拼一个够本，一个拼两个够利。够本够利的话，是一句俗语，亡命之徒的口头禅，不是共产党人哲学，不过，我们的同志在危急情况下往往也想到它。其实，我们 3 支手枪并不好，每支枪只有三五颗子弹，出其不意拼个“够本”大概可以，要拼个“够利”，谈何容易。结果，幸运得很，草屋前边不远处有一堵短墙，几个敌兵没有跨墙过来。刚好又一阵号音，敌兵集合走了，我们才脱了险。

还有一次，就是 1942 年底黄田战斗的当天。12 月 24 日，宝大一中队同袭击我黄田税站的南头日伪军打了一仗，顽军正想乘机在我背后捅一刀，情况很紧张。总队部因急需用钱，指令我送去。25 日上午，我一人到了黄田附近的固戍基围总队部所在地，战斗就打响了。这一仗，顽军 2000 多人向我卢耀康副中队长率领的小队进攻，仗打得非常激烈，从上午 8 时打到下午 2 时许。总队部的领导人和机关同志分乘两艘渔船开到珠江面上。我跟随总队长梁鸿钧、政治部主任杨康华、参谋处长周伯明同坐一条船，在海上漂浮了大半天。船上没有大米，又不能起火，派人上岸买鱼煮熟送上船当餐。卢耀康两个班 20 多人，寡不敌众，全部壮烈牺牲。黄昏时分，我一人又摸黑返上下坪总站。情况不明，不能走老路。我跨过宝太线，沿着山边，靠近宝深公路北侧向东行，凡见前面有村子就绕道而过，有的是砍柴小路，有的根本不是人走的地方，坎坷不平。走田堂我不怕，过墓地就觉得阴阴森森，毛骨悚然。明知世界上没有鬼，但自小听讲古（故事）多了，要把鬼影子从脑子里赶跑不容易，赶跑一个又来一个。后来，我也觉得自己是高中生，还是共产党员，哪有马列主义者怕鬼的道理。我提着手枪，当然不是为了打鬼，是随时准备碰上敌人。四五十里路，走到快天亮，才回到总站。一个人如此"行军"，走这般路线，在我的生平中没有第二次，实在难忘。

开设税站初期，根据党中央关于独立自主地"征收抗日捐税"的指示，用"护路"名义，挂个写着"自愿捐助抗日经费"的旗子，实行"论担收钱"。时间长了，矛盾就出来了。商人本钱有大有小，一担货物有轻有重，同一类货有贵有贱，而且，"自愿捐助"好比寺庙的"随缘乐助"，多少由人。有的水客，硬是不听你的宣传解释，互相之间也吵吵嚷嚷，怎么办呢？我到税站工作不久，为了解决这些矛盾，经过调查研究，起草《广东人民抗日游击队税收条例》，主要内容有：宗旨，准许进出口货物，各类货品起征点和税率，走私的处罚，其他优待和奖励等。例如进口棉纱，原来不分等级，打同样的税。我调查了 16 支纱、20 支纱、32 支纱的时价，学会分等级的知识，按价合理征税。这个《条例》，报经总队部批准施行，很快就颁布为全区性的条例。同时，编写税收业务教材，拟定税站工作人员守则，使税站得到整顿，工作走上轨道。

税站又是宣传站，每个税收人员又是宣传员。我们根据党的政策主张和水客的情况，经常开展宣传工作。大家每天同水客接触，深知做好宣传工作，才能保证税收顺利进行和扩大我党我军的政治影响，自觉性很高。除了散发宣传品，主要靠口头宣传。讲客家话的同志学会讲白话（广州话），讲白话的同志学会讲客家话。有的水客帮我们把宣传品带到敌占区或敌人据点去给别人看，遇到麻烦时就借口说是游击队塞在货物里，我刚发现，讲什么的，我不知道，你看看吧。就这样，我们的宣传品会送到顽军或伪军手里。胆小怕事的，把我们塞进货物里的宣传品，在边缘地带撒在路上，也好。

我们以游击队员的公开面目出现，接触面广，大多数是国统区或沦陷区的人，一言一行都关系到我党我军的声誉。因此，要特别严格执行三大纪律八项注意。例如，水客送香烟、送水果、送日用品，我们一概谢绝。有的明显是为了讨好，想你放松检查或少计税款，更不能上当。有的女水客，还嘻嘻哈哈，我们不买她那一套。各站有女同志，负责检查身藏私货的女水客，曾经从肚皮上、裤裆里搜查出鸦片、香肠之类，令人好气又好笑。对私人财物，做到“不拿群众一针一线”；对缉私所得，做到“一切缴获要归公”。有成绩，也有缺点。我在执行税收政策上过于机械，对待大小商人不加区别，瞒税的一样处罚，走私的一样没收，缺乏应有的灵活性，纠正得比较迟。对于怕苦动摇的同志，教育不耐心，甚至有受不了我的批评而逃跑的。离开税站后，每当回首往事，我不能不觉得惭愧。

我们说“护路”，是说到做到的。每设立一个站，必定消除沿线附近的匪患，哪里有土匪出没，就在哪里打掉他，至少是吓跑他。小股土匪即使在沦陷区内，我们也不放过。1942 年秋，水客报告深圳河南面落马洲附近有三个土匪打劫，收买路钱。当时总队部民运科长刘宣同志正在税站检查工作，我们到深圳上步找郑珠明同志了解确有其事。刘宣、郑珠明和我 3 人，带着一点干粮，半夜过河，掩蔽在落马洲附近的山上，等蛇出洞。下午 3 点多钟，果然 3 个土匪来了，会集在一棵树下东张西望。我们认准无误，突然由山上冲下来，边开枪边喊话：我们是游击队，要消灭 3 个土匪！土匪只有一支真手枪，边还击边跑，跑掉了。从此以后，那边太平多了。

税站与战斗部队不同。部队武器装备比税站好，要打仗就打，打得赢就打，打不赢就走；要转移就转移，天南地北随我去；要掩蔽就掩蔽，你找不到我。税站就不同了，人少武器差，要坚持在交通线上公开收税，没有什么回旋余地。我有一支美式左轮手枪，几颗子弹，打得响打不响都难说。其他同志，有的配杂式手枪，有的配个手榴弹，有的徒手。敌人把我们看成眼中钉肉中刺，我们稍有麻痹大意，就会受损失，被吃掉。尽管我们经常保持高度警惕，可以减少流血牺牲，但仍很难避免，因为我们是敌人打击的公开目标。

何鼎华同志写的《一九四三年宝大军事工作总结》中说：“铁路税站每月被围三四次，敌人狡猾阴险，化装货客，有时凌晨包围税收地点之山头，不动声色；有时用军车由沙湾出铁路，由北向南搜索，截我退路。”“沙河站全年（经常）被围，捉去骆忠、曾伦宽等叛变后，包围次数更多、更毒辣。5 月包围之役，沙河站长史权殉职。7 月 24 日大包围，波及交通站。”寥寥数笔，把税收斗争的残酷性写出来了。

大浪必淘沙。革命队伍在斗争的风浪中，有贪生怕死、动摇逃跑的，也有被俘变节、出卖灵魂的。骆忠当了汉奸，罪行累累。第二年 5 月，陈德和短枪队派出卓就等4人锄奸小组，深入南头大新街美源茶楼，把他收拾了。可耻的叛徒，死有余辜。

税站的战友们，没有被困难压倒，没有被敌人打垮，也不会被叛徒吓住。为了党的事业，不怕流血牺牲，前仆后继，斗争不息，不少同志献出了宝贵的生命。

广东省委党史办的《东江纵队资料》上，周伯明同志的文章说："国民党军一直咬着路西不放……1942年5月至1943年5月这一年中，是我们最艰苦、最困难的时期。收税的地方又经常遭日本仔的袭击，虽然我们派了最精干的人来搞税站，但又牺牲了好几批同志。"的确，在税站工作牺牲的同志，不是一个两个，不是十个八个，是以"批"计的，而且不止一批，是"好几批"！

路西宝安地区1941年春建立第一税站的陈前同志，是一直跟随在王作尧同志左右、形影不离、患难与共的好同志，后来在保卫新开辟的宝安公明圩税站时英勇牺牲了。同我共事的总站长黄国平同志，工作积极负责，有魄力，马不停蹄地去各分站检查帮助工作。1942年秋的一天，他由上下坪去沙河途中与顽军遭遇，不幸牺牲。顽军砍了他的头，挂在宝安观澜圩"示众"。他个子高瘦，顽军认为他是宝安大队政委何鼎华，写着什么："当'共匪'者，与'匪'首何鼎华同样下场。"敌人越是凶狠残暴，越是不容我们立足，越使战友们认识税收工作的重要意义，激励起继承先烈遗志，斗争到底的决心。

在税收岗位上英勇献身的同志，大多数成为无名英雄。先后同我一起在税站工作过的幸存者有李汉光、梁方明、钟韶、陈觉、容少伟、林群等同志。因记忆力衰退，不能把每个烈士的英名写下来，只记得还有总站长陈秋同志、李朗分站长邱佛同志、沙河分站长史权同志、乌石岩分站长张金鸿同志，以及黄镇南、廖汉英、吕志成、谭觉、李华仔等同志。

把许多烈士的姓名忘记了，大家一想起来，心里就不能平静，深感有愧。但将心比心，我们又相信长眠地下的战友是会体谅的。当年这些战友们，同今日的幸存者一样，抱着抗日救国的决心参加部队，随时准备为革命理想献身，既不为名更不为利。家在沦陷区或国统区的同志，怕亲人无辜受连累，有意隐姓埋名。也有其他原因而改名换姓的。至于以"肥陈""李仔""高佬王""阿×""×姐"称呼而不叫姓名的，则又不少，谁也没有去想什么"光宗耀祖""名垂千古"。这就是我们共同的人生价值观。到现在我才知道方明的真姓名是梁佩铭。以我自己来说，由香港地下党派人送我入部队，我没有告诉任何亲人。

参加部队后，一直没有设法同亲人通信，连姓名都改了，父母兄弟姐妹不知我的下落，牵肠挂肚，整整 3 个年头。我根本没有想过，要让人在我牺牲后，能知道和记住我是何方人氏（东莞），姓甚名谁（陈汝霖）。

税站的全部收入，整个部队吃、穿、用的每一分钱，都凝聚着税收人员的血汗。

“政治工作是我军的生命线”。参加部队的，绝大多数是血气方刚的青年，但在长期艰苦残酷的斗争环境下，没有坚强的政治思想工作去提高觉悟，增强斗志，坚定决心，是不行的。税总站成立党支部，发挥战斗堡垒作用；分站建立党小组，注意吸收条件成熟的同志入党，经常教育党员要做群众的模范、桥梁和带头人。建立和健全政治学习制度，指导员（支书）、服务员（小组长）负责上政治课，个别谈话教育，文化水平高的还学习整风文件、学《论共产党员的修养》，文化水平低的学文化。不断加强形势教育、党的方针政策教育、革命纪律和革命气节教育，防止和克服不良倾向。因而，大家始终保持坚定的革命意志和革命乐观主义精神。

我们的生活是很艰苦的。不论严寒酷暑，总是露宿在沙梨园、荔枝园、甘蔗地或者山坑树林草丛里。每人棉毡一张，冬天两人孖铺互相取暖，热天各自蒙头防蚊虫。蚊子防不胜防，经常得疟疾病。我在上下坪山沟里，得过一次，奎宁丸治不了，脸黄肌瘦，全身无力，吃不下饭，拖累别人，经上级批准去香港投亲求医。到了上步郑珠明同志家，传来一个分站被敌人打垮的消息，我立即回来整顿。病怎么治？上下坪站有一条洋狗，本来是日本仔的，被我们收养后很听话。有一次李华仔同志在遇到敌人而掩蔽时，它围着李华仔不走，暴露了目标，使李华仔被敌人杀害。它功不抵罪，我们把它杀了。吃了狗肉，我的病好了，其他人的“发大冷”也好了。我们收税，经手的钱成千上万，但每人一个月的津贴费，不分官兵一个样，只够买两斤花生或几斤番薯。嘴馋起来，今天我请你吃炒花生，过几天你请我吃番薯糖水。要开晚会，大家出节目，唱歌，唱戏，打功夫，讲古仔，说笑话，苦中取乐，其乐也融融。总之，风吹雨打，打不掉我们的革命意志；蚊叮虫咬，咬不掉我们的革命乐观主义精神。

东江纵队成立，部队发展很快，我被调到东莞大队任教导员后，约在 1944 年秋见到方明同志，他把工作向贾华同志移交。从此，路西宝安和东莞地区的税站合并，成立路西税总站，有更多的同志战斗在税收战线上。

此文为叶基、刘汝琛、刘云、尹平、卢鉴明、王永祥、罗涛、刘宣、容克、黄克、王纪平、麦尧、王夫、莫福生、方明、方东、袁能、卢动、陈淦泉等同志提出意见和补充材料修改而成，在此，谨向上述同志们致谢！

（原载于深圳市党史办编：《深圳党史资料通讯》总第 12 期，1985 年 1 月）

作者简介：史明（1920—1993），东莞市附城区人。1941 年参加广东抗日游击队。同年 8 月入党。历任《新百姓》报编辑、宝安总税站指导员、新生大队政委、莞太线特派室政治特派员。解放战争时期任两广纵队一团宣传股长。1949 年到 31 军政治部宣传处任科长、处长。1956 年任福州军区政治部副秘书长兼福州军区党委办公室主任。授上校军衔。后任福建省军区政治部副主任。1973 年任福建省军区副政委。1981 年任广东省军区顾问。

东江纵队政治部政工队的往事

陈海仪

我们几位皤然白发的老战士，回到战斗过的惠阳、东莞、宝安，满眼繁荣兴旺的景象，令我们兴奋难禁，耳畔重又响起了当年战火中雄壮的歌声，眼前再次浮现了战友们流血牺牲的壮烈情景……

1943 年 12 月，广东人民抗日游击队东江纵队经过 5 年抗日奋战，公开宣称是中国共产党领导的军队逐步壮大，机构日益健全，敌后根据地和游击区迅速扩展，惠阳、东莞、宝安一带，陆续建立起民主政权。

大发展的形势，需要大力加强政治工作。纵队领导决定成立一支较大型的政治工作队，政治部主任杨康华作决定，组织科张江明具体负责组建。当时有大批知识分子参军，政治部正在开办第一期青干班，于是从中抽调一些爱好文艺的学员为基础，其中多数是中山大学及附中的学生；又从部队和地下党调来几位老同志为骨干，组成了政治部政治工作队——拖拉机。

1944 年 10 月 12 日，这支队伍在大鹏半岛王母圩正式成立。成员有：队长夏洪、副队长梁浣沙（党支书）、王奇（支委）、陈向明（支委）、严冰、梁洁岩、谢联、唐尼、陈霖、江荻、赵大刚、沈群华、余小敏、洪林、何值、陈嘉、邓长珠、汤池、高照寰、李渊铭、廖道行、廖权、戴福娣等。其后夏洪、梁浣沙等调其他地区工作，调入欧巾雄、唐海继任正副队长，陆续增加了崔克、崔碧、柯劳、劳火、张芬、张伦伟、陈鸣、陈瑞明、邓真、丘青、陈文光、梁颖、梁尚桐等同志，前后共50多人。

为了保密，部队各单位都有代号，同志们给自己的队伍取了一个饶有深意的名字——拖拉机，寓意开垦耕耘，开拓美好的未来。

“拖拉机”这支政治工作队，面向连队，面向根据地和游击区的群众，以文艺为武器，进行宣传、教育、组织等工作。建队以后，活跃在大鹏半岛、大亚湾、惠阳坪山、东莞大岭山、深圳、罗浮山，以至粤北与江西湖南交界的崇山峻岭之中。

建立民主政权是主要任务。东江纵队的群众运动工作具有优良传统，民运工作是部队之所以在东江扎根、发展、取胜的保证。“拖拉机”成立以来，着重进行了这方面的工作。

随着部队胜利发展，主要活动地区陆续建立民主政权。“拖拉机”成立时，正值大鹏半岛路东新一区民主政权初建，选出了赖仲元任区长。“拖拉机”一面学习党的整风文件和各项政策，一面开展工作，助民秋收，新编了歌曲和活报剧《区政府里开会来》等，巡回演出。又分别访问和邀请当地的民主党派人士及各界代表座谈，征求意见，为巩固新生的区政权而工作。同时，在驻地王母圩开展宣传，建立基层民主政权。

队伍新建，工作刚开始，就遇到国民党反动派几千武装来这个地区“扫荡”。“拖拉机”就地发动群众支援部队反“扫荡”。这支小小的非武装队伍由大鹏半岛东海岸转移到尽南头的七娘山海边的悬崖上，被敌人堵住，同志们作了最后拼搏的准备，伤病的同志表示：宁蹈大海，绝不屈服。而我们的战斗部队却突然从侧面插入，截住敌人，使队员们转危为安。被敌人冲散的几位同志经过艰苦寻觅，也一一回到了队伍。这支年轻的新队伍经受了首次战斗的考验，又回到王母圩继续工作。为庆祝乡政权成立和反内战胜利，由谢联、洪林执笔创作了揭露反动政府官逼民反的话剧《桐柏山下》，配合歌曲《保卫反攻根据地》等演出。台上台下军民都有切身感受，情绪激昂，口号声此起彼伏。

这一年12月间，中共省临委书记林平和东纵政治部主任杨康华联名发出《关于展开减租减息运动的指示》等一系列文件，“拖拉机”随司、政机关在惠阳坪山一带学习、发动群众开展减租减息。这时，队长夏洪调六支队任教导员，副队长梁浣沙调去开辟新区，调入欧巾雄、唐海任正副队长。欧巾雄是东纵出名的女将，有丰富的民运经验。她率领全队越过广九铁路敌人封锁线，开赴铁路西的东莞大岭山。这时少数队员也有变动，沈群华调六支队，陈向明调政治部。

这一带是老区，工作基础好，但经历了敌顽频繁的进攻，需要加强各方面的工作，以巩固这个根据地。“拖拉机”上山，首先集中演出几场，有话剧及《新年大合唱》等大型节目。锣鼓喧天，造成声势，宣传抗日战争的形势，宣传党的政策，特别是减租减息的政策。然后，全队分成几个小组，分散到各乡深入工作。

进驻阳西乡的一个组由王奇带领 3 个年轻队员住到鸭屎岭村。王奇和汤池负责全乡几个村的农民及乡绅族长等上层人士的工作，赵大刚负责民兵及青年工作，陈嘉负责妇女及儿童工作。队员们随时自编了许多打花鼓、唱春牛、卖梨膏糖等群众喜闻乐见的小节目，都以宣传减租减息为中心。还为成立妇女识字班编写和油印了《妇女识字课本》。经过发动和整顿，原有的农会、妇女会、民兵、儿童团等组织健全了，也活跃起来。依靠自己的团体，农民也就敢于开展减租减息，进而迫切地要求建立保障自身利益的政权。为了宣传乡长候选人吴石娇的事迹，会绘画的汤池准备创作一套连环画，却突然病倒了。没有学过绘画的陈嘉接过汤池的笔，竟也画出了一套《吴石娇》的小型连环画，贴在圩场上。吴石娇是大雁塘村的农家妇女，深受这一带群众爱戴，当选了阳西乡乡长。

那是 1945 年的正月十五，按照当地风俗，全村男丁在大祠堂设酒席为新出生的男孩“开灯”。今年减租减息，农村格外热闹，摆的酒席多。村里破例邀请政工队男女同志赴宴，两位女同志尊重风俗躲出村外也被强拉了去。就在这个时候，天寒地冻，缺衣少药，汤池同志罹患了急性肺炎，含笑地告别了同志们，被抬到部队的医院，抢救无效，为革命献出了年轻的生命。

春暖三月，“拖拉机”又冲过敌人封锁线，开赴铁路东，配合中共路东县委进行民主建政工作。先在东莞清溪路东新三区进行宣传组织选举，选出了老革命画家张松鹤为区长。接着，队员们又参加了上一级路东行政委员会的筹备工作，除了向群众宣传之外，作为几个大型会议的工作人员，为各界代表人士 270 多人参加的国事座谈会做工作，会议选举产生了 49 名参议员，成立了路东参议会。队员们在布置会场时用美术字写过这样的对联：“领导五十万群众实行民主，团结各党派阶层配合反攻”。参议会按照“三三制”的原则选出行政委员 9 人，组成行政委员会，叶锋为主席。路东行政委员会成立，“拖拉机”又在隆重庆祝大会上演出节目。

随着部队在东江南北不断胜利发展，纵队司、政机关北渡东江，建立以罗浮山为中心的根据地。“拖拉机”也奉命开赴江北。渡江前，与日军遭遇，受阻了好几天，以南瓜和野菜充饥。战斗部队打退了敌人，击毙了日本大洋马，大家饱餐马肉之后，唱着歌儿渡东江。“拖拉机”担负了罗浮山南麓一带的民运工作，5 月、6 月间，在横河、长宁、福田等乡开展以退租退息为中心的群众运动。这时候，贫下中农已经交过租纳过息，正闹着饥荒。按照纵队政治部发布的《退租退息实施条例》，队员们发动群众退租退息，及时缓解了群众的苦难。这一带的群众很快发动起来，建立了各种群众组织，发展了共产党员，成立了党支部、乡政权和民兵队伍。其中横河的建党、建政和建军（民兵）主要是由“拖拉机”去完成。6 月中，纵队政治部在罗浮山鹤观召开了增（城）龙（门）博（罗）各界代表人士的国事座谈会。其后，成立了博罗县政府，选出了韩继元为县长。“拖拉机”全队参与了这一系列的工作。之后，又搭起戏台，演出东流剧团创作反映东江农民翻身的多幕话剧《路西一年》以及其他节目，庆祝县政权成立。这才返回纵队政治部迎接重要会议等新的任务。

1945 年 8 月，日本投降，本来节节败退的国民党顽固派却集中力量向坚持抗战的东江纵队进攻。“拖拉机”作为东纵北上粤北部队的一部分，在粤北崇山峻岭之中为战斗部队做宣传鼓动工作以及地方的群众工作。为了适应频繁的战斗和恶劣的环境，“拖拉机”和同属政治部的“艺宣队”曾经合并又分散。有的同志在战斗中阵亡，有的被捕不屈，有的患病牺牲了。大部分同志到了战斗部队，还有些同志分散到地方工作，以灵活机动的方式坚持战斗。队长欧巾雄带领赵大刚、江荻、陈瑞明、张芬、李明、潘廉、崔碧、黄惠等 10 多人到粤赣边以高固为队长、刘建华为政委的油山武工队，既打仗，又唱歌演戏，发动群众，帮助群众发展生产，建立民主政权。还有韦丘、乔毅、陈向明、张伦伟等到以邱特为队长，张江明、黄慈宽为正副政委的九连山武工队，完成特殊任务。后来，陈瑞明独自一人在南雄北山做群众工作，反动派 3 个营来“扫荡”，群众掩护了她。坚持到 1946 年，这里成立了南雄解放区第七区民主政府，她当上了区长。

文艺是战斗的武器

“拖拉机”是不拿枪的战斗队，文艺就是武器。建队时，队员们将在大后方收集到的大量老解放区歌曲、抗战歌曲、苏联歌曲等，凭记忆默写背诵出来。其中有些是男女声四部合唱的歌曲，健康、雄壮、优美。战士和群众反映：“好听，像风琴。”每次为部队演出，不多唱一首合唱曲，不让下台。为了通俗易懂，大家又尝试把歌词改成客家话和广州话，如将文绉绉的《胜利进行曲》改成“敌人今拜（次）又来“扫荡”，我地大家唔使慌，装好子弹上好枪，将他一直都杀光……”四部合唱，明白，好听，直接收到宣传效果。惠阳、东莞、宝安一带流行丰富多彩的山歌，队员们十分欣赏，到处搜集学唱。队长夏洪说：“风琴是武器，山歌也是武器，我们要磨利战斗的武器。”队员们都充分发挥才能，创作了话剧《桐柏山下》《转变》等以及许多活报剧、短剧。随时随地用山歌调、打花鼓、唱春牛、卖梨膏糖等民间小调填词演出。

队员们本身就是战士，生活在部队之中，行军鼓动、战前动员、战后祝捷，大大小小的演出已无法统计。为部队为地方群众演出是战斗生活的寻常事，但是有几次特殊的演出，令人难忘。

那是 1945 年春节期间，“拖拉机”在大岭山阳西乡工作的一个小组，奉命到敌占区东莞城郊黄山宣传。夜半急行军，晨早到达黄旗山大庙，庙里庙外人山人海，城里的同胞们在敌人统治下苦闷不堪，趁新春上山来舒一口气。队员们突然出现在大殿上，宣布：“我们是东江纵队的，来给大家拜年了！”喧闹的人群一时安静下来。歌声响起，齐唱，四声部小组唱。群众都围拢来了。王奇扼要地讲解了抗日战争接近胜利的形势、共产党的抗日主张、东江纵队的战绩，鼓励大家增强信心，迎接胜利。一班青年学生拉着队员小赵和小陈，详细地问部队生活的情况。应他们的要求，4 个队员又唱了好几首歌，才迅速地撤出，返回大岭山驻地。2 天后，从东莞城来了几位女学生，声称找宣传队，要求参军。

这一年初夏，在东江南岸准备过江的时候，“拖拉机”和在东纵新成立的“日军反战同盟华南支盟”举行了联欢晚会。队员们演出了自编的活报剧以及《垦春泥》《插秧谣》等艺术性强的歌曲。当唱起《长城谣》等，一个反战同盟的日军感动地说：“中国的长城宏伟，日本的富士山美。”说着，领头跳起了集体舞蹈《富士山的雪》，唱道：“富士山的白雪哪，融化在早晨的阳光下。”跳着跳着，加入舞圈的人越来越多。我们的队员也加入了，一派欢欣鼓舞的气氛。

几个没加入反战同盟的日本战俘，原来只是冷冷地坐着旁观，这时也跟着跳起来。

7月，罗浮山热闹非常。庆祝党的24周年，又值省临委扩大干部会议，全省各地领导干部和东纵主要干部云集于冲虚观。这时，从延安的中央电台发表了中共中央若干七大的文件和毛泽东《论联合政府》的报告，有苏联考涅楚克的新作，反对故步自封保守浮夸的剧本《前线》，电台只发来一幕。“拖拉机”及时赶排这个戏。为求完整，改编为多幕剧演出。剧中全是男角，而队里却是男少女多。于是队长欧巾雄带头反串苏联军官，不苟言笑的崔克反串那浮滑虚夸的记者客里空。她们认真表演，竟也惟肖惟妙。演出以后，干部战士常有这样的口头禅：“不要老保守，做那个老戈尔洛夫”，“实事求是，不要客里空！”七大报告为全党全军和东江纵队指明了方向，迎接胜利的到来。这次演出对部队解放思想端正作风，也起了一定的作用。

革命烈士永生

为了祖国的独立富强、保卫人民、建立新中国，“拖拉机”的多位战友英勇牺牲了，我们永远铭记，他（她）们是：

沈群华，女，1946年春，在紫金县乌禽嶂战斗中被反动派军队包围，不甘被俘受辱，紧抱大树，壮烈牺牲。

余小敏，女，1945年，挺进粤北途中，在始兴奇心洞患病照顾伤病员，被反动派逮捕，病重坚持到最后一息。

唐海，1945年9月，率领“拖拉机”队行军至始兴奇心洞病重牺牲。

严冰，女，1945年9月，在始兴奇心洞病重牺牲。

邓真，女，1945年9月在始兴奇心洞被反动派逮捕，押解途中与敌人斗争不屈牺牲。

丘青，女，马来西亚归侨，1945年9月在奇心洞战斗中被反动派扫射阵亡。

陈文光，1946年在粤北任连指导员，战斗中被敌人包围，不屈牺牲。

梁尚桐，16岁的小战士，1945年冬在挺进粤北途中被反动派逮捕，在连县监狱中重病坚持到最后一息。

汤池，1945年春在东莞大岭山工作期间病重牺牲。

劳火，1946年东纵北撤后留在粤赣湘部队任教导员，为迎接大军南下，在湖南汝城与反动派激战中阵亡。

为人民而牺牲的战友们永垂千古！

（此文为原“拖拉机”现在广州的战友回忆所及，由陈海仪执笔）

特殊的战斗

——广州沦陷时期我当地下交通员的回忆

何　琼

我原在香港从事地下党的工作，主要是负责英美烟草公司和南洋兄弟烟草公司两个厂的工作，属粤南省委领导。一九四二年六七月间，粤南省委书记梁广同志调我担任政治交通员，负责香港、澳门、广州几个城市间的交通联络工作。

当时，正是粤北省委刚刚被敌人破坏不久，敌、顽、伪来袭击我地下党，白色恐怖十分严重。为了冲破敌人的白色恐怖，及时沟通上级党组织与各地党组织之间的关系，传达上级指示，递送情报，护送过往的领导干部和有关同志，政治交通工作就显得非常重要。而要做好这项工作，须要机智勇敢，胆大心细，严格遵守秘密工作规定。我感到这是组织上对我的信任，决心克服一切困难，努力做好这项新的工作。

一、第一个任务

我担任政治交通员后接受的第一个任务，是到澳门向余美庆同志传达党组织的有关指示。其主要内容有以下几点：解释第三国际解散的原因；通知他本人调来广州工作；要余设法通知曾珍同志来广州工作。

由于当时斗争环境十分严酷，党组织严格规定，交通员到各地传达党的指示情报，不准用文字记录。我便把上述三个内容反复背熟，记牢，并按组织上交代的地址和见面的符号、暗语等，前往澳门。终于在一条小巷的一间泡水馆楼上找到了余美庆同志。我准确地向他传达了党组织对他的指示，顺利地完成了组织交给我的第一个任务。

二、一进广州

继完成第一次任务后，一九四二年八月，我接到新的任务，前往广州。根据上级指示，我到广州后首先按暗号找到万善堂中学的郑鼎诺同志和何婉莹同志，向他们解释第三国际解散的原因，了解广州沦陷区的概况，如敌伪动态、群众情绪、他们所认识的党员的情况等。郑是以基督教教会学校——万善中学为掩护的地下党员。此外，我又联系了其他一些同志，传达上级有关指示，了解了有关情况。例如，我曾找到东亚酒店的莫剑峰同志。莫是一九二七年参加省港大罢工的一位老党员，因为在香港半岛酒店领导大罢工，是多次抛头露面的第一线的人物，因而转派广州工作。

这次出发广州前，梁广同志对我交代任务时特别指出："由于粤北省委被破坏，在广州的一些党员可能会受牵连，所以，要提高警惕。去找党员同志时，要注意情况的变化，如要找的人已搬迁了，或对不上暗号就必赶快离开。走路时，也要注意有没有人跟踪盯梢。"到广州后，我的确碰到类似情况，上级要我联系的党员中，有几个未能联系上。不过，主要的领导人，我都联系上了。

除此之外，组织上还要我了解一下自己在广州的一些亲戚朋友等社会关系，尤其着重了解他们的职业和政治态度等，看看有无机会找到社会职业，立下脚跟。我在广州延留了一个月左右，掌握了一定情况后，便回香港向上级汇报了。

三、二进广州

一九四二年十月，党组织正式派我到广州工作。为了找到掩护，站稳脚跟，我通过我堂嫂的哥哥罗庚崇当市伪法院院长的关系，在市伪法院（在仓边路口）找到了刑事庭录事的职位（当时罗问我愿意当刑事庭录事，还是愿意当民事庭录事，我想，还是当刑事庭录事好，因为它也许可以了解到敌伪逮捕我们同志的情况，而及时向组织上报告。后来才知道刑事庭只管有关盗窃、诈骗等案件。有关政治的案件，那全是省高等法院办理的）。于是，我便按照组织的指示，在广州开展我党地下抗日工作。

为了加强我党在广州沦陷区的工作，一九四二年十二月左右，梁广同志带了一些党员到广州开展抗日活动。领导机关设在文昌路。不久，梁广同志和一个熟悉商业业务知识的党员同志在十三行开设一家中药批发店作掩护，它实际上就是我党的机关。我的任务是负责广州地下党各领导人的联络工作。当时地下党的各领导人有余美庆、陈翔南、曾珍等人。当时，我们的同志要在广州寻找职业掩护是不容易的，因此，组织上要我利用自己在广州的社会关系，帮同志找社会职业，以解决生活问题及用作掩护。过了三个月左右，市伪法院适有一空缺，我便通过罗庚崇介绍曾珍同志到市伪法院当民事庭录事（民事应是处理有关房屋、婚姻纠纷案的判决）。这样，我和曾珍都是“录事”，工作是刻写蜡版、抄写起诉或判决书等。但我们主要是利用这个职位来作掩护，我平时很少上班。曾珍上班时间较多，她在那里也联系了一批群众，并利用了法院办公室，收藏了我们党的一些文件。

此外，我还筹了一笔款（我亲哥哥寄给我的钱），在教育路开设了一间“建文”文具店，主要业务是经营文具兼营印刷，如印刷信封、信纸等。这间店是以余美庆同志和另一个党员为主具体筹办的。开办这间文具店，一方面是作为职业掩护，另一方面是作为我党的地下印刷所。

一九四三年十月前后，组织上派我参加东江纵队政治部举办的第三期青年干部训练班（跟梁广同志一起去）。从一九四二年十月二进广州到此次离开，我在广州一年期间，主要是按照党的十六字方针，在公开职业掩护下逐步开展对群众宣传和做好党的地下交通工作。

四、广州和东纵

一九四四年上半年，三个多月的学习班结束后，组织上分配我到东江纵队司令部当政治交通员，负责东纵司令部与广州地下党领导机关的联络工作。此后，我经常来往于广州和东纵之间，秘密传送党的指示和有关文件，护送来往于广州、东纵之间的有关同志。

1. 传送党的指示和有关文件。那时，日伪封锁广九铁路，在沿线布设岗哨，巡逻队日夜来回巡逻。要通过广九铁路封锁线，是很不容易的。而当时要到达东纵司令部所在地坪山、惠阳一带，要走的路线也较长，通过这一地带，随时都可能出问题。但是，由于有前一段工作的经验，所以，我还是满怀信心，愉快地接受了这项任务。

当时，东纵司令部常要传送一些有关城市工作的指示及有关文件给广州地下党机关。这些材料一般不准记录，只靠默记，然后到广州向有关同志作口头传达。有些确实要记录的，就用很薄的纸张，抄成很小的字，想办法藏在衣服或提包、雨伞、鞋底等不易被敌人发觉的地方。对领导交给的任务，我每次都想方设法，安全及时地完成了。

《前进报》是东江纵队政治部主办的报纸。为了让广州地下党的同志了解当时的形势以及有关指示，宣传群众，因此，我总是希望多带些到广州来。但是，《前进报》分量比文件分量多得多，带在身上，是很不安全的。因此，我带《前进报》一般是找熟悉的农村妇女协助，让那农村妇女挑着柴草杂物，把前进报夹在杂草杂物内。我先行几步，如果发现前面有日军的岗哨，我们就急忙绕道通过或者退回去再想办法；如果是只有伪警的岗哨，那我们就坚决地闯过去。伪警若要阻拦，我便出面，向他宣传，劝他不要充当亡国奴，或者塞些钱物买通他，争取通过。有一次路过东莞站时，有个伪警拦住我们要搜查，我心里着了一把汗，结果，他在箩底翻出《前进报》，瞪着眼睛看我们，我急忙把一只金戒指塞给他，他立即把报纸盖好，我们就赶快把东西挑走了。类似这样情况，我碰到过几次，幸而最后都闯过来了。

2. 护送领导同志。一九四四年十月左右，东江纵队政委尹林平同志要我从司令部所在地坪山带余慧同志到广州工作。当时我想，护送领导同志，事关重大，既要经过游击区，又要经过敌占区、封锁线，如何确保领导同志安全到达广州呢？经过一番考虑，我作了几点准备。首先，我和余同志约好，佯称是姑嫂关系，准备好敌人盘问时的对答口供。其次，我穿上普通农村妇女的衣服，身上除带一些钱以外，文件、书报一概不带，不让敌人在我身上抓到任何证据。此外，我还认真地考虑了沿途经过的路线以及可能碰到的各种情况（包括敌情、社会关系、食、住），认真地做好各项准备工作。出发后，我们尽量在傍晚前赶到游击区我招待所住宿，不在敌占区的旅店过夜，避免敌人的盘问和搜查。在经过广九铁路封锁线时，我们先埋伏在铁路附近的树林里，等待敌人巡逻队过一段时间后，找准光线较暗的地方急穿过去。由于做了认真细致的准备，采取了各种措施，我们终于安全地到达了广州。

此后，我不断摸索，提高能力，前前后后安全地护送陈翔南、陈能兴等几位领导同志到广州工作，还护送过一些领导的家属往返东纵和广州之间。陈能兴同志来广州以后，我还通过我姐姐的关系，租到维新路维新横路六号二楼的前座给他居住。这个住房十分利于隐蔽，它刚好在维新路转弯处，每当我们同志来这里联系时，便可先在转弯处看有无人跟踪，有什么问题，也很容易发觉。

在二楼后座住的一对夫妇，也是我地下党员（解放后才知道的）。陈能兴同志离开广州后，黄松坚、钟明等同志都在这里住过。一直到一九四八年，这个地方都是市委领导机关所在地。

五、散发传单，迎接胜利

一九四五年，广州地下党组织根据上级指示，决定组织一次全市性的大规模散发传单行动。传单主要是宣传德苏战争中盟军即将胜利的形势。告诉群众：苏联红军已攻下柏林，德国即将投降，日寇更加孤立，末日也快到了。号召全市人民群众行动起来，迎接抗日战争的胜利。

在散发前，我与曾珍、冯平三人曾在冯平家里用油印机翻印了一部分传单。在散发传单那天，组织上给我的任务是把一叠传单送给郑鼎诺同志。那天下午三时左右，我和郑鼎诺同志在余美庆同志家里对好了手表，约好当晚碰头交接传单的时间和地点。余美庆同志要我把传单拆成像一扎扎纸币一样，然后用小绳扎成一捆。我照样办了。当晚，我按时前往约定地点金声戏院，沿上九路方向走，准备与郑同志碰头交接传单。按约，郑是由德星里向下九路方向向前走。怎知我走完那段路，都没碰上老郑。我心里很焦急，敌人晚上十点就要熄灯或戒严了，怎么办？为什么老郑不来呢？是否今晚组织上又改变了行动计划？我手上的传单，如何处理？组织上没交我散发任务，如果我自行散发，那可能会影响到党组的统一行动计划。如果带回家去，则沿途要过两个岗哨，碰上搜查就危险了。我考虑了一下，决定还是带回家去，以后再请示处理方法。

我叫了一辆黄包车回我的住家维新路去，刚过了德星路口，果然遇到了岗哨，要下车检查。轮到我时，伪警问我手提的是什么东西，我急中生智回答“是钞票”。他要我拆开看看，我便故意慢慢去解绳子，拖延时间。这时，后面几部车都急着要走，一个劲地催。伪警被催得不耐烦，问我到什么地方去，我立即说：“我有急事要把钞票送到法院。”并拿出我当法院录事的身份证，伪警看后没检查便让我走了。真是好险！后来幸而第二个岗哨没人站岗，我才安全到家。

第二天一早，我即向余美庆同志汇报情况。那时，我才知昨晚已在全市散发了传单。老郑那天晚上因手表慢而迟到了，组织上已想办法及时把另一部分传单送到老郑负责的地段散发了。

日本投降前夕，组织上命令我赶回部队去。不久，日寇投降，我们迎接了抗战胜利后，又开始了新的战斗。

整理：钟钦正

（原载《沦陷时期广州人民的抗日斗争》，中共广州市委党史资料征集研究委员会办公室编，1985 年 8 月）

沦陷时期在广州开辟交通线的回忆

钟国祥

一九四二年五月初，我因参加反对国民党法西斯教育的学生运动而被开除出省文理学院（当时设在连县）后，就到坪石去找粤北省委青年部副部长张江明同志联系。五月下旬，南委及粤北省委遭受破坏，党中央决定粤北党组织停止活动。个别同志，确实必要的，只作单线联系。在当时的形势下，张江明同志决定要我离开粤北，到沦陷区广州去开展敌后工作。

一

五月底，我离开坪石南下，向广州进发。广州沦陷以后，这是我第一次回广州。过去，听说过日本鬼子在沦陷区的种种暴行，这次自己只身到广州，遭遇如何？敌后工作自己没有经验，回到广州后，在敌人鼻子尖下，怎样开展工作？在目前的情况下，怎样才能通过敌人封锁线安全回到广州？到广州后又怎样隐蔽自己，站稳脚跟去工作？一连串的问题在脑海里萦绕着，心情是十分不平静的。但我相信，到广州后，只要能迅速与党组织取得联系，工作一定能够开展。目前的问题是如何才能安全回到广州。

几天后，我便从坪石到了三水芦苞，这一段路程，还是在国民党的统治区内，但国民党的军队，最南只驻守在北江沿岸的横石，横石以下就没有驻防，只靠县的国民兵团，所以清远城以下的国统区，都是“大天二”的世界。他们在那里横行霸道，鱼肉百姓。芦苞以下就是敌人的封锁线，如果不是识途老马，通过敌人封锁线是困难的。但当时也有不少人来往，这些人大都是与日本鬼、“大天二”、国民党的官僚有勾结的商人。我路经清远城时，找到我父亲一个回乡避难的，转在县城经商的朋友。我通过他的介绍，认识一位经常来往广州、清远的走水客——余老板（名字我忘记了）。他与芦苞一带的“大天二”湿仔佳有来往。我父亲的朋友就叫他带我去广州，他满口答应。

我跟余老板到了芦苞。他立刻去与湿仔佳联系，回来时说：这几天日本鬼子天天出动到乡村抢粮，四处骚扰，已封锁了几天，不能通过，要等几天看看情况才能走。我便跟余老板在芦苞河面上租了一只小艇住下来。有一天，芦苞圩上的群众鸡飞狗走，据说日本鬼子要到芦苞来，圩上的烟馆、赌馆、妓寨纷纷走避。我们住的小艇也急忙过江，荫蔽在清远三坑的小河涌内。晚上，芦苞圩又恢复往日平态，我们也回到芦苞，如是者一连三天。在这样风声鹤唳的环境中，我在芦苞住了半个多月，还未能过敌人封锁线，心情十分焦急。六月初，有一天余老板很早就上岸去，说是饮早茶，实际是去听消息。九点多钟，他回来叫我把行李检好，准备明天清早过线（即过封锁线）。第二天清早，我和余老板动身，离开芦苞向白泥方向走。这天，“大天二”派了几个人护送我们到封锁线。所谓“封锁线”，是敌人在通往白泥的小山岗上建的碉堡，那里驻守着日本鬼子，在山岗边的路上设立哨卡，检查过往行人。这些日本鬼子，对过往行人，稍不适意，即拳打脚踢，若认为可疑，就扣留下来。晚上，一律不准通过，遇有情况就随时封锁，其他小路不准通行，否则立即开枪射杀。护送我们的人，到接近哨卡二百公尺左右的地方，他们就回头走，由我们自己通过。幸好余老板同行，我才顺利通过封锁线。再往前走十多里路，到达白泥圩。白泥是农村小镇，人口不多，驻有小队日军，经常出没在附近乡村鱼肉群众。从白泥到广州每天下午都有航班小轮开往。白泥沦陷敌手后，到处是残垣断壁，十分荒凉，唯独烟赌林立，酒楼饭馆，都是出卖色相之所。当天下午，我们离开白泥，在船上过了一个不眠之夜，第二天早上到达广州。

二

广州，是我生长的地方，在这里我度过了童年和青少年时代。

广州沦入敌手四年，也是我离开广州的四年。回来后瞩目城垣，面目全非，在日寇铁蹄蹂躏下，往日繁盛的闹市，一片荒凉景象。昔日的西堤大新公司

（现南方大厦），沦陷时付之一炬，已经成为残垣败瓦、杂草丛生的废墟。一九四二年大旱，农作物失收，加上日寇搜刮军粮，人民生活陷于水深火热之中，饿殍遍地，弃婴满街，饿毙街头者，触目皆是。海珠桥底的“升仙亭”和大新路圣心中学背后人行道上的“升仙台”，每天收尸不下数十具，真是目不忍睹。市区内的大街通衢，敌人哨卡林立，中国人每过岗哨，必须首先向日寇立正，鞠躬行礼，然后出示“良民证”，高举双手，经过指定路线，任其搜遍全身。稍有怠慢，则被拳打脚踢，摔倒在地，枪托撞胸。妇女路经哨岗时，遭受凌辱更甚，把过哨岗视为畏途。遇上日寇临时宣布戒严，路人只能坐在行人道上，长时间不得动弹，否则有被枪杀的危险。这个具有光荣革命传统的南方城市，已沦为魑魅魍魉横行的人间地狱。

我家住市内惠爱东路（即现中山四路）342 号和旁边的谭家巷二号之一，这两幢是三层石屎楼房，是我父亲从加拿大回国后建造的。父亲祖辈三代都侨居加拿大，一九二四年第一次回国时建造这两幢房子，以备老年叶落归根，安度晚年之用。抗战前，前铺是开明书店，铺后是我老家。

沦陷时，原来住的人都跑光了，开明书店也关了门。日寇进城后，原来的书店被日本人占用开设“虎屋”果子店，后座除了我家人之外，都没有他人居住。邻近的永汉公园（现儿童公园），日寇改为“护国神社”，神社正门设立有日本宪兵派出所；右侧原来的李占记钟表店，为日本富士洋行占用；右后侧原来的商务印书馆（即现新华书店科技门市部），被日本三井洋行占用。从我家的周围环境来说，是处在日本人四面包围之中。但这也是一个有利条件：日敌对我家就不大注意，便于我在广州立足，也便于我们以后工作的隐蔽。我父亲在国外旅居时，备受外人欺凌歧视，故爱国之心甚切，十分同情我党的抗日主张。在我父亲影响下，全家思想比较开明，同情革命。这些，都是我到广州开展敌后工作的有利条件。

三

到广州后，我十分焦急，盼望组织上早日派人来联系，以便能开展工作。六月底，一位年约三十五六岁的年轻人到我家来找我。来人个子高大，身体魁梧，浓眉阔面，操一口标准广州口音。他指名找我，我问他是谁，有什么事？他说：“表姐叫我来找你。”我说：“我已经接到表姐的信了。”对上张江明同志布置的联络暗号后，我说：“我就是钟国祥。”他说：“我叫杨和，以后你叫我

'阿和'就好了。"我和杨和同志联系上了，心情十分激动，在敌人的心脏能见到党的领导同志，内心多高兴。我们紧紧地握着手，杨和同志说："来广州后，情况跟后方不同了，这里是沦陷区，周围都是日本鬼子，行动就要小心。在敌人后方工作，一定要贯彻执行党的'隐蔽精干，长期埋伏，积蓄力量，以待时机'的方针。目前首先要站得住脚，了解周围情况。你有家在广州，条件很好，要好好利用。今后我们的工作，主要是搞敌伪军情报和建立交通联络站。以后你与我单线联系。我有事就来找你。"

杨和同志与我联系上不久，便搬到我家里来住。我父亲把四楼的两个房间给他，从这时起，东江纵队在广州的地下交通情报站就设在这里。杨和同志就是东江纵队驻广州的代表。我们的任务是搜集敌伪政治、军事、经济等方面情报。

为了工作和活动上的需要，我进入了广州日语学校，开始学习日语。这间学校是日本人办的。我在学校化名叫"萧之添"。在校内，我认识了一个日本青年叫"古林秀次"。他家在长堤开设一间饮食料理（即饮食店，店名我记不清了），这店常有不少日本军官来吃东西，古林秀次的姐姐跟日本军官很熟识，我就常常借机去找他，了解敌人的情况。

当时在广州有一个伪军的新兵营（汪精卫的绥靖军，公开是"和平反共救国军"），营长姓白，他曾被游击队俘虏过，经过教育，思想有了觉悟，愿为我们工作。释放后，来广州任伪军新兵营长，我们还派同志在他的营部任副官，了解伪军内部情况。部队指定由杨和同志与他们联系。此外，大汉奸汪精卫的老婆陈璧君和警卫连的张连长，也是被我游击队俘过教育释放的。我们从这些伪军的关系中，获得日本鬼子和伪军进攻禺南珠江纵队第二支队根据地的行动计划和地图，送回部队去。还与伪军新兵营的白营长一起策划过待发了枪支弹药后，整营拉队起义参加珠江纵队。但后来这营新兵还没有发配武器便被调到中山石岐，起义的事就落空了。

除了惠爱东路我家外，在广州还有一个东江纵队地下交通站，是由钟文钜（即钟达明同志，是省交通厅公路局长，已离休）和他爱人关婉明同志负责的。他们夫妇两人一九四三年从连县转来广州敌后工作。初到广州时，他们都在海珠北路芽苗巷三号张思桥同志家里活动，后来才搬到东川路宜园钟文钜同志的老家来。当时，从广州至东莞横坑的交通线主要由关婉明同志负责，前前后后她带回游击区去的领导同志、党员和进步青年学生不下一百人；重要文件、情报也是通过这个站送回东江纵队去，从未发生过事故。

一九四四年初，北江特委书记黄松坚同志由粤北到广州与省临委梁广同志联系，研究建立和发展粤北地区人民抗日武装斗争的问题时，以一个粤北商人的社会身份作掩护，由杨和同志安排住在我家里。黄每天早上与我父亲一起到惠爱东路云来阁茶楼（即现东江饭店）饮早茶，隐蔽得十分巧妙，每天都是八点多钟便借口了解行情，到外边去与梁广同志接头开会。

黄松坚同志离开广州时，杨和同志派我负责送他回粤北去，当时杨介绍我认识珠纵广州联络站负责人郭静之同志（即郭宁，又叫老冯），由他布置我带黄同志去粤北。我在约定的时间到惠福西路米市街口广安柴店通过崔楷权找郭，崔楷权是柴店老板，实际身份是珠纵广州联络站的同志。我按约定时间去找崔老板，他叫我稍候，过了不久，我见到郭静之同志，由他介绍我认识珠纵的交通麦华同志。我们约定第二天早上七时在惠福西路巧心茶楼二楼东边座位见面。第二天，我与黄松坚同志去巧心茶楼，按约定地方见到麦华同志。他带我们在长堤搭船去番禺大石，到大石上岸后，我们跟随在麦华后面，来到里仁洞，在那里见到陈明光同志（即谢立全，同志们叫他做陈教官或叫老陈）。我们来的前天晚上，他刚带部队出击，天亮才回来，他还没有休息就来与黄松坚同志会面。知道了省临委布置粤北的任务后，他立即派交通员送我们到南海的部队去。我们与南海大队梅易辰同志接上了头，原决定在南海部队住一夜后，第二天就去三水。但当晚我病倒了，不能出发。松坚同志紧急任务在身，梅易辰同志便决定另派干部及交通员送他去三水转粤北。过了两天，又派人送我回广州。

为了摸清由广州至粤北的交通线，以便动员国民党统治区的党员和进步青年学生到游击区去，我除了从粤北到广州时，已摸清北江芦苞这条线，并拉上了一定的关系之外，我们还准备摸清西江这条线。当时南海九江已沦入敌人手中，敌人的舰艇经常在南海九江与鹤山沙坪的江面上巡逻封锁。九江江面是敌人在西江水域的一条封锁线，鹤山沙坪表面上仍在国民党手中，实际上国民党军队还驻西江的肇庆一带，沙坪则成了“大天二”的世界。要摸清西江的交通线，主要是摸清九江、沙坪的情况，并设法在那里利用关系。

一九四三年六七月间，我以故衣商人身份作掩护，与梁汉辉（我的同学）、黄老利（广州故衣商人）合伙走故衣到广西桂林出售。我们走的路线是经九江至沙坪一线。在沙坪，我利用我父亲一位经营故衣业的朋友叫钟庆如（广州沦陷后，他在沙坪圩开设“广发号”故衣店，因是鹤山沙坪人，与当地的“大天二”何老二有来往）的关系，在他店里要了一批故衣，并借口怕沿途堂口勒索，血本无归，要求他介绍我认识何老二，以便沿途得到保护。他带我去见何老二。这个“大天二”却叫我“世侄”，还说有事叫我找他，九江沙坪可以随时安全来往。利用了他的关系，西江线便建立起来了。我在沙坪、肇庆、梧州、柳州至桂林把故衣出售后，便又转到粤北的坪石去。到坪石后，李树中同志通知我说，张江明同志要到东江游击区去，要我去连县见张（粤北事件后，李树中与张江明有单线联系）。我见到张江明同志后，约好到广州去的路线，便利用西江这条交通线，从连县经阳山、英德、清远、四会、高要而到鹤山沙坪。除了由连县到高要这段路程要经国民党的统治区之外，高要以下的地区，我们都可以利用“大天二”的关系安全通过。到沙坪后，我们由“何老二”派一条小艇送经沙坪的一条小河涌而至涌口等候通过封锁线。“大天二”他们也派有瞭望哨与涌口的哨位联系，瞭望哨所设在江边的一个山岗上，监视着日寇巡逻舰艇。如果见到能安全通过封锁线渡过九江时，白天在瞭望哨的棚顶上晾着一件黑色上衣，晚上则挂上两盏灯。涌口哨位看到安全讯号，就通知小艇渡江到九江附近农村上岸。这次我们是晚上通过封锁线，途中遇上日寇舰艇的探照灯扫视江面。我们都伏在艇上，停止划动，让小艇随水流慢慢地漂过对岸去。第二天上午，我们进入九江圩坐船去广州，到九江圩口时，敌人设有哨卡，检查出入九江的行人。我与江明同志约好：他跟着我走，一先一后。经过哨卡时，我很快就通过，但回头看时，没有见江明同志跟上。我十分着急，马上走回头了解发生什么事，原来江明同志被日本鬼子盘查着。我立刻跑到哨卡，用日语跟日本鬼子说，我们是商人，到九江做生意的，又出示我在广州通行用的假证件，日军信以为真，便放行了。真是一场虚惊，幸好我学过日语，才顺利地解了围。

到九江后，当天我们就搭船到广州去。我把江明同志安排住在我家里，江明同志胃病经常发作，整夜不能入寐。我们坐在床上，通宵达旦谈论革命理想。江明同志与杨和会面之后，在我处住了一个星期，便由交通站关婉明同志送到东纵游击区去。

四

一九四四年，东江纵队发展扩大，要动员粤北事件后停止组织生活的党员同志及进步青年学生到游击区去。杨和同志把这任务交给了我，派我再赴粤北。

我接受任务后，考虑到往粤北的交通线，虽然北江线的芦苞和西江线的沙坪，经过前两次的往返，已经打通，但是，敌人的军事行动随时会有变化，如果西江、北江两线不通，岂不是耽误工作？于是，我考虑探索从粤北直通东江的交通线。东江线主要是通过惠州，驻在惠州的是国民党七战区顽军徐东来部，与东江纵队是死对头。徐东来为人阴险凶残，是个杀人不眨眼的“杀人王”，如果没有一定关系，要通过东江惠州徐东来这一线是困难的。

当时，我有一个中学同学叫袁式邦，他父亲袁丽泉与徐东来是旧交。袁式邦打算返回内地去读书，他约我同行，我叫式邦请他父亲写封信介绍我们认识徐东来，以便通过惠州时得到他的照应。袁丽泉便写了一信给式邦带去。我们到惠州后，去见徐东来，但他态度很冷淡，只通知他的部属写了通行条给我们，就再不管了。我们离开惠州，沿途经老隆、翁源、九连山而至曲江、坪石，都通行无阻。但是，我考虑徐东来是靠反共起家，从来敌视东江纵队，这条线不一定可供利用，而芦苞、沙坪都是“大天二”的土匪武装，政治观点模糊，要的是钱，有奶便是娘。同时这两条线我还算是有点关系，有人熟识他们，所以，为了完成这次任务，在情况没有特殊变化时，决定还是使用这两条交通线。

是年十月，我到达坪石，首先找到中山大学农学院的党员李树中同志，把组织上的决定告诉他，要他即与法学院的党员黎绍裘（即黎裘）同志联系，布置已停止组织联系的党员和进步青年学生到游击区去。树中同志告诉我，黎裘他们都参加了中大队（即国民党第七战区中山大学战时工作队的简称）去了曲江樟市。我们研究计划，分了工，树中同志留在坪石，分别与各学院和中学时期的党员及进步青年学生（主要是文理学院附中几个读书会的成员）联系，到坪石集中；由我到曲江樟市与黎裘同志联系，把中大队的党员和进步青年学生动员到东江纵队去。

我从坪石南下到曲江马坝，马坝至曲江乌石、樟市还有一段很长路程，没有车通。抗战时国民党害怕日寇北侵，早就把马坝以南段二百多公里长的铁路、公路都破坏了。我只能由马坝步行至乌石，在那里我见到彭绍光（即彭会）同志，知道国民党连中大战时工作队也害怕得要死，七战区余汉谋下令解散，他们正准备集中撤回坪石。后来我见黎裘同志时，把组织的决定告诉他。他们正处在进退无路的时候，突然接到组织的决定，异常雀跃，就立刻决定拉队回坪石集中，准备南下到东江游击区去。

我从曲江乌石回到坪石时，住在彭会同志的宿舍，与树中、黎裘同志联系。在坪石，国民党兵役部门经常以检查“国民身份证”拉“猪仔兵”（国民党兵役部门或乡、镇公所抓到没有身份证的人，及抽壮丁中签而逃避兵役的人，立刻剃光头送去师管区充兵役）。为了应付这一关，同志们便替我弄来了一张假“国民身份证”，以掩护我在坪石活动和工作（中大学生有学生证，不用身份证）。

在我们动员到游击区去的过程中，曾有一个惊险的插曲：有一位动员对象叫崔爱碧（即崔碧）同志，她是省女师（在连县）的学生，国民党御用文人崔载阳的女儿。崔载阳是中山大学研究院院长，思想十分反动。他知道他女儿思想倾向进步，故管得很严。崔碧同志从连县来坪石准备到游击区去时，不能回家住，同时也不能上街，以免她父亲的同事或学生见到引起崔载阳的怀疑，暴露我们南下的计划。我们把崔碧同志隐蔽在彭会同志宿舍后面临江的小房间里。一天深夜，几个坪石镇公所的户籍人员带着几个警兵，挨家逐户来检查“身份证”。他们来到我们住处，气势汹汹地要我们拿出“身份证”来。我与彭会同志说是先修班学生，他们又要我们拿出学生证来，我们说没有在身边，只有“身份证”。谁知当我们拿出来给这些家伙看时，户籍人员却说我们的身份证没有近期壮丁抽签印章，是假的，说我们逃避兵役。当时我们与他理论，双方争持不下。我们怕在住处拖的时间太长，会暴露崔碧同志，反误大事，立刻决定把这班家伙引离我们的住处。我们便说在这里争论不清，可与你们到镇公所论理，鉴别真假，把这班家伙引离住处。到镇公所后，他们再没跟我们理论，就把我与彭会同志关在拘留室内，准备第二天把我们剃光头送去乐仁师管区交差当“猪仔兵”去。当晚，因没有“身份证”而被抓起来的老百姓有十多人。

第二天早上，树中同志来宿舍找我，崔碧同志把晚上发生之事相告。树中同志大吃一惊，马上去找方迪槐同志商量。方迪槐的父亲方人矩，是湖南省贸易局长，他与国民党第九战区司令长官薛岳有姻亲关系，而坪石、乐昌一带都属薛岳势力范围。方迪槐的母亲徐学芬女士知道我们昨晚所发生的事之后，立刻打电话到坪石镇公所找镇长，说明我和彭会是迪槐的同学，要他立刻放人。镇长马上答应，树中同志便来镇公所接我们，这样我们才免了剃光头去当“猪仔兵”的危险。

十一月中旬，这批到游击区去的同志共三十多人，分批（每一批四至五人）由坪石经韶关、清远南下。到清远后，女同志较多的几批通过北江的交通线到广州，因为北江线可直接经芦苞、白泥，少走几天陆路。男同志较多的几批则经清远到四会、高要、沙坪，要多跑两三天的路。每批到韶关时，我们都住在韶关黄田坝赵元浩的家里。到了广州后，因为要等交通员，有家在广州的就住在家中，没有家在广州的，有些同志就隐蔽到有家的同志家中去住，有部分就住在一德路石室前圣心路（即现在劳动路）十六号溢昌行彭会同志家中。这是一幢三层楼房，开设商店，掩蔽比较有利。有少数同志则住在我处。

我把同志们安顿后，向杨和同志汇报，由他与交通站联系派交通员送同志们到东江游击区去。这三十多个青年游击队员由关婉明同志分批从广州带到东莞横坑钟文钜同志的老家去。横坑便是我们交通站所在地，对面就是游击区，那里也有交通站联系。这批到游击区去的同志有：彭绍光（彭会）、柯耀存（柯劳）、马文玉（马鲁）、劳道明（劳火）、唐乔（唐海）、麦明（麦扬）、李士熊（李翔）、袁式邦（袁正平）、卢积仁、成崇实、杨惠育、冯庆奕（冯奕）、崔克玲（崔克）、崔爱碧（崔碧）、陈次青（陈青）、蒋慧仪（何慧）、何慧珠（蒋蔚）、陈慕静（陈静）、钱玉芝（钱乔）、梁怀之（梁陈华）、王桐丽（王辛）、载俊森（载江）、何佩媛（何沛）、劳次英（劳艾）、王同照、包文英（赵林）、李淑钧（李戈伦）、潘润燕（潘萍）、潘润濂（潘濂）、陈婉翩（陈仙）、甘迪桓（甘力）、赵克墀、罗万明。此外，还有由东纵政治部张江明同志通知调回部队去的党员、中山大学文学院的谭文辉（即谭辉，又名林洛）、陈婉芳（陈茵）；由杨和同志通知我去联系送回游击区去的广东大学学生陈玲同志（即陈新）。同志们到游击区后，参加了东江纵队政治部第二期青干班学习。结业后，大部分分配到连队担任政治工作、文化教员，也有的在武装部队及政权、政工队工作，在各个工作岗位上，都起到重大作用。

在抗日战争的艰苦战斗岁月中，有些同志为党、为革命、为中国人民的解放事业、为抗日战争的最后胜利而献出了宝贵的生命。其中有：李树中、马文玉、劳道明、唐乔、卢积仁、成崇实、冯庆奕、杨惠育、陈次青、钱玉芝、王同照。此外，以后到游击区去光荣牺牲的有：李严、李树民、李惠琼等同志。他们的英雄业绩永远铭刻在我们心中。

一九四五年一月，杨和同志的工作交由麦任同志负责，离开了我家。这时，我也被派到珠江纵队第一支队政治处工作，也离开了广州。

（原载《沦陷时期广州人民的抗日斗争》，中共广州市委党史资料征集研究委员会办公室编，1985 年 8 月）

作者简介：钟国祥，男，1921 年出生，广东新会人。1938 年参加抗日先锋队广雅支队，担任护校队初中部的负责人。1939 年加入中国共产党。抗日战争时期，利用位于广州市中山四路谈家巷 2 号的自家房产，建立东江纵队地下交通站。1945 年被派往香港筹办汉华中学，继续从事党的秘密工作。中华人民共和国成立后在广东省农业厅工作，1978 年调入暨南大学工作至离休。

第八章

抗战雄杰

背景导读：东江纵队是一个英雄的群体，据不完全统计，在革命战争年代牺牲的东纵指战员达3500人。本章介绍几位东纵烈士和战斗英雄的感人事迹。

缅怀陈冠时烈士

林　传

一、投身抗日洪流

南太平洋战争爆发后，日寇于1941年12月8日进攻香港，12月25日香港沦陷。广东人民抗日游击队港九大队紧随日寇尾后，挺进香港的西贡、大埔、元朗、上水、沙头角等地，进行广泛宣传，发动人民群众组织起来，抗击日寇，打倒汉奸！在游击队的宣传教育下，广大香港青年和爱国人士纷纷投入抗日救国的行列中。我也于1942年1月间参加了革命。初期，我在港九大队政训室当勤务员。在政训室工作的有黄高扬（主任）、王月娥（民运干事）、曾福（事务长）、陈冠时（宣传干事）等。

陈冠时同志祖籍广东江门，出生于富裕家庭。父母对他甚为疼爱，把他送到香港求学，希望他长大成才，报效社会。陈冠时同志在香港中国新闻学院求学期间，积极参加各项抗日宣传活动，思想进步。因此，在日寇侵占香港后，他立即投笔从戎，参加了广东人民抗日游击队港九大队。

我当时没文化，性格内向，刚参加革命时年纪尚小，每当想到父母双亡、失去亲人的爱护和照顾时，情绪会很低落；尤其在黄昏日落之时，我会独自一个人躲到偏僻处，暗自难过、流泪……陈冠时同志感觉敏锐，很快就观察到我的表现。他见我不在部队，就出来找我。他没有说半句话，默默地坐在我的身旁，像护卫着自己的小弟弟那样，用他那温暖的手轻轻地搂着我。无言的慰藉使我十分感动。我顿时像回到温暖的大家庭之中。之后他给我抹去脸上的眼泪，拍拍我的肩膀，安慰我说：“不要想那么多了，我们回去吧！明天还要工作呢!”并拉着我站起来。他这一刻的言行举止，深深地印在我脑海之中。62年来，每当我想起此情景时，仍历历在目，总无法控制自己激动和难过的情绪。

当年游击队生活非常艰苦。部队远离中央，在日寇心脏地带活动，战斗环境之紧张、恶劣、困难，是一般人难以想象的。游击队生活、居住在高山密林中，雨季到来时，在茅草搭的草棚里，睡在草地上，雨水就从身旁流过；天气寒冷时就两个人“孖铺”（粤语：挤在一床睡）。我常常和冠时兄“孖铺”。

在1942年和1943年间，敌人经常封锁并到游击区“扫荡”。我们有时甚至断炊，就只有到山上采马甲仔、土茯苓、芭蕉树根或摘些野果来充饥，找到什么吃什么。因卫生条件差、缺乏营养，很多同志生病，如水肿、癞疮、疟疾、夜盲症等。

在这艰苦的抗战岁月里，冠时同志见我年纪小，很关心我，待我如兄弟一样。摘到野果时，总是舍不得吃。我也长了很多疮疥，有的长在背部、股臀上，还化了脓；坐立不安，非常痛苦。冠时兄不怕脏、不怕麻烦，主动用针或用马甲仔的刺替我刺破脓疱，轻轻把脓头挤出来。他经常和我谈心，帮助我提高思想觉悟和斗志。他说困难是暂时的，一个游击队战士要坚强、不怕苦。还说：“你是穷人家的孩子，什么苦都吃过了，这点困难算得什么?”我说：“我不怕！我要和同志们、和冠时兄在一起，共渡难关!”他听后笑了笑，拍着我的肩膀说：“你真是好样的!”

陈冠时同志在港九独立大队政训室任宣传干事时，经常向战士们宣传抗日的道理。他为人正直，尊重上级，爱护下属，对同志真诚友善，生活朴素，作风正派。他是个严于律己、以身作则的好党员、好战友，更是我的好哥哥。我们都尊敬他，佩服他。

二、“三三”事件

1943年春天，港九独立大队政训室驻扎在沙头角晏台山。由于地处森林茂密之山区，甚少行人来往。当时有两个训练班在此地培训，驻地共有20多人。此时正值春季，经常下雨，烧柴煮饭的炊烟不易散去。一天，伪村长黄发仔的老婆到山上打柴割草，发现烟雾，回家告知伪村长、汉奸黄发仔。黄到山上察看，证实有游击队驻扎，立即向沙头角日伪军告密。

1943年3月3日（我们港九大队称这一天的突发事件为“三三”事件，是游击队战士们最悲痛难忘的日子），日寇调动了粉岭、大埔连同沙头角的日伪军近百人，趁天未亮就包围了晏台山政训室驻地。天亮时，哨兵才发觉已被包围。

曾福事务长与政训室的战士奋起杀敌。激战中曾福事务长与几位同志英勇牺牲了。冠时兄在战斗中负伤被俘。虽经日寇残酷折磨，但他坚贞不屈、守口如瓶。最后，冠时兄壮烈牺牲！万恶的敌人将冠时兄斩首，吊在鹿头村往南冲桥头的树上示众。

在“三三”事件中，敌人说我家是电台的大本营，于是把我和亲人的5间泥砖屋都烧光了。我的兄长也为抗日献身。

三、英勇杀敌锄奸

“三三”事件后，我们失去了共同战斗的战友，我失去了最疼爱我的冠时兄。我们心情十分沉重。同志们誓言要英勇杀敌锄奸，为烈士们报仇！

我们第一个报仇的对象，就是伪村长、汉奸黄发仔。这个坏家伙很狡猾。第一次我们到他家，他在棚顶上睡觉，看到我们就立即冲了出去，我们的计划失败了。第二次，过了几个月，群众向游击队提供情报后，我们包围了他的家。这次把他押回部队公审，并处决了这个出卖民族利益的伪村长、汉奸黄发仔。我即时禀告冠时兄：“冠时兄，我们已替你报了仇，也替战友们报了仇！”

有一个号称“杀人王”的汉奸林通译，血债累累，村民十分痛恨他。我们侦察了一个星期后，由邓华同志带领着我们六七个人，到茶楼逮住他，邓华同志代表人民把他处决了。另外，又将日本汉奸陈福捉到，带回大队部进行处理。

有一次，林冲中队长率领我们打吉澳岛。当时我们手枪短缺。我只拿了一把杀猪刀出发去参加战斗。结果打死了几个汉奸，缴了他们的枪。之后，中队奖了一支手枪给我。

1945年我当了手枪队长。一次我带领手枪队员们在粉岭通往大埔的和合石茶寮处伏击日军巡逻队，共消灭了四五个日本兵，缴获了日寇“三八”式步枪两支。

为报国仇家恨，为逝去的烈士和冠时兄，在战斗中、在工作上，我尽最大的努力去完成任务。我与冠时兄是生死之交、情同手足的战友。62年过去了，冠时兄朴素诚实、友善热情、常带微笑的面容，从来没有在我脑海中消失过。愿冠时兄在天之灵也能明白我的心意吧！

我们的好战友、我的好哥哥——陈冠时烈士永垂不朽！

［本文由广东人民抗日游击队（东江纵队前身）港九大队老战士林传口述，

敬之笔录，原载《澳门日报》2006 年 8 月 27 日 D7 版]

作者简介：林传（1926—2015），曾用名林华，香港沙头角石水涧村人。15 岁跟随其叔父林戊参加情报传递工作，成为东江纵队港九大队游击队员。历任港九独立大队政训室海上交通员、沙头角中队手枪队队员、沙头角自卫独立小队队长。1943 年 4 月参加东江纵队教导队第一期军事学习。1944 年 6 月加入中国共产党。1946 年 6 月东纵北撤，林传奉命留下当交通员。此后历任粤赣湘边纵队司令部传令班副班长和班长、传令排排长、传令连连长、警卫连连长，粤赣湘边纵队三团钢铁连第一任连长、三团一营副营长和营长。中华人民共和国成立后任西江军分区司令部作战科副科长。1952 年调南京学习和工作。1978 年派赴香港招商局工作，任总经理办公室副主任，招商局发展有限公司董事、副总经理，招商局建瑞运输有限公司董事长等职。

缅怀我家四烈士

郭　际

我母亲李淑桓，在抗日战争初期，先后把 7 个子女送入中国共产党领导的抗日队伍，被誉称为“东江游击队之母”。1941 年春，她自己也参加了东江人民抗日游击队，被分配在东莞大塘村小学，以教书为掩护，做民运和交通情报工作。同年 9 月，国民党顽固派军队（惯称“顽军”）大举进攻东莞抗日根据地时，母亲不幸被捕。她痛斥顽军不抗日。顽军逼她供出游击队的情况，她坚贞不屈，惨遭酷刑，被杀害于东莞金柑岭村，时年 47 岁。

我大哥郭显承于 1938 年 1 月去延安陕北公学，后转入“抗大”参加八路军，在战斗中牺牲。

我四哥郭显和、五哥郭显乐 1938 年 10 月参加惠宝人民抗日游击队。1940 年 3 月，曾生部队东移海陆丰时，我五哥任班长（中共党员），途中遭顽军截击，他在掩护部队转移时壮烈牺牲，时年 18 岁。1941 年 9 月顽军进攻东莞抗日根据地时，我四哥在游击队任副小队长（中共党员），英勇战斗，负重伤后牺牲，时年 19 岁。

值此纪念抗日战争胜利 60 周年之际，我和老伴陈枫及儿孙们深深怀念我家四烈士，他们崇高的革命气节永远铭记在我们心中，激励着我们坚定革命信念，勤奋学习，努力工作，为实现全面建设小康社会而奋斗。

我母亲李淑桓，1894 年出生于广东省鹤山县古劳乡围墩村一个清朝贡生家庭。她自幼随其父亲在广州自办的私塾念书，熟读四书五经，尤爱《列女传》，养成坚毅的性格，崇尚岳飞、文天祥等民族英雄。1913 年她与同窗郭福荣（店员）婚后，自办一间“时修”私塾，以教书为业。1930 年全家迁居香港继续办学。

“七七”全面抗战开始，香港的抗日救亡运动蓬勃兴起，如火如荼。我母亲在香港九龙参加中共的外围组织“惠阳青年会”抗日救亡运动，接受到进步思想，受到党的教育，懂得只有共产党才能救中国。

1938 年 1 月，经中共党员刘宣介绍，母亲送我大哥郭显承去延安参加抗日。同年冬，她又送我二姐郭云关和我，从香港回到惠阳坪山参加曾生为总队长的惠宝人民抗日游击队。她和我三哥郭显绪（现名郭村，1941 年参军）同是宝安青年会执行委员。她停办学校转为教夜学。参加做棉衣，向她的学生和亲朋募捐，一心扑在抗日救亡工作上。

1939 年在“感伤”妇女节纪念会上，母亲听了著名女革命家何香凝的抗日演说，很受感动。当时有人关切地问她：“你把子女送上前线，将来老了怎么办?”她答道：“没有国家就没有家，我还有几个儿子，把他们都送去。”

1939 年 5 月间，香港进步团体要把募捐到的物资送往部队慰问子弟兵。母亲把我四哥郭显和、五哥郭显乐（李生）带去参加曾生领导的抗日游击队。部队在召开欢迎慰劳团大会上请她讲话。我母亲把我二姐、四哥、五哥、七弟和我都叫到台上按高矮站好对大家说：“国家兴亡，匹夫有责，抗日人人有责。我大儿子去了延安参加八路军，三儿子在香港做抗日救亡工作，其余的都在这里。最小七儿子（郭显隆，现名郭厚智，1941 年参军）才 9 岁，等他长大些也送来参军。”她送子参军的情景，曾拍成新闻纪录片在香港九龙大华电影院放映，引起港九同胞很大反响。

1940 年 4 月间，曾生部队东移海陆丰地区过程中，疏散一些同志暂时来港，把 4 名女同志安置在我家。我母亲对她们情同母女，饭不够吃就熬粥，大家一同吃。她乐呵呵对同志们说：“这叫有福同享，有难同当。”

1940 年底，我父亲病故，她把悲痛埋在心底。1941 年春节过后，她从香港回东莞参加抗日部队。

我母亲被顽军杀害的消息传到大塘村，群众挥泪相告，学生们泣不成声。1942 年游击队办的《东江民报》，纪念“三八”妇女节出专刊纪念她。曾生司令员号召全区军民学习她在敌人酷刑面前大义凛然，坚贞不屈。她的崇高革命气节永远是我们全区军民学习的榜样。

曾生司令员在他的回忆录中写道：“李淑桓同志牺牲时已年近半百。她和 7 个子女从香港回来参加我们抗日部队。她本人是在部队东移回来十分艰苦的时候来到东莞大岭山坚决要求参加工作的。她生前未加入中国共产党，但是在我们心中，她是一位共产主义的女英雄。”

她的事迹被载入中共党史出版社《革命烈士传》第十集和解放军总政治部出版的《解放军烈士传》第七集。

（原载《征途拾零》）

作者简介：郭际（1928—2008），曾用名郭显怡，广州番禺钟村镇屏山村人。香港海华学校小学毕业。1938 年 12 月参加东江抗日游击队，1941 年 4 月加入中国共产党。历任惠宝人民抗日游击队和东江纵队战士、通讯员、警卫员、指导员、中队长。先后参加过著名的黄潭战斗、百花洞战斗。抗战胜利后，奉命留在东莞做地下工作。解放战争时期，先后担任粤赣湘边纵队东江第一支队第二营营长、东一支教导队队长，东江军分区独立第七团参谋长。中华人民共和国成立后历任中南军区公安十师科长、广东省军区军训处处长、广州军区动员部科长、广东梅州军分区参谋长。1955 年授少校军衔，1962 年晋级中校军衔。获三级独立自由勋章、三级解放勋章。

离休后参与编写《东江纵队志》、《东江纵队史》、《粤赣湘边纵队史》、《纪念东江纵队成立四十周年专辑》（画刊）、《革命母亲李淑桓》、《怀念曾生同志》、《胜利大营救》等书籍，以及创作电视连续剧《东江纵队》。

忆我兄黄作梅

黄作材

今天是抗战胜利72周年的纪念日子，我把大哥黄作梅的那充满传奇的一生讲给大家听，尽一点历史责任。

我是作梅的五弟，黄作材，今年91岁，香港土生土长，战前在华仁书院读书。香港沦陷那年我15岁，便加入东江纵队打日本鬼子了。

从抗日战争搞情报，到救出大批英军官兵和美军飞行员，特别是提供大量有重要价值的军事情报给英美盟军以及作梅牺牲前后，整个过程我都在现场。我既是他的兄弟，也是历史见证人。

作梅是一个不可多得的外交官

东江纵队有两个情报专家，一个是袁庚，一个是黄作梅。

东江纵队在抗战中最突出的两大贡献：一是香港沦陷后秘密抢救好几百位文化人士（包括郭沫若、邹韬奋、茅盾、胡绳等重要人物）送回游击区。二是和英美盟军合作，共同反击日本法西斯。这两件重大工作，作梅都参加了。作梅为什么能从集中营救出89个英军及香港英国高官呢？因为他战前已是香港华人文员协会主席，很多高官都认识他，信任他。特别是首批获救的赖特上校（后来是英军服务团创办人），他亲笔写信交作梅转集中营的高官，他们便深信不疑，大力配合得以成功。非常时期"信任"二字是值千金的。

2015年11月9日，我女儿黄文庄和赖特上校之女伊利莎白会面时，她提供了当年英军服务团对黄作梅（WONG，RAYMOND）的评价。

Wong，Raymond 表彰：（Gwulo）

中国籍，1920年香港出生。

学生。1942年9月—1944年3月 英军服务团

1942年，此人主动为英军服务团服务。出于高度的责任感，他拒绝我们提供给他的薪金。1942年9月，他返香港后的六个月里，收集及向我新界情务站提供了有关战俘及集中营的情报。1943年3月他预先得到日本要进行大"扫

WONG, RAYMOND　**Citation:**　*(Gwulo)*
Nationality Chinese, born Hongkong 1920, student. BAAG Sept 42 to March 44.
In 1942, this man offered his services to the BAAG and out of a high sense of duty refused all offers of pay or remuneration. In Sept 42, he returned to Hongkong and for six months he collected and forwarded to our secret post in the New Territories information concerning P/W and prison camps. In March 1943, he obtained advance information of a Japanese purge and escaped a few hours before the Gendarmes came to arrest him. Owing to the fact that he was one of the Red guerilla leaders, we were forced to give up all active co-operation with him, but we were allowed by the Central Government to maintain contact for the purposes of escape and evasion and for the passage of our runners through Red territory. Wong was responsible for these negotiations right till the end of hostilities and it is no exaggeration to say that the safe delivery of all our intelligence reports and the escape of a number of American evaders were directly due to his good services. The successful release of our personnel captured by the Reds was also due to his help in the negotiations. He was intensely loyal to the anti-Japanese cause and displayed utmost courage during this valuable service with us.
WO343/222, 223. China Mail WO343/224/5-8.

WONG, ROBERT

（由伊利莎白女士提供）

荡”的消息，在宪兵来逮捕前几小时逃脱了。由于他是红色游击队首领之一，我们被迫放弃和他全面积极的合作，但为了要经红色地区撤走，中央政府仍允许我们和他保持联系。直到行动结束，他一直负责所有谈判。我们能安全发报所有情报及许多美国人的逃脱均有赖于他的尽心尽力服务是一点也不夸大的。

2015 年 11 月 9 日，在香港大学与沦陷时期创立英军服务团的赖特上校之女儿伊利莎白（坐椅者）会面。后排左起：张兆和、尹素明、大卫·克尔、钟敏强、黄文庄、廖国球（照片由张念斯提供）

我们被红军逮捕的人员能成功释放也有赖于他的调解。他高度忠于抗日事业，并在为我们提供有价值的服务中展现出无比的勇气。（梁鸿儒译）

由于东江纵队在日占区拯救了美国飞行员而得到美军的信任，继而要求开展合作。作梅担任联络员兼翻译，他们向盟军提供了大量非常有价值的军事情报，配合十四航空队陈纳德将军派飞虎队轰炸中国香港和东南沿海以及东南亚的日军军事基地，都起到决定性的作用，得到陈纳德将军的一再感谢赞扬。

其中获救的美国飞行员克尔中尉在东江纵队土洋司令部见到作梅时这样描述："About as nice and as good at English, and much better informed, he has told me many illuminating facts about Chinese politics and showed me good maps of my travels and present location."（摘自《克尔日记》英文原稿第 273 页）

"一样是那么和蔼和讲流利的英语，而且消息更灵通些。他跟我讲了许多关于中国政治实情，还给我看了有关我的行程和现时所处位置的精确地图。"（摘自《克尔日记》中文译本第 92 页）

此照片由获救美国飞行员克尔中尉在东江纵队土洋司令部用曾生司令给的照相机拍摄（1944 年 3 月 18 日）。左起：黄作梅、周伯明、曾生、林展、饶彰风

和平后，作梅也因此得到英皇授勋。当时中共中央华南分局请示周恩来总理，他复电：毛泽东同意作梅以少校身份接勋，并提到以后可“以子之矛，攻子之盾”。

正如香港中文大学未来城市研究所副主席许桢博士所说：“当年黄作梅和港九大队领导情报及救援行动，跨越肤色和国界，是国际人道主义合作重要一页。”（摘自《亚洲周刊》2015 年 6 月 7 日《香港抗战时期的国际救援》）

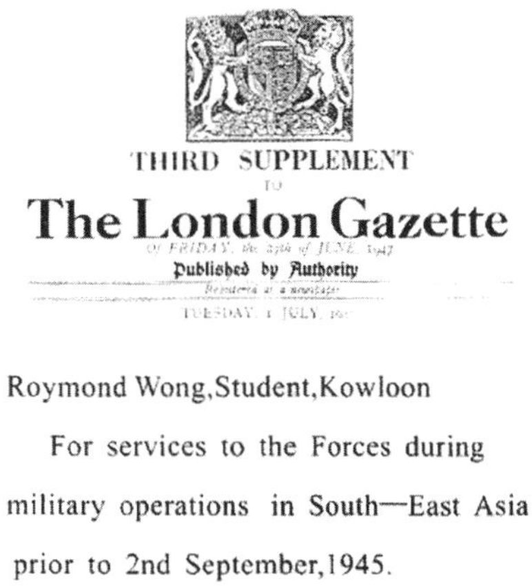

黄作梅1947年獲英皇授勳，圖為英國憲報當年的記載，譯為中文是：
雷蒙·黄（即黄作梅——編者）、學生、九龍，為表彰其在1945年9月2日前，對英軍東南亞軍事行動作出的貢獻。

皇仁书院品学兼优高材生

作梅 4 岁入私塾，读卜卜斋，如“天地玄黄，宇宙洪荒”“人之初，性本善”之类。6 岁考入名校敦梅小学，共读了 8 年古文，熟读诗词赋对。执教的老学究（老师）非常严厉，手执藤条高高举起，看到哪个学生不集中听课，藤条便马上鞭下去，真是严师出高徒。作梅读得非常出色，古文学基础深厚。18 岁就成为长篇言情小说作家。每天在香港《天光日报》（大报）发表，题目是“贤母良妻”，笔名叫黄怀冰。我因和他抄稿，故字迹也有点像他的。

从敦梅小学毕业后，因成绩优异，学校保送他入皇仁书院（全港最有名的英文中学，当时香港公务员大多毕业于此），从第八班读到第一班（大学预科）全部考第一（免费）。后来（大概是 20 世纪 80 年代）其儿子黄伟建访问过皇仁书院最后一个姓李的老校长（时已 60 开外），他翻出当时校刊《黄龙报》里面写到作梅是一个品学兼优的高才生，表现是 EXCELLENT（最好）。李校长对黄伟建说：“皇仁书院有很好的传统，学生毕业后，大多都是默默耕耘，对社会作出贡献后，人们才发现他是皇仁书院毕业出来的，令尊也是如此。”

从东江纵队办事处到新华通讯社香港分社

1946 年，作梅当东纵驻港办事处主任，在九龙弥敦道 172 号 3 楼。关于这个地方，由原挂东江纵队办事处牌到 1947 年 5 月转挂新华通讯社香港分社牌整个过程，我都是参与者和见证人（而且只死剩我一个）。曾任东江纵队机关报《前进报》社长的杨奇，2000 年初任广东省委党史办顾问时，一定要我写成文章，否则这段历史就埋没了。我只好硬着头皮，花九牛二虎之力，收集资料，翻查历史，终于写成《从东江纵队到香港新华分社》一文。2004 年 7 月 7 号曾刊登在香港《明报》副刊世纪版上。原文已交广东省委党史办归档了。

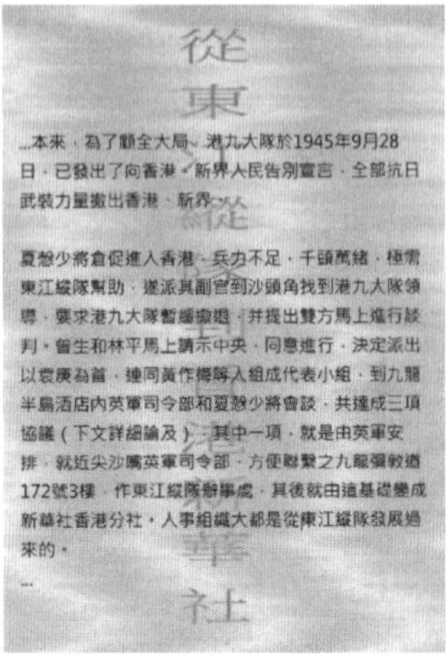

...本來，為了顧全大局，港九大隊於1945年9月28日，已發出了向香港、新界人民告別宣言，全部抗日武裝力量撤出香港、新界。

夏愨少將倉促進入香港，兵力不足，千頭萬緒，極需東江縱隊幫助，遂派其副官到沙頭角找到港九大隊領導，要求港九大隊暫緩撤退，并提出雙方馬上進行談判。曾生和林平馬上請示中央，同意進行，決定派出以袁庚為首，連同黃作梅等人組成代表小組，到九龍半島酒店內英軍司令部和夏愨少將會談，共達成三項協議（下文詳細論及），其中一項，就是由英軍安排，就近尖沙嘴英軍司令部，方便聯繫之九龍彌敦道172號3樓，作東江縱隊辦事處，其後就由這基礎變成新華社香港分社，人事組織大都是從東江縱隊發展過來的。

...

分文不留捐献父长俸

而弥敦道 180 号四楼，隔几间，就是中共中央华南分局所在地。我为什么这么熟悉呢？因为作梅常常要我送文件过去给副书记方方、尹林平（林平）。当时共产党经济十分困难，我们在办事处连饭都吃不上，每天到那些西餐馆要求平价卖给我们那些人家打算倒掉的隔夜枕头面包（即方包），拿回来后再去杂货店买些赤砂糖（因白砂糖贵），夹在一起当饭吃。

黄作梅以伦敦新华分社社长身份到白金汉宫采访后，在宫前与卫兵照相留念。时黄作梅已获英皇颁授勋章（1947 年秋冬间）

作梅当办事处主任，而东西南北各路诸侯（没有北撤留港的前东纵人员）都来要求安排工作、给生活费，他压力非常之大。于是有一天，他下决心把刚刚从港英政府那儿替我父亲领回来的公务员长俸（即退休金，香港沦陷前我父亲已在政府工作了 20 多年）5 万元，一个不留写了一张支票，要我送到隔壁 180 号四楼交给华南分局副书记尹林平，说这是我们家的捐献，支持党组织渡过难关。

当时5万元究竟是多少呢？几百元便可买一套实用面积七八十平方米的房子，5万元可买100套；套用今天的标准，应是10亿元左右。

中华人民共和国成立后，尹林平代表组织按当时的汇率（4.270）折人民币还给我们。

1947年作梅到伦敦筹办新华分社，穷到连饭都吃不上，天天吃土豆充饥。但他却把身家财产全部捐出去支持革命，自己一个铜板不留，宁愿吃不上饭。这就是我大哥。

无惧死神大义凛然

1955年4月初中国决定派出以周总理为首的代表团参加在印尼万隆召开的第一届亚非会议（简称万隆会议），作梅是先头部队的领队。出征前，他收到的情报和他的老上司老战友袁庚（时任驻印尼大使馆武官参赞）所收情报不谋而合——美蒋特务要在“克什米尔公主号”飞机上放炸弹。他们当时同时把情报上报中央。而且袁庚还和他约定，要到万隆机场接他飞机。可惜中央一直未复。出征前一晚，我们都没有睡觉（那几天所有会议我都有参加）。深夜，作梅召开一次紧急会议，会上作梅以非常沉重的心情说：“中央一直未复，自有中央难处；作为共产党员，应该视死如归。明知山有虎，偏向虎山行！”跟着，他就去找他的得力助手金尧如（当时香港《文汇报》总编辑，原拟带他同去采访的）。见面时，作梅对他说：不要两个人一齐去了，你还是留下来支撑工作吧（其实他不想两个人同时牺牲）。这样，金尧如便逃过一劫。

天亮了，他就去和太太告别。当时我嫂子已怀孕7个月。他要她好好把孩子生下来，鼓励她一定要把孩子抚养成人。据我嫂子事后回忆，当时作梅的神情全不似话别，而是永别。他已经意识到，一去不复返了。

事后，3个获救的印尼、印度籍的领航员、副驾驶员及机械师共同出了本小册子，新华总社一得到就马上寄一本给我。这3人因为按捺不住内心的激动，一定要把看见的真实情景写出来，公之于世。他们说：“飞机在爆炸，火光熊熊，烟雾使人快要昏倒。可是，这帮人却手挽手在高歌（我们估计是唱《国际歌》），大义凛然，毫无惧色。”他们说：“从未见过对死神如此蔑视，也从未见过人类的勇气可以达到如此崇高的程度。”

我十分相信，作梅在壮烈牺牲那一刻，仍然想到周总理的交代“你是这一队的领队”。

八宝山上的追悼会，周总理亲自参加了。“四一一”事件10周年纪念，他交代有关方面把一套国家礼品（斯里兰卡政府送给我国的）银质咖啡壶（壶身刻有斯里兰卡国徽）送给作梅家属留念。香港历史学家陈敬堂博士在纪念文章说：“等于国家再一次给作梅授勋。”

作梅牺牲时才39岁。

黄作梅追悼会现场照（由香港新华社提供）

1955年5月，“克什米尔公主号”遇难的11位烈士安葬在北京八宝山革命公墓，周恩来总理参加公祭（由北京新华社总社寄给各烈士家属）

2015年4月10日，纪念亚非会议60周年，新华社有关部门在北京八宝山革命公墓为在“克什米尔公主号”事件中牺牲的沈建图、黄作梅、李平烈士举行祭奠仪式。

新华总社也派出高级记者闽捷来我家专访，并告诉我，作梅当时还救了两个人，一个是新华总社摄影记者钱嗣杰，另一个是大使馆的机要员。作梅安排他俩坐船先走，因而逃过一难。作梅的人道主义精神遍及国内外。

最后，我以此语为结语：“作为土生土长的香港记者和情报人员，黄作梅的生与死贯穿了抗战、反殖等近代亚洲大事。”（语出《亚洲周刊》2015 年 5 月 10 日《万隆上空的香港英魂》一文，作者许桓）

（原载新社联政策部：《新界各区纪念中国人民抗日战争胜利72周年活动特刊》）

作者简介：黄作材，香港人，黄作梅同志胞弟。15 岁参加东江纵队，1944 年 8 月至 12 月在东江纵队电台第二期报务训练班学习，后派在香港东纵办事处工作。

深切怀念蔡国梁同志

周伯明

1938 年 4 月、5 月间，香港市委妇女部长曾珍同志介绍两位女工给我认识，她们是蔡冰如和邓俭。这两位青年女工很腼腆，说话不多，不过我已能从她们口中了解到一点基本情况。我隐约感到她们所在的淘化大同罐头厂已有了读书会之类的组织，似乎这群工人中已产生一位颇有威信的骨干，但她们一下子还不敢过多地透露工厂里的全貌。第二天她们俩又来了，我心想要了解她们，恐怕还得让她们先了解我才行。于是我将当时人民最关心的抗战主张：是全民抗战还是片面抗战，是一个党、一个政府、一个领袖还是以两党合作为基础的统一战线等问题谈了我的看法，同时也把自己的简单经历告诉了她们。这才从她们口中知道大同罐头厂的许多情况，尤其是知道了工人里面有一位能团结许多工友，思想进步，是各种读书会及小社团的支持者蔡顺法（即蔡国梁）。我便约见了他。

那时我住在九龙城，同饶彰风夫妇在一起。我同蔡顺法及其妹妹在凉台上娓娓地谈了约两个小时，他给我的印象是沉着冷静、好学好问的人。他个子较高（后来在部队时的绰号叫“高佬蔡”），身材瘦削、大眼睛，对国家的命运十分关注，表示很赞同我同蔡、邓两女工谈过的有关抗战的意见。我问了许多有关大同工厂工人数目、生活待遇、对政治关心的程度以及工人组织的情况，甚至罐头生产各种操作方法，他都能较具体地回答。他在厂里是个领班，俗称工头，但他显得更多地站在工人利益一边来谈论厂里的事。这次谈话以来，我有了个概念：“蔡顺法是大同罐头厂里的头，可以成为我们发展党员的对象。”

大同罐头厂位于启德机场边上，离我住地很近。在以后的一个多月里，蔡常来找我反映厂里工人的情况以及对当时政治问题的看法，我也暗示了香港地区党组织的存在，并推荐了几本书给他阅读。大约是第 5 次见面时他便直率地提出了入党的要求。我当时是市委组织部部长，把这件事在市委会议上作了汇报，大家同意吸收蔡顺法入党，此后便办了一番手续。

蔡顺法同志出身于世代渔民家庭，自小贫穷，因此对工人较体贴，深得人心。至同年 8 月左右又先后通过他吸收了邓俭、蔡冰如、陈志贤、蔡顺利、陈定安、邓专程等人入党，使大同罐头厂有了一个团结的支部。这个支部的活力已可以同当时的中华书局、大东书局的印刷支部媲美了。

1938 年 10 月 21 日，日寇侵占了广州，我随同曾生、谢鹤筹等一批同志于 24 日回到惠阳县淡水区坪山乡，一面组建党的惠（阳）宝（安）工委，一面积极组织武装小部队。至 10 月（应该是 12 月）中旬已建立了一支约 30 人枪的小游击队了。与此同时，叶挺将军也在余汉谋同意下在深圳组建了“东江游击指挥部”，香港市委动员了一批党员及进步群众到指挥部当警卫部队，蔡顺法同志（此时改名蔡国梁）率领大同罐头厂 17 名工人参加了这支警卫队。以后由于蒋介石坚决反对叶挺将军在东江筹组游击队，叶被迫离粤赴华东。其警卫部队便拨归曾生同志率领的游击队建制，这样我同蔡国梁同志便于分别两个半月以后又重新在内地聚首了。

1939 年 5 月，游击队以“新编大队”的合法名义公开活动，由卢伟良同志任政训员，此时蔡国梁同志已由政工队长升任政训室主任（政训室是政训员的办公室），并在工作中逐步显示出他的政治工作才能。

部队在 1939 年有了迅猛的发展，至年底时已编成 3 个步兵中队、一个重机枪排。此外还有卫生室、修械厂、鞋厂、民运队等单位。大队部也有不少警、通勤人员。蔡国梁同志关心团结大家，努力做好各项工作，虽然当时他还不是主要领导人，但已逐渐成熟起来了。

1939 年下半年开始，国民党掀起的第一次反共高潮自北而南卷向广东。到 1940 年初，国民党企图瓦解我党领导的曾生大队和王作尧大队的阴谋已逐渐暴露，正是“山雨欲来风满楼”。2 月，蔡国梁同志接替卢伟良同志为“新编大队”的政训员。3 月上旬，参加了曾、王两个大队的东移。同年 9 月，部队在遭受严重损失以后按党中央的指示，返回东（莞）宝（安）敌后地区坚持斗争，他被分配到第三大队工作。

蔡国梁同志照片

1941 年 12 月 8 日，日寇重兵进攻香港，至 25 日西方人的圣诞节时，香港总督宣布向日军投降。此时港九一带黑社会人物趁火打劫，土匪如毛，人民备受煎熬。

蔡国梁同志于 1942 年 1 月受命进入新界地区组织抗日武装，并在日寇立足未稳之际执行了护送数百文化人士脱险的艰巨任务，而且完成得十分出色。

1942 年 12 月，港九大队正式成立，蔡国梁同志担任了第一任的大队长直至 1944 年另有任用。

港九地区是个弹丸之地，日寇以一名中将任总督，企图利用香港作为太平洋地区的枢纽基地，“卧榻之侧”是容不得我游击队任意活动的，因此港九大队的斗争就显得特别紧张和困难，既斗武又斗智。在敌强我弱的情况下，蔡国梁同志充分发挥人民战争优势，团结广大群众，做好敌伪内部的争取瓦解工作，沉重地打击日寇的有生力量；锄奸反特，取得了一次又一次的胜利。在敌人频繁的“扫荡”下，我们的港九大队日益壮大。港九地区的日寇被港九大队打得焦头烂额。在斗智方面，日寇的矶谷廉介中将是远不及这个罐头厂工人出身的大队长了。

1944 年末，蔡国梁同志被调回内地担任东纵第二支队队长。1945 年，东江纵队按党中央的指示主动向粤北挺进，以二支队一部为主力组建了西、北江支队，由蔡国梁、邓楚白两人分任支队长及政委，到陌生的新区去创业。日寇投降后，国民党以大量兵力扑向广东，各支队都毫无例外地接受了极为艰辛残酷的战斗考验。一切不怀偏见的人都会向这些硬骨头的共产党员们致敬！

1946 年 6 月，东纵奉命北撤烟台以后不久，我便和蔡国梁同志分手了。直至 1966 年我转业到广州，才知道他已于“三反”时被迫害致死。1986 年始由总政予以平反，可见要落实党的政策也不是容易的。

今年[①] 3 月 2 日由广东省军区主持了蔡国梁同志的骨灰安放仪式，并宣读了总政为他平反的决定。但由于蔡国梁同志含冤逝世多年，对他的生平及评价，人们所了解的不多。我这篇短文就算是许多老战士心声的表达吧！

（注：蔡国梁的“梁”字，原姓名是有个“木”字旁的，现此两字已通用）

作者简介：周伯明（1918—1998），原名周益郎，出生于广东省大埔县三河坝一户农民家庭。1934 年在中山大学附中参加共产党外围组织，次年成为该校学生运动领导人之一。1936 年在北平加入中国共产党，受党指派到西安张学良统帅的东北军工作，“西安事变”前任连政治指导员。1937 年 2 月去延安“抗大”学习。1938 年奉命返回广东中共南委工作，先后任中共香港市委宣传部部长、组织部部长。同年 10 月与曾生、谢鹤筹带领几十名工人、学生到坪山，开展敌后武装斗争。历任惠宝人民抗日游击总队政治委员，广东人民抗日游击总队第五大队副大队长、总队参谋处长。1945 年 1 月任珠江纵队参谋长，同年 9 月调任东江纵队江北指挥部指挥员。1946 年 6 月北撤，调至华东野战军，先后任师参谋处长、参谋长。参加了孟良崮、豫东、济南、淮海等战役。1950 年解放一江山岛时指挥炮兵配合陆军作战。1950 年参加了抗美援朝的长津湖战役。1957 年被授予二级独立自由勋章、二级解放勋章。历任 20 军炮兵副军长、南京军区炮兵司令部副参谋长等职。1966 年转业，先后任广州中医学院党委书记，中国科学院广州分院、广东省科学院党组副书记、副院长。

虎胆英雄

——刘黑仔的故事

黄冠芳　邓　斌

1938 年 10 月 12 日凌晨，日寇从大亚湾登陆，铁蹄蹂躏着华南的土地。人

① 这里的“今年”指 1987 年。

民再也不能忍受了！1939年秋，大鹏半岛的一间小学校，有一位面孔黝黑的小先生，巧妙地偷到逃跑的国民党军官的两支驳壳枪，毅然参加了曾生领导的广东人民抗日游击队（后改称为东江纵队）。在抗日的烽火中，他机智勇猛，神出鬼没，转战港九，屡建奇功，直到为革命流尽最后一滴青春热血！

这位年轻的“小先生”，就是惠东宝地区人民所爱戴和传颂的、叫敌人闻风丧胆的传奇式虎胆英雄——刘黑仔（刘锦进）。

奇兵制胜灭匪焰

1941年底香港沦陷，日军、汉奸、土匪，蛇鼠一窝，为非作歹。在九龙半岛的西贡山区，日军虽然没有重兵扼守，但是土匪横行，杀猪牵牛，劫财害命，趁火打劫发国难财，百姓怨声载道。

为了打击日寇，拯救受难同胞，我抗日游击队立即派出武工队，挺进九龙半岛，开展抗日斗争。为了安定民心，发动群众，首先就要灭掉土匪气焰。我们先后收拾了陈乃秀、邓发仔两股惯匪，群众拍手称快。

1942年农历七月十三日，由特派员黄冠芳和队长刘黑仔带领的沙田短枪队，活动在西贡沙头角地区。中午时分，只见一位青年农民气喘喘跑来找游击队，他一把拉住刘黑仔说：“你们快去打李观姐，他又带着一群土匪在荔枝窝抢劫了。”

李观姐何许人也？他是个职业土匪头目。他家人几辈子玩绿林、抢山头。现又纠集了60多个土匪穿州过府，任意行抢；趁兵荒马乱，大发国难财。当地群众对他憎恨透顶，给他起了个绰号，叫“搅屎棍”。人们恨不得剥其皮，蒸其肉。游击队早就想惩罚他们了。现这帮土匪又行抢，真是太肆无忌惮，必须教训他们。刘黑仔眉毛急速跳了几下，拍了拍那插在腰间的二十响驳壳枪：“哼！这帮契弟，要他们尝尝游击队的厉害！”说完将眼光落在黄特派员身上。老黄笑了一下，点了点头，向身边的战士们扫了几眼。机智的刘黑仔已熟悉了老黄的习性，知道他在考虑什么了。

短枪队有些同志已执行任务去了。现仅剩下8个人，共2支冲锋枪和6支驳壳枪。而李观姐手下有土匪60多人，8比60，敌众我寡。如何打？刘黑仔抓了抓头皮沉思一阵后，忽然问道：“老黄你与李观姐不是有几面之交么？”“对呀，他至今还以为我是‘观’（谐音‘冠’）字号的哩，哈哈。”老黄说完，战士们都咧嘴笑了。

原来，短枪队挺进港九后，为了利于发动各界同胞，暂时没有公开是共产党领导的武装队伍，但是群众深知我们是穷人的抗日队伍。而土匪们，还认为这支队伍是玩枪捞饭吃的哩！也许今天有人会责难当时的游击队：为何不公开地树起共产党部队的旗帜呢？我们的回答是：阶级的大搏斗是错综复杂的，往后看总是比往前看容易得多。但是要记住，历史是有其本身发展阶梯的。

闲话少说，话说到老黄听了黑仔的问话，便马上接着说："嗨，怎么，有什么妙计了？"刘黑仔双眉一扬把手一招，战士们便围拢过来了。大家听完刘黑仔所说的战斗计划后都不约而同地说："好。"便你一言我一语地作了补充意见。最后，党支部书记李唐召集了支部会议，根据大家的意见，制定了一个出奇制胜的战斗方案。

快黄昏了，在荔枝窝的小学里，土匪们正在分赃，你争我抢狼狈不堪。坐在太师椅上的土匪头李观姐，正在玩弄着一条抢到手的金链条。忽然哨兵传报："大哥，'观'字号请见。"话音刚落，老黄带着一位"随从"落落大方地来到面前，抱拳躬身以礼："好呀，李大哥，久不见又行好运啰。""哦——哦，是大哥。什么风把你吹来了？"李观姐侧着黄瓜脸眨着大圆眼睛笑着说。老黄似乎神秘地吐出一句："当然是南风啰。"一听是"南风"，李观姐的耳朵竖了起来，眼睛立即露出了贪婪的目光。要知道所谓南风，是土匪惯用的黑话，即财路来了。

见李观姐这个模样，老黄心中一喜，装作更加"推心置腹"："嗯，明天香港唯利公司有批贵重货走水运。可惜我身边才剩下几个人，少了点，我便想起你老兄，怎么样？合伙生意干不干？"可谓见财眼开，李观姐一拍老黄的肩膀："好！好！够朋友。来，我们先干几杯。""慢着，有福同享，我外面还有 6 名兄弟空着肚皮呢！""哦，怎不早说，快请进来。我们干脆两帮兄弟，欢宴一场，过过酒肉瘾，再去见财神，哈！哈！……"

一切按照我们预料的计划进行着。不久，在学校的正堂课室里，摆开了 7 大席酒菜。蒸蒸冒气，香味扑鼻，土匪们望着这些酒菜，馋得口涎直流。

刘黑仔和黄冠芳在首席，不停地给李观姐灌酒。酒过三巡，土匪们猜拳之声嚎然而起。什么"高官厚禄—四季发财—吉星高照—祥气横生"，土匪们相当部分已醉到昏昏然了。刘黑仔和黄冠芳迅速交换了一下眼色，动手了！刘黑仔一摔酒杯，跳将上桌，右手拔出驳壳枪，左手握着手榴弹，大声喝道："不许动！缴枪不杀！"

真是晴天霹雳！土匪们给吓呆了，有的两眼发直，有的双腿发软。李观姐也酒醒了一半，他本能地把手往腰间一摸，可是已被黄冠芳的手将枪抽走了。老黄风趣地对李匪说："你还是举手吧。"这时邓贤（即邓斌）敏捷地用手铐把李匪双手铐上。

"你——你你们到底是什么人?"李观姐的舌头直打战，那副黄瓜脸又蒙上一层霜，真的像秋后的老黄瓜。

"告诉你们吧，我们是'抗日'字号的共产党游击队。这也不能怪我们苛刻了，你们有枪不抗日，反而趁火打劫，欺压群众；恶有恶报，应受惩罚。现在我命令你们放下武器，一个接一个从门口出去排队，不然我这铁家伙是要点名的。"刘黑仔很严肃地对他们说。

这一仗，我们不发一枪一弹，全部生俘了李观姐这股土匪60多名，缴获了60多支枪。经教育后，我们将认识较好的土匪释放回家，愿意抗日的改造过来。消息一传开，群众无不拍手称快；土匪丧胆，民心所向，团结抗日了。

大闹酒家锄汉奸

金棠酒家，可谓九龙城鼎鼎有名的一间豪门欢宴的酒楼。可是，当时，却成了汉奸、特务的乐园。

这天，金棠酒家特别热闹。便衣特务、汉奸地痞纷纷挤进挤出，看来是要设豪门宴。下午3时，乔装打扮得像当年密探或"驳脚鬼头仔"的装束，刘黑仔带领邓斌等3人，嗦威嗦势（粤语：威风凛凛）地昂首阔步直入酒家大门。早在那里等候的一位便衣特务，忙笑脸躬身向前："萧队长有请——"

一阵皮鞋声响过，便衣特务抬头一望，可傻眼了：不认识！来人不是萧九如队长，而是陌生的4位：绸衫绸裤，大檐毡帽，腰后都插着家伙；领头者，还戴着黑眼镜，手执拐杖，气度非凡。他们大摇大摆登上门阶，直奔二楼。便衣特务用行家的目光将来人打量几遍，揣摩着身份来头，马脸上立即来了个成色十足的笑容："怠慢大哥，请问是萧队长的客人还是……"

"哼!"戴眼镜的头目动火了，"丢那妈，问三问四，契弟，叫你们萧队长来见!"这一顿训斥，使便衣特务不知所措，本来笑得很难看的脸，又增加了几分丑相，忙连声说："是是，请大哥多多包涵，兄弟听命不由己呀，萧队长还没有到。"

"哦——好说，请抽根烟吧。"那头目从暗袋里掏出一包日本香烟，有意拉出半截特大封筒的信。马脸的眼睛立即映入信封正中的几个浓墨隶书："萧九如亲启”。正欲看下去，却被那头目的食指一按送进暗袋，又抽出一支烟：“尝尝鲜，是新到的日本货咯。”

“哦，好好。”便衣特务顿时受宠若惊，不住哈腰：“嗬嗬，大哥辛苦了，从省城来？”头目从鼻子里“嗯”了一声，马脸连忙殷勤引导上楼。

楼上已坐满了汉奸特务，足有40多人。“嘻嘻”“哼哼”，干咳声混杂一片。烟雾腾腾，个个面对着已经上桌的山珍海味，口水直往喉里打滚。但是萧九如没到，谁也只能闻闻香就是了。

话说4个不速之客上楼后，在右边开了个厢房特坐，拉住马脸便衣“你熟路了吧，先报报菜谱嘛”。

便衣马上油腔滑调开了：“这个金棠酒家虽不及陶陶居名声大，但在港九也是屈指可数的。有山珍海味，鸡鸭鱼肉，时令菜品，肥羊蛇羹，什锦菜煲，还有广东香肉，悉听尊便。”

正说着，从楼梯口传来一阵杂乱的脚步声。马脸便衣连忙打住，起身躬迎，但被头目按住了：“请委屈一下吧，不许作声，否则要你脑袋。”那便衣一听，怵地一惊，倒是丈二和尚摸不着头脑：“你——你们是什——什么人——”话没说完，一团棉布已堵在嘴上了。头目透过厢房的花格窗网看见：6位便衣汉奸，前呼后拥着一位五短身材、五官紧凑的人物上楼了。来人正是萧九如。这位混迹于黑社会多年的流氓，摇身一变，拜倒在日本宪兵队的马刺下，捞到一个特务汉奸队长的头衔。此时，他可谓人逢喜事精神爽，大摇大摆挺起没有肚皮的肚子，趾高气扬，一派天主下凡的气势。一上楼，群丑们便拱手作揖。萧九如举杯祝酒，扯起破锣声：“兄弟们，今天豪门设宴，庆贺我们另有新任。日本皇军非常器重我们，要大家共同协力维持大东亚新秩序。港九乃是太平洋战争的重要兵站基地。刚才日本宪兵队长叫我去，就是交代我们一个特别任务，即要捉拿和除掉顽匪刘黑仔等游击队。他们活动得太厉害了，是一大患。我宣布：谁活捉刘黑仔就奖赏五千元，谁打死刘黑仔就可奖赏二千五，好生意咯……”

萧九如的话，引起特务汉奸们一阵骚动，七嘴八舌议论起来。

“慢！萧队长，五千元太小气了吧。”随着话音，刚才那4位不速之客走出厢房，虎眉龙眼，这真是半路闯出几个程咬金。群丑们都怔了一下，萧九如本能地问：“你是何许人也，敢夸海口？”

“哈哈，你太健忘了吧，刚才说了又忘了。”那头目甩开衣衫，将两支驳壳枪提出在双手上：“拿钱来领吧，狗胆的，我就是刘黑仔！”

“呀——”萧九如大喊一声，顿时瞠目结舌。忽然他使出大赌徒的全身解数，抓起酒杯猛掷过来。机警的刘黑仔将身一闪，甩手一枪，萧九如惨叫一声倒地，呜呼哀哉了。其他几个随从也想乘机拔枪，但被其他三位战士一一撂倒。

“谁愿意当汉奸，就是如此下场！”刘黑仔说完，转身下楼。3 位战士跟着他走出酒家，混进街内，消失无踪影。

等到日本宪兵和汉奸们清醒过来追捕时，所搜捕到的仅是刘黑仔游击队散发下来的抗日传单。

将计就计除密探

刘黑仔大闹金棠酒家，使日寇大为震惊又恼羞成怒。新走马上任的日本驻港九宪兵队长野间闲之助大佐暴跳如雷嚎叫：“我就不信，小小的刘黑仔有多大能量！”于是，派出一大批汉奸特务和日本特务，乔装打扮四出活动，妄图浑水摸鱼，把魔爪伸向我游击队经常活动的西贡山区。

当然啰，刘黑仔与他们又免不了一场明争暗斗。初夏的一天，天刚蒙蒙亮，刘黑仔穿着便衣带着两个战士，从观音山顶下九龙市区执行任务。一行 3 人到了观音坳，忽然一位战士喊了一声：“有密探——”话音刚落，刘黑仔的目光已经发现了密探，相隔一百多米，6 个密探正鬼鬼祟祟向山上摸来。显然密探已发现他们，迅速散开，张开了驳壳枪的机头——

对于密探的“光临”，刘黑仔他们本已司空见惯。前几天，在界咸矿区，刘黑仔和邓贤等战士还巧妙生擒了一位化装为探矿，而实是密探的日本“南支那派遣队”特务头目：东条正之。但是今天，仇人相遇，冤家路窄，怎么办？往后撤，部队在山上，岂不是引敌入山，暴露目标？硬拼么？3 对 6，没有把握，何况敌人已有准备了。刘黑仔一到这种节骨眼儿，脑手和眼睛同时并用，一秒不停。他眼珠子迅速转了几下，从牙缝里迸出一句话：“跟着我，小心大胆——”说完双腿一软，“惊慌失措”地往山下连滚带跑，一直到了山下密探脚跟前。这一下，连密探也糊涂了，当听清是刘黑仔追来时，也开始有些慌乱。一个扁鼻子的密探胆子壮些：“喂，胆小鬼，起来！你们是哪部分的？”

“我们是警备司令部特务队的，大哥是日本宪兵队的吧？”刘黑仔拍着身上的泥沙，不时地往回望，似乎追兵已到，密探们似信非信地打量着刘黑仔。机智的刘黑仔先发制人：“大哥快想办法吧！来，先到山洞躲起来，待他们追下山，我们就出其不意，背后一击！”说完便自动带着两位战士往山洞走去。密探们一听，连说妙计，便跟着刘黑仔他们进了一个 4 米深的山洞。等到密探们全部入洞后，刘黑仔说："喂，兄弟们，我先到洞口去监视。"他带着两位战士迅速跳出洞口。刘黑仔从腰间摸出两个手榴弹，一拉导火线，甩入洞内。随着"轰！轰！"的爆炸声，6 名密探不明不白地上了西天。

乔装打扮拔岗卡

春节将到，该是办年货的时候。从九龙至西贡的交通道上，赶集的人稀稀拉拉出现了，比较显眼的是一位大姐：身穿蓝花格衫，下身是条纹长裤，头戴凉帽，手挎菜篮，一步三摇的，看来她是从九龙买菜回西贡的。后面跟着 3 个赶集人——做小贩、挑担和行医的。相信读者会问：大姐的出现为何显眼呢？你不知道，这交通要道岗卡林立，是敌人为了切断我游击队的交通，封锁港九大队到市区搞武器、物资供给东江纵队而设立的。这些岗卡对我游击队的活动的确是很大障碍，尤其是牛房岗卡，是个要道据点，由一个日军伍长带着 5 名"摩罗叉"（印度兵）据守。这班家伙为非作歹，狂征暴敛，豺狼成性，奸淫妇女，群众恨之入骨。因而当那位大姐快走近牛房岗卡时，路上的人都为她捏一把汗。可是大姐还是低着头，一摇三摆直向岗卡走去。

快到了，那位大姐转转身抬起了头，向后面 3 个赶集人使了个眼色。哦，我们可看清了，原来这位"大姐"是刘黑仔乔装打扮的。后面那 3 个"赶集人"，当然也是游击队员了。今天他们要演一出"戏"。

"站住，干什么的？"躲在沙包掩体里的两个"摩罗叉"走了出来。刘黑仔故意扭扭身肢，装着害羞的样子，往后退着。"摩罗叉"见状忙喝叫："站住！站住——"这下子可惊动了在小岗楼内的日军伍长。他闻声而出，老鼠眼一看：嗬，是个"花姑娘"，顿时淫心大作，追了上来。"什么的家伙？嘻嘻，哈哈，请等等，皇军的喜欢。"伍长越追越近，刘黑仔心中暗喜：引蛇出洞了。正欲停住，动手。忽然小岗楼里传来了急促的电话铃声，伍长要进去听电话，说："花姑娘，我一会就来。"转身接电话去了。

刘黑仔对这突然变化的情况，当机立断，向后把手一挥，3 个"赶集人"急步上前。两个"摩罗叉"挡住检查。刘黑仔将菜篮的花盖布一掀，抽出驳壳枪，直指敌人，两个"摩罗叉"乖乖作了俘虏。与此同时，挑担的"赶集人"邓贤将担子一放，拿着枪带着两位战士冲进小岗楼。只见那伍长正要出来，一见门口被邓贤等人堵住了，便狡猾地抓起台上的公文包猛掷过来，趁机又抓起手枪——“呯”的一声，枪响了。邓贤眼明手快给伍长一枪，打中了他的右手。他怪叫一声，像一头受伤的野猪嚎叫着直撞过来，拼命夺门而逃。

这时正在外面的刘黑仔，把枪一甩，“砰砰”两枪，伍长应声倒下。接着，邓贤将岗楼内3个“摩罗叉”抓出来，5个印度兵跪地合十求饶。

刘黑仔向他们宣传了一番抗日道理，散发了一些传单，便释放了他们。然后，带着战士神气十足唱着歌上路了。

敌后挥刀斩蛇头

太平洋战争到了第3个年头，已达高潮。日军为了巩固港九这个东亚兵站基地，实行“以华制华，以战养战”的恶毒阴谋，曾多次对我游击区进行“扫荡”。特别是在1944年2月，因为美盟军14航空队飞行员克尔中尉，率机袭击九龙日军的启德机场时，不幸机身中弹，跳伞降落于观音山附近山头，敌人立即派出千多名日军对我游击区进行“梳篦式”的大搜捕，并妄图借此一举歼灭我港九大队，形势一天比一天严重。为了牵制敌人兵力，减轻大队压力，刘黑仔带领短枪队插入敌人大后方，到九龙地区骚扰鬼子的老巢。他们先后袭击了鬼子的巡逻艇，烧毁鬼子仓库，但对鬼子震动不大。刘黑仔和战友经过研究，决定铲除汉奸特务分子陆通译。这个陆通译是日本宪兵队一帮地头蛇中的蛇头，鬼子的活宝，每次鬼子“清剿”，他总是充当马前卒，为非作歹。俗语说捉蛇先擒头，如能除掉陆通译，就如同打盲鬼子的眼睛，打聋鬼子的耳朵。

一天晚上，月黑星高。九龙塘的高楼店铺，在鬼子的探照灯光下似鬼影幢幢，忽隐忽现。在那寂静的街上，忽然响起了“刷、刷、刷”的皮鞋声。刘黑仔身着马刺靴，佩着指挥刀，好像一个十足的鬼子军曹。跟在身后的是横挎刺刀，钢盔盖头的两个“鬼子兵”，再后者是戴着通帽的“密探”。一行4人穿街过巷，骗过鬼子岗哨，来到了九龙塘。

这九龙塘是敌人的老巢，在这里居住的都是颇有身份的，此地被认为乃是“共匪”没法渗入，平安大吉的“保险柜”。陆通译正居住在这里。一间小洋楼，配着姘头，楼上楼下，电灯电话，日子过得蛮舒服呢。他原来是港英政府的高级密探。香港沦陷后，摇身一变，投靠了日本人。凭他的老奸巨猾，八面玲珑，一肚子邪门歪道的本事，深得鬼子赏识与重用。

刘黑仔来到他的门前按电铃。不一会，门开了，走出一个穿着睡衣，红唇媚眼，满脸扑粉的女人。一见是“皇军”便荡笑相迎：“嘻嘻，是太君呀，快请快请。”

刘黑仔留下一人在门口放哨，带着邓贤和另一位战士迈步进屋，大摇大摆往沙发一坐：“喂，你的男人呢？”那女人一边忙着端茶送烟，一边朝楼上喊：“阿陆呀，太君有请。”刘黑仔横扫大厅一眼，只见正墙上挂着大幅“圣母玛丽亚”的油画，两边配着“中日亲善”“东亚共荣”的条幅。不一会儿，随着下楼脚步声，陆通译下来了，躬身以礼，嬉笑相迎：“哦，失迎，失迎，太君半夜来小宅，有何贵事需要小弟效劳？”

“你的陆通译，请你快快的去，司令部的有请。”

刘黑仔点燃一根香烟，把学到的几句日本话倒了出去。陆通译眼珠一转，一口顺溜的日本话：“有什么事这么紧？刚从司令部回来不到3小时呀，再说让太君代步，十分抱歉，为何不打个电话来呢？”

“电话？”刘黑仔心里为之一怔，他原来没想到电话这事。但是，不到几秒钟的犹豫，刘黑仔立刻爆发出一阵大笑声：“哼，你的电话不通，害得我们代步！大大的不该！快走！”

陆通译想去摇摇电话，但一见刘黑仔脸色，又吓住了。只得连忙哈腰：“哈依哈依，我走我走。”此刻，那姘头也忙着向“皇军”道歉，嗲声嗲气，令人作呕。最后拉着陆通译：“阿陆，快点回来呀，我……”

陆通译此时哪有机会打情骂俏，耷着脑袋跟着刘黑仔上了路，穿过横巷，到了小街口。陆通译发觉方向不对，便止步不前，瞪眼张口，一脸的问号：“太君，司令部在那边，这边——”

“少说废话！”陆通译一怔，只觉得腰中间有一支硬邦邦的东西顶着他。似乎预感到死神的威胁，便慢慢挪步：“你你你，我——”

“你不认识我吗？你不是到处扬言要拿我刘黑仔的头去皇军处献功讨赏吗？”陆通译一听刘黑仔这段话，魂魄已飞，腿一软，不能走了。

“好吧，我代表群众宣布，就地处决你这条走狗。”刘黑仔话音刚落，邓贤将驳壳枪一扣，“嘣”的一声响，这条走狗挣扎了几下，动弹不得，结束了他20多年的汉奸特务生涯。还留下一张纸条“枪毙大汉奸陆通译”，下署名刘黑仔，放在尸体上。

夜袭机场建奇功

陆通译被处决后，一度对敌人造成恐慌，市区戒严多了，但是对正在“扫荡”的鬼子大部队没多大影响。此时，刘黑仔他们和大队部及其他中队已断了联系，孤军作战。怎样把鬼子拖回来？多急人呀！这问题似一把火烧着刘黑仔和战友们的心，经过再三研究，决定了一个大胆的战斗方案。刘黑仔拳头一挥，“好！拉不回来，我们就轰他们回来！”

夜，春雨绵绵，夜色蒙蒙。在钻石山上的草丛中，刘黑仔和黄冠芳正带着5名战士埋伏在那里，眼睛盯着山下——那是日军的战略机场：启德机场。

“突突突”！随着声音，两辆日军的巡逻摩托车飞驰而过，每隔5分钟便是一次。机场内，一道道白光扫射着，探照灯光似鬼影般穿梭；在灯光下，可看到机场有几层铁丝网，还有巡逻队在巡逻；机场的南门和北门均设岗楼，警戒森严。这些情况和群众提供的情报是一样的。

深夜11时了，开始行动。黄冠芳带着一位战士摸到山下，趁着摩托车驶过的一刹那，冲过机场公路，来到南门岗哨。只见两个日本兵，穿着雨衣在放哨。黄冠芳和战士一跃而上：“不准动！”没等哨兵弄清楚就缴了他们的枪。黄冠芳和战士迅速将哨兵的雨衣穿上，又将哨兵捆好塞进岗楼，于是岗楼给我们占了。黄冠芳和战士留下扮成敌人的“哨兵”，他将手一挥，刘黑仔领着邓贤和另一位小战士，通过南门，直向汽油库摸去。他们沿着飞机跑道跑，时时要躲过敌人的探照灯。快到汽油库了，忽然传来皮鞋声。糟糕！碰上鬼子的巡逻队了。邓贤杀敌心切，欲要干掉敌人，但被刘黑仔按住了。3人立即散开卧倒。但是光溜溜的跑道，没有任何掩物体。看来是要决一死战了。

鬼子一步步地逼近了，刘黑仔打开驳壳机关，屏住呼吸伏在地上。一秒，两秒，三秒；一步，两步，三步……多么紧张。但是，事出所料之外，巡逻队在他们一百米外停住了，斜折着向东边走了过去。大家重重舒了一口气，迅速往油库摸去，干掉哨兵，将一颗定时炸弹放了进去。随后，又摸到飞机库。刘黑仔拔出尖刀，对准哨兵就是一刀，然后爬进一架飞机座舱，拿出定时炸弹，放进机舱。钻出机舱后，便令邓贤和小战士迅速离开，撤出机场。

在机场不远的观音山顶上，汇聚着完成任务的战士们。此时云消雨散，月朗星稀，夜风习习，令人惬意。是的，刘黑仔他们正得意地等着一个时刻——午夜12时。

“轰隆隆……”阵阵巨响，大地发抖，白光耀眼，浓烟冲天，几丈高的大火，映红了半边天。启德机场宣布瘫痪了。

“嗨！我看这回不把你轰回来才怪！”刘黑仔迸发出胜利的笑声。战士们欣赏着这难得的瑰丽夜景，笑呀，跳呀，唱呀，有的将帽子也抛到那里去了。

敌人终于被轰回来了。次日凌晨2时，日本宪兵队就惊慌撤回市区了。这期间市区中队也在香港和九龙散发传单，炸铁桥。顿时，港九市区便四处传开了："刘黑仔的游击队要攻打日本'南支那派遣军司令部'。"鬼子的大后方乱了，在前方"扫荡"的鬼子大部分被迫掉头撤回市区。日本驻香港头目矶谷廉介中将费尽心机布置的"梳篦式"新战术，就这样破产了。

而我们的虎胆英雄刘黑仔，满怀必胜信心，虎气更锐，去迎接新的战斗。

注："刘黑仔的故事"，原稿是黄冠芳大队长的夫人张婉华大姐于2006年3月送来。经整理打印，7月送到深圳市，请邓斌战友过目。又于8月10日上午打电话向邓斌战友查询，才对"大闹酒家锄汉奸"一节略作修改。其余章节与原稿一样。

——广州地区老游击战士联谊会港九独立大队分会秘书联络组

2006年8月21日第三稿整理

作者简介：黄冠芳，广东省深圳市人，1911年出生。1938年6月加入中国共产党，同年10月参军，历任战士、班长、小队长、中队长、港九大队特派员、港九大队短枪队队长、港九大队副大队长、港九大队大队长。

怀念我们的兄长李一之

李植光　李　南

李一之是东莞市高埗镇上江城村人，他与我们是同乡、同族，较我们年长10多岁，是我们尊敬的兄长。一之离开我们已整整60年了，当年的件件往事总是萦绕在我们的脑海里，使我们难以忘怀，也不能忘怀。正是一之充满爱国热情的一生，高尚的品格，深深影响了我们，引导我们踏上为民族解放的抗日道路，引导我们参加共产党，为新中国成立和建设奋斗至今。

记得1928年，一之从黄埔军校毕业后在粤军李济深处任参谋，时常回乡探亲。他常到学校（当时他父亲在村中教书），教我们唱北伐军军歌“打倒列强，打倒列强，除军阀……”。当时我们也只有六七岁大，不懂歌词的意思，许多村民也没听说过“列强”“帝国主义”这些名词，他就非常耐心、形象地解释道：“帝国主义、列强就是恶霸，欺压中国百姓，英国抢占香港，日本霸占台湾，法国占广州湾，他们都是抢夺我国财富的外国恶霸。军阀就是与列强勾结在一起鱼肉百姓的大土匪，这些列强不打倒，军阀不铲除，则国无宁日，民不安生。”他又结合村中情况说：“在几年前村中曾办过农会，组织过农民军，领头人是鬼初（李初）、大眼堂（李堂），他们配合孙中山革命军到莞城攻打英国买办陈濂柏的商团武装。结果，将商团打跑了，得胜回乡。”如今，我们还记得一首歌谣：“农军攻打省渡头珠玑巷，鬼初死了好在还有大眼堂。”这就是乡亲们对两个领头人的歌颂。

一之又讲：“当时村中有两个恶霸，依强依势，欺压乡亲称霸，后来由村中李汉的几个兄弟将两人打死。但恶霸的余党单眼树佳勾结土匪头子袁虾九回村中报仇，杀害了李德夫妇及其大儿子李容、李汉的弟弟李平深，造成4条人命的血案。”

上江城在20世纪20年代发生的这些事情，完全是群众的自发行动，也没有觉悟到这是革命行动，但可以说受到革命形势的影响，受到一次革命的洗礼。一之给我们上了一堂爱国思想教育课，在村中撒下了革命种子，后在抗战中生根发芽。李德的第二个儿子李顺在1938年入了党，成为村中第一个农民党员，他的家是部队的交通站、堡垒户。

1931年，九一八事变后，蒋介石不抗日，丢了东三省。1932年1月28日，十九路军英勇抗战，全国民情振奋，欢呼十九路军打得好。而蒋介石却将十九路军调离上海，引起一之对蒋的“先安内后攘外”的政策极其不满。当时他正随香翰屏部到江南“剿共”。他认为军人的热血应洒在抗日战场上，不应打自己人。他感到报国无门，一气之下，请假回乡。

后来一之在国民党左派陈汝棠的影响下，约同几个知己北上浏览长城、张家口、包头、绥远等地。当时吉鸿昌将军组织的抗日同盟军在长城一带英勇抗战。一之此行，公开是旅游，实质是战地考察。

一之回乡后，情绪更高，继续向我们宣传抗日救国思想。没想到吉鸿昌这样一个抗日名将，不久被蒋介石扣上莫须有的罪名杀害了。那时全国人民义愤填膺纷纷起来反对内战要求抗日。东北等地学生到南京请愿，要求政府立即停止内战，积极抗日，遭到镇压；文化界代表“七君子”呼吁抗日救国也给送进牢狱；而共产党这时发表宣言号召全国人民团结抗日……这一连串的事实，使一之对几年来政局的风云变幻作出了冷静的思考，他更深刻认识到蒋介石的反动行径正失去民心；共产党抗日救国的正确主张民心归向，他增强了要抗日就要跟共产党走的信念。这时，广东政局也有变化，陈济棠联合政客胡汉民、广西军阀李宗仁组织西南联合政府，打着抗日旗号反蒋，结果失败。这时，一之也转到第四战区第十二集团军防空指挥部任职。

他热爱家乡，非常关心青年人的进步，便想在村中办学校，让群众学习文化，接受新思想，跟上新潮流，要把学校作为宣传抗日救国的阵地。他和村中的上层乡绅商量，后得到乡绅拥护。李南和李植光的父亲积极支持，拨出一笔公款办学。尹林平得知此事后极为重视，选派中共党员廖安和进步教师黄坤元前往任教。

西安事变爆发后，全国抗日救亡运动高潮从城市发展到农村。上江城的学校正式命名“东圃小学”，挂上牌子，一之任校长。那年刚好遇到“天花”病流行，村中不少人得病死亡。廖安、黄坤元两位老师买了牛痘疫苗，亲自替老乡接种。结果，凡是种过疫苗的人均免遭此难。此事深得村中群众赞扬，说：“东圃小学一成立就为村中办了第一件大好事！”这一来，廖、黄两位老师更得到群众的信赖和拥护。

东圃小学成立后，很快办起来夜校，吸收村中贫农、长工、妇女入校，学文化，宣传抗日道理，教唱抗日歌曲；组织学生宣传队，假日到田头、邻乡宣传；又办了黑板报放在渡头边让来往人客受到教育。那时，我们两人也积极投入救亡运动中，白天去莞城上学，晚上回到村中，参加各种活动。影响逐步扩大，吸引了一些抗日救亡工作者云集上江城。如莞城阳光书店的谢阳光、赵学夫妇；挑着进步书报到村中卖书，莞城力行小学的何与成；高埗的邓德昌、陈前、张如、王河、罗慧贤等教师常带着学生到来与东圃小学学生联欢；廖安、黄坤元、谢阳光和阮海天共同登台演戏，高唱救亡歌曲，给群众留下极深刻的印象。

七七事变爆发后，村中青年抗日情绪更高，要组织抗日剧社。一之大力支持，亲自到省里筹集经费，并争取了陈汝棠派来一救护队。此时，正好张英来办抗日自卫团，搞军训，于是与战地救护结合起来进行训练自卫队。救护队的成员，全是学生，其中部分是“抗先”队员，也参加抗日剧社演出。一到晚上，全村便灯火辉煌，歌声嘹亮，一派抗日高潮景象。

华南形势日趋紧张，此时一之认真思考一个问题：一旦华南战事发生，家乡沦陷，如何坚持斗争？他常和我们讨论此事，并深入到渔民中调查研究，和廖安、谢阳光等人观察水乡地形。他提出华北地区有高粱当青纱帐，我们水乡的甘蔗林、黄麻也可当青纱帐。有几次，他让我们坐渔船或叫我们划着小艇在河沟行走，他站在东江堤岸上看禾苗能否当青纱帐，事后跟我们说：地形可以改变嘛，部队运动困难敌人也一样困难。他在调查研究的基础上，写了一本书，内容是有关开展水乡抗日游击战争战术的问题，作为日后开展水乡武装斗争的初步设想。他深入渔民作调查过程中，了解到有几户渔民子弟没有书读，就交代廖安免费安排他们入东圃小学上学。这 4 个渔家青年以后均参加抗日游击队，为解放水乡作出了贡献。

1938 年初，尹林平利用李一之的身份，掩护省委在广州市内办了两期党员训练班，安全完成任务。同年 5 月，一之由尹林平介绍光荣加入了中国共产党。

1938 年 10 月，日寇在大亚湾登陆。有一天，一之回乡将父母、妻子、儿女送往高埗他弟弟那里。他的弟弟那时任国民党保安团团长驻防高州。一之此举目的，是为了今后发展家乡游击战争，不让他的父母干扰，拖后腿。我们认为这种决心很好。到了 10 月 15 日那天，他叫李植光通知村中抗日自卫团全体团员，全副武装，晚上 9 时在学校门前集合。队伍集合好后，他准备讲话，忽听到从石龙方向传来一声巨响（国民党军炸毁石龙大桥），村中男女均以为日寇打到莞城了。半小时后，城里居民纷纷向乡下逃难来了，自卫队员的父母、妻子也纷纷跑来，将自己的子弟拉回家中，造成一片混乱。队伍也随之散了。一之将身边的望远镜及军用地图吩咐李植光转交王作尧后，便独往莞城。此时车、船已断，他雇了一条渔船去广州找他的部队，从此暂时和我们失去联系。1939 年 7 月初，一之派人到学校找廖安，我们才知道他在惠州。此后李植光、廖安、黄坤元、李南先后找过他。他对我们已参加部队十分高兴。因学校经费困难，他给了廖安 40 块大洋。他对家乡抗日斗争十分关心。他吩咐我们要争取下江城赵炯那些武装参加抗日。此时，刘发如、凤凰狗已秘密降日，赵炯思想已变坏。于是我们便警告赵炯不要做坏事。

1940 年初，国民党发动第一次反共高潮，反动派阴谋要消灭我党领导的抗日部队。一之首先获此情报，即告尹林平，使部队能够预先作应变措施。部队转移海陆丰途中，曾生派大队副李燮邦去与陆丰顽军李昆部联系，中途被顽军无理扣押，押上惠州指挥部，不久被枪杀。一之得知此事后，曾想通过李扬敬、李振良的乡亲关系去保释，无效。在燮邦临刑前，一之心情十分悲痛，备了些酒茶与燮邦送别，事后又给燮邦立了一个碑，写上“民族解放战士侠骨长存”。

此事给反动派得知，对一之扣上异党分子的罪名，软禁起来，幸获组织营救。后部队东移返回东莞，一之即返部队，组织决定他留队工作，但他对开展家乡抗日游击战争念念不忘，主动要求回家乡开展抗日武装斗争工作，获批准。他不顾个人安危，只身深入土匪头子李潮部作策反工作，遭汉奸土匪头子黎林向潢涌日寇告密，不久被捕，身中17刺刀而亡，时年36岁。得知此噩耗，我们万分悲痛。

敬爱的兄长一之同志，您的亲密战友谢阳光于1944年11月率三龙大队深入水乡，首战冼沙，生俘土匪头子李女，像一把尖刀，直插低涌，不到半年解放水乡十多条村庄。我们的家乡也获解放，成立政权，开展减租减息。李顺当了村长，全村约有30余人参党参军，继承您的遗志，以慰烈士英灵！

（原载中共东莞市委党史研究室《东莞党史》2000年第2期）

作者简介：李南（李伯贵），1923年出生，祖籍广州增城，马来亚归侨。1939年加入中国共产党，在增城从事抗日武装斗争。随东江纵队北撤后，曾任两广纵队二营副营长。新中国成立后曾任香港珠江航运有限公司总经理、广东省交通厅副厅长。

怀念何佳同志

——忆巧姨二三事

刘　清

何佳同志原名叫何巧图，是我母亲的第七个妹妹，故名巧图，我称其为巧姨。

当年，巧姨与我母亲以优异的成绩考入东莞中学。我母亲读书时已生下了我。东莞中学在城内，我们家在城郊，她们每天徒步上学。从家里到学校的路上，经常会遇发大水。巧姨为了支持我母亲完成学业，便在学校附近租了一个房子，找了一个帮佣，千方百计帮我母亲克服种种困难，使我母亲坚持带着孩子上学直至毕了业，并成为了当地第一个女校长。

“一·二八”事变（指发生在1932年1月28日的上海淞沪战役）后，我父亲长期失业，我家家境十分困难，全靠我母亲当教师的那点儿微薄的薪金养活一家七口人，还要供养我们姐弟4人上学读书。那五六年艰难的岁月我们能熬过来，这与当年巧姨全力对我母亲的支持是分不开的。

年轻时的巧姨，处在了五四运动的时代，因为妇女解放等新思潮的影响，而造就了强烈的反封建反压迫的叛逆性格。抗日战争爆发后，受巧姨进步思想的影响，我与巧姨一起参加了“东莞抗日模范队”，然后又一起到“东江华侨服务团东宝队”（东宝队）工作了一段时间。巧姨在东宝队担任党支部委员，她年纪最长，大家都尊称其为巧姑。她没有一点儿架子，与我们打成一片。我们一起出操、唱革命歌曲、开文艺晚会、讲革命故事……在我们这群毛孩子的心目中，她是一位和蔼可亲、富有朝气的老大姐。我当时还只是个十几岁的孩子，巧姨比我大十几岁，她不仅在生活上对我照顾入微，在思想上更是对我关怀备至，经常询问我工作学习情况。有一次，她送给我一块日字形的手表，我欢喜万分，十分珍爱。但后来我的一位同学、革命战友陈荣业同志因患传染病，在我后方“医院”治病，需要隔离。当时条件很差，所谓医院，也就是在半山腰搭个草棚。我们都无法去看他，知道他很寂寞，于是我将这块心爱的手表托人捎给他，一直陪他度过了他生命的最后一刻。这只手表在艰苦的战斗岁月里为我们传递了真挚的革命友谊。

1940年4月，国民党发动了反共高潮。为保存革命实力，组织上要求大家以投亲靠友的方式进行疏散掩蔽。当时，巧姨被安排在平湖当教师。东宝队队长王启光同志交代我和何小士同志（我小姨），让我们俩暂时离开部队，利用我大舅（何家瑞）在国民党任上校参谋长的职位在其处掩蔽下来，以完成组织上布置的党的工作。我就带着署名“敏”的介绍信找到巧姨，我们3人为一个党小组，巧姨是小组长。按照组织上的要求，由何佳同志出面找何家瑞，顺利地把我们安插了进去。

1941年，组织上又把我安排到涌口小学，以教师的身份开展工作。由于半年后我暴露了身份，组织上即派何佳接替了我的工作。她在涌口因未暴露身份，出色地完成了党的工作，并由于有丰富的教学经验，得到了当地群众的赞赏，都愿意把自己的子女送到她那儿念书，由此培养了一批学生。记得解放后，一次我随王达（当时他名义上是涌口小学校长，实际是我们的党支部书记）等同志重返涌口时，见该校已面貌一新，盖起了新校舍。当年巧姨培养的学生现在已成了国家的栋梁之材。其中，有的已成为知名的企业家，并为学校捐款资助；有的已是国家干部，为官一任，守土有责。许多老辈人都记得当年有一位何先生在此教过书。根据革命需要，何佳同志肩负着党的任务，以教师身份曾到过多处任教。

1943 年，组织上安排巧姨到我三姨何三娇家（水乡望牛墩），当伟霖、伟珍、源霖、伟昭等表弟妹的家庭教师，以此身份做掩护开展革命工作，同时帮助李焕章同志也在其家隐蔽下来。不久，组织上安排我利用与巧姨的关系，到大地主刘发如家当家庭教师。当时，我在水乡区委工作。组织上又安排我利用与巧姨的关系，与之单线联系以便开展工作。由我负责定期向她传达国际国内斗争形势、上级指示以及组织学习马列主义基础理论和党的文件等。我带着妹妹刘晖住在周涡村。刘晖在村中见到了巧姨的女儿何祈，了解到何祈名义上是养女，实际是给人家当丫头使唤，处境非常困难。我将此情况告知了巧姨，巧姨连忙赶去，要回了何祈，并毅然送她参了军，使她从此走上了革命的道路。

巧姨为人稳重、工作踏实，在艰苦环境下总是能想方设法出色完成任务，她的工作一直得到组织上的肯定。

我知道，巧姨也很羡慕在解放区工作的同志，也十分向往着到解放区去大干一番轰轰烈烈的革命，但为了保存革命实力，为今后扩充和建立新的革命根据地储备革命力量，组织上要求巧姨长期隐蔽身份，承担这份更艰巨复杂的工作。为此，巧姨以革命需要为己任，凭着高度的党性和革命觉悟，克制着自己的强烈愿望，长期在这平凡的岗位上兢兢业业、默默无闻地工作着。

1946 年，我们随东江纵队一起北撤到了山东，巧姨在“妈妈队”担任指导员。当时，我已生下我的第一个女儿鲁冰，也被编到了“妈妈队”。“妈妈队”里全是拖儿带女的同志，有吃奶的婴儿及母亲，有咿呀学语的弱小的儿童，还有没奶吃的孩子，一位妈妈只好随军牵着用以供奶的母羊。那些已当了妈妈的同志，则背上背着孩子、肩上扛着高粱秆、秆上挑着尿布……行军可想是多么地艰难。当指导员的巧姨既要让大家能吃上饭，又要保证大家的安全，更要随部队行军，担子委实不轻。

一次，行军途中遇到敌人的追击和敌机的轰炸。轰炸的敌机飞走后，我们都灰头土脸地从地上爬起来，互相喊着名字，看看有没有牺牲的同志……然后相互搀扶着又继续前进。残酷的斗争环境更磨炼了我们的革命意志，那段经历是刻骨铭心的。有一次，阮群英同志生病住院，我和何佳同志去医院看望她，她高兴而激动地说：“指导员来看我啦！”是啊，我们永远也忘不了“妈妈队”

的指导员何佳同志。

1948 年后，我辗转南北，在华东、东北等地工作，和巧姨分开了较长的时间。一直到 1974 年，我因病从黑龙江回穗治病才又见到了巧姨和战友们。阔别二十多年得以相见的喜悦令大家激动不已，许多战友来看我，给我带来了衣物用品，为了给我补养身子，还买了鸡、鸭、乳鸽、田鸡等。她们都先将这些东西送到了巧姨处，由她做好后再带给我。巧姨风趣地说："我又当起了你的后勤部长了！"战斗中生死与共结成的革命友谊是多么难以忘怀啊！

1977 年我调回了广东工作，那时巧姨已经离休，住在达道路。我们见面的机会多了，巧姨经常打电话给我。最后一次去看望她，是在今年的 1 月 2 日。我带去了一本画有牡丹花的挂历，挂在她的病床前。我们一起迎来了又一个新春，一起分享着新年来临的快乐。她那时已经不能说话了，她久久凝望着那朵鲜红的牡丹，眼中充满着对生活的渴望。我对她说："巧姨，我们唱支歌吧！"于是我轻轻地哼起了"我们在太行山上……"。我们都深深地沉浸在歌声里，仿佛又回到了那激情的战斗岁月……

刘清口述，女儿李鲁冰整理

2003 年 3 月 20 日于病榻前

东纵唯一女连长——李玉珍

何　瑛

东纵女连长——李玉珍在旧社会家境贫穷，生活困苦，曾当过有钱人的丫头。晚上为富家子弟拉排风扇，直到深夜不能就寝。后来有人介绍她加入香港马戏团，以为日子好过些，但无良班主立即要她担演"天上吊"的角色，既无保险绳亦无地面安全网，还挨打受骂。她有时躲在暗处偷偷哭泣。苦难之痛不可言喻。

李玉珍后来被我从事香港地下活动的共产党员何淑解救出来，送回东江游击队。到了我们的部队，李玉珍如同换了一个新天地。部队分配她当卫生员，她积极工作，不怕苦不怕累。有一次她跟随部队去打伏击战，当敌人进入我伏击圈，部队马上就要发起冲锋，可是担任突击队的班长突然发病昏倒！在这关键时刻，李玉珍快步跑来，拿起班长的冲锋枪，振臂大喊一声：同志们跟我冲！她带领战士们冲下山去，打垮了敌人。还有一次部队首长命李玉珍冲出敌人的包围圈去报信。几个日本鬼子见她是个女的，一边追一边喊叫。李玉珍怒火万丈，立即转过身去扔出一个手榴弹，把几个鬼子炸伤，有的逃跑了，她安全地完成了任务。还有一次，在战斗中她的腿被打伤，子弹仍留在腿中。她是卫生员，不怕死不怕痛，自己用钳子把子弹拔出来，自行包扎好继续战斗。李玉珍还有很多事迹，我只举二三例。领导彭沃同志见李玉珍打仗勇敢不怕牺牲，就任命这个卫生员李玉珍为东江纵队第一位女连长。

1946 年，李玉珍随东江纵队北撤，参加过豫东、济南及淮海 3 个战役。她的英雄事迹享誉全军。可惜的是，10 多年前她到加拿大探亲，不幸病逝于异国他乡。但我们永远不会忘记这位英勇善战的女连长。

作者简介：何瑛，女，原名何小冰，1924 年出生于广东省中山县，9 岁定居香港。1937 年 10 月，参加抗日救亡团体香港学生赈济会。1938 年 4 月加入中国共产党。16 岁时曾任香港九龙区学生中心党支部书记。1942 年 1 月调到东江人民抗日游击队（东江纵队前身）从事民运、政治指导员工作。1946 年随东江纵队北撤山东，曾任华东野战军第十纵队教导团组织干事。1948 年调任华北军政大学图书馆主任。1950 年转业，先后任珠江地委政策研究室研究员、广东政法干校人事处副处长。1957 年调湖北省武汉市，曾任湖北医学院人事处副处长、宣传部副部长，外语专科学校宣传部部长。1976 年 2 月调回广州任广州市园林局纪委书记。

记钢铁战士张锦标（两篇）

他用身躯扑倒敌重机枪

——记篁村战斗的抗日勇士

郑 戈

1943年12月2日，在粉碎日军对东莞大岭山根据地的“万人大扫荡”和对宝安阳台山根据地的“扫荡”之后，在中共领导下的东江纵队宣布成立。从此，华南抗日斗争出现了新的局面。

1944年1月24日（农历年三十）午夜，东纵东莞地区第3大队集中兵力300余人，袭击盘踞在东莞县城南4公里的篁村田心坊伪军张玉章中队。该中队由地方的汉奸反动势力、地痞流氓、恶霸等百余人组成，是一支投靠日寇，破坏和镇压抗日力量的汉奸队伍。他们横行乡里，鱼肉百姓，无恶不作。我军决定铲除这支祸国殃民的汉奸部队。

第三大队手枪队和平南中队（我任中队长），组成突击队担任第一线攻击任务。平南中队的第一小队2个班和大队手枪队为先头突击分队。手枪队长叶风生（马来亚驾车回国参军的爱国华侨）为突击队长，李锋（香港青年）带领小鬼班打头阵。正当百姓们合家吃团年饭的时候，我们十分紧张地进行攻击前的准备工作。午夜，平南中队和大队手枪队运动到敌人重机枪阵地前的竹篱笆，遇上敌人的重机枪阵地换岗哨。我们近百人的队伍不动声色地伏在已收割后的稻田里，利用田埂作掩护。此时，突击队已接近到敌人构筑的竹篱笆障碍的门外，大家都屏息不动，注视着敌人换哨时电筒光的胡乱照射。为了争取主动和发挥夜袭的突然性，我们伏地屏息等待了约20分钟，待敌换哨后稍有松懈，我即向叶风生发出攻击令。20岁的叶风生手持利斧，用力砍开竹篱笆门，正欲向门里冲锋，敌人构筑在祠堂前约1米多高的小土堆上的重机枪，突然以密集火力向我突击分队射击。首当其冲的叶风生队长，不幸中弹壮烈牺牲。此时，小鬼班长、18岁由香港参军的爱国青年李锋，带领小鬼班勇敢地冲向敌人重机枪阵地。李锋在离敌重机枪阵地前10米左右的地方，也不幸中弹英勇牺牲。跟在李锋身后的19岁香港参军的爱国青年李观福，同时中弹英勇牺牲。从竹篱笆门到敌重机枪阵地，短短约25米的路段上，敌人的重机枪火力连夺我3位抗日勇

士的生命。突击分队在我轻机枪火力掩护下，暂伏地隐蔽。攻击前进暂被敌重机枪火力所阻。（叶风生即叶凤生——编者注）

正当突击分队处境非常不利，随时都有被敌重机枪火力杀伤可能，同时也关系到我军此次战斗是否能突入敌人驻地消灭敌人的关键时刻，我心情非常焦急，正想指挥轻机火力压制重机火力，掩护我突击分队向前冲击。突然，我见到 18 岁的班长张锦标，机警灵活地避开敌重机枪火力，利用黑夜掩护，猫腰持枪从左边冲到敌重机阵地侧边，毫不迟疑地冲上小土堆，用身躯从侧边扑压在敌重机枪上，并用力将敌重机枪推倒。敌重机阵地上的两个哨兵，被这突如其来的勇猛行为吓呆了，从小土堆上滚了下去。张锦标机智地占领了敌重机枪阵地，显示了共产党员不怕牺牲的大无畏品质。张锦标的英勇行动，用现代的话来说，他就是黄继光式的抗日勇士。

突击分队顺利地冲进敌人驻地祠堂内，毙伤敌中队副以下 10 余人，俘酒醉未醒之敌 30 余人，缴重机枪 1 挺、长短枪 40 余支。接着，突击分队继续向驻在祠堂侧后阁楼上的敌轻机枪班攻击，但遭到敌顽抗。在用炸药爆破敌阁楼时，19 岁战士袁升不幸中弹英勇牺牲。战斗近半小时后，当晚不在篁村驻地的敌中队长张玉章带领驻其他地方的部队，以两挺机枪密集火力，在距我三四百米的围堤上向我方侧翼射击，以策应被我攻击的篁村队伍。为了避免被莞城和厚街的日军南北增援夹击，我平南中队奉命撤出战斗，回到犬眠岭村。

战斗胜利后，在犬眠岭村第三大队召开的庆祝篁村战斗胜利的大会上，大队政委卢伟如宣布：为了纪念和表彰烈士们为国捐躯的英勇事迹，将缴获的重机枪命名为“风生机”；将平南中队李锋所在的班，命名为“李锋班”。号召全大队指战员向烈士们学习。会后，我将李锋生前使用的比利时造步枪授给张锦标使用，鼓励他向李锋学习，为烈士报仇。

全国解放后，我在二十世纪六十年代和以后的七十年代、八十年代，数次和老战友张锦标、张治安、邝池秀、游扬、袁静等以及李锋的胞兄李兴夫妇，到当年篁村田心坊祠堂前小土堆上，追忆当年战斗情景。到犬眠岭（现称立新村）北面山坡上烈士墓前祭扫，向烈士默哀行礼致敬。

1993 年 12 月 25 日，纪念平南中队成立 50 周年的活动得到了东莞万江区委区政府、万江镇委镇政府、万江管理区诸领导的大力支持。原平南中队现联络到的 8 位老战友，以及其家属和特邀同志共 12 位，带着花圈驱车到犬眠岭村烈士墓前献花圈，默哀行礼致敬并绕行墓碑一周。大家深情地怀念 50 年前篁村战斗英勇牺牲的 4 位抗日烈士。

50年前篁村战斗的抗日勇士们的英雄事迹，为党为民献身的不朽功勋将永垂青史！他们永远活在我们心中！

（原载《东莞党史》1995年第2期）

钢筋铁骨张锦标

郑　戈

“红军战士功能顽强，誓死不屈，与日伪作殊死斗争”的英雄故事，至今仍在清远洲心、源潭、龙塘一带群众中传颂着。这是确实发生过的真人实事。

1944年10月4日（农历八月十八日），由邬强带领的东江纵队北上抗日先遣队曾一度解放清远县城，并在摸清日军行动方向之后决定撤回增城地区，途中须在源潭附近银盏坳通过日军控制的粤汉铁路。为此，由我派出手枪组组长张锦标和组员吴谭全两人，化装潜入粤汉铁路源潭银盏坳一带敌占区内侦察。他们不幸被捕，历经敌伪兽兵惨无人道的严酷摧残。张锦标忍受伤痛，坚持斗争，经受考验，终于逃脱魔掌归队，为人民解放事业作出更大的贡献。

年仅18岁、个子消瘦矮小的张锦标，当时是参军已近3年的“老战士”，他经过多次战斗锻炼，成为一名机智勇敢的侦察员。这次他由组员吴谭全作向导，在源潭银盏坳附近铁路完成侦察任务之后，返回部队途中遭到伪联防队陈淦才20余人前后围堵。吴谭全当场被捕，张锦标拔腿向前猛跑，伪联防队穷追不舍，并开枪射击威胁。张锦标猛跑到一道塘堤边，不顾一切越过塘堤跳下3米多高的堤坎，不料被10余名埋伏的伪联防队捉住。在拳脚交加的毒打后，被结结实实地捆绑起来，与吴谭全一起，绑在大吉岭村边的一棵大树下，等候伪联防队长陈淦才来审问。

不一会，汉奸恶霸陈淦才恶狠狠地前来，他追问张锦标，是不是红军侦探？来这里干什么的？

张锦标和吴谭全以事先准备的口供，坦然回答：“我们两人是从广州逃难到清远找工糊口，路过这里无故被捉，十分冤枉，请求释放。”陈淦才下令搜身也得不到什么，便又大声咆哮质问："你们为什么要逃走？"张锦标答道："你们追来，我们也不知为什么，故此逃走。"搞了半天仍一无所获，陈淦才恼羞成怒，下令毒打两人以泄愤。这班禽兽一向欺压百姓，惯于打人，在头目一声令下，顿时拳打脚踢，枪托像雨点般落在张锦标肩骨、肋骨和头部。张锦标被打得头破血流，眼前一阵昏黑，昏死过去。敌人用水将他两人泼醒，再打得死去活来。原已身体虚弱的张锦标，在这严刑蹂躏下，始终坚持不暴露自己的身份。他这时想到的是部队今晚能否按原计划通过铁路返回增城地区。他感到十分惦念和不安。

狗汉奸陈淦才使尽毒打的酷刑仍然未能得逞，黔驴技穷，最后只得将枪口抵住张锦标的胸口，威胁说："如果不说真话，老子立即把你俩枪毙！"此时，张锦标心情更加坦然了，他想自己参加部队打日本已近3年，曾多次深入敌巢进行侦察，多次完成歼敌任务，从未曾失手。这次不幸被这条走狗咬住。张锦标立定主意，宁死不屈，挺起胸膛对着敌人枪口，大声怒斥陈淦才是汉奸走狗，欺压百姓，残害无辜，将被五雷轰顶，死无葬身之地。义正词严，正气凛然！陈淦才这条恶狗心虚胆怯，只好将他们送去日军哨所，交给日本兽兵处置。

张锦标勇敢痛斥汉奸，使附近百姓十分感动。此时，一位村中长者，手里拿着烟丝压在张锦标头部的出血处，为他止血，并劝陈淦才不要将他们送给日军，还是放了他们积点阴德。可是死心塌地为虎作伥的陈淦才，不听长者的善言忠告，亲自将张、吴绑送日军据点军士哨，并恶毒地向日军哨长说最顽固的是这个矮子。解放后，全国镇压反革命时，汉奸恶霸陈淦才被判死刑缓刑两年执行。后改为无期徒刑。在执行20年徒刑后释放回大吉岭村，不久病逝。20世纪50年代审干时，审查张锦标被捕经过情况，审干人员到辽宁省盘锦地区监狱提审陈淦才。据陈淦才交代，被他送日军处置的两个人中，个子矮小的（指张锦标）表现非常坚定不屈。这些都是后话了。

日军士哨驻守在铁路旁长江村后的一个山头上，周围用铁丝网着。在汉奸的指使下，日军将张、吴两人推坐在铁丝网上，将身体与铁丝网绑在一起，并用枪托打，皮带抽，加上拳打脚踢，将张锦标打得全身伤痕累累，整整折腾了一夜。次日上午，日军士哨又将张、吴两人押送到据点，交由日军驻守长江村（现属清远市龙塘镇银盏坳管理区）的草村中队长审讯处置（草村中队属驻银盏坳日军岩久大队）。

日军头目草村中队长亲自对绑在村边树身上的张锦标进行审讯，但也问不出什么来，便凶相毕露地下令动用重刑。日军将张锦标视作要犯来审讯，用尽严刑拷打，用点着的烟头丢入张锦标的衣领里灼烫，后又用灌辣椒水等酷刑……凡是当时能够使用的一切毒刑，日军头目差不多都搬出来如法炮制。在折磨得死去活来时，又用冷水泼醒再施刑。如此整整折磨了一天一夜，日军头目毫无所获，便用铁线绕树干将张锦标双肩绑住，再用绳索捆绑在树下，不给吃喝。有时村民送给一些番薯也被兽兵抢走。日军又常常推他们入池塘中浸水，又放在烈日下暴晒以取乐。经过长江村敌人两天两夜的酷刑摧残，张锦标滴水粒米未进，全身疼痛得差不多不能动弹，奄奄一息。但是，张锦标心里明白，只要部队顺利通过铁路返回增城地区，不管自己遭受多大的痛苦，也要坚持到底，绝不能泄露部队行动秘密。他时常小声鼓励吴谭全要坚守机密，要挺住，坚定地与敌人作斗争，宁死不屈。

第 3 天的上午，早晨刺骨的冷风使张锦标从昏睡中醒来。他见到一头肥胖的家猪蠢蠢然在草坡上寻食，竟然钻过铁丝网到这边来。他一下子清醒过来，顿生钻铁丝网逃出去的念头。他低声地对吴谭全说，要设法松脱身上的铁丝，伺机钻过铁丝网逃走。如果被发现便拼死夺取敌人的武器搏斗一番，也比让敌人活生生折磨死好些。张锦标注意到敌人的动静，发现日军在换防，新来接防的是新兵多，操练时动作还不熟练，夜间守卫时也不太注意他们。张锦标以自己的机智在窥视敌人动态，寻找逃脱的机会。

在被捕的第 4 个夜里，张锦标终于挣脱绑在手脚上的绳索，松脱肩上的铁丝，乘着日军看守哨兵去叫哨换班的几分钟时间，叫醒吴谭全钻铁丝网逃出去。但吴谭全已奄奄一息，没有力气逃走了，他要张锦标先走，不用管他。时不等人，敌人的哨兵快要回来了。张锦标只好迅速地钻过敌人铁丝网，向漆黑的村外拼出最后气力逃出来，因体力不支，只逃出几十米就倒在一块稻田的水沟角落里昏迷过去。换防的日军见逃脱了一人，便追问吴谭全，吴指向另一个出口，致使日军未能找到张锦标。待到天空月亮高悬时，张锦标才慢慢醒过来，急忙支撑着快步冲过铁路，爬到铁路东面山上。他坐在山上喘息时，还见到日军在山下的电筒光四处照射寻找他的踪影。

张锦标被捕 4 天 4 夜，受尽敌人的酷刑摧残，终于以他对党对革命无限忠诚的钢铁意志和机智勇敢的果断行动战胜敌人，逃出日军的虎狼窝。此时，他艰难地一步步向山顶走去，面露胜利者的微笑，以鄙视的眼光回头看山下到处乱窜疯狂似的日军，心中浮现出无限的欣慰。他翻过大山，在山腰上找到浪底村外一户独立房屋，费了不少口舌才叫开门。向房屋主人借了一套破衣服和三升米，走下山来。几经曲折才设法通过源潭到达大莲村（现属龙塘镇银盏坳管理区），找到基本群众黄佳，再到竹园门村找到黄妹，得到他们的照顾，住下来养伤。地下党县委书记何俊才，得到上级指示："一个东纵小战士在河东一带失散，要千方百计找回来。"何俊才派河东区钱青同志寻找，经过努力，在群众的帮助下，和张锦标取得了联系。待张锦标伤势稍愈，便送他到何俊才部队，安排在手枪队工作（取名明仔）。他在清远地区打了不少胜仗，得到何俊才的赞扬。

日本投降后，张锦标同志随东江纵队北撤到山东，在两广纵队任连、营指挥员，参加过豫东战役、济南战役、淮海战役、解放广东战役等大兵团作战。他始终保持英勇作战的勇士作风。

数十年过去了，现已年过古稀尚能骑摩托车身体强健的张锦标，已离休回原籍东莞市万江镇。当他笑谈往事时，举起那只弯曲的小手指，以这个在清远被日伪军捆绑了4天4夜致残的伤痕，说明当时的艰险经历。

张锦标在抗日战争、解放战争的枪林弹雨中厮杀，赴汤蹈火，出生入死，曾作出以身躯扑倒敌重机枪的英勇壮举；又经历过不幸落入敌手，勇对敌人酷刑折磨，不屈不挠，保持气节，并机智勇敢地拼死逃脱归队。张锦标不愧是中共的优秀党员，东江纵队的钢铁战士！

当时奄奄一息不能行动的吴谭全，后来由长江村的一位老大娘收留，以后归队。

50年之后的1994年10月的一天上午，我和张锦标、吴谭全专程相约到长江村。张锦标指着当年被日军捆绑的村前榕树（已长得粗壮高大）和他拼死逃脱的位置告诉我们整个斗争过程，大家不胜感慨当年的艰苦斗争。此时，全村大部分群众闻声围观，听张锦标介绍他们当年的斗争事迹，大家啧啧称赞他机智勇敢的行动。我们还到当年收留吴谭全的老大娘（已去世）孙子石波家中探望。吴谭全带了礼品、礼金慰问老大娘的家人，答谢大娘的救命之恩。

（原载清远市党史办《征途》1991年6月，原文标题《钢铁战士张锦标》。编者在此调整了标题）

第九章

游击生涯

游击岁月

黄顺平

参军

1942年我觉得自己长大了，想去打日本鬼子。听说福田西边的联和圩有抗日游击队，我就跟着同学到联和圩，找到了游击队。游击队有个领导是福田人，叫徐少平（徐文），他问了一下我们每个人的年龄，知道都不满16岁，就说：“你们年纪太小，过两年长大一点再来吧。”婉言谢绝了我们。我们六七个人只好扫兴地回来了。

回到家，我见母亲在菜园摘菜，叫了声：“妈。”她对我要出走的事似乎有所察觉，一天不见我，非常担心。抬头一看见我回来，眼泪沙沙止不住地流下来，说：“我找了你一天，到处都找不着啊，你到哪里去了呀？你哥哥跑了（1932年考入黄埔军校），你翅膀还没长硬又要飞了，我靠谁养老呀？”说着说着就又哭了。我一言不发。我想我不能等着日本人来杀我，我也不能长大了还不去打日本人，让日本人疯狂地屠杀中国人。我想孝敬母亲，只有消灭日本侵略者，才能保卫母亲，尽最大的孝心。我抱定决心，一定要参军打日本鬼子。

1943年春节气息正浓，我们8个同学觉得增加了一岁，能扛枪打仗了，但大人看我们还是小孩。尤其日本占领期间，对经济破坏很大，我们差不多都营养不良，发育迟缓。可我们想打日本人心切，正月初四就悄悄离开家乡去参军。走到半路，有人提议要改名字，说是防止将来坏人害及自己家亲人。我们就相互改了名字，我取了顺利平安之意，叫顺平，这个“革命”的名字就一直用到现在。

接受上次教训，到了游击队，在徐少平面前我和大家都报18岁。其实徐少平都知道我们的实际年龄，见大家真的杀敌心切，也就接纳我们了。

我们几个跟着交通员来到独立第二大队驻地福田牛仔砻。红日西沉，部队正准备出发，大队长阮海天和政委何维接见了我们。问了一下各人年龄、家庭情况、入伍动机，还说，打日本鬼子要有的吃能吃，没有的吃能饿，还要能走、能跑、能熬夜、能吃苦。你们能做到吗？我们想只要能当兵打日本，我们什么都答应，异口同声地说："能做到！"吃过晚饭，把我留在大队部当阮海天的小鬼（即通讯员），其余同学分配到陆仲亨中队。到全国解放时我才知道当时一起参军的八个人，只剩下包括我在内的两个人，其他人都牺牲了。

当小鬼，学打枪

当小鬼本应照顾阮大队长的生活，可我除了行军时给大队长背条军毯，到夜里用门板给他架张床，或有时向房东大娘买两个蛋或年糕给他吃个夜宵外，平时打饭、打菜、洗碗筷、洗衣服、叠衣服都由政委夫人黄宝珍包了，她打好饭菜还要到连队叫我回来吃饭。

陆仲亨中队有个小鬼班（当时东江纵队各部队一般都有小鬼班），我怀着对日寇的满腔仇恨，就想到小鬼班当兵打日本鬼子。可领导不同意，但他们允许我学打枪。我拿小鬼班的步枪用腋下夹住枪托学瞄准。他们笑着对我说："把枪托抵在右肩窝，双手用点力把枪往回拉紧。"我在他们指导下，学习瞄准射击。开头我枪都举不起来，总觉得臂膀不够长。有时枪举起来了，支持不了几十秒钟，枪就沉下来了，开始几天臂膀酸累。李昌排长亲自教我，每天数次，累了就和小鬼班的人说笑，唱歌，生活得十分愉快。

苦练立姿举枪射击三个月，李排长有时冷不防把我枪往前一抽，枪抽不动。他微笑着说："可以学习射击了。"他教我："缺口、准星、目标三点成一条直线，百米内瞄在目标下沿，压除扳机自由间隙，瞬间停止呼吸，压扳机击发，观察弹着点。任何时候，枪口都不准对着自己人，以防走火。"在战场上，射击的基本功很重要。第一批侵略中国的日本鬼子都是经过长期的准备，并经过严格的射击训练，再加上他们使用的三八枪，瞄准基线长，射击命中率很高。日本鬼子侵略中国时，枪杀咱们中国人，一般都能百米之内，枪响人倒，他们企图以此震慑住中国人。随着战争兵员的消耗，日本鬼子不断补充兵员，后来的日本鬼子枪就打得不那么准了。我想我一定要比日本鬼子打得准，才能和日本鬼子打仗。

学会睡觉

入伍后的一天晚上，我脱了外衣睡觉，在稻草上翻来覆去睡不着，身上还有点痒。副官周炳走来掀开我的军毯一看："你怎么脱了衣服睡？不行，夜里发生情况，枪一响你会穿不上衣服的。"我说："穿着衣服我睡不着。"周副官严厉地说："睡不着也得穿上。"我好几天晚上不适应，后来才慢慢习惯下来。

在敌人后方打游击，部队每天夜里都要转移驻地，防止敌人包围和袭击。有时，敌人进村骚扰，我们怕敌人进村骚扰而拖累群众，就不住村子。遇到下雨就睡在荔枝树的树杈上。记得小时候，在家里睡觉，常常会从床上掉下来，那是因为睡得很熟，无拘无束，想怎么翻身动弹，就怎么翻身动弹。而现在睡在荔枝树杈上反倒不会掉下来，这是因为总是提心吊胆，不敢睡着。由于经常遇到这种情况，慢慢地也就学会了这样睡觉。我抱着枪睡在荔枝树杈上，睡觉时身子要平衡，否则，稍不小心就会掉下来。年纪小又困得不得了，没有技巧是睡不了的。嗨，要学会睡觉才行啊！

到了荔枝丰收的季节，树上的荔枝很多，但我们没有一个人去摘荔枝吃，大家都很自觉地遵守群众纪律。因为，我们深知，我们之所以能够在敌人后方生存，全靠老百姓拥护和支持。离开了老百姓，我们则将一事无成。

有时遇到紧急情况，半夜行军，困极了，一边走一边打瞌睡。有时头碰到前面队员的枪，生疼。有时睡迷糊了，走慢了掉队，后面同志大叫，又吓醒了。

经常晚饭后要行军，广东气候雨水多，我们的衣服湿一阵、干一阵，经常几个月不能洗澡换衣服，普遍都长虱子，有的长疥疮。吃的是饱一顿、饿一顿，缺乏营养，又长期熬夜，很多人眼底发黄，患了夜盲症。有一次夜间找不到住的地方，一个班长看见一块白色的地方，就叫大家："同志们！跟我来！那边有一块打谷场。"大家想能有一块平整的地方睡觉那该多好啊！几个战士高兴地跟他跑过去，哗啦啦！结果竟有几个战士掉进了水塘。原来那不是打谷场，而是把水塘当平地。真是弄得大家啼笑皆非。我这才体会到参军时队长说的"能熬夜"这句话的滋味。

学会隐蔽

部队的驻地经常和敌人住的据点相距很近，要保证安全就全靠隐蔽。我们经常住在老百姓放稻草的屋里，霉味很大。放哨的化装成农民扛着锄头，腰间系着鱼篓，暗自藏着手枪，佯装在田间捉蟹、摸鱼、灌水，像是在作田间管理。白天没饭吃（不能煮饭），天黑了吃一餐，拂晓前三点吃一餐，青菜、咸菜、夹生饭也得吃。吃饭时不准点灯，不洗碗筷，不漱口，总之，不准有任何响声和亮光。吃完早饭，派出搜索小分队外出搜索，防止给敌人包围。其余的人，做好战斗准备，随时准备打仗。

有时遇有紧急情况，不用讲话，只要用胳膊碰一下，互相心中就明白了。有时我们刚进村，还未住下，国民党别动队就来敲门。我们知道了，就从另一个门出去。我们视情况而定，能打赢就打，打不赢就撤。我们不愿打被动仗，就会主动避开，以保全实力。

我们驻扎无固定地点，每天要更换驻地，逢年过节都要打击敌人，有时甚至要远途奔袭敌人。大风大雨也要行军作战，衣服干了又湿，湿了又干，穿的袜子整天都是湿的。没有吃的，没有地方住，太艰苦了，到处都是敌人。老百姓看到我们这么小就出来当兵，打日本鬼子，有的大娘心疼得流眼泪。

当敌人离我们远一点的时候，傍晚时分，农民收工回家，我们就分散到各家各户去宣传抗日救国道理。有时我们和老百姓一起开联欢会，唱抗日歌曲，如《大刀歌》《到敌人后方去》《义勇军进行曲》《大路歌》《松花江上》等，也演唱抗日花鼓词等，还演抗日杀敌活报剧，演唱完后立即撤离 20—30 里地住下。

夺枪

我参军的时候有很多东西都不懂，但知道一条，不打日本的军队我不参加，只要是打日本的队伍我就参加。后来我逐渐知道我所在的部队是中国共产党领导下的广东人民抗日游击队，自 1938 年起，活动于博罗、增城、广州郊区（现在的萝岗区、白云区、番禺区）一带，积极开展抗日游击战。后来改作东江纵队独立二大队，阮海天任大队长。

1943 年春天，我情报人员向大队长阮海天报告，驻扎在增城县的日伪军，每逢联和圩赶集都要派出一个连来收税，除一个机枪班在小山上警戒之外，其余人都分散在牛、家禽、家畜、粮油糖商行以及蔬菜水果市场、露天赌场、店铺等地方收税。阮大队长、何维政委听后十分兴奋，认为这是一个打击敌人的绝佳机会，要我去把中队长陆仲亨找来，并和他详细研究敌情。陆中队长说：“敌人混在群众之中，打起来怕伤了群众。”阮大队长说：“把步枪换成短枪，可短枪又不够；如果等伪军收兵回营的时候，在半路上截击他们，只怕枪声一响，日寇援兵赶到（联和圩距离增城仅 10 公里），不容易全歼敌人。”何政委提出：“短枪集中对付敌人连长和警戒在小山上的机枪班。对其余的敌人，我们就采用空手夺枪的办法，把他们一网打尽。”阮大队长一听，振奋而坚决地盯着陆中队长，陆中队长附和地说：“对！夺枪。”陆中队长望了望两位领导，笑了笑说：“这个办法很好，既能全歼敌人，又能保护群众安全。”阮大队长对陆中队长说：“歼敌方案就这样定了。这次行动由你负责，把短枪队也拨给你指挥。”何政委说：“明天就是联和圩的圩日，今晚就要动员好、组织分工好、化装好，封锁好消息，队伍出发之前只准人进村不准人出村。”

陆中队长回到中队后，立即布置这一任务。小鬼班化装成放牛的、拾粪的，配带短枪夺取敌人警戒在小山上的机枪班武器。要求每两个人要夺一支枪，其余同志分别派往各个商行、各个市场。各行动小组明确了指挥位置和统一行动信号之后，陆中队长要求大家向老乡借衣服用具，把自己装扮成老百姓各行业中的行家里手。

晚饭后大家都化了装，有的装成赌徒，穿着香云纱，胸露白汗衫，油头粉脸；有的化装成牛贩子、粮贩子；有的提着菜篮子，篮内放着酱油瓶。小鬼班的同志卷着裤腿、背着斗笠、挑起粪筐、拿着鞭子，他们正在相互检查，这时陆中队长和指导员周应芬来到大家面前。同志们认真的化装和排练不仅使在场围观的群众拍手叫好，就连两位领导也满意地笑了。陆中队长很高兴地说：“同志们你们化装得很像。”指导员说：“你们要机智灵活，心情和情绪要和赶集人群一样。”陆队长接着说：“你们听到统一行动信号之后，要有爆发力，要突变，要变成英雄，勇夺敌人枪支，听到没有?!”大家异口同声响亮地回答：“听到了!”

第二天早餐后，队伍分散混夹在人群中进入了联和圩集市，小鬼班也夹在牧童中，赶牛上山了。敌人已经到了，除机枪射手和副射手值班外，其余敌人都把步枪搭成一堆，正在聚精会神地赌钱。我们有几个小战士正在看敌人赌钱，有几个同志还在和敌机枪射手逗笑。陆中队长看到小鬼班早已到位，眼前的战友也跟定了正在收税的敌人，他们装作买主与人讨价还价，特别是短枪队的人早已跟上了敌军连长，在各行各市场的同志也已各就各位。他机警地吹响了嘹亮的口哨，这声口哨就是战斗的命令，战友们似猛虎下山立即扑向敌人，夺了枪支，俘虏了伪军。小鬼班的同志一起拔出了短枪齐声大喝：“不许动。”说时迟那时快，把夺得的机枪对准敌人。当俘虏被押到赌场时，广大群众无不拍手称快，异口同声地称赞游击队英勇善战!

一颗子弹消灭一个敌人的标准太低了

部队驻在博罗县联和圩南侧的一个村庄。1943 年 7 月的一天，一个农村绅士打扮的人来到大队部向阮大队长、何政委汇报敌情，来人最后说："伪军旅长李潮对日本人说我们有三千人。"阮大队长听了后高兴得猛站起来，一拳打在方桌上说："好！有三千人我就打广州了！你李潮认为我有三千人，是好事情，我就趁势赶你走。"他挥手指向西方，并对政委说："政委你寄封信给李潮，告诉他我们大部队这晚要进驻他旅部园洲镇。"何政委写好了信，阮大队长看过之后交给来人。我们这晚要去打一打李潮的旅部，进驻园洲镇。

我想：园洲镇离日本鬼子大本营石龙镇只有几里路，我们去撵走伪军旅部，使日本人失去外围警戒，日本人决不会就此甘休，这回有仗打了，机会来了。等来人走了，我就再次向阮大队长提出，我要下连队打日本鬼子。大队长知道留不住我，就欣然应允了。我高兴地转身就去把中队长陆仲亨找来，大队长对陆中队长说："小黄已经多次要求要到你连里了，现在阿戚仔（戚后当阮大队长警卫员）来了，就让小黄到你那里吧！"陆中队长笑着说："他早就不安心跟你了，他整天跑到我们那里和战士学打枪，吃饭都要政委老婆叫他。"

陆中队长给了我一支崭新的七九步枪。晚饭后，我背着新枪，跟随部队向园洲镇挺进。走了不到十里路，右脚后跟生疼，闪到路边，蹲下来一看，脚跟给枪托碰得血淋淋。嗨！我个头不够高，只好把枪托在肩上行军。

晚上十点钟左右到了园洲镇，有人前来报告，敌人收到信，吓跑了。部队住的地方也准备好了，祠堂里好几个大厅都铺好了稻草。中队长向后传出口令：拉——大——距——离。我们将每挺机枪的弹药筒都用布套上，东门进西门出，又从南门进北门出，就这样走了几遍。老百姓在门缝里向外张望，我们就摆摆手，叫他们不要看，让他们感觉游击队真有三千人。

夜里，梁运开班长领着我们睡在靠大门的厅，那么大的厅就睡了 20 个人。小队长李昌下令大家都在稻草上打滚，把所有稻草都搞乱。演戏就要演得像个样子。我们大家都明白：为了防止李潮向日本人报告，而被日伪军包围我们，必须在夜里转移出园洲镇。半夜集合，向上下南（地名）转移。

到了上下南，早饭刚做好。哨兵跑来报告，三艘日本军兵船向我们开来。李潮果然报告了日本人，勾结鬼子企图对我实行包围歼灭。大队长下令准备战斗。中队长命令李昌警戒东西两侧和后方，说完就带了周新一个小队扑向东江堤，向日军兵船射击。日军也真凶蛮，一艘兵船向着中队长的机枪阵地开来，一艘兵船向东侧登陆，一艘兵船在西侧登陆。由于上下南这地方没有码头，敌船靠不了岸，敌人都拥在甲板上跳。周新小队的同志们眼看敌人陷入困境，特别高兴，机枪、步枪都急促射击着，许多敌人被打死打伤跌落到水里。同志们正使上劲，并打得兴高采烈时，日军一挺机枪向堤岸连续射击，打得大家抬不起头。一位新战士蹲下装弹，然后抬起头来向敌人发射，发现敌人机枪就在跟前。他摸了一下腰部想找手榴弹，没找到。他再装好子弹端枪向敌机枪射击时，一颗子弹射入了他的右眼，他向后一栽，壮烈牺牲了。接着敌人又打来多发掷弹筒炮弹，有个同志背部负伤，中队长下令交叉掩护，边打边撤。周新他们正打得上瘾的时候，西侧上来了敌人，在敌人前面的乱坟堆里高高地站了一条狼狗，它正在向我们张望。我觉得奇怪，打仗还带着狼狗，就高兴地支起身子指给班长看！那里站了一条大狼狗。梁班长瞪起眼睛，生气地命令我："趴下！日本人打枪很准的。"

日军向我方阵地扑来，分散成单兵跃进逼向我们。我跟着班长向西侧敌人瞄准，打一枪，一个鬼子倒下；又跟班长跑到东侧，瞄准东边来的日本兵打一枪，又一个鬼子倒下。我心里直夸自己，才第一次打仗，枪法真准啊。打一个够本，打两个赚一个，我已经赚了，很是兴奋。我们一边打一边退，下午两点钟退到铁场圩。大队长风趣地说："今天打了一个风流仗！"我们的大队长高高的个子（1.75 米），穿着旧藏青色高领中式便装，腰间右侧后面挂着左轮手枪，穿着一双胶底草鞋。从他炯炯有神的眼光中透露着坚忍不拔的毅力，有一种不消灭敌人决不罢休的英雄气概，不管斗争多么残酷，多么艰苦，他始终保持着革命的乐观主义精神。打仗后，本来大家又累又饿，经他这么风趣地一讲，弄得大家不约而同地笑了起来，忘却了疲劳。他那镇定自若，无所畏惧，和同志们同甘共苦的精神，深深地教育着我，使我铭记在心，终生不忘。

中队长检查弹药消耗，问我："打了几发子弹？"我说："打了五发子弹。"他哎呀了一声，禁不住埋怨地说："你打了那么多！"我骄傲地升高调门说："我打倒了五个敌人！"本以为他要表扬我呢，谁知陆中队长却语重心长地说："我们要求三发子弹就要解决战斗，还要打赢。你五发子弹打倒五个鬼子，这个标准太低了。"经他这么一说，我这才知道军队作战不仅要打死敌人，而且要最大限度地发挥弹药的作用。这提高了我的认识，我不觉笑着吐了吐舌头。

梁班长掀开我的右肩衣服一看，肩臂发紫了。他说："打枪要把枪托抵紧肩头，你没抵紧，给枪撞紫了。"我说："子弹盒也把我屁股给拍紫了。"一会儿，班长送了一条子弹带给我。还送来四个炒米饼，这是群众慰问我们的。不吃尚可，一吃才觉得真够饿的。

茹屋村守卫战

1944年3月的一天，日伪军头子李潮（汉奸汪精卫的军队的一个旅长）向茹屋村送去一封信，要求茹屋村向他交十万银元军饷。茹屋村掌管祖宗财产的族长算了一下，将秋收的稻谷卖光，全村猪牛卖光，都凑不到十万银元。大家商议：汉奸军队是不让我们活了，饿死还不如和他们拼死。于是决定：（一）购置枪支、弹药，18岁至50岁的男人，每人发一支枪；（二）密请红军游击队来帮忙守村；（三）出门耕田一律带枪，高度戒备。

我们东江纵队独立第二大队，在阮海天大队长带领下，跟着族长深夜秘密进村，住在祠堂里。族长当即领着我们排以上干部看了地形。茹屋村有武装三百人，全村七个炮楼，水塘围绕全村，东、西、南、北有四座门楼，也是全村的出入通道，夜间紧闭，武装守备。该村坐落平原，田里无秧，视野辽阔。各门楼上边就是炮楼，都住着一班武装乡民，子弹、手榴弹各一箩筐。族长叫我们多装些子弹，我们尽情地把自己的子弹带装满，每人还再挂两三个手榴弹。

不用我们做饭，每餐不是鱼就是肉，大家对伙食非常满意。住了一个星期，敌人却没有来进犯。汉奸李潮侦察到村子外种田的男人个个背枪，看样子，想抢耕牛是不行了；想进村捉几个村民作进一步敲诈勒索，也无指望了。李潮便向石龙镇的日军编报军情，说茹屋村住有红军（抗战时期广东日军都称共产党游击队为红军）。日军一听到这个消息，便积极准备行动了。

我们在茹屋住了一段时间没有动静，阮大队长就待不住了，觉得部队应当出外寻找歼敌的战机，便留下一个排在茹屋村训练民兵，担负守村任务，随后把大部队带走了。

四月三日下午一时许，经过准备的日军突然进犯茹屋村，一下子来了二百多日本鬼子，加上李潮组织的“抗红义勇军”三百人，五百多日伪军团团围住茹屋村，开始组织向四个进村的入口门楼冲锋。我军梁其彪小队长带着民兵守门楼，他要求大家沉住气，等敌人到了楼下再打。日军冲到门楼跟前，大门紧闭，入内不得，拥挤在楼下。这时，一声令下，游击队战士和民兵一起把手榴弹扔了下去，轰轰一阵爆炸，把日军全部炸死。我跑下楼捡了一支带脚架的三八大盖步枪送给民兵。大家可高兴啦。时隔不久，敌人又发动冲锋，我们让日军快到门楼前再用机枪、步枪、手榴弹把他们消灭。敌人真凶蛮，一次冲锋接一次冲锋，一批日军接一批日军倒下。后来听说日本人用三条40吨木船，载了三船死尸运回石龙。激战中，一位猎人出身的民兵瞄准日军插在指挥官旁的太阳旗，一枪打断了旗杆。我们的士气大受鼓舞。敌人一看“红军”枪法这么准，吓得不敢疯狂进攻了。第二天，日军调来了炮兵，一阵狂轰滥炸，把七座炮楼打得不能据守。我军就在村沿和日军作战。哪里形势紧张，机枪就抬到哪里向日军射击。村民听见炮响，便慌乱地一会儿拥向村东，一会儿拥向村西，惊叫着、奔跑着。日本人的炮也追着村民呼唤声轰击，村民死伤很多。结果不少民兵无心再战，都跑回去照顾家属了。情况越来越严重。

第二天夜里，族长和我军排长商议，利用夜色，部队掩护群众撤出村子。由村民带着侦察小组从浅水塘出来寻找日军防线上的空隙，以此作为群众的撤离路线。日军都用火堆照明，侦察小组发现乱坟堆是日军防线上的空隙。于是，部队作好警戒，一夜之间，全村群众都悄悄撤离完了，日军还浑然不知。

撤出茹屋村之后我们与大队会合了。阮大队长着急地找我，要我去观察一下日军围攻茹屋村的情况，看看有没有机会，部队杀回去袭击一下敌军指挥所。

第三天早上七时左右，我回到离茹屋村不远的铁场镇。只见广州飞来两架敌机，接着就轰炸茹屋村，敌人的炮也轰击茹屋。日军真把茹屋当成红军大部队驻地，下了本钱。我侦察到敌人指挥所设在田间，周围千米空旷，白天很难接近，没有找到袭击它的机会。

轰炸了一个多小时，直到八点多钟，日军和伪军才小心翼翼地进入村庄。日军进村便残杀走不动的老人，放火烧屋子，伪军进村便抢财、抢物、抢粮食。日军看见伪军借机发财，自己死伤不少，冲进了一个空村，又没见到“红军”的踪影，觉着上了伪军的当，气坏了。

这一仗打得扬名东江，在百姓中流传得神乎其神，可解气了。国民党惠州市专署派慰问团救济茹屋村难民。这一仗当然也深深震惊了驻广州的日军，知道广州附近还有很能战斗的抵抗军队和武装民众。日本人不敢三五个人远离据点外出强奸妇女。小部队也不敢下乡抢牛抢猪抢粮食了，更不敢把枪支起来，空手入屋抢夺。走路时都端着枪搜索，生怕再遭到红军游击队和民兵的袭击。

铁场圩战斗

经过几次战斗之后，日军高级指挥官认为博罗西部这块平原地区确有数千共军，便从广州调来数千日军集结于广（州）九（龙）铁路线上的石龙镇。其实，我独立第二大队当时只有一个中队60余人，和一个手枪队10人，总共才70余人。我军得到情报之后，阮大队长和政委商量决定，先在博罗西打几仗，把敌人吸引过去，而后伺机捣毁他的后方。

1943年冬天的一天，日军和伪军从东莞石龙分两路出动，第一路向北而后向东，第二路向东而后向北，企图合击我军。我军从源头地区向博罗县西部的铁场圩转移。第一路日军已经进到我军北侧，发现我军便猛扑过来。我们立即组织打伏击。敌人要进入我们的伏击圈了。雨下得很大，我们小鬼班散布在大路一侧，我自告奋勇地说："我打带头的。"接着刘金说他打第二个，其他的人也报了自己的射击目标。梁运开班长说："等敌人走近到100米，听我的口令一齐放。"我们对敌人先做概略瞄准，听到预令再做精密瞄准。敌人来得很近了，班长叫了一声预备——放！嘣嘣！一阵枪声后，立即倒下七八个日军。敌人挨了一顿打，马上散开了，单兵向我们跃进，这更有利于我们集中火力。我们八个人的枪都瞄准一个目标，同打一个敌人，敌人跃进一个就打倒一个。敌人无法前进，开始逃跑了。班长叫了一声追！我们追了上去，不料第二路敌人从我们左侧后打来，这边敌人机枪猛向我小鬼班射击，逃跑的敌人又反身追来。看见我们都是小孩，好欺负，竟将枪里的子弹卸掉，端着刺刀冲我们扑来。日本鬼子体力比我们好，我们年纪小，生活又艰苦，拼刺刀我们肯定拼不过他们。为了不被敌人包围，班长下令撤退，我们小鬼班从大路飞速撤退。敌人架起机枪，追着我们打，打得路两旁的树叶、树枝哗哗直掉。刘金的背包被打散了。我因拉了几天肚子，体力衰弱。如果顺大路跑，不被敌人捉住也会给敌人打倒。于是我跳入路边水塘，贴着路边的树枝在水中撤退。在水中我跑不快，日本兵已经追过了我的前头。一阵密集的枪响，日军遭到我们部队的机枪阻击，鬼子便趴在路上还击。我走完了一个塘，要翻越一条路进入另一个塘。我爬上路，正在打滚，敌人机枪便密集射来，溅得我满脸是泥。等我向另一个塘沟里奔跑时，嗖嗖飞来的子弹径直在我头上的礼帽上穿了两个洞。我笑了笑，心想日本鬼子打枪也不是很准嘛！我气喘吁吁地回到小鬼班，才知道面临的局面已经十分严峻。

国民党黄竹青一个旅守在铁场镇东南，做出日、伪、蒋三军夹击我军的态势。我第一次看到自称国军的国民党军队不打日本人，还配合日本人夹击我军，从心里憎恨他们。阮大队长决定向东北方向撤退，跳出包围圈，让日本人和国民党军打起来。谁知我们撤出战场之后，国民党军和日本走狗伪军竟吹起号来，互相联络了，原来他们之间号谱都交换了。日伪军和国民党军约好了，不打了。真气死我们了。

大杀回马枪

大家打了一天仗，十分疲劳。部队来到联和圩南侧村庄，刚住了下来，手枪队长宋光报告，伪军有一个连，住在铁场圩的一个庙里。庙的四面有围河，吊桥收起来了，围墙大门也关了。据老百姓说，庙的西面有下水道，直通庙的天井，人可以爬进去，庙的大门和下水道同一方向。阮大队长一听，劲头来了，决定亲自带部队杀他一个回马枪。小鬼班担任突击队。他叫小鬼班和手枪队换枪，把手枪、手榴弹都装备给小鬼班，还每人配了一把手电筒。叫大家把行装包袱放下，轻装上阵。机枪班还带了一条高板凳。如此这般地布置好了战斗方案，就匆匆集合出发了。

部队悄悄到达铁场，机枪射手放置好了板凳，把机枪架在围墙上对准庙门。小鬼班梁班长带头爬进了又窄又臭的下水道，小鬼们紧跟着班长往里爬，最后是女卫生员，也跟着爬了进去。梁班长进到天井之后，向左紧靠上厅。等全班到齐之后，梁班长用红灯照射全班，这是信号。小鬼们这时将七颗手榴弹一起投到上厅，轰的一声巨响，把上厅的敌人炸得稀里哗啦。接着，我们的机枪向庙门哒哒哒打了一梭子弹。小鬼班八只手电筒一起射向敌人，齐声大喝：不许动！谁动打死谁！随即有个小鬼跃出天井，迅速抱起了敌人机枪对准在睡觉的敌人。敌人被爆炸声惊醒，个个吓得直打哆嗦。

在庙门外围墙内巡逻的十个敌人，听到庙堂内的爆炸声和围墙上的机枪声，吓得不知往哪里钻才好，有的竟大哭了起来，直叫妈呀！这是怎么回事啊？里外都打起来了。小鬼班押着举起双手的俘虏出来时，这个巡逻班的敌人竟排成一溜，跪在地上双手举枪投降。小鬼班开了围墙大门，阮大队长带着大队冲进来打扫战场。

抗日母亲救了我

昨晚歼灭伪军一个连，日军仍不退兵，继续向我进攻。哨兵报告日军逼近我军驻地。情况危急，陆仲亨中队长命令部队立即抢占后山。部队全部冲出去抢占后山制高点。我当时正发着高烧，一个人全身僵硬地躺在祠堂地铺上，手、脚和头部都已不能动弹，昏昏沉沉。哎，部队走了，敌人进了村，我也就革命到头了。

就在我这生命的危急关头，一位大娘见我军和日军打了起来，可我一人还躺在地铺上不能动，她便毫不犹豫地将我背到她家，放在她儿子的床上。她说："有人问你，你就说是我的儿子！"我说："好！"又迷糊过去了。

开头，吃饭都要大娘喂。她采摘来几扎枫树叶，烧好水，盛在木盆里，围上席子，把我放在盆中，盖上棉被。每日两次，日日见好。到了第五天，我就能走了。再待下去，我和大娘都有危险。我谢别了这位抗日母亲，向北方，向着联和圩方向寻找队伍去了。

全国解放后，我深深怀念这位抗日母亲，没有她的搭救，我也活不到解放。1950 年我写信给铁场区政府，请他们寻找这位母亲。区政府召开乡干部会时，宣读了我的信，委托各乡乡长寻访。1960 年我到广州军区检查工作，也提出过此事。虽经多方多次寻找，但是这么多年始终都未能找到她。她就在人民中间，永远活在我心中。

夜袭石滩镇

日军、汪精卫伪军、蒋军云集博罗西部，对我进行大"扫荡"。敌众我寡，我军活动十分困难。在广东博罗县西郊经过几个月频繁的战斗之后，部队因没有后方根据地的支持，所以就只能靠收税来维持部队生活。但收税人员屡遭袭击，部队经费发生了困难。阮大队长与政委何维分析了形势，认为敌后一定空虚，为了打破敌人的"扫荡"，决定到敌人后方去，挺进广州东郊及增城地区，袭击广（州）九（龙）铁路的敌人。1944 年春，阮大队长集合大队进行动员，他说："现在日、伪、蒋同流合污，敌人虽然遭到我们沉重打击，还是源源不断地调集兵员于博罗西部，可他们哪里知道，我们是孙悟空，现在我们就要钻到敌人肚子里去掏它的五脏，到广（州）九（龙）铁路去袭击日军、伪军，抄他们的家。"

部队从博罗县联和圩出发，夜间渡过增江河，来到日军重兵把守的增城县三江圩（镇）。部队沿着敌人的炮楼和兵营围墙，穿过三江圩，走了十多里平原，到达了广九铁路石滩镇火车站。这石滩镇火车站是日军重兵把守的广九线重要据点，因为"扫荡"，只剩下伪军守镇。阮大队长看了一下手表，时针已经指向凌晨一时，仗不能打了，打了也撤离不了。石滩周围四十多里平原，我们会受到沿途日、伪军的截击，所以临时决定住在镇上。我们与守镇伪军隔街相驻，部队就驻在伪军营房门口对面的小楼上。这可真是太危险了，一旦敌人发现，我们就可能被团团围住，全军覆没。为了不让敌人发现，部队规定不准说话，不准抽烟，不准喝水，不准一起上厕所。

紧张的一天终于过去了。第二天晚上敌人吹过熄灯号后，夜里十时三十分部队发出了战斗命令，手枪队一下子就把敌人岗哨和带班的枪给缴了。其余部队立即冲向熟睡中的敌人。一部分同志收缴了敌人全连的枪支，一部分同志驱赶着只穿着汗衫短裤打着寒战的敌人集合，对他们进行政治教育，要他们不要再当伪军，不要再帮日本鬼子残害中国人民。按照常规给他们每人发放了回家的路费，然后大声命令他们："脸朝墙！不准回头张望！无须报告，大、小便就地解决！天亮就可以回家。"至此我们跳出包围，在敌后掏了敌人的心。这一仗打得很漂亮。

我军趁着夜幕，又继续向西挺进，来到了广九铁路的新塘镇仙村附近隐蔽，准备寻机再战。

新塘镇仙村是阮海天大队长的家乡，这一带向来是军事要地，在这附近陆路有广州通往粤东的公路干道和广州通往香港的广九铁路，水路则沿东江河道可达惠州、广州至香港。这就成为广州东郊交通的咽喉地带，军事上则是攻守广州的必争之地。日军侵略华南在大亚湾登陆后分兵把守铁路、公路，沿线据点林立，所以这一带成为抗日人民武装敌后游击战争的重要所在。记得一次我们在这里刚驻扎，正向群众宣传抗日、减租减息，并了解敌奸情况，准备购粮做饭时，突然发现敌人来了。敌人从东面进村，部队赶紧组织从西面撤离。哨兵抵抗敌人，掩护大家撤退。撤退中怎么也找不到政委的老婆黄宝珍，她是部队的民政干事，到老百姓家里做群众工作去了。情况紧急，没有时间了，政委指挥部队迅速撤离了。大家都以为，她这次会被敌人抓去了。结果过了几天，她脱险后自己又辗转回到了部队。最终她还是出了事：后来日军进攻韶关，我们紧跟其后袭击了日军，在何政委指挥部队撤离时，他爱人黄宝珍到老百姓家做宣传工作去了，后被国民党军抓获杀害。

税站遇袭

日、伪、蒋军纷纷调兵遣将进入博罗县西部对我军进行"扫荡"。我们部队频繁地战斗，经费发生困难，吃饭成了问题。陆中队长组织了几个人去三江圩的增江河东岸收税，以供抗日武装生活费用。宣传的口号是：抗日救亡，有钱出钱，有力出力。所收的税率是5%，即货值100元打税5元。保护客商途中安全。陆中队长叫我放下步枪跟去放瞭望哨。我说：“给我支手枪!”他说：“手枪队没回来，哪还有短枪?!”我一看陆中队长和指导员的短枪都给了收税的人拿去用了，只好空着手跟着去了。

到三江圩东岸，一条大路通集市。税站负责人叫我上一个小土山放瞭望哨。增江河两岸都长满了竹林，船在河中行驶都看不见，收税人员就在竹林岸边，我重点是看望大路两头，三江圩应是重点监视，但竹林遮掩，视野受限。

赶集的人流早上八点过后便少了起来，收税人员在小山下谈天，显得悠然无事。

我衣服穿了半个月，日夜行军打仗，雨打湿了又干，干了又湿，白天就在敌人附近住宿，不准洗衣、晒衣，怕暴露目标，竟长了“革命虫子”（虱子)。大家闲着，时已九点，觉着无事，便脱了衣服捉虱子。突然小山下收税人员打起枪来，我起身想往下望，还没探出半个身子，突然，砰的一声枪响，枪口里喷出的火药喷了我一脸，气浪把我掀翻在地。日本鬼子不知何时爬到我的跟前，向我脸部打了一枪。我趁势倒下滚落山脚下，顾不得疼，抬头一看，距我100米便有种田的男男女女，我急忙跑去混在他们中间。我年纪最小，个头最矮，又没带枪，一群日本兵追下山来东张西望，找不到我了。傍晚，遭受袭击的我方收税人员、哨兵和我全部归来。好险呀，差一点就命丧九泉。

班长牺牲了

三江圩收税站遭日军袭击后，过了几日，陆中队长又派小鬼班去联和圩收税，班长派我们两人监视公路防止增城日伪军袭扰。又派刘金向西牛仔岩方向警戒，班长和一名战士在大土丘上收税。早上七时，赶集投圩的人都三五成群，老少皆有。一会来了数十个挑担的青年男子，每个男子后面跟着一个青年妇女。投圩哪有这么多青年男女集中而来呐?可疑!越看越不对劲。刘金高叫：“挑担子的停住!一担一担过来!”青年们不停，一边走一边说：“我们要赶早市啊!”刘金端枪“咔”一声，推子弹上膛，喝道：“再过来我开枪了!”前面挑担子的人听后就直冲过来，后面的人已拔出手枪向刘金开火，数十支匣子枪打了过来。刘金边打边退，敌人丢掉担子包围了班长。班长用匣子枪射击，敌人不敢冲来，都藏在山岩下。班长便拍了一颗日式手榴弹丢到山岩下爆炸，未炸死的敌人便散开，从后面、左、右冲了上来。终因寡不敌众，班长和一位同志壮烈牺牲了。我们与班长相隔一里多远，便隔河鸣枪支援。结果枪声引来国民党正规军的一个连，他们从联和圩西北山上下来，直对我们扑来。我们一看敌众我寡，便向三江圩方向撤退，刘金随后也回来了。蒋军控制了联和圩，我们无法安葬烈士。朝夕相处、出生入死的亲密战友，死在了中国人的枪下，我们既悲痛，又愤怒。身为国军的国民党军队也打我们?！咱们都是中国人啊，你不和我们一起抗日也就罢了，怎么还背后偷袭我们，真是丧尽天良！

注：日本手榴弹是拍响的，不是拉响的。

化装侦察，全歼白石守敌

在石滩歼敌一个连之后，日军仍在博（罗）西（部），进退犹豫不决。阮大队长和何政委决定趁敌后方空虚连续打击敌人，便派中队长陆仲亨化装成香港商人前去侦察。中队长陆仲亨身穿一套白色的西装，脚蹬一双油亮的皮鞋，头戴一顶灰色的礼帽，手拎着一个公文包，由当地爱国绅士引见伪军驻雅瑶镇白石圩的连长。

他们穿过岗哨，进入祠堂，一望三间大厅，大厅内两侧都是用木料搭起的楼房，二厅两侧关押的都是被捉来敲诈勒索的平民百姓。敌兵就在二厅打着地铺，枪支都挂在木墙上，连长就住在二厅右侧楼上。他们两人上得楼来见到连长便脱帽致礼。连长叫勤务兵倒茶让座。绅士指着陆中队长对连长说："这是我的表弟，在香港做生意，想运些洋布和紧缺的货物来此地售卖，还望长官关照。"敌连长不动声色，慢条斯理地品茶。陆中队长打开皮包，拿出一叠足够敌连长半年薪水的五百元新币，递给连长说："先给一点茶水钱，等兄弟赚到钱再来酬谢长官。"敌连长喜形于色地说："都是自家人，何必如此客气?！"他又立即将一张名片递给陆中队长。他说："广九线上的连长都是我的老同事，如有人盘问，就说货是我的就行了。"他继续说："现在当差的苦，军费供应不足，几乎要自己筹措一半经费，才能维持，否则连饭都吃不上。"陆中队长说："当差一般家中都有老少，若是连肚子都吃不饱，这个兵就难带了。更别说还有些兄弟要在后山熬夜。"连长说："谁说不是，不过，后山上的弟兄只是白天上去，夜里就不叫他们吃那个苦了。"陆中队长觉得侦察任务已经完成，便站起身来对连长说："长官如此大力支持，生意是大有得做的，赚到钱，你是首功，自然要和你对半分了。"连长说："哪里，哪里，只是兄弟之间互相帮忙罢了。"双方欢天喜地地话别。

陆中队长当天回到增城县晒布岭驻地，向阮大队长、何政委汇报了侦察情况：敌军驻扎在一座孤立的大祠堂，四周都是菜地。祠堂内两个天井的两端都没有搭建房屋，最宜施行爆破，作为攻击的突破口。镇内驻有日军一个中队，离伪军驻地约一华里。虽然夜间日军不敢贸然出动支援，但仍需对其来援的路上设伏。祠堂后山夜间无守兵，可作我们指挥所。

晚饭后何政委召开动员大会，历数伪军残害人民的罪行，告诉大家当地群众要求我们惩治日军走狗。通过动员，激发了同志们对敌人的仇恨，表达出消灭敌人这个连的决心。阮大队长动员大会后就布置了战斗任务：爆破组长李墨亲自实施爆破，为突击队炸开突破口。周应芬指导员领手枪队和小鬼班担任突击队；李昌带两个班伏击来援日军；陆仲亨带机枪班跟大队部占领祠堂后山。命令下达完毕，陆中队长下令解散，让大家轻松半小时，时间一到，一律轻装集合。部队集合后，各班长检查装束，行动不许发出声响。小队长李昌带着打援部队作为前卫出发，阮大队长和陆中队长带着部队直奔雅瑶白石镇，夜里十一时到达目的地。部队各就各位，陆中队长领着李墨把炸药包贴在祠堂西侧外墙，还压上一块大石头；小鬼班和手枪队都打开枪的保险，个个做好冲锋姿势。李墨埋好炸药之后，便向后发出准备冲锋的红色灯光，接着一声巨响，飞起的砖头还没落地，手枪队和小鬼班的战士们便冲进了祠堂。我们的手电筒都照射着二厅地铺上的敌人，他们中的大多数卷着毯子瑟瑟地发抖，少数敌人向后厅逃跑，跑得慢的多被打伤，跑得快的躲在神主牌后发抖。手枪队迅速登楼抓敌连长，没有找到，就问敌司务长：“你们连长哪去了？”他怯怯地说：“去船上和女人睡觉去了。”

突然楼上射来一颗子弹，打在小鬼班长梁运开脚上，他不知什么时候拣到敌人一顶白通帽扣在头上，我上去把他头上的帽子摘下来甩掉，周应芬指导员把梁班长背走，我继续向后厅冲锋。刘金第一次使用英制六轮手枪，连扣了几次扳机都打不响。他悻悻地对我说：“我去开大门吧！”大门外面虽有岗哨，但带班的伪军却把大门关上，他被炸药的巨响和祠堂内激烈的枪声吓得抱枪趴在门拐角上。刘金一看碰上一个端枪的敌人，吃了一惊，忙把六轮枪对准敌人，双手使劲扣动扳机，情急力大，六轮枪居然响了。“叭”的一声，敌人立即在血泊中倒下了。他打开大门。这时，日军听到这边的爆炸声和枪声，知道出了事，架起机枪朝这边打来，机枪打得祠堂屋顶上瓦砰砰直炸。时间不多，小鬼班迅速拆下敌人挂在木墙上的机枪，把卸掉枪机的步枪捆成数捆，把躲在神主牌后的敌人一个个赶出来，我把地铺上的敌人一起撵到大门外集合。刘金命令所有被赶出来的俘虏到左边面对墙站队，其中一个身材魁梧的大高个俘虏却偏向刘金走来，刘金火了，大喝一声："你再过来，我打死你!"大个子俘虏这时看到地上有一个被打死的同伴，也就乖乖地到左边站队去了。指导员吩咐手枪队，快打开牢房，放出被敌人关押的百姓。百姓们对我们千恩万谢，谢谢游击队救了他们。

周指导员一面叫人给俘虏发放路费，一面教育伪军不要再当日本汉奸，出卖祖国，残害百姓，做让子孙唾骂的勾当了。

我们小鬼班从俘虏中选了几个体力好的蒙上他们的眼睛，叫他们扛上缴来的枪支弹药。蒙眼是不让敌人认识我们，因为我们常要化装出没在城镇，也是不让敌人知道我们的住地，免得放他回去后带日军来残杀百姓。

接着命令站队的俘虏："不准回头张望，谁回头就打死谁。不用报告，可以就地大小便。天亮后自行回家。"部队开始撤退。

阮大队长接到周指导员战斗胜利结束报告后，立即派人通知阻击日本增援部队的李昌小队撤离战场。就这样，敌人"扫荡"，我们就在敌后寻找战机打击敌人，从而粉碎敌人的"扫荡"。1944 年夏，我们独立二大队深入广州市近郊，在龙眼洞村消灭伪军一个连，把活动范围扩大到广州市白云山麓。

大队长阮海天

卢沟桥事变爆发后，1937 年底，中共党员阮海天奉上级命令回家乡——增城竹园村建立党的组织，开展抗日救亡工作。这支曾活跃在抗战时期的抗日游击队伍，就是阮海天大队长参与领导的竹园涌抗日游击队。

为了打击日军，阮海天等人在广九铁路沿线的仙村、雅瑶（即竹园村一带）用广东民众抗日自卫团名义分别成立了仙村大队、雅瑶大队，后来又在两个大队的基础上成立了广东民众抗日自卫团增城第三区常备队及雅瑶常备队。这是中共在增龙地区组织和领导的第一支武装队伍，也就是竹园涌抗日游击队的主力部队。

1938 年 10 月 20 日上午，在大亚湾登陆的日军第十八师团某部数百人，坐汽船从石龙沿东江西进，途经白鹤洲、西福河口向广州开进。阮海天、杨步尧等商量，决定在竹园涌附近一带抗击日军。他们率领竹园涌抗日游击队的几个队伍以及竹园涌、巷头、兰山等村的群众武装三四百人，利用河边的树林和高坡做掩护，伏击敌人。

当日军进入竹园涌地段河道时，阮海天一声令下，指挥三区常备队首先开火，接着各路队伍一起向日军猛烈射击。战斗十分激烈，从上午一直打到下午。人们都是首次参加对日作战，很是兴奋。闻讯赶来参加战斗的群众越来越多，尤其是竹园涌的群众，家里有枪支的全部参加作战。后来，被困在河道的日军放信鸽报信，大批日军从石滩赶来增援。为了不受损伤，阮海天便指挥大家撤出了战斗。这场战斗打死打伤敌军 20 名，击沉敌汽艇一艘，缴获木船一只，并在木船中解救出被掳走的妇女一名、弹药一批，我参战人员没有伤亡。

阮海天大队长一直坚持敌后抗日斗争。东江纵队成立后，阮海天任独立第二大队大队长。任大队长一年多来，歼灭日伪军五个连，打死日军 300 余人，歼敌总数是自身人数的十倍。他的神勇不仅在群众中广为流传，而且日军中也有人哀叹地说："一个皇军可以打赢十个国民党军，十个皇军却打不过一个红军游击队队员。"可见日军也视他为劲敌。

在跟随阮海天大队长战斗的岁月里，我学会了不少东西。我深深地感到阮大队长是我军事上的启蒙老师，在他的言传身教下，我学会了游击战术。我在赣南地区开展独立活动时，成功地运用了游击战术完成了税收任务。赣南地区是蒋经国的模范区，从县、区、乡、保、甲长到老百姓都设有情报员，并实行三家联保，一家接纳共军，三家同罪，满门抄斩。在如此严密控制的情况下，1946 年 2 月至 5 月我带了一个小队在此筹措部队经费。我们英勇机智，神出鬼没，声东击西，勤转移，多斡旋，让敌人摸不着我们的活动规律，使自己处于有利地位，从而完成了税收任务，保障了部队的供给。又如在抗美援朝战争中，我经常穿梭于敌人的前沿阵地，摸清情况，掌握规律，寻找打击目标。一有战机，趁其不备，就坚决打击。1952 年 5 月我在朝鲜战场指挥志愿军两个坦克连，彻底摧毁了铁原郡母孝洞美军 155mm 重炮群，炸了美军的弹药库。汽油着火，油桶腾空爆炸，黑烟滚滚，火光冲天，激烈的炮火连打带烧，使这个露天炮群的敌人无处藏身。我所以能这样，这都是从阮大队长那儿学来的，如果在战斗中我有一点成绩的话，我得要感谢我的启蒙老师——阮海天大队长。

罗布洞交通站

我很高兴在小鬼班当战士。经过两天两夜行军之后，部队来到了罗布洞（现属广州市白云区，在天麓湖东面山区）。当天，大队长突然叫我把一封信送到博罗县联和圩，路程怕有八十里，全是敌占区。使我犯难的是来的时候没有要一个人单独返回的思想准备，因此没有注意沿途夜间能看见的标志，心中毫无把握。但这是命令，只有硬着头皮走了。

我把信塞在斗笠的竹叶里面，借着夜色朝东出发了。穿过村庄时，引起了数个村庄连片狗叫。我走得很快，追来的狗几乎要咬到我的裤脚。我的心直跳，一来怕狗咬，二来因人生地不熟，对敌后情况不了解，怕被伪联防队捉去。过了李伯坳，我沿着被破坏了的广汕公路向东走，望见前面一个圩镇。我找了一个埋头做农活的青年妇女，估计她是个善心的人，便叫了一声“大姐”，问道：“前面有日本人吗?”她说：“有。”她看出我内心的惊慌，说：“你不要怕，你走你的路。你这样小，他们不会为难你的。”我谢过大姐，想往前走，却又犹豫起来，万一敌人搜身，扯烂斗笠检查怎么办？我得先看一下信的内容，把意思记下来。我便打开信看了一下，但信上有许多字我不知是什么意思，如K军、口示等，但总的意思是报告敌情的。广州东郊除有日、伪军外，还有国民党的别动队和杀敌队。这封信如果把它卷起来只有一支香烟的三分之一，万不得已时可以把信吞掉。我壮着胆子通过圩镇，竟然没有看到日本人。我身上没有枪，又是化装成农村孩子，胆子更大了，我兴冲冲的，低声地唱着凤阳花鼓调，走到增城，这是日、伪军重兵把守的县城。我沿着增城河南下，寻找渡口。望到了一个渡口，我便大步走去。一位头发花白的老伯停下翻土的锄头，急急地向我招手，我迅速地跑到他的跟前，急问什么事？老伯说：“你跑到日本人的军用码头去，要给他的岗哨看见了，他们会用刺刀捅死你！”我竟不知那个木亭子就是岗亭，幸好日本人岗亭没有后观察孔。我说：“老伯，我想过河，从什么地方过去?”老伯用手指了指：“往下一里路，有个码头可以过河。”我谢过老伯，便朝他指引的码头走去。

这次任务完成后，我便被派到罗布洞担任交通站站长。交通站就我一个人。我住在一位军属大娘家，准确地说是住在她家村外的一间农具房里，离罗布洞有一里半路。这是国民党杀敌队温伯良的统治区，常有日本军来袭击。夜间狗一叫，我便从山沟溜走，平时都不敢熟睡。交通站任务：一是将情报员李默从新塘镇火车站弄来的情报及时送给部队；二是把部队文件送到油麻山交通站，或把上级指示、报刊送给部队；三是护送调动工作的干部或转运物资；四是给新来部队带路，去袭击敌人或转移驻地。

军属大娘告诉我，温伯良有一个中队，住在罗布洞西边山脚下，他们见到陌生人就杀。如有人问你，你就说是我的孩子。我答应说：“好。”

第二次送信，我决定夜里送到油麻山交通站。那个站长是个女的，叫温秋，她兼刻印传单、布告。她是负责和我及东江纵队曾生司令员联络的中间交通站长。她丈夫叫张干雄，也是自己人。罗布洞成立了一个乡政府，乡长是当地人。

趁夜色，我穿过罗布洞，一路上是丘陵地带。正想穿越李伯坳北的广汕公路，突然发现前面有几个日本鬼子围在一起烤火，此路不通了。我绕过敌人，想越过公路，可公路两侧都长着带刺的茂盛蔷薇花，我要把自己化装成农村孩子，就不能穿鞋，没法子，只得光着脚踩着刺过去了。到了油麻山，交通站站长温秋见我两脚尽是血点，并流着血，便帮我用针把刺挑出来。温秋告诉我："日本人最近贴出布告，抓到我们一个游击队员奖5000圆，打死了割掉一对耳朵奖500圆。高山上有日军碉堡，看见山间小路有人走，就开枪射击；看到妇女，就下山追逐强奸。百姓对日本人又恨又怕，日本人在当地百姓中组织有维持会、伪联防队，里面有少数的民族败类死心塌地跟日本人的，你要特别小心啊。"我感谢她的关怀。

一次，我接到情报员李默送来叠成"又"字形的信，上面打着两个"△"符号。这是紧急情报，要迅速送给温秋。我拿到信立即就走。这大白天怎么过关卡呢？正好途中看见一位老人在耕田，我卷起裤脚走了过去说："阿伯，我帮你一把吧！"老伯也是累了，就让我接了耕耙和牛鞭。我是想让牛尾巴给我化装，我不时地抽打耕牛，它那粘满泥浆的尾巴就乱甩，甩得我从头到脚都是泥点。老伯看见我个矮，臂力小，提不起耙，把耕地平得一高一低，就赶紧走过来说："你太小，不行啊！"我化装目的已经达到，就笑着把耕耙和牛鞭交给老伯去干了。

我利用田里的水，稍稍洗了一下脸和小腿，看了看卷在裤脚里的信，就高高兴兴地走了。路过一个接近广汕公路的村庄，一个端着碗站在门口吃早饭的青年（估计是伪联防队员）突然瞪起眼睛问我："你是干什么的?!"我答："我帮姐姐莳田（当地话，即栽秧的意思）。"他又问："你到哪里去?!"我答："回家去。"我一边答话一边走路，那小子一腹狐疑，没等他明白，我已出了村子。顺利地通过关卡，完成了送信任务。

为了化装，何维政委给我做了两套香云纱衣服。我就化装成农村富家子弟，身穿香云纱，脚穿木质拖鞋，提着菜篮子，把信搓成纸条，塞在空心菜里，吊儿郎当、漫不经心地通过日军关卡。糊弄日本鬼子比糊弄伪军容易。后来日军关卡换成伪军守卡，伪军对情况比较了解，对青年人检查更加细致，连手脚、额门都要察看。当兵的右手虎口多裂纹，拇指没手纹，戴军帽，额门上有黑白分明的痕迹。不过他们很贪心，你要递烟给他抽，他常会把一包烟顺手拿走。有时我把一支烟的烟丝倒出，把信塞进香烟里，再装入烟丝，放进一盒只有几支香烟的烟盒里。过卡时向伪军笑笑，给他递烟。如果他要拿这几支烟，我便从口袋拿一整盒烟给他，表示尊敬，敌人也很满意地就给我过卡了。有时我把信用锡纸包好，浸入热蜡里，冷却后放入豆腐乳里，贪小便宜的伪军要吃，就另拿一瓶豆腐乳给他。

一次，陆仲亨中队长在增城县福和镇打了胜仗，缴获了许多子弹。他们把缴获来的上千发子弹用两个麻袋来装，并在袋子里倒入一些稻壳，要我挑回罗布洞送给新调来的卓觉民中队。见有这么多子弹我很高兴，我想这对卓觉民中队是最宝贵的礼品了。我拿一条扁担挑起就走。走了几里路，忽然路边的青年农民叫了起来，“哎！你们看，这个小孩挑了一担子弹！”我朝麻袋一看，坏了！许多子弹头都钻出麻袋露了出来，闪闪发亮。我用脚尖把子弹头都一一抵入袋内，走了不到一里路它又露了出来。就这样走走停停，临近中午，来到一个大村庄。只见村前晒了数十件白汗衫和香云纱衣服，这下坏了！这一定是住的国民党别动队或杀敌队。怎样才能安全通过这个村子？我张望了一下，别无他路。我后悔不了解沿途敌情，毫无思想准备，竟一时不知如何是好。想了一会儿，心想这炎热的天气，敌人可能要午睡。对！就等他们午睡时再迅速通过村庄。我找了一个僻静地方，坐地等着村子里的炊烟消失，又等到村前没有什么闲人活动，便挑着子弹迅速通过了村庄。一路上也不敢休息，紧张得也不知道累。直到离开村子约有四五里路之后，才感到又渴又饿又累。等回到罗布洞，我双脚发僵，全身酸软，肩头也肿痛。但是想到明天就能把这批珍贵礼品送给卓觉民中队，想到他们全队同志都要为此而欢呼！这时的疲劳似乎也就消失了。

我夺了一支勃朗宁

指导员周应芬调动了工作，需要到博罗县去，上级安排我随行护送。我们从李伯坳西边的鸡仔坑出发，沿着增城广（州）增（城）公路向博罗县行进。这条路周指导员很熟，所以他走前，我在后护送，相距大约30米。过了油麻山走到晒布岭，迎面走来一个穿着敞怀香云纱，露着白汗衫的潇洒男青年。他走过指导员来到我跟前，我一看他裤腰，皮带没有商标，腰间皮带上有挎枪的受力裂纹，有一处还沾满了枪油，就和我经常擦抹的大队长枪皮带一个模样。他肯定有枪。不过他身强力壮，比我高大好多。我一心想要枪，决心夺他的枪。

在他擦身而过时，我立即拔枪转身，大声猛喝道："不许动！举起手来！"他马上转身一边拔枪，一面问我："你要枪?!"我紧握匣子枪贴紧右腰胯指向他，没等他说完就一个箭步窜上去，抢先用力夺下他腰间的那支闪亮的勃朗宁手枪。周指导员听到我喝声，立即拔枪转身前来助我，把这高大的家伙给制服了。

我们把他押回鸡仔坑大队部，把俘虏交给阮大队长。我拿着德国造的二十响驳壳枪对阮大队长说："你说的，谁缴的枪谁用。这支长管快慢机别在腰前抵我喉咙，放在腰后顶我衣服，我不要了，把它还给你。"把驳壳枪推给他。他会心地笑着，似乎向我祝贺。

我兴冲冲出了大队部，有人争着要看我缴来的勃朗宁手枪，我举着枪炫耀着："比利时造的世界名枪，不锈钢的。"有人凑上来说我："没经验，你真胆大，你知道不？你用驳壳枪抵着他，他问：'你要枪?'他把食指串在手枪扳机框里抛给你，说声'给你'，当枪口转 270 度指向你时，他大拇指立刻卡住枪把，紧紧一握，一枪就把你打倒了。反缴了你的枪。多危险呀，这回呀算你命大啊。"大家跟我嬉笑着。

我估计我能夺到他的枪，一是我有准备，还有周指导员可以拔枪相助；二是看我手扣枪扳机，满脸怒气，像个不生性的青年，枪口对着他的胸口，随时会真的开枪。他害怕了，夺枪时他手不敢用劲与我强争，怕我给他一梭子子弹。

后来，阮大队长来做我工作，说："哎，人家是统战对象，还得把枪还给他。"我嘟着嘴说："要是给他打死，那才冤枉哩!"大队长说："嗨，别讲怪话。"

小鬼阿戚仔英勇就义

1944 年 7 月，我送信去油麻山，路过罗布洞乡政府。我问张干雄有事没有，他说："给我带封信给温秋（张的妻子）。"乡政府里只有他一个人，乡长是当地人，没有上班。我离开乡政府不足两里路便听到乡政府里传出来的枪响，估计是敌人袭击我军人员。我没有武器，不能再走大路，便离开大路爬山到油麻山，把公信和私信都交给温秋。我想，罗布洞的情况只是听到枪声响，详情还不知道，说了反给温秋增加思想压力，不如不说。第二日下午，我回到乡政府，里面空无一人。我到一间棺材铺打听，原来是国民党地方武装——杀敌队抓住张干雄，匪徒抢夺张干雄的金戒指拿不下来，用刀割断了张干雄的一个指头。张干雄猛然飞起一脚，踢中匪徒下身，这个匪徒当场昏倒，另一匪徒便用匣子枪向张干雄身上开火，一连打了五枪，我英勇的张指导员壮烈牺牲。

又过了一些日子，部队住在罗布洞北山，大队长的小鬼阿戚仔和炊事员上街买菜，杀敌队匪徒又在罗布洞街上追捕我采购人员。阿戚仔从桥东头向桥西头跑，匪徒东西夹击。阿戚仔便想越桥栏杆跳河，因个头不够高，没能及时翻越桥栏杆，给匪徒抓住。敌人将他五花大绑，就地审讯。我军小鬼革命意志坚强，只字不吐，敌人用枪管、枪托猛砸阿戚仔的嘴巴，把牙齿都打掉了，满脸满身都是血，直到昏死过去。敌人得不到我军情报，便把一块大石头捆在阿戚仔身上，然后连人带石丢入河中。我们闻讯赶来，敌人已经跑了。我军干部战士看了现场惨状，悲愤至极，忍无可忍，一致要求严惩这个作恶多端的杀敌队长温伯良，为坚强的红小鬼阿戚仔报仇。

过了一些日子，卓觉民中队袭扰北犯韶关的日军后勤队伍回来，恰好侦知温伯良部驻地，他那里有近百人，决定打击一下温伯良的气焰。阮大队长指挥卓觉民中队绕道占敌后山，又令我带陆仲亨中队从鸡仔坑出发，占领敌前小山。白天进攻，卓中队长要越过许多斜插的山脊，其中无路，行进缓慢。等得着急，陆仲亨中队先发动了进攻，机枪一响，敌人紧急离开住地抢占了后山。因事先无法知晓卓中队行程和所需时间，也无法与卓觉民联系，只好撤出战斗。

又过了一段时间，利用夜间，我带路去袭扰这股敌人。陆仲亨中队占领敌前小山，准备好以后，便用机枪向杀敌队兵营有灯光的地方射击。手枪队攻进罗布洞张贴标语，教训温伯良。我们打了不到一小时，便撤离了罗布洞。

除夕奔袭广州东郊永和圩

1944 年 1 月，农历年三十晚上，家家忙着过春节，我们却在急行军。部队奔袭广州东郊永和圩。晚上 9 点钟，我手枪队迅速打掉伪军哨兵，冲进伪连部，手枪抵着一只脚踩着板凳正在推摩手上木条牌的伪军连长，猛喝：“不许动！举起手来！”敌连长一心钻到牌里，一动不动，厌烦地骂道：“开什么玩笑?!”敌人做梦也没有想到，我军打到广州郊区来。我们高声宣告：“我们是红军游击队！”吓得敌连长手中的牌掉落地下，哆哆嗦嗦举起手来。敌人还没明白过来，陆仲亨中队已经把伪军连的枪全缴了。一枪未发歼灭了广州郊区一个伪军连。周指导员给俘虏训话，要他们不再当汉奸，不再给日军当走狗了。发给他们路费，命令他们双手抱头，面向墙壁站立，不准回头张望，天亮自行回家。

当天夜里，日军发现与伪军联络中断，察觉有情况，急忙整队赶来永和圩增援。到了永和，天已放亮，看到伪军个个还脸朝墙站着，日军十分生气，上来就打伪军耳光，嘴里骂着“巴格呀鲁”。广州日军得知我军昨晚袭击了永和圩，便下令广州东郊日军、伪军全部戒严，封锁路口盘查行人。老百姓可高兴了，说：日本人大年初一就吃了败仗，日本人和汪精卫今年可要倒霉了。

至此，独立第二大队自插入敌后一年多来已歼灭日伪军五个连，打死日军三百人，歼敌总数是自身的十倍，堪称抗日英雄部队！

鸡仔坑与蒋军大战三天

一天，阮大队长要我立即把信送给从英德回来的邬强大队长，告诉他们敌人将组织重兵对我军大举进攻。我将情报交给邬强大队长，他看完了交给副大队长郑伟灵看。我拿着回信便回来交差了。形势果然紧张起来，温伯良非常嚣张，罗布洞交通站也不能回去了。我向陆仲亨中队长要了一支步枪。我说：“我回不去了，跟你打仗算了。”他说：“好。”

枪声响了，我跟着陆队长爬到鸡仔坑山上，向下一望，敌人动员和雇佣了数千乡民，组成民团，身上涂着猪血，画着护身符，口念刀枪不入的咒语，分别举着红、蓝、黄、绿、黑色的旗帜，各队分占一色。几乎四面山头都有敌人，正面是温伯良的杀敌队，他们架起土炮、机枪一起对我军进行射击。对战了一阵，双方都不打枪了，敌人似乎在山后吃午饭。我们是只吃两餐的。我刚才卧姿打了几发子弹，枪声一停，我觉得气候宜人，隐隐入睡。睡了多久我不知道，一只蚂蚁咬了我一下，把我咬醒，觉得生疼。我左手支起身子，伸长右手要去抓蚂蚁，啪！一颗子弹打入我胸前土里，我这才想起我们正在打仗，也不捉蚂蚁了。趁势打了几个滚，换了一个射击位置，防止敌枪弹再射来。又和敌人打起仗来。打了一阵子，敌人被打退了。

下午两点多钟，敌人又向我军阵地猛烈射击，又打土炮，杀敌队近百人向我方阵地冲锋，被我们的机枪阻挡在山下。陆仲亨中队的所有班、排、连长都吹起急急的冲锋哨，所有战斗人员都向敌发起冲锋。我左手支起身子，右手提枪，跟随大家冲下山去。谁知冲过山顶，下面是塌陷的小悬岩，我冲力过猛，竟然凌空而降。敌人四散逃窜，我们占领了敌人阵地，缴了没有人要的土炮，继续往前冲。冲着、冲着，遭到国民党别动队的抵抗，他们端着汤姆逊冲锋枪打过来。我们伤亡数人，但英勇的部队前仆后继，最终冲垮了别动队，追击敌人，冲过一山又一山，直追了十多里。到了罗布洞，好多妇女站在门前观看。

我们问他们："你们的男人呢?! 叫他要打日本人，不要打中国人，大家枪口一致对外，共同抗日。"不知为什么，她们不答，不笑，没有任何表情。那么多乡民参加战斗，想必大多是强迫的或花钱雇用的，他们一败便跑到无影无踪。

冲锋的部队要撤回鸡仔坑了，有一位手枪队员跑得吐血了，我也觉得累得走不动了，谁敢掉队？落入敌人手中怎么办？只有强迫自己走回来。这么大强度的长距离冲锋，对我这个小鬼来说，真是累得苦不堪言。

邬强大队打了一天就撤走了，独立第二大队一连打了三天，每天是敌人来打我们，但给我们一冲就散，追到罗布洞都抓不到俘虏。阮大队长与何政委决定撤往增城北部山区。我在小鬼班当政治战士专做思想工作。

一群日军特务坐在我们周围

何政委找我谈话，要我去税站当服务员，负责税站政治思想工作，保管税款。站长是周炳，他是我原先的顶头上司，以前是军阀部队里的一个副官，有些坏毛病。一听站长是他，一股为难劲便流露出来，并使小性子地说："我不去!"何政委对此感到意外，高声地责备说："人小，要办大事哟!"我一看政委不高兴了，便点点头。部队没有经费来源，只能靠收税，否则难以为继。部队领导很重视税站安全，才派我去当服务员。到了税站，我把介绍信交给站长，他看后便向其他五人介绍说："这是新来的服务员，以后就和我们一起工作了。"

李伯坳南边有个金坑村。1944 年冬天的一天，我在金坑村前大榕树下收税，站长没来。到上午九时许，赶集投圩的人货已经过尽。站员钟毓民和我逗趣，他一个泥块打在我英式左轮枪上，碎土掉入撞针孔，我把它拆开擦抹，竟装不回去，只好用手帕包好装在衣袋里。我追打钟毓民，追逐逗笑，童心大发。不知什么时候来了十多个青年人，和我们的同志坐在一起，谁都不在意。一位军属大娘焦急地叫我："阿妹！阿妹!"（当地人唤爱子叫阿妹）我跑去问她什么事，她压低声音说："日本人和你们坐在一起，你们不知道?!"我说："哪是日本人呀?!"她说："就是伪装成老百姓的那十多个青年，和你们坐在一起。他们说的日本话。"我便赶紧唤站员们过来。日本便衣特务人多，我们人少，只有五支短枪，村后山没有树林掩蔽，也没有隐蔽退却的道路。敌人除了短枪，他们木藤包里装的都是冲锋枪和机枪。勉强作战，利少弊多，我们便装作打打闹闹离开了，然后悄悄撤出了金坑村。幸好大娘提醒，也好在日本便衣特务还没察觉出我们。

我们转到油麻山沟口的公路上收税。有一天，抓到一个矮个子青年人，剃着光头，体强力壮，讲话还不懂。我看他就是日本侦察兵，就想杀掉他。一个摆茶摊的当地人跑来，硬说他不是日本便衣，是珠江下四府人。我不知什么地方叫下四府，那里讲什么话也不知道，我听说过新会人讲话是不好懂。站长没来，也无法确定这个人的身份，便听卖茶人的话，把他放了。第二天，我担心的事果然发生了。

第二天上午，从广州开来一汽车日本兵，距茶亭约 500 米，日军架在汽车驾驶室顶上的机枪便向税站人员射击，随后，不少日本兵跳下车向我方进攻。我们很快逃离税站。我怒不可遏地说，这个卖茶的人是汉奸，非杀不可。一个游击队员对我说："他不是汉奸，他是怕我们杀了日本便衣，连累了他。"我说："那事后也应该告诉我们，刚才抓的是日本人呀！让我们有个准备。害得我们差点死在日本人手里，他保护敌人危害抗日，不是汉奸也是汉奸。"队员说："我家就在这里，你杀了他，我家人就会给敌人杀掉。"我觉得杀也不是，不杀又怄气，闷在心里很不舒服。

军校生活

1944 年，组织派我去东江纵队军政干部学校学习，分在汀洲队，住在博罗县澜石镇北面一所小学校里。

通过军校学政治，我对部队有了较为深刻的认识。正如《东江纵队之歌》里唱到的："我们是广东人民的游击队，我们是八路军新四军的兄弟。我们的队伍驰骋于东江战场上，艰苦奋斗，英勇杀敌，取得了辉煌的胜利。我们有伟大的中国共产党的光荣领导，用我们英勇顽强的战斗，一定把敌伪和顽固军队彻底消灭！同志们，前进吧！光明已来临……"政治课有马列主义，还有哲学和政治经济学。军事课沿用黄埔军校的部分教授内容。除了学习政治和军事，还要一边学习一边打仗。

1945 年初我军攻打敌伪占据的公庄百塘，未能攻克。蒋军发现了我们，就向我们扑过来。东纵军校汀洲队奉命占领栏石圩东山阵地，掩护军校和纵队司令部向敌后转移。我们守了一夜阵地，都有些疲倦。估计在凌晨三点钟，司务长曾锦秀送来早餐，七八个人一盘红烧带鱼，太好吃了。军校学员都很年轻，年轻人在一起，就闹个不停。我去添饭时，不知哪个调皮鬼把鱼夹走了，在吃饭人群中央摆了一堆石子。天很黑，我回来在自己位置蹲下，夹起一块“鱼”就往嘴里送，进口一吃却是石子。我“啊”的一声，责备他们：“你们搞什么鬼？”大家捧腹大笑，笑得那么开心，笑声在山野的夜空中飘荡。队长跑来训斥：“敌人就在前山，还开玩笑呢！”

中午传来命令，要我们撤出阵地，随校部、纵队司令部向日军占领区增城境内转移。下午，前卫部队、纵队司令部、军校等组成的大部队通过福田镇。队伍浩浩荡荡，从我家门前经过，我母亲带着两个妹妹站在观看的人群中，特别认真地审视走过去的军人，看有没有自己的儿子。我不敢看她们焦虑期盼的眼睛，生怕被她们认出来，叫我回家。我还怕围观的人知道我在东纵，蒋军到来给母亲带来灾难。我不敢和她们打招呼，也不敢看她们。这样的纠结会影响别人也影响行动，我只能夹在队伍中间匆匆地走过家门，奔赴敌后。

夜里纵队司令部、军校的队伍过了增江河，上午来到晒布岭。日伪军又来进攻，部队与敌人打起来。我们占领一座石头山，来不及做工事，就躲在石头后面向敌人射击。敌人很多，进攻很猛。这个关键时候，我们又上来一个连，他们是主力战斗部队，连长王伟才十八岁，是来掩护纵队司令部和军校的。大家这才放心了。

夜间下大雨，山里没有村子，部队全部露营。大雨淋湿了作战一天的战友。纵队司令部和军校如此生活实在不便，在增城逗留了数日，军校又随司令部回到澜石镇，汀洲队仍住天主阁，继续学习军事课程“排、连进攻和防御”。

挺进粤北，迎接南下部队

1945 年 8 月东江纵队接到中共中央通知，王震、王首道率八路军 359 旅从延安南下，向粤北挺进，开辟五岭山根据地。要求东江纵队派出强有力的领导，带一支劲旅前往粤北迎接 359 旅，配合创建华南抗日根据地，准备将来迎接盟军在华南登陆。这是中央的战略部署。

东江纵队立即组织由副司令王作尧、珠江纵队司令林锵云、东江纵队政治部主任杨康华带领五支队、西北支队、刘黑仔手枪队等主力部队，以及军校青年干部训练班（归侨知识青年）和汀洲队，组成接应 359 旅的北上部队，自横河圩出发，向粤湘赣边区挺进。

战略形势变化很快，太平洋战场上美国军队节节推进，很快进入日本本土并向日本长崎、广岛投放了原子弹。苏联红军也消灭了日本驻我东北的百万关东军。8 月 15 日，日本天皇宣布无条件投降。

朱德总司令命令华南日军派代表到东莞投降，由东江纵队司令员曾生将军代表华南抗日游击队接受日军投降。在美蒋的阻挠下，各地的日伪军还拒绝向东江纵队缴械。我东江解放区军民执行朱德总司令的命令，对一切拒绝缴械的日伪军坚决开展进攻，逼迫日军迅速投降。到 9 月底，经过激烈的战斗和政治攻势，解放了东江两岸、沿海及粤北的 60 多个城镇。

与南方的情况相反，东纵北上的部队却经历了一段“长征”，经历了一场生与死的考验。

刘培临危指挥，五支队化险为夷

北上部队出发了，刘黑仔手枪队为先遣队，粤北指挥部和主力部队跟后。我们都是走山路北上的，都是在无人行走的山中开辟小路行进，非常艰难。走了几天，部队到了赤峰江。下午三点钟，军校汀洲队吃过晚饭，就跟随纵队司令部出发了。事务长曾锦秀和我去外村买米，没有随军校队伍出发。于是遇上了敌人的突袭。

我们买米回来，正在晒谷场把米分装进米袋，突然，晒谷场西侧主峰上我军排哨与敌人打了起来。在晒谷场南 300 米处的矮山上也有了敌人，我们被敌人包围了。敌人的机枪、步枪、迫击炮一齐向晒谷场上正在吃饭的我第五支队打来，几个端着饭碗的战士中弹倒下。有个连队尚未吃饭，许多人拥入晒谷场上的厨房，用茶罐向锅里舀起一缸猪肉便走。一颗 60 毫米迫击炮弹穿透厨房草屋顶，砸在一个同志身上，所幸没有爆炸。晒谷场上吃饭的部队也不能吃了，有的拿起枪，找班排长，有的赶紧给自己茶缸压满一缸肉饭。乱哄哄的。这突如其来的打击，部队真的蒙了。原来，国民党一个师猛扑了过来，把我们包围了。

五支队是一个团的建制，支队长是刘培。这危急时刻，只见他左手提着手枪（右手与日军作战受伤），嘴里含着哨子，憋足气长吹了约 30 秒钟。严厉的哨音长啸，划破枪林弹雨，哨音就是命令。所有人全部看着他，任凭敌人射击，竟无人敢动，部队好像凝固了。我正好站在他跟前，也听从他的指挥。他吐出哨子，以排山倒海的气势高声命令：叶昌大队占领后山，曾春连大队占领东山，肖迪青队、警卫连跟我来！混乱的场面立即变成有序的行动。部队在敌人的密集射击下，分三路冲了出去。事后清点，五支队伤亡很小。在被敌突袭的危急时刻，严厉果断地指挥稳住了阵脚，避免了全队覆灭的危险。刘支队长这一招，让我这个军校学员学到了课堂上学不到的指挥艺术。我要在军事实践中增长指挥才干，像刘培一样。以后，我被分配到五支队工作，闲来时和刘培聊天，他会突然出题考我，我们被包围了，你带部队怎样突围出去？经常与我谈论军事问题。

我的军事启蒙老师，第一个是阮海天，他教我游击战术，神出鬼没，声东击西。在敌众我寡，连续作战不断退却，部队极度疲劳的情况下，一有战机立即大杀回马枪，以消灭敌人。第二位军事启蒙老师是刘培，他教我指挥艺术。无论是行军还是打仗，都要有应急的腹案。行军与敌遭遇时，抢占有利地形是决战胜利的关键。如果是抢占山头，谁先上去一个人，谁就是这次战斗的胜利者。

女卫生员坠崖

蒋军对我军前进途中一带实行坚壁清野，百姓实行三家连保，一家接纳共军，三家人同罪，百姓都躲起来、跑掉了。明知百姓家中尚有少数自用口粮，但部队没有人去撬老百姓的大门，大家都自觉遵守群众纪律。先头部队到菜地摘一只南瓜也是要放一块银元。我是后卫连后卫排长，是行军队伍中的最后一人。我们连只能在石椿中挖当地人叫结粉的东西煮来吃了，我看活像荸荠粉，一斤能煮一大锅，一人分一勺，撒一泡尿就饿了。几天下来，走路都常常跌跤。大部队一路爬山，粮食粒米难求，由于饥饿，有人体力不支。生病多了，掉队增多。一次，我们后卫排下了山，觉睡醒后，听到山林中有人抽泣，上去查看，是一位女炊事员，她还在山上，挑着三四十斤伙食箩筐下不来。因上山下山都要攀藤抱树，她感到要跟上队伍，已经无指望了。在这蒋管区，她一人留下，凶多吉少，很害怕，所以她哭泣。

我两条腿跌得膝盖皮破发炎，草鞋磨破了，一双脚面肿得就像面包。后卫排人人都是这样咬牙硬撑。要保证战斗力，部队无力收容很多人。大家心里都难受。

有个连队的卫生员是连长的妻子，在敌人追来时，该连随大部队在悬崖上行走。也不知是没得吃，体力衰竭，看到岩谷百丈头晕，还是重心偏斜，脚下砂粒一滑，女卫生员跌落于百丈悬崖下。噩耗像传口令那样一个个地往前传，传到连长，他探身望了一下崖谷，这么深的悬崖，哪有时间找哇？部队的安全不容他停留，连长撕心裂肺，泪洒衣襟，与妻子永别了，带着队伍继续前进。

奇心洞惨案

中途，部队到了奇心洞，休息了三天，精神状态好多了。第四天，部队又要出发了。军校青年干部训练班多是归国抗日的男女华侨，他们说走不动了。纵队司令部和军校也有一些缺乏行军打仗锻炼的干部，也走不动了。加上病号、伤员留下了近 60 人。军校教导员周晓舟看我两脚又肿又烂，劝我留下。我说："我还能走！"心想这里是蒋管区，我留下在这没有群众基础的地方，比我以前在日军敌后搞交通站危险多了。虽说有一个连保护这些病号，但他们要活动，要发展，要打击敌人，哪能长期守在我们跟前。我坚持跟着部队继续走，不愿留下。结果，避过了一场惨案。

果真，留下的人都没活下来。那一次，留守部队袭击敌人去了。一位军校的教导员外出购买食物的时候被敌人抓去了，经不住敌人严刑拷打，叛变了。他带着敌人包围了奇心洞，除个别警惕性高的人逃脱之外，近 60 人手无寸铁全部被俘。在押离奇心洞的途中，有同志怒斥敌人。一个女华侨说："中国人不要自相残杀！"一个国民党排长将这个女华侨推倒，对着她就打了一枪。随后一连推倒五个女华侨，当场打死了五个抗日的女同志。其余 50 多人都被押回韶关，全部被杀害了。

党组织的秘密活动

党中央十分关心东江纵队的成长和建设，先后派出一批老红军、八路军、新四军的骨干到广东。1939 年 5 月成立了东江军事委员会，由原延安警备区参谋长梁鸿钧负责，执行党中央毛泽东抗日战争的军事路线、政治路线，执行人民战争的战略战术，保证党对部队的领导。东江纵队学习八路军、新四军，把支部建在连队，执行三大纪律八项注意，反对主观主义、宗派主义，反对军阀作风和游击习气，充分发挥党支部的战斗堡垒作用和党员的先锋模范作用。但是，由于在敌后，情况非常复杂，每天都可能发生不测。党组织在多次被破坏的残酷教训中总结出一套活动办法。敌后战斗部队的支部活动不得不秘密进行。原则上不搞支部集体活动，只是单线联系，万一有党员被捕叛变，也不会使党组织受到较大的破坏。

我由两名党员介绍入党，交党费等一切党的事务也只和这两名党员联系。有一次，我有幸参加了党支部大会。在一个漆黑漆黑的夜里，我被通知去一个屋子开会。依次进到屋里，窗户已被蒙上了，屋里也不点蜡烛，黑咕隆咚，伸手不见五指。不准说话，更没有人打招呼让座，全都站着，我不知道里面有多少人。只有一个压低的声音：现在开会，传达党的文件精神，布置党的近期工作任务，不涉及人名和具体事情。这一个声音自始至终说着，不准插话，不准讨论和议论，也不准发出任何声音。一个人讲完了，会议就结束了。参会党员鱼贯而出。支部会不能开得时间长，那样很危险。第二天，千万不能问，哎，昨晚站在我旁边的是不是你呀？这就犯纪律了。不该问的不能问，不该知道的不能知道。我一直不知道在敌后我们党支部有多少人，支部书记是谁。也说不出其他党员的名字。我的介绍人，一个牺牲了，一个没有北撤，下落不明。

战争年代里，作为党员要冲锋在前，享受在后。困难时期没有粮，自己饿得不行了，有一口饭也是先给伤病员吃，给别的战友吃，推说自己吃过了。杀敌要比英勇比智谋，忠于党忠于人民。

南雄地下党救活我军近千人

部队进入始兴县，进入一个无名村。这个村全是石块砌成，石片当瓦，就地取材建成山村。地主武装利用石楼向我军射击，连长叶宋辉指挥部队向敌人冲锋，我带本排在机枪掩护下冲入村庄。地主武装逃入大山竹林，继续向我射击。我在冲锋时，大腿根部受伤，伤口不大。我才十八岁，不敢声张，生怕女卫生员给我治伤，就向她要了一点硫磺软膏，自己涂上。

我军行进到了五岭帽子峰下的小流坑，这里仅有一家人。部队驻扎下来，我排担任上山放排哨的任务。我带队上山布哨，需要走五华里，大家都饿得走不上来。出于责任心，只有我和机枪班长咬紧牙关先上去，布好了哨位，觉得疲劳不堪。近一个月来的饥饿，造成了我们的抵抗力很差。正是中秋节，滂沱大雨，没有雨具，我们淋得如同落汤鸡，我的伤口开始发炎了。警戒了一天，换班下来没有任何食物充饥，说是要走30里路才有人家，司务长都没力气爬出去买东西。有的人捉青蛙、蛇、田螺，捡芋头叶烧来吃，有的人上山林中摘酸果吃，有的人甚至在小孩撒尿的臭水沟里捞起冬瓜皮用茶缸烧熟吃。我排班长肖金水，头、腿严重水肿。一个炊事员烤食桐油子中毒昏迷。最后，什么吃的都找不到了。一千多人的部队散躺在小流坑山窝里，饿得毫无战斗力，头两三天饿得胃像猫抓似的难受，第四天躺着便爬不起来，胃也麻木了，说话声音很小，要对着人家耳朵才能听见。突然传来的一声爆炸，我们以为敌人来了，想将步枪子弹推上膛都推不上去。事后才知道是团部的炸药炸了。问题越来越严重，没人有力气能够出去找粮，没有人再能在附近找到吃的。部队已到了将活活饿死的境地。

第五天，有些人开始昏迷，再也没有力量坚持下去了。就在这关键的时候，南雄县地下党派来了五个人，他们都年近五旬了，每人背了三四十斤米，进山找到我们。看到我们已经饿得不行了，赶紧支锅煮粥。部队战士每人可分到几两粥，吃了才缓过气来，可以爬起来了，但走路还是东倒西歪的。真谢谢地下党，把我们救活了。

我们面对敌人围追堵截，边战边走，为了避开敌人的纠缠，选择艰险山林僻路而行，没有给养，生活艰苦卓绝。许多同志倒下了，战死、饿死、病死、摔死。这真是不是长征的长征。军校青年干部训练班的归国华侨知识青年，原本是想把他们送往延安培养，可是他们中间的一些人没有想到革命如此艰苦，实在吃不了这个苦，当部队路过瑶寨，他们中几个人就和当地的瑶民结婚了，以求有口饭吃。尽管如此，部队依然坚定地向北挺进。

王作尧副司令员接到359旅旅长王震的电报，说毛主席去重庆和平谈判，是为避免蒋介石说我们与他争地盘，找到发动内战的借口。于是南下计划随形势改变。“我部将敌薛岳兵团引离广东，望你们好自为之。”359旅改变了初衷，折回中原去了。王副司令员看后，一阵难过，觉得北上吃尽千辛万苦，沿途作战，人员损失，饿得大家都爬不起来，要是敌人来一个连就能将我们全都消灭。现在部队四周都是敌人，正处在危险之中，下一步如何走？他思绪万千。

天黑，地下党员领我们下山。原始森林无路可走，肖迪青大队有人连人带枪跌落悬崖挂在崖壁树上，部队摸黑抢救。王副司令员问：“为什么不走?!”一名干部说：“人都掉下去了，看不见路怎么走?”王副司令员厉声问：“哪个死鬼顶嘴?”可见他的心情非常不好。山路险，天太黑，部队只好返回一个平地休息，等天亮再走。这时候那个中毒的炊事员也苏醒了。地方党组织知道了部队的艰难，让南雄县保安团地下党送来一匹骏马给王作尧副司令员。因口粮不济，王副司令员下令把马杀来吃了。过了几天仍买不到粮食，把已经埋起来的马皮挖了出来，煮来给大家分着吃掉了。马皮煮不烂也咬不动，但是能够充饥就很不错了。

在鱼石村养伤

部队从五岭山上的小流坑下到山下的南雄县鱼石村，房屋虽多，但人都跑了。仅有一家人，这家人用竹笋、石灰做纸。我们连就住在烤纸棚子里。

我的伤口刺痛，部队生存环境艰苦，呻吟动摇军心，我咬牙忍痛，一声不吭。夜里一阵枪声，我以为敌人袭来，准备战斗。谁知是后山牛叫，王副司令员的警卫排一战士将回家的耕牛当成山牛打死了。当时一头牛价值 60 块银元，王副司令员叫警卫排赔一百块银元，房东甚喜。

三天过后，我身体已不能动了，牙关也咬死了，不会讲话，也不能吃食，但神志尚清。叶宋辉连长叫人用门板把我抬送团部，支队长刘培见我来到，便来迎我。他站在水田里对我说："敌人'扫荡'，部队要转移，已给房东讲好，你在他家养伤，伤好后翻过山去找一个姓杨的五十多岁地下党员，就可以找到部队。"

到了团部门口，门板放下，一个女医生上来把我裤子脱下，围观的人群都说："完了，没救了。"医生清洗了伤口，塞入硼砂水、药棉、纱布，说："每天自己换药。"我不能说话也不能点头，她从我眼神中判断，我听明白了，就跟部队出发了，我便留在鱼石村养伤。

房东大伯端来饭汤，拨开嘴唇，滴入汤水，喉咙接食管还会移动，将汤水慢慢咽下。房东有时到山坑里捉些小鱼虾，有一次还买些瘦肉，煮糯米酒掺水每天数次喂食。过了几天，我会动，会说话了，但还坐不起来。房东给我一个镜子，让自己照着伤口换药。第一次看到伤口是个不小的黑洞，我昏了过去，镜子掉在地下。我时醒时昏，有时看墙上的洞像老虎头，墙上的裂缝像条蛇。

由于房东精心制作营养饮食，我按时清洗伤口换药，身体逐渐好转，能坐能下床，能拄着棍子移动到门外晒太阳。房东有个独女，与我年龄不相上下，也常来看我，约我去看她割稻。半个月时间我已能拄着双拐走路了。

一天，房东告知，外面风声紧，你去找部队吧！我写了一张纸条："在此养伤半月多，多亏房东精心照料，营养充足，希望我军来时付给房东伙食费。"写了年、月、日，署上自己名字，谢别房东，便翻山找地下党去了。

找到了地下党老杨家，他老婆在家，她说："老杨不在家。"我问："什么时候回来？"她说："不知道。"我像个伤兵模样，不敢久留，怕暴露老杨身份，便离开杨家。

怎么办？我不能这样走，容易被人看出来，要尽快找到部队。决定转向五岭山走，打算到小流坑恢复身体再找部队。在小流坑见到交通站长廖仔，他带我到山沟找到五支队医院院长麦雅珍（即麦雅贞——编者注），便在医院继续养伤。恰巧，叶宋辉连长爱人曾映英也在医院工作。在小流坑医院又住了半个月，身体恢复了，要求出院，麦雅珍同意了。

交通站长把我送到支队部，支队长刘培问我："想到哪个部队去？"我说："到哪个部队都行，就是不愿跟纵队司令部老钻山沟。"我被分配到独立小队任副小队长。

"一屋钞票你不要?!"

1945 年冬，我独立小队配合叶昌大队进攻仁化县长江圩。独立小队从东向西攻击，我们冲入圩内，一铺门前有两个便衣持匣子枪站岗。我喝问："干什么的？"他们惊惶地回答说："做生意的。"我问："做什么生意？"答："收购纸张。"我们推门入屋，不足二十平方米的屋内数十袋钞票码了大半屋。我怕叶昌大队那边受敌人阻击，就带队继续前进攻击。会合后，我向叶队长报告："那里有一屋钞票。"他要我带他去看，到那儿一看，房屋里的钞票已被搬空了。叶大队长马上召集大商户开会，可官商们吓跑了，不敢来了。

增援的敌人从南面打来了。叶大队长下令袁贤中队掩护撤退。我带独立小队向北撤退，秋收后的稻田一点掩蔽物都没有，敌人机枪子弹打在我们脚下直蹦。卫生员黄月英和我们一起撤退，她边跑边回头张望自己未婚夫是否撤出来了。

回到支队，支队长刘培责备我："一屋钞票你不要?! 为什么不扛几麻袋钞票回来?! 给我招兵买枪。"我说："我们的任务是配合叶昌大队打仗，万一叶昌大队受到损失会怪我的。若是我们独立作战，不用你讲，我都会雇人把钞票全部搬回来，让你买枪扩大咱们队伍。"他听我讲得有道理，就消了气，笑着说："聪明。"

教训反动保长

359 旅南下路上遭到敌人围追堵截，留下的伤病员多被反动地主武装、反动保长杀害。我们得知一个反动保长曾为国民党筹粮带路进攻我们八路军，便决定教训他。

我带机枪班警戒，小队长和政治服务员卢清带队包围了保长家。手枪组冲入保长卧室，红鼻子保长正在床前洗脚，一见我们便伸手去枕头底下摸手枪。我手枪组长飞步上床，用脚踩住保长摸枪的手，掀开枕头缴了一支手枪。保长小老婆跑去报信，天黑不见五指，门外水塘却反射出一个人逃跑的倒影，手枪组朝她脚甩去一枪，她跌倒了。我们抄了他家，抓走保长，告知其妻：罚款三百块银元，油一百斤，香肠、腊肉一百斤，米三百斤。三天后中午在后山凹交齐，我们就可以放人。

第二天小队长称带手枪组赶集抓赌，问卫生员黄月英去不去，卫生员说不去。结果，他们走后再也没回来了。我意识到他们开小差了，我和卢清赶紧带着队伍转移。以后每天转移几次，我变换原来的驻地和改变部队行动规律，防止敌人袭击。

第三天中午，我们在后山凹张望，长长的毛草岭一个人都看不到，便决定派人去保长家看看。卢清政治服务员把手枪给他们，他们到了保长家。保长的家里人竟没做任何准备，她小老婆不愿卖田，要留着养家。我们同志对保长小老婆说："你丈夫带国民党军队去打我们，打死打伤我们的人，应当偿命。现在给你一个赎罪的机会。再给你三天时间，后天中午如果所罚钱物不交，只好叫你丈夫抵命了。"小老婆不着急，保长死了，财产就是她的了。倒是保长姐姐着急，忙说："我交、我交，卖田卖地我都交。"

到了第三天中午，远远望去十多个人挑着担子走来了，保长望见，喜形于色。他姐姐交了 300 块银元，点齐了油、粮、腊肉。我们对保长说："以后如果再以我军为敌，就要严惩你了。"保长点头哈腰地说："我过去糊涂，今后再也不敢做对不起你们的事了。"

1946 年元旦已过，春节将临，我们把罚得的钱物送到大余县内良村。支队长刘培、政委黄业，见了很是满意，可以让部队过个春节了。

政委黄业叫我把警卫连管起来，原来的警卫连长带着班、排长开小差了。我临时接管了警卫连。该连有日式机枪两挺，掷弹筒两支。我心想带装备这样好的部队，打起仗来更有劲。

打跑蒋军一个连

1946 年元月，时近农历新年，曾春连大队、叶昌大队相继回到支队部驻地江西大余县内良村，我和卢清带独立小队编入曾春连大队。

黄业政委叫我去掩护税站，我带了一个排守住税站东侧山头，并告知我们保护他们，让他们安心收税。下到半山腰，闻得警戒方向枪响，我赶紧在山坡上布置火力，分层分组打排枪，各组之间形成交叉火网。紧接着国民党一个连呈展开队形直扑税站，我看到敌人进入射程距离之内，就指挥开火。各组按照分工，对目标哒哒哒哒密集地射击，一下子把敌人打蒙了。遭到我山上机枪及山半腰交叉火网的猛烈射击，整一个连的敌人被压制在已收割的田里，无遮无挡。敌人不知山腰树林中有我多少部队。从密集火力判断不是小部队，吓得敌人丢下尸体仓皇逃走。事后才知敌人是一路追杀我军的交通员追到这里的。由于敌军未到先有枪声，让我们事先做好战斗准备，组织好火力，有力地杀伤敌人，敌人除死亡之外，伤兵也不少。

这次战斗我们受到支队政委黄业的赞扬。

黄坡圩受挫

1946 年农历年过后，曾春连大队仅剩两个排，赖观娣中队副兼任一排长，我是二排长。可能是年初三，大队向黄坡圩出发，我排担任先锋部队，先进了圩，二排的前卫班长是魏发，他进入黄坡圩穿街到南门外守卫。我命令机枪班占领黄坡圩东侧主峰戒备打援，身后只有一个步兵班了。魏发跑过来报告："敌人一个连进入一间店铺大院。"他带领我去查看敌情。这是一座前铺后院结构的富商宅子，大门凹进去，两侧的墙上有几个孔，从高度和大小看，像是射击孔。魏发对我说："黄同志，敌人就在里面。"那时候，在敌后打游击，不能叫职务，都叫同志，以免暴露部队人数。他一边说着一边趴在射击孔向里观察，我贴在他身后准备向内观察。"砰"的一声，院内的敌人从射击孔向魏发同志打了一枪，子弹从他鼻梁进去，又从耳朵后面穿出来，他当即仰身倒下。我伸手拉他，受伤的他很沉重，我一把没有拉住，他栽倒在地，挣扎地蹬着腿，身子在地上打转，鼻梁徐徐喷出血，地上染红了一片。这时，楼上木晒台上几支步枪对下面铺门射击，子弹打在魏发同志的身子周围，打得石板乱炸。我立即踢开旁边那间店门，出来一个伙计，我怒气冲冲问："老板呢？叫你们老板来！"老板战战兢兢来了。我大声喝道："你叫他们不要打枪，把我的人背下来！"老板高叫：不要打枪！不要打枪！敌人真的停止了射击，老板把魏发从地上背了出来。女卫生员立即给魏发止血包扎。我牵出敌人的一匹马，把魏发驮在马背上，叫卫生员立即送到小流坑医院。

后续部队中队副赖观娣上来了，我说："你把机枪架在对门店铺里，朝敌人打他一梭子子弹。敌人铺面全是木板，楼上也是木结构的，没有手榴弹我们也能砸开他。"曾大队长征求教导员洪稳意见，洪教导员说："叫他缴枪！不打也行。"我们叫老板递进去一张字条，叫敌人缴枪。他们送出一张便条说："要研究一下。"我们在外面等他们研究的结果。不到十点钟，山上传来枪响，可能敌人的援兵到了，我排机枪班和来援之敌发生战斗。我立即想到敌人来得这样快，是我们没有把电话线剪断。

我立即派人通知圩门警戒的前卫班撤退，我带一个班在圩内与敌对射，掩护他们撤退。很快，援敌从圩门打进来了，铺子里的敌人也拼命和我们对打。前卫班撤出去以后，我带一班人开始撤退。我穿一套新的黑中山装，一出圩门，山上机枪就向我射击。我心想：机枪班怎么搞的，打起自己人来了。我带一班人越过水淹的农田，朝着一排的机枪阵地退却，已犁过的水田快有大腿深，陷在里面，没法跑快。敌人追来了，店铺里的敌人也从后门出来截击我们。他们看我们在水田里跑不快，齐声喊着："捉活的！捉活的！"越追越近。就在这危难时候，哒哒哒哒哒——一阵清脆的机枪声，敌人被打得趴在田埂上，抬不起头来，胡乱放枪。幸得一排用机枪掩护我们，我们才撤了出来。我们找好地形，再掩护一排撤退，摆脱了敌人的纠缠。

回到小流坑我骂机枪班："你们怎么搞的？机枪尽打我！"他们说："我们听到街上一阵枪声，就以为战斗结束了。脱了衣服捉虱子，敌人一个营悄悄爬上山，爬到我们跟前三十米才发现。来不及穿衣，趴下打了一梭子弹，就抱着机枪从山上滚落到山脚下，两根机枪管（包括备用管）都灌进了泥，打不了了。"

我惦记着魏发，就急忙去看。他在发烧，神志不清，尽讲胡话："你们不要我了！你们不要我了！"这么重的伤，女卫生员没有药，就用南瓜瓤给他敷伤口。没有办法，只能靠他自己的能力战胜重伤。我们行军时，穿越原始森林，就一人背着魏发，另一人抱抬他两条腿。轮流背着他，照顾他。只要他还有一口气，我们都背着他，坚持到底。就这样，半年了他的伤口还在溢血。后来，把他交给了医院。他竟然奇迹般地活了下来。四十年以后，我在广州见到魏发同志，我高兴得真不知说什么好。我仔细地察看他的鼻子，如果不认真看，鼻子上的伤疤还真看不出来。伤疤背后的故事只有我们经历过的人才知道。

空手缴了三支枪

有一次，我派出一名小战士（姓名忘了），将一部分税金钱送到大队去，交给曾春连大队长。他没带枪，背着钱款就向小流坑交通站进发。行进途中他东张西望，一不留神已与三个国民党保安团兵相遇。敌人横肩着枪，斜背着枪，低头说笑走了过来。通信员一看四处无法躲避，往回跑，肯定被敌人发现，跑不了不算，连身上的税款也保不住。他急中生智，立即敏捷地趴在地下，猛喝："不准动！举起手来！向后转！把枪放下！齐步走！"三个敌人给他一喝，没看清怎么回事，吓得乖乖地服从命令，放下枪支，举着手往回走了。"不许回头！谁回头打死谁！"这个战士一边命令，一边赶忙跑上去捡起三支枪，背回来向我报喜。那时五支队还没有立功运动，但我很高兴，要为他请功。请示曾春连大队长如何奖励这位同志，他指示："带他上街，他喜欢什么衣服就买一套给他。"我便带他上街，买一套他最喜欢的衣服，还请他饱餐一顿。

分散坚持，应对"围剿"

抗战胜利以后，国民党广州行营主任张发奎调集了4个正规军及地方武装共7万兵力，大举围攻华南共产党游击队，妄图在国共谈判达成协议之前，彻底消灭我军。在这种形势下，党中央给东江纵队制定了"分散坚持"的方针。部队要保存实力，紧密依靠人民群众，和国民党反动派进行艰苦卓绝的斗争。

我当时是在东江纵队赴粤北的部队，去接应三五九旅南下。时局发生变化，三五九旅到达粤北后折返延安，与东纵失之交臂。我部奉命留在赣南粤北打游击。

1946年2月，曾春连大队长派我们小队去江西大余县和全南县、龙南县、定南县独立活动。临行前支队长刘培给我们讲话："你们出去的任务，第一是保存自己，消灭敌人。支队和大队作你们后盾。第二是扩大我军政治影响，发动和争取群众。我没有钱给你们，而要你们去找钱，不但养自己，而且还要养我们。赣南是蒋经国严密控制的地方，是蒋管区的模范区。你们要密切联系群众，掌握敌人情况，才能掌握斗争的主动权。祝你们在蒋管区工作顺利！"我向他立正敬礼！感谢首长的关怀和指示。带着小队和首长道别，踏上独立开辟游击区的征程。

过去在日伪军占领区活动，多数群众的思想倾向抗日，我们容易获得支持。可以说没有什么思想顾虑，很快就能打开局面。而在蒋管区，特别是蒋介石长子蒋经国统治的地区活动，贫苦群众受到反动宣传的影响，对我们不甚了解。加上蒋经国有一套组织机构，从县、区、乡、保、甲长到老百姓都有责任提供共产党游击队的情报，县有保安团，区有保丁中队武装，乡公所有保丁小队，百户设保长，10 户设甲长（兼“匪敌”活动情报员），发现共军立即填表（匪特活动报告表内规定他们填写我军人数、去向、武器、番号等）。两小时要把报告表送到乡政府，4 小时内要送到区政府，8 小时内要送到县保安团（乡公所接到报告表要以电话报告县政府保安团）。各村小学里配有军事教员兼搞我军情报，村村都有专门情报员。并实行 3 家联保制，1 家接纳共军，3 家同罪，满门抄斩。如此这般，是要让共产党游击队无立足之地。根据这些复杂情况，我决定先采取一些措施，逐步摸清敌人活动规律之后，再采取相应的作战对策。我们首先蒙蔽敌人，将机枪和部分步枪套上枪衣，使敌人搞不清楚有多少挺机枪。把装机枪子弹的大竹筒也套上布套，伪装成炮，子弹带的空格便用纸包短木塞满。27 个勇士，个个精神振作，向蒋管区挺进。我们进驻了大余县的一个村庄，时近黄昏，便派出哨兵把守所有路口，规定只准进不准出，以封锁消息。我便找来保长申明我军性质、主张、政策，希望他不要和我们作对，而后叫他拿出国民党发给他的“匪敌”活动报告表，按照我的口述填写，“人数约 300、迫击炮 2 门、轻机枪 10 挺，去向湖南省……”开头他不敢写，我眼睛一瞪，命令道：“叫你写你就写，等我们走后你再送出去。我不为难你，你也不要和我们作对。如果今晚你去报告国民党，想把我们消灭，你这是妄想！我们就是打剩一个人，回去调来大部队，那你能跑掉和尚也跑不掉庙呀！是不是?!”他像公鸡啄米似直点头，连声说：“是的，是的。”

按照我的吩咐，次日凌晨两点钟，部队摸黑开饭了。饭后战士兼炊事员在炉膛里加了一把火，而后在锅里放点水，锅巴也就脱下来了，再烧开，分给战士吃了。把锅洗净，稻草捆好，地扫干净，竟一点响声都没有。我们集合走了，连房东都不知道。

我们向江西省和广东省交界的梅关进发，在山上布置了一个步兵班和一个机枪班，控制公路，山下布置了一个班，公路上只留两人收税。一个老板领了七担货进广东，我们问他们是什么货，货主说：“炮烟。”我们以为是鞭炮，不收税就行放了（规定消耗品是不打税的）。一会儿又有十多担沉重的担子走来，我们问货主是什么，他说：“炮烟。”我们觉着炮竹没有那么重，便揭开盖子一看，全是板鸭，便生气地责备老板：“是板鸭，你为什么骗我说是炮竹?”他说：“我们江西省人都叫炮烟，没有骗你。”原来方言差别这么大，于是收了税金放行。我们是靠收税和老百姓的支援养活部队，才能坚持敌后斗争。

国民党军在广东韶关驻有一个师，派出300人的便衣武装侦察队在湖南、广东、江西省交界一带寻找我军。我们5支队的李国仁带了一个连，由于麻痹，在一个村庄住了3天没有及时转移。结果敌人知道后，从韶关出发，实行远途奔袭，全连被歼，只逃出李国仁等两人。这件事对我教育很大，带部队要勤转移，敌人摸不着我们的行动规律，就无法奔袭和包围我们。

我们必须时时、事事提高警惕，夜行军时我派出前卫班，叫前卫班再派出3人当尖兵。前卫班距本队200—300米，尖兵距前卫班50—100米，这样与敌遭遇时前卫班和本队可以从容地占领有利地形。遭遇战，抢占有利地形是决定战斗胜利的关键。哪怕是先上去一个人，胜利就可能属于我们。夜行军我常给自己出题，如果敌人追来，应返回到什么地方设伏歼敌最为有利？一边走一边观察，也防范敌人伏击我们，脑子里早已有了准备。夜间行军除保持肃静，对烟火、电筒管制外，还要观察山脊与天色相交的岭线上有没有人影，极力避免走进容易为敌人设伏地段。万一进入敌人埋伏圈时，如何利用夜色黑暗，袭击敌人指挥所，突出包围圈？夜行军我的脑子会设置各种情况，迫使自己紧急处理。部队住下来时，第一是封锁消息，对各路口派哨，只准进村，不准出村。其次看守水井，防敌特投毒。观察地形，一旦发生紧急情况，如何抢占后山，或由何处撤退到何地方？拂晓3点钟应派搜索组搜索哪个山头或路段？为防止被敌人包围，我每天最少换一个驻地，敌人“围剿”时1天换3个村庄，一般到晚上9点钟一定离开白天活动的村庄。走到11点钟住宿，到凌晨3点钟再次转移，走到预定地方。部队进入平原地区，哨兵应化装成看水田的农民，白天不准人员活动，不准洗衣和晒衣。敌人“扫荡”时，最安全的是住到敌人后方去，打击麻痹之敌，破坏敌人的“扫荡”。我队没有手枪组，只能化装到各处赶集，扩大情报来源，选择打击目标。发动农民群众抗苛捐杂税，组织民兵武装，除奸除匪。那时候，我很想找一位359旅的伤病员，问问延安过来的正规军是怎么训练和打仗的，向他们学习。可怎么也找不到，伤病员多为地主反动武装杀害。

1946年春节后，我一直低烧，登山气短，体力很差。后来有一个月伙食好些，一天能吃上一顿饭了，精神恢复一些了，我就写一些标语：反对苛捐杂税！反对抽丁征粮！实行耕者有其田！我们是工农子弟兵！在城镇、路边到处张贴，广泛宣传。一位有钱的老华（姓黄叫老华）很钦佩我们为民族而战的青年人，提出请我吃饭。我考虑要广泛团结一切可以团结的人，让他们对我们有一个正确认识，在蒋管区建立起我军的群众基础。我便答应赴宴，带了3个班长和几个战士去了。敌后复杂，什么情况都可能发生。为了防止意外，除了战斗部署之外，我们每人都带了象牙筷或银筷、银勺。吃饭的时候先用象牙筷或银筷、银勺插入自己跟前的菜盆里，谈谈话，过一会儿，如象牙筷、银筷不变黑，菜的这一部分就没有毒，可以吃这一小部分的菜。谢绝主人为我们夹送其他的菜，以防中毒。

敌人对我们的“围剿”越来越紧。威震香港的抗日英雄——东江纵队手枪队长刘黑仔，被敌人获知在赣南界址乡，蒋军立即调动一个团从韶关悄悄奔袭而来。刘黑仔等几人终因寡不敌众，遇害牺牲。抗日英雄没有倒在日寇的枪口下，却在抗战胜利之后，倒在蒋军的“剿杀”之下。

2005年8月1日于广州搁笔

（节选自黄顺平未发表的回忆录《游击岁月》）

作者简介：黄顺平（1927—2011），原名黄海清，广东博罗人，16岁加入东江纵队，历任警卫员、战士、交通站长、独立游击小队队长等。1944年2月加入共产党。北撤后进入华东军大学习。1947年2月选入华东野战军坦克队。获济南战役二等功（他与战友沈许攻打济南城使用的朱德号功勋坦克陈列在军事博物馆）、淮海战役一等功臣。参加了渡江战役、解放上海战役。参加志愿军首批坦克部队赴朝作战，创造坦克新战术摧毁美军重炮群，获朝鲜议会主席颁发的军功勋章。回国后任坦克2师侦察科长，1955年调入军委装甲兵司令部，1956年派任北京矿业学院军事教研室主任，1957年派往616兵工厂任首席军事代表，1959年调回军委装甲兵司令部。1964年12月转业。2011年病逝于广州。

抗战记忆

袁　靖

一、寻找人生道路

我是在东莞桑园村长大的。1925 年 6 月我在家乡出生时，正处在革命的年代里。那时，“国共两党合作”正式建立已有一年多了，实行孙中山的“三大政策”，毛泽东在广州举办农讲所也已一年了。周恩来同志领导黄埔军校学生在这年进行了两次东征，讨伐军阀陈炯明。工农运动迅速发展。1938 年，中共广东省委派遣王作尧同志回东莞家乡，组织广东人民抗日游击队，大岭山就成为抗日根据地之一。我童年时，广东各地都进行着革命斗争，使我受到革命熏陶，接受爱国主义教育，走上革命道路，奋斗终身。

我大姐早年去世，姐夫后来被日本鬼子拉夫去修理广州机场，因体力不强，被日本人打伤后，生病折磨而死。他们留下六个子女。大儿子亚森[①]在广州广雅中学读书，在学校里参加学运，是学生中的活跃分子。1938 年春，他从广州去了延安参加革命。他在延安寄回三封信，后来就中断了，从此没有音信。这三封信给我留下深深的印象。我从信中得知延安实行耕者有其田，无苛捐杂税，读书不用钱，人人有饭吃，有工做。毛泽东在那里领导抗日。我从信中只了解到这一点点，但对我影响很大。从此我总是想去延安，总想办法和同学一起去。

1938 年 10 月，日寇向华南进犯，10 月 12 日在大亚湾登陆。日寇即将打到东莞时，人们纷纷逃难去香港。母亲也带我逃难，到香港投亲。母亲安顿好我，就先回乡去了。不久我考上了香港陶秀女子中学初中一年级。我在陶秀女中读了两年书，受到很大教育。

陶秀女子中学位于香港九龙何文田，原九龙火车站侧，是一间私立中学，附设小学部，学生四百余人，校长卢秀芝，副校长兼教育长苏若慧。这两位校长均是不出嫁的独身女子。陶秀是她们办的扶贫学校，因此我是免费入学的。

---

① 亚森，参加革命后改名为翟定一，新中国成立后在湖南省委工作。

苏若慧思想比较开明，敬仰孙中山先生的三民主义，每周周会要学生集体诵读“总理遗嘱”。尤其是，她在香港上层社会有一定的地位，经常参加一些上层妇女社团活动，如慈善会、福利会等。1937 年抗战开始后，陶秀女中的领导与教师，除个别人物持反动立场外，一些人是持中立态度，而进步力量占主导地位，并逐步增长。我的班主任是进步老师，她在课后讲社会故事，使我大大增长了知识。我是班上的班长，参加学校的学生联谊会。联谊会主席是柯秀云，经常组织抗日救亡活动，我和同学经常在课后上街卖花募捐。

香港学生赈济会成立后，陶秀女中副校长苏若慧被聘为赈济会顾问，成为赈济会的会员学校，并选派了学生代表参加赈济会。何秀云（何小冰）就是陶秀学校的学生代表，后来她们成为著名的东纵女战士。何秀云是陶秀女中学生会主席，当时也是九龙区地下党中心支部书记，对抗日救国运动做了不少工作。在赈济会的影响下，陶秀女中抗日救亡运动蓬勃开展，组织学生募捐支援抗日前线，宣传抗日，提高同学们的觉悟，还开展与三青团分子的斗争，争取青年。

在学习期间，听说有不少学生、工人一批一批回到东江参加抗日救亡运动。在这抗日救亡热潮的激发下，我感到不能再在香港待下去了，总是盼着快点完成学业。当我在香港将要上初中三年级的时候，放弃学业，悄悄将母亲留下的一些小钱拿出来，买了船票，毅然过海回广州。第二天清早，我就搭火车回乡了，当年约 15 岁。

回乡后，听同乡人说，石龙中学搬去清溪办校，正在招生。我感到需要提高文化，有张文凭好些。于是我约同学结伴去投考。我原是初中二年级，报考高中一年级。过了半个月多，我接到录取通知了！

我在清溪石龙中学读到高中二年班时，因妈妈病重又停学了。为减轻家庭负担，我到邻村小学去教书了。自此后，我与本村的小学女教师来往密切。经过几个月同郑英、李静接触，看书刊、传单、游击区的宣传品，使自己头脑明亮，开了眼界，知道中国有一支革命军队在毛泽东和朱德领导下坚持抗日。我希望自己能够有一天参加进去，成为一个抗日战士。郑英说：“抗日不用走那么远呀，哪里都可以抗日，听说在我们乡附近就有抗日游击队活动。如果你想参加，我托朋友替你找找。”我听了，毫不迟疑地答：“好！好！赶紧告诉我啊！”我后来得知，1938 年 10 月 15 日，即日寇在大亚湾登陆后仅三天，中共东莞中心县委就在东莞组建了一支由共产党直接领导的人民抗日武装，并取得了国民党县政府给予的公开合法番号，即“东莞抗日模范壮丁队”，简称模范队，开往大岭山区和抗日前线。

一天，郑英对我说："要是朋友找到'老模'通知你去，就要立即去的。你怎样同妈妈说？去了部队，不能让亲戚乡人知道，传开了不安全，也不要说同我去。"我记住了，就去准备行装等通知，编了话应付妈妈。过几天后，郑英通知我立即启程。我对妈妈说："朋友通知市桥小学有个教位，叫我立即去，迟去恐怕被人占了。"第二天我告别了妈妈上路了。按照联系办法找到了联络站。

我参加的部队是广东抗日游击总队，总队长梁鸿钧，政委林平。到1943年12月2日，总队番号改为广东人民抗日游击队东江纵队，司令员曾生，副司令员王作尧，政委林平，政治部主任杨康华。温塘驻军是第三大队，大队长邬强，政委罗衡（卢伟如）。我由郑英同志介绍给罗政委。到部队后获悉李静同志是梁鸿钧首长的夫人。她和郑英是游击队干部，隐蔽在本村桑园工作。当年我十七岁多。

二、在东纵游击队的战斗岁月

1. **在恶蛇村隐蔽，我军反"扫荡"**　我在大队部跟着同志们一起学习，看书。过了几天，叫我暂时学习做文书工作，等待干部学习班开办时去学习。在大队部里，见到一个手臂有伤提不起来的青年同志，常常和青年班一同吃饭。小鬼同志见他走来，很高兴地喊着："指导员请客。"他慷慨地从衣袋里取出几个鸡蛋来，一人一只。这位指导员就是游扬同志。他的手臂是在作战时受伤的，伤口未愈还在化脓，那些鸡蛋是给伤员的营养品。

1943年冬，日本鬼子开始向我游击区"扫荡"，非武装人员要隐蔽，我被安排去了恶蛇村。这条村是在东江边，三面临水，一面通陆地，村前四周都长着芦苇。村很小，只有数十户人家，敌人不注意的。我们就在那里做群众工作。在隐蔽的日子里，除了做群众工作，剩下的时间，大家常常坐在一起讲战斗故事。一天，在掩体中大家闲着无聊，提出让游指导员讲战斗故事。他想了一下，就给大家讲了个北栅的战斗故事，这次战斗指导员也参加了。另一同志说："他在黄潭战斗中受伤的战绩，应当讲讲嘛，可是他从不讲自己，总是讲别人，好样嘛！"

在恶蛇村隐蔽了一段时间，我军反"扫荡"取得胜利，我被分配到政工队。游指导员伤口未愈，因工作需要，调他回连队工作。

2. **政工队配合奇袭伪军碉堡**　1944年2月，我们政工队下连队工作，跟随连队在军营驻地开展群众工作。一天傍晚，平南中队长郑伟灵集合队伍。整队出发时，他对列队同志们说："今晚有任务，袭击伪军碉堡。政工队同志跟不跟我们出发，不去的同志退出来。"我们政工队同志异口同声地回答："参加战斗！"没有一个要退出的。就这样我们跟随着连队出发了。寮步圩驻扎有一个伪军联防队，这个伪联防队对当地群众危害很大。抢掠、压榨，无所不为，是对我军进出活动的一个障碍。大队首长决定要拔掉它，命令平南中队执行。郑伟灵中队长接受任务后，在攻打前派副班长张锦标先后三次在白天和黑夜化装进寮步圩侦察，观察地形，查明伪军兵力、人数、配备、住地，掌握了情况后布置任务。

当晚，平南中队从小坑上底村出发，通过莞樟公路进入寮步圩。在袭击前连队迂回了一段路，隐藏在寮步圩附近，等到半夜时才进入寮步圩内。张锦标带领突击班沿着小巷秘密、敏捷地接近敌人炮楼，门口守卫的敌哨兵毫无觉察，缴了哨兵的枪。当突击班冲入敌伪住地二楼时，敌伪兵被惊醒，来不及应战，就被我军缴了枪。

我们政工队的任务，是把守圩内街巷口警戒，同时发散传单、东江纵队成立宣言。这时正是午夜，"轰隆"巨响，烈火冲天。我和一个同志正在贴传单，我低声道："攻入了，炸响了！"霎时接到传命集合撤出。

这次战斗缴到敌伪军 23 支枪，捉到伪联防队两人，其中一个是中队副。战斗胜利结束了。敌伪军碉堡被毁了。群众拍手称快，鼓舞了斗志。这次战斗震动了日伪军。我们政工队随队伍撤出。一路上大家都兴高采烈，武装同志押着两个俘虏在黎明中行走。

部队休息，我们同志聚集一起谈论着战斗情况，同时为失去四位英勇的同志而伤感。这是在 1944 年 1 月 24 日，罗衡政委和邬强大队长亲自布置和指挥作战的。

3. **黄猄坑—马山战斗**　1944 年 3 月我到了训练班学习，训练班随着三大队大队部转移到山区黄猄坑。黄猄坑是一条百多户人家的村庄，建立了民兵、农会、妇女会等抗日群众组织，是抗日游击队经常活动的地方。傍晚，大队部从温塘出发，经过整整大半个夜晚的行军，到达了黄猄坑村驻扎。下屋两个中队，平东中队驻黄猄坑村旁边猫岭的庙里；平南中队驻在村里的祠堂。这两个中队负责警卫大队部。这条村位于黄江境内，与大朗区域交界。东面是长山口，东南面是梅塘，与大朗和樟木头驻敌相距十多里地。

驻军的第二天早上，天空浓雾弥漫，一片迷茫，把整个群山、村庄都笼罩着。阴险狡猾的敌人，选择这样的天色向黄猄坑进犯了。敌伪军 45 师、134 团的两个营，从大朗出动，经蔡边、凹厦、仙村等一片起伏的丘陵地带，在茫茫雾海里，偷偷摸摸窜进来了，从正面直扑黄猄坑。像蚂蚁一样，布满了黄猄坑北面的小山头，妄图将第三大队一网打尽。

第三大队邬强大队长、罗衡（卢伟如）政治委员估计敌伪军会出来，决定诱敌人深入。当天半夜果然我情报员送来敌情，不出所料。当即邬强、罗衡、彭沃等开会专门研究，定下歼敌方案。是日早上部队三点起床，四点吃饭。派出小队率领民兵在黄猄坑以北地区，正面作战，吸引敌人，其余部队撤到南蛇山后面，掩蔽待命。大队指挥部，也设在南蛇山上，指挥战斗。

部队按作战计划登上高地与敌对峙，钳制敌人。我们学习班的同志，驻长山口。第五大队彭沃大队长听到枪声后，立即从侧翼迂回敌后。

敌伪军完全按我军预料，是日上午敌军进到黄猄坑以北十余里的山地，即遇上我小分队，展开战斗。敌伪进入黄猄坑村，进行烧、杀、抢后，立即仓皇撤退。我军按照原定作战计划，开始反击。随着指挥员发出一声号令“打”，平南中队、平东中队同时向敌伪军开火了。战斗到十点的时候，敌伪军李益荣发现我军运动，见势头不对，怕被包围断了退路，他立即命令留下两个连，掩护撤退。中午，平南中队抢占马山，断敌人退路。黄昏时平南中队配合五大队，将伪军包围在四马为漕石头山上。敌伪惊慌地拼命逃，把抢来的东西丢掉。我军像赶羊群一般，穿山过涧，连续追击十多里地，从黄猄坑一直追到大朗境内凹厦村。

这次战斗是部队采用游击战和运动战相结合。从早上八点一直战斗到黄昏，粉碎了樟木头日军加藤大队的进攻。我军参战两个大队和民兵共四五百人，击溃伪军134团两个营、一个炮连的进攻，全歼共两个连，俘虏数十名，缴获轻机枪三挺、步枪一百多支，子弹及军用物资一大批。我小队副邓洪冲锋时英勇牺牲了。著名的马山战斗的胜利，大震军威。这胜利消息传出后，梅塘、长山口、黄猄坑一带村民欢欣鼓舞，奔走相告，热烈犒劳部队。当晚在黄猄坑举行民众祝捷大会，一直开到深夜。

我们训练班同志，在战地和群众一起送茶送水，慰问护理伤员。

经过烽火锻炼，在干部培训班学习时，我和几十个青年先后写了入党申请书，要求组织批准加入中国共产党，愿为实现共产主义奋斗终身。

马山战斗后，部队又拉回东坑附近活动，我们训练班驻扎在马坑。在1944年4月1日，训练班负责人杨凡同志通知我们到村后一个荔枝园里举行入党仪式。他说，上级党没有派人来，由他代表上级党同我们举行入党宣誓。本来要挂党旗的，因为在战时，没有准备妥，可免了。他说，我代表上级党委派袁靖同志作司仪，于是他交给我一张已准备好的会议程序叫我宣读，我就照程序念。结束后，我走回营房，高兴得心情难以形容，久久不能入睡。我想着誓言，想着自己如今不仅是抗日战士，而且还是一个共产主义战士了，不仅肩负解放全中国，建立一个繁荣昌盛的新中国的使命，而且还要为解放全人类，实现崇高的伟大理想而奋斗终身。我高兴，想把这个好消息写信告诉母亲，但考虑到要保守党的秘密，不能告诉任何人；第二天遇到游扬同志来到训练班时，我想告诉他，但想到“要保守党的组织秘密”，又退缩回去了，其实游扬同志对此是知道的。

4. **梅塘战斗** 1944 年 5 月 6 日傍晚，我们政干学习班随着第三大队部一起转移到梅塘。梅塘是东莞县的山区，四面环山，中间一个小盆地，南与宝安县接壤，距离宝安县的公明圩、黄松岗、乌石岩、观澜圩 15 至 30 公里之间。东边距离广九铁路上的塘头厦、樟木头、常平站 15 公里左右，北距大朗镇、西距大岭山也是 15 公里多，是宝山山脉和大岭山山脉连接点。

东江纵队成立后，部队接连在惠阳的大亚湾、后山，东莞的霄边、百花洞、黄猄坑、凤凰山、沙井、乌石岩打了许多胜仗，取得辉煌的战果后，抓紧战斗的空隙时间集中整训。当时，第三大队驻梅塘马山下的龙见田，东莞大队驻田心村，第五大队驻长山口。总部（司令部）驻马鞍山下的龙见田。曾生、王作尧、梁鸿钧、杨康华等总部的领导同志都集中在这里开会。他们在祠堂里传达中共公布的《十大政策》和毛泽东主席在延安高干会议上所作的《学习和时局》的报告。

在群山环抱的梅塘草坪上，各部队战士们在操练、瞄准、射击，有的在练习投弹、刺杀。我们政治干部训练班，在庙里学习文件。学习讨论“东纵成立宣言”，学习党的政策。我们都是为着战胜日寇。必须明白，在整个抗日战争时期，无论在何种情况下，我们党的抗日民族统一战线的政策是绝不会变的。

5 月 8 日凌晨，驻樟木头和塘厦两个中队的日寇抓住大雾弥漫的天气，在日寇加藤大队长的指挥下，出动四百余人，直向梅塘地区扑来。这天拂晓，部队在草坪上操练、跑步，我们政干班在驻地庙的右侧一块干地上做早操。看见对面山有人，雾蒙蒙遮住，辨不清对面山的人是否哨兵。我们停止做操，大家议论着，对面山两个人是我哨兵还是敌人？话未停，就听到哨兵鸣枪声。原来清早我警卫部队检查岗哨后，未发现情况，战士们在司令部驻地做操。李明、梁鸿钧首长正带着两个警卫员上对面山巡视，警卫员林有仔发现前方草动，当时没有风，林友仔即机警大声喝呼："谁?"不回答。再喝"口令"，也不见回音。这时林友仔本能地预感到有敌情，立即挥手示意，黑仔保护着首长后退，伏下。刹那间十几个敌人从草丛中站起来。林友仔立即鸣枪报警，随即向司令部相反方向滚去，保护着首长一起滚下山窝，沿着山沟奔去。林友仔边撤边打，吸引敌人向他们这方向扫射。

这时山下部队听到鸣枪警号，知道有紧急敌情，各部队立即整装待命。大队长当机立断，命令飞马队抢占制高点，马上掩护司令部转移。飞马队接过任务后，队长黎汉威、政委李忠，立即下令小队长袁康带领第一小队抢登马山前沿阵地；第二小队抢登马山主峰，占领制高点。当我军抢占马山制高点时，敌人也在相反方向抢占制高点。马山战斗激烈展开。

机关首脑和非武装人员向后山转移。我们政干班随着机关人员转移，对面山敌人的机枪对着我们扫射，子弹落在我走的路边。我们到了后山，分头做支前工作。

争夺制高点中，飞马第一小队以勇猛精神抢先登上了马山，占领阵地和控制了制高点。顿时，马山上出现了一条条火龙，阵地上升起一股股浓烟。敌人以密集的炮火，骑兵、步兵，向我军发起一次比一次更大规模的进攻。敌人被我军打退无数次，就更疯狂地用钢炮猛轰我阵地，把山上的松树打得光秃秃的。这时山上没有树木可作掩体了，战士们只能利用地形，扑倒在山上同敌人战斗。在制高点李忠率领的第二小队通力合作下，在一个多小时里，战士们精神抖擞，机枪、步枪齐鸣，手榴弹、石块，向着敌人狠狠地揍！接连粉碎敌人六次冲锋，坚守了阵地，赢得了时间，保护了司令部的安全转移。这一仗打得异常壮烈。飞马队抗击十倍于自己的敌人，大部分战士战死疆场，中队长黎汉威和小队长袁康光荣负伤；中队政委李忠英勇奋战，不幸中弹牺牲。

驻长山口的第五大队，彭沃大队长听到枪声，立即从长山口赶到战地。邬强大队长率领第三大队运动到有利地形后，立即投入战斗。长山口和梅塘周围的民兵也来参战。在司令员的直接指挥下，日寇被我三面夹击，陷入我军重重包围之中。战斗足足打了一天，直到太阳下山的时候，敌人伤亡惨重，死伤近百人，尸横遍野。敌人放了几次烟雾弹，想逃脱也逃脱不了。直到夜幕降临，敌人在当地"鬼头仔"的带领下，才狼狈窜出包围。日军大队长加藤被打伤逃回樟木头后，由于战斗惨败，无面见日本天皇而剖腹自尽。参加这次游击战斗的一个被俘小队长，哀鸣道，他带队的兄弟差不多光了，自到华南以来，打败仗还是第一次。

“梅塘战斗”，变被动为主动，取得了辉煌的战果，为东纵战史上写下了光辉的一页。我在政治干部训练班学习，大家这几天忙着分头下连队慰问。

5. **休整途中** 部队在休整中，有一天傍晚，我一个人独自在野外散步，游扬同志从另一条小路走来。他没有说别的，一见到我就说：“明天我连队要出发打仗，这个小本子留给你。”说完，把东西塞在我手里就快步走了。我来不及问清楚，看看天色已黑，他连队在哪里我也不知道，怎么办？我怎能收下别人最心爱的东西。过了半个月，同志们都在传说我同他谈恋爱，尽管我否认，人家还是这样说，真急坏了我。一天宿营，我的铺刚好挨着叶锦珠同志的铺，她是罗衡政委的夫人，这天她和我们女同志睡在一块。她开门见山地问我：“你觉得亚游怎么样？”我回答：“是一般同志，不了解。”“你不了解，我帮你了解。”她接着又说：“亚游和老罗是同学，罗政委最了解他，常常说他党性强、为人正派，能团结同志，在连队里很有威信。大队几位干部都没有爱人，我认为他最好，最信得过。你也许没有意思，他对你是有意思的，已经向罗政委表了态。你明白吗？在部队谈恋爱，恋爱对象首先要组织批准才准谈的，他已经过组织批准同你谈恋爱的，你不必担心。”我听后表示：“我的确没有意思谈恋爱，我参加工作不久，我要学习、要上进。这样他未征得我同意就同组织谈，同志们又在传说，真使我为难极了。”她笑着说：“人之常情，处理好不会妨碍进步的，他会帮助你进步。”又说：“找对象要有眼光，如果找到政治上不可靠的人，害自己一辈子。亚游对婚姻问题是很慎重的，是可以信得过的。”她喋喋不休地讲他的优点，又谈正确的恋爱观，她是在做我的工作啊！

6. **挺进粤北** 1944 年 7 月，邬强大队为北上先遣队，率队伍挺进粤北，到清远配合地方党开辟新地区。部队在东江河边的一条村——江边村集合过江。对岸是铁场村。经过博罗、龙门、增城、花县、从化、清远等县，挺进粤北地区，行程二千五百余里。

一天晚上，我们部队集合在江边村，等待过东江河。午夜过了东江，到了对岸铁岗，向目的地出发。我因过江时受了感染生病久久不愈，身体变得虚弱，坚持长途行军比健康人艰难得多。持续走了几天，爬了不少崇山峻岭，跨过了不少山坑、小溪，到达增城。

在长途行军中，生活艰苦，缺少肉食和医疗，生病的同志多起来。由于露宿没有蚊帐，身体抵抗力差的同志得了疾病，有的生痱疮。卫生队长周昆想尽一切办法，用生草药治疗各种常见病。每天早上要饮一杯盐水，休息时饮杯淡茶。这些淡茶是她和卫生员黄开摘的，有崩大碗、车前草、地胆头、加茅根，我们都自觉饮用。到了从化用盐就紧了。大家要随身带些盐使用。

途中几次过河，受凉加重感冒，我又发热了，仍然要跟着部队行军。周昆卫生队长对人无微不至的，她发现我发烧，把我拉去打针。她说："今晚要走好多路，怕你跟不上队，这只有一支针给你打了。"她又拍拍我的肩说："安排你跟着开路的短枪队走在前面，还有一个病员一起走，那病员认识路的，跟着走。"她像大姐一样关心病员。

一路沿着山坡路走。走到山坳，见大部队同志们坐着休息，我不敢停留，仍然慢慢走，怕跟不上队。周昆喊住我，叫我歇歇，等过河的侦察班同志回来，部队才能过江，休息一会儿吧！刚刚坐下一会，就听到前面传口令："起程！"准备过江。我跟着队伍下山坡，望见一条宽阔的江河横着，江水滚滚。同志们一个个挨着，保持队形前进。这条江比以往的江宽阔得多，水也很深。同志们将包袱、干粮袋放上头顶过去。小鬼仔到江心过不了，水会把他淹没的。指挥过江的郑伟灵大队副，命令大家放下行李，集中放到一边，会浮水的浮过去，不会浮水的放下，叫队伍中高个子、会游泳的同志出来，将小鬼同志背过江。我跟着队伍，同志一个挨一个下水了。一个同志递给我一根木棍，是刚从山上砍下来的。我接过扶着木棍走。水渐渐深了，渐渐没过膝，到了腰间、胸前了。这时站不稳，我用力按住木棍前进。水力很大，冲过来，激流把我冲出了队伍。我挣扎着要站着，可是脚浮起来了，不由我了。突然，一位高个子追上来，拉住了我举起的木棍，往前用力，一把揪住了我。刹那间我得救了，不然就被急流冲走了。我回头一看，是一个不熟识的连队同志，还是全副武装呢！他拉着我走了一丈多远。水渐渐浅了，他看见我是有病的样子，送我到岸边走到一堆行李旁边，就跑步追赶队伍去了。这个救命的同志，他的姓名一直不知道，以后也没遇见过他。在胜利后的日子里，时常记起这事。

周昆卫生队长见我连日发烧，担心中途出事。她向大队首长建议让我去民间中医看看，服中药就会好得快，这样带病长途行军是不行的。首长批准，由方觉魂同志安排，找地方党同志带去看病。我在黑夜里一个人过山岗，向着灯光方向走去，有几间茅屋和瓦房，按照联系方法敲门。一位大婶接我进屋内，第二天清早拿了三服药回来，我服了药，烧退了。这地方原来是地下党的交通站。到了第二天黄昏时候，遇见游扬同志和另一个同志路过，真是巧遇。他和老百姓很熟，好像认识似的。

当天半夜出发，按照路线，第二天黎明时通过封锁线。我们没有进村，从村后背山丘翻过去，远远望到对面有条村。到啦！大队部就驻在这里。我找到了卫生队长周昆同志报到。周队长说："这几天部队休息。你要好好休息服药，身体好了跟上队。"

翌晨，游扬同志过来对我说："明天我要出发，我这次去广州医院做手术，是曾司令提出的，不但他批准，而且还请马烈医生陪同护送。"他又说："我对广州不熟识，没有个熟人，你有熟人吗？介绍我认识。"我听了沉思一下说，熟人是有的，不知可靠不。他说："不要紧的，他不知道我是什么样的人，你就说是你的好友前来广州治病，请他照料一下，就可以了。"于是我就给林敏写了一封信，照他的话写，写完送给他看："这样写可以吗？"他看后高兴地问："可以介绍这人的情况吗？"我介绍后他说，很合适的。又对我说："这次我是秘密去敌区治病，只有组织知道，你不要对别人说，两个月后可以回来。"第二天，他出发了。当时游扬同志的伤口长久没有愈合，仍在化脓，需要手术。

当年马烈医生护送游扬同志去广州沦陷区治疗是照顾病人安危。当时马烈尚未参加革命队伍，但他满腔热情，大力支持和帮助游击队。他自己开的诊所，长期治疗东江游击队的伤员，并积极为部队采购药物，治愈了不少战士和指战员，作出了贡献。游扬同志手术后，他陪同安全返回博罗铁场归队。此后马烈于 1945 年带着医疗器具和药品，夫妇俩参加了东江纵队，先后担任过东江纵队后方医院院长、医务处主任等职，并随东江纵队北撤烟台。解放后担任中山医学院第二、第三人民医院副院长。

行军途中有一天，我们大队部住进一个村子，在那里开展了爱民工作，帮群众做事，并宣传我们抗日游击队的主张，宣传当前抗日形势。这时我的身体比前些时候好些。下午四点多钟就开饭了。黄昏时，部队出发了，仍然是向着爬不完的山岭继续前进。

我随着部队继续前进。大约在午夜时队伍休息，突然有通讯员跑过来，带一个人找邬大队长。前头传下来"就地休息"。我们就地坐下大约几分钟后，中队长跑步回连队，传令"快速前进"。大队部的同志站起来开始行军了。前面又传来说："有情况，快步跟上，靠紧。"我紧紧跟着队伍走，那时前右侧山边出现一条乡村。后面来了大队副郑伟灵，他带着两个人叫住我，对我说："有敌情要打仗，病号留下隐蔽。这两个连队战士有病，交给你负责，一同去隐蔽。"他又指着方觉魂同志说："这同志对这地方很熟识，带你们去，安排住地，等待部队派人来联系。"

我带着伤员在村里隐蔽了两天，一个高个子警卫员来接我们，走了一夜路，黎明时赶上部队的宿营地。这里住有三十多人，多是各个部队留下来的伤员，有的是路过的。何大队长说："大家在这里住了有一个多月了，已经先后分批回部队了。这里不能再住下去，日久会暴露。"傍晚，他和警卫员及我三人一同向增城县那边走去。走了半个晚上，到了一个连队驻地住宿，第二天继续走。经过了不少村庄、山边小路，到了油麻山，来到增城独二大的大队部，大队长肖光星，政委练铁。何大队长同练铁同志说，他要去罗浮山司令部，带着女同志不方便，要让我留在独二大，等待同邬强大队联系。练铁政委一口答应。他说大部队缺少人，需要人做文化教育工作。于是我就留在独二大队部工作了。

后来组织政工队，我是政工队队长，直属大队部杨步尧同志领导。

7. **到平海驻军东进指挥部转组织关系**　1944 年 9 月下旬，东进指挥部所属主力部队赖祥营、曾城大队等解放稔（山）平（海）半岛。半岛全境收复后，正是秋天时节。第六支队疏散非武装人员。一天，我被通知调离，派往香港，先到平海驻军东进指挥部转组织关系。

我从海陆丰那边跟着交通员，走了许多崎岖不平的羊肠山路，翻越山坳、海边，来到稔平半岛平海镇。半岛位于惠东县的东南角，三面环山，濒临大亚湾，与西边大鹏半岛遥遥相对，海岸相连，是一个战略要地。这里又是海外通往大陆内地的交通要道，即使在战时，海外华侨、港澳商船进出货物，也络绎不绝地经过这里。可见其军事经济地位十分重要。正因为如此，日、伪、顽军都曾长期盘踞此地。

我经过平海镇内的街道，只见镇里的商店冷落，来往人稀，街上残留着战火的创伤痕迹。东进指挥部就驻在镇中一座古老的庙宇里。通讯员带我进入大院，走过一片开阔地，后面有一座大殿堂，见到我们部队驻在那里。原来这就是东进指挥部的营地。东进指挥部的指挥员卢伟良、政委张持平就住在那里。

在东进指挥部，我见到了游扬同志。我告诉他，这次组织要派我去香港，路过这里转关系，我不想去，我要留在部队里。他说，你可以向组织提出来嘛！随后，我向卢克敏政委汇报了调动情况，表示不愿意去香港，想留在部队工作。卢克敏是原六支政委，现在的指挥部政治特派员，他问了我详细情况后，向我简要讲了当前形势，接着说："这里很需要人，你愿留下来工作很好，我将你组织关系再转过来，你到医院工作怎样？"我回答，我不懂医务工作。他说："政治工作人员也很需要，你在第三支队政工队担任政治服务员，到医院仍然担任政治服务员和党的工作吧。现在战事忙，你暂代政治指导员吧。"我点头答道："行！"卢克敏同志满意地说："好，通讯员带你去。"讲完后匆匆走了。午饭后，指挥部的通讯员带我去战地医院。

8. **护送伤员突围，撤出暗街** 1944年12月初，国民党顽军154师以一个团兵力向我扼守王爷径的曾城、赖祥营发动进攻，我军赖部沉着应战，英勇阻击，打退了敌人十几次冲锋，打死敌军几十人。从火线上救下来的伤员送来医院抢救。两天后，敌人占领王爷径，又以两个团的兵力，分由铁涌、黄埠、大洲几路扑向观音山，包抄我东西涌的部队。从早上激战至下午，五团一营机炮连连长曾志强同志壮烈牺牲。平海处于危急状态，指挥部命令各队打击敌人主要阵地，掩蔽机关，医院以及区乡干部撤退。

12月5日，我们医院接到指挥部紧急命令，要求作好准备，等待通知随时撤出暗街。在这紧急的情况下，我和章世珍同志共同研究了如何分别执行任务，商定：轻伤员归战斗部队，较重的伤员由我带走。我带的医务人员、后勤工作人员连伤员共二十多人，分三艘木船。准备就绪后，当日下午，我来到东进指挥部，和游扬同志见了面。他嘱咐我们做好转移准备，又对我说，这天他正巧给他们的独立大队战士们加菜呢，让我留下来参加，组织批准了。这次“部队加菜”也就是我们的婚礼。次日午夜，曾城大队、赖祥营正在暗街前沿阵地准备阻击敌军。我得到撤退通知，在形势非常紧急的情况下，按照商定的计划，带着伤病员及医护人员，从暗街上了木船撤退。

（说明：袁靖同志所写的《人生回眸》为手写稿，完稿于1984年9月25日。原文6万多字。现节选其中抗战片段）

作者简介：袁靖，女，广东省东莞人。1925年出生，中共党员。华东军政大学、中国人民大学毕业。参加过抗日战争和解放战争。中华人民共和国成立后，从事外交工作，回国后在中央直属机关和广东省委、省政府工作。

广州买药历险记

黄　琴口述　两　东整理

1943年，东江一带农村疟疾流行，已蔓延到我抗日游击队中来，影响了部队的战斗力，情况很危急。

一天，广东人民抗日游击总队的总队长梁鸿钧及副总队长王作尧同志，给了我一个紧急任务：立即到广州去，将治疗疟疾病的日本军用特效药阿特平迅速买回来，尽快医治部队的流行病。药买到后运回东莞交王锦枝同志，暗号是："有生记的人!"事不宜迟，翌日天未亮，我就离开总部百花洞，经虎门太平镇乘船回东莞县驻地桥头村，先向与我住在一起的总队政治部副主任李东明同志汇报。

回到桥头村，李东明同志即与我分析了到广州买药可能发生的情况，他说："这次任务困难与危险性都很大，敌人对我们的举动已严密注意，一不小心就暴露目标，使计划落空。还有买药的钱，如何筹集呢?"他陷入了沉思，我知道他心里正焦急，那时我们的经费相当紧缺，买药得首先有钱才行，怎么办呢?

我首先打破了沉默："钱，可以向汉奸、地主征收，向陈荫要!"

"对，到广州向陈荫要钱后再想办法买药!"东明同意了我的意见。

"陈荫是东莞的大地主，很有钱，也很怕死，可以利用其弱点向他征收抗日捐税，他一般都住在广州的家。方案定下来，向他要了钱再想办法买药!"

可是，陈荫在广州的地址及近况如何呢?我即到桥头村的大地主陈炳彝处去了解。他是开明地主，对抗日有一定的认识，他的弟弟陈炳文，是抗日先锋队队员。鉴于这种情况，我们对他是团结、利用的。他得知我们的意图，即把陈荫在广州的地址告诉了我，还愿意与我们一齐到广州去。

翌日一早，我与助手陈永亨、陈秀林一起上了一只运载番薯到广州的货船，陈炳彝已在船上等我们。船从双江出发，开出江面向广州驶去。这时只见远处有一艘炮艇向这边驶来，远远跟了一程就走开了。我知道这炮艇是太平日军水警署的，水警署长叫陈泰，我和他打过交道，我第一次往广州就是坐这炮艇去的。艇上有一具远程望远镜。我觉得今天炮艇的行动有些奇怪，心里预感到可能会发生什么事似的。

船一路顺水，当日下午四时，到了广州的二沙头。二沙头当时是船只进入广州市区的一个水路关卡，一切来往船只都要在这里报关。加煤、加油、装淡水等，是出入广州的海关，报关后的船只准停泊在天字码头上卸货和落客。我叫陈炳彝租条小艇同他先从东堤上岸，其余的人继续乘番薯船去天字码头上岸。陈炳彝直接带我到他广州的家（现华侨大厦附近），他父母和弟弟均住广州，在广州还开有米店。到了陈炳彝的家，我脱了原来穿的衣服，穿上他弟弟陈炳文的衣服，经过一番打扮后，到长堤的白云酒店订住房，我以往几次来广州都住在这里。

进入旅店，掌柜见到我就小声问："先生，从水路来还是陆路来？""水路来。"他拿出住客登记簿，我一边写一边了解一些广州近况，填写三天的三字还没有写完，掌柜就慌张地说："先生快些，下面来了便衣警察，自己的事情自己知，还是去饮茶吧。"意思是要我快走。白云酒店的楼梯弯弯曲曲，我刚下了二级梯就见到两个腰插手枪的便衣开始上楼。我心里一怔，事到临头，我不能退缩，如果转身返回楼上就会引起怀疑。我冷静地迎着他们慢慢下楼梯，装作漫不经心的样子。这时，我听见掌柜对那群在旅店靠接客和卖唱为生的女人说："你们哪一位敢去按下那位先生的帽子，我给她10元。"其中有个年轻的姑娘很快跑上前来，把我的草帽拉下眉梢，我顺手挽着她的腰，把头贴近女人的脸，装成很亲热的样子和她一起慢慢下楼梯。两个便衣警察看了我们一眼便擦身而过继续上楼。我明白，这是掌柜帮助我脱险的一招，心里很感激他。出了酒店门口后，我才松了口气，给了那女人10元，佯叫她先去新英饭店开茶位等我（当时新英白切鸡是羊城名菜），半个钟头后不见我来就自己先走。一分手我马上租了辆黄包车，走了几条街后又租另一部车，先后换了三部车，天黑时，又回到了陈炳彝家，通知陈永亨、陈秀林，叫他们不要去白云酒店。

回到陈炳彝的家后，我冷静地把今天所遇之事及掌柜的话作了分析，觉得事情复杂、严重，以后的行动一定要多加小心为好。我对陈炳文说："今晚转移到你米店过夜。"他也觉得风声很紧，同意我马上转移。我们正想从大门走出，他家人告诉我们，附近街道已经开始戒严，大门不能出去了怎么办呢？陈炳文想了一想，说："有办法，跟我来。"他将我带到他家二楼屋后的阳台上，用一条竹竿一起滑下去。这里一出就是另一条街，也是片危墙破瓦的废墟，没有军警在，我们就快步向东堤的米店走去。

东堤这间米店是陈炳彝开的，由他弟弟主持日常事务，店内的伙计有桥头村的人，他们有些人认得我，有的甚至知道我是游击队员。到了米店大概半个钟头，听见附近店铺有打门声，知道敌人要逐户搜查，要走也是来不及了，怎么办呢？大家都急起来，有的说躲在厕所，有的说爬上瓦面，有的说藏在叠起的米袋堆里，众说纷纭，局面相当紧张。这时，有位老师傅说："刚才大家提到的办法都不保险，这些地方敌人都会去检查。现在要以胆搏胆，将人装入麻袋里，放在账房门边，上面和旁边再放些装过米的陈旧空麻袋，给人一个刚装完米就要收拾清理的假象。"大家觉得言之有理，七手八脚地摆弄一番，然后把我装进麻袋放在账房门边。一切准备就绪，一场不可避免的搜查就要到来，店内充满紧张的气氛。老师傅急中生智，叫店员们与他下棋，其他的人围着看棋或吸水烟筒，这样大家就自然多了。过了不久，日本宪兵和便衣冲了进来，翻箱倒柜，厕所、瓦面屋顶都检查了，用长铁枝猛力插刺装着米的米袋，白米哗哗地流了一地。这时有个宪兵手拿铁枝走近账房门边，站在藏我的那堆麻袋前，大家的心都紧张得吊到喉咙边上来了。那个日本宪兵举起铁枝向麻袋打下去，瞬时，麻袋的糠尘飞满了整个房屋，连灯光都暗淡了，几个宪兵咕噜咕噜乱叫，捂着鼻子和便衣一齐出去了，一场灾祸才免掉了，大家都出了一身冷汗。

解除戒严后，已是深夜二时许了，陈炳文打电话叫茶楼送个大窝面来给我吃。这时我肚子也饿极了，狼吞虎咽地一下子把个大窝面消灭光。

翌日早上，在永汉路口，我与两位助手会面。陈永亨在前，陈秀林在后，将我带到东横街内一座楼房前，告知我这间就是陈年柏姐姐的家了。临行前王作尧同志要我有困难找他，所以我写了信给陈年柏约他到他姐姐家见面的。我独自一人上前拍门，陈永亨、陈秀林在附近监视。过了一阵，门打开了，一个身穿中校军装的男人站在门口，看上去很斯文。我问：“陈年柏先生在吗?”“你找他有什么事?”他反问。“是他约我到这里来见面。”“你从什么地方来?”“东莞来。”“你就是黄先生?”“我是姓陈的。”他带我进去，向里面叫了声：“年柏，有人来了。”陈年柏见到我连忙说：“请坐，请坐。”还未坐下，这时这位中校军官开口了：“不管你姓陈或姓黄，但我有件事要讲，昨天下午三点钟，伪 45 师师长叫我到他家给他小老婆看病。近 4 点时，见参谋长走进来，交上一份紧急命令，师长坐在沙发上叫参谋长原文照读，内容是：‘确查共党骨干分子黄琴潜来广州活动，现命令立即戒严，采取行动，务必捉拿归案。广州宪兵司令部。附：黄琴穿旧黑胶绸，插西非利墨水笔，手带青年牌手表，用一条粗边花格手巾，穿布面胶底鞋’。就这么多了，我该去上班了。”说完他就出门走了。原来他是陈年柏的姐夫，海军中校医官，与陈年柏的姐姐一起从医科大学毕业，一个到了军队，一个在广州当产科医生。陈年柏这时才说：“昨天到处戒严，我姐夫回来说是捉你，我整夜都睡不好，怕你会出事。看来你不要出去了，就住在这里，几天以后再想办法回去吧。”我说：“回去是要回去的，但要买到药后才走。”于是我就将王作尧派我来广州买药，叫他大力帮助的情况告诉他。他叹了口气说：“你们共产党人就是不怕死，广州不熟悉，又要来找禁药……好吧，这事不能迟疑，我尽最大的能力来帮忙吧。”他的正直、爽快，使我对这位有爱国之心、武艺高强的人又增添了几分敬慕。听说，他的武艺无以匹敌。有一次，有两部汽车强行开走，他硬是用手拉住这两部汽车不让它开动。

当晚，我布置两位助手去打听大地主陈荫的虚实。得知他在家没有外出，我决定第二天就行动。

第二天一早，我与陈年柏各坐一部黄包车去找陈荫。陈年柏跟在后面保护我。来到高第街，陈永亨和陈秀林已在等候我了，由陈永亨带路直接进入陈荫的家里。见到陈荫，永亨开门见山地介绍我就是黄琴同志，陈荫听后吓了一大跳，原来他也知道戒严是为了捉拿黄琴的。他不停地用手帕擦去头上的冷汗，对我说："这几天经常戒严捉人，你知不知道，等下可能又要戒严了。"意思是不愿意我在他家停留。我见他如此胆小，干脆就对他直说："这次我来，只是叫你为抗日捐一些钱出来。"他问："要多少？"我说："一百万。"他想了下，只答应给三十万元伪储备券。他入房将钱拿了出来，我马上叫陈永亨用一个提箱装好，趁外面没有动静，迅速离开了陈荫家。

我拿到钱后，就开始去找药。但跑遍广州市几间药房，都找不到这种药。后来我们了解太平南路有间西药店，这店店主是位留学日本的大学毕业生，他没有什么政治背景，纯粹是为了赚钱。因他懂日本话，经常有日本人到他的药店。大家认为可以去找他谈谈，可能有希望。到广州的第四天，我独自一人去药房，陈年柏在马路对面骑楼底下等我。药店柜台边有位颇斯文的中年男人。他见有客到，便彬彬有礼地问："先生，你买什么药？""你们的老板呢？""我就是，不知有何贵干？""我有桩生意想与你谈谈。"他将我带到附近一间咖啡馆，在靠角落的地方找座位坐好。他首先问："先生有什么指教？"我说："现在有桩生意很好捞，如果做成一定会赚不少钱。""什么生意？""有人想要日本军用的阿特平。"听到"阿特平"，他吃了一惊，声音放得很低说："昨天就有两个日本人私下将阿特平卖给人家被杀了头，买药的人也被抓走。"他叹了口气说："先生，我不敢搭线啊。"我不急着要他表态，故意岔开话题，跟他拉家常。话到投机处，我再把话锋转回正题："老板，帮个忙吧，大家都是找饭吃的，我看价钱是可以商量的。"他不出声，沉思了一阵后问："买多少？""有多少就买多少。""药用不用包装？""只要好的，用麻袋装也可以。"我知道事情有些希望，就进一步说："每扎药可外加二角钱给你作报酬。"他问明药不是在广州地区和附近使用后，就叫我明天再来店找他。

第二天，我又去药店。老板将我请入他的账房里，拿出西饼，又冲咖啡，很热情。坐了一阵，听到外面传来军人走路的皮鞋声，我心里一阵紧张，心想这个老板难道出卖我？外面陈年柏他们就更紧张了。后来，见两个日本军人没有武器，才略为放心。只见两个日本军人进入账房，原来是老板请来谈买药生意的下级军人。他们神色有点慌张，怕被其他人知道。我告知他们，除了我们四人外再没有人知道，他们才放心坐下来谈价钱、数量等，约定明天下午一手交钱，一手交货。果然，第二天下午他们准时交货，装了有三纸皮箱的药。我赶快请了两部黄包车与陈年柏一起将药运到西门口他老婆的家里，放在三楼厕所间内，如果在万不得已的情况下可将药从厕所冲掉。

药买到了，怎样运出广州呢？时间拖得越长，对我就越不利。梁鸿钧和王作尧两位首长的吩咐，时常在我耳畔萦回，我决心尽快将药运回去。我从陈炳文那里打听到他有一位老表，是三青团员，是国民党暗中控制的广州伪粮局的职员，专门运送粮食的，最近又经常运送军谷，来往于广州至东莞等地。经了解，他原来曾参加过游击队，后来因家庭困难离开了，到广州粮局找了份差事，这段时间未曾发现他做过反对我们的事。他老家东莞厚街又是我游击队经常活动的地区。看来是可以利用他运粮的方便将药放在船上运出广州。

我与陈炳文商量好了，由陈炳文设宴出面请他来家里吃饭。他来了，酒至半酣，陈炳文便把我介绍给他相识，我便对他说："我是东纵司令部派来广州的，名叫黄琴，听说你以前也参加游击队？"他惊奇地问我怎么知道这回事，于是我计上心来说："王作尧同志曾告诉过我，有个叫王佩贤的人，现在广州，如果你去广州碰着他时，就向他交代下政策，有机会要为游击队做些好事。"接着我就将党的政策、形势、局面跟他谈，同时试探他："如果游击队有事要你帮助你怎么办呢？"听了我的一番话，他觉得游击队还没有将他看死，心情有些激动，当场表示游击队如有事要帮助，他一定尽力。于是我就当即告诉他，有一大皮箱的东西需要他带回东莞，先带回他家去。我估计他们的船只运军粮，一般情况是不会有人检查的。他听了，犹豫了。陈炳文这时来个激将法，说："做人要做得像样点，刚才还口口声声讲得那样响，现在怕死了，干脆些嘛!"他的脸有点红了，答道："好，交给我吧，我一定完成。"我有点不放心，说："如果你实在有困难，我可以另找人。"他当即表示"你放心好了"。"那么，就这样决定吧，祝你成功。你一定要完成这个任务，把东西带回家后，交给王锦枝，暗号是：'有生记的人'。"

我们将药放入一个皮箱里交给王佩贤，之后，他认真负责地完成了任务，安全地把药送出广州带回东莞厚街。

第七天，事情办妥了，我要离开广州。但当时广州各关卡的检查还是相当严的，随时都有被捉的危险。我们商量好：陈永亨、陈秀林照常从天字码头上客船，我就从半路即二沙头上船，由陈年柏护送。

那天早上我化好装，打扮成一个日本的高级便衣，上穿白色夏威夷，下穿一条黄斜短裤，脚穿黄袜黑皮鞋，左手搭件短装褛，右手提两盒最好的“安乐园”饼食、二罐高级炮台香烟，头戴一顶细黑边的白草帽，头发梳得光滑滑的。陈年柏比我早到江边等我，我没有上前和他打招呼，径直租了一条小艇，离岸不远，才回过头向陈年柏挥手，这时，他才认得是我，这证明了我的化装是成功的。只见他静静地伫立岸边，一直目送我的小艇远去。

艇主是一位妇女带着一位年轻姑娘，她们问我去哪里，我指着那艘在报关的客船，给了一张大面钞票做驳船费。她俩可能认为我不是汉奸就是日本便衣特务，不敢怠慢，很快就划近了大船，这时大船刚好离开码头准备起航。很多想驳船的乘客都不允许上船，船主打手势大声喊叫：“宪兵司令部命令，凡是要乘船的，都要在天字码头上船。”大船已慢慢启动，我叫小艇跟上去，将近到大船时，我一跃就跳上大船。几个打手见我这般举动，再看我的打扮，全怔住了。我头也不回，走入船舱去，见陈永亨、陈秀林坐在舱边，我慢慢走前去当作不认识他们。他们多占一个位，上面放了些衣物，我走前去拨开衣物，放好我的高级物品，慢条斯理地坐好。再也没有人来打扰我。

轮船在珠江缓缓行驶，我望着两岸的景物，回想起这次广州买药的经历，总感到有些蹊跷，敌人好像预先知道一样。我觉得事情是发生在来广州那天遇见的炮艇上，这炮艇上的远程望远镜能在远处把很细小东西看清楚。

陈泰是东莞桥头村人，是恶霸地主、汉奸。当时我抗日游击队在惠、东、宝各地不断对敌伪出击，取得了节节胜利。他慑于我游击队的威力，也想偷偷与游击队拉关系，留条后路。为了从他那儿了解敌人的一些情况，我们与他周旋。在一个适当的时候，我们在桥头村他家见了面，将我党一贯立场、政策讲给他听，同时指出，中国人就要为中国人出力，要求他提供情报给我们。他表面上表示同意。以后，我就以商人的身份公开与他接触，并坐过几次他的炮艇来广州，每次他都陪我。他周围的人我熟悉不少，使我能从各方面了解到敌人的不少情报，并及时报告我部队，连他的日本翻译也被争取到为我们做工作。然而，陈泰的反动本质决定了他最终还是要与人民为敌的。特别是形势有利于敌人时他是会出卖我的。平时我已很提防他，这次可明显地看出来，他就利用我到广州这个机会，企图借日本人的刀来杀我。想到此，我握紧了拳头，恨不得一拳擂到那狗汉奸陈泰的头上去。哼，这笔账终有一天是要算的。

船已到了东莞的双江，我们就要过驳船上岸了。这时，广州方向有一条炮艇直向客船驶来，我和陈永亨、陈秀林即作好战斗的准备，但那炮艇不敢接近客船，只转了一个弯，掉头回去了。

因为这一带经常有游击队出没，鬼子怕中了埋伏。李东明与游击队的同志们早就在等我们回来，一上岸就把我们团团围住，我们像久别重逢的亲人一样，感到无比亲切。

广州买药历险记，就到此为止了。药我们很快取回来发到部队去，疟疾病得到治疗，我们的战斗力又大大加强了。

作者简介：黄琴，广东省深圳市人，1914 年 7 月生。1937 年 12 月赴延安陕北公学学习。1938 年 2 月入党，后在中央组织部任华南干部派出队队长。1938 年 11 月派回广东工作，历任中队政治指导员、民运队中心区队长、中共海陆惠紫边主任、特支书记、东莞办事处主任。后派到宝安、虎门、广州沿线做特工工作。后任北江支队部总支书记、北江支队沙口大队政治委员。

濠江儿女慷慨赴敌后

梁　铁

1939 年 7 月 7 日，澳门四界救灾会第四队根据党组织的决定离开澳门，到沦陷区顺德开展抗日救亡工作。我们这队一共 8 个人，由胡泽群领队，我是队长，队员有崔楷、王灿长、张南、单永基、王无惧等。队员的成分大多是学生和工人。

在义祠的日子里

我们是经中山入顺德的，11 日到达。我们到来之前，已由胡泽群与顺德当地游击队领导人林锵云联系好了，因此我们便径直到龙眼乡来。最初，我们住在村边的一所义祠里，过着掩蔽的生活，原因是在我们到达龙眼乡的前两天，该乡的一个叫陈麟阁的游击队员，去县城大良执行任务时，不幸给敌人杀害了，弄得该乡的民众人心惶惶。为此，林锵云就让我们暂住到村外掩蔽。

我们这队全是年轻人，都是经过澳门四界救灾会挑选而又是自愿来的，所以素质很好，决心亦很大，我们并不因情况的变化而影响情绪与信念，都很自觉地力争自己能适应新的环境。在这段掩蔽的日子里，是我们“练兵”的一个好机会，加强互相了解（来顺德之前，绝大部分队员都是互不相识的），以便巩固队伍，顺利开展工作。

我们睡在“尸床”上

我们住的义祠，是一所停放无主遗骨的祠堂，建在村边，四周都是禾田，平日很少人到来。祠堂四面有围墙，墙内种了些树木，显得荒凉、阴森，满地鸟粪，布满蜘蛛网，霉气扑鼻。室内空空洞洞，只中间有一张用砖砌起的平台，这是以前停放死人的“尸床”。我们一脚踏入这地方，都感到有一种说不出的滋味，尤其是当第一晚到来的时候，我们这几个人全部都在“尸床”上睡觉。虽然女的就是我一个人，但没有别的地方可以安置我，就只好让我睡在最外面的地方。我们都成了活“死人”了。更糟糕的，是蚊子从四面八方袭来，我们一晚都没能睡好，很不习惯。虽然是这样，但大家都很乐观，都说要闯过这一关，经受住这里艰苦环境的考验。

以谈笑战胜艰难困苦

白天，我们都关在屋里掩蔽，既不能高声说笑，也不允许唱歌，只能看书，或小声说话，真不好受。更甚的是，7 月的天气很闷热，屋内像蒸笼一样，男队员碍于有女的在一起，也不好意思打赤膊，而我就更不方便了。可是谁也没叫苦，还编了很多笑话，说这就是发扬革命的乐观主义精神，以此鼓励自己。事实上有说有笑，日子也觉得很快过去。回忆起来，这段生活是有意思的。譬如我们做饭，是编成两人一组值日的（晚上值夜班亦是）。初时，有些人不会干这份差事，不是把米饭煮生了，就是煮焦了；不是菜不够，就是盐放多了。吃饭时，大家都皱起眉头，不吃嘛，要饿半天肚子；吃吧，又难以下咽。这时，自然有人大声赞好，先是弄得大家啼笑皆非，继而哄堂大笑，加紧动手把饭菜一扫而光，不论熟的、生的、咸的、苦的，全部装进肚子里去了。又如煮焦了饭时，有人说，今天增加补品，补充大家营养，这是怕大家饿瘦，特别加工的；煮了生饭，大家就说，这是考验我们的牙力和肠胃的消化力，要练好本领，以便对敌人以牙还牙，在战场上开不了饭，吃生米时也有本事呢。不够菜下饭时，有人说：“同志们慢慢嚼吧，乐在其中，纯正的葡萄糖只有这样才能吃出来呢！”总之，每当生活上有什么不惬意时，都有一套“理论”来消解，不论谁的“天才”“创造”和“发明”，都博得大家的一阵欢笑。而“不满”“埋怨”“指责”这一套，到这时候都统统收起了。对于出现的困难，谁都不会害怕，而是大家献计，想方设法去谋求解决，大家对生活充满乐观精神。

女队员怎样解决洗澡问题？

每天入黑时，是我们最高兴的时刻，因为这时是“放风”时间，大家可以外出。男的便集体到墙外井头洗澡，统一行动、统一出去、统一回来。我一个女的，把门关上就在义祠里解决。过这样的生活，实在说，初时我的确很不惯，尤其是男的都出外去了，剩下我一人时，义祠里漆黑一片，树影晃动，风声四起，总觉得阴森可怕。但回头一想起自己的抱负与使命时，就觉得自己应做生活的强者，绝不能有半点示弱；想到自己既然请缨来到沦陷区，连生命都随时准备献给祖国，又何惧之有？目前还未直接同敌人接触，更艰苦的生活还在后头呢。所以第一步就要认识生活，懂得生活，掌握生活。这样想，心情很快就平静下来，面对这种恶劣的环境，还觉得有点意思呢。说实话，这段掩蔽的日子锻炼了我们这一队年轻人的意志，这是我们革命道路上一个好的起点。

在龙眼乡的抗日工作

大约过了10天，当村里人心安定以后，林锵云通知我们回到村里住。顺德的龙眼乡在革命时期，建立过农会，这是一个很有影响的地方。林锵云领导的顺德游击队就住在这里，此地的基本群众如李程（即程叔）、三姑等，都是大革命时期的积极分子。

当我们接到林叔的通知，把队伍拉到程叔的村里时，部队早已为我们准备好住地了。到达村里的当天晚上，部队特为我们开了一个联欢晚会，当时大家高兴的心情是难以形容的，我们尽情欢乐，尽情歌唱。过去我们只从书本知道游击队，但今天却是亲眼见到了游击队，并且今后我们就要成为他们中的一员，和他们一起对敌作战。

这次同部队的会师，令我们终生难忘。游击队对我们热烈欢迎，是对我们这支年轻队伍的一个很大鼓舞、支持和信任，因此我们的抗战信心和决心，也就提高了一步。在林叔的领导下，我们在龙眼乡采取各种方式，逐步开展抗日救亡工作。

我们到龙眼乡不久，便分头深入到群众中去，这时我搬到一间闺女屋去住，用识字班的形式，把几个青年妇女组织起来。有些男队员到游击队去对战士们进行政训工作；还有些男队员，住到群众家去，组织男青年的读书会。但这只限于对少数人的发动，对公开的宣传发动工作还有一定的限制。因为群众的恐惧心理还未消除，并且存在着姓氏的矛盾，加上粮食困难，民不聊生，群众忧心忡忡，而他们对我们又缺乏了解，很怕同我们接触。我们经过调查了解与分析研究，决定选择一个村为重点先打开缺口，取得经验，然后逐村深入扩大宣传与组织工作。结果我们决定以天主教徒聚居的一个村为重点（村名忘记了）。由于我曾在澳门一所教会学校念过中学，对天主教的教义和习俗等略懂一些，所以就以他们教会信奉的“平等、博爱、自由”为题目，通过讲故事，讲解所谓圣诗圣经的办法，提高他们的兴趣，逐步吸引群众，有计划、有步骤地插入抗日救亡的宣传。这样做，取得了一定的成效。

赠医施药密切联系群众

与此同时，我们把从澳门带来的药物拿出来赠医施药。于是群众对我们产生了好感，逐渐愿意接近我们，而且主动地去串联了一些相熟的乡亲来听我们的讲话与宣传。这件事使我们得到启发。我们觉得在这兵荒马乱缺医少药的地方，实行赠医施药，必能取得群众对我们的好感，有利于开展抗日宣传与组织的工作。于是，我们就在程叔住的村里建立了一个医疗站，由我与单永基两人负责。虽然我们都是门外汉，但由于工作的需要，在责任心的驱使下，我们只得硬着头皮，把这副担子挑了起来，边干边学，细心地了解求医者的病情，慎重地照药物说明书用药，并对病人灌输一些卫生常识，还教他们用一些民间土方治病。我们在医病的时候，结合调查了解敌情和开展宣传工作。一些多年患风湿病、产后妇科病、烂肉生蛆以及“生蛇”、麻风等病人，都敢于医治，而且取得一些疗效。乡亲们为了感谢我们，有好吃的东西，宁愿自己不吃，也给我们送来，并且到处为我们宣传，说龙眼乡来了好医生。从此，群众逐渐相信了我们的抗日宣传，对我们不再见外，我们团结群众的面就越来越大了。但在这时，敌人对我们的封锁也日渐加强，我们的药物也快用光了，得不到补充，这时只能把剩余下来的一些济众水、十滴水之类的普通成药，用开水冲开，给病人服食，并趁机对群众作正面的宣传，提高了群众对敌人的愤恨。最后，在药物已用尽无以为继的情况下，医疗站不得不停顿下来，然而群众并不因此对我们疏远，反而更靠近我们，对敌人的愤恨就更强烈了。

自从9月份胡泽群把第五队带来了之后，我们两队合在一起，更显得人多势众，而我们的宣传工作，也由半公开转到公开化了。这时，我们演街头剧、舞台剧，贴标语，发传单，到处开展宣传。因为有部队做我们的后台，并有群众做我们的基础，即使当地的“大天二”们，对我们也未敢轻觑，更不敢干预我们的工作。

奉命转移化整为零

就在我们的工作开展顺利的时候，乡里吕梁两姓的“大天二”却发生了械斗，放火烧圩。林叔即下令紧急撤退转移，于是我们第四队便到了西海路尾围，第五队则到了西海昌教。不久，由于形势的变化，日军密切注视我们的活动，我们随时有被敌人袭击的可能，加上粮食给养困难，不适宜集体活动。11月间，我们接到化整为零的通知，于是除了极少数队员分配在游击队里做武装或政治工作外，其余大部分的队员转移其他地方，从事教书等工作。这时候，我离开了难忘的顺德转移到番禺去。以后，大多数队员成为广东人民抗日游击队珠江纵队第二支队的骨干，少数人也在地方上开展抗日工作，有的在抗日民族解放斗争中献出了自己的生命。

（原载《珠江滚滚》，广州地区老游击战士联谊会珠江纵队分会编印）

作者简介：梁铁（1919—2017），女，曾用名耀眉，香港九龙人。1919年12月生于香港，3岁随家人迁居澳门。1936年底在澳门圣罗萨女子中学读书时参加抗日进步团体大众歌团。1937年1月参加廖锦涛组织的“抗日救国会”，并任理事。1937年1月参加澳门规模最大的爱国社团——四界救灾会。1938年10月加入共产党。1940年到广游二支队，这期间任过妇训班政治指导员、广游二支队新编第二大队政工队长。1949年任粤赣湘边纵队第五支队直属政工队、全南大队东进政工队队长。

尘封的“姑嫂”传奇

梁颖儿

1944 年，我 17 岁时，参加了东江纵队的第三期青年干训班，班主任是史野，指导员是林挺。结业后，在惠东宝敌后根据地，做减租减息及建政工作。

当时，敌强我弱，经常打拉锯战。建政工作很难做，我们一旦撤退，敌人回来，便会迫害替共产党做事的人。有一次，我们在新区搞建政，村民选出村长，我便和一个男同志按地址前往拜会新村长，他的住处在村的尽头，非常荒芜。我们推开一间小茅屋的门，只见暗淡的豆油灯下，有一个脸上肌肉红烂，两手成钩状的人。同来的男同志机警地说：“这是麻风病人！”我们两人立即退出，返回住地。村民选这个人，说明他们对我们的建政信心不足，生怕敌人回来报复。

北上之前，我又被调到由东江纵队政治部主任杨康华直接领导的、直属政治部的“拖拉机”工作（当时为了保密，部队各单位都有代号，这个直属政治部的工作队，便取此名），是一个知识分子较集中的群体，工作范围很广，民运、宣传、建政等工作都做。我的两个姐姐原本也在此工作：我的第十八姐梁苑贻，化名梁浣沙，任“拖拉机”副队长兼党支部书记，此时被调到东江纵队的西北支队工作（西北支队政委邓楚白，后来成了我的十八姐夫）。第十九姐梁雪怡，化名梁洁岩，此时已调到东江纵队江南指挥部，担任从延安派来的有军事经验的参谋长卢伟良的秘书，后来她更在作战科担任作战参谋。当时只有我和弟弟梁尚桐在“拖拉机”工作。

1945 年，党中央打算扩大南方根据地，派王震部队南下与东江纵队会合。东江纵队遂离开惠东宝根据地，北上到粤北山区与王震部队会合。但离开根据地，人生地不熟，没有群众支持，一路上被国民党军队围堵追击，牺牲很大。衣食无保障，行军十分艰苦。我被派参与打前站工作，行军要先到住地，为部队找房子，拆门板安排住宿。我走得快，又常帮助别人。过河时，因我会游泳，便自动站在深及腰际的河中，扶战友通过，被评为行军英雄。

我的胞弟梁尚桐却在北上途中，因病留在老百姓家中隐蔽，不幸被国民党军队搜村时捉到。当时梁尚桐只有 17 岁，有人提出：只要他肯写悔过书，便可放他出狱。梁尚桐坚决不肯写，终于光荣牺牲。解放后被追认为革命烈士。

当部队到达始兴县时，政治部主任杨康华找我谈话。问我在韶关有没有关系，我说我的父亲梁培基有间药店在韶关，只是不知谁在主持，但只要说是梁培基的女儿，可能会招待。我后来才知道，我的兄姊们早在1939年，便向父亲要求，将在韶关的药店，交给子女经营，这间位于韶关风度路230号的梁培基药店就变成了以“五四”书店为名的地下党的据点。一楼、二楼做书店，三楼、四楼作宿舍，除地下党据点人员，还可供过路同志住。不少同志是在此宣誓入党的。1939年至1942年时，广东地下省委亦在此活动，直到白色恐怖严重时才散去。由于地下工作的保密原则，这一情况，不但我不知道，杨康华也不知道。

杨康华说副司令员王作尧的妻子何瑛怀孕，肚子已很大，行军打仗不方便，决定要我利用梁培基的关系，送何瑛到广州。杨康华把这个任务交给我，可能因为我们兄弟姐妹六人都参加了东江纵队，我的姐夫邓楚白又是东江纵队西北支队的政委，政治上信得过；而我年纪虽小，却表现得干练罢。最重要的是，杨康华虽然不知道梁培基在韶关的药店，已成地下党据点，但他知道始兴离交通方便的韶关不太远，梁培基的关系很多，且是社会知名人士，可以借梁培基的关系将孕妇送到广州。

我当时接受这个任务，其实是很危险的。国民党早已将我们包围在山上，我们的游击队只能山过山，一旦下山，就会被捕。我决定同她扮作姑嫂。果然，我们一到山脚，就被仁化县扶溪乡公所的乡丁捉住了。他们用木枷锁住我们的双脚，才来审问。我先被审，我下山时得知中山大学刚搬走，便说我们是逃难来中山大学找我的哥哥梁尚农教授，并说同行的是我的11嫂。我父亲有几十个子女，当时，我的几个哥哥均已结婚，只有11哥尚未娶；若说是其他兄长的妻子，会令家人担心，但若说是11嫂，家人便知是假的，一定是同时被捕的同志冒充的。我立即将这供词告诉何瑛，叫她与我统一口径。

当时驻守在始兴县的国民党一五七师，得知仁化县扶溪乡公所捉了两个女“共匪”，马上要他们解送师部。在扶溪乡公所逗留期间，有一对父子很同情我们，认为孕妇和小姑娘，怎会是“共匪”？这是两个国民党军官，父名麦上桩是校官，其子麦少芳是上尉。在我们住进监仓时，竟买了两客饭给我们吃。

当我们被解往一五七师部时，麦校官还请了一顶轿子给何瑛坐，乡丁也没有绑我，我与解差并肩行走，若无其事地同他一路谈笑风生。

路过一五七师的团部时，已近黄昏，我遇到在一五七师团部文工队工作的女师同学，她一见我就说："你这身蓝衫黑裤的打扮很像共产党。"她连夜找了些花布，给我做了一条有两颗红纽扣的吊带花裙，配上白恤衫，真像逃难的富家小姐。当夜，女师同学在团部二楼的角落，安排我俩打地铺。忽然间，听到楼下有人说，捉了一个共产党小鬼，我马上警惕起来，因何瑛是副司令员的妻子，小鬼会认识她，我立时拉何瑛躺下，用被盖头。

次日，我们要走时，女师同学说她哥哥在一五七师部当参谋，可以帮我们姑嫂。果然，到了师部，就是她哥哥问话，他问我回广州有何打算，我顺口说去真光中学读书。可能引致我后来被跟踪。

当我们从团部到师部的路上，街上就有人大叫："捉到两个共产婆，是梁培基的女儿和媳妇！"引起一个在街上买东西的勤务兵注意。他是南雄师管区司令彭智芳的勤务兵，听到"梁培基"三个字，他便跟踪我们到监仓。他在窗外问我："你们真是梁培基的家人吗？"我说："是！"他又问："梁敏仪你识吗？"我说："是我第21姐。"我21姐夫彭巨信的父亲就是彭智芳。因此，那勤务兵拿了纸笔给我，叫我写信给敏仪姐。这样，彭智芳就打电话给他的部下157师长说："一个妇道人家，一个小姑娘，作得了什么反?!"就由他担保，释放了我们。

回想起来，真是很危险，如果不是有人大叫："捉到两个共产婆，是梁培基的女儿和媳妇！"又不是刚好有南雄师管区司令彭智芳的勤务兵听到，我们被押到157师部后，会发生什么事，很难说。

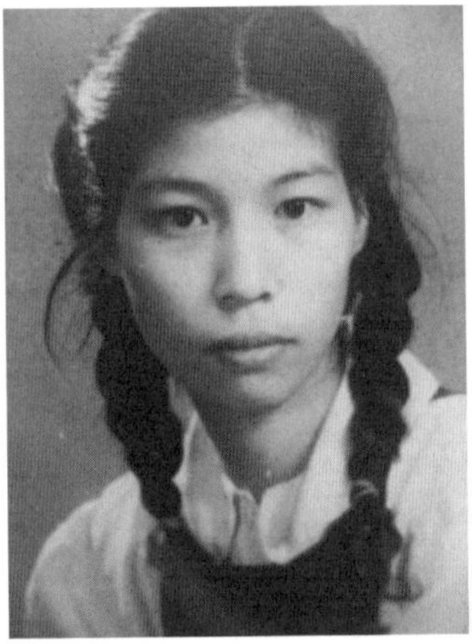

梁颖儿当年执行任务时的照片（18岁）

出狱后，我才知麦家父子一直关注我们的事。我们一出狱，他们马上带我们搭一只运粮的军船，送我们平安到广州。麦家父子暂住在海味街，我父亲叫伙计买了许多东西，由我带路到他们住处，感谢他们的恩德。可惜我找到那处地方时，他们早已离去。他们其实是看不惯国民党滥杀无辜，才出手相助，并无他意。

我把何瑛带到我生母王群芳在广州河南龙导尾（现海珠区）的住处安顿下来，通知我的胞姐梁庄仪（广州沦陷时，她是地下党妇女部长）来接她走，我就算完成任务了。但我却无法归队了，因为东江纵队在粤北时，电台打烂了，无法与王震部队联系，两支队伍，其实只隔着一座山。王震部队奉命回师延安。我不知东江纵队转移到何处，于是便真的去真光中学读书了。

没有想到的是：这个任务还有后遗症。当时真光有个姓严的同学与我特别要好，我在周末常到她家玩。哪知她有个在中山大学读书的朋友是国民党蓝衣社的头目伍凡的第八个弟弟。有个星期天，我如常去她家，见门口停了一辆黑色房车，我不以为意，但一进门，便发现在仁化县审问过我的官赫然在座！我立刻借口上洗手间，从边上的小楼梯直上天台，幸而我很熟悉她家的地形，从她家天台，连着翻过几家天台，直接从楼梯跑到马路，立即乘三轮车回家。

但我仍未醒悟他是专门来认我的，仍照常上学。我曾向姓严的同学借用过一个小提琴，她说是伍凡在中山大学读书的弟弟的。一天有个叫蓝桥的人，也是中山大学的学生，来真光找我，借口是来替伍凡弟弟取小提琴的。我在东江纵队曾与他同事，他当然知道我的底细。我立即与在真光教书的黄淑仪（她同我一起入东江纵队的）商议，她说："蓝桥是叛徒！"我压低声音叫道："哎呀！他知道王作尧怀孕的妻子是我带走的！"黄淑仪说："只因你父亲的女儿有十多人，他此来肯定是认人，万分危险！可能今晚就来捉人！你快走！不要回家！"我便行李也不带，连夜离校，跑到我父亲的老友著名大律师陈大年的家中住了一夜，第二天便去了香港。幸而父亲在香港也有药店，我在港的生活不成问题，而且可以入左派的香岛中学接着读高中。直到广州解放，我才回来参加工作。

1991 年梁颖儿与何瑛在广州见面时的照片

北撤前的那段难忘的日子

周　帆

1945年9月奉命调路西东江纵队第一支队政治部政工队工作约半个月，后因形势紧张，该队撤编，我调回军需处学习会计一个月，即调到副官室任会计。不久，蒋匪几个军的兵力，对我防地进行所谓“填空格”的残酷“扫荡”，部队当即化整为零分散斗争，并将部分非战斗人员撤退香港疏散隐蔽。我仍然坚持随队，与副官刘秀同志，军需贾华同志，外勤梁基、孟光及一事务长等六人组成小组活动，由贾华同志负责领导。至12月，斗争环境更加恶劣，我们与部队失去了联系，安排刘秀与梁基两位同志去联系，均不知去向。贾华决定去香港找组织。要通过好几道敌人的关卡，由于贾华是江苏人，不会讲广东话，很危险。因此我们决定化装前往，我打扮成学生，和贾华同行。我与贾华表兄妹相称，路上遇到盘问，尽可能由我来应付。孟光和事务长向老百姓买了些姜挑着，两人农民打扮，武器就不要带了。当时还有一大笔经费的钱，用一个包袱包着，有时是我背在身上，有时是藏在孟光或事务长的担子里，用姜盖住挑着走。快到香港了，为了安全，我们决定分开走，事务长走前面，我和贾华一起，跟前面隔开几百米，孟光在我们后面，约定在大埔会合。眼看事务长挑着藏着经费的担子顺利通过哨卡，我和贾华同志自然地向哨卡走去。我们从匪兵的身边走过，突然听到后面叫“哎！你们……”我头皮一下发麻了。我们站住，慢慢回头，看见一个匪兵向我们走来。这时，贾华同志的大手，在我手上有力地握了一下。我镇定下来，望着那个匪兵，当他问我们去哪里，我说大埔的姨妈病了，我们去探望（我用东莞话，因为我听出对方是东莞人口音）。那兵听到乡音，果然没那么凶了。他盘问贾华，贾华嘶哑地说不成话，一脸难受的样子。我忙解释说表哥一路着急，邪火封喉，说不出话了。那匪兵看着也像，就挥手让我们过关了。一路上遇到匪军和检查，我们都安全通过了。下午，我们追上事务长在大埔会合了，可是等到傍晚都不见孟光跟上来。回想刚才听到枪声，询问那些刚过来的难民，得知孟光同志与敌人遭遇，藏在姜下面的驳壳枪被发现，与敌人交火中，壮烈牺牲了。贾华同志当即与支队长何鼎华同志取得联系后，便派人带我们到九龙新界元朗，我把一路像生命那样保护的那一大包经费钱交给了组织。我像孩子找到了妈妈一样高兴。

我和同志们在元朗隐蔽了十多天。我提出希望安排工作，知道我从小会做饭菜，1946 年 1 月组织调我到谭天度同志的掩护点，负责每天安排领导同志的餐饮。那时，谭天度同志身体不太好，但谭天度同志平易近人没有架子，生活简朴。当时的伙食费不多，我总要想办法尽量安排得能兼顾些营养。我记得谭天度同志很喜欢吃我做的“鱼肠蒸鸡蛋”，他说又有营养，又便宜，又好下饭。有朋友送一条大咸鱼，那可是好东西呢！高高地挂在厨房的墙上。经常遇到有同志来谈工作的，到了饭点，谭天度同志总是吩咐我“小周，加多一双筷子”，这时我就可以去拿那咸鱼，切薄薄的一小片蒸蒸，饭菜就那么多了，大家匀一匀吃。在革命最艰苦的时候，老革命家一样饱含热情地为我们做着榜样。

二十多天后，我又被调到江南指挥部工作组，在卢锋同志领导下负责一交通站的工作。直至 1946 年 6 月，奉命结束工作回沙鱼涌集中，随队北撤。

北撤前，东江纵队最艰苦的日子，这些经历见证了我的成长。

1955 年 6 月于广州

作者简介：周帆（1924—2007），女，东莞屋厦村人。1944 年加入东江纵队，1945 年 7 月加入中国共产党，曾任民运队员、政工队员、副官室会计、交通站长等。1946 年 6 月随东江纵队北撤山东烟台。先后在第三野战军第三纵队后方留守处、第三野战军妇女干部学校、二十二军六十四师供给处等部门任出纳、会计，任师政治部指导员、师后勤处指导员。1954 年 10 月转业到中国进出口公司广州分公司人事科任副科长。曾任广州市教工幼儿园副园长、广州市聋哑学校副校长。

结婚申请书

这是一张卢锋同志保存的结婚申请书，当时的批准机关盖有“盤地”印章，这是东江纵队二支队政治处的代号。可见当时东江纵队对干部婚姻的管理制度，有表格，有审批程序，十分细致。

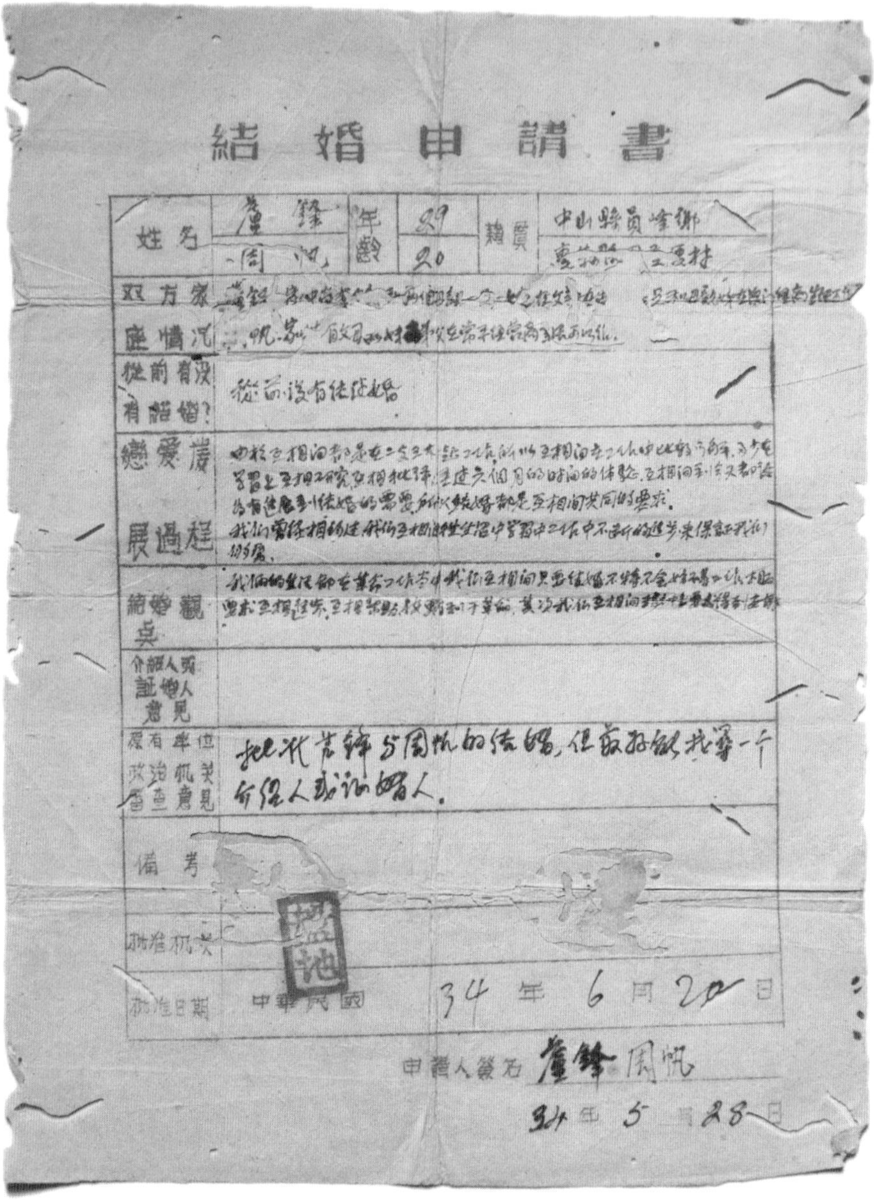

結婚申請書

姓名	盧鋒	年齡	29	籍貫	中山縣員峰鄉
	周帆		20		[illegible]村
双方家庭情況	[illegible]				
從前有沒有結婚?	從前沒有結過婚				
戀愛發展過程	[illegible]				
結婚觀點	[illegible]				
介紹人或證婚人意見					
原有單位政治機關審查意見	批准盧鋒与周帆的结婚，但最好能找一个介绍人或证婚人。				
備考					
批准機關					
批准日期	中華民國 34 年 6 月 20 日				

申請人簽名 盧鋒 周帆

34 年 5 月 28 日

（卢海燕供稿）

第十章

战略转移

纪念东江纵队北撤五十周年

周伯明

中国革命武装斗争史上，有一出独一无二的喜剧。国民党顽固派动用大量兵力，再三再四地要消灭的中共在广东的武装部队，尤其是东江纵队，竟然通过反复谈判，将骨干2583人最后由3艘美国坦克登陆舰从大鹏湾运到山东烟台解放区。这中间经历了多少唇枪舌剑、多少舆论及民主人士的声援，党中央又是如何有力地指挥这场斗争，50年后回忆起来，还恍如昨日。

一、重庆谈判和“双十协定”

1945年8月15日，穷凶极恶的日本帝国主义在世界反法西斯力量打击下，已日暮途穷，只好宣布无条件投降。这时摆在蒋介石面前的是中国共产党手里有近百万武装部队及200余万武装民兵。蒋介石庆幸自己有“先见之明”，把百余万最精锐的美械装备的军队远远地藏匿在大西南和西北，坚决不肯拿出来同日军作战，再加上接近前线的200余万大军，手头可以拿来打击共产党的兵力虽然占有很大优势，但从遥远的后方调到华东及东北，这几千公里路程靠两条腿是要把部队拖垮的。他需要美国的军事装备及训练，更需要美国的空运及海运力量把他的百万计的军队及其装备（火炮、坦克、车辆、弹药、被服、粮食等）运到内战战场，没有七八个月不行。除此之外蒋介石还得为大打出手之前争得政治上的主动，否则无以向国际及国内人民作交代。从上述理由出发，他这个一贯反共反人民的刽子手，忽然戴上了“和平”的假面具，在1945年8月14日至23日10天中一连三次电邀毛泽东主席到重庆“共商国家大计”。也许蒋介石估计毛主席鉴于张学良的教训，不会赴这个鸿门宴。蒋介石本就不断宣传共产党不要和平，不要团结。这么一来既说明蒋介石邀请之殷切，又证明共产党不愿共商和平建国的“罪过”。

其实党中央早就洞察其奸。毛泽东同志在8月13日向延安干部作《抗日战争胜利后的时局和我们的方针》报告时，就指明“独裁、内战和卖国三位一体，这一贯是蒋介石方针的基本点”“蒋介石对于人民是寸权必夺，寸利必得”。我们的方针是“针锋相对，寸土必争”。为了揭露蒋介石假和平真备战的反革命两面派真面目，使全国、全世界人民认识它，党中央毅然决定毛泽东、周恩来、王若飞同志到重庆去谈判。经过 43 天的艰苦谈判，10 月 10 日终于签订了《政府与中共代表会谈纪要》即“双十协定”。

我党在不损害人民根本利益前提下作了必要的让步，同意将我党领导下的广东、广西、浙江、苏南、皖中、皖南、湖北、湖南、河南（豫北不在内）8 个解放区让出（原稿如此，但历史记载是没有广西的——编者注），撤到陇海铁路以北去。东江纵队北撤山东的问题就是由此而来。

这个“双十协定”深得国内人民、各党派及国际人士的好评，证明共产党不惜撤出使蒋介石寝食难安的长江以南 8 个解放区以求取和平及团结建国的诚意。毛主席又敢蹈龙潭虎穴，气魄上就已压倒了蒋介石。此时国民党全面内战的准备工作远未完成，我们也还包围了华北蒋军好几个集团。于是毛主席得以安然返回延安。

二、“三人小组”

“双十协定”签订后，国民党根本不打算执行，其先头部队到处同我军交战，但因主力未到，总是吃亏的多，于是 1946 年 1 月 5 日被迫接受无条件停火的建议。1 月 10 日双方对所属部队下达停战令，并组成由共产党、国民党、美国三方代表组成的三人委员会。我方是周恩来同志，国民党是张治中上将，美国是特使马歇尔。为了监督停火，又在北平成立“北平军事调处执行部”，我方代表是叶剑英，并组建了 8 个小组乘飞机分赴华北、华东、华南实施监督和调解。派到广东来的是第八执行小组，我方代表是方方少将，国民党代表是黄维勤少校，美方代表是米勒上校。米勒兼任第八执行小组的主席。从国民党只派出一位少校军官就可见其对所谓华南停火是不在乎的。这个第八小组又组建了江南、江北、粤北 3 个支组，每组也是由 3 方组成。江南小组中共代表曾生将军，实际部队代表卢伟如上校；江北小组中共代表黄坚少校，实际部队代表周伯明上校；粤北小组中共代表和部队代表杨康华上校。1 月 25 日第八执行小组抵达广州，同国民党广州行营主任张发奎上将接洽。张接到蒋介石密令“长江以南不在停战范围之内，贵行营管辖区残匪希加肃清”，因此决心 1 月底消灭广东的中共部队。于是张于 2 月 5 日召开记者招待会，说：“本行营从未接到辖区有中共部队番号、驻地及驻军数目之通知，各方亦无此种情报。”“在广东只有专事扰乱治安者，仅像零星土匪。不能承认其为军队。”于是乎张发奎破坏停战协定，大打内战的罪恶行径便变成“剿匪行动”了。第八小组成了“多余”的事了。方方同志对此提出严正抗议，并要求执行小组到东江视察，但均被通过玩弄手法使之不能接触我军。

我党的对策是：1月31日，新华社发表了华南抗日纵队发言人的谈话，公开驳斥广州行营掩饰几个月来大肆进攻华南我军的罪行。2月26日新华社又发表了中共中央发言人的谈话，除驳斥国民党谰言外，还要求三人委员会及北平军事调处执行部迅速采取必要措施，纠正广东国民党当局的错误言行。《华商报》发表了方方同志指斥所谓广东无中共部队的说法，声明这一说法不代表整个第八小组的意见。与此同时，北平叶剑英同志郑重向重庆和广州方面交涉，“要求承认广东人民抗日游击纵队”，并指出“它的领袖是曾生”。延安《解放日报》、重庆《新华日报》和香港《华商报》都相继发表华南抗日纵队的抗战功绩。从香港到广东的舆论逐步向我倾斜，人民愤怒的呼声越来越高。

3月9日，党中央电召尹林平同志飞赴重庆，11日在曾家岩中外记者招待会上介绍了中共领导下的华南抗日武装建立和发展情况及7年来的功绩，揭露国民党不承认我党武装队伍的阴谋。

3月18日，周恩来同志再次举行记者招待会，并又一次让林平详细介绍抗战胜利前后，国民党发动内战的情况，并散发了在抗战中被东江纵队营救过的盟国军人所写来的感谢信。周恩来同志号召全国人民、盟邦朋友、各党派起来维护和监督“双十协定”的全部实现。这次记者招待会在国内外均产生了很大的影响，赢得国内外爱好和平人士的支持。何香凝、蔡廷锴、李章达等先后发表呼吁停止内战的要求，被我营救得以生还的英美军官撰文赞颂东纵是一支英雄部队，表示坚决给予支持。经过一系列斗争，终于迫使国民党当局承认广东有中共武装部队，并在重庆签订了有关东江纵队北撤的协议，其主要内容为：（一）华南有中国共产党领导的抗日武装力量；（二）华南中共武装力量北撤2400人，不撤退的可以复员，发给复员证，政府保障复员人员的生命安全，财产不受侵犯，就业居住自由；（三）北撤人员撤退到陇海铁路以北。撤退船只由美国负责。具体措施回广东再谈。为使这协议落实，重庆三人委员会派出三人委员会军事代表团来广州协助第八执行小组工作。其成员是中共代表廖承志、国民党代表皮宗阚上校、美国代表柯夷上校。代表团于3月31日抵广州，张发奎、林平也同机到达。

谈判伊始，张发奎又故技重施，企图否认在重庆达成的协议，硬说不知广东哪里有中共部队。廖承志同志质问他："你老是口口声声说广东无中共武装，那你们过去发了那么多限共、溶共、反共的密令又是针对谁的呢？目前你们又制定了绥靖密令，又是针对谁的呢？难道不是针对中共武装的吗？"张发奎被问得瞠目结舌，无言以对。他知道我们缴获有这些文件，不敢狡辩。柯夷上校和皮宗阚上校因为他们此来就是要解决东纵北撤的任务，因而也不支持张发奎的纠缠。

经反复讨价还价，到4月2日广州行营遂与第八执行小组就东江停战和东江纵队北撤问题签署了联合会议决议，包括三项原则、十项决议和一个决议附则。三项原则是：（一）登船地点：大鹏湾；（二）人数：2000余人（不得超过3000人）；（三）自开始调查之日起至登船之日止，以1个月为限，不得超出。

十项决议是将三项原则更具体化了些。4月3日廖承志等三人委员会军事代表团返回重庆，第八执行小组继续同广州行营打交道。

三、针锋相对

日本投降之际，毛主席8月13日在《抗日战争胜利后的时局和我们的方针》中，对蒋介石作了十分明确的分析："国民党怎么样？看它的过去，就可以知道它的现在；看它的过去和现在，就可以知道它的将来。"国民党打了整整10年内战以后，迫于形势，从1937年8月至1939年3月算是它的抗日战争时期，较少动用武装反共，以后三次反共高潮，则只打共产党，不打日寇和汪精卫。毛主席在日寇刚一露出投降迹象时，即考虑到华南纵队将要面对国民党大量兵力的进攻，因此一再指示广东的部队必须作大范围的展开，将兵力分散为几十人、百把人来活动以保存骨干和部队。为此东纵及珠纵主力分散到湘粤赣的39个县范围内。

蒋介石在"双十协定"后给广州行营张发奎发出密令：长江以南不在停战范围之内，贵行营管辖区残匪希加紧"清剿"，限期肃清。而张发奎手头先后共有新一军、新六军、五十四军、六十三军、六十四军、六十五军、独立第九旅、独立第二十旅和数以万计的挺进纵队及保安团，并收编了数万伪军；琼崖还有四十六军合共20余万人，主力虽要分批海运到华东及东北，但停留在广东待运时间至少半年，于是令这些装备精良的正规部队扑向东江纵队，以为个把月必可消灭我军，至少击溃我军以便保安团来逐个收拾，结果我们保存了实力，又把国民党的内战独裁阴谋暴露无遗，使之军事、政治上都败在中共的手下。

国民党一面同第八执行小组谈判，一面又加紧“消灭”我军的工作，在谈判北撤问题上不断节外生枝，最后在实在无力完成消灭我军的情况下，只好让我们集中到大鹏湾。国民党仍然企图在我们集中的几天时间内发动大规模的进攻，以便一网打尽，这是由何应钦总长下达给张发奎的密令。美军运输舰又以台风影响为由不能按6月25日抵达大鹏湾为配合，这个阴谋被我们长期埋伏在四战区司令部的特别支部的杨应彬、左洪涛、郑黎亚同志知道了，便迅速由萨空了带到香港给连贯。方方及林平同志将此事电告重庆的周恩来同志及北平的叶剑英同志，于是三人委员会和北平军事调处执行部内都给予揭露和严重抗议；新华社、《新华日报》、《解放日报》和各报纸包括香港的大小报纸都公开揭露和抨击。我们集中了的部队也作好了突围准备：主力分两个方向，东向惠东，西向阳台山、大岭山，总部及后方人员由海面转移，海上部队则已准备了数以百计的木船，并且同香港政府沟通可作临时转移之地（因英国能顺利从日军接收港九，我们曾给以大力帮助）。有了这些准备，加上我们派出远距离侦察分队，国民党不可能突袭成功。国民党看到阴谋已不能得逞，又受到各民主党派及人民群众的非议，才不得不放弃其恶毒阴谋。

四、后话

北撤部队集中以前，中央预见到全国全面内战不久将爆发，因此把林平同志留了下来，各地区也留下不少骨干和较好的武器、充足的弹药和经费。这些武装人员一律不得以东纵面目出现，许多干部转到地方党，尚有数百人转到香港暂住，其余战士则复员，一旦恢复武装斗争，又归队参战。1947年就开始重建公开武装，以林平同志为司令兼政委的粤赣湘边纵队至1949年已发展到2万余人，加上各江的武装，解放战争后期广东已有8万中共武装队伍，解放了23座县城。

东纵北撤的2583人，除了派到各纵队的干部外，在山东组建了两广纵队，转战冀鲁豫。1949年3月转隶四野指挥南下，并同边纵联合组成解放广东的南路军。东纵由南而北，到由北而南时，已为国民党在大陆的统治写上句号，迎来了新中国的诞生。为抗日战争和解放战争献身的勇士们，人民是不会忘记的！

回忆东纵北撤谈判斗争片段

林 展

一、广州小组的谈判斗争

1946 年 4 月 4 日我随同曾生、林平同志由香港九龙尖沙咀出发乘火车到广州，参加北平军事调处执行部第八（广州）执行小组（下称“第八小组”）的谈判斗争。

第八小组中共首席代表方方同志热烈欢迎我们，并介绍随他南来的陈华、黄坚、任以沛等同志见面。南北会师，倍觉亲热。方方同志扼要地向我们讲了在谈判方面的过程、当时形势和任务，使我们知道党中央、毛主席、周恩来等领袖对我们的强有力支持。他又强调要掌握有理有利有节的斗争方针。

第八小组驻地在广州沙面复兴路 64 号原苏联领事馆内，美方代表住 3 楼，首席代表兼小组主席米勒上校住在 2 楼至 3 楼间的一间独立房间，国民党和中共代表分住 2 楼东西两边。楼下为警卫人员及炊事人员住所。

在大院门口，国民党设了个哨，名曰保护，实则限制和控制中共代表的行动自由，提防外界进步人士、群众与我们接近。对于国民党所设置的这些障碍，我们采取有力措施，逐个击破，使他们不能得逞。

1. 限制出入。我们不畏惧，照常出入办事。每晚晚饭后必三五成群出门，在沙面环岛散步一周“乘凉”。他们无可奈何。他们干涉我们出入（如说我们没“报告”），我们则据理力争。他们的警卫（特务）最后也只好灰溜溜地，不敢乱找我们麻烦。我方人员外出，特别是重要代表外出，他们必派员“陪同”，实则监视我们，防止我们与地下进步力量联系。我们则几个人同时出去，他派一员（特务）随行（代表工具是人力车），我们则在适当时机，嘱黄包车先后分头而走，他们人手不够，只好顾此失彼。有一次，我就是这样跟随方方同志甩开随行的特务而找到叶挺同志的夫人的。

2. 破坏电台。国民党两次偷进我方住处破坏我方电台，企图中断我们与中央、北平、重庆等方面的联系。方方同志于是找到美方代表米勒上校，问军调部属下三方是否有权使用电台。米勒据规定作了肯定的答复。方方同志于是说明我方电台被破坏了，不能使用，请求他用美军电台代我们发报给北平执行部，他爽快答应了。此后我们就用这渠道进行了多次联络。当然用美方的电台不能用密码，还要用英文，但只要我们很快译成英文，交他一签字，也就可及时发出。国民党对此也无可奈何。

3. 国民党方面以为在他们的地盘里，还有美军代表为主席，他们的罪恶企图就唾手而得。但我方3位首脑代表方、林、曾精诚合作，他们均有丰富的武装斗争和政治斗争经验，加上善走群众路线，在小组中共代表内常集中或分头研究形势，制定方针、策略，所以常能在劣势中取胜。

如米勒上校虽是个职业军人，以服从上级为己任，但还不是反共的死硬派。他已届退休之年，期望把东纵北撤谈判任务完成后就回国，因而对国民党方面明显的无理纠缠拖延时日，也感到厌烦。而中共代表方方同志向他提出合理要求时，他就常会同意，有利我方。

4. 国民党代表黄维勤略懂英语，但不能谈吐自如，在第八小组内的谈判或谈话时，他难以与米勒及时详尽地沟通。其副代表凌志民是一尉官，开会从不发言，方方同志不失时机地勉励他：虽然各自代表一个党，但目的是要和平，不要内战，使他向我方靠拢。以后他在自学英语时，还不时过来我的办公桌旁请教。第八小组谈判所形成的文件为方式灵活的备忘录，中英文均有同等效力，须三方面签署的，以英文为主。起草人多为美方代表译员冯先生。他原是上海某洋行职员，临时来的，对政治军事内容的谈判较陌生，因此他常找我一起校对备忘录翻译的英文稿件，杜绝了国民党方在其上做手脚的可能性。

二、北撤登船前的谈判斗争

1946年6月29日（原稿如此，有误，应为6月29日——编者注），东纵等待北撤战士包括家属集结在沙鱼涌海滩上，当看到3艘运送东纵战士的舰艇出现在海平线时，大家都雀跃了。然而此时，方方等同志特别关照我方警卫部队，以防国民党万一背信弃义，乘机一举歼灭我方全体人员。方方事先和米勒商定知照国民党军广州行营，不得突破原已商定的分隔线。

但这时，国民党的小组代表罗绮皓上校却提出：登船人员要逐个按花名册的名字上船，并严格不得超过原商定的2400人。这节外生枝又是他们在拖延时间，妄图使我们不能在规定时间完成登船。方方同志率我和少数人登上登陆舰拜会舰长。一表谢意；二祝顺利抵山东烟台；三谈人数及登船的截止时间。该舰长表示：人数可不受2400人的限制，只要载得下，多些也无妨，登船时间限在天将黑以前完毕，因该3艘登陆舰均将起锚到海中停泊，必须在黑夜到来之前离岸。

这样，罗绮皓的无理要求又被粉碎。

我方一些临时要随队北撤的同志也顺利北撤了，共多去了近200人。

船起锚去海中时，方方、陈华、我和少数几个同志仍留岸上，待天将黑完才返回葵涌驻地。

次日凌晨（1946年6月30日）拂晓，我们又从葵涌赶到沙鱼涌，看着3艘美军登陆舰已升火，徐徐驶向外海。我们不管舰上的人是否看得见我们，不停地挥手祝他们胜利到达北方，最后恋恋不舍地离开海边。

三、后记

第八小组美方代表在东纵北撤后易人，另一上校接任，本是看有否可能谈判琼崖纵队的问题，但这时蒋介石已在全国范围内大打内战，于是第八小组结束，应北平军调部中共代表之召，由广州飞北平，我也随之调往。

不久，叶剑英同志接见了继任的第八小组美军上校，盛赞该组美方代表主持公道，使东纵北撤成功。

（作者注：由于华南师范大学陆永棣与广东省委党史办公室刘子健所写《曾生回忆录》和《方方传》已有详尽记载，故此篇从简）

养兵千日，用在一朝

杨应彬　郑黎亚

关于1946年东江纵队北撤时，我及时送出情报的具体情况，过去我都是语焉不详或一笔带过。这不是由于某些情节不清楚，而是因为20年前邓颖超大姐来广东时，当面对我们特支几个人交代过的，她说：“尽管事情已经过去近半个世纪了，但是我们不能用自己的文字叙述来证实，否则对台湾或海外同样或类似情况的人，非常不利。”

最近有不少同志，向我问起这个情况，余慧同志打电话来说：“今年是东纵成立60周年，老战友们准备出一本纪念文集，其中有一篇《东江纵队大事志》，有些情节和你有关，向你核对一下，主要是东纵北撤在大鹏湾集中时敌人企图围歼的情报是如何送出来的。有人说是左洪涛与方方握手时递了一张纸条，是不是这样的？”我说：“左洪涛递纸条给方方，是在1946年1月第八小组刚到广州的事，传递的是另一个情报，那是我们与方方接上关系的开始。而东纵北撤在大鹏湾集中时，蒋介石要就地消灭东纵的危急时刻是在1946年6月，时隔了半年。”我便把详细情况告诉了余慧，她说这就和她一直来了解的情况一致了。

今年春天，广东老游击战士在迎宾馆白云楼聚会，会议主持人吴介民同志一定要我发言，我便把这件事详详细细地向广东的老战友们作了口头汇报。大家听了后都很兴奋地说，事情经过原来如此。大家都很关心这件事，我也有责任把事情说清楚。后来想到还得用文字留下来作为内部材料，因此写了这篇文章。

1945年国共两党“双十协定”签订后，国民党一方面从后方抢运军队到东北、华北、华东、华南，一方面同我根据地和游击区抢占地盘。广东也打得很厉害，重点是针对我东江纵队和琼崖纵队。经过三人小组谈判后，根据党中央指示决定东江纵队（包括广东各江的游击部队2400人）北撤，由美国的登陆艇从大鹏湾海运到山东烟台，具体安排由军调第八小组负责。等到六月下旬，部队大体集中完毕，蒋介石突然紧急命令广州行营张发奎派部队包围东纵，蓄意挑起事端，将北撤人员就地消灭。当时我并不知道这个电报，是国民党广州行营秘密部署后由参谋处作战科中校作战参谋何兆康（兴宁人）起草了作战命令，然后会稿给我（我当时是主管兵力、装备、驻地等业务的作战参谋）。我看后大吃一惊，在按常规办完会稿手续之后将原稿退还给何兆康。中午快下班时，我提前几分钟立即赶到行营副官处找到左洪涛，把作战命令的主要情况向他作了汇报。左洪涛听后说：“糟糕！方方他们第八小组已经离开沙面，往大鹏湾去了。但我一定要设法把情报送出去。”当时，我并不了解他是怎么送的。

后来他告诉我，他先找到了狄超白（抗战前同薛暮桥、孙冶芳等人合办《中国农村》的老党员，但同我们没有组织关系，只是彼此知道对方是进步人士），狄说，他有紧急任务走不开，建议左到爱群大厦去找萨空了，并将楼房号告诉了左。左洪涛马上赶到爱群大厦找到了萨空了（当时他是香港《华商报》总经理，是刚从蒋介石集中营里被营救出来的进步报人），告诉他这个紧急情况，请他迅速赶去香港，报告给连贯或饶彰风。萨空了表示，他明天即搭最早的一班火车到香港去。

第二天一早，左洪涛从三楼跑到我们的住地四楼，笑着对我说："送到了，送到了。"我也会心地笑一笑、点点头就去上班了。晚上睡觉时（因隔壁住着一位参谋，我们认为他的思想比较反动，因此白天不敢说什么话），黎亚问我："你今天早上和左洪涛为什么这么高兴?"我说："这是绝密的事，也来不及告诉你，现在可以给你说了。我冒着很大的危险把国民党要围歼东纵的情报送出去了。我想党要我们坚守岗位，在关键时刻就要起作用，这就叫做养兵千日，用在一朝。"黎亚听完后说："你做得对，共产党员就要为党工作，即使牺牲，也是心甘情愿的。"

连贯等立即将这个情报告诉尹林平之后，区党委采取的重要措施，现在大家都清楚了，不用多讲。那就是立即向周恩来同志、叶剑英同志报告了，向在军调部第八小组的方方报告了，并在报纸上揭露国民党反动派的阴谋；动员各民主党派、社会团体进行抗议；北撤部队立即进入临战状态，占领撤离地的制高点，随时准备消灭来犯之敌；北撤的老弱妇孺准备坐小艇转入香港海域……经过一番坚决的斗争，终于挫败敌人阴谋转危为安，部队安然北撤。

这件事，最初我们也不敢说就是我们的情报起了作用，也许还有别的情报渠道。1951 年 3 月终于证实了，当时就是我们送出的情报起了作用。当年我从龙川土改分团调回省土改委员会任调研处处长兼任方方的政治秘书，从汕头回广州时，我坐在方方的汽车里，过了增城之后，他对我说："东纵北撤时，你们送出来的情报很及时、很重要，要不然，东纵北撤会是一个什么结果还很难预料。"他又问我："当时的情报是怎样送出来的?"我当时也还不了解左洪涛找萨空了送情报的情况，于是回答说："待我回去详细问左洪涛。"左就把上述情况告诉了我。20 世纪 80 年代后期，已是党员并任全国政协副主席的萨空了来广州视察，在中山纪念堂的一次晚会上，我们坐在一起，我对他说："你为广东人民做了一件大好事，在东纵北撤时，送了情报给连贯和尹林平，保证了东纵的安全北撤。"他笑笑说："我当时也糊里糊涂啊!"

（杨小村供稿，选自杨应彬、郑黎亚合著《金华集》，广东人民出版社 1995 年版）

作者简介：杨应彬（1921—2015），广东大埔人。1935 年参加革命。1936 年加入中国共产党。1937 到 1947 年奉命参加中共特别支部，在张发奎部做战地统战情报工作。1947 年撤退，1948 年任中共华南分局军事特派员、粤桂边纵队参谋长。中华人民共和国成立后，历任广州市军管会副秘书长，广东省政府办公厅主任，中共广东省委副秘书长、秘书长、常委，政协广东省第五、第六届副主席、党组书记，中共第十二次、第十三次全国代表大会代表，中国人民政治协商会议第七、第八届委员。

作者简介：郑黎亚（1919—2013），江苏海门人。1937 年参加革命。1939 年在战地服务队参加中国共产党，曾担任中共广东特支第四任书记。1948 年奉命参加中共华南分局，在梅州创办梅州公学，任政治处副处长。中华人民共和国成立后，历任广州市妇联秘书长，广州市委党校教育长、副校长，广州市委政策研究室主任、市委副秘书长、市直机关工委书记、市顾问委员会委员。杨应彬的夫人。

北撤山东散记片段

李　征

时刻准备突围

1946 年 6 月上旬，一天上午，司令部的通信员来到我们住地，通知我和黄布 9 点钟到司令部开会。我和黄布带着警卫员廖华仔和张琴仔，向东边山脚的三溪王屋村走去，到司令部驻扎的那幢楼参加会议。

这是曾司令召集的团级以上的干部会。曾生主持会议。他传达了中共广东区党委的电报指示：为加强统一领导，成立北撤部队军政委员会，由曾生任书记，王作尧、杨康华、林锵云、罗范群、刘田夫、谢立全、谢斌为委员。这时我们才知道林平不参加北撤，留在华南。曾生讲了当前的形势：当地的国民党军一个多师，师部和一个团驻淡水、澳头，一个团驻龙岗、新圩，一个团驻横岗、平湖一带，平山有“保七团”，还有土顽武装，包围监视着我队。他号召我们要保持高度的警惕，加强情报工作。他指令把已到达的“江南”“东进”“护航”等武装部队，迅速整编为战斗的主力队，做好思想政治工作，加强领导；要搭起“干部队”和“家属队”（即“妇女队”）的机构，由香港和全省各地来的干部和女同志，随时编进有关机构，妥善安置，进行学习。曾生还要求加强后勤工作，保障供给，因部队一下集中这么多人，吃、穿、用、医疗都是大事。至于我队北撤的经费，是由党中央给的，采取先向国民党银行借款，然后由党中央还给他们的办法。但在借款、借粮中仍有斗争，要加强后勤机构的工作。

正在会议进行中间，司令部的干部忽然带了一个“国民党军官”走进会议室来。举座惊讶，不约而同地注视他。只见他头戴美式国民党军官的大盖帽，穿着少校军衔的黄白色军服，身材魁梧，仪表堂堂，40上下年纪，操一口“老表”（江西）口音的普通话：“我来找曾生同志！”我们更加惊讶，一时脑筋没转过弯来。曾司令站起身，迎上前去同他握手，问他：“贵姓名？”他答：“谢立全！”两人紧握双手。他补充说：“林平同志叫我完成任务后就来报到。”曾司令爽朗热情地说：“林平同志通知我了，你来得正好！我们正开会，请坐，你就参加吧！”

我们团级干部都知道谢立全是延安派来的老红军。他原是“中区纵队”（珠江纵队前身）参谋长，现任“广东人民抗日解放军”的代司令，怎么穿着这身“老虎皮”来葵涌报到？大家都有点纳罕。谢立全坐下对大家说：“我接到广东区党委的指示，要我到香港参加北撤。我到香港后，林平同志叫我参加‘执行小组’的工作。这个‘执行小组’（三人小组）的主要任务是：督促和监视国民党军队根据协定，撤到淡水、坪山、龙岗、横岗一线公路以北，使我北撤部队能在葵涌一带集结；再是，测定沙鱼涌海面登陆艇的登陆场所。美、蒋代表总想玩弄花招，拖延时间，强调‘要半个月才能完成测量’登陆地点。我据理力争，最后议定：测量工作以一星期为限，并立即出发葵涌、澳头、坪山、龙岗、横岗等地，视察国民党军队有无执行协定。事实上，葵涌的国民党军队，在‘执行小组’到达坪山时，还没有走。经过一番斗争，才迫使国民党军队撤到淡水、龙岗一线以北，使我队能及时在葵涌一带集结。”我们听后才恍然大悟。后来知道，我方参加“第八执行小组”的江南、江北、粤北各个支组的同志，为便于在国民党区工作，都穿上了带军衔的“老虎皮”。

6月16日，周伯明和陈达明率领“江北”部队来到葵涌。“江北”部队和“东进”部队等合编成一支战斗队伍，由周伯明、张持平和叶基负责。集中已半个多月，只剩粤北部队未到。大家都焦急地等待粤北部队南下的消息，为他们的安危担心。

6月中旬的一天上午，曾司令又派通信员来把黄布和我召去，对我们讲了近来的形势。他说：“我们江南、江北和‘东进’部队都集中了，粤北部队还没有到。国民党军队在惠州、淡水地区除原有1个师外，近日又增加一个师，加紧对我包围、压迫。我们必须提高警惕，要谨记‘皖南事变’的教训，提防反动派对我发动突然袭击，防备反动派聚歼我纵队的阴谋，切实做好战斗的准备。”接着他说了最近党委会议的决定和加强应变的部署。他说：“‘东进’‘七支’和‘江北’部队及护航队组成的主力队，由周伯明指挥；国民党军队一旦向我进攻时，主力队就向海、陆、惠、紫、五边突围。海上准备了几百条船，打起来，干部队和家属队就上船，从海上撤退。现时，由‘江南’部队担负警戒任务，要加强对淡水和坪（山）龙（岗）两个方向的警戒。高健率部负责田心方向的警戒。另外决定：派你俩去领导江南主力营加强对坪（山）龙（岗）方向的警戒。由黄布任军事特派员，李征任政治特派员。你们警戒部队的任务：国民党军进攻时，你们要坚守，坚决掩护主力部队突围和干部队、家属队撤退。完成这3项任务后，你们就地坚持惠、东、宝的武装斗争。叶文华军需会给你们初期的活动经费。”

我和黄布表示坚决拥护纵队党委和曾司令的决定。我们知道这是光荣而艰巨的任务。我俩激动地表示：“我们誓死掩护主力突围。干部队、家属队不撤完，我们决不转移，我们人在阵地在！打剩多少人，我们也坚持斗争，在惠、东、宝打游击，拖住蒋匪军。”

我俩接受新任务后，只从原四团的干部中要了袁康（武的）、谭军（文的）和韦世珍（救护队长）3名干部和廖华、张琴2名警卫员，1名运输员，组成“特派室”。翌日我们即到伯公坳江南主力营，当即向营长邱伯寿、政委邓汀和祁兴、曾福等营、连骨干传达了纵队党委的决定和曾司令的命令。这营有4个连，300余人，装备较整齐。各连党支部对新任务作了深入的政治动员，保证战斗打响后，坚决完成掩护主力突围和非武装人员撤退的任务。伯公坳南距葵涌20里，北距坪山10里。我们同营、连干部看过地形。黄布提出了布防的意见，除加强坳上的警戒外，在各个阵地加固简易工事和机枪阵地。

我们守在坳上，暂无战事，但心境是不平静的。我们注视着全国的斗争形势，思虑北撤的全局。6月24日，粤北部队克服种种困难，到达葵涌集中，并编成另一支主力队（其突围方向是横岗、江北，由王作尧指挥），大家放心一些。原计划于6月24日登轮北上，因有台风的影响而逾期3天，后又说美国船还没有来，要延期北撤。夜长梦多，这是我们最担心的事。此时，国民党军在东北已经开始大打。6月26日国民党军围攻我中原军区宣化店，已发动了全国规模的内战。我们北撤部队二三千人集中在大鹏半岛葵涌一隅，处境是很险恶的。我们警戒部队日夜提心吊胆，加倍警惕，防备国民党军的突然袭击。

幸赖党中央对全局斗争的掌握和领导，对国民党当局针锋相对的斗争。中共广东区党委书记林平在香港通过《华商报》《正报》等进步报刊，有力地开展舆论工作，及时揭露国民党军妄图背信弃义围攻我队的阴谋，终于推进了我队北撤工作的进展。6月28日夜，我们才奉司令部的命令，将邱、邓营撤来葵涌犁壁山村警戒。这就是说，我们在登轮前夜，收缩部队，圈子已缩得很小了。

6月29日上午，我处理邱、邓营的复员工作，心情难过。我给一名副指导员和几名战士发了复员证，发了复员回乡的路费。有一名战士没有便衣，只好把我的一套便衣给了他。我的警卫员张琴仔随我从路西到稔平、乌禽嶂、河源白云嶂、五华葵头嶂，直到韩江八乡山，又回到东江，一年多来生死与共，患难相扶，结下了真挚的友情。虽有他的北撤名额，我也很希望他参加北撤，他原先也很想参加北撤，但在最后一天，他阿婆来了，哭求他复员回家，他心软下来，放弃了北撤，领了复员证。我酸楚难言，我们只好挥泪惜别。后来，听说张琴仔复员不久又重新拿起武器，参加了粤赣湘边纵东江第一支队第三团，担任了排长，在花红岭的一次战斗中壮烈牺牲了。

从广东到山东

6月29日中午，我们整队开到沙鱼涌的沙滩上候轮北撤，全队成列坐在沙滩上。等到下午4点钟，1艘美国驱逐舰导航，3艘登陆艇尾随而来，泊在沙鱼涌的浅滩上。中共代表方方少将站在沙滩稍高处向我东纵北撤人员讲话。他代表延安总部高度评价了我们东江纵队的功绩。他说：“你们打了八年日本鬼子，解放了大片国土，挽救了千百万同胞的厄运！然而日本鬼子投降了，你们却不能不离开家乡……”方方同志说出了我们的心声，说出了我们对国民党反动派的愤慨。接着他又勉励我们要坚决完成北撤任务：“你们为了和平……，不怕牺牲，不怕艰苦，义无反顾地集中北撤。……去为和平、民主而努力，去为创造新中国而努力！”我队女翻译林展用流利的英语，把方方少将的致辞翻译给美军代表听。曾司令讲了话，向乡亲们和复员战士告别。国民党军队代表，照着我队编的北撤人员花名册逐个点名，其目的在于重点查对我队已出名的军政领导干部是否参加了北撤，否则国民党当局“不放心”。

点完名，仪式结束。4 时许登轮。3 艘美国登陆艇，打开艇头，斜放下宽大的钢踏板。我各队指战员按预定步骤武装涉水登轮，水深及腰，队形逐渐变乱，国民党军官无法逐个复查。此时，有 100 多名不愿复员，又没有北撤名额（国民党限我北撤名额 2400 人）的小鬼、战士、运输员等，便在各船战友的引导下，“混”上了船。所以北撤的真实人数是 2583 人，其中女同志 400 多人。各地，特别是惠、东、宝和港九的军属亲人们，闻讯来葵涌送行。我们集中沙滩登轮时，军属亲人们纷纷站到沙鱼涌的山巅上挥手送别。

第一船载的是“东进”“江北”“七支”和“护航”等部队 800 多人（“护航”队中编有干部队）。曾司令和刘田夫在这船负责总的指挥。曾司令通过电台直接向延安总部汇报每天的航程和请示，并和另两船联系。这艘船团以上干部有卢伟良、周伯明、张持平、陈达明等。

第二船载的是“江南”部队和家属 800 多人。负责人有罗范群、谢立全、谢斌和卢伟如等。黄宇、叶锋、黄布、高健等也在这艘船。

第三船载粤北部队 800 多人，由王作尧、林锵云、杨康华指挥，邬强、李东明、彭沃、郑少康等在这艘船。

登船后，美军船长要求我们部队按其规定：除少数指挥员外，所有枪支武器弹药都要入库、加锁。经斗争，美方船员的枪也入库，钥匙由双方掌管。即使如此，我们还是不放心，为防备国民党背信弃义，阴谋陷害，我们各船都作了应变的准备。据叶基说，第一船挑选了 10 人，暗藏下 10 支短枪；物色了若干名当过海员、熟悉航海业务的同志，准备必要时代替美方的大副、轮机人员。第二船则选了十几名勇壮之士，日夜监视着收藏我队枪支的船舱，准备必要时迅速夺回枪支弹药，武装起来对付敌人。据说，第三船挑选了李昌等近 20 名连排级干部，包袱里暗藏下近 20 支驳壳枪，在甲板上活动，由黄秀指挥应变。据谢立全说，我各船的负责人，日夜在航海室轮流值班，检查航行路线，以防万一。我们登轮后，当晚没有启航，仍在沙鱼涌海面过夜。翌晨（6 月 30 日），在美军驱逐舰导航下，3 艘登陆艇相继启航。除甲板上活动的同志和哨兵外，绝大多数指战员们都在大舱里挤“沙丁鱼”，只能轮流从舷窗里向大鹏半岛的山峦告别。航行5昼夜只在过台湾海峡时有风浪外，基本上风平浪静。

7月1日，为庆祝中国共产党成立25周年，我们第二船在甲板上开了干部会议。会上传达了曾生同志的电报：庆祝党的生日，要发扬光荣的革命传统，紧密团结，时刻警惕，随时准备战斗，保证胜利完成北撤任务（大意）。传达下去后，各连都开会，进行动员活动。

我们乘坐的这些美军运输登陆艇，原先是替国民党反动派从九龙运兵到秦皇岛或青岛的。反动军队带有军妓，供他们军官和美军水手淫猥狎邪。这次是运“共军”，他们以为“共军”也同“国军”“差不多”，所以有些美军水手见到我队一些女同志便表现粗野无礼，甚至撞进女浴室耍流氓。我队负责人提出强烈抗议，义正词严地说明我们是人民的军队，同国民党反人民的军队有本质的区别；我队的妇女是人格高尚的女战士和军人家属，人的尊严和人身自由不许侵犯，不许无礼。负责人还向美军船长做了团结工作，由其船长训诫其水手，以后就没有再发生对女同志不文明礼貌的事情；夜里还在甲板上挂起“银幕”，放映美国影片给我们看，其中有的是第二次世界大战的纪录片，讲盟军对日、德、意法西斯作战的友谊。这就有了些共同的语言，改善关系，相安无事。

航行5昼夜。7月5日清晨，导航舰和3艘登陆艇，相继抵达山东烟台港。我队全体整饰军容，已发军服的，一律穿上草绿色的列宁式军装，打开舱库，各人领回自己的枪支弹药，列队登上甲板排成方阵。纵目浏览，美丽的烟台市和港湾尽入眼底，心胸为之开阔，倍感解放区城市的可爱。我们列队登陆，在烟台挡浪坝码头集合参加烟台市党政军民各界联合召开的欢迎大会，热烈庆祝东江纵队北撤的胜利。胶东行署主任曹曼之，胶东军区副司令王彬，6师师长刘涌、政委仲曦东，副市长徐仲夫等同志，及各界人民团体代表热情讲了话，给我们很大的鼓舞。曾司令致答词，热烈感激胶东和烟台市党政军民的盛大欢迎和慰问。大会结束，我们北撤部队在老大哥引导下离开码头，成2路纵队进入市区。

华东军区司令员陈毅同志对东纵的北撤非常重视，据说他亲自发电报指示胶东军区和烟台市委，要动员10万群众夹道欢迎，宣传“东纵”是为了国内和平而北撤的。我们所经过的街道，两旁密密麻麻地站满了干部、民兵、工人、农民、店员、职员、学生、妇女、少年儿童，他们打着彩旗、横幅，敲锣打鼓，吹奏唢呐，扭秧歌。歌声、欢呼声、口号声响彻云霄，震荡市区：“热烈欢迎抗日有功的东江纵队！”“坚决保卫和平！”“坚决保卫解放区！”“反对国民党反动派打内战！”许多老大妈挽着筐筐，把鸡蛋、馒头塞到我们怀里；小姑娘把桃、杏、苹果塞进战士们的挎包。老大妈见我们许多人黄黑消瘦，握着我们双手，掉下了热泪，频频安慰："好好休息，到了山东就是到了家乡！"我们感动得热泪盈眶，高呼："向烟台人民学习！向山东人民学习！""向八路军、新四军老大哥学习！""誓死保卫解放区！"欢迎大会和夹道欢迎的壮举，实际上成了保卫和平、反对国民党反动派发动内战的总动员。

7月7日，胶东和烟台市党政军民联合举行纪念"七七"抗战9周年和庆祝东江纵队北撤胜利的大会。晚上党政军负责人在行署礼堂举行宴会，招待"东纵"北撤的团级以上干部。行署曹主任、军区王副司令员、6师政委仲曦东同志都讲了话，给予"东纵"北撤胜利很高的评价，再次给我们很大的教育和鼓舞。宴会后，举行了联欢晚会。六师文工团演出许多精彩节目，体现出文艺为工农兵服务的方向，也给我们很大的启发和教育。连日来，各行各业的慰劳队，不断地到我队各营房来慰劳。首先是烟台市医院来收治我队的伤病员和产妇，病情较重的立即住院治疗。澡堂子向我们开放。理发师傅挑着剃头担子到营房为战士理发。水果店慰劳水果。茶叶铺送茶叶和盖碗茶。烟厂赠送自制的香烟。胶东军区后勤部专门拨大米供应我队，又派100多名炊事员来教我队炊事员做馒头、花卷、包子、饺子等面食。伙食标准高，每餐有肉菜。军区对我们生活上的关怀照顾，无微不至。

烟台张裕酿酒公司是广东大埔县人张弼士先生（清末爱国华侨民族资本家）创业的，此时由其孙和曾孙辈经营。"东纵"干部张旭（大埔西河人）到"张裕酿酒公司"访问，宣传东纵一贯执行抗日民族统一战线政策，团结港澳同胞和海外侨胞，护商护侨及八年抗战战绩。"张裕"的经理立即认同乡，热忱邀请东纵指战员到"张裕"参观。我们临时组成参观团到张裕公司参观。张经理带我们去看了地下室的几个大酒窖，看了现代化设备的化验室，介绍了整个生产过程和营业情况（在巴拿马国际博览会上，获得"金奖"的白兰地酒就是此厂的产品，为祖国赢得了金牌、赢得了荣誉）。"张裕"的儿孙们和职工们一直为此荣誉而自豪，自强不息。参观完毕，张经理请每人喝鲜甜的葡萄汁。另一天，设宴盛情款待东纵代表数十人，品尝了名牌产品葡萄酒和"金奖白兰地酒"。后来东纵文工团还到该公司为职工们演出了文艺节目。

数天后，我队移驻烟台市郊福山县几个村庄。司令部和政治部驻芝水村。县、区、乡政府又开展一次慰劳活动，发动各村群众来营地慰问。我队开展了拥政爱民活动，反复深入进行群众观点和"三大纪律、八项注意"的教育。某日，烟台市"文联"又邀请东纵文艺界代表到市里开座谈会。此时，东纵文工团正在搭架子。政治部主任杨康华同志指定我（宣传科长）和杨凡（股长）权充代表，陪同画家涂夫、文工团副团长谭军、随军记者钟紫等六七人到市文联参加了会议。烟台市文联主席虞棘主持会议，还有文艺工作者和新闻工作者十余人参加。主席致词热情洋溢，充满战斗情谊，到照相馆照相留念，又到酒楼设盛宴招待。最后，虞棘等热情要求东纵文工团演出“广东节目”给烟台军民观看。我们硬着头皮答应了，回来向杨主任报告请示后，决定演出多幕话剧《路西一年》（东纵一支队政治处“东江流动剧团”集体创作，孙冰执笔和导演）等富有广东地方特色的节目。原剧本没带去烟台，就是靠谭军、陈全、巫军等“东流”的团员把剧本台词背诵录出，印发给文工团突击排演。在东纵文工团团长蔡史野（史野），副团长谭军，指导员夏洪、欧巾雄（女）及戏剧股游波、乔毅（女），文艺股的韦丘，音乐股的方斯等同志和全团人员的齐心协力下，只几天突击准备，就到烟台剧院公演，用普通话演出，场场满座，博得好评。

劳军活动为时一个多月，以华东局和华东军区代表团的慰问为高峰。华东代表团的团长是梁国斌同志，他是闽西的老红军，华东局保卫部部长，还有华东军区政治部宣传科的白彦（广东大埔人）等五六位同志，从临沂出发，路远迢迢，来到烟台芝水等村慰问我队全体指战员。梁国斌的讲话介绍了许多宝贵的经验，对我们的教育启发很大。总之，整个劳军活动过程，就是对我们深入进行生动活泼的教育过程，极大地鼓舞了我纵指战员的斗志和士气。

到了烟台，我们听到了中原军区新四军突围胜利的消息，又听到新四军在苏北七战七捷、歼灭蒋军几万人的捷报。还有胶济前线的捷讯。这期间还听到一件振奋人心的事：东江纵队北撤为什么能够胜利？我北撤部队在葵涌这片弹丸之地集结时，国民党反动军队为何不敢聚歼之？据说，中共广东区党委获悉国民党当局策划聚歼我北撤部队的阴谋，立即电报党中央，党中央令周恩来同志和叶剑英总长严正警告国民党当局和广东魁首张发奎：如果你们敢在南方歼灭我东纵北撤部队 2400 人，那么我们就在北方加倍歼灭你们的先头部队，围攻济南、徐州。当时，国民党军正在围攻我中原军区，无暇他顾，遂在广东敛手。

1986 年 6 月 3 日晚写完

作者简介：李征，祖籍广东省大埔县，1919 年 10 月出生于马来亚，1936 年加入马来亚共青团，1938 年加入马来亚共产党。曾是马来亚马六甲学生抗敌后援会负责人、马六甲各民族各业工人联合总工会党团书记。1941 年回国参加广东人民抗日游击队，历任政治部组织科干事，《新百姓》报负责人，宝安大队政治处主任、第一支队政治处主任，第四团政治委员，东进指挥部政治部主任。

我的北撤经历

黄顺平

部队集结　剑拔弩张

1946 年 5 月底，我带着队伍在江西龙南县活动，忽然接到大队长曾春连通知：“限你部 5 月底在南雄县百顺圩集中，准备南下宝安县沙鱼涌，北撤山东烟台市。”通信员最后还调皮地笑着说，如若延缓集中时间，大部队开走了，你们就自己打天下吧！哈哈……我心想自己只会带小部队打小仗，一个团、一个师、一个兵团怎么打仗，一窍不通，又不知怎么建立政权，怎么给农民利益，想找个 359 旅的伤病员当我的参谋长都找不到，我还是赶紧跟着大部队北撤，看看百团大战是怎么指挥的。

原来，重庆谈判以后，国共两党成立了军调部，派军调第八执行小组赴广东解决停战和中共广东武装部队北撤问题。国民党一方面同我们谈判，一方面疯狂进攻我解放区，企图拖延时间消灭我东江纵队。我们在粉碎对我军事进攻的同时，在谈判桌上揭露其企图消灭东江纵队的阴谋，据理力争。经过不懈的努力，终于在 1946 年 5 月 21 日达成中共广东武装人员北撤山东烟台的具体协议。各部队紧急集中，准备有序地撤离广东。

我们带着部队按时来到集中地点。大队长曾春连对我说：“部队借了国民党政府 2 亿金圆券，给你背 200 万元，中途打散了好养部队。”我把衣物都甩掉了，背着钞票，夜里就拿钞票当枕头，抱着机枪睡觉。我们在蒋军的围堵下一路南下，蒋军在我们的后面和左右两翼各派一个团，夹着我军南下。行军途中，有病的同志都不敢掉队。

一日，部队住下了，派一个连上右侧山上担任警戒，遇到了国民党军阻拦，不准我们登山警戒，双方对峙，互不相让，因为有停战协定，谁都不敢开第一枪。通信员跑回来向王作尧副司令报告：国民党一个团在山上，不准我警戒部队上山。王副司令立即带各部持手枪人员赶到中美调停小组美军代表跟前。把子弹推上膛，枪口对着美军代表小腿，眼睛盯着美军代表的眼睛，王副司令要求美军代表驱逐国民党军，确保我南下部队安全。美军代表责骂国民党军上校代表，上校立即叫宪兵排派人去驱逐山上的国民党部队。

紧张情况消除后，各部队分批去河里洗澡。国民党军队的宪兵们也来河里洗澡，他们看我们快活唱歌，个个自由自在，便和我们交谈起来，了解我们宗旨，知道我们是官兵平等，士兵可以向长官提意见，在一定会议上士兵可以批评长官做得不对的事情。他们觉得自己受压迫、不自由。他们对我们说：“我们宪兵班长一天不打人骂人就吃不下饭。”他们羡慕我军官兵平等，言行自由，精神快乐。后来宪兵们不断开小差，国民党上校生怕没到目的地，宪兵们就跑光了，中途便换了一个宪兵排。

离开家乡　恋恋不舍

部队一路艰辛，到了博罗县澜石圩观音阁住下来，休整了两天，选择安全渡口，渡过东江河。这个时候，不少同志的家人纷纷找来，要他们回家。对于这些想要留下来的，只要能保证安全，部队首长都同意让他们回家。有些战士不知道北方什么样，心中茫然，离开家乡也恋恋不舍。家里人也不放心，希望亲人早早回家。我排机枪射手是东莞石龙镇人（姓名忘记了），两个老婆找来了，要他回去，说：“国民党镇政府保证他的安全。”我同意他回家了。但当时钱上交了，我手头没有路费给他，也没有东纵发的临时复员退伍证明，他就不等了，先和老婆们回家了。有好些同志复员不敢回家，怕遭到国民党迫害，便去了香港和海外。我的副指导员卢清对我讲：“我父亲寄来30多万法郎到香港，你愿不愿意和我一道去香港做生意？”我那时不懂做生意，只知道打仗，就说：“谢谢啦，我想到北方去学带兵打仗。”

部队在博罗澜石圩穿过广（州）汕（头）公路。在行进途中，遇到闻讯赶来找儿子、找丈夫的家属近千人。他们有的从几十里以外迢迢赶来，有的还带着家里人，携老扶幼一同来寻找亲人，渴望看到自己的亲人。夹道的人群仔细审视着队伍中走过的每一个人，我却生怕让母亲认出来纠缠着不让走，便低头急急行进，不敢看路两边的人。群众寻找亲人焦急企盼的心情包围了部队，他们尽量凑到我们跟前，几乎把脸贴到我们脸前，全神贯注地辨认队伍中闪过的每一张脸。估计大多数都没找到亲人。她们找不到亲人，就都流泪了，她们一定在想：他是在别的部队？还是战死疆场？我经过家乡没有被家人发现，后来随大部队北撤了。自打我参军以后，孤苦的母亲身边没有了男孩，拉扯着两个妹妹非常艰难地活下来。家里人一点儿都不知道我的消息，她每天想起我就流泪，几年下来，眼睛哭坏了，常常发炎，视力渐渐衰退。她到处打听我的消息。有一次，一个乡亲告诉她说，看见你儿子了，他攻打乡公所时负了伤，胸前打了一个大洞。“真的吗？”我母亲焦急地问，“真的，还向我要水喝呐。”那是1947年，是北撤以后组建的部队攻打福田乡公所失利，死了不少同志。母亲想我心切，带着17岁的妹妹去翻尸，一具一具的尸体翻来辨认，看看有没有我。又害怕又着急，一边翻一边哭，又想找到我，又怕翻到我。不知我的死活，她的心情一直不好。直到1949年冬天全国解放后，她才接到中国人民解放军寄来的革命军人证明书，这下心头总算落下了千斤石，才有了笑颜，才觉得大地花开。当然，此是后话了。

部队渡过东江，来到深圳东侧海滩小镇——沙鱼涌，这里已有3000多人在此集中，等待美国登陆舰将我们运往山东解放区。东纵当时已经发展到11000余人，还有民兵12000人，大家听说北撤租用的3条登陆舰只能坐2500人，部队只能带部分主力和骨干，因此要疏散一部分同志。在南雄县时，曾春连队长曾告知我们，北上舰船坐不下那么多人，还征求我意见：“愿不愿意留下给人招女婿，做地下工作？或去读书，搞学生运动？还是留下坚持武装斗争？”我答复曾大队长：“我想北撤，想去解放区了解百团大战是怎么打的。”坚决跟着部队走。

东江纵队先后成立了9个支队、6个独立大队、4个指挥部，根据地人口达到450万，建立了一批抗日民主政权。作战范围自香港到粤北湘赣、自大亚湾到广州郊区。先后对日伪作战1400余次，对顽军作战600余次，大量歼灭敌人有生力量，牵制了敌人的大量兵力，威胁日军沿海防线，破坏敌人交通运输和通讯联络，营救爱国人士，积极配合全国抗日战场和盟军对日反攻作战，成为中外皆知的华南抗日战场的一支主要力量。东江纵队和具有光荣革命传统的广东人民有着深厚的革命情谊，现在他们要撤离广东北上，根据地的人民真是舍不得，大家都沉浸在难依难舍的情绪中。6月29日，部队在沙鱼涌举办了告别大会。

我和中队副赖观娣带部队去参加告别大会。部队来了数千人，人民群众也来了数千人。先是军队代表讲话，说明我军为了和平忍痛撤离战斗的故乡——广东，感谢广东人民全力支援我军打败了日本侵略军，也感谢人民帮助我军抗击了蒋军的大规模的进攻。我们北撤之后，和八路军、新四军一起团结战斗。我们有百万大军，总还是要回来的。接着是根据地政府代表讲话，群众代表讲话，句句都充满了惜别之情。有人用民主人士编写的歌曲《再会吧香港》的曲子，填词谱写成“再见吧！东江父老乡亲”。东江纵队的指战员们唱起这首歌，唱得情深感人，群众都流出了泪水，有些人都哭出了声。真是难舍难分。东江纵队挥别生养自己和鏖战多年的故土，转战胶东。亲爱的故乡再见了，敬爱的广东人民再见了。

搭乘美舰　斗智斗勇

我们上船前要排队去打防疫针，我军医生和国民党军医站在队伍两侧，每人左右臂共打了 5 针。很多人打针后药物反应发高烧，失去战斗力，稍似好转，便登舰北撤。登船地点是宝安县沙鱼涌西侧土洋村前的海滩。

美军只准 2400 人登舰，我方名册交给“三人调停小组”美方代表。美蒋代表核查后大约 2400 人。然后排队上船，一人一枪地通过。海水齐屁股深，大家抢速度，最后变成多路登船，美蒋代表已经无法核对人数。这时站在岸边送别的已经复员的战友和一些坚决要求随部队北撤的同志，一见此景，再也控制不住感情，像突然爆发的洪流，流着泪冲向海里，蜂拥上船。混乱中可能又多上来了 200 人。这个突发情况是始料不及的，只好让他们随部队北撤。实际上最后登船北撤的人数是 2583 人。除了东江纵队，还包括珠江纵队 89 人、韩江纵队 47 人、南路部队 24 人。

美国方面要求上船的人“枪支全部入库保存”，把我们的枪缴了。少数人把手枪打在背包里，藏匿不交枪。大家都担心交了枪，美国兵把船开到上海去，把我们交给国民党怎么办？有消息灵通人士对大家说：“不用怕，我军已包围了长春，围了江苏省长韩德勤，国民党敢动我们，我们就消灭他们。”

在我们登船的时候，国民党军开始攻击我岸上的警戒部队，包围了我警戒炮楼，并纵火烧我军炮楼。火势熊熊，指挥员黄生令大家弃楼，结果有人跳楼跌伤被捕。其实，蒋介石军队阴谋在我东江纵队集结沙鱼涌之时，围歼我们北撤部队，制造第二次“皖南事变”。幸而我地下党员及时掌握了情报，报告了周恩来同志，在香港报刊予以揭露，引起舆论哗然，蒋军才没敢实施围歼计划。

从粤北回来的人，全部在第三船，不足千人。船上又上来了一些从香港回来的女同志，穿着旗袍，很漂亮。她们能去解放区很兴奋，唱着歌，兴奋得很。美国兵色眯眯的眼睛盯住她们，寻找“攻击目标”。有一个美国兵溜进女兵舱，抱住我军女兵企图施暴。螳螂捕蝉，岂知黄雀在后，五支队女指导员欧巾雄抡起扫把猛打施暴美军（广东人认为扫把打人，被打的人会变鬼），一直追赶到甲板上。弄得大家都知道了，愤怒谴责美国兵。美军变换了一个手法，向我方提出请几名女同志在他们船上帮忙工作，以为这样就变成他们内部问题了，我们就管不着了。我们骂他们瞎了眼睛，我们是共产党队伍，不是国民党军队。他们看我们不买账，就停了水，没有水不能做饭。

6月的天很热，船舱内散发着热气，甲板上太阳晒得烫人，没有水喝比没有饭吃还难受。有人喝海水，比盐水难喝；有人喝自己的尿，尿腥臭。美国兵又向海里发射炮弹，向我们示威！船上我军大多都是干部和战斗骨干，谁都不怕，大家根本没把这些美国兵放在眼里，酝酿着一场暴动。大家商量好，3个人抱1个美国兵跳海和他们同归于尽。有人去报告了王作尧副司令员。林锵云（珠江纵队司令员）立即出来讲话，劝说：“同志们，不要动！我们已经报告了曾（生）司令，他现在正和美国舰队司令交涉，很快就会有结果。”经过交涉，每天3餐，每餐供水30分钟给我们做饭。大家情绪才安定下来。在焦渴的时候，女卫生员梁娟在漏滴水处接来一壶清水，分给大家喝，真是久旱逢甘雨，有救命之效，大家永记难忘！船到台湾海峡，恰遇台风，巨浪打在船头上，像隆隆的炮声。我不放心，撑开雨伞上甲板，巨浪打来，我撑不住雨伞，没抓紧，伞被卷入海中。海浪的力量这么大呀，如果不及时松手，怕连我都拉下海了。下午三四点钟，天黑得怕人，山头般的大浪在茫茫大海中相互比高，咆哮着向我们坐的兵舰扑来，船舷两边一左一右地大幅度摇摆，船舱里咸蛋到处乱滚，红糖到处扑撒，呕吐的人也越来越多。梁娟和其他医务人员忙来照料晕船的同志。第二天，过了台湾海峡，风浪小了一些，林锵云同志拿着扫把在甲板上一边扫水一边叫同志们来扫水。

融入山东　成长壮大

就在我们北撤的时候，蒋介石下令拥有美式装备的蒋军向我中原解放区发起了围攻，使我军遭受了重大损失。蒋介石竟不顾全国人民的反对，悍然发动了大规模内战。此时，北撤的东江纵队还在海上，党中央和山东军区的领导们很担心北撤部队的安危。胶东解放区的人民也在焦急地等待东纵的到来，他们派出机帆船，在海上游弋，搜寻运载东纵的登陆舰。

1946 年 7 月 5 日上午，北撤部队抵达胶东烟台，船靠上了烟台码头。经过 5 天的惊涛骇浪，我们终于上了岸。岸上红旗招展，站满了欢迎的人群，东江纵队这支“远离八路军新四军，孤悬敌后”艰苦鏖战的部队终于回到了解放区。美国水兵也想上岸看看热闹，站岗值勤的八路军战士大喝了一声：嗨！示意不准上岸，端着枪，用刺刀逼着美国兵回船，我们看到这般情景心里畅快极了！

我们踏上山东烟台，总觉得烟台在摆动，大地在左右摇晃，船上摇晃了 5 天，我们还没缓过来呢。夹道欢呼的人群不断高喊：欢迎人民子弟兵！欢迎劳苦功高的东江纵队！同志们，你们辛苦了！向东江纵队学习！向东江纵队致敬！烟台市民主政府派出了汽车为东江纵队搬运行李。我们大多数人都是晒得黑黑的，瘦瘦的，特别是一些十七八岁的小鬼在频频战斗和艰苦的生活中，像是尚未发育的孩子，扛着小马枪从欢迎人群走过时，群众中不少母亲看到我们这么小就在敌后扛枪打仗，流下心疼的眼泪。在敌后，不少十五六岁当兵的，打了几年仗，没吃没喝，一夜转移几次，睡不好，到十八九岁都还没有发育。说真的，跟山东大汉一比个头是差了一点。我们在船上 5 天没有洗澡，上岸第一件事就是找水洗澡。我们问百姓，哪里有水冲凉？百姓以为我们要乘凉，便指说山上，到了山上找不到水，又下山。言语不通，只好写字“我要洗澡”。他们指指大海。我们人人找水，找到公安局有口深井，打上一桶水来十分高兴，提桶从头淋下，冰凉的井水浇得我接不上气来。原来北方的井水是这么凉的。第三船是邬强支队和刘培支队，合编为第三大队，发了草绿色军装，穿上新军装。大家可高兴了。以前部队分散打游击，本来就有许多人互不相识，再穿一色绿军装就更不认识了。第一大队开饭了，大家都跑去吃。第二大队开饭了，大家都跑去吃。第三大队开饭了，竟没有多少人吃，一问大家，都说吃过了。

看到解放区的部队排着整齐的队伍，扛着枪，打着红旗，唱着歌，在大路上行进。我们没见过，也不敢想。在敌后，游击队行军都不敢走大路，走山路也不敢靠近山顶，怕天际线的人影被敌人发现。夜间行军、隐蔽行军成了习惯，走路靠边走，眼观六路耳听八方，提着枪、猫着腰，随时准备打遭遇战。解放区就是不一样啊，在自己的地盘走路就不同。

初到烟台，看到八路军特别高兴，亲切热情。国民党特务利用这一点，化装成八路军请我们一个同志饮牛奶，我们的同志也不知道，结果中了毒。有位排级政治服务员，人称“肥婆”，夜间放哨带班，唱着抒情歌曲，抒发着到达解放区的愉快，特务朝他打了一枪，正中左臂，吓得他立即趴下朝着枪响的方向放了几枪。

听说特务把手榴弹都投到纵队司令部院子里爆炸，也不知真假。妇女队没有枪，特务也去袭击她们。我们只好派大队长黄秀、中队长李国仁分别担任排长、副排长带一排人去给妇女队当警卫。

部队给每人发了一百元北海币作为北撤费。我们看到一群孩子提篮叫卖，叫的什么听不懂，招手叫来，揭开篮子的盖布一看是炒熟的花生米，给他 10 元，小孩把花生篮子一起塞给我们，连篮子都不要了。我们提着一篮花生米回来十分高兴，有人问：“买了多少钱？”我们说：“10 元。”“啊！8 元买 100 斤小米，10 元可买 100 斤花生米了。”我们这才知道解放区的北海币比蒋管区的金圆券值钱多了。

1946 年 8 月上旬，部队到烟台市郊区驻扎，事先未曾派人打前站号房子，半夜来到芝水区，为了不惊扰百姓，部队露营。睡到凌晨 3 点钟，哨兵听到大队马蹄声，立即报告大队长邬强、副大队长刘培：日本马队来了！全大队散开架好机枪，准备战斗。随队的八路军翻译见状吓得额头冒汗，急急跑来告诉邬强这是老百姓送柴火进城。他们都用马和骡子，山东解放区很大，这里根本没有日本鬼子。大家吓了一跳：差点出了大纰漏。

晨雾未散，太阳出来，地里出现身长嘴长、长着黑毛的山猪，有人拿枪追上去打，翻译惊得大叫：“不是野猪，是老百姓养的猪。”大家才知道这里的猪和广东的长得不一样，差点又出纰漏。

吃过晚饭，因为是夏天，大家就去芝水河洗澡游泳，岸上很多青年妇女就来看热闹。山东的昼夜温差大，到了傍晚就变得寒冷，冻得大家身上起着鸡皮疙瘩，嘴都发青，直打哆嗦，也不敢上岸换短裤，直等到天黑妇女走了才上岸，可冻坏了。

8 月中旬，大米吃完了，就吃馒头。开始我们以为是包子，打开一看不是包子。有些人像吃番薯一样把馒头扒去皮，用开水泡着吃，滚烫的吃进去，一个小时不到就觉得胃中冰冷，吐了出来。从吃米改成吃面不容易，广东胃一时还接受不了山东面。好多人都水土不服，又吐又拉。我一天屙七八次，日夜坐在厕所门前，拉得都不能走路。第三大队病号集中治疗，我住院 20 多天才出院。可人家八路军个个脸色红润，我以为他们涂了胭脂，其实是山东与广东水土不同。

东江纵队的战士讲白话、客家话，不会讲普通话，就向当地学生学讲普通话。学生们觉得东江纵队的战士留分头，个个都爱唱歌，新歌拿到手，自学两遍就会唱，还会演活报剧，都很钦佩。北撤队伍里小学、初中、高中文化水平的人很多，大学生也不少，且活泼热情、机灵潇洒。其实北撤的战士大多是原来在敌后战斗的连、排长，北撤后干部不用带兵了，因此他们特别轻松愉快。9月中旬，我们要向临沂进发，烟台男女青年却要求市政府留东江纵队守烟台。短短两个月军民已经鱼水情深了。

到了老根据地桃村，百姓夹道以锣鼓、秧歌队欢迎。百姓送来面条，部队不用做饭，只交餐票就可以了。

早上起来，河水飘着雾气，绿草结着寒霜。我们昨晚未曾洗澡，觉都睡不好。今早见有河水，踊跃前去洗澡，洗衣女人见了，惊喜地笑着说："你们是什么人呀？冻手冻脚的你们敢洗澡？"我们说："我们是广东人，一餐不吃饭可以，一天不洗澡身上难受。"

部队到了莱阳县汤头，听说这里有露天温泉，大家摸黑去洗澡。有的女同志洗澡时听到身边有男人讲话声，吓得不敢吱声。也有男同志听到附近有女同志讲话声，也吓得一声不吭，尽快洗了悄悄离开。

八路军派来了10多辆汽车运送我们。过去日本鬼子才有汽车，现在我们行军也用上汽车了。大家高高兴兴上了车。汽车把我们拉到平度县以南，接近胶济铁路的一个村子。翻译告诉说，以前这里发生了一件事，伪村长母亲向水井投毒，造成八路军一排人中毒。我们立即派了哨兵守卫水井，帮百姓打水，打水时先检查桶底，有没有粘有毒药。

部队分班做饭，我们领到了面粉，又不知如何下手，不会做，只好准备做面疙瘩。百姓见状，很热情帮我们包饺子。这里的百姓太好了。

有一次，一个战士向老百姓借个盆和面，没等人家开门，看见门口有个瓦钵，就说："老乡，门口有个盆，我先拿去用了。"结果老乡追来了，送来一个瓦盆给我们和面，赶紧抢回了那个瓦钵。原来那是人家的尿盆。

在解放区不用天天打仗，也不用担心敌人袭扰，没有在敌后的那份紧张。有咱们自己的政府，有母亲珍爱儿子一样拥护军队的老百姓，我们可以学习很多东西，可以训练部队，不再操心下一顿有没有饭吃，行军可以打着红旗唱着歌。我们的心情特别好，深深感叹：解放区就是和敌占区不同啊！我们不由得唱起最喜欢的歌："解放区的天是明朗的天，解放区的人民好喜欢，民主政府爱人民呀，共产党的恩情说不完……"

东江纵队主力北撤到山东后，扩编成中国人民解放军两广纵队，加入华东第三野战军序列，参加了鲁南、莱芜、济南、豫东等战役和著名的淮海战役。北撤时留在广东的部分同志坚持武装斗争，在解放战争时期发展成为粤赣湘边纵队。1949 年 9 月两广纵队随第四野战军挥戈南下，与粤赣湘边纵队会合，在解放广州的战役中担负一翼任务，并为解放广东全境做出了贡献。

2005 年 8 月 1 日于广州搁笔

（节选自黄顺平回忆录《我经历的三场战争》之游击岁月篇）

女战士参加北撤片段

何　瑛

2016 年是东江纵队北撤山东 70 周年，令我想起当年我们女战士集中参加北撤前后的一些情景。

一、成立东江纵队女战士北撤妇女大队

北撤妇女大队大队长赵学，副大队长何淑，政委张逸，副政委苏凝。下设 3 个中队，第一中队队长是林月桂，政治指导员周敏玲、何小冰（后），副中队长李子英，副指导员刘清。第二中队队长王柏、潘清（后），指导员何小士、梁燕云（后）。第三中队队长郭云翔，指导员何佳，副指导员罗慧贤（后）、郑迪伟（后）。其中第三中队最为困难，有 12 岁的孩童，有怀孕的女同志以及两岁左右的小孩。以何佳为指导员的领导班子，吃苦耐劳，细心呵护孩子和孕妇，上船之前无发生任何事故。

二、北撤前安排好留下的孩子

如何安排好留下的孩子，这是一个大难题。当时我有 3 个孩子在乡下，最小的只有 5 个月大。我决定不带孩子北撤，怕影响工作和学习。曾生司令员和杨康华主任得知后，要我马上回去带一个孩子北撤。我首选带大女儿王群先，没想到她到了沙鱼涌发烧，哭啼不止，我只得托人带回东莞，但心中难舍。有的孩子连爸爸都没见过啊！

董惠珍有个 1 岁多的女儿不能带走，她先请求姑母帮助，姑母说现在社会兵荒马乱自顾不暇，表示无能为力。后有人介绍一个富翁四姨太想找个孩子玩乐消遣日子，但她又怎能狠心将孩子给人糟蹋呢？而东纵办事处告知 6 个小时后必须起程去沙鱼涌集合，她心急如焚，最后找到一个工人答应收养，每月 30 元港币。董惠珍只好将全部现款、金戒指等值钱的东西给她。当工人抱着孩子要走时，董惠珍心中难舍，亲了又亲孩子的小脸蛋。北撤后我和董惠珍一同曾在叶剑英为校长的华北军政大学工作。

更令人难以相信和心酸的是，有个别女同志为了参加北撤，把孕期几个月的胎儿做了堕胎手术。杨桂琼生了孩子才两个多月，上船时要蹚过齐腰的水，怎么办？大家托着她上了船。她产后经过折腾引起发烧，又晕船又呕吐。陆冰是个孕妇，吐得非常厉害，结果流产了。杨静也即将临产。东纵女战士为了北撤挨了不少苦。到达烟台后，当地领导立即派车将杨桂琼、陆冰和杨静送医院救治。

三、在军舰上的斗争

为照顾女战士，领导安排我们住在有吊床的船舱。大多数人不适应在大海上生活，晕船、呕吐，有的连黄胆水都吐出来了。我乘第三舰（1026 号），经历过耳闻目见的一幕：美国水兵以为我们如国民党设有军妓，肆意调戏我一女战士。欧巾雄怒不可遏，给了美国佬一个巴掌，女战士们大声齐说：“打得好！”后来领导派来男同志站岗保护。美方实行报复，限制甚至断绝淡水的供应。每人每日只供一杯淡水，令大家口干舌燥，难忍至极，特别是那些晕船的女战士，口中如火烧，喊着：“我要喝水！喝水！”当时第三舰我记得不晕船的女同志有王雅宜、冼燕钊、叶萍和我……大家尽力互相帮助、照顾。有人发现清洁室有一桶烂苹果、烂橙子，我们如获至宝，挤出果汁给晕船的同志润润嗓子。有一个卫生员发现一条水管有个针眼大的漏洞在滴水，她就耐心地用茶缸一滴一滴地接着，很久才接满一杯，分给晕船的同志每人喝一口。领导拿来一小包压缩饼干，据说吃一块等于吃一碗饭，但要喝足水。没有水，干巴巴如何吃得下？那饼干小小四方，咖啡色，我不怕死吃了半块，因为无水喝，噎在喉咙非常难受！后来不知是谁给我喝了一点烂果汁，才慢慢咽下去。

何瑛 1939 年任香港九龙区学生中心党支部书记时的照片（16 岁）

为了解决饮水问题，领导派人与船长交涉。船长看我们全体官兵都纪律严明，态度开始转变有好感，增加了淡水的供应。

经过 5 天 5 夜的航行，我们平安抵达烟台。烟台党政军领导及山东老乡夹道欢迎，热情地把花生、鸡蛋和红枣塞到我们手里，将身体不好的同志，用大篷车送到营地。粤北部队是最后一批冲破国民党重重阻挠到达沙鱼涌集结的，有的战士光着脚没有鞋子穿，但全体官兵仍然斗志昂扬地列队通过欢迎的人群，老乡们看着流下了热泪。

东江纵队及各江抗日部队坚决执行党中央的指示，艰苦奋斗，不怕牺牲，从海路完成了北撤任务，是一支胜利之师！

东江纵队在抗战中的主要贡献

陈　华

1937 年七七事变，抗日战争全面爆发，中共中央向全国发出通电，号召全国军民团结起来抵抗日寇侵略。广东各级党组织迅速行动，做好抗日武装的准备。1938 年 10 月 12 日，日本侵略军在大亚湾登陆，国民党军队大部一触即溃。

10月21日，日军占领广州，东江下游和沿海广大地区相继沦陷。惠阳、东莞、宝安、增城等地人民，在共产党领导下，纷纷组织人民抗日武装，抵抗日寇。到1938年12月间，这些人民抗日武装汇合、组建为惠宝人民抗日游击总队和东宝惠边抗日游击大队，号称曾生部队和王作尧部队，这两支部队就是东江纵队前身。

曾、王两支抗日武装，活动于敌占两大城市广州、香港之间，广九铁路两侧的一条狭长地带。这个地区无高大山岭作依靠，回旋余地很少。沦陷区里日伪据点林立，铁路两侧敌军戒备森严，国民党顽军在背后不断搞摩擦，发动袭击，妄图借日伪军之力消灭我军。因此，曾、王部队在很长一段时间，一直处于日、伪、顽夹击之下，孤悬敌后，孤军奋战，没有较大后方支撑，敌我力量又十分悬殊，经济供给更是十分困难。部队常驻无定址，露宿风餐，饥不饱腹，战斗频繁，在极其艰难险恶的环境中与敌周旋，坚持斗争。他们在党中央、南方局和广东省委的领导下，紧紧依靠人民群众，不畏艰险，浴血奋战，积极打击日伪军，粉碎敌人一次又一次的进攻和“扫荡”。部队经历种种严峻考验，克服重重困难，从小到大，从弱到强，发展壮大。到1943年12月2日，广东人民抗日游击队东江纵队宣告成立，东江地区的抗日游击战争进入了新的发展阶段。1944年9月第一批组建第一、第二、第三3个支队，12月组建第四、第五、北江、西北4个支队，1945年初又组建第六、第七2个支队。部队向北东西方向发展，转战东江、北江两岸，挺进粤北山区和韩江地区，深入港九敌后和广州外围，英勇打击敌人，控制数百里海岸线和交通要道，威胁着敌占大城市广州和香港。到日本宣布无条件投降前夕，东江纵队发展到11000余人，成为威震南疆、蜚声海外的华南敌后抗日武装，被誉为“广东人民解放的旗帜”。

东江纵队在抗战中的主要贡献有：

一、抗击与牵制日伪军大量兵力，战绩显著

侵华日军在华南共有四个半师团，东江纵队抗击与牵制的日军有广九铁路沿线的57师团，广州外围及粤汉铁路清韶线的104师团和后期入侵惠、海、陆地区的129师团的部分兵力以及大部分伪军。据不完全统计，与日伪军作战达1400余次，共毙伤日伪军6600余人，俘虏与投诚3500多人，其中毙俘日军佐级军官8人，内含大佐2人；毙俘伪军团以上军官5人，内含少将1人。缴获各种枪支6500件、火炮25门，击沉击伤敌船80余艘，俘获敌船40余艘，炸

毁敌飞机4架。

在我军节节胜利的影响下，先后争取了18起伪军起义投诚，其中：1943年11月伪军三十师八十九团代团长兼第一营营长梁德明率一个营起义；1944年2月东莞常平伪自治军暂编第一团携械投诚；1944年3月张一雷率伪东路军一个营起义；1945年2月麦定棠率东莞伪警察大队起义；1945年7月汕尾龟龄岛伪军一个营起义等。此外，1945年4月驻大鹏桂岗乡日军士兵荡秋山携2挺轻机枪投诚。这些战绩，虽规模较小，但充分发挥了游击战的优势，积小胜为大胜，起到了配合正面战场对敌作战的作用。

此外，还与国民党顽军作战600多次，粉碎了他们借日伪之力，夹击消灭我军的图谋。

二、收复大片沦陷国土，建立起6个抗日根据地

东江纵队成立之后，部队和抗日根据地迅速发展扩大，根据地范围超出东江地区向四面八方扩展，相继建立了以罗浮山为中心的路西（广九铁路以西的东宝地区）、路东（广九铁路以东的惠宝地区）、增龙博、惠东、海陆丰、北江东岸等6个抗日根据地和港九新界、北江西岸、东江上游3个抗日游击基地。总面积达6万余平方公里，人口450万人。中共广东省临委和东江纵队领导机关进驻罗浮山后，这里成为华南敌后抗日游击战争的指挥中心。

在根据地范围内，按照“三三制”原则建立了6个县级民主政权。根据中国共产党颁布的《抗日救国十大纲领》的基本精神，于1945年3月颁布了《建设东江抗日根据地的施政纲领》，各地区普遍建立和健全抗日自卫队、农抗会、青抗会、妇抗会、儿童团、生产救济会等群众组织；动员和组织民兵和青年维护社会治安，支持前线；开展减租减息和退租退息，减轻农民负担；恢复集市，发展生产，改善群众生活；开展互助，救济灾民活动，改善贫苦农民处境；恢复与办好全日制学校，办夜校、识字班，开展群众性文化活动，提高群众的文化水平和政治觉悟；开展拥军优属活动，密切军民关系，发动青年参军等。抗日施政纲领的颁布与实施，对于巩固和发展抗日根据地，团结各种力量共同抗日，支援部队作战起着重要作用。

三、营救被困香港的文化名人和民主人士

1941 年 12 月 25 日，日军占领香港，滞留在香港的数百名文化界名人和民主人士面临随时遭日军抓捕杀害的危险。中共中央指示八路军驻香港办事处廖承志，不惜任何代价帮助他们脱离险境。负责接送的艰巨任务就落在东江抗日游击队身上。经过廖承志、刘少文、张文彬、尹林平、连贯、梁广、曾生、王作尧、杨康华等领导同志的精心策划，严密组织部署，动员了各方面的力量，东纵密切配合，进行大营救。港九和沿途的地方党组织和东江抗日游击队的武工队、交通员，冒着生命危险，历尽艰辛，克服重重困难，终于将分散在香港各区的文化界精英和民主人士与家属以及一些进步青年共 800 多人（其中有：何香凝、柳亚子、茅盾、邹韬奋、夏衍、胡绳、戈宝权、张友渔、胡风、千家驹、萨空了、廖沫沙、金仲华、范长江、袁水泊、蔡楚生、司徒慧敏、沙千里、华嘉、周钢鸣、叶浅予、金山、高士其、梁漱溟、邓文钊、陈汝棠、李伯球、胡蝶以及余汉谋夫人上官德贤、南京市市长马超俊夫人等）从日军“虎口”中胜利营救出来，安全转送到大后方去，没有一人受损，出色地完成了营救护送任务。

这场秘密大营救，历时 11 个月，其规模之大，时间之长，行程之远，涉及面之广，被营救人员之多，都是前所罕见的，经过区域遍及 10 个省市，被誉为“伟大壮举”。受到中共中央的表彰，赢得了国内外各界人士的赞扬，进一步密切了中国共产党同知识分子和民主人士的关系，促进抗日民族统一战线的巩固与发展，对后来新中国的文化事业的繁荣与发展产生了深远的影响。

四、参与国际反法西斯统一战线，与盟军合作抗日

1941 年苏德战争爆发的第一天，中共中央即发出《关于反法西斯的国际统一战线》的指示。根据中共中央的指示，中共广东党组织和东江抗日游击队，在太平洋战争爆发前就开始与盟军合作。港英当局预感到只依靠港英本身的兵力，无法抵抗日军的入侵，曾派出高级军官到八路军办事处联系，要求建立合作关系，共同对付日军进攻，从此建立初步合作关系。

香港沦陷以后，在营救大批文化名人和民主人士的同时也营救一批港府官员和英军军官，其中有：港英警司姆汤逊和波利斯特夫人，英军战地医院赖特上校，英海军军官摩利上尉、戴维斯中尉，夏斯特中尉、汤姆生中尉、比斯尔

中尉、怀特中尉、香港义勇军波吉先生等。此后，东江纵队应英军方要求与英军服务团合作，继续营救盟军官兵。据不完全统计，共营救出原港府官员和国际友人 103 人，其中：英国 42 人、印度 54 人、丹麦 3 人、挪威 2 人、俄罗斯 1 人、菲律宾 1 人。

1944 年东江纵队先后营救了美军第十四航空队及第三舰队的 8 名遇险飞行人员，其中有克尔中尉、勒夫哥中尉、拉忽累尔中尉、沙克上士、康利上士、霍艾利斯上士、伊根中尉、克利汉少尉。此举受到美英盟军的高度重视。美军第十四航空队陈纳德将军写了感谢信，派欧戴义博士和联络官林露弼到东江纵队司令部，要求与我军合作。经报请中共中央批准，东江纵队与盟军合作，建立联络站和电台，收集日军情报和气象资料，互通情报。东江纵队为此专门建立一个联络处，由袁庚担任处长，负责与盟军联系，并相应建立起一整套情报网，遍布东江、珠江三角洲和粤北地区，后来又扩展到西江和潮汕地区，工作人员达 200 多人。

联络处成立以来，收集了大量日军情报资料，向盟军提供了许多重要情报。其中有：日军香港启德机场和宝安县南头机场的图例说明，广九铁路沿线日军军事图解，日军改造的洞穴工事结构图，日军虎门海区巡逻舰艇情况和舰队号码，日军 129 师团布防过程和兵力部署，日军 K 型（神风）攻击机设计图，日军在香港的机关、军火库、油库、船坞、舰艇方位详细资料等。东江纵队提供的情报，使美空军在袭击日军的军事设施时提高了命中率。美方尤对 129 师团的情报如获至宝。美方来电说："你们关于波雷部队 129 师团的情报是我们所得的唯一的报告。""华盛顿对发现 129 师团及其消息，致以祝贺。"在华美军总部盛赞东江纵队联络处"是美军在东南中国最重要的情报站"，提供的情报"对美国战略部队在中国的组织的成功有着决定的贡献"。

东江纵队与盟军的合作，对世界反法西斯战争做出了卓有成效的贡献，赢得了国际声誉。延安《解放日报》著文赞扬东江纵队是一支"对同盟国反对日本法西斯战争事业有卓著功勋的队伍"。

五、高举团结抗日旗帜，促进全民抗战

东江纵队坚决执行中共的抗日民族统一战线政策，团结一切可以团结的力量，共同抗日。部队从建立初期就设立民运工作队，专门做群众工作和统战工作。

广东是著名侨乡，华侨众多。广东党组织和东江纵队十分重视团结争取港

澳同胞和海外华侨支持抗日。港澳同胞和海外侨胞从 1938 年到 1939 年先后组织了总人数达 500 多人的 12 个回乡服务团，回东江地区开展抗日救亡运动，后来他们中大多数人都参加了东江游击队，成为东江纵队的骨干。许多港澳同胞和华侨动员自己的子女回来参加抗日，据不完全统计，其中参加东江纵队的达 1500 人。他们还发起爱国募捐活动，支援部队。1940 年以前部队的被服、军鞋、医药等物资，主要是华侨和港澳同胞捐献的。

东江纵队的发展壮大及其英勇抗日事迹的传播，吸引大批知识分子和进步青年离开学校，加入东江纵队抗日行列。仅从粤北地区来的就有 600 多人，其中中山大学 200 多人。参加东江纵队的大多数是工农子弟，但也有不少比较富裕家庭的子弟，放弃优越生活，投奔到艰苦的游击队参加抗日。东江纵队素有港澳和华侨子弟多、知识分子多、妇女多、小战士多的特点。东江纵队的成员来自五湖四海，在共产党领导和教育下，团结一致，英勇作战，在斗争中成长，成为坚强的革命战士。

东江纵队也很重视做上层人士的工作，各地政府和部队都先后召开各界人士的国事座谈会，邀请当地的实力派人士、社会贤达、开明绅士共商抗日大计，参政议政，得到热烈响应。如路东地区原国民党退伍团长陈友芳出任大鹏人民抗日自卫总队总队长；老同盟会员张兆昌出任路东行政委员会副议长；东莞大岭山开明绅士关文穗出任抗日自卫队队长；宝安县华侨老同盟会员卓凤康出任民主乡乡长，积极为部队筹集物资，收集情报，支援抗战。国民党顽军来进犯时，将他三间房屋烧毁，他毫不后悔，继续坚持斗争，后被顽军逮捕，受尽酷刑，坚强不屈，英勇就义。北江地区原老同盟会员、国民党第七战区挺进第二纵队司令莫雄，真诚同东江纵队友好合作，多次营救被国民党当局逮捕关押的我方人员，并以人员、经费、武器支持我北江支队和西北支队。所属各部队坚决贯彻执行党的抗日民族统一战线政策，在广大游击区内形成了全民抗战的局面。

东江纵队是一支由中国共产党领导的人民抗日武装，是一支按照毛泽东的建军思想，以八路军、新四军为榜样建设起来的人民军队，是人民的子弟兵。她来自人民，依靠人民，全心全意为人民服务，始终与人民群众保持密切的鱼水关系，始终得到广大人民群众的大力支持。东江纵队由于有了人民群众这个坚强后盾，所以能在长期艰难困苦的斗争中立于不败之地，越战越勇，越战越强，为中国人民解放事业作出不可磨灭的历史贡献！

今年是抗日战争胜利七十周年和世界反法西斯战争胜利七十周年，特撰写此文，以资纪念，铭记历史，缅怀先烈，珍爱和平，开创未来。弘扬抗战精神，为全面建成小康社会，实现中华民族伟大复兴的中国梦而团结努力奋斗！

2015 年 6 月 15 日

作者简介：陈华，原名陈振华，广东省宝安县人。1944 年 3 月参加东江纵队。1946 年北撤山东，进入华东军政大学学习，后在两广纵队政治部任油印室负责人、连指导员、团宣传股长。1953 年转业，先后任中共徐闻县委垦殖部副部长，湛江地委科长、生产建设兵团第五团副团长，湛江农垦局处长，广东农垦总局处长，农垦总局经济研究室主任。离休后任广州地区老战士联谊会东纵分会会长。

东江纵队的历史延伸

——从东江纵队到两广纵队和粤赣湘边纵队

陈　华

抗日救亡运动的掀起和中共广东党组织的恢复，为建立人民抗日武装做了思想准备。1938 年 8 月，中共广东省委在广州召开东莞、增城、番禺、从化、花县等广州外围县党的军事会议，研究如何建立和掌握民众武装问题。

1938 年 10 月 12 日，日本侵略军在大亚湾登陆。10 月 21 日，日军占领了广州，东江下游广大地区相继沦陷。

1938 年 10 月 13 日，中共中央电示广东省委：“要在东江日占区后方开拓游击区。”广东省委和八路军驻香港办事处根据中央的指示，分别召开会议，研究和部署组建敌后抗日武装的工作。东江人民在共产党领导下立即开始组建人民抗日武装，坚持了长达 8 年的艰苦卓绝的抗日游击战争和 3 年多的解放战争，取得了辉煌胜利，为中国人民解放事业作出了重要贡献。

一、东江纵队的创建与发展历程

（一）东江纵队的前身——两支人民抗日武装的创立与发展

1938 年 10 月 15 日，中共东莞中心县委直接领导的东莞模范壮丁队宣告成立，县委武装部长王作尧任队长，袁鉴文任指导员。1938 年 12 月下旬，王作尧领导的模范壮丁队和黄木芬领导的东宝惠边抗日游击队会合组成东宝惠边抗日游击大队。王作尧任大队长，何与成任政训员，黄高阳任党总支书记。1938 年 10 月 30 日，中共惠宝工委决定组建人民抗日武装。12 月 2 日惠宝人民抗日游击总队在周田村正式成立，曾生任总队队长，周伯明任政委。增城、宝安等县也相继建立我党领导的人民抗日武装。这些抗日武装后来都加入了东江纵队。

中国共产党直接掌握的民众抗日武装，不畏强敌，打响了东江人民抗日的枪声。10 月 19 日至 11 月中旬，中共东莞中心县委书记姚永光、中共党员东莞社训队政训员何与成和副总队长颜奇率领东莞县常备队和模范壮丁队共 200 余人，在东江河南岸的榴花、峡口、西湖、京山一线阻击日军渡河向莞城进攻，日军连续进攻 9 天均未得逞。11 月 13 日，何与成、颜奇率领 40 多名常备队员乘船到北岸刘屋村伏击日军，与日军骑兵小队激战。日军遭突然袭击，不敢恋战，向石龙方向逃遁。榴花塔阻击战，坚守东江河南岸阵地达一个月之久，给敌人重大杀伤，挫败了敌人的凶焰，振奋了民心士气。战斗中我方牺牲 22 人，其中常备队 11 人、刘屋村自卫队 11 人。

根据中共中央和省委指示精神，基于斗争策略需要，中共在敌后建立的人民抗日武装，不公开使用中国共产党领导的名义，而以爱国青年和华侨、港澳同胞自发组织的群众抗日武装的面目出现，争取国民革命军的合法番号，以利部队的生存和发展。

1939 年 4 月、5 月间，曾、王两支部队先后取得了合法番号。东宝边人民抗日游击大队改为第四战区第四游击纵队直辖第二游击大队，大队长王作尧，政训员何与成；惠宝抗日游击总队改为第四战区第三游击纵队新编游击大队，大队长曾生，政训员兼副大队长周伯明。这两支队伍就是东江纵队的前身。部队接受任命，肩负抗日救国的使命，立即开赴前线。

1. **高举抗日大旗，首战初露锋芒**。曾、王两支部队开赴前线就积极出击敌人。曾生部从 1939 年夏开始在惠宝边的葵涌、大小梅沙以及沙头角横岗一带袭扰日军，与日军作战30余次，取得了初战的胜利。先后收复葵涌、沙头角。王作尧部挺进宝安县城南头外围，对日军进行持续的袭扰与封锁，断其粮食供应，逼使日军弃城逃窜。王部随即收复宝安县南头县城。这些战斗打击了日军的嚣张气焰，鼓舞了部队的斗志，提高了人民抗日的信心和勇气。当时受到第四战区和东江游击指挥所传令嘉奖。但是随着这两支抗日部队在民众中威信日益提高，队伍日益扩大，也深招国民党反动派之忌恨。

2. **反共逆流，东移挫折**。日军占领武汉后，加紧对国民党诱降，国民党当局开始走向消极抗战积极反共的道路。

1939年冬至1940年春，国民党顽固派掀起第一次反共高潮，也迅速波及华南，直卷东江地区。国民党第四战区游击指挥所假借命令曾、王两部到惠州"集训"，企图在"集训"时一网打尽。其阴谋被识破后，就悍然调集优势兵力向曾、王部队实行军事围攻，曾、王两部被迫突围向海陆丰转移。部队在转移中遭受很大损失，两个大队从700余人减至108人。

3. **返回敌后，重振旗鼓**。部队东移受挫，正处于生死攸关的时刻。1940年6月初，传来中共中央5月8日电示，指出：曾、王两部向国民党后方去"在政治上是绝对错误的，军事上也必归失败"，应回到东宝惠地区，大胆坚持在敌后开展抗日游击战争。

1940年8月，曾、王两部在地方党组织的大力帮助下，克服艰难险阻，胜利地返回敌后宝安布吉一带。

1940年9月，由中共广东省委委员、前东江特委书记林平主持，在布吉乡上下坪村召开干部会议，总结部队东移受挫的经验教训，坚决执行党中央的指示，坚持独立自主开展抗日游击战争的方针，决定将部队整编，保留两个大队番号——第三大队和第五大队，林平兼任两个大队政委，梁鸿钧负责军事指挥。第三大队大队长曾生、副大队长邬强、政训员卢伟良，率领70余人挺进东莞大岭山地区活动；第五大队大队长王作尧、副大队长周伯明、政训员蔡国梁率领30余人，留在宝安阳台山地区和广九铁路两侧活动。

4. **百花洞战斗，首战告捷**。1940年11月初，第三大队刚进驻大岭山，驻东莞的日军出动200余人，妄图趁我第三大队立足未稳，进行突然袭击。第三大队指战员与当地民兵自卫队不畏强敌，奋起抗击，于黄潭村激战4小时，毙伤日军30余人，打退敌人进犯。

1941年6月，日军长濑大队400余人再次袭击大岭山中心区百花洞村，即陷入我军民的重重包围。战斗持续两天一夜，直到日军从广州、东莞派来援兵才得以解围，狼狈逃走。此战击毙日军大队长长濑，共毙伤日军50多人，是我军重返东宝惠敌后对日作战的首次重大胜利。

5. **粉碎日军连续“扫荡”**。从1941年6月至9月的两个多月内，日军动用2000多兵力，对宝安阳台山抗日根据地进行反复“扫荡”。日军所到之处施行残暴的“三光”政策，群众的房屋被烧，财物、牲畜被劫一空，无数群众被杀害。第五大队在抗日自卫队的密切配合下，采取机动灵活的战术，打伏击战、阻击战、袭击战，共毙伤日军100余人，其中中佐军官1人，粉碎了日军8次的连续“扫荡”。

曾、王两支部队远离党中央孤悬敌后，在日、伪、顽军三面夹击的形势下，坚持独立自主的抗日游击战争。尽管当时处境极端困难，常驻无固址，露宿风餐，饥不果腹，战斗频繁，但部队紧紧依靠人民群众，实行人民战争，采取机动灵活的战术，频频出击日伪军，坚决抗击顽军的摩擦，粉碎敌人一次又一次的进攻和“扫荡”。部队在战斗中迅速发展壮大，返回敌后一年时间，就从100多人发展到1000多人，初步建立起东莞大岭山和宝安阳台山两个抗日根据地，以及增城油麻山抗日游击基地，恢复了坪山为中心的惠宝边抗日游击基地。

（二）成立广东人民抗日游击总队，打开抗日斗争新局面

1942年1月下旬，由中共南方工委副书记张文彬主持，在宝安县白石龙村召开一系列会议，正确分析了当时东江地区的抗战形势，明确了广东人民抗日游击队今后的斗争方向和任务。会议决定成立广东人民抗日游击总队，总队长梁鸿钧（后曾生），政治委员林平，副总队长曾生，副总队长兼参谋长王作尧，副政治委员兼政治部主任杨康华。部队整编成立1个主力大队、4个地方大队。第五大队为主力大队，大队长王作尧（兼），政治委员卢伟良；第三大队大队长曾生（兼），政治委员陈志强；惠阳大队大队长彭沃，政治委员谭天度；宝安大队大队长曾鸿文，政治委员何鼎华；港九大队大队长蔡国良（即蔡国梁——编者注），政治委员陈达明。

1. **抢救文化界人士，名扬海内外**。日军占领香港九龙后，300多文化界名人和爱国民主人士被困香港，正遭到日军搜捕，情况十分危急。中共中央和南方局指示：“不惜任何代价，不怕牺牲”，“必须在乘日军刚侵占香港，对情况不了解的时机”，“以最快速度抢在日军下手之前进行抢救”。广东人民抗日游击总队全力以赴，在南方工委和粤南省委领导下精心谋划、周密组织，在地方党组织和人民群众的密切配合下，历时半年先后救出各界人士800多人，无一

受损，受到党中央的表彰和海内外人士高度赞扬。

2. **推进地方党政建设，建立抗日根据地**。部队选派了一批民运队员深入各乡村发动群众组织群众，推进建党建政工作。第三大队在东莞县大岭山地区的连平、大沙、大王岭、大雁、大公岭、牛牯岭等乡村，发展了一批党员，建立党支部。接着在8个乡建立了民主政府，不久又建立了联乡办事处（区级政权），组建了有500多人的脱产自卫队，并组建农会、兄弟会、姐妹会、夜校识字班等群众组织。第五大队在宝安县阳台山地区的布吉、木古、白石龙、乌石岩、赤头岭、弓村、杨尾、水径、山厦、平湖等地发展了一批农民先进分子入党，建立了党支部，不久又成立了中共龙华区党委，在龙华4个乡建立了民主政府和龙华联乡办事处（区级政权），并组建了有8个中队600多人的抗日自卫总队。惠阳大队组派了10个民运工作队到坪山、坑梓、横岗、西坑、田心、盐田、大鹏、龙岗、新圩等地，发动群众，发展党员，建立党的基层组织，建立乡村抗日民主政权，为后来建立以坪山为中心的惠宝边抗日根据地打下坚实基础。从此抗日根据地初步建立起来，成为部队有力依托，抗日游击战争得以蓬勃发展。

3. **军民协力抗旱灾，共渡难关**。从1942年下半年开始，东江游击区处于极端困难局面，日、伪、顽军不断围攻“扫荡”和实行经济封锁。太平洋战争爆发后，海外侨胞和港澳同胞外援中断，加上东江地区发生严重旱灾，人民生活十分困苦，部队经济给养十分困难。为了减轻人民负担，部队实行精兵简政，动员一部分被精简的人员回家生产，派出民运队深入各村，发动群众开荒生产，互助自救；部队也利用战斗空隙开荒生产，部队伙食降为一粥一饭，节约粮食，救济灾民，与民众共渡难关。据不完全统计，部队半年共筹集救济金400多万元资助困难群众，部队帮助群众劳动10万多小时。“五虎队”表现突出，受总队表彰为“能打仗、能爱民、能生产”的“三能模范”称号。此外在区内交通要道建立税站，合理征税，消灭土匪，保护客商往来等。在党的领导下，军民团结协作，终于克服困难，扭转了被动局面。

4. **主动出击日伪军，打开新局面**。1942年秋，部队积极寻找战机，打击日伪军，取得了很大胜利。据不完全统计，从1942年10月至1943年10月，共作战80多次，共毙伤俘日伪军1300多人，缴获轻重机枪19挺、长短枪500多支，炸毁敌机2架，争取800多名伪军官兵投诚，毙伤俘顽军100多人，粉碎了日伪军对大岭山区的“万人大扫荡”。这时部队发展到3000多人，东宝惠抗日根据地进一步巩固和扩大，从广九铁路中段两侧向大鹏湾、大亚湾沿海地区扩展，开辟了港九和增博边两个抗日游击基地，从而打开了东江敌后抗日游击战争的新局面，为东江纵队的成立准备了条件。

（三）东江纵队宣告成立，部队和根据地大发展

根据中共中央指示，鉴于抗日战争形势的发展和斗争的需要，将“广东人民抗日游击总队”改为“广东人民抗日游击队东江纵队”。这天，东江纵队在惠阳县（现属深圳市）土洋村正式宣告成立，下辖 7 个大队，在原有 5 个大队的基础之上，新组建独立第二大队和海上护航大队。东江纵队的成立标志着东江地区抗日游击战争进入了新的发展阶段。

1. **积极寻找战机出击日伪军**。东江纵队成立后，部队加紧训练，配合全国战场以及盟军转入反攻作战，开展扩军歼敌竞赛。部队斗志旺盛，频频出击日伪军。从 1944 年 1 月中旬开始，第三大队袭击广九铁路常平火车站，全歼伪军 1 个连和伪护路队。第五大队于 1944 年 2 月 13 日夜袭霄边，30 分钟全歼伪军一个重机枪连。3 月 31 日黄猄坑战斗，第三大队和第五大队击溃伪军第 45 师 134 团进犯，歼敌 2 个多连。4 月 3 日独立第二大队的短枪队步枪班和茹屋村自卫队与来犯的日军 200 多人激战 3 天，毙伤日军少佐大队长以下近百人。5 月 7 日梅塘战斗，日军加藤大队偷袭我领导机关，被我第三大队和第五大队夹击，激战一整天，毙伤日军近百人，日军大队长加藤逃回樟木头剖腹自杀。独立第二大队 5 月挺进广州外围夜袭白石圩，全歼伪军 1 个连和警察所；7 月上旬袭击广州近郊龙眼洞，歼灭伪军 1 个连，深入到沙河镇散发传单，震动广州。独立第三中队 7 月 21 日夜袭广九平湖火车站、谭屋村，全歼伪警中队，回营途中与日军藤本大队遭遇，黄友小鬼班浴血奋战掩护中队撤离，打退敌人多次冲锋，毙伤日军 40 余人，黄友班等 8 人壮烈牺牲。中共中央电复追认黄友同志为“广东人民抗日游击队战斗英雄”“中国共产党模范党员”。

东江纵队成立一周年时，共进行大小战斗 375 次，毙日伪军 1513 人，俘日伪军 1276 人，缴获轻重机枪 33 挺、长短枪 1645 支，收复日伪军据点 23 个，争取驻常平伪暂编第一团投诚和伪东路军张一雷营起义。部队从 3000 多人发展到近 7000 人。

2. **参加反法西斯国际统一战线，与盟军合作抗日**。1941 年 6 月 23 日，中共中央发出《关于反法西斯的国际统一战线》的指示。广东党组织和东江抗日游击队就注意探索与盟军的联系，开展国际合作。

日军入侵香港前夕，港英当局预感时局紧迫，曾派高官到八路军办事处，

要求合作共同对付日军进攻，答应给我们游击队提供武器，但未予实现。日军入侵香港时，我们部队即派出武工队进入九龙地区，开展敌后游击活动，积极营救盟国被俘人员，先后营救港府警司汤姆逊和英军赖特上校等一批被俘人员。此后东江纵队与英军服务团合作，营救原港府官员和国际友人 100 余人。1944 年间又先后营救美军第十四航空队及第三舰队 8 名遇险的飞行员，受到了美英盟军的高度赞扬。

1944 年 10 月，美军第十四航空队陈纳德将军派欧戴义博士和联络官林露弼到东江纵队司令部要求与我军合作。经报中共中央批准，东江纵队与盟军合作，建立联络站和电台，收集日军情报和气象资料。东江纵队为此成立一个联络处，建立起一套情报网，收集了大量的日军情报资料，向盟军提供了许多重要情报，其中有：日军香港启德机场和宝安县南头机场的图例说明，广九铁路沿线日军军事图解，日军改造的洞穴工事结构图，日军虎门海区巡逻艇情况和舰队号码，日军 129 师团布防过程和兵力部署，日军 K 型神风攻击机设计图，日军在香港的机关、军火库、油库、船坞艇方位详细图表资料等。

东江纵队提供的情报，使美军在袭击日军的军事设施时提高了命中率。美方来电表示“总部及我们对你们的情报感到满意”，“你们的工作无论在质与量上都非常优越”，“你们关于 129 师团的报告很优越，总部致以谢意”。在华美军总部盛赞“东江纵队联络处是美军在东南中国最重要的情报站”，提供的情报“对美国战略部队在中国的组织的成功有着决定性的贡献”。此外，还派出人员协助盟军测量大亚湾沿海准备登陆作战地点的地形和气象资料。东江纵队与盟军的合作卓有成效，赢得了国际声誉。延安《解放日报》著文赞扬东江纵队是一支“对同盟国反对日本法西斯战争事业有卓著功勋的队伍”。

3. **开展城市近郊和海上游击战**。日军攻占香港后，曾、王部队于 12 月中旬即先后派出 3 支共 50 多人的武工队进入港九西贡地区，开展游击活动。成立港九大队后，统一指挥进入港九地区的各支武工队。为适应城市活动特点，除建立一支长枪队外，专门组建了 4 支短枪队、1 支市区武工队和 1 支海上武工队，开展市区、近郊和海上游击战，以打小仗打巧仗为主，采取机动灵活战术，时聚时散，来去无踪，神出鬼没，声东击西，捕捉战机进行奇袭、夜袭、突袭，运用伏击战、宣传心理战等打击敌人。黄冠芳、刘黑仔武工队进入市区进行一系列袭击行动：在九龙市区公路设伏活捉日本高级特务东田正之大佐等 3 人；驾小汽车直闯九龙市区金龙酒家，击毙汉奸特务肖九茹；驾小船闯进九龙太古船坞活捉 2 名日本密探；化装成日军进九龙塘处决日军宪兵司令部汉奸翻译官；

3 月深夜潜入启德机场炸毁 1 座油库、1 架敌机；连续袭击大澳镇伪警局、马湾伪警所、梅窝日军小分队，共歼敌 50 多人。市区中队乘夜炸毁老街的 4 号火车铁桥，在市区散发传单，扬言游击队要攻打日军“南支那派遣军司令部”。日军惊慌，不得不将进山“扫荡”的部队撤回市区，加强守备。武工队令敌人闻风丧胆，刘黑仔成了港九的传奇式英雄人物。

海上武工队和护航大队在珠江口大鹏湾海域，不断破坏敌人海上交通线，打击走私通敌，消灭汉奸土匪，保护渔民和客商，战绩显著。自 1944 年春至 1945 年夏，据不完全统计，港九大队海上中队先后俘获日军运输船 22 艘，护船大队共俘敌船 43 艘，击沉敌船 7 艘，毙俘日军 120 多人，毙俘伪军 150 多人。

九龙新界地区分布 650 多个村庄，港九大队在远郊山区深入发动群众，组织群众分别在西贡、田沙、沙头角上水、元朗、大屿山等地区建立起抗日游击基地；在近郊边沿地带，通过地下工作，将部分敌伪政权改变成为我所控的“白皮红心”两面政权。部队活动有了群众基础，如鱼得水。港九大队从开始 100 多人发展到 800 多人，组建了 8 个中队，像一把尖刀插入敌人的心脏，震撼敌人，扬威港九。

4. **加强民主建政工作，巩固惠东宝老根据地**。随着军事斗争节节胜利，游击区迅速扩大，惠东宝老区分别在路西、路东两地召开各界人士国事座谈会，共商抗日大计，参政议政，按照抗日民族统一战线政权“三三制”（共产党员、民主党派人士、无党派人士各占三分之一）原则，先后在路西成立东宝行政督导处（1944 年 7 月 13 日），在路东成立路东行政委员会（1945 年 4 月）。两个县级民主政府，统一领导本区内的政务工作。下辖 16 个区级政府（路西 10 个，路东 6 个）。

各乡村普遍建立与健全抗日自卫队（民兵）、农抗会、青抗会、妇救会、儿童团、生产救济会等抗日群众团体。自卫队达 1 万多人，农抗会会员 20 多万人。

各级政府认真贯彻《抗日施政纲领》，团结一切可以团结的力量，共同抗日，维护社会治安，开展减租减息，发展生产，改善群众生活，支援部队作战等，发挥了重要作用。

1945 年春第一支队宝安大队会同沙湾、李朗、布吉等乡自卫队和群众千余人，在广九铁路中段开展破击战，摧毁日军据点和铁路设施，致日军的两列火车相撞，击毙日军 9 人，其中有少佐军官 2 人，使广九铁路始终不能正常通车。

从此路东与路西得以连成一片，惠东宝老根据地更加巩固。

（四）向北发展，创建华南抗日新阵地

1944 年 8 月，中共广东省临委和军政委会在大鹏土洋村召开会议，根据中共中央指示，决定在全省开展敌后游击战争。东江纵队担负北进和东进的战略任务，北进是主要战略方向，“在巩固和发展惠东宝抗日根据地基础上，首先集中主力向北挺进，创建东江、北江间的抗日根据地，同时组织力量向东发展，创建东江、韩江间的抗日根据地”，合力创建华南抗日新阵地。为贯彻执行土洋会议精神，1944 年 9 月，东江纵队组建了第一、第二、第三支队，第三支队为跨地区作战的主力部队。1944 年 12 月又组建了第四、第五支队，北江支队，西北江支队。北江支队和西北江支队担负北进任务。第一、第二支队担负巩固和发展惠东宝老根据地并配合支援北进、东进的战略行动。

1. **江南部队主动出击，配合支援北进的战略行动**。1944 年 11 月下旬开始，第一支队三龙大队和猛豹大队挺进水乡攻打冼沙伪军，全歼“抗红义勇军”第六团，俘敌团长以下 200 余人。1945 年 1 月攻陷伪军重要据点高埗，毙俘敌 210 余人，投诚 250 余人，开创了水乡抗日游击基地，打通了与增城部队的联系。1944 年 11 月，第二支队主力挺进东江南岸新区，控制惠樟公路，肃清东莞石排至惠州东江沿岸的伪军。第一大队渡过东江，控制了东江北岸上、下、南至苏村沿江一带，打通了南北通道；湖东大队控制了潼湖以东、惠州以西一带地区。

1945 年 2 月 26 日，日军一架飞机在潼湖山尾头迫降，机上人员弃机逃窜，被我湖东大队歼灭，击毙日军安田利喜雄陆军少将、八田顺陆军大尉等 8 人。独立第三大队控制了博罗城以东象头山地区的通道。这一系列战斗为大部队挺进江北创造条件，有力地配合与支援北进的战略行动。

2. **开辟建立以罗浮山为中心的抗日根据地**。1945 年 1 月，中共广东省临委决定：领导机关迁往罗浮山，派出东江纵队两支部队进入江北开展武装斗争。2 月中旬，第五支队、西北支队率先进抵罗浮山地区。接着，王作尧副司令、杨康华主任率领第三支队的第三大队和东江抗日军政干校进抵罗浮山以南长宁、横河一带。

3 月，第三支队的第一、第二大队亦渡江与先行渡江的部队会在一起，开辟建立罗浮山根据地。

3 月上旬，第三支队和第五支队袭击博南李潮伪军一个团，歼其大部，接

着在马嘶歼灭李潮伪军一个团。第三支队第一大队在独立第三大队和博西独立大队配合下扫除博西的敌人。第三支队和第五支队以及独立第一大队向博北开进，打通向北发展的通道。第四支队挺进增城、禺北、从化相策应，独立大队控制马嘶苏村沿江一带。经过几个月一连串的战斗，打开了江北博罗地区新局面，使东江河两岸解放区连成一片。在胜利进程中，省临委领导机关和东江纵队司政机关相继进驻罗浮山。从此，以罗浮山为中心的抗日根据地成为华南敌后抗日游击战争的指挥中心，东江纵队司令部负责研究指导全省军事工作，政治部负责研究指导全省政治工作。

3. **挺进粤北，开辟建立北江两岸的抗日根据地**。1944 年 8 月，日军向粤北进攻。北江支队先遣队随之北上，挺进英德，渡过北江，突入清远城北，歼灭日军警戒部队，随即收复清远县城。

1945 年 1 月，日军攻占韶关。北江支队在粤汉铁路南段展开破击战，毙伤日军 40 余人，袭击伪军“国民兵团”，俘敌团长以下 50 余人。西北支队和北江支队曲南大队袭击日军北江水上运输船队，击沉击伤日军船只 70 余艘，毙伤日军 100 余人。

7 月，风度大队收复始兴县城。半年时间，北江支队发展到 1000 余人，成立了县一级民主政权——北江东岸抗日委员会，在北江东岸建立起英（德）、佛（冈）、曲（江）、翁（源）边抗日根据地。西北支队也发展到 1000 余人，200 多个村镇成立了基层民主政权，建立起以清远大罗山文洞为中心的抗日游击基地。

4. **开辟建立惠东、海陆丰抗日根据地**。1944 年 12 月，日军占领汕头、揭阳、普宁、惠来等市县。1945 年 1 月，日军再次在大亚湾登陆，占领惠阳、海丰、陆丰沿海地区。东江纵队即派出由独立第四大队两个中队组成的先遣队挺进惠东海陆丰开展抗日活动。惠东和海陆丰人民积极响应，踊跃参军。为了进一步开展粤东沿海的抗日游击战争，创建东江、韩江间抗日根据地，1945 年 2 月，东江纵队决定在海陆丰地区组建第六支队，在惠东地区组建第七支队。到 1945 年 8 月，半年时间，第六支队取得了赤石、梅陇、水口、沙港、黄沙潭等一系列战斗的胜利，全支队扩展到 7 个大队 1000 多人。第七支队在战斗中也迅速发展到 7 个大队 1000 多人。先后建立了两个县一级民主政权——惠东行政督导处和海丰县抗日民主政府，打通了与韩江纵队之间的联系。

5. **开辟东江上游抗日游击基地**。1945 年 2 月，中共后东特委分析日军向东江上游进犯的形势，决定组织抗日武装在东江上游开展抗日游击战争。在

1945 年春夏之间，先后建立了 4 支抗日武装：“紫河人民抗日自卫大队”“紫五人民抗日自卫大队”“新丰人民抗日自卫大队”“热水乡抗日自卫大队”。为统一指挥 4 个大队的行动，成立了“东江人民抗日武装自卫总队”，在东江上游开展抗日游击战争，建立起东江上游的抗日游击基地。

1945 年 7 月，中共广东省临委根据中共中央指示，在罗浮山召开会议，决定部署组织主力部队挺进粤北，迎接王震南下支队，会合在岭南创建湘粤赣边进退有据的战略根据地。计划分 3 批北上，当第一批北上部队到达粤北后，日军宣布投降，形势发生变化，南下支队奉命北返，已北上的部队留在粤北山区坚持斗争。

东江纵队成立到 1945 年 6 月，部队已发展到 11000 多人，建立了 9 个支队 4 个独立大队，还有民兵自卫队 2 万多人，建立了 6 个县级抗日民主政权，总面积 6 万多平方公里，人口 450 万。抗战八年来据不完全统计，与日军伪军作战达 1400 余次，共毙俘日伪军 6000 余人，起义投诚 3500 多人。其中毙日军陆军少将 1 人，毙俘日军佐级军官 7 人，毙伪军少将 1 人，毙俘伪军团级军官 5 人。

（五）抗日战争胜利，东江纵队北撤

抗战 8 年，东江纵队一直遭到国民党当局的仇视和排斥。东江纵队挺进敌后与日寇浴血奋战，而国民党顽军却在背后打黑枪，搞突然袭击，频频发动军事进攻、“围剿”，甚至与日伪勾结联合夹击东江纵队（仅 1944 年 8 次，1945 年 7 次），妄图借日伪之力将其消灭。据不完全统计，8 年来，东江纵队被迫与国民党顽军作战达 600 多次，被国民党逮捕杀害、战斗牺牲的人员达 1000 多人。

1. **日本宣布投降，国民党发动全面内战**。1945 年 8 月 15 日，日本宣布投降。国民党为独吞抗战胜利果实，国民党广东当局依照蒋介石的命令，先后调集 8 个军 22 个师、两个独立旅和保安团，在全省范围内发动大规模内战，采取“填空格”战术，村村驻军，封锁道路，层层包围，逐个村逐个山进行“扫荡”“清剿”，限期 3 个月内，将华南抗日武装彻底消灭。其进攻重点在东江地区，形势十分严峻，部队处在最艰苦时期。

2. **针锋相对斗争，粉碎敌人“围剿”**。根据中共中央的指示，东江纵队采取分散坚持、保存干部、保存武装的方针，以粉碎国民党的军事进攻。保留小部分武装原地坚持斗争外，分散一批人员到城市工作。主力部队分成数十股，每股几十人至几百人，分散转移，突破敌人包围，从内线转到外线，转到国民

党后方，转到粤北、湘南、赣南广大地区的高山密林坚持斗争。为适应新的形势，更有效地实行独立自主作战，纵队分区成立了粤北、江南、江北、东进四个指挥部，独立指挥作战。东江纵队由于坚决贯彻执行中共中央的指示，在地方党和人民群众的大力支持配合下，部队上下团结一致，英勇斗争，粉碎了国民党妄图在3个月内消灭我们部队的图谋。

3. **和平谈判胜利，部队北撤山东**。日本投降后，为制止内战、争取和平民主建国，毛泽东、周恩来等一行飞抵重庆，国共两党举行会谈，经过43天谈判斗争，签署了“双十协定”。商定：国民党停止内战，实行民主建国方略，共产党将南方的8个解放区（广东、浙江、苏南、皖南、皖中、湖南、湖北、豫南）的武装部队撤到陇海铁路以北地区。但是国民党出尔反尔，把谈判作为缓兵之计，边谈判边策划，调集兵力发动全面内战。广东国民党当局更是拒绝承认广东有中共抗日武装，公然破坏停战协定，持续发动内战，妄图在第八执行小组到达之前，将东江纵队消灭。东江纵队被迫进行自卫反击，在广大人民群众的支持和强大的社会舆论压力下，迫使国民党广东行营当局不得不坐下来谈判，终于签署了东江地区停战和东江纵队北撤的协议。但是，国民党当局蓄意消灭人民抗日武装的野心不死，妄图在北撤部队集结过程中制造事端，予以消灭。经过了一系列尖锐的斗争，东江纵队才终于冲破了重重障碍，胜利实现北撤。

1946年6月30日，北撤部队2583人（其中包括珠江纵队89人，韩江纵队47人，南路部队23人，粤中部队105人，桂东南1人）乘3艘美国运输舰，踏上了北撤的航程。7月5日抵达山东烟台，受到了解放区军民的热烈欢迎。

二、两广纵队在大兵团作战中锻炼成长

中共中央于1947年3月电示华东局，决定以北撤的东江纵队为基础组建两广纵队，其历史使命是让经过8年抗日战争锻炼的华南抗日武装骨干，在华东战场参加大兵团作战中锤炼、发展、壮大，成为将来参加进军两广、华南的一支坚强的野战部队。树立起“中国人民解放军两广纵队”的旗帜，发挥华南抗日部队同两广人民、港澳同胞、海外侨胞密切联系的作用，为将来解放两广、解放华南创造更有利条件。

华东局和华东军区根据中央指示精神，决定补充一部分解放区参军的翻身农民和一部分两广籍的解放战士，先成立两广纵队教导支队，下辖3个团，一

面训练一面战斗，待条件和时机成熟正式成立两广纵队。

（一）成立教导支队参加实战锻炼

1947年5月上旬，在山东渤海地区，组建两广纵队教导支队，直辖第一团、第二团、第三团3个团建制，支队长由纵队司令员曾生兼任，副支队长邬强，副政委陈达明，政治部主任江平秋，副参谋长阮海天。华东局从八路军、新四军调来10多名师、团级干部到教导支队的机关和部队担任军政领导，进行传帮带。教导支队第一、第二团在1947年7月分别开赴鲁中地区和胶济线以北的小清河、章丘地区配合兄弟部队作战，进行实战锻炼，先后参加了南麻、临朐、诸城等战役的作战和警卫任务。

（二）两广纵队正式成立，参加外线作战

华东局和华东军区决定在1947年8月1日中国人民解放军建立20周年的光辉日子，正式成立两广纵队并发表成立宣言。纵队司令员曾生，政治委员雷经天，副政治委员林锵云，参谋长姜茂生，政治部副主任刘田夫。

12月中旬，部队奉命进抵鲁西南前线，归属华东野战军外线兵团序列，参加大兵团作战。经过8个月来的行军实战锻炼，部队的素质有较大提高，敢于同国民党军五大主力之一的第五军交锋，首战第二团歼灭该军第四十五旅一个连，第一团歼灭该军第九十六旅2个排的战果，打破了被吹嘘的第五军不可战胜的神话。

1. **参加豫东战役**。豫东战役是华东野战军外线兵团和中原野战军一部于1948年6月、7月在豫东地区进行的一次重要战役。历时56天，共歼敌9万余人。两广纵队经历了战役的全过程，先后参加了阻击敌区寿年兵团和邱清泉兵团，以及参加合围黄百韬兵团的作战。在战役中转移52次，行程1300余公里，足迹遍及平原、山东、江苏、河南、安徽5省22县。部队连续行军，频繁作战，没有时间休息。广大指战员自始至终斗志旺盛，不畏艰险，不怕困难，不怕牺牲，胜利完成上级赋予的各项战斗任务，共歼敌1372人，缴获坦克2辆。战役结束后又连续行军220余里，参加了津浦路破击战。

2. **参加济南战役**。济南战役是华东野战军于1948年9月16日至24日进行的以攻克山东省会济南市的一次大规模城市攻坚战，此战役共歼敌10万余人。两广纵队属攻城部队的西集团统一指挥，其作战任务是：指挥华东野战军司令部警卫团、第10纵队特务团、华东野战军政治部警卫营，并配属特种兵纵

队一个野炮连，于9月16日24时前完成对济南市外围的长清县城及其周围据点的包围，限于4天内全歼守敌，以保证城西集团顺利攻占济南西郊各据点及尔后的攻城行动。攻占长清城是两广纵队首次进行城市攻坚战，从正式攻城开始，仅用90分钟即攻入城内，全歼守敌，提前3天半胜利完成任务。共歼敌1914人，其中俘敌1444人，毙伤敌470人，缴获各种火炮29门、轻重机枪96挺。我纵队牺牲27人，伤116人，取得首次攻城的胜利。

3. **参加淮海战役**。中共中央根据全国各个战场正在迅猛发展的秋季攻势，部署与国民党军展开战略决战。9月12日，东北野战军发起了辽沈战役，揭开了战略决战的序幕。中央军委决定中原野战军协同华东野战军进行淮海战役。根据战情变化，整个战役分3个阶段进行：第一阶段歼灭黄百韬兵团；第二阶段重点围歼黄维兵团；第三阶段围歼杜聿明兵团。

徐州以南的阻击战，是保证淮海战役第二阶段取得胜利的极为重要一步。两广纵队作为第一梯队自始至终参加了徐南以华东野战军第三纵队统一指挥的西线阻击集团的阻击作战，这是两广纵队成立以来担负任务最重，作战最激烈、最艰苦的一次战斗。两广纵队以劣势兵力和火力，在第一道防线被敌袭占，伤亡严重而又无机动兵力的极端困难情况下，阻击敌孙元良兵团四十一军轮番进攻，激战四昼夜，守住了敌人南进主要通道之一的卢村寨和大方山阵地，从而和其他兄弟部队一起，粉碎了敌杜聿明兵团向南突围的企图，并为下一步全歼黄维兵团和杜聿明兵团创造了有利条件。

阻击战刚结束，两广纵队接着奉命参加追击徐州逃敌。在追击战中，我第三团第一连和第五连，见华野第四纵队第十师二十九团二营在阎阁遭到敌人猛烈进攻，伤亡甚大，情况危急，他们主动和友军联系，接受友军指挥，主动从西面向敌人侧翼猛攻，将敌击溃。敌人以坦克掩护进行反扑，我第一连和第五连抗击敌3个多小时，并乘胜攻下阎阁西南的刘楼，从而解除了阎阁之危，受到华东野战军首长通令嘉奖。

两广纵队在华东战场经过20多个月实战锻炼的战斗历程，胜利完成了上级赋予的各项战斗任务，进行了运动防御、野战阵地进攻、城市攻坚、破击追击等各种作战，作战的对象包括国民党军五大主力之一的第五军及第八、第九、第二十五、第四十一、第四十七、第六十六、第七十、第七十五、第八十三等军。总共歼敌5273人、缴获坦克8辆、迫击炮6门、六零炮33门、轻重机枪135挺、长短枪2563支。我纵队牺牲293人，负伤1088人，部队各方面得到了很大锻炼和提高，实现了从游击队向野战军的转变。

（三）转隶属第四野战军序列，参加解放广东战役

为了准备参加渡江战役，两广纵队奉命于1949年3月5日进抵江苏省东台地区进行备战整训。3月8日，第三野战军（原华东野战军）总部转来中央军委3月5日电令，两广纵队改属第四野战军（原东北野战军）指挥，参加解放两广的作战，并开赴河南开封一带待命，后移驻许昌襄城。

1949年4月，两广纵队奉命派干部到北平接收原国民党第六十二军一五七师改编的中国人民解放军独立第二十四师。5月该师南下编入两广纵队，同时接收江苏省射阳一个新兵团，扩编为2个师（第一师、第二师）和纵队炮兵团、教导团、警卫营共13600人。

1. **南下进军参加广东战役**。1949年2月两广纵队奉命南下参加解放两广战役。7月24日在河南省襄城县召开誓师大会，7月26日部队分批南下，9月27日到达江西省赣州。9月28日，广东战役联合指挥部叶剑英司令员和陈赓副司令员签发了第一号作战命令，部署第二野战军第四兵团为右路军，第四野战军第十五兵团为左路军，两广纵队、粤赣湘边纵队、粤中纵队为南路军，由曾生、雷经天、林平3人组成南路军前线委员会统一指挥。主要作战任务是挺进珠江三角洲，截断敌南逃通路。

2. **进军珠江三角洲，截断敌南逃通路**。两广纵队9月30日从赣州附近出发，在龙川与粤赣湘边纵队会师。

10月15日，第一师直取博罗，第二师进抵惠州。17日，第一师、第二师和粤赣湘边纵队第六团完成了对敌一〇九军第154师的包围，并按和平解放方式接受改编该师。10月19日，敌税警团和粤汉路护路总队宣告起义。10月19日，第一师进占石龙，第二师和边纵一部进占东莞城和虎门要塞，接着第一师和第二师渡过珠江，挺进中山县解放沿海地区，肃清残敌，配合粤赣湘边纵队第四支队，解放南海、番禺、顺德等县，截断敌沿珠江南逃通路。与此同时右路军和左路军迅猛向前推进。右路军14日进占英德，急速追击逃敌，于25、26日将敌第三十九、第五十、第二十三军共4万余人围歼于阳江阳春地区。左路军14日袭占增城并进入广州；潮汕之敌24日乘船逃走，雷州半岛之敌逃向海南岛。至此广东战役宣告结束。

清剿残敌，解放广东沿海岛屿。两广纵队奉命与粤赣湘边纵队组成珠江三角洲作战指挥部统一指挥广纵、边纵及地方部队，歼灭残敌，肃清土匪和反动地主武装，协助地方建立人民政权，征筹粮食，支援广州和西进部队。

11月4日，两广纵队发起歼灭南屏、湾仔等地残敌的战斗，歼灭敌保安师第三团1个营。11月13日，两广纵队第二师第五团渡海攻占横琴岛，全歼守敌，缴获各种火炮16门、轻重机枪39挺。

11月16日，两广纵队炮团警卫连和工兵连一举攻占珠江口大铲岛，俘敌少将参谋长以下50余人。

1950年1月6日，两广纵队第二师第四团和边纵独立第三营渡海作战，一举攻克三门岛，全歼守敌，俘敌团长以下286人。5月，四野第四十四军第一三一师在广东省军区江防指挥部的舰队支援下，发起了解放万山群岛战役，两广纵队炮团奉命投入协同作战，解放万山群岛。万山群岛战役结束后，1950年12月，两广纵队炮团在江防指挥部4艘炮艇配合下，一举攻占万山群岛最南端的蚊尾岛，全歼守敌，至此广东沿海岛屿全部解放。

两广纵队从1949年7月25日誓师南征，至1950年12月7日解放蚊尾岛，从黄河之滨，经豫鄂，跨长江，越赣粤，渡珠江，直达南海之滨，行程近5000公里，回到广东与兄弟部队并肩战斗，解放了东江流域和珠江三角洲广大地区，肃清了珠江三角洲和沿海岛屿残敌。共歼敌5135人，缴获各种火炮85门，轻重机枪354挺，冲锋枪、卡宾枪421支，长短枪1831支，圆满地完成了上级赋予的作战任务。1950年2月，部队整编，成立珠江军分区，两广纵队第一师、第二师建制撤销，保留两广纵队番号。到1951年撤销番号，两广纵队历史任务已胜利完成。

三、粤赣湘边纵队在蒋统区极其艰难斗争中发展壮大

东江纵队北撤后，国民党广东当局公然违背保证东江纵队复员人员安全的诺言，加紧策划大规模的“绥靖”“清乡”，对我方复员人员和人民群众实行残酷的迫害镇压，使复员战士有家不能归、有亲不能投，不少复员人员和人民群众惨遭杀害。1946年7月开始，全国内战全面爆发。面对严重的斗争形势，1946年8月，中共广东区党委根据中共中央南方局的指示，作出“恢复武装斗争”的决定，号召在广东坚持斗争的共产党员和武装人员以及复员战士，重新扛起武器以人民自卫武装的名义，英勇地进行自卫斗争，从而揭开了粤赣湘边区人民恢复武装斗争的序幕。

（一）各地人民武装部队的建立和武装斗争的兴起

1947年3月5日，中共广东区党委就恢复武装斗争的方针、任务和组织形式等问题进一步作出具体决定，各地的武装斗争迅速兴起。

九连地区成立了“东江人民抗征队”“连和民主义勇队”“和平人民义勇队”“河西人民义勇队”，江北地区成立了“增（城）、龙（门）、从（化）、博（罗）人民自卫队”“龙（门）、从（化）人民保乡队”“东江人民解放独立第十队”“博（罗）、龙（川）、河（源）人民解放军”“清（远）、从（化）、佛（冈）人民义勇大队”，江南地区成立了“惠东宝人民护乡团”“惠（阳）、紫（金）人民自卫大队”“海陆丰人民自卫队”，翁江地区成立了“粤赣先遣队”，五岭地区成立了“粤赣湘边区人民解放总队”等。各地武装建立后，开展声势浩大的“反抗三征，破仓分粮”，摧毁国民党反动乡村政权，扩大武装队伍的斗争。据不完全统计，1月至5月共歼敌930余人，摧毁敌警察所11个、分公所41个，缴获各种枪支1199支，破仓分粮5万余担。作战部队由东江纵队北撤时留下的武装骨干470人发展到1900多人，民兵1万多人，为进一步开展武装斗争打下了基础。

（二）部队整编建立支队，粉碎国民党军连续“清剿”

各地人民武装斗争蓬勃发展，震撼了国民党反动当局。

1947年9月，宋子文接任国民党政府广州行营主任兼广东省政府主席和保安司令。宋一到职就召开所谓“清剿”会议，在粤桂南、粤赣湘、闽粤赣3个边区设立“剿匪”总指挥部，扩编了5个美式装备的保安团，集中8900余人的兵力，对广东人民武装发动第一期“清剿”。

1948年夏又集中3个补充旅、15个保安团和12个独立保安营，对广东人民武装部队发动第二期“清剿”。国民党军队在“清剿”中对人民群众实行烧杀抢掠，群众受到严重摧残和迫害，仅翁江地区被杀害的民众达1200多人，九连地区被杀害的民众500多人，更激起人民群众的强烈反抗，广大青年纷纷加入人民武装队伍，部队迅速发展壮大。

粤赣湘边区临时党委深刻总结了反“清剿”斗争中的经验教训，为了统一和加强各地游击战争的领导，决定各区成立地委，部队整编成立支队，并组建主力部队以便进行较大规模的战斗，歼灭敌人有生力量，改变敌我态势。部队经过扩编整训，斗志旺盛。

1948年7月开始，主动出击。江南支队首开胜利“三战三捷”（沙鱼涌奔袭战、山子下伏击战、红花岭阻击战），接着粤赣边支队“五战五捷”（首战黄田白马、二战大湖狮子脑、三战河源鹤塘、四战骆湖大坪、五战义合大人山），江北、翁江、五岭等地部队也取得不少胜利，彻底粉碎敌人的“清剿”计划，赢得了战争的主动权。粤赣湘边区人民武装队伍，经过两年艰苦卓绝的斗争，已发展成为一支拥有15000余人的队伍，各个游击区进一步扩展，为以后成立粤赣湘边纵队，建立大块战略根据地打下坚实基础。

（三）粤赣湘边纵队宣告成立，部队从分散游击战转入全面进攻

中共中央军委于1948年12月27日批准成立中国人民解放军粤赣湘边纵队。

1949年1月1日，粤赣湘边纵队与闽粤赣边纵队、桂滇黔边纵队联合发表宣言，宣告中国人民解放军粤赣湘边纵队正式成立。尹林平任司令员兼政治委员，黄松坚任副司令员，梁威林任副政治委员，严尚民任参谋长，左洪涛任政治部主任。部队统一整编，江南支队编为东江第一支队，粤赣边支队编为东江第二支队，江北支队改为东江第三支队，北江支队编为北江第一支队，粤赣湘边人民解放总队改编为北江第二支队。

1949年1月1日，中共中央香港分局指示粤赣湘边区党委“应努力建立两个大块根据地，一为粤北之九连山和五岭，二为海陆丰惠紫五。前者可迎接南下大军，后者可以完成路东数十县之首先解放”。为实现这个目标，1949年初，粤赣湘边纵队决定在全区范围开展全面对敌春季攻势。在南线江南地区，东一支率先拉开了春季攻势的序幕，经连续几个月的激烈战斗，先后解放惠阳、河东及稔平半岛，陆丰西北部并与东二支第四团会合，解放了紫金、五华两县大部分乡村，打通了九连与江南之间的联系，至此，海（丰）陆（丰）惠（阳）紫（金）五（华）边战略基地初步形成。北线东二支、东三支及北江支队兵分三路，展开了开辟新（丰）、连（平）、河（源）、龙（川）边及新、英（德）、翁（源）、佛（岗）战略基地的斗争，以摧枯拉朽之势，首先解放了新、河两县边境广大地区，接着转战新、连、和、河、龙边夺取中小据点40余个，解放近百万人口的广大乡村，打通了九连与翁江、北江的联系，连、河、龙边战略基地初具规模。在五岭和北江地区，北江支队向南雄始兴两县发动攻势，接二连三打了许多胜仗，进而分兵转战湘南、赣南配合地方部队扩展新区，赣南部队向北推进开辟南康信丰地区，建立以油山、莲花窝、大龙山、帽子峰等一批

小游击基地。春季攻势之后，粤赣湘边大片乡村已解放，敌人大部分龟缩到城市和重要村镇固守，处在人民武装力量包围之中。至此，海、陆、惠、紫、五及新、连、河、龙边两个战略基地初步形成。

（四）建立大块根据地，策应解放军渡江南进作战

春季攻势取得了一系列重大胜利，粤赣湘边区大片乡村已经解放。为了适应形势发展，粤赣湘边区党委决定，从各支队抽调部队组建一支由纵队直接指挥的机动作战部队，以便实行较大规模的作战任务。先后组建了第一、第二、第三、第四、第六共5个独立团。

中共中央香港分局指示“粤赣湘边区和闽粤赣边区党委争取尽快取得联系，密切协同作战，共同完成建立解放华南大块根据地的任务”。粤赣湘边区党委和闽粤赣边区党委于4月1日至9日在陆丰县河田召开两边区党委代表联席会议，决定“开辟紫（金）、五（华）、兴（宁）、梅（县）、丰（顺）、揭（阳）、惠（来）、海（丰）、陆（丰）、惠（阳）、普（宁）等11县间大块基地，作为共同奋斗目标”。

会后，粤赣湘边纵队立即部署作战任务，从东江南北两线同时展开对敌强大攻势。北线，东江第二支队从4月开始，发起以解放老隆为中心的全面攻势，两个月时间两战皆捷，解放县城5座、重镇10座，新丰、连平、和平、龙川、五华等5县全境及河源大部分地区均告解放。南线，东江第一支队5月发起以解放紫金为中心的全面攻势，5月23日紫金解放，6月20日挥师进入海丰，7月中旬海丰、陆丰两县城均告解放。与此同时，江北地区东江第三支队从左翼出击，解放龙门县城和大片乡村。北江地区北江第一支队在新、英、佛等地发动攻势，连拔数个据点，解放新丰县城。从南北两线发动强大攻势以来取得了重大胜利，消灭了大量敌人，将东江、韩江两个解放区连成一片，并打通与闽、粤、赣、兴、梅之间的联系。

在全国解放战争取得节节胜利的形势下，国民党反动统治分崩离析。国民党保安第十三团团长曾天节率部起义，国民党保安第四师少将副师长彭健龙、国民党少将紫金县县长彭锐率部缴械投降，加快了建立大块根据地的步伐，在边区内先后建立了22个县人民政府，成立了东江行政委员会和3个行政督导处，胜利地完成了建立大块战略根据地的任务。

（五）赣南、湘南和珠江三角洲的斗争

为了开展赣南湘南的游击战争，建立迎接野战部队南下入粤作战的前沿阵地，1949 年 5 月，粤赣湘边纵赣南支队成立。7 至 8 月赣南支队和北江第一、第二支队，东江第三支队配合解放军先后解放泰和、万安、赣州、定南等县城，9 月下旬赣南全境解放。

1949 年 6 月初，北上先遣队兵分三路向湘南进军，先后解放桂东、汝城、资兴、安仁、永兴、耒阳、郴县、桂阳、宜章、临武等县城，消灭和收编敌军达 3597 人，粤赣湘边区“剿匪”总指挥部副总指挥中将胡凤璋率部缴械投降。

为了配合粤赣湘边区斗争形势的发展，1949 年初，中共珠江地委决定在中山、顺德、番禺、南海、三水等县组建武装队伍开展反抗“三征”、破仓分粮的斗争，各地武装队伍迅速扩展。1949 年 9 月，粤赣湘边纵队中山、顺德、番禺等 3 个独立团成立。珠江三角洲地区人民武装的斗争，牵制了敌人的兵力，使国民党不得不以重兵驻守珠江三角洲和广州近郊，从而密切配合了整个粤赣湘边区的斗争，并为两广纵队和粤赣湘边纵队主力解放珠江三角洲创造了有利条件。

（六）与两广纵队会合，配合南下大军解放广东

中共中央决定由叶剑英、陈赓统率二野第四兵团和四野第十五兵团进军华南，担任消灭余汉谋集团、解放广东的任务。华南分局 9 月 7 日在赣州召开作战会议，作战部署分三个阶段进行。第一步解放曲江（韶关）；第二步解放广州；第三步入桂作战。决定以第四兵团为右路军，第十五兵团为左路军，两广纵队粤赣湘边纵队和粤中纵队为南路军。

粤赣湘边纵队根据南路军前委作战部署，指令北江支队配合野战军入粤作战。北江第二支队先行策动，国民党始兴县长兼自卫总队总队长饶纪绵于 9 月 22 日率部起义，并消灭敌三十九军一个团，为野战军入粤作战打开通道。23 日与右路军二野第四兵团会师，并配合作战，先后解放南雄、仁化、英德、清远、三水等县，从西北两面包围广州。北江第一支队配合左路军四野第十五兵团作战，先后解放翁源、佛冈、从化、花县、增城等县，进入广州北郊和东郊，10 月 14 日广州宣告解放。

粤赣湘边纵队和两广纵队、粤中纵队组成南路军兵分三路，向广州东南急进。粤赣湘边纵队独立第六团配合两广纵队，包围龙华之敌 154 师，逼其接受

和平改编。边纵独立第一、第三、第四团于 10 月 23 日渡过珠江，解放番禺、顺德两县。边纵第一、第二、第三支队配合南路军的战略行动，于 9 月开始转战海陆丰、惠东宝一带，解放东江南岸广大地区，从而完成粤赣湘边全境解放。

粤赣湘边纵队在解放战争 3 年多时间里，从小到大，从弱到强，在斗争中不断发展壮大，作战部队发展到 38000 多人，对敌作战取得了辉煌的战果。据不完全统计，从 1947 年 1 月至 1949 年 9 月，共进行较大的战斗 1000 余次，合计歼敌 25000 多人，争取敌军起义 6700 余人，缴获各种火炮 78 门、轻重机枪 934 挺、长短枪 23800 支，缴获敌 B-29 重型轰炸机 1 架。粤赣湘边纵队是华南人民武装部队的一支重要力量，为中国人民解放事业作出了重要的贡献。

粤赣湘边纵队是以东江纵队北撤时各地区留下的一部分武装骨干和转派到地方从事秘密工作的干部，以及广大复员战士为基础组建发展起来的。粤赣湘边纵队的中上层领导干部大多数是由原东江纵队留下的武装骨干担任，如粤赣湘边纵队司令员兼政委尹林平同志，原是东江纵队政治委员。东江纵队北撤到山东后，先后派出 3 批营团干部共 30 余人回广东支持广东的武装斗争，这些干部大部分派到粤赣湘边纵队担任领导职务，可以说粤赣湘边纵队与东江纵队是一脉相承的。

参考文献：

1. 东江纵队史编写组编：《东江纵队史》，广东人民出版社 1996 年版。
2. 东江纵队志编辑委员会编：《东江纵队志》，解放军出版社 2003 年版。
3. 东江纵队史稿编写组编：《东江纵队史稿》，广东人民出版社 1983 年版。
4. 深圳市志办公室编：《两广纵队史》，中共党史出版社 2010 年版。
5. 中共惠州市委党史研究室编：《粤赣湘边纵队史》，广东人民出版社 1989 年版。

附录

东江纵队赋

冯志文

华夏百年，风云激荡，南岭珠水，虎踞龙藏。东江纵队，青史流芳，中流砥柱，民族脊梁。往事沧桑，悲歌慨慷。烽火卢沟桥上，吾民涂炭，狼烟大亚湾头，我土沦丧。此地也，地接港澳，水连大洋，每逢家国蒙难，百越千川，两岸一江：折冲御侮，烈火金刚，其命维新，涅槃凤凰。

救国救民，展战旗于东江：镰刀斧头，举旗定纲，南天枪响兮东宝惠，山河怒吼兮大湾区，城乡抗敌兮桑梓邦。唤起百姓，催醒各方，统一战线，北美南洋，捐资募饷，横槊舞枪。生为人杰，死亦国殇：青壮老幼，士农工商，华侨大哥，小鬼班长，一身戎装娘子，七尺投笔儿郎。雾霭沉沉兮东移壮，前路漫漫兮海丰远，生死恻恻兮旌旗扬。风雨坪山，北斗指向，回师敌区，碧血残阳。

同德同心，鸣战鼓于南方：藏于黔首，隐入山川，伏在水乡；东山岭高，梧桐金鸣，阳台号昂，忧乐民众之中，植根大地之上。孤悬敌后，独战疆场，远离主力，心系中央。高天作被，大地为床，疾风苦雨，骨硬肌凉。洒碧血而献丹心，守故土而挺胸膛，闻鼙鼓而挽长弓，赋长歌而射虎狼。惩恶扬善，征税设站，武工传奇，智斗凶顽，鱼水相依，群众热望。何惧铁壁合围，无畏“清剿”拉网。一路血火，“万人扫荡”，飞鹰少年，浩歌高冈。大岭山上军情急，百花洞下士气长，撒豆成兵，鬼子遁亡，伏击范例，至今犹唱。

潮涨潮落，亮军刀于粤港：都市游击，经典篇章，香江驱倭，神兵天降；诛寇戎于长街，断铁路于九广；锄奸佞于商肆，掀怒涛于维港。传情报兮援国际友邦，捕魅影兮袭启德机场。周君恩来思缜密，廖公承志计周详，文化名人，脱离魔掌。港九大队，倒海翻江，黑仔故事，传赞闾巷，中国乡土海军，海岸游击轮桨。

大智大勇，耀军徽于南乡：捭阖纵横，策定土洋，东纵宣言，曾林王杨，将士用命，主席赞赏，朱总颁令，华南受降。千仞罗浮山，百战点兵场，虎视广州城，龙腾增从番。挥戈越山，江海逐浪，踞东水而进西流北江，威两广而连粤赣湘边，驰五岭而震四省八荒。

江南江北，扬军威于疆场：愤拔剑于天南，驱迷雾于重庆，斥寇仇于荒唐。军调暗战，驿道刀光，柔情切切大鹏湾，北撤渡洋，白浪滔滔云海间，胶东锣响。两广纵队，整训晓窗，南征北战，铁甲驱狼，写春秋于齐鲁，决雌雄于淮海，外线内线，坚韧如钢。华野虎贲，四野前驱，天险横越，剑锋南向，遍地硝烟驰两广，一路纵马情万丈。苍海征帆，残匪服降，山河清朗，日月重光。躬耕热土，筑梦家乡，守万重之要塞，固千里之海防。

风帆起于珠江，开放肇于南疆，追忆革命策源，钩沉海丝通畅。老骥伏枥，再铸辉煌：先试先行，鹏城创新名都，敢拼敢闯，南粤世界工厂；闯将袁庚，功勋表彰，空谈误国，实干兴邦，苍生欢颜，社稷安康。喜看大地明霞，遥听军号嘹亮，潮起湾区，波连瀛寰，一树木棉，满目璀璨，乃凭阑而歌曰：东纵传奇，中国唱响，百年礼赞，一心向党，血脉流淌，钟磬铿锵。复兴路上，奔涌后浪，旭日初升，其道大光，长风万里，扬帆起航。

（撰于二〇一八年十二月二日，时维东江纵队成立七十五周年纪念日）

作者简介：冯志文，男，广州市人，东江纵队后人，高级经济师，长期从事港口、航运企业的中高层管理工作。工作之余，专注于古典文学、岭南文史与文俗的研究与写作，尤擅长辞赋写作，近年撰有《南海神庙赋并序》《广州港赋》《来穗劳动者赋》《车陂龙舟赋》《美丽梧桐旗袍赋》等，并多次获奖。